POSITIVISMO JURÍDICO E NAZISMO

formação, refutação e superação da
Lenda do Positivismo

Rodrigo Borges Valadão

POSITIVISMO JURÍDICO E NAZISMO

formação, refutação e superação da
Lenda do Positivismo

1ª reimpressão

SÃO PAULO
2021

Copyright © EDITORA CONTRACORRENTE
Alameda Itu, 852 | 1º andar |
CEP 01421 002
www.loja-editoracontracorrente.com.br
contato@editoracontracorrente.com.br

EDITORES
Camila Almeida Janela Valim
Gustavo Marinho de Carvalho
Rafael Valim
Walfrido Warde
Silvio Almeida

EQUIPE EDITORIAL
Coordenação de projeto: Juliana Daglio
Revisão: Carla Carreiro
Preparação de texto: Amanda Dorth
Revisão técnica: João Machado
Diagramação: Pablo Madeira
Capa: Gustavo André

EQUIPE DE APOIO
Fabiana Celli
Carla Vasconcelos
Fernando Pereira
Lais do Vale
Valéria Pucci
Regina Gomes

Dados Internacionais de Catalogação na Publicação (CIP)
(Câmara Brasileira do Livro, SP, Brasil)

Valadão, Rodrigo Borges
  Positivismo jurídico e nazismo : formação, refutação e superação da lenda do positivismo / Rodrigo Borges Valadão. -- São Paulo : Editora Contracorrente, 2022.

  ISBN 978-85-69220-81-7

  1. Democracia 2. Direito - Filosofia 3. Nazismo 4. Positivismo jurídico I. Título.

21-87159   CDU-340.12

Índices para catálogo sistemático:
1. Positivismo jurídico : Filosofia do direito 340.12
Eliete Marques da Silva - Bibliotecária - CRB-8/9380

@editoracontracorrente
Editora Contracorrente
@ContraEditora

Simples assim: a concepção nacional-socialista do Direito era exatamente oposta à concepção do pensamento jurídico positivista.

Volker Neumann[1]

---

[1] "*Es war schon so: die nationalsozialistische Auffassung des Rechts war das gerade Gegenteil des positivistischen Rechtsdenkens*". NEUMANN, Volker. *Carl Schmitt als Jurist*. Tübingen: Mohr, 2015, p. 535.

SUMÁRIO

AGRADECIMENTOS 15
PREFÁCIO 19
APRESENTAÇÃO 23
NOTA ESPECIAL 29
NOTA PRÉVIA 31
INTRODUÇÃO 37
    Positivismo Jurídico vs. legalismo 37
    A Lenda do Positivismo e as suas teses 45
    A recepção da Lenda do Positivismo fora da Alemanha 53
    Sobre a estrutura da presente investigação 56

Capítulo I
A FORMAÇÃO DA LENDA DO POSITIVISMO 63
    1.1 "Faça-se a luz!": a destruição e o recomeço de uma nação 63
    1.2 A pré-história da Lenda do Positivismo 69
    1.2.1 Argumento-Radbruch 70
    1.2.1.1 "A culpa é do Positivismo Jurídico!" 72
    1.2.1.2 Um positivista convertido 77

1.2.1.3 A insuficiência do Positivismo Jurídico para lidar com a perversão do Direito ... 79

1.2.1.3.1 O caso do delator ... 81

1.2.1.3.2 Extrapolando o caso Puttfarken: a responsabilidade do magistrado no caso Götting ... 83

1.2.1.3.3 Responsabilidade criminal por decisões judiciais desumanas ... 84

1.2.1.3.4 O caso dos assistentes do carrasco ... 85

1.2.1.3.5 O caso do desertor ... 86

1.2.1.4 A solução para a perversão do Direito: a "Fórmula de Radbruch" ... 86

1.2.1.5 A análise dos casos por Radbruch ... 90

1.2.1.6 A aplicação da "Fórmula de Radbruch" na República Federal da Alemanha ... 92

1.2.2 Argumento-Nuremberg ... 95

1.2.2.1 O Tribunal de Nuremberg ... 96

1.2.2.2 Uma defesa positivista ... 100

1.2.2.2.1 *Lex ex post facto* ... 101

1.2.2.2.2 Atos de Estado ... 104

1.2.2.2.3 Cumprimento de ordens ... 106

1.2.2.2.4 Vinculação ao Direito válido ... 109

1.2.3 Considerações parciais ... 112

1.3 O renascimento do Direito Natural no pós-guerra ... 114

1.3.1 As críticas ao Positivismo Jurídico e as (falsas) lembranças ... 117

1.3.2 As três vertentes do Direito Natural ... 128

1.3.2.1 Direito Natural católico ... 129

1.3.2.2 Direito Natural protestante ... 137

1.3.2.3 Direito Natural secular ... 143

1.3.3 Considerações parciais ... 148

1.4 O Direito como uma ordem objetiva de valores ... 149

1.4.1 Do renascimento do Direito Natural ao Direito como uma "ordem objetiva de valores" ... 150

1.4.2 Do Estado Liberal ao Estado Social ... 155

1.4.3 A força normativa da Constituição ... 158

1.4.4 Direito Natural na jurisprudência dos Tribunais Superiores depois de 1945 ... 161

1.4.4.1 Superior Tribunal Federal (Bundesgerichtshof) ... 161

1.4.4.2 Tribunal Federal Constitucional (Bundesverfassungsgericht) ... 167

1.5 A situação do Positivismo Jurídico entre 1950 e 1965 ... 172

1.5.1 Uma cruzada contra o Positivismo Jurídico ... 173

1.5.2 Hans Kelsen: o pária do Direito Alemão ... 177

Capítulo II
A REFUTAÇÃO DA LENDA DO POSITIVISMO ... 181

2.1 Antes do Marco Zero: o que havia antes do nada? ... 181

2.2 Desconstruindo as bases da Lenda do Positivismo ... 183

2.2.1 Problemas do Argumento-Radbruch ... 184

2.2.1.1 Um mito dentro do mito: Radbruch era um positivista? ... 185

2.2.1.2 Críticas de Gustav Radbruch ao Positivismo Jurídico ... 187

2.2.1.3 Ausência de ruptura na Filosofia do Direito de Gustav Radbruch ... 190

2.2.1.4 Contra qual Positivismo Jurídico dirige-se Radbruch? ... 198

2.2.1.5 Um problema adicional: a contradição intrínseca no Argumento de Radbruch ... 201

2.2.2 Problemas do Argumento-Nuremberg ... 203

2.2.2.1 *Lex ex post facto* ... 203

2.2.2.2 Atos de Estado e cumprimento de
ordens superiores ... 206

2.2.2.3 Vinculação ao Direito Válido ... 209

2.2.3 Considerações parciais ... 212

2.3 Positivismo Jurídico e antipositivismo na História da
Alemanha ... 213

2.3.1 A pré-história do Positivismo Jurídico no *Vormärz*
(1815-1848) ... 219

2.3.1.1 Nacionalismo e a resistência aos
ideais do Iluminismo ... 221

2.3.1.2 A situação da teoria jurídica: jusnaturalismo e Escola
Histórica do Direito ... 224

2.3.2 O surgimento do Positivismo Jurídico durante a
Restauração (1848-1871) ... 228

2.3.2.1 Em busca de um novo fundamento para o Estado:
o *Rechtsstaat* ... 231

2.3.2.2 *Spätkonstitutionalismus* e a migração do
Gesetzespositivismus para o Direito do Estado ... 233

2.3.3 A consolidação do Positivismo Jurídico no *Kaiserreich*
(1871-1918) ... 237

2.3.3.1 Os "mandarins" e o seu papel na
cultura alemã ... 238

2.3.3.2 O *Staatsrechtlicher Positivismus* de Paul Laband ... 241

2.3.3.3 O reconhecimento do Positivismo Jurídico como
uma Teoria Formal do Direito ... 245

2.3.3.4 As críticas ao Positivismo Jurídico ... 251

2.3.4 Positivismo Jurídico e antipositivismo na República de
Weimar (1918-1933) ... 258

2.3.4.1 Positivismo Jurídico e a Constituição de Weimar ... 259

2.3.4.2 A crise da "democracia improvisada" ... 265

2.3.4.3 Filosofia do Direito em Weimar ... 268

2.3.4.4 Direito do Estado em Weimar ... 273

2.3.4.4.1 Hans Kelsen e a Teoria Pura do Direito 278

2.3.4.4.1.1 Delimitação do objeto da ciência do Direito 280

2.3.4.4.1.2 Dinâmica jurídica, regulação da criação jurídica e relação entre Direito e política 287

2.3.4.4.1.3 Equivalência dos conceitos de Direito e Estado 290

2.3.4.4.1.4 A Teoria da Democracia de Hans Kelsen 294

2.3.4.4.2 Carl Schmitt e o decisionismo 299

2.3.4.4.3 Rudolf Smend e a Teoria da Integração 305

2.3.4.4.4 Hermann Heller e o Estado como eficácia social 310

2.3.4.4.5 Considerações sobre a disputa metodológica de Weimar 317

2.3.4.5 As fontes do Direito em Weimar 319

2.3.4.6 Um réquiem para a democracia 325

2.3.4.7 O mito da Revolução Legal 329

2.3.4.7.1 Golpe da Prússia 330

2.3.4.7.2 Lei Habilitante 334

2.3.4.7.3 Considerações parciais 337

2.3.5 Positivismo Jurídico e antipositivismo na Ditadura Nazista 339

2.3.5.1 Filosofia do Direito no nazismo 346

2.3.5.2 Direito do Estado no nazismo 351

2.3.5.3 As fontes do Direito no nazismo 359

2.3.5.4 A formação jurídica no nazismo 371

2.3.5.5 Quadro geral das principais mudanças 374

2.4 Considerações parciais 376

Capítulo III
A SUPERAÇÃO DA LENDA DO POSITIVISMO 381

3.1 Depois do Marco Zero: a República Federal entre a continuidade e a descontinuidade 381

3.1.1 A "Lei 131" e o funcionalismo público ... 385
3.1.2 Geração de 1968 e o *Vergangenheitsbewältigung* ... 396
3.1.3 A revisão do discurso jurídico do pós-guerra ... 402
3.1.3.1 Novos fundamentos filosóficos: o *Positivismusstreit* ... 403
3.1.3.2 Uma abordagem crítica do método jurídico tradicional ... 406
3.1.3.3 Velhos conhecidos, novos nomes ... 411
3.1.3.4 O renascimento da Teoria do Direito entre 1965 e 1985 ... 421
3.2 A revisão da Lenda do Positivismo ... 426
3.2.1 A (incompleta) reabilitação do Positivismo Jurídico ... 429
3.2.2 A (incompleta) reabilitação de Kelsen e da Teoria Pura do Direito ... 432
3.3 A real função da Lenda do Positivismo ... 439
3.3.1 Razões para a recepção da Lenda do Positivismo ... 442
3.3.1.1 Uma sociedade fechada ... 442
3.3.1.2 Literatura de transição ... 446
3.3.1.3 Coortes de socialização ... 448
3.3.1.4 Pensamento coletivo ... 450
3.3.1.5 A grande chance de reescrever a própria história ... 453
3.3.2 Uma estratégia de exculpação genérica dos juristas ... 465

EPÍLOGO ... 475

O Positivismo Jurídico, a Democracia Liberal e os seus Inimigos ... 475

ESTUDO COMPLEMENTAR

Entre a Utilidade e o Repúdio: a Persistente Lenda do Positivismo e os seus reflexos no Constitucionalismo Brasileiro ... 495
Introdução ... 495

Limpando o terreno ... 499
A recepção da Lenda do Positivismo ... 505
A ambivalência da Lenda do Positivismo ... 510
a) Positivismo e formalismo a serviço da efetividade constitucional ... 514
b) Do "Positivismo de combate" ao "combate ao Positivismo" ... 521
Conclusão ... 527

GLOSSÁRIO ... 531
ABREVIATURAS ... 539
REFERÊNCIAS BIBLIOGRÁFICAS ... 545

AGRADECIMENTOS

De todas as virtudes, a gratidão é sem dúvidas a mais bela. É por meio dela que alguém reconhece que, sem a ajuda de outras pessoas, jamais chegaria aonde chegou ou, no limite, não seria quem ela é. No que diz respeito à conclusão dessa investigação e da conclusão desta etapa tão importante da minha vida, sou grato a inúmeras pessoas.

Sou grato, inicialmente, à Escola Superior de Advocacia Pública da Procuradoria-Geral do Estado do Rio de Janeiro (ESAP/PGE-RJ), que financiou parte considerável dos custos referentes à presente investigação e da qual eu tive a alegria de ser aluno no longínquo biênio de 2003/2004, além da honra de ser Diretor-Geral no biênio 2019/2020.

Aos meus amigos da Escola Brasileira de Freiburg, Rodrigo Garcia Cadore, Artur Ferrari de Almeida, Pablo Castro Miozzo, Rafael Giorgio Dalla Barba, Eduardo Luís Kronbauer e Matheus Pelegrino da Silva, sou imensamente grato pelos estimulantes debates, pelas relevantes sugestões e pelo constante compartilhamento de textos e livros. Estendo os mesmos agradecimentos aos amigos Marcelo Porciúncula e Letácio Jansen.

Também sou grato ao prof. Juan Antonio Garcia Amado, Catedrático da Universidade de León, Espanha, pelo apoio decisivo no longínquo ano de 2013, mais especificamente pela sugestão de que a investigação fosse realizada na Alemanha. Fica aqui registrada a gratidão por ter me apontado os melhores caminhos, virtude suprema de um verdadeiro mestre.

Não menos importante é a gratidão que tenho ao prof. Fernando Dias Menezes de Almeida, meu orientador da cotutela com a Universidade de São Paulo. Sem as suas valiosas dicas, sobretudo quanto à localização para o português de conceitos essenciais, esse trabalho não teria chegado na sua forma final. Sua generosidade só não é maior do que o seu talento.

Sou grato, também, ao meu orientador prof. Matthias Jestaedt, o mais brasileiro dos alemães e uma das pessoas mais incríveis que eu já conheci. Lembro-me como se fosse hoje da alegria que eu senti quando recebi seu e-mail, no qual ele aceitou ser meu orientador (mesmo sem que eu falasse alemão). Além de ter acreditado em mim, me recebeu com os braços abertos em Freiburg. As suas dicas e intervenções cirúrgicas no curso da investigação tornaram o resultado possível. A sua amizade tornou o meu caminho muito mais agradável. Muito obrigado por tudo!

À minha mãe, Rossane Pereira Borges, sou grato pelo apoio incondicional nos momentos mais importantes da minha vida. Ao meu pai, José Américo Vieira Valadão, e à minha "mãe drasta", Luciana Cargnelutti Valadão, sou grato pelo habitual carinho e amizade. Aos meus filhos caninos, Milla Maria, Fany e Billy, sou grato por terem iluminado meu caminho e enchido a minha vida de alegria por todos esses anos. Sou especialmente grato pela companhia silenciosa durante as longas horas dedicadas à escrita desse trabalho. Sem vocês, a minha vida seria vazia e sem graça.

Também não posso esquecer daqueles que, infelizmente, ficaram pelo caminho e que, por isso, não puderam ver este livro sendo lançado e compartilhar da minha alegria. São eles: meus avós Sebastião Carlos Valadão, Zilda Vieira Valadão, Ubirajara Pinheiro Borges, Dirce Pereira Borges, meus amigos Hamurabi Almeida de Paula Novaes e Raquel de Freitas Araújo, bem como meus filhos de quatro patas, Frederico e Hugo. É muito triste não poder festejar este lançamento com vocês. Vocês jamais serão esquecidos!

AGRADECIMENTOS

Mas se há aqueles que partiram, há também aqueles que chegaram. No eterno ciclo da vida, este trabalho finalmente veio ao mundo na mesma época do nascimento do meu primeiro filho humano: o Igor. Que o seu nascimento represente a esperança. Que eu tenha sabedoria para orientá-lo. Que você descubra o valor e a importância da ciência. Que este trabalho seja a minha contribuição de um mundo melhor para você. Mas, principalmente, que você seja feliz e se torne um grande homem! Seu pai te ama!

Por fim, mas não menos importante, agradeço à minha esposa Jheniffer. Deixar os próprios projetos de lado em nome da realização dos projetos do outro talvez seja a maior prova de amor que alguém pode dar. Para que esta investigação fosse concluída, você – mais do que ninguém – abdicou dos seus projetos, sempre me acompanhando e apoiando de forma incondicional. Nunca vou me esquecer disso. Além do meu amor, você, mais do que ninguém, tem e terá a minha eterna gratidão. Você está em cada linha deste trabalho. Ele é dedicado sobretudo a você. Te amo!

PREFÁCIO

Alguns declarados-mortos vivem por muito tempo, ainda que na forma de zumbis. Tal morto-vivo é o que Rodrigo Valadão – de acordo com o ensino corrente e consolidado na Alemanha – denomina pejorativamente de *Lenda do Positivismo*. Mas despida tal lenda de sua conotação negativa, é exatamente o que se passa com a tese bastante difundida na Alemanha do pós-guerra: que o Positivismo Jurídico deixou os juristas alemães indefesos contra a transformação da República de Weimar em um "Estado de Injustiça" pelos nacional-socialistas.

Embora nos últimos 30 anos tenham surgido diversos escritos que não permitam mais dúvidas sérias sobre o *status* lendário da "tese do positivismo" – deve-se aqui registrar as inestimáveis contribuições de Horst Dreier, Bernd Rüthers, Michael Stolleis e Lena Foljanty –, o fato é que o útero no qual essa criatura do pós-guerra foi gerada ainda é fértil. E não só – e talvez nem principalmente – na Alemanha. Ao contrário do que acontece na Alemanha, onde a *Lenda do Positivismo* tem apenas o *status* marginalizado de uma injustiça intelectual, em outras partes do mundo ela ainda goza de certa popularidade, seja para firmar uma posição contra o Positivismo Jurídico no geral, seja para – o que é ainda mais perigoso – desacreditar moral e historicamente a sua variante mais robusta e bem elaborada: a Teoria Pura do Direito de Hans Kelsen e da sua Escola Jurídica de Viena. O autor parece ter razão quando atesta que no discurso jurídico brasileiro se dá um espaço de ressonância exagerado e veemente à *Lenda do Positivismo*, que é inclusive enfeitada com teses adicionais, de que há uma conexão ontológica entre o legado juspositivista de Hans Kelsen e as correntes autoritárias no Brasil.

Portanto, talvez não seja surpreendente que, dentre todas as pessoas que poderiam assumir a mais alemã de todas as tarefas jurídicas, seja justamente um brasileiro que se lance a submeter a questão à luz implacável da ciência, sepultando de forma definitiva este zumbi. O autor não se beneficia apenas do fato de ter uma visão externa dessa genuína *querelle allemande* (que, é claro, tendo em vista os seus efeitos de longa distância, é mais do que um fenômeno alemão exclusivamente interno) para lançar uma luz muito esclarecedora sobre o assunto. No que diz respeito aos discursos em curso no seu país de origem (a Alemanha), o autor se esforça para processar a história do teorema (conhecido como a *Lenda do Positivismo*) da forma mais precisa, abrangente e diferente possível, com uma precisão, uma totalidade e uma diferenciação ainda não encontradas no lado alemão sobre a tese de Gustav Radbruch. Vale ressaltar que o autor não apenas mapeia e analisa a *Lenda do Positivismo* em suas origens e efeitos imediatos no pós-guerra: ele também apresenta, de um lado, a sua *pré*-história, que encontra suas raízes no século XIX e, de outro lado, a sua *pós*-história entre os anos 1965 e 1985. Por meio desse foco duplamente ampliado, foi possível criar uma imagem monumental e extremamente imponente da história jurídica alemã, que abre caminho para interpretações inteiramente novas.

Além disso, a obra impressiona pelo comprometimento com a objetividade, não se deixando cair na tentação de se transformar numa "ciência interessada", ao ponto de se limitar a escrever um brilhante pedido de desculpas a Kelsen. Mesmo onde fatos e desenvolvimentos históricos levam o autor a um resultado claro, ele se abstém de fazer julgamentos radicais inadmissíveis e nos lembra constantemente das objeções levantadas contra uma tendência que parece prevalecer. Essa justiça benéfica – que nada mais é do que honestidade científica – fortalece o poder de persuasão das declarações e dos seus argumentos.

O que o autor apresenta é nada menos do que o primeiro trabalho monográfico da história da *Lenda do Positivismo*, que se tornará uma

PREFÁCIO

referência obrigatória para todas as futuras discussões sobre o tema. A luta da teoria e da prática jurídicas alemãs pelo correto entendimento do Direito, em geral, e pelo correto entendimento do Direito Nazista, em particular, torna-se agora conhecida e acessível ao mundo lusitano e latino-americano em geral.

Matthias Jestaedt
*Professor Catedrático de Direito Público e Teoria do Direito
da Albert-Ludwigs-Universtät Freiburg (Alemanha)*
Freiburg, março de 2021.

APRESENTAÇÃO

O trabalho, ora editado como livro, tem sua origem em tese de doutorado elaborada por Rodrigo Borges Valadão, inicialmente concebida junto à Faculdade de Direito da Albert-Ludwigs-Universität Freiburg, sob a orientação do Professor Matthias Jestaedt – exímio professor de Teoria Geral do Direito e de Direito Público e coordenador de um dos principais (senão o principal!) núcleos de pesquisa sobre a Teoria Pura do Direito e a Escola Jurídica de Viena do mundo –, e posteriormente objeto de um programa de dupla titulação junto à Faculdade de Direito da Universidade de São Paulo, passando então eu próprio a ocupar a honrosa posição de coorientador da tese.

A tese foi defendida perante comissão examinadora verdadeiramente internacional, reunindo, além dos orientadores, renomados juristas, a saber: professores Anna-Bettina Kaiser (Humbolt-Universität zu Berlin), Juan Antonio Garcia Amado (Universidad de León) e Mario Losano (Università di Torino). O resultado, por unanimidade, foi a aprovação *summa cum laude* – o grau máximo na rigorosa tradição acadêmica alemã.

A tese foi de pronto aceita para ser publicada como livro, o que a torna mais acessível aos cultores do Direito e leitores em geral. E, para isso, não precisou de maiores adaptações: o texto tem, entre outras, a virtude de aliar o rigor científico do trabalho acadêmico à clareza comunicativa essencial para atrair o interesse e garantir a compreensão de leitores que não necessariamente sejam especialistas no assunto.

O trabalho fixa claramente uma premissa, a partir da qual desenvolverá argumentação em torno de hipóteses, chegando a uma conclusão coerente (tese em sentido estrito).

Percebe-se que a premissa está bem estabelecida logo na introdução do trabalho e pode ser resumida na seguinte formulação do autor, caracterizando a "Lenda do Positivismo" como um "mito", como uma

> percepção histórica equivocada que aponta o positivismo jurídico, em geral, e a Teoria Pura do Direito de Hans Kelsen, em particular, como a abordagem justeórica responsável pela erosão das instituições democráticas da República de Weimar (*tese causal*) e pela legitimação da Ditadura Nazista (*tese expiatória ou exculpatória*).

A partir dessa premissa, o trabalho constrói hipóteses de investigação relacionadas com a "formação", a "superação" e a "refutação" da Lenda do Positivismo, cada qual correspondente a um capítulo. Nesses três capítulos, o trabalho demonstra, com base em sólida pesquisa doutrinária – e, quando necessário, com o reforço de decisões judiciais que espelham ou fundamentam a doutrina – esses três momentos cronológicos e lógicos do tratamento da Lenda do Positivismo, na sua relação com o regime nazista.

É dada, naturalmente, ênfase à doutrina alemã para esse estudo, já que seu foco é justamente a discussão de fenômeno jurídico e político havido na sociedade alemã ao longo do século XX. De todo modo, alguma referência também é feita à doutrina brasileira, a justificar o desenvolvimento do trabalho por um autor brasileiro e em um projeto de dupla diplomação com uma universidade brasileira.

Por fim, a tese parece bem demonstrada, no sentido de se constatar, em perspectiva histórica e evolutiva, o fenômeno pelo qual, em torno do Positivismo Jurídico, e notadamente da Teoria Pura do Direito, construiu-se uma lenda que ao mesmo tempo distorce seu conteúdo e

APRESENTAÇÃO

o utiliza como (falsa) justificativa, ou, ao menos, (falso) fator facilitador, do embasamento jurídico do regime nazista na Alemanha.

Junto à demonstração da tese é esclarecido, com base em sólida argumentação a partir das próprias fontes primárias, como essa distorção (consistente na dita Lenda do Positivismo) foi, em grande medida, intencional, por interesses pessoais de indivíduos que buscavam justificar ou obnubilar sua participação naquele regime; ou, em alguma medida, por negligência ou dolo científico, por parte de escolas de pensamento diversas.

Trata-se, efetivamente, de uma tese de ciência do Direito. E o autor elegeu, com pertinência, o ponto de vista da teoria para o desenvolvimento da tese.

Ao trabalhar a análise de ideias doutrinárias, o autor manteve uma coerência de método. Seu objetivo era verificar, no plano da doutrina, os movimentos que levaram aos já referidos fenômenos de formação, refutação e superação da Lenda do Positivismo.

Não se trata, portanto, de um trabalho voltado à análise do Direito Positivo alemão – nem legislado, nem fruto de decisões jurisprudenciais – durante o regime nazista, nem mesmo de seus antecessores ou sucessores. As referências ao Direito Positivo, quando surgem, estão devidamente absorvidas pela perspectiva doutrinária.

Igualmente não se trata de um trabalho de crítica doutrinária – ou seja, de crítica de eventuais acertos ou desacertos intrínsecos das ideias dos doutrinadores – a partir da visão subjetiva do autor. As posições doutrinárias em confronto são adequadamente analisadas de um ponto de vista cientificamente neutro, com o sentido de levar à sua compreensão no tocante à Lenda do Positivismo.

Por certo, dentro dessa neutralidade científica, o autor não deixa de demonstrar seu ponto. Isso quer dizer que, valendo-se da própria doutrina que analisa, o autor constrói argumentos para demonstrar sua coerência ou incoerência em relação ao fenômeno social historicamente observável.

Cuida-se, portanto, de uma tese que se vale da teoria do Direito enquanto "metateoria" – para seguir aqui as ideias de Michel Troper –, debruçando-se sobre o discurso jurídico contido nos argumentos que formam a teoria.

Do ponto de vista brasileiro, as ideias desenvolvidas por Valadão possuem grande pertinência. Ainda hoje no Brasil, a Teoria Pura do Direito (e Hans Kelsen como principal referência dessa escola), ao mesmo tempo, é muito difundida e mal compreendida. Grande parte dos cursos de direito – e posso falar por experiência direta quanto à Universidade de São Paulo – oferece aos seus alunos desde o primeiro ano, em disciplina de introdução ao estudo do Direito, o pensamento de Kelsen e a leitura de suas obras, notadamente a própria Teoria Pura do Direito. E admito – mais uma vez invocando o caso da Universidade de São Paulo e registrando uma homenagem ao meu caro professor Tercio Sampaio Ferraz Junior que, com suas excepcionais virtudes de generosidade, genialidade e excelência acadêmica, foi o responsável pela introdução ao Direito de inúmeras gerações de estudantes – que muitas o fazem de modo bastante pertinente.

Todavia, mesmo em importantes ambientes universitários, ou mesmo por parte de juristas de renome, padece-se no Brasil de visão distorcida sobre o tema. Para simplificar a abordagem, pode-se falar em uma dupla redução: de um lado, a redução de qualquer "positivismo" à doutrina kelseniana; de outro lado, a (evidentemente falsa) compreensão da Teoria Pura do Direito como uma defesa radical do legalismo. Isso sem falar em outras más compreensões dos refinados raciocínios contidos na Teoria Pura do Direito; ou mesmo na falta de percepção do sentido básico da Teoria Pura como método para realização da ciência do Direito (confundindo a postura científica com a postura dos agentes operadores do direito enquanto o fenômeno que é objeto daquela ciência).

No entanto, no Brasil, a "Lenda do Positivismo" – o que, por força da visão redutiva anteriormente mencionada, poderia igualmente ser dita a "lenda da Teoria Pura do Direito" – não tem o significado de confrontação com o regime nazista alemão, ausente na experiência política própria da história brasileira.

APRESENTAÇÃO

É certo que, com alguma frequência, encontram-se ecos no Brasil de afirmações próprias da "lenda (alemã) do positivismo", no sentido de tratar-se o positivismo como visão teórica tendente ao nazismo; ou ainda se encontram suposições disparatadas de posturas pessoais de Hans Kelsen como indivíduo simpatizante com regimes de índole autoritária.

Todavia, o uso argumentativo mais frequente de uma "lenda do positivismo à brasileira" ocorre para justificar uma corrente do Direito Constitucional, relativamente forte em tempos presentes no Brasil, dita "neoconstitucionalismo", ou "pós-positivismo", expressamente influenciada por elementos presentes na doutrina de certos autores alemães (v.g. sustentando a centralidade dos direitos fundamentais como normas de caráter principiológico a pautar todas as relações jurídicas, inclusive de natureza privada, abrindo margem ao poder judiciário para tomar decisões baseadas em valores constitucionais vagos, visando à realização da dignidade da pessoa humana, ou, mais amplamente, da justiça).

O presente trabalho não apenas traz luz sobre o tema da "lenda do positivismo", como ainda, em seu epílogo, abre perspectivas para compreender-se a relação do positivismo com a democracia. É, portanto, um livro que também diz respeito à compreensão histórica do papel do Direito e da Teoria do Direito em face de ameaças autoritárias ou totalitárias – tema, *hélas,* de evidente relevância em muitas partes do mundo nos dias de hoje.

Fernando Menezes de Almeida
Professor Titular da Faculdade de Direito da Universidade de São Paulo
São Paulo, março de 2021.

NOTA ESPECIAL

Este trabalho toca num tema delicado, de expressão significativa. Kelsen foi uma figura singular. Por sua teoria pura, foi alinhado ao positivismo analítico. Por motivos supostamente decorrentes desse alinhamento, foi apresentado como um suporte *malgré lui* dos totalitarismos. Por isso é importante resgatá-lo.

Entender o Direito exige, afinal, uma volta ao APOCRIPHO (de APO: emanação, e KRYPHOS, o secreto). Isso significa ir à obscuridade única, íntima e incomunicável, dos segredos das regras vistas pelo senso comum jurídico.

Para atingir essa intimidade é preciso criar uma forma de chegar ao Direito que nunca se positiva, como, num certo sentido, pode ser visto em Kelsen: a Teoria Pura do Direito não é teoria do Direito Positivo, diz ele no prefácio. De certo modo, ela é uma espécie de "metafísica" do Direito. Direito obriga: qual o cerne oculto desse obrigar?

Para Kelsen, é a norma. Normas valem por força de normas mediante relações de subordinação. Até aí, nada demais. Mas, no fenômeno da revogação, a norma de revogação põe a descoberto um secreto íntimo da normatividade: no seu cerne há, ainda que oculta, uma normatividade absolutamente pura, que nada imputa, não prevê sanção nem autoriza nada. Na força do ato de rechaçar (retirar o ser do dever-ser) esconde-se um querer, um não querer.

Mas, por isso mesmo, o que se faz realmente reduz-se, dentro de um contexto ideológico, a uma estrutura de poder. Limitar essa possibilidade por meio de limitações analíticas (racionalidade das implicações) seria, para Kelsen, não uma solução, mas um desafio. Desafio a que se propôs, ao perceber o sentimento de agregação com base em símbolos comuns, capazes de expressar uma vontade comum, a unir indistintamente governantes e governados, como cerne da democracia.

Kelsen (*Wesen und Wert der Demokratie*) percebe nesse entrelaçamento a questão básica da definição do princípio democrático. "Democracia", diz ele, "significa identidade de governante e governado, de sujeito e objeto do domínio, significa domínio do povo sobre o povo".

Reside aí a raiz provável do paradoxo de uma vida obsessivamente preocupada em definir teoricamente o Direito, supostamente impotente para o fazer descer do plano de um formalismo abstrato e inoperante e o empenho em levá-lo a uma efetivação concreta nas instituições e práticas democráticas. Algo que este livro procura decifrar e resolver.

Tércio Sampaio Ferraz Júnior
Professor Emérito da Faculdade de Direito da Universidade de São Paulo
São Paulo, março de 2021.

NOTA PRÉVIA

Este livro corresponde, com pequenas correções e consideráveis acréscimos, à tese de doutorado que, no dia 09 de fevereiro de 2021, defendi perante a Albert-Ludwigs-Universität Freiburg, na Alemanha, em cotutela com a Universidade de São Paulo, e aprovada com grau máximo (*summa cum laude*) em banca composta pelos meus orientadores profs. Matthias Jestaedt e Fernando Menezes, bem como pelos profs. Anna-Bettina Kaiser (Humbolt-Universität zu Berlin), Juan Antonio Garcia Amado (Universidad de León) e Mario Losano (Università di Torino).

Meu interesse sobre o tema teve início no longínquo ano de 1997, quando eu ainda era um aluno no 6º período da Faculdade de Direito. Naquela oportunidade, durante um debate travado em sala de aula, um professor invocou a autoridade da "pirâmide de Kelsen" para justificar a superioridade hierárquica, no ordenamento constitucional brasileiro, das leis complementares sobre as leis ordinárias. Aquilo não parecia fazer muito sentido, razão pela qual resolvi checar a fonte. Fui direto ao que me interessava: os capítulos X e IX do livro *Teoria Geral do Direito e do Estado*, que tratavam especificamente sobre a "hierarquia das normas".

Foi a partir daquele momento que o Direito finalmente fez algum sentido para mim. Percebi que a maior parte dos debates jurídicos dos quais eu havia participado estavam imersos numa retórica emotiva que se recusava a seguir qualquer rigor lógico ou epistemológico. Eu havia lido recentemente o livro *O Mundo Assombrado pelos Demônios*, do astrônomo americano Carl Sagan, o que me levou a compreender a) o poder da ciência para *descrever* a realidade e b) a importância do *método* no processo de investigação científica. Kelsen e a sua Teoria Pura do Direito me forneceram os instrumentos metodológicos que eu precisava para compreender e descrever o fenômeno jurídico. O Direito Constitucional, que até ali, era a minha disciplina favorita, cedeu lugar para a Teoria do Direito. Dali em diante, eu me definia orgulhosamente como positivista e kelseniano.

No entanto, aqueles não eram bons tempos para ser positivista e/ou kelseniano no Brasil, especialmente no Estado do Rio de Janeiro. O positivismo jurídico, no geral, e a Teoria Pura do Direito, em particular, eram acusados de fornecer as bases teóricas dos Regimes Totalitários. Na virada do milênio, essa era uma narrativa que (quase) todos os alunos ouviam e repetiam já no primeiro período da Faculdade de Direito. De acordo com essa *lenda*, a repulsa positivista aos valores teria deixado os juristas indefesos contra a legislação criminosa editada pelo Estado Nazista. A observância cega pelas leis estatais, conforme pregado pelo positivismo kelseniano, não tinha mais lugar no mundo civilizado.

Sem qualquer pudor, o positivismo jurídico também era comumente responsabilizado pela Ditadura Militar no Brasil. A narrativa de que a observância cega das normas jurídicas, conforme supostamente preconizado pelo positivismo jurídico, teria viabilizado o nosso Regime Militar, bem como a sua truculência contra os direitos fundamentais, era o mito de fundação do Estado brasileiro a partir da recente Constituição de 1988. De acordo com a quase unanimidade dos juristas, apenas um conhecimento jurídico baseado em valores poderia garantir a plena realização da Justiça Social no nosso país.

Algumas ideias como ponderação de valores, dignidade humana, força normativa da Constituição, ordem objetiva dos valores constitucionais, vedação ao retrocesso, eficácia direta dos direitos fundamentais foram importadas sem o menor rigor epistemológico. Outras jabuticabas como o "Direito Alternativo" ou o "Direito Achado na Rua" faziam um grande sucesso nas nossas Universidades, sempre com a promessa de solução para os nossos graves problemas sociais. Enfim, o mercado brasileiro de ideias jurídicas era profícuo em apresentar "novas" soluções para corrigir o "estrago" causado pelo "obtuso" formalismo positivista.

Por muitos e muitos anos, eu fui um estranho numa terra estranha. Com os poucos recursos materiais que eu tinha, buscava livros e artigos sobre Kelsen, Teoria Pura do Direito e positivismo jurídico. Fui um autodidata e minha vida intelectual era solitária. Eu era sempre soterrado pela avalanche pós-positivista e neoconstitucionalista que me circundava e, quando me apresentava como um positivista kelseniano, era prontamente rotulado de retrógrado, reacionário e, no limite, fascista. Durante muitos anos foi difícil achar um único positivista que não fosse eu mesmo.

Bem depois de concluir meu mestrado (2008) em Teoria do Estado e Direito Constitucional na Pontifícia Universidade Católica (PUC-RJ), onde defendi a dissertação com o tema "A definição de Norma Jurídica na Teoria Pura do Direito" – publicada como livro em 2019[2] –, decidi que era a hora de cursar o doutorado. Em meados de 2013, fui carinhosamente recebido pelo prof. Jordi Ferrer Beltrán na Universidade de Girona, Espanha, onde eu seria orientado no doutorado pelo prof. Adrian Sgarbi, que já havia sido meu orientador no mestrado.

Quando cheguei em Girona, o tema da minha dissertação ainda não havia sido definido. Eu já tinha vontade de investigar e escrever sobre a Lenda do Positivismo desde quando ouvi falar dela a primeira vez, já que essa associação entre o Positivismo Jurídico e os Regimes Totalitários sempre me pareceu, um pouco de modo intuitivo, não ter o menor fundamento. O problema é que a maioria absoluta dos textos sobre o tema estava em alemão, havendo pouquíssima literatura em línguas, digamos, mais "amigáveis". Foi quando descobri um texto do professor Juan Antonio Garcia Amado chamado "¿Es posible ser antikelseniano sin mentir sobre Kelsen?",[3] muito provavelmente o melhor

---

2 VALADÃO, Rodrigo Borges. *A definição de norma jurídica na Teoria Pura do Direito*. Rio de Janeiro: Lumen Iuris, 2019.

3 AMADO, Juan Antonio Garcia. "¿Es posible ser Antikelseniano sin mentir sobre Kelsen?". *In*: AMADO, J. A. G. (Coord.). *El Derecho y sus Circunstancias*: nuevos

texto já escrito sobre o tema numa língua latina. Resolvi fazer uma visita ao prof. Garcia Amado em León para pegar algumas dicas. Mal sabia eu que minha vida seria completamente transformada naquele dia.

Passei uma tarde inteira na agradável companhia do prof. Garcia Amado. Conversamos bastante sobre o tema – e sobre muitas outras coisas. Ele concordou comigo sobre a relevância e a forma de abordagem do tema, mas sugeriu enfaticamente que eu fizesse a minha investigação na Alemanha, de preferência com o prof. Matthias Jestaedt. O "pequeno" detalhe é que não falava alemão naquela época. Ainda assim, o prof. Garcia Amado insistiu para que eu encarasse o desafio e apreendesse o idioma. Enviei um e-mail ao prof. Matthias Jestaedt, avalizado pelo prof. Garcia Amado, relatando o meu desejo de investigar o tema e de ser por ele orientado, com o compromisso de aprender o idioma alemão durante o processo. Para minha *alegria*, recebi sem muita demora uma resposta positiva. Para o meu *desespero*, a resposta estava em alemão e se iniciava mais ou menos assim: "*Escrevo para você em alemão, já que, em última análise, você pretende fazer um doutorado na Alemanha*".[4] Em outubro de 2013, eu me despedi de Girona e fui então formalmente admitido no programa de doutorado da Albert-Ludwigs-Universität Freiburg, sob a orientação do prof. Matthias Jestaedt.

As investigações que deram origem a este livro consumiram os últimos oito anos da minha vida, dos quais os primeiros dois anos foram totalmente dedicados ao aprendizado da língua alemã, num nível que me permitisse, pelo menos, ler os textos fundamentais sobre o tema. Durante este período, eu viajava pelo menos duas vezes por ano para Freiburg, onde eu podia frequentar cursos intensivos do idioma, realizar as pesquisas necessárias na maravilhosa biblioteca da universidade e compartilhar com o prof. Jestaedt o progresso da minha investigação. No início de 2018, conheci o prof. Fernando Menezes, que sugeriu que a minha tese fosse escrita em cotutela da Universidade de São Paulo,

---

ensaios de filosofia jurídica. Bogotá: Universidad Externado de Colombia, 2010.

[4] "*Ich schreibe Ihnen auf Deutsch, da Sie ja schließlich eine Promotion in Deutschland anstreben*".

o que, depois de uma longa tramitação, foi formalizado em meados de 2020. A tese foi escrita em português entre os anos de 2016 e 2019, traduzida para o alemão nos três primeiros trimestres de 2020 e finalmente depositada em novembro de 2020.

A investigação que o leitor tem agora em suas mãos não é original, no sentido de abrir novos territórios para novas investigações. De fato, a Lenda do Positivismo já foi tema de inúmeros trabalhos na literatura alemã, tendo recebido contribuições originais relevantíssimas, seja de gigantes do Direito Público alemão, como Michael Stolleis, Horst Dreier e Bernd Rüthers, seja de novos talentos da academia alemã, como Lena Foljanty. No entanto, a investigação pretende ser original na sua abordagem e na estrutura dos seus argumentos. Além disso, ela preenche uma lacuna no próprio Direito alemão, já que se trata da primeira obra a abordar a história da Lenda do Positivismo de forma monográfica, ou seja, dedicada exclusivamente ao tema.

Optou-se nesta publicação, pela manutenção dos trechos originais em alemão nas notas de rodapé, enquanto no texto se pode encontrar sua tradução para o português. A ideia é permitir que o leitor, seja ele familiarizado ou não com o idioma alemão, tenha a seu alcance as passagens originais dos textos utilizados como base da investigação, já que a maioria absoluta desses textos é de difícil acesso mesmo na Alemanha, quanto mais no Brasil. No corpo do texto, por vezes, foi adicionado ao lado da palavra em português o conceito ou a palavra do idioma alemão essencial para auxiliar na compreensão da ideia que se quer apresentar, já que a tradução literal, muitas vezes, é incapaz de trazer o sentido específico que se quer fazer passar ao leitor. Diante da sua importância, algumas dessas palavras ou conceitos foram apresentados num pequeno glossário que acompanha este livro, sem os quais o leitor que não é familiarizado com o idioma ou com a cultura alemã talvez não pudesse ter uma clara compreensão daquilo que se está falando.

No final do livro, o leitor encontrará um posfácio dedicado à recepção da Lenda do Positivismo no Brasil. Trata-se de um estudo inédito, gentilmente produzido pelo meu querido amigo Dr. Fernando Leal, professor da Fundação Getúlio Vargas (FGV-RJ), especialmente para esta edição. A escolha do convidado não poderia ser mais óbvia. Além de estar inserido no debate alemão, o prof. Fernando Leal tem alguns importantes estudos publicados sobre o desenvolvimento (e vicissitudes) da Teoria do Direito no Brasil nas últimas décadas, com especial enfoque na prática constitucional do Supremo Tribunal Federal.[5] O estudo que encerra a presente obra é muito provavelmente o primeiro já escrito especificamente sobre a recepção da Lenda do Positivismo no Brasil, o que agrega ainda mais valor à investigação principal.

Essa é, em síntese, a história da obra que o leitor tem agora em suas mãos. Minha esperança mais modesta é de que esta publicação possa contribuir de forma geral com o debate acadêmico brasileiro. Também será muito gratificante se ela puder contribuir para a valorização e desenvolvimento da Teoria do Direito no Brasil e a sua emancipação definitiva diante de outras disciplinas, como a Filosofia do Direito, o Direito Civil e o Direito Constitucional. No limite, torço para que esta investigação possa contribuir para o desenvolvimento da jusfilosofia analítica no Brasil e para que a teoria jurídica brasileira desperte, de um lado, do seu sono metafísico e, de outro, da sua utopia materialista.

Rodrigo Borges Valadão

---

[5] LEAL, Fernando. "*O formalista expiatório*: leituras impuras de Kelsen no Brasil". *Revista Direito GV*, vol. 10, 2014, pp. 245 e ss.; LEAL, Fernando. "Seis objeções ao Direito Civil-Constitucional". *Revista Brasileira de Direitos Fundamentais e Justiça*, vol. 9, 2015, pp. 123 e ss.; LEAL, Fernando. "*A Constituição diz o que eu digo que ela diz*: formalismo inconsistente e textualismo oscilante no Direito Constitucional brasileiro". *Revista Brasileira de Direitos Fundamentais e Justiça*, n° 12, 2018, pp. 99 e ss.;

INTRODUÇÃO

> *Do ponto de vista da Ciência do Direito, o Direito Nazista era Direito. Nós podemos lamentar, mas não podemos negar que era Dreito.*
>
> Hans Kelsen[6]

Positivismo Jurídico vs. Legalismo

A história do pensamento jurídico ocidental, sobretudo aquele derivado da tradição iniciada pelo Direito Romano, é dominado pela dicotomia Direito Natural vs. Direito Positivo. A coexistência de um Direito (*im*)*posto* com um Direito *pressuposto*, ou mesmo a precedência deste sobre aquele, é uma questão que há séculos instiga os debates jusfilosóficos e ocupa a atenção de todos aqueles que se interessam pelo fenômeno jurídico. A análise desta problemática relação deu origem às mais diversas formas de abordagem teóricas, que podem ser representadas e agrupadas

---

[6] "*Vom Standpunkt der Rechtswissenschaft ist das Recht unter der Naziherrschaft ein Recht. Wir können es bedauern, aber wir können nicht leugnen, daß das Recht war*". SCHMÖLZ, Franz-Martin. *Das Naturrecht in der politischen Theorie*. Viena: Springer, 1963, p. 148.

em duas grandes tradições de pensamento: a Escola do Direito Natural e o Positivismo Jurídico.[7]

De um lado, a Escola do Direito Natural, em que pese a sua riqueza e diversidade interna, pode ser identificada em todas as teorias sobre o direito que defendam, de forma concomitante: a) uma tese de *filosofia ética,* que defende a existência de princípios morais e de justiça que são universalmente válidos e acessíveis à razão humana; b) uma tese *conceitual,* segundo a qual uma norma ou sistema jusnormativo somente podem ser qualificados como "jurídicos" se não contradizem ou passam pelo crivo qualitativo daqueles princípios.[8] Dessas duas teses decorre: c) uma tese *normativa,* que afirma que os indivíduos têm uma obrigação moral de obedecer ao direito.[9] Para os defensores do Direito Natural, "a expressão 'Direito justo' é um pleonasmo, e a expressão 'Direito injusto', uma contradição".[10]

---

[7] DREIER, Horst. "*Naturrecht und Rechtspositivismus*: Pauschalurteile, Vorurteile, Fehlurteile". *In*: HALLER, R.; RUTTE, H. (Coord.). *Otto Neurath*: Gesammelte philosophische und methodologische Schriften. Viena: Hölder-Pichler-Tempsky, 1981, pp. 127 e ss.; RIEZLER, Erwin. "Der totgesagte Positivismus". *In*: PRINGSHEIM, F. (Coord.). *Festschrift Fritz Schulz*. vol. 2, Weimar: Hermann Böhlaus Nachfolger, 1951, pp. 330 e ss; SPRANGER, Eduard. "Zur Frage der Erneuerung des Naturrechts". *In*: MAIHOFER, W. (Coord.). *Naturrecht oder Rechtspositivismus?*. 3ª ed. Darmstadt: Wissenschaftliche Buchgesellschaft, 1981 [1948], pp. 101 e ss.; Süsterhenn, Adolf. "Das Naturrecht". *In*: MAIHOFER, W. (Coord.). *Naturrecht oder Rechtspositivismus?*. 3ª ed. Darmstadt: Wissenschaftliche Buchgesellschaft, 1981 [1947], pp. 18 e ss.; VERDROSS, Alfred. "Was ist Recht? Die Krise des Rechtspositivismus und das Naturrecht". *In*: MAIHOFER, W. (Coord.). *Naturrecht oder Rechtspositivismus?*. 3ª ed. Darmstadt: Wissenschaftliche Buchgesellschaft, 1981 [1953], pp. 309 e ss; WELZEL, Hans. "Naturrecht und Rechtspositivismus". *In*: MAIHOFER, W. (Coord.). *Naturrecht oder Rechtspositivismus?*. 3ª ed. Darmstadt: Wissenschaftliche Buchgesellschaft, 1981 [1953], pp. 323 e ss.

[8] NINO, Carlos Santiago. *Introducción al Analisis del Derecho*. 2ª ed. Buenos Aires: Astrea, 1998, p. 20 (Collección mayor filosofía y derecho).

[9] STRUCHINER, Noel. "Algumas 'proposições fulcrais' acerca do Direito: o debate Jusnaturalismo vs. Juspositivismo". *In*: MAIA, A. C. (Coord.). *Perspectivas atuais da Filosofia do Direito*. Rio de Janeiro: Lumen Juris, 2005, p. 400.

[10] Idem, p. 401.

INTRODUÇÃO

De outro lado, e também passando ao largo de sua riqueza e diversidade interna, encontra-se o Positivismo Jurídico, que defende, sobretudo, uma tese *conceitual*[11] bem delimitada: o Direito não deve ser identificado com base em critérios axiológicos, e sim por critérios fáticos, empíricos e/ou objetivos. Existam ou não normas morais universalmente válidas, é sempre possível constatar, em qualquer lugar ou época,[12] a existência de um conjunto de normas (ou regras) que são reconhecidas como "jurídicas" por meio da identificação de sua *origem* (ou *fonte*), e não por um critério *qualitativo*.[13] Aqueles que têm o poder de estabelecer e fazer cumprir as normas jurídicas *criam* o Direito e definem o seu *conteúdo* de acordo com a sua *vontade*.[14]

Portanto, para o Positivismo Jurídico, uma norma recebe a qualificação de "jurídica" em virtude do *fato* de que, em algum tempo e lugar, algum agente ou agentes relevantes lhe reconheceram como tal. A consideração de que se trata de uma norma aberrante, com a qual aqueles agentes nunca deveriam ter se engajado, não pode ser utilizada para sua desqualificação jurídica, da mesma forma que se nenhum agente relevante tivesse se engajado com ela, então ela não seria considerada como tal, muito embora possa ser uma excelente norma, com a qual

---

[11] Qualquer investigação será sempre incapaz de mapear a realidade completa. E qualquer pesquisador terá sempre a difícil decisão de focar sua atenção sobre determinados aspectos da realidade em detrimento de outros. A presente investigação evitou entrar nos pormenores das incontáveis definições possíveis do Positivismo Jurídico registradas durante a História, contentando-se com uma definição bastante abrangente e suficiente para os seus fins: a definição de Positivismo Jurídico como *Positivismo Conceitual* apresentada por John Gardner. GARDNER, John. "*Legal Positivism*: 5 1/2 Myths". *American Journal of Jurisprudence,* nº 46, 2001, pp. 199 e ss. Doi:10.1093/ajj/46.1.199.

[12] KELSEN, Hans. "The Law as a Specific Social Technique". *In*: KELSEN, H. (Coord.). *What is Justice?* justice, law, and politics in the mirror of science. Union: Lawbook Exchange, 2000 [1941], pp. 233 e ss. (Collected essays).

[13] STRUCHINER, Noel. "Algumas 'proposições fulcrais' acerca do Direito: o debate Jusnaturalismo vs. Juspositivismo". *In*: MAIA, A. C. (Coord.). *Perspectivas atuais da Filosofia do Direito*. Rio de Janeiro: Lumen Juris, 2005, pp. 409 e ss.

[14] RÜTHERS, Bernd. *Die unbegrenzte Auslegung*: zum Wandel der Privatrechtsordnung im Nationalsozialismus. 7ª ed. Tübingen: Mohr Siebeck, 2012, p. 93.

todos os agentes relevantes deveriam ter se engajado sem reservas.[15] Sob o ponto de vista da Ciência do Direito, qualquer vinculação de uma norma ou mesmo do ordenamento jurídico a qualquer "ideia de Direito", entendida como "princípios de Justiça", não faz qualquer sentido.[16] A existência da lei é uma coisa e seu mérito ou demérito é outra.[17]

Essa tese fundamental do Positivismo Jurídico – a saber, a *separação conceitual* entre Direito e Moral, entre critérios fáticos e valorativos de identificação do Direito, entre o seu *ser* (*Sein*) e o seu *dever-ser* (*Sollen*) – sempre foi objeto de críticas das mais diversas naturezas, as quais, na sua imensa maioria, apenas a descrevem de modo *en passant* e imprecisa.[18] A principal dessas críticas – e muito provavelmente a menos consistente – repousa na identificação do Positivismo Jurídico com uma *ideologia política*, seja num sentido passivo, seja num sentido ativo.

No sentido *passivo*, algumas críticas consideram o Positivismo Jurídico como a) uma *teoria niilista*, que acaba por transformar a "positividade" do direito em "negatividade";[19] como b) uma *teoria*

---

15 GARDNER, John. "*Legal Positivism*: 5 1/2 Myths". *American Journal of Jurisprudence*, n° 46, p. 200, 2001. Doi: 10.1093/ajj/46.1.199.

16 "*Eine Bindung der Norm an irgendeine Idee vom Recht, etwa an Gerechtigkeitsideale, kennt der positivistische Rechtsbegriff nicht*". RÜTHERS, Bernd. *Die unbegrenzte Auslegung*: zum Wandel der Privatrechtsordnung im Nationalsozialismus. 7ª ed. Tübingen: Mohr Siebeck, 2012, p. 93.

17 AUSTIN, John. *The Province of Jurisprudence Determined*. Cambridge: Cambridge University Press, 1995, p. 157.

18 DREIER, Horst. "*Zerrbild Rechtspositivismus*: Kritische Bemerkungen zu zwei verbreiteten Legenden". *In*: JABLONER, C.; KUCSKO-STADLMAYER, G.; MUZAK, G.; PERTHOLD-STOITZNER, B.; STÖGER, K. (Coord.). *Vom praktischen Wert der Methode*: Festschrift Heinz Mayer zum 65 Geburtstag. Viena: Manz, 2011, p. 64.

19 "*A questo modello della pienezza si contrappone quello che, sempre nello stesso libro, ho definito la tendenza 'nichilistica' del giuspositivismo. Una sorta di scivolamento teoretico per cui la mutabilità implica la relatività ed equivalenza di qualsiasi manifestazione giuridica. La positività del diritto viene a coincidere con il suo opposto, con la 'negatività': la capacità di negare innanzitutto se stesso, di rifiutare qualsiasi elemento di stabilità o permanenza*". AMATO, Salvatore. "Difesa innaturale del diritto naturale: un tema, qualche chiarimento e un esempio". *Diritto & Questioni Pubbliche*, n° 8, 2008, pp. 10 e ss. Há quem fale, também, apenas numa conexão contingente entre Positivismo Jurídico e niilismo.

INTRODUÇÃO

estéril,[20] que submete a Filosofia do Direito a um "rigoroso inverno";[21] como c) uma *teoria cínica*, dotada de uma inegável inclinação amoral em relação ao exercício do poder político;[22] ou como d) uma *teoria frígida*, que enxerga o homem como "simples peça amorfa de uma grande engrenagem" e que ignora os sentimentos inerentes à "natureza humana".[23]

Já no sentido *ativo*, a identificação do Positivismo Jurídico com uma ideologia política pretende "denunciar" a subserviência das autoridades estatais ao direito im(posto), uma vez que elas teriam o *dever* absoluto ou incondicional de aplicá-lo. O núcleo central da teoria positivista legitima uma permissão para que os ditadores façam, não só de fato, mas também de direito, tudo o que bem entendam com as pessoas que lhes estão sujeitas.[24] Pelo simples fato de ser posto, o Direito tem mérito. As autoridades estatais têm "o dever de aplicar as leis, mesmo que elas contenham a mais grave das injustiças".[25] Essa atitude revelada

---

COING, Helmut. *Grundzüge der Rechtsphilosophie*. Berlim: De Gruyter, 1950, nota 4, p. 97. Essa tentativa de equiparar o Positivismo Jurídico, notadamente a Teoria Pura do Direito, a um niilismo moral também é denunciada por: DREIER, Horst. *Rechtslehre, Staatssoziologie und Demokratietheorie bei Hans Kelsen*. 2ª ed. Baden-Baden: Nomos, 1990, p. 229.

[20] "*Estéril*" / "*steril*". ROMMEN, Heinrich. *Die ewige Wiederkehr des Naturrechts*. 2ª ed. Munique: Kösel, 1947, p. 138.

[21] "*Frio inverno*" / "*kalter Winter*". Idem, p. 138.

[22] HÖFFE, Otfried. *Politische Gerechtigkeit*: Grundlegung einer kritischen Philosophie von Recht und Staat. 2ª ed. Frankfurt: Suhrkamp, 1994, p. 23.

[23] VENOSA, Sílvio de Salvo. *Introdução ao Estudo do Direito*: Primeiras Linhas. 2ª ed. São Paulo: Atlas, 2007, pp. 59 e ss.

[24] "A simples criação de um 'Estado soberano' pode e faz com as pessoas que estão sujeitas aos ditadores, não apenas de fato, mas também de direito, deixem-nos fazer o que eles querem. Eis o núcleo da ideologia juspositivista do Direito". / "*Daß Diktatoren, die sich einen 'souveränen Staat' schaffen, mit den Menschen, die ihnen unterworfen sind, nicht nur tatsächlich, sondern auch rechtlich gesehen tun und lassen können, was sie wollen, das ist der harte Kern der rechtspositivistischen Ideologie*". HRUSCHKA, Joachim. "*Die Todesschüsse an der Berliner Mauer vor Gericht*: zu dem unten abgedruckten Urteil des LG Berlin vom 20.1.1992". *JuristenZeitung*, nº 47, p. 667, 1992.

[25] "O positivismo tinha como seu princípio fundamental que apenas a ordem emanada pela lei estatal, ou o Direito costumeiro nela reconhecido, deveria ser aplicada pela

pelo *slogan* "lei é lei" (*Gesetz ist Gesetz*), que impossibilita quaisquer críticas ao Direito Positivo, indica que qualquer que seja o espírito, as tendências e as finalidades de uma determinada norma jurídica, ela deve ser obedecida.[26]

Essas críticas acabam por converter o *Positivismo Conceitual*[27] num *Positivismo Ideológico*,[28] conhecido mais comumente como *Legalismo*. Como resultado, o Positivismo Jurídico deixa de ser entendido como uma *teoria sobre o Direito*, e passa a ser entendido como uma *ideologia política*.[29] Em que pese ser uma versão extremamente difundida, é uma tarefa quase impossível encontrar algum expoente do Positivismo Jurídico que assuma essa vertente ideológica,[30] havendo mesmo quem duvide da existência de alguém que já o tenha defendido.[31] Há quem aponte Jeremy Bentham como exemplo.[32] Outros mencionam a *École de l'Exégèse* iniciada no início do século XIX por Jean Proudhon e Alexandre

---

judicatura, mesmo que contivesse o erro mais grave". / "*Der Positivismus kannte nach seinem Grundsatz, Recht ist nur der staatliche Gesetzesbefehl, bzw. das Gewohnheitsrecht, das darin eingeschlossen ist, ein Richtertum, dass diese Gesetze anzuwenden hatte, auch wenn sie schwerstes Unrecht enthielten*". KIPP, Heinrich. *Naturrecht und moderner Staat*. Nürnberg: Glock & Lutz, 1950, p. 130.

26 ROSS, Alf. "Validity and the Conflict between Legal Positivism and Natural Law". *In*: PAULSON, S. L.; PAULSON, B. L. (Coord.). *Normativity and Norms*: critical perspectives on Kelsenian themes. Oxford: Clarendon Press, 1998, p. 158.

27 No presente trabalho, "positivismo conceitual" é usado no sentido de "Positivismo Jurídico conceitual", de acordo com a nomenclatura proposta por John Gardner. GARDNER, John. "*Legal Positivism*: 5 1/2 Myths". *American Journal of Jurisprudence*, nº 46, 2001, pp. 199 e ss. Doi:10.1093/ajj/46.1.199.

28 BOBBIO, Norberto. *Giusnaturalismo e positivismo giuridico*. Roma: Laterza, 2011, p. 93.

29 Idem, p. 93.

30 STRUCHINER, Noel. "Algumas 'proposições fulcrais' acerca do Direito: o debate Jusnaturalismo vs. Juspositivismo". *In*: MAIA, A. C. (Coord.). *Perspectivas atuais da Filosofia do Direito*. Rio de Janeiro: Lumen Juris, 2005, p. 407.

31 FARRELL, Martín D. "¿Discusión entre el derecho natural y el Positivismo Jurídico?". *Doxa*, nº 21, p. 123, 1998.

32 BOBBIO, Norberto. *O Positivismo Jurídico*: lições de Filosofia do Direito. São Paulo: Ícone, 2006, p. 224.

INTRODUÇÃO

Duranton,[33] tendo em vista seu ideário pressuposto de superioridade moral da lei, baseada na vontade geral de Rousseau e na pressuposição de sua claridade e coerência.[34]

Na verdade, essa atitude de obediência estúpida, acrítica ou mesmo cadavérica (*Kadavergehorsam*)[35] é incompatível com os próprios fundamentos do Positivismo Jurídico, não sendo possível sua adoção sem contradição da distinção essencial entre o *ser* (*Sein*) e o dever-ser (*Sollen*) do Direito, entre o Direito *real*, efetivamente existente, e um Direito *ideal*, a ser almejado por qualquer ideologia política, diferenciações essas essenciais para a distinção conceitual entre Direito e Moral, por ele proposta.[36] De fato, uma terminologia *descritiva* nada tem a ver com uma atitude *prescritiva*, com a aprovação ou condenação moral de um determinado objeto (norma ou ordenamento), de sorte que quando se diz que o Direito Positivo demanda *obediência* por parte dos seus destinatários, tal afirmação é feita exclusivamente no sentido *jurídico*, mas nunca no sentido *moral*.[37] Noutras palavras, quer dizer que o Positivismo Jurídico "não procura fundar uma vinculação do Direito Positivo no sentido da sua validade filosófica", mas "apenas uma vinculação formal ao Direito que foi devidamente estabelecido".[38]

---

[33] Idem, p. 224.

[34] Há, no entanto, fundadas objeções a essa afirmação, uma vez que a *École de l'Exégèse* não tinha por objetivo edificar uma *teoria* sobre o Direito, mas apenas apresentar uma metodologia de interpretação de textos jurídicos. MEDINA, Diego Eduardo López. *Teoría impura del derecho*: la transformación de la cultura jurídica latinoamericana. Bogotá: Legis, 2004, p. 160.

[35] Expressão utilizada originalmente por: VERDROSS, Alfred. *Abendländische Rechtsphilosophie*: Ihre Grundlagen und Hauptprobleme in geschichtlicher Schau. Viena: Springer, 1958, pp. 246 e ss.

[36] Idem, pp. 246-254; ROSS, Alf. "Validity and the Conflict between Legal Positivism and Natural Law". *In*: PAULSON, S. L.; PAULSON, B. L. (Coord.). *Normativity and Norms*: critical perspectives on Kelsenian themes. Oxford: Clarendon Press, 1998, p. 156.

[37] OTT, Walter. *Der Rechtspositivismus*: Kritische Würdigung auf der Grundlage eines juristischen Pragmatismus. 2ª ed. Berlim: Duncker und Humblot, 1992, p. 42.

[38] "*Zu betonen ist, daß auch die Gesetzespositivisten üblicherweise keinen Versuch machen, die Verbindlichkeit des positiven Rechts i. S. seiner philosophischen Geltung zu begründen,*

Aliás, embora certa ordem possa ser identificada pelo cientista como uma ordem *jurídica*, é possível que ele, ao mesmo tempo e sem qualquer contradição, assuma como seu dever moral mais elevado derrubá-la.[39] Existe uma imensa diferença entre dizer que a) não existe uma relação *conceitual* necessária entre o Direito e a Moral e dizer que b) não existe *qualquer relação* entre o Direito e a Moral.[40] Verifica-se, portanto, que a tese positivista fundamental da separação entre o Direito e a Moral (*Trennungsthese*) foi desvirtuada e extrapolada de sua proposição original. A partir da afirmação positivista de que *não há uma relação conceitual* entre o Direito e a Moral, foi atribuída ao Positivismo Jurídico a defesa da tese fictícia de que *não há qualquer relação* entre o Direito e a Moral.[41] Esse *Positivismo Ideológico*, essa segunda "leitura" da tese da separação, não passa de uma "caricatura"[42]

---

sondern nur eine formelle Verbindlichkeit des ordnungsgemäß als Recht gesetzten Rechts". Idem, p. 41.

[39] Assim, por exemplo, manifesta-se Alf Ross *In*: ROSS, Alf. *On law and justice.* Berkeley: UC Press, 1974, p. 32. Na literatura alemã, também há registro de autores "positivistas" que defendem que a objeção de consciência pode, sob o ponto de vista da *moral*, justificar a incitação pública à desobediência às leis ou, no limite, à rebelião contra o Estado. ANSCHÜTZ, Gerhard; THOMA, Richard. *Handbuch des deutschen Staatsrechts.* vol. 2, Tübingen: Mohr, 1932, p. 142.

[40] "*This (second) thesis is absurd and no legal philosopher of note has ever endorsed it as it stands. After all, there is a necessary connection between law and morality if law and morality are necessarily alike in any way. And of course, they are. If nothing else, they are necessarily alike in both necessarily comprising some valid norms. But there are many other necessary connections between law and morality on top of this rather insubstantial one, and legal positivists have often taken great pains to assert them. Hobbes, Bentham, Austin, Kelsen, Hart, Raz, and Coleman all rely on at least some more substantial necessary connections between law and morality in explaining various aspects of the nature of law (although they do not all rely on the same ones)*". GARDNER, John. "Legal Positivism: 5 1/2 Myths". *American Journal of Jurisprudence,* n° 46, p. 223, 2001. Doi:10.1093/ajj/46.1.199.

[41] No Brasil, um dos principais divulgadores dessa tese fictícia é Fabio Konder Comparato: "O Positivismo Jurídico passou a sustentar, com pretensões científicas, que a moral, em seu conjunto, nada tinha que ver com o direito, considerado em sua essencial pureza, e que era possível praticar, de modo juridicamente intacável, atos de claro aviltamento da pessoa humana". COMPARATO, Fábio Konder. *Ética*: Direito, Moral e Religião no mundo moderno. 2ª ed. São Paulo: Companhia das Letras, 2006, p. 364.

[42] Na Alemanha: DREIER, Horst. "*Zerrbild Rechtspositivismus*: Kritische Bemerkungen zu zwei verbreiteten Legenden". *In*: JABLONER, C.; KUCSKO-STADLMAYER,

INTRODUÇÃO

do Positivismo Jurídico (ou *Conceitual*). Ele é muito mais um *espantalho* fabricado por seus opositores teóricos ou pelos juristas práticos[43] do que um fato observável.[44] De qualquer forma, e ainda que não tenha qualquer lastro com a realidade, o *Positivismo Ideológico*, essa verdadeira caricatura do *Positivismo Conceitual* faz parte do senso comum teórico e prático do Direito.

A Lenda do Positivismo e as suas teses

Exatamente sobre as bases dessa versão "fake" do Positivismo Jurídico, desse desvirtuamento conceitual grosseiro de suas premissas metodológicas, foi edificado no pós-guerra o *mito fundante*[45] do pen-

---

G.; MUZAK, G.; PERTHOLD-STOITZNER, B.; STÖGER, K. (Coord.). *Vom praktischen Wert der Methode*: Festschrift Heinz Mayer zum 65 Geburtstag. Viena: Manz, 2011, pp. 61 e ss. No Brasil: DIMOULIS, Dimitri. *Positivismo Jurídico*: Introdução a uma teoria do direito e defesa do pragmatismo jurídico-político. vol. 2, São Paulo: Método, 2006, pp. 53 e ss.; STRUCHINER, Noel. "Algumas 'proposições fulcrais' acerca do Direito: o debate Jusnaturalismo vs. Juspositivismo". *In*: MAIA, A. C. (Coord.). *Perspectivas atuais da Filosofia do Direito*. Rio de Janeiro: Lumen Juris, 2005, p. 407. No Common Law: CAMPBELL, Tom. *Prescriptive Legal Positivism*: law, rights and democracy. Londres: Cavendish Publishing, 2004, p. 32.

[43] STRUCHINER, Noel. "Algumas 'proposições fulcrais' acerca do Direito: o debate Jusnaturalismo vs. Juspositivismo". *In*: MAIA, A. C. (Coord.). *Perspectivas atuais da Filosofia do Direito*. Rio de Janeiro: Lumen Juris, 2005, p. 407.

[44] Normalmente, a *quantidade* das críticas dirigidas contra o *Positivismo Jurídico* é de número proporcionalmente inverso à sua *qualidade*. Isso não quer dizer, por óbvio, que as premissas metodológicas, epistemológicas ou filosóficas do Positivismo Jurídico, em geral, ou de alguma corrente positivista, em particular, não possam ser objeto de críticas razoáveis, legítimas ou pertinentes.

[45] "A política moderna é constituída de duas maneiras fundamentais: juridicamente, por meio da Constituição e culturalmente, por meio da memória coletiva. Inevitavelmente, o primeiro invoca o último. Cada Constituição é uma espécie de memorial (...). Nenhum conjunto de instituições ou prescrições jurídicas existe além das narrativas que os localizam e dão sentido. Para cada Constituição há uma epopeia: as Constituições [e o Direito Constitucional] desempenham uma parte crucial de seu trabalho constituinte, invocando o poder de um passado comum e dando-lhe forma jurídica. Apelar para o passado faz parte da tentativa de legitimidade da Constituição". Essa memória coletiva é normalmente materializada por um mito

samento jurídico da República Federal da Alemanha:⁴⁶ a Lenda do Positivismo,⁴⁷ a narrativa segundo a qual o *Positivismo Jurídico*, com a sua tese da separação entre Direito e Moral (ou a ideia de Justiça), viabilizou a *ascensão* e o *funcionamento* do regime nazista na Alemanha.⁴⁸

---

de fundação, que permite que as Constituições falem com o povo, conquistem os corações dos cidadãos e que os seus acordes místicos da memória entoem um "cântico de lealdade". O culto aos poderes do passado sempre se demonstrou um excelente meio de se exigir solidariedade e de motivar a conduta humana. COLLINGS, Justin. *Scales of Memory*: Constitutional Justice and Historical Evil. Oxford: Oxford University Press, 2021, pp. 1 e ss.

46 *"Die Positivismuslegende als Gründungsmythos der bundesdeutschen Republik"*. WITTRECK, Fabian. *Nationalsozialistische Rechtslehre und Naturrecht*: Affinität und Aversion. Tübingen: Mohr, 2008, p. 1; *"Der Antipositivismus wurde zum Gründungsmythos, zur Gründungslegende der westdeutschen Republik, nicht zuletzt der Rechtstheorie"*. SANDKÜHLER, Hans Jörg. *Nach dem Unrecht*: Plädoyer für einen neuen Rechtspositivismus. Freiburg: Verlag Karl Alber, 2015, p. 67.

47 Na literatura jurídica alemã, o tema é designado comumente como *Lenda do Positivismo (Positivismuslegende)*. DREIER, Horst. *"Die Radbruchsche Formel*: Erkenntnis oder Bekenntnis?". In: MAYER, H.; WALTER, R. (Coord.). *Staatsrecht in Theorie und Praxis*: Festschrift Robert Walter zum 60 Geburtstag. Viena: Manz, 1991, p. 120; GÜNTHER, Frieder. "'Jemand, der sich schon vor fünfzig Jahren selbst überholt hatte': Die Nicht-Rezeption Hans Kelsens in der bundesdeutschen Staatsrechtslehre der 1950er und 1960er Jahre". In: JESTAEDT, M. (Coord.). *Hans Kelsen und die deutsche Staatsrechtslehre*: Stationen eines wechselvollen Verhältnisses. Tübingen: Mohr, 2013, pp. 67 e ss.; HOEPPEL, Alexander. *NS-Justiz und Rechtsbeugung*: die strafrechtliche Ahndung deutscher Justizverbrechen nach 1945. Tübingen: Mohr, 2019, pp. 3, 63, 123, 352, 372, 390/391, 440, 463, 466/467, 484 e 508-510; NEUMANN, Volker. *Carl Schmitt als Jurist*. Tübingen: Mohr, 2015, p. 537; SANDKÜHLER, Hans Jörg. *Nach dem Unrecht*: Plädoyer für einen neuen Rechtspositivismus. Freiburg: Verlag Karl Alber, 2015, pp. 11, 67, 68, 92, 104 e 202; WITTRECK, Fabian. *Nationalsozialistische Rechtslehre und Naturrecht*: Affinität und Aversion. Tübingen: Mohr, 2008, pp. 1, 2 e 56.

48 Segundo Stanley Paulson, a imputação de responsabilidade ao *Positivismo Jurídico* na história totalitária da Alemanha no século XX é desenvolvida por meio de duas teses, que ele denomina de *"Positivist Theses"*. Para ele, Gustav Radbruch teria inaugurado uma *tese exculpatória*, que tem por finalidade exonerar a responsabilidade dos juristas pela participação no regime nazista, enquanto Lon L. Fuller seria responsável pela formulação de uma *tese causal*, segundo a qual o Positivismo Jurídico teria enfraquecido a democracia de Weimar e preparado o terreno para os nazistas assumirem o poder. Essa divisão será utilizada no presente trabalho, no momento adequado. PAULSON, Stanley L. "Lon L. Fuller, Gustav Radbruch, and the 'Positivist' Theses". *Law and Philosophy*, nº 13, 2004, pp. 313 e ss. Doi:10.2307/3504918.

INTRODUÇÃO

Uma primeira afirmação bastante comum é que o Positivismo Jurídico teria permitido a destruição da República de Weimar e facilitado a tomada de poder pelos Nazistas.[49] Trata-se, por assim dizer, de a) uma *tese causal* (*Kausalthese*), que imputa ao Positivismo Jurídico a responsabilidade pela *degradação* da frágil democracia instituída pela Constituição de Weimar (1918-1933). Sobre o papel decisivo do Positivismo Jurídico na ascensão do regime nacional-socialista foi dito na literatura alemã, por exemplo, que:

> **Kurt Sontheimer (1963)**: "Em retrospecto, o reconhecimento da legalidade da tomada de poder de Hitler é o resultado do amargo triunfo de uma concepção de Direito e Estado dominante na Alemanha durante meio século, que designamos pelos termos 'Positivismo Jurídico' e 'Formalismo'".[50]
>
> **Martin Kriele (1979)**: "Da identificação da Legitimidade com a Legalidade decorre nada menos que a negação de qualquer Direito de Resistência, bem como também qualquer possibilidade de defesa da legitimidade do Estado Constitucional Democrático, quando uma subversão constitucional se consuma. Desta forma pode o Positivismo Jurídico justificar teoricamente e preparar a destruição da República de Weimar".[51]

---

[49] Relatado por DREIER, Horst. "*Die Radbruchsche Formel*: Erkenntnis oder Bekenntnis?". *In*: MAYER, H.; WALTER, R. (Coord.). *Staatsrecht in Theorie und Praxis*: Festschrift Robert Walter zum 60 Geburtstag. Viena: Manz, 1991, p. 118.

[50] "*Die Möglichkeit der Legalisierung der Hitlerschen Machtergreifung erscheint darum im Rückblick als der bittere Triumph einer Auffassung von Recht und Staat, die Deutschland während eines guten halben Jahrhunderts bestimmt hatte, jener Auffassung, die wir mit den Begriffen 'juristischer Positivismus' und 'Formalismus' kennzeichnen*". SONTHEIMER, Kurt. *Politische Wissenschaft und Staatsrechtslehre*. Freiburg: Verlag Rombach & Co GmbH, 1963, p. 8.

[51] "*Die Identifizierung von Legitimität mit Legalität bedeutet nicht nur Ausschluß jeglichen Widerstandsrechts, sondern auch Ausschluß jeglicher Legitimitätsverteidigung des demokratischen Verfassungsstaates, wenn sich der Verfassungsumsturz legal vollzieht. So hat der Rechtspositivismus die Zerstörung der Weimarer Republik theoretisch rechtfertigen und vorbereiten können*". KRIELE, Martin. *Recht und praktische Vernunft*. Göttingen: Vandenhoeck und Ruprecht, 1979, p. 126.

> **Friedrich A. von Hayek (1998):** "Não há como negar, conforme o reconheceram não só adversários ferrenhos do positivismo, como Emil Brunner, mas, ao final, até mesmo velhos positivistas como Gustav Radbruch, que foi a predominância do positivismo o que deixou os guardiães do Direito à mercê da nova investida do governo arbitrário".[52]

Uma segunda afirmação não menos incomum é que a tradição positivista altamente arraigada na prática judicial de Weimar, por meio dos seus postulados "lei é lei" e "toda lei é legítima", teria deixado os juristas alemãs indefesos contra as leis arbitrárias e criminosas editadas pelo Estado Nazista.[53] Tem-se, aqui, b) uma *tese expiatória* ou *exculpatória* (*Entlastungsthese*), que, de um lado, por meio de uma formulação *ativa*, imputa ao Positivismo Jurídico a responsabilidade pelo funcionamento da Ditadura Nazista na Alemanha (1933-1945) e, de outro, por meio de uma formulação *passiva*, pretende eximir os juristas de qualquer responsabilidade, reconhecendo-os como meras vítimas de um sistema perverso. Nessa linha e sob a premissa de uma suposta conexão entre o Positivismo Jurídico e o nazismo, os excertos que se seguem, retirados de alguns clássicos da literatura jurídica alemão, são bastante expressivos:

> **Gustav Radbruch (1945):** "A lei é válida porque é uma lei. E é uma lei quando ela tem o poder de se impor. Esta concepção da lei e sua aplicação (chamamos-lhe de Positivismo Jurídico) deixou os juristas e o povo indefesos contra as leis cada vez

---

[52] "*It is only too true, as not only determined opponents of positivism such as Emil Brunner, but in the end even life-long positivists like Gustav Radbruch have recognized, that it was the prevalence of positivism which made the guardians of the law defenceless against the new advance of arbitrary government*". HAYEK, Friedrich August von. *Law, legislation and liberty*: a new statement of the liberal principles of justice and political economy. vol. 1, Nova York: Routledge, 1998, p. 55.

[53] RADBRUCH, Gustav. "Gesetzliches Unrecht und übergesetzliches Recht". *In*: KAUFMANN, A. (Coord.). *Rechtsphilosophie*. Gesamtausgabe Gustav Radbruch. vol. 3, Heidelberg: Müller, 1990 [1946], p. 83.

INTRODUÇÃO

mais arbitrárias, cruéis e criminosas. O Positivismo Jurídico equipara Direito a Poder; apenas onde há Poder, há Direito".[54]

Hans Welzel (1962): "Não devemos nos esquecer que os juristas alemães, formados por tais ensinamentos, lideraram o 3º Reich! O 3º Reich tomou o Positivismo Jurídico ao pé da letra. Ele levou realmente a sério a lição positivista de que o Estado pode instituir qualquer conteúdo legal, ainda que absolutamente imoral".[55]

Hermann Weinkauff (1968): "Uma vez que o Positivismo Jurídico extremo havia se tornado o dogma inquestionável de quase todos os juristas, os operadores do Direito e em especial os tribunais ficaram legalmente indefesos contra as injustiças estatais nos domínios da Justiça".[56]

Günter Spendel (1979): "A dolorosa lição do seu [i.e., de Hitler] regime criminoso demonstrou a existência da 'injustiça legal' e levou à necessária revisão do Positivismo Jurídico, baseado na ideia de relativismo moral, bem como toda e qualquer Filosofia Jurídica que reconheça como Direito apenas o que o

---

[54] *"Das Gesetz gilt, weil es Gesetz ist, und es ist Gesetz, wenn es in der Regel der Fälle die Macht hat, sich durchzusetzen. Diese Auffassung vom Gesetz und seiner Geltung (wir nennen sie die positivistische Lehre) hat die Juristen wie das Volk wehrlos gemacht gegen noch so willkürliche, noch so grausame, noch so verbrecherische Gesetze. Sie setzt letzten Endes das Recht der Macht gleich: nur wo die Macht ist, ist das Recht"*. RADBRUCH, Gustav. "Fünf Minuten Rechtsphilosophie". *In*: KAUFMANN, A. (Coord.). *Rechtsphilosophie. Gesamtausgabe Gustav Radbruch.* vol. 3, Heidelberg: Müller, 1990 [1945], p. 78.

[55] *"Wir dürfen nicht vergessen, daß in solchen Lehren ausgebildet die deutschen Juristen ins 'Dritte Reich' zogen! Das 3. Reich hat den Rechtspositivismus beim Wort genommen. Es hat mit der positivistischen Lehre, daß der Staat (...) jeden beliebigen Rechtsinhalt – auch den absolut unsittlichen – setzen kann, wirklich Ernst gemacht"*. WELZEL, Hans. "Naturrecht und Rechtspositivismus". *In*: MAIHOFER, W. (Coord.). *Naturrecht oder Rechtspositivismus?.* 3ª ed. Darmstadt: Wissenschaftliche Buchgesellschaft, 1981 [1953], p. 323.

[56] *"Wenn dort der extreme Rechtspositivismus das unangezweifelte Dogma fast aller Juristen geworden war, so machte das den Rechtsstand und vor allem die Gerichte rechtlich wehrlos gegen das Eindringen staatlichen Unrechts in den Raum des Rechts"*. WEINKAUFF, Hermann. "*Die deutsche Justiz und der Nationalsozialismus*: Ein Überblick". *In*: *Quellen und Darstellungen zur Zeitgeschichte.* Veröffentlichungen des Instituts für Zeitgeschichte. vol. 16, Stuttgart: Deutsche Verlags-Anstalt, 1968, pp. 30 e ss.

Estado como tal define, mas que acabam por deixar os Juristas impotentes contra a injustiça ou contra leis criminosas".[57]

Arthur Kaufmann (1984): "Durante o Nacional-Socialismo foram editadas leis verdadeiramente infames, imorais e criminosas. Contra isso uma geração inteira de juristas, formada pelas lições positivistas, nada pode fazer ou de algum modo oferecer alguma resistência relevante".[58]

Friedrich A. von Hayek (1998): "Depois de terem sido convencidos a aceitar uma definição de direito segundo a qual todo estado de legalidade era um estado de direito, [os juristas] não tiveram escolha senão agir de acordo com a concepção que Kelsen aprova, num exame retrospectivo, ao sustentar que 'do ponto de vista da ciência jurídica, o Direito sob o governo nazista era Direito. Podemos lamentá-lo, mas não podemos negar que era Direito'. É verdade - isso foi assim considerado porque o direito era assim definido pela concepção positivista predominante".[59]

---

[57] *"Der schmerzliche Anschauungsunterricht seines (dh. Hitlers) verbrecherischen Regimes demonstrierte die Erkennbarkeit 'gesetzlichen Unrechts' und nötigte zur Revision einer Rechtsphilosophie, deren Wertrelativismus den juristischen Positivismus begünstigen mußte, also jene Lehre, die zwecks Ordnung und Sicherheit nur das als Recht gelten läßt, was der Staat als solches setzt oder anerkennt, die aber die Juristen gegen ungerechte, ja verbrecherische Gesetze geistig hilflos gemacht hat".* SPENDEL, Günter. *Jurist in einer Zeitenwende*: Gustav Radbruch zum 100 Geburtstag. Heidelberg: Müller, 1979, p. 28.

[58] *"Im Nationalsozialismus hat man wirklich 'niederträchtige', 'unsittliche', 'verbrecherische' Gesetze gemacht und dagegen gab es von einer positivistisch geschulten Juristengeneration keinen irgendwie nennenswerten Widerstand".* KAUFMANN, Arthur. *Theorie der Gerechtigkeit*: problemgeschichtliche Betrachtungen. Frankfurt: Metzner, 1984, p. 34.

[59] *"After having been persuaded to accept a definition of law under which every state was a state of law, they had no choice but to act on the view which Kelsen approves retrospectively by maintaining that 'from the point of view of the science of law, the law (Recht) under the Nazi-government was law (Recht). We may regret it, but we cannot deny that it was law'. Yes - it was so regarded because law was so defined by the predominant positivist view".* HAYEK, Friedrich August von. *Law, legislation and liberty*: a new statement of the liberal principles of justice and political economy. 3 volumes in 1. Londres: Routledge, 1998, pp. 55 e ss.

INTRODUÇÃO

Em síntese, a Lenda do Positivismo afirma que o afastamento do ideal de Justiça e a subserviência acrítica a qualquer poder estabelecido, ambos propiciados pelo Positivismo Jurídico, teriam oferecido o solo fértil para enfraquecimento da democracia da República de Weimar e as condições ideais para o surgimento e desenvolvimento de um Estado Totalitário na Alemanha. A própria lógica positivista, formulada a partir de aversão a valores, teria feito dos "professores cientistas neutros, cérebros sem alma, seres irresponsáveis, prodigando seus serviços a qualquer um".[60]

Como se não bastasse, dessa associação específica do Positivismo Jurídico com a ascensão e funcionamento do nazismo surgiu ainda uma (terceira) tese derivada, c) a *tese da legitimação* (*Legitimierungsthese*), que faz uma associação indistinta do Positivismo Jurídico à força, à autoridade, ao arbítrio e, como consequência, a todos os regimes tirânicos. O Positivismo Jurídico seria, assim, um arranjo justeórico intrinsecamente antidemocrático e totalitário, inequivocamente desumano e destrutivo e que nega a própria essência do Estado de Direito. Os seguintes exemplos bem demonstram essa associação:

> **Emil Brunner (1943):** "O Estado Totalitário é, única e exclusivamente, o resultado do Positivismo Jurídico na prática política, a revogação efetiva da ideia clássica cristã de um Direito Natural divino".[61]

---

[60] VILLEY, Michel. *Filosofia do Direito*: definições e fins do Direito - os meios do Direito. São Paulo: Martins Fontes, 2003, pp. 185 e ss.

[61] "*Der totale Staat ist nicht anderes als der in politische Praxis umgesetzte Rechtspositivismus, die tatsächliche Ausserkraftsetzung der antik-christlichen Anschauung vom göttlichen, Naturrecht*". BRUNNER, Emil. *Gerechtigkeit*. Zurique: Zwingli-Verlag, 1943, p. 7. Em outro trecho da mesma obra, também pode ser encontrada a seguinte referência: "Mas se não há um direito santo, eterno, divino, absoluto, então também não há possibilidade de chamar qualquer coisa, qualquer direito, qualquer sistema estatal ou ação estatal de injusto. Se a teoria jurídica positivista estiver certa, então não há possibilidade de lutar contra o Estado Totalitário como um monstro da injustiça". / "*Gibt es aber kein heiliges, ewiges, göttliches, absolutes Recht, dann fällt auch die Möglichkeit weg, irgend etwas, irgendein Recht, irgendein staatliches System oder staatliche Handlungen ungerecht zu nennen; hat die positivistische Rechtstheorie recht, dann*

Rudolf Laun (1954): "O Positivismo Jurídico pressupõe que a positividade de uma ordem jurídica tem uma dimensão normativa, no sentido de um dever-ser, sendo suas normas imperativas. Quando se vale apenas disso, ele acaba recaindo num círculo vicioso, pois deduz a força obrigatória do Direito do poder físico do Estado, de suas forças e suas bombas nucleares".[62]

Ernst von Hippel (1963): "Os assassinatos em massa, os campos de concentração, as expulsões da terra natal, as torturas, as lágrimas dos inocentes, as mentiras insolentes dos funcionários públicos, tudo isso é perfeitamente legal para Kelsen, já que Estado e ordem jurídica, Direito e lei são idênticos. Ao mesmo tempo, no entanto, as consequências práticas de uma Teoria do Estado, que não pode mais distinguir entre o bem e o mal, a lei e a injustiça, são aqui chocantemente reveladas".[63]

Hans-Peter Schwintowski (1996): "Graças ao Positivismo Jurídico Hitler e Stalin puderam exercer seus regimes de injustiças".[64]

Como pode ser visto por meio desses exemplos, há uma grande tradição do pensamento jurídico de língua alemã que costuma associar o Positivismo Jurídico ao estabelecimento, desenvolvimento e

---

fällt auch jede Möglichkeit weg, den totalen Staat als ein Ungeheuer von Ungerechtigkeit zu bekämpfen". BRUNNER, Emil. *Gerechtigkeit*. Zurique: Zwingli-Verlag, 1943, p. 11.

[62] "*Der juristische Positivismus nimmt an, die Positivität einer Rechtsordnung sei etwas Juristisches, in dem Sinn eines Sollens, eines imperativischen Begriffes. Allein damit begeht er einen circulus vitiosus. Er leitet die verpflichtende Kraft des Rechts aus der physischen Gewalt des Staats ab, letztlich also zum Beispiel aus Galgen und Atombomben*". LAUN, Rudolf. *Naturrecht und Völkerrecht*. Göttingen: Vandenhoeck & Ruprecht, 1954, p. 38.

[63] "*Die Massenmorde, die Konzentrationslager, die Vertreibungen aus der Heimat, die Folterungen, die Tränen der Unschuldigen, die frechen Lügen amtlicher Stellen, all dies ist für Kelsen juristisch einwandfrei, da Staats- und Rechtsordnung, Gesetz und Recht ja identisch sind. Zugleich aber offenbart sich hier erschütternd die praktische Konsequenz einer Staatslehre, die Gut und Böse, Recht und Unrecht nicht mehr unterscheiden kann*". HIPPEL, Ernst von. *Allgemeine Staatslehre*. 1ª ed. Berlim: Vahlen, 1963, p. 154.

[64] "*In seinem Namen (Rechtspositivismus) haben Hitler und Stalin ihr Unrechtsregime betrieben (...)*". SCHWINTOWSKI, Hans-Peter. *Recht und Gerechtigkeit*: eine Einführung in Grundfragen des Rechts. Berlim: Springer, 1996, p. 41.

INTRODUÇÃO

funcionamento do regime nazista e, de um modo geral, de todo e qualquer Regime Totalitário.

A recepção da Lenda do Positivismo fora da Alemanha

A recepção desse mito não ficou restrita à Alemanha. Muito pelo contrário, esse mito foi exportado para diversos países. Em cada um deles repercutiu e de forma peculiar, mas sempre desempenhando um papel importante na maneira pela qual cada um deles desenvolveu sua produção justeórica e prática na segunda metade do século XX. Aqui estão alguns exemplos da importação da Lenda do Positivismo por países de línguas, culturas e tradições jurídicas das mais variadas:

> **Nos Estados Unidos:** "Façamo-nos (...) a seguinte pergunta: em até que medida o Positivismo Jurídico, assim como praticado e professado na Alemanha, teve ou poderia ter tido alguma relação causal com a ascensão de Hitler ao poder. Não deve ser esquecido que nos 75 anos anteriores ao regime nazista a filosofia positivista atingiu na Alemanha um patamar jamais alcançado em qualquer outro país".[65]
>
> **Na Inglaterra:** "Kelsen fez uma declaração notória qualificando mesmo o regime nazista como Estado de Direito (Rechtsstaat), um Estado Constitucional onde a legalidade prevalece".[66]

---

[65] "*Let us* (...) *address ourselves* (...) *the question whether legal positivism, as practiced and preached in Germany, had, or could have had, any causal connection with Hitler's ascent to power. It should be recalled that in the seventy-five years before the Nazi regime the positivistic philosophy had achieved in Germany a standing such as it enjoyed in no other country*". FULLER, Lon L. "Positivism and Fidelity to Law: A Reply to Professor Hart". *Harvard Law Review*, nº 71, p. 658, 1958. Doi:10.2307/1338226.

[66] "*Kelsen made a notorious statement that even the Nazi regime qualified as a Rechtsstaat—a constitutional state in which the rule of law prevails*". HOLMES, Stephen. "Kelsen, Hans". *In*: LIPSET, S. M. (Coord.). *The encyclopedia of democracy*. vol. 2, Londres: Routledge, 1995, p. 698.

Na Austrália: "… é difícil negar que o Positivismo Jurídico, em sua estrita insistência na divisão do direito e da moralidade, permitiu que os juristas racionalizassem para si e para os outros sua interpretação e aplicação de leis que poderiam ter sido, por reflexão, consideradas grotescas. A crueldade dos nazistas, ao vestir as vestes dos estatutos, tornou a justiça alemã indefesa. O Positivismo Jurídico não só não ofereceu nenhum instrumento jurídico teórico para os juristas alemães resistirem à arbitrariedade nazista, mas pode ter ajudado a legitimar o regime nazista".[67]

Na República Tcheca: "A tradição juspositivista, que foi transferida para as Constituições do pós-guerra (incluindo a nossa Constituição de 1920), revelou (...) no curso de desenvolvimento posterior várias vezes seus lados fracos (...). Como resultado, o regime nacional-socialista foi aceito na Alemanha como um regime jurídico, legal, muito embora ele tenha esvaziado o conteúdo da ideia de Direito e aniquilado a própria essência da democracia de Weimar".[68]

---

[67] "… it is hard to deny that legal positivism, in its strict insistence on the division of law and morality, permitted the legal profession to rationalise to themselves and others their interpretation and application of laws that they might have, upon reflection, considered to be grotesque (…). The Nazi's cruelty, upon donning the vestures of statutes, rendered German justice helpless. Legal positivism not only offered no theoretical legal resource for the German legal profession to resist Nazi arbitrariness, it may have assisted in legitimizing Nazi rule". YANG, Kenny. "The Rise of Legal Positivism in Germany: A Prelude to Nazi Arbitrariness?". WALTA, n° 3, pp. 250 e 257, 2012.

[68] "A tradição positivista do Direito, que também foi transferida para as Constituições do pós-guerra (incluindo nossa Constituição de 1920), revelou, (...) no curso do seu desenvolvimento, seus lados fracos em várias oportunidades (...). Como resultado, o governo nacional-socialista na Alemanha foi reconhecido como legal, embora tenha esvaziado o conteúdo e destruído a própria essência da democracia de Weimar". / "*Die rechtspositivistische Tradition, die auch in die Nachkriegsverfassungen (einschließlich unserer Verfassung vom Jahre 1920) übertragen wurde, enthüllte (...) im Laufe der weiteren Entwicklung mehrere Male ihre schwachen Seiten (...). Infolgedessen wurde in Deutschland die nationalsozialistische Herrschaft als legal akzeptiert, obschon sie den Inhalt ausräumte und letzten Endes das eigentliche Wesen der Weimarer Demokratie vernichtete*". Trecho do Julgamento da Corte Constitucional Tcheca sobre a constitucionalidade da lei sobre injuridicidade do regime comunista e a resistência contra ele. *In*: HOLLÄNDER, Pavel. *Rechtspositivismus versus Naturrechtslehre als Folge des Legitimitätskonzepts*. Berlim: Duncker & Humblot, 2013, p. 37.

INTRODUÇÃO

Na França: "... foi em nome de princípios positivistas que os juristas envolvidos na banalização do Direito Antissemita ajudaram a legitimar a política de Vichy[69] (...). [A]s limitações e ambiguidades do Positivismo são assim reveladas: sob o disfarce da objetividade e da neutralidade, o positivista, que afirma estar confinado a um papel técnico e eliminar todo o juízo crítico, não participa na consagração da lei e da legitimação das regras?".[70]

Na literatura de língua hispânica: "o Positivismo Jurídico, ao contrário da doutrina do Direito Natural, serve ao status quo ao igualar a justiça com a legalidade. Não é à toa que o Positivismo Jurídico foi a filosofia jurídica oficial tanto na Alemanha Nazista como na União Soviética".[71]

---

[69] A "França de Vichy" (em francês: *Régime de Vichy* ou *Vichy*) é a denominação dada atualmente ao Estado francês dos anos 1940-1944. Depois da rendição francesa à Alemanha nazista em 1940, foi estabelecido um governo fantoche na cidade de Vichy, a sudeste de Paris, contra o qual se opunha as Forças Livres Francesas.

[70] "*C'est au nom des principes positivistes que les juristes ont participé à la banalisation du droit antisémite, contribuant ainsi à légitimer la politique antisémite de Vichy (...). Au-delà de l'expérience de Vichy, c'est en effet toute la question des limites et des ambiguïtés du positivisme qui se trouve posée: sous couvert d'objectivité et de neutralité, le juriste positiviste qui prétend se cantonner dans un rôle de technicien du droit et évacuer tout jugement critique ne participe-t-il pas à la sacralisation du droit posé et à la légitimation des règles en vigueur?*". LOCHAK, Danièle. "La doctrine sous Vichy ou les mésaventures du positivisme". *In*: LOCHAK, D. (Coord.). *Les usages sociaux du droit*. Paris: PUF, 1989, p. 253. Uma reposta a esse artigo pode ser encontrada *In*: TROPER, Michel. "La Doctrine et le Positivisme: (à propos d'un article de Danièle Lochak)". *In*: LOCHAK, D. (Coord.). *Les usages sociaux du droit*. Paris: PUF, 1989, pp. 286 e ss.

[71] "*El* Positivismo Jurídico *(aludiendo a Kelsen), a diferencia de la doctrina del derecho natural, sirve al* status quo *al igualar justicia con legalidad. No es en vano que el* Positivismo Jurídico *fue la filosofía jurídica oficial tanto en la Alemania nazi como en la Unión Soviética*". BUNGE, Mario apud BOTERO-BERNAL, Andrés. "*El Positivismo Jurídico en la Historia*: Del Positivismo Jurídico en el Siglo XIX y Primera Mitad del Siglo XX". *In*: ZAMORRA, J. L. Z.; VAQUERO, Á. N. (Coord.). *Enciclopedia de Filosofía y Teoría del Derecho*. vol 1, México DF: UNAM, 2015, pp. 63 e ss. A citação original foi feita numa conferência proferida por Mario Bunge em 27 de agosto de 2011, sob o título *Elogio de la Sistémica*, que pode ser encontrada no seguinte endereço eletrônico: https://www.youtube.com/ watch?v=FO0GRPTg2tY, com último acesso em 18 de novembro de 2018.

Mas dentre todos os países que recepcionaram a Lenda do Positivismo, talvez nenhum deles o tenha feito com tanto sucesso e de modo tão eficiente como o Brasil. Todavia, se na Alemanha e no resto do mundo os ataques são feitos contra o Positivismo Jurídico em geral, ainda que implicitamente seja a *Teoria Pura do Direito* seu principal alvo,[72] no Brasil os ataques são normalmente concentrados na versão normativista de Hans Kelsen, que é apresentada, com uma certa frequência,[73] como sinônimo de *barbárie, desumanidade* e até mesmo *psicopatia*. Eis alguns exemplos da literatura jurídica brasileira.

> **No Brasil:** "... o último argumento (...) da tese sustentada por Hans Kelsen, a respeito da separação entre moral e direito, é da maior importância, pois ele nos dá uma chave explicativa do peso histórico do Positivismo Jurídico, como elemento de legitimação (...) da lógica de funcionamento do Estado Totalitário (...). [É] inegável que os positivistas contribuíram, decisivamente, para o surgimento, no século XX, de um dos piores monstros que a humanidade jamais conheceu em toda sua longa história: o Estado totalitário".[74]

---

72 Também na Alemanha, embora diga respeito ao Positivismo Jurídico em geral, a Lenda do Positivismo acaba por reconhecer a Teoria Pura do Direito sua principal destinatária. DREIER, Horst. "*Die Radbruchsche Formel*: Erkenntnis oder Bekenntnis?". *In*: MAYER, H.; WALTER, R. (Coord.). *Staatsrecht in Theorie und Praxis*: Festschrift Robert Walter zum 60 Geburtstag. Viena: Manz, 1991, p. 130. Já nos países de língua inglesa, as críticas são mais dirigidas ao modelo positivista de John Austin. Sobre o tema: PAULSON, Stanley L. "Classical Legal Positivism at Nuremberg". *Philosophy & Public Affairs*, n° 4, 1975. Esse ponto será retomado no momento oportuno.

73 Como regra, a reação contra o Positivismo Jurídico no Brasil costuma ser bastante hostil e os exemplos poderiam se multiplicar. Isso não significa, no entanto, que não haja juristas de grande relevância nacional que adotem abordagens teóricas que podem ser entendidas como "formalistas" ou "positivistas", num maior ou menor grau. Sepúlveda Pertence, Paulo de Barros Carvalho, Dimitri Dimoulis, Humberto Ávila são apenas alguns desses nomes.

74 "... *das Argument (...) von Hans Kelsen im Hinblick auf die Trennung zwischen Moral und Recht ist ganz wichtig, weil sie eine unzweifelhafte Erklärung der historischen Wichtigkeit des Rechtspositivismus als Legitimationsgrundlage (...) des wesentlichen Betriebs des Totalitarismus zeigt (...).* [E]*s ist unleugbar, die Positivisten spielten eine entscheidende Rolle für das*

INTRODUÇÃO

"O positivismo comportou algumas variações e teve seu ponto culminante no normativismo de Hans Kelsen (...). Com o tempo, o positivismo sujeitou-se à crítica crescente e severa, vinda de diversas procedências, até sofrer dramática derrota histórica. A troca do ideal racionalista de justiça pela ambição positivista de certeza jurídica custou caro à humanidade".[75]

"Kelsen expulsa o fator axiológico do Direito (, o que) se traduz, mais tarde, nos esforços de legitimação jurídica do regime Nazi (enraizado no modelo kelseniano), à sombra da eliminação premeditada de judeus, em larga escala. O afastamento (dissociativo) de qualquer juízo moral é um ponto de interseção entre o serial killer e o normativismo de Kelsen, vinculando-os mutuamente, num parentesco radical".[76]

Erscheinen im 20. Jahrhundert eines der furchtbarsten Monsters, den die Menschheit niemals in ihrer langen Geschichte erlebte: den Totalitarismus". COMPARATO, Fábio Konder. *Ética*: direito, moral e religião no mundo moderno. 2ª ed. São Paulo: Companhia das Letras, 2006, pp. 362 e ss.

[75] *"Der Rechtspositivismus verhielte sich einige Variationen und hatte ihren Höhepunkt im Normativismus von Hans Kelsen (...). Im Laufe der Zeit wurde der Positivismus aus verschiedenen Quellen wachsend und heftig kritisiert, bis eine dramatische historische Niederlage zu erleiden (...). [D]ie Ersetzung der idealistischen rationalistischen Gerechtigkeit durch das positivistische Streben nach der Rechtssicherheit kostete die Menschheit einen hohen Preis"*. BARROSO, Luís Roberto. "Fundamentos teóricos e filosóficos do novo Direito Constitucional brasileiro (pós-modernidade, teoria crítica e pós-positivismo)". *In*: BARROSO, L. R.; BARCELLOS, A. P. de (Coord.). *A Nova Interpretação Constitucional*: ponderação, direitos fundamentais e relações privadas. Rio de Janeiro: Renovar, 2003, p. 25.

[76] *"Kelsen stößt den axiologischen Faktor des Rechts aus, was später in der rechtlichen Legitimation des regime nazistas (verwurzelt im kelsenianischen Modell) ergibt, immer im Schatten von vorsätzlicher Ausschaltung der Juden in großer Zahl. Der dissoziative Abstand jedes moralische Urteil ist ein Schnittpunkt zwischen dem Serienmörder und Hans Kelsens Normativismus, die sie sich gegenseitig in einer radikaler Verwandtschaft verbinden"*. ARAUJO, Antonio Fabio Medrado de. *A solução final do serial killer no positivismo de Hans Kelsen*. São Paulo: Pillares, 2012, pp. 54 e ss. Ao contrário dos dois primeiros autores, que são extremamente relevantes no cenário nacional brasileiro (Barroso, além de ser juiz do Tribunal Constitucional, é professor de Direito Constitucional da Universidade do Estado do Rio de Janeiro - UERJ, enquanto Comparato é professor emérito da Universidade de São Paulo - USP, a mais importante do país), este último autor não tem qualquer peso na formação e divulgação do pensamento

Surgida a partir dos escombros do nazismo, assentada no processo de reconstrução da democracia na Alemanha e ancorada sobre uma leitura fictícia da tese positivista da separação conceitual entre o Direito e a Moral, a Lenda do Positivismo foi, muito provavelmente, o maior produto jurídico de exportação alemã no pós-guerra, exercendo até hoje uma grande influência na cultura jurídica mundo afora.

Sobre a estrutura da presente investigação

A investigação que agora se inicia é sobretudo uma investigação sobre a *história* de uma ideia jurídica: a história da *Lenda do Positivismo*. Esse mito[77] é entendido como uma construção histórica equivocada que aponta o Positivismo Jurídico, em geral, e a Teoria Pura do Direito de Hans Kelsen, em particular, como a abordagem justeórica responsável pela erosão das instituições democráticas da República de Weimar (*tese causal*) e pela legitimação e funcionamento da Ditadura Nazista (*tese expiatória ou exculpatória*).

Este estudo está dividido em 3 (três) partes. No capítulo 1 será investigada a *formação* da Lenda do Positivismo, ou seja, o nascimento e desenvolvimento da *narrativa* que associa o Positivismo Jurídico à degradação da democracia de Weimar e ao funcionamento do Estado Nazista. Durante o período do pós-guerra, além de ser denunciado como uma teoria insuficiente para *impedir* a "perversão do Direito" (*Rechtsperversion*), o Positivismo Jurídico foi também apresentado como uma teoria que serviu justamente para *viabilizar* os crimes nazistas. No

---

jurídico nacional. No entanto, embora a citação não seja de um autor relevante, ela demonstra muito bem a recepção e o grau de naturalização da Lenda do Positivismo no discurso jurídico brasileiro.

[77] Mito, porque, como será demonstrado no momento oportuno, a *prática* jurídica da República de Weimar e do Estado Nazista estava muito distante de um suposto Positivismo Ideológico. Muito pelo contrário, a prática jurídica desses tempos conturbados era muito mais baseada numa concepção *material* do Direito, do que numa concepção formal.

INTRODUÇÃO

âmbito do Direito interno alemão, essa narrativa foi materializada por meio do "Argumento-Radbruch", uma tese que defende que a prática positivista de submissão acrítica à lei formal teria deixado os juristas alemães indefesos contra as leis criminosas do regime nazista (1.2.1.), e no âmbito do Direito Internacional, por meio do Argumento-Nuremberg, uma tese que sustenta que as defesas dos acusados pelos crimes nazistas foram baseadas em argumentos "positivistas" (1.2.2.). Esse ambiente de ataque ao Positivismo Jurídico e de valorização da especulação metafísica levou ao "renascimento" do Direito Natural (1950-1970), uma fase de *consolidação* da Lenda do Positivismo, em que o antipositivismo hegemônico dominou a teoria jurídica por meio do reconhecimento de um Direito Natural (1.3.), sendo finalmente reconhecido pela e incorporado na jurisprudência dos tribunais superiores alemães como uma "ordem objetiva de valores" (1.4.). No final da década de 1970, a situação do Positivismo Jurídico na Alemanha era de total descrédito, sendo possível afirmar que havia na época um verdadeiro consenso antipositivista na cultura jurídica alemã (1.5.).

O capítulo 2 será destinado à *refutação* da Lenda do Positivismo. Ao contrário do que se costuma acreditar, o período posterior à Segunda Guerra não foi um período de "reflexão" dos alemães sobre a sua culpa e sobre os crimes do regime nazista. Na verdade, foi uma época de preocupações mais básicas, como busca por comida e habitação, de modo que a preocupação com o presente deixava pouco espaço para reflexões sobre o passado (2.1.). Nesse capítulo serão apresentados os diversos problemas dos "Argumentos-Radbruch" (2.2.1) e "-Nuremberg" (2.2.2.), problemas esses normalmente ignorados pela narrativa consolidada da Lenda do Positivismo. Assentadas essas premissas, será analisada a situação real do Positivismo Jurídico na história da Alemanha (2.3.). A compreensão das circunstâncias históricas da sua origem pressupõe uma viagem ao século XIX (2.3.1. e 2.3.2.), enquanto a sua consolidação na cultura jurídica alemã pressupõe uma análise que se estende até o início do século XX (2.3.3.). Apenas depois dessa breve digressão histórica, cuja finalidade é apresentar um quadro geral da percepção da comunidade jurídica alemã acerca do Positivismo Jurídico, será possível, enfim, identificar se ela realmente "era a concepção dominante entre os juristas de Weimar e do Estado Nazista". Essa análise foi desdobrada em duas partes, uma dedicada à situação do Positivismo Jurídico durante a República de Weimar (2.3.4.) e a outra dedicada à sua situação durante a Ditadura Nazista (2.3.5.).

Já o capítulo 3 será destinado a demonstrar como o processo de *superação* da Lenda do Positivismo foi levado adiante na Alemanha. A premissa da qual parte a presente investigação é que o *Vergangenheitsbewältigung* não foi um simples «acerto de contas com o passado", por meio do qual a sociedade alemã, de forma envergonhada, refletiu sobre a sua culpa na barbárie nazista, mas sim um processo complexo dotado de um grande componente retórico, que serviu, inclusive, como uma oportunidade para que diversos dos culpados reescrevessem a própria história. O primeiro passo será demonstrar como o conhecimento estabelecido no período do pós-guerra começou a ser revisto na Alemanha no período compreendido entre 1965 e 1985, quando a continuidade de diversos elementos do Estado Nazista começou a ser denunciada (3.1.1. e 3.1.2.) e a Filosofia do Direito começou a ser "abandonada", dando origem ao renascimento e à primazia da Teoria do Direito na cultura jurídica alemã (3.1.3.). Embora o objetivo desse movimento não tenha sido reabilitar o Positivismo Jurídico, este acabou sendo um efeito secundário do processo que, de certa forma, está em curso até hoje (3.2.). Ao final desse capítulo serão apontados os motivos da enorme recepção da Lenda do Positivismo na Alemanha do período do pós-guerra (3.3.1.) e demonstrada a sua real função na cultura jurídica alemã nas duas primeiras décadas imediatamente posteriores ao fim da Ditadura Nazista (3.3.2.).

Ao final, há também um breve Epílogo, no qual serão apresentados alguns elementos para a refutação da *tese da legitimação*. Note-se, no entanto, que essa investigação final não será exaustiva e limitar-se-á a trazer algumas breves considerações sobre a conexão histórica entre o Positivismo Jurídico e a Democracia Liberal. Embora o Positivismo Jurídico não seja uma abordagem teórica comprometida conceitualmente com a ideia de Democracia Liberal, ele é, seguramente, a abordagem justeórica mais adequada ao seu desenvolvimento. Uma investigação mais ampla e detalhada desse tema ainda está à espera de um autor.

INTRODUÇÃO

Eventualmente, o texto contará com algumas notas sobre a situação da teoria jurídica no Brasil durante a Segunda República (1930-1937) e o Estado Novo (1937-1945), uma vez que há paralelos muito interessantes da sua história com a história das ideias juspolíticas na República de Weimar.[78] Essas inserções não serão exaustivas e terão por intuito, exclusivamente, enriquecer a experiência do leitor.

---

[78] Com a Revolução de 1930, instaura-se o Governo Provisório de Getúlio Vargas. Uma nova constituinte é convocada e o seu resultado é a Constituição de 1934, uma legítima representante da tradição liberal-democrata do seu tempo, que previa uma extensa lista de garantias individuais e diversos direitos sociais. Essa experiência constitucional brasileira foi brevíssima. Já em 1935 foi promulgada a Lei de Segurança Nacional, que, na prática, suprimia diversas garantias liberais e concentrava amplos poderes nas mãos do Presidente da República. No dia 10 de novembro de 1937, Getúlio Vargas determina o fechamento do Congresso Nacional e outorga uma nova Constituição, que ficou conhecida como "a Polaca", por ter sido inspirada na Constituição polonesa de 1935. A Constituição brasileira de 1937 iniciou o período do constitucionalismo autoritário brasileiro, já que concentrava todas as funções do Estado nas mãos do Presidente da República e permitia-lhe nomear livremente interventores para os Estados federativos. Um livro recentemente publicado no Brasil traz uma excelente análise das ideias juspolíticas do Estado Novo, e deixa clara a inspiração dos ideólogos do regime varguista nos autores autoritários da República de Weimar. ROSENFIELD, Luis. *Revolução Conservadora:* genealogia do constitucionalismo autoritário brasileiro (1930-1945). Porto Alegre: ediPUCRS, 2021.

CAPÍTULO I

A FORMAÇÃO DA LENDA DO POSITIVISMO

A rejeição da teoria jurídica por muitos juristas é apenas um indício de que eles não percebem ou não estão dispostos a examinar criticamente as bases de seu próprio trabalho.

Eric Hilgendorf[79]

1.1 "Faça-se a luz!": a destruição e o recomeço de uma nação

No último dia do ano de 1944, exatamente à meia-noite, as rádios alemãs transmitiram uma mensagem de ano novo de Hitler ao povo alemão. Nessa mensagem, que também foi publicada no dia seguinte na capa de todos os jornais do país, o *Führer* demonstrava "a fé e a confiança

---

[79] "*Die Ablehnung der Rechtstheorie durch viele Juristen ist nur ein Indiz dafür, dass sie nicht willens oder nicht in der Lage sind, sich die Grundlagen ihrer eigenen Arbeit bewußt zu machen und sie kritisch zu prüfen*". HILGENDORF, Eric. *Die Renaissance der Rechtstheorie zwischen 1965 und 1985.* Würzburg: Ergon-Verl, 2005, p. 20.

inabaláveis de que estava chegando a hora em que a vitória finalmente viria para aquele que a merece acima de todos: o Grande Reich Alemão".[80] A reação popular a essa mensagem foi extremamente positiva. O povo alemão estava confiante na iminente vitória.[81]

Menos de três meses depois, as chances de vitória na guerra eram praticamente nulas. O sentimento incontido de que a Alemanha finalmente marchava para a derradeira vitória deu lugar a um pessimismo generalizado. A esperança havia desaparecido. A grande ofensiva soviética havia determinado de forma irreversível a sorte do 3º Reich. A *Wehrmacht* sofrera, apenas no mês de janeiro, cerca de 450 mil baixas. A batalha por Stalingrado estava perdida. Com essa derrota, a última centelha de esperança da Alemanha, acendida pela mensagem de final de ano de Hitler, estava definitivamente apagada.[82]

Em 7 de maio de 1945 acontecia o que ninguém teria ousado imaginar: a *Wehrmacht* rendeu-se incondicionalmente e os exércitos aliados ocuparam toda a Alemanha. No lugar da vitória em que Hitler dizia ter uma "confiança inabalável",[83] os alemães testemunharam a derrota total. Na história do mundo moderno, nenhum país fora derrotado de forma tão contundente e completa quanto a Alemanha nazista.[84] É muito difícil dimensionar corretamente o choque existencial ocasionado pela derrota numa guerra na qual a vitória era tida como certa menos de seis meses antes.

---

[80] "*In dieser Stunde will ich daher als Sprecher Großdeutschlands gegenüber dem Allmächtigen das feierliche Gelöbnis ablegen, daß wir treu und unerschütterlich unsere Pflicht auch im neuen Jahr erfüllen werden, des felsenfesten Glaubens, daß die Stunde kommt, in der sich der Sieg endgültig dem zuneigen wird, der seiner am würdigsten ist, dem Großdeutschen Reiche*". MICHAELIS, Herbert. *Ursachen und Folgen*: Vom deutschen Zusammenbruch 1918 und 1945 bis zur staatlichen Neuordnung in der Gegenwart. Berlim: Wendler & Co., 1976, pp. 319 e ss.

[81] BESSEL, Richard. *Germany 1945*: From war to peace. Nova York: Simon & Schuster, 2010, p. 1.

[82] BESSEL, Richard. *Germany 1945*: From war to peace. Nova York: Simon & Schuster, 2010, p. 2.

[83] Idem, pp. 2 e ss.

[84] Idem, pp. 2 e ss.

CAPÍTULO I – A FORMAÇÃO DA LENDA DO POSITIVISMO

Como se não bastasse, depois de submeter os povos em todo o continente europeu a uma violência terrível, as atrocidades praticadas pelo nacional-socialismo foram enfim reveladas e os alemães foram expostos à sua própria barbárie. Não havia precedentes para compreender a escala dos atos de opressão praticados e dos assassinatos em massa cometidos pelo regime nazista contra vários grupos étnicos, políticos e sociais na Europa. Os "crimes inefáveis" da "catástrofe alemã"[85] deixaram para trás "um imenso trauma moral, de tal modo que é impossível, mesmo décadas depois de sua morte, olhar para o ditador alemão e seu regime com qualquer traço de aprovação ou admiração, mas apenas com repúdio e condenação".[86]

No fim do ataque nazista aos "fundamentos da civilização",[87] a Alemanha estava política, social, econômica e moralmente em ruínas. O buraco de onde os alemães tiveram que sair era bem profundo. Durante décadas

> historiadores examinaram, com impressionante minúcia, a trajetória catastrófica da Alemanha da primeira metade do século XX, com a finalidade de explicar como um país desenvolvido, uma nação culta, pode abandonar valores democráticos e civilizados, desencadear uma violência racista e guerras brutais de pilhagens, bem como organizar campanhas de matança coletiva sem paralelo na história humana.[88]

Em resumo, era uma busca que visava explicar como a Europa Central, depois de períodos de Renascença e Iluminismo, mergulhou no abismo do ódio, da violência, da guerra, da tirania e do genocídio.[89]

---

[85] *"Die Verbrechen waren unaussprechlich"* / *"Der Nationalsozialismus wurde als deutsche Katastrophe behandelt"*. BUDE, Heinz. "Die Erinnerung der Generationen". *In*: KÖNIG, H.; WÖLL, A. (Coord.). *Vergangenheitsbewältigung am Ende des zwanzigsten Jahrhunderts*. Opladen: Westdt.-Verl., 1998, p. 74.
[86] KERSHAW, Ian. *Hitler 1936-1945:* Nemesis. Nova York: W.W. Norton, 2001, p. 17.
[87] KERSHAW, Ian. *Hitler 1889-1935:* Hubris. Toronto: Penguin Books, 2001, p. 30.
[88] BESSEL, Richard. *Germany 1945*: From war to peace. Nova York: Simon & Schuster, 2010, p. 3.
[89] Essa é uma pergunta para a qual não existe uma resposta simples. Há diversas hipóteses formuladas pela historiografia para explicar como os alemães, um povo altamente

O ano de 1945 foi considerado como o *marco zero (Stunde Null)*[90] da construção de uma nova Alemanha. Aliás, por meio dessa expressão corrente na sociologia[91] e na historiografia[92] alemã, pretende-se exatamente designar um *recomeço* da história, sem qualquer vínculo com a história precedente. A ideia é que o fim do Estado Nazista teria provocado uma revolução tão radical e completa na sociedade alemã que não haveria qualquer continuidade entre a República Federal da Alemanha e seu sistema político antecessor. Se

---

instruído (ainda mais para os padrões da época), puderam endossar a barbárie nazista. A explicação utilizada como ponto de partida desta investigação é a da "virada voluntarista" (*Zustimmungsthese*), a saber, a hipótese de que houve uma convergência de fatores (nacionalismo, idealismo, ideologia *völkisch*, militarismo, sociedade hierarquizada, sentimento de humilhação e o ressentimento com as cláusulas do Tratado de Versailles etc.) que levaram uma parte considerável do povo alemão voluntariamente à radicalização e ao apoio ao nazismo. No entanto, outras hipóteses ajudam a construir um cenário mais completo e fidedigno. A "violência" contra os dissidentes do regime certamente desempenhou um papel relevantíssimo na sua consolidação e manutenção. Outros fatores de "ordem prática" (medo de perder emprego, crise econômica etc.) também desempenharam um papel importante e não devem ser ignorados. A massiva propaganda criada pelo regime também desempenhou um papel relevante na sua legitimação e seu impacto não deve, por isso, ser subestimado. Por fim, não pode ser esquecido que o sistema oferecia diversos *nudges* e benefícios econômicos e sociais àqueles que apoiassem o regime. Um bom panorama de todas essas causas – bem como a problematização de cada uma delas – pode ser encontrado aqui: EVANS, Richard J. *The Third Reich in history and memory*. Nova York: Oxford University Press, 2015, em especial os capítulos 7 e 8. Ainda sobre o tema: ALY, Götz. (Coord.) *Volkes Stimme*: Skepsis und Führervertrauen im Nationalsozialismus; ELIAS, Norbert. *Studien über die Deutschen*: Machtkämpfe und Habitusentwicklung im 19 und 20 Jahrhundert. vol. 11, Frankfurt: Suhrkamp, 2005 (Gesammelte Schriften); FRITZSCHE, Peter. *German into Nazis*. Cambridge: Harvard University Press, 1998; FRITZSCHE, Peter. *Life and Death in the Third Reich*. Cambridge: Harvard University Press, 2008.; GELLATELY, Robert. *Hingeschaut und weggesehen*: Hitler und sein Volk. München: DTV, 2004.; GOLDHAGEN, Daniel. *Hitlers willige Vollstrecker*. München: Goldmann, 2000.; Kershaw, Ian. *Der Hitler-Mythos*: Führerkult und Volksmeinung. Stuttgart: DVA, 1999.

90 A origem é uma referência expressa a 8 de maio de 1945, dia imediatamente posterior à rendição incondicional da *Wehrmacht* e o colapso total do Estado Nazista.

91 Sobre o tema: GERHARDT, Uta. *Soziologie der Stunde Null*: zur Gesellschaftskonzeption des amerikanischen Besatzungsregimes in Deutschland (1944-1945/1946). Frankfurt: Suhrkamp, 2005.

92 Sobre o tema: BRAUN, Hans; GERHARDT, Uta; HOLTMANN, Everhard. *Die lange Stunde Null*: Gelenkter sozialer Wandel in Westdeutschland nach 1945. Baden-Baden: Nomos, 2007.

CAPÍTULO I – A FORMAÇÃO DA LENDA DO POSITIVISMO

o ano de 1945 efetivamente representa esse pretenso recomeço da história alemã ainda é um tema em aberto, sobre o qual discutem intensamente historiadores, sociólogos e cientistas políticos,[93] e que será devidamente abordada mais adiante (itens 2.1. e 3.1.). O fato é que o trauma do conflito e a grande desordem social instaurada após o seu término deixaram nos alemães um desejo inadiável por ordem e normalidade.[94]

Inicia-se, assim, o processo designado por *Vergangenheitsbewältigung,* termo dotado de diversos significados filosóficos e históricos, mas que pode ser definido genericamente como uma espécie de "acerto de contas com o passado". Este conceito, central para toda a ciência social alemã pós-1945, diz respeito a uma discussão pública que ocorreu – e de certa forma ainda ocorre – na Alemanha e cujo objetivo era superar os eventos traumáticos do nazismo. Este debate parte do reconhecimento dos crimes cometidos pelos alemães durante o Nacional-Socialismo e trouxe, como consequência, a reflexão sobre a responsabilidade individual e coletiva (*Schuldfrage*)[95] e a promessa de redemocratização do país e das instituições (*Entnazifizierung*).[96]

---

[93] "Se o ano de 1945 foi um ponto de virada na história alemã, não está realmente claro. Historiadores, cientistas políticos e sociólogos discutem se o ano de 1945 foi ou não esse ponto de ruptura". / "*Ob das Jahr 1945 eine Wende der deutschen Geschichte war, ist abschließend bis heute nicht geklärt. Historiker, Politologen und Soziologen diskutieren, ob das Jahr 1945 eine Zäsur war*". GERHARDT, Uta. *Soziologie der Stunde Null*: Zur Gesellschaftskonzeption des amerikanischen Besatzungsregimes in Deutschland (1944-1945/1946). Frankfurt: Suhrkamp, 2005, p. 12.

[94] BESSEL, Richard. *Germany 1945*: From war to peace. Nova York: Simon & Schuster, 2010, pp. 338 e ss.

[95] Karl Jaspers foi um dos filósofos que iniciaram esse debate. Num texto clássico, lançado em 1945, ele aponta quatro possíveis espécies de culpa: a) culpa *criminal*, que se configura pela realização de condutas descritas como crime em regras objetivas; b) culpa *política*, decorrente do vínculo de cidadania do indivíduo com o Estado; c) culpa *moral*, que é a responsabilidade moral que todo indivíduo deve suportar diante de suas próprias condutas; e d) culpa *metafísica*, que decorre do vínculo de solidariedade entre pessoas enquanto pessoas, por serem todas corresponsáveis por todas as incorreções e injustiças do mundo. Para o autor, a culpa coletiva de um povo somente pode ser de natureza política. JASPERS, Karl. Die Schuldfrage: von der politischen Haftung Deutschlands. Munique: Piper, 2012 [1945], pp. 19 e ss.

[96] BATTIS, Ulrich; JAKOBS, Günther; JESSE, Eckhard; ISENSEE, Josef. *Vergangenheitsbewältigung durch Recht*: drei Abhandlungen zu einem deutschen

É realmente difícil dimensionar o choque existencial ocasionado pela derrocada do "Reich de mil anos" e pela descoberta das atrocidades praticadas em seu nome. A guerra total terminou com um colapso total. Não só as cidades foram destruídas: todas as áreas da vida política, econômica, social e cultural tornaram-se campos de entulho. No campo da ciência, "muitos edifícios orgulhosos se tornaram uma ruína. Uma visão do mundo havia vacilado e quebrado, mas as paredes que caíam não enterravam toda a vida entre si".[97] A Alemanha, as suas instituições e o seu sistema jurídico precisavam ser reconstruídos em bases completamente novas. A superação do domínio do terror "pressupunha uma nova regulação da convivência social de homens e grupos segundo os padrões de Justiça".[98] Uma direção segura que permitisse ao povo alemão deixar os traumas do totalitarismo, da guerra e da destruição definitivamente para trás e que possibilitasse o retorno das condições mínimas de estabilidade e normalidade era algo urgente.

A tarefa da Ciência do Direito (*Rechtswissenschaft*) era exatamente essa: compreender como as instituições não foram capazes de resistir à escalada totalitária em Weimar e identificar as causas da "perversão do Direito" (*Rechtsperversion*) durante a Ditadura Nazista. Essa necessidade de "acertar as contas com o passado", de regenerar as ciências jurídicas e de prevenir novos ataques a valores fundamentais da humanidade daria origem a um ataque generalizado e sistemático ao Positivismo Jurídico, que seria responsabilizado por todo o mal ocorrido na primeira metade do século XX. Essa narrativa que imputou ao Positivismo Jurídico toda a responsabilidade pelo desastre da história recente da Alemanha foi desenvolvida e consolidada durante todo o período do pós-guerra

---

Problem. Berlim: Duncker & Humblot, 1992, p. 716.

[97] "*Nicht nur in den Städten, auch auf dem Gebiet der Wissenschaften war manches stolze Gebäude zur Ruine geworden. Ein Weltbild war ins Wanken geraten und zerbrochen; aber seine stürzenden Mauern hatten nicht alles Leben unter sich begraben*". SCHELAUSKE, Hans Dieter. *Naturrechtsdiskussion in Deutschland*: ein Überblick über zwei Jahrzehnte (1945-1965). Köln: Bachen, 1968, p. 13.

[98] "*Die Überwindung der Unrechtsherrschaft setzte eine neue Regelung des sozialen Zusammenlebens der Menschen und Gruppen nach den Maßstäben der Gerechtigkeit voraus*". Idem, p. 13.

CAPÍTULO I – A FORMAÇÃO DA LENDA DO POSITIVISMO

(1945-1965) sem qualquer contestação relevante. É exatamente a história da Lenda do Positivismo que será contada a seguir.

1.2 A pré-história da Lenda do Positivismo

Ao final da guerra, o cenário na Alemanha era desolador. Metade da sua superfície habitada foi bombardeada, a maior parte das rotas estavam inutilizáveis e os suprimentos de todo o tipo eram escassos. Milhões de pessoas ficaram sem água, gás ou eletricidade por um longo tempo, e o rigoroso inverno de 1946/1947 tornou as coisas ainda piores.

Mas a destruição não se deu exclusivamente no plano material. Não apenas as cidades, mas o Estado, suas instituições e seu sistema jurídico também estavam em ruínas. A formação do Conselho de Controle Aliado (*Alliierter Kontrollrat*) em 30 de julho de 1945, que tinha por objetivo organizar a ocupação e a reconstrução da Alemanha, não impediu o caos. Mesmo com os Tribunais e demais órgãos públicos desestruturados ou simplesmente destruídos, a resolução de questões jurídicas cotidianas não podia esperar. A necessidade de preencher o "vácuo jurídico"[99] deixado pelo fim do Estado Nazista era urgente e improrrogável.

A revisão e a busca por um novo fundamento do Direito tiveram duas frentes, ambas pretendendo demonstrar que o Positivismo Jurídico serviu como instrumento acrítico de legitimação do Estado Nazista. De um lado, uma série de publicações de Gustav Radbruch introduziu no imaginário coletivo a ideia de que a "arraigada formação positivista teria deixado os juristas alemães indefesos contra as leis criminosas do Nazismo" (item 1.2.1.). Paralelamente, os julgamentos dos principais oficiais nazistas pelo Tribunal de Nuremberg deixavam claro que o Positivismo Jurídico, com o seu culto à lei formal, foi o principal instrumento da "Perversão do Direito" (item 1.2.2.).

---

[99] FOLJANTY, Lena. *Recht oder Gesetz*: juristische Identität und Autorität in den Naturrechtsdebatten der Nachkriegszeit. Tübingen: Mohr, 2012, p. 51.

1.2.1 Argumento-Radbruch

A (falsa) ideia de que o regime nazista, por força de uma legalidade estrita, impôs aos juristas uma obediência incondicional a qualquer norma editada pelo Estado, e que esses mesmos juristas, devido a uma "arraigada formação positivista", não tinham os instrumentais teóricos e dogmáticos necessários para combater tais normas arbitrárias e criminosas, tem sua origem mais remota em alguns dos trabalhos de Gustav Radbruch (1878-1949).[100] Esses trabalhos inauguraram os debates jusfilosóficos na Alemanha no pós-guerra[101] e tiveram um impacto decisivo sobre a recepção – ou não – pela República Federal da Alemanha das normas e atos executivos editados pelo Estado Nazista,[102] bem como sobre estudos posteriores acerca do sistema legal nacional-socialista.[103]

Católico fervoroso[104] e social-democrata militante, Radbruch foi sem dúvidas um dos juristas alemães mais influentes do século XX.[105] Em 1918, filiou-se ao SPD (*Sozialdemokratischen Partei Deutschlands*).

---

[100] SANDKÜHLER, Hans Jörg. *Nach dem Unrecht*: Plädoyer für einen neuen Rechtspositivismus. Freiburg: Verlag, 2015, p. 49.

[101] HERBE, Daniel. *Hermann Weinkauff (1894-1981)*: der erste Präsident des Bundesgerichtshofs. Tübingen: Mohr, 2008, pp. 117 e ss.

[102] PAULSON, Stanley L. "On the Background and Significance of Gustav Radbruch's Post-War Papers". *Oxford Journal of Legal Studies*. vol. 26, p. 18, 2006. Doi:10.1093/ojls/gqi043.

[103] DREIER, Horst. "Die Radbruchsche Formel: Erkenntnis oder Bekenntnis?". *In*: MAYER, H.; WALTER, R. (Coord.). *Staatsrecht in Theorie und Praxis*: Festschrift Robert Walter zum 60 Geburtstag. Viena: Manz, 1991, p. 117.

[104] Ao final guerra Radbruch chega a defender, por exemplo, que o Estado Eclesiástico do Vaticano, sob a liderança do Papa, fosse o ponto de partida de futura ordenação jurídica internacional, sendo reconhecido como uma espécie de "árbitro" espiritual nas disputas e conflitos internacionais. RADBRUCH, Gustav. "Vorschule der Rechtsphilosophie". *In*: KAUFMANN, A. (Coord.). *Rechtsphilosophie*. Gesamtausgabe Gustav Radbruch, vol. 3. Heidelberg: Müller, 1990 [1948], p. 171.

[105] DREIER, Horst. "Die Radbruchsche Formel: Erkenntnis oder Bekenntnis?". *In*: MAYER, H.; WALTER, R. (Coord.). *Staatsrecht in Theorie und Praxis*: Festschrift Robert Walter zum 60 Geburtstag. Viena: Manz, 1991, p. 117.

CAPÍTULO I – A FORMAÇÃO DA LENDA DO POSITIVISMO

Durante a República de Weimar, ocupou o cargo de Ministro da Justiça por dois períodos consecutivos (1921-1923). Depois de recusar um terceiro convite para o mesmo cargo, retornou a Heidelberg, local onde já tinha ocupado o cargo de *"außerordentlicher Professor"* entre 1910 e 1914. Em 1926 assume o cargo de *"ordentlicher Professor"* da Cátedra de Filosofia do Direito e de Direito Penal[106] e desenvolve uma rica e diversificada produção acadêmica, dentre as quais se destaca a 3ª edição do seu livro Filosofia do Direito (*Rechtsphilosophie*).[107] Em 8 de maio de 1933, com fundamento na Lei da Restauração do Serviço Público (*Gesetz zur Wiederherstellung des Berufsbeamtentums*), é declarado como "politicamente não confiável"[108] e afastado da sua cátedra. Salvo por um período de dois anos (1935-1936) que passou em Oxford, permaneceu em Heidelberg numa espécie de "exílio interno"[109] durante todo o domínio nazista.

Imediatamente após ao término da guerra, Radbruch retoma sua cátedra em Heidelberg e segue lecionando até 23 de novembro de 1949, data da sua morte. Nesse curto período de quatro anos após o término da guerra, Radbruch publica uma série de escritos sobre Filosofia do Direito,[110] vários deles com ataques diretos ao Positivismo Jurídico. Esses

---

[106] Até aqui, todas as informações sobre a vida de Radbruch foram retiradas de: KAUFMANN, Arthur. *Gustav Radbruch*: Rechtsdenker, Philosoph, Sozialdemokrat. Munique: Piper, 1987.

[107] Gustav Radbruch inicia a sua carreira científica no campo do Direito Penal. Sua primeira contribuição significativa à Filosofia do Direito foi realizada em 1914, o *Princípios da Filosofia do Direito* (*Grundzüge der Rechtsphilosophie*), que se tornou a base da sua teoria jurídica. Já o núcleo do seu sistema jusfilosófico encontra-se no seu *Filosofia do Direito* (*Rechtsphilosophie*), cuja terceira edição data de 1932, e nada mais é do que uma versão estendida e retrabalhada da obra de 1914. RADBRUCH, Gustav. *Rechtsphilosophie*. 3ª ed. *In*: KAUFMANN, A. (Coord.). *Rechtsphilosophie*. Gesamtausgabe Gustav Radbruch. vol. 2, Heidelberg: Müller, 1993, pp. 206 e ss.

[108] PAULSON, Stanley L. *"Radbruch on Unjust Laws*: Competing Earlier and Later Views?". *Oxford Journal of Legal Studies*. vol. 15, p. 489, 1995. Doi:10.1093/ojls/15.3.489.

[109] Idem, p. 489.

[110] RADBRUCH publicou cerca de 70 pequenos escritos no período pós-guerra. Idem, p. 489.

escritos, por sua vez, são os primeiros registros relevantes[111] a culpar clara e diretamente o Positivismo Jurídico pela conivência dos juristas alemães com as atrocidades cometidas pelo regime nazista. Além de ser o grande percursor do renascimento do Direito Natural no pós-guerra,[112] Radbruch também pode ser apontado como o "pai-fundador" da Lenda do Positivismo,[113] que seria nas décadas seguintes amplamente absorvida pela comunidade jurídica alemã, tornando-se a base para a discussão jusfilosófica da Injustiça Nazista e para o desenvolvimento posterior do Direito alemão.

1.2.1.1 "A culpa é do Positivismo Jurídico!"

Em 12 de setembro de 1945, isto é, menos de quatro meses após a rendição incondicional da *Wehrmacht*, é publicado na *Rhein-Neckar-Zeitung* um artigo que Radbruch já havia divulgado entre os seus

---

[111] Não se descarta, aqui, a possibilidade de existência de trabalhos anteriores que apontem conexões abstratas do *Positivismo Jurídico* com o *totalitarismo* na literatura de língua alemã. Em 1943 o teólogo suíço Emil Brunner já afirmava, por exemplo, que "o Estado Totalitário nada mais é do que a implementação do Positivismo Jurídico na prática política" (*Der totale Staat ist nicht anders als der in politische Praxis umgesetzte Rechtspositivismus*). Essa conexão teria, todavia, uma natureza teórica, abstrata, e não prática, concreta, direcionada contra o relativismo axiológico iniciado pelo Iluminismo e aperfeiçoado pelo Positivismo em geral, que ameaçavam a ideia de Justiça imanente ao projeto da cristandade. As seguintes palavras de Brunner parecem confirmar essa interpretação: "No Iluminismo começou a sua destruição (...). Mas apenas o Positivismo do século XIX, através da negação de toda metafísica e sobre-humanidade, concluiu por completo a troca da ideia [cristã] de justiça pela proclamação da relatividade de toda e qualquer concepção de justiça". / "*In der Aufklärung beginnt ihre Zerstörung (...). Aber erst der Positivismus des neunzehnten Jahrhunderts hat mit seiner Leugnung alles Metaphysisch-Uebermenschlichen die Zersetzung der [christlichen] Gerechtigkeitsidee durch die Proklamation der Relativität aller Gerechtigkeitsanschauungen vollendet*". In: BRUNNER, Emil. *Gerechtigkeit*. Zurique: Zwingli-Verlag, 1943, pp. 6 e ss.

[112] RÜTHERS, Bernd. "Recht oder Gesetz? Gründe und Hintergründe der 'Naturrechtsrenaissance' – zugleich eine Besprechung zu Lena Foljanty: Recht oder Gesetz". *JuristenZeitung*, vol. 68, p. 824, 2013.

[113] HERBE, Daniel. *Hermann Weinkauff (1894-1981)*: Der erste Präsident des Bundesgerichtshofs. Tübingen: Mohr, 2008, p. 118.

CAPÍTULO I – A FORMAÇÃO DA LENDA DO POSITIVISMO

estudantes: o "Cinco Minutos de Filosofia do Direito" (*Fünf Minuten Rechtsphilosophie*). Nesse breve, mas enfático artigo, Radbruch lança o seu primeiro ataque ao Positivismo Jurídico e assenta as bases fundamentais da Lenda do Positivismo. Eis suas palavras:

> Ordens são ordens, dizem os soldados. Lei é lei, diz o jurista. Mas enquanto o dever de obediência do soldado cessa quando ele sabe que a ordem tem por finalidade o cometimento de um crime ou delito, o jurista não reconhece exceções à validade da lei e à obediência por parte de seus destinatários. Os jusnaturalistas desapareceram há cerca de cem anos. A lei é válida porque é uma lei. E é uma lei quando ela tem o poder de se impor. Esta concepção da lei e sua aplicação (chamamos-lhe de Positivismo Jurídico) deixou os juristas e o povo indefesos contra as leis cada vez mais arbitrárias, cruéis e criminosas. O Positivismo Jurídico equipara Direito a Poder; apenas onde há Poder, há Direito.[114]

No ano seguinte (1946) Radbruch publica, em forma de artigo, o seu discurso proferido na cerimônia de reabertura da Faculdade de Direito de Heidelberg. Neste artigo, denominado "Renovação do Direito" (*Erneuerung des Rechts*), Radbruch novamente imputa ao Positivismo Jurídico a culpa pela impotência e falta de arsenal metodológico dos juristas alemães diante das "leis criminosas" editadas pelo Regime Nacional-Socialista.

---

114 "*Befehl ist Befehl, heißt es für den Soldaten. Gesetz ist Gesetz, sagt der Jurist. Während aber für den Soldaten Pflicht und Recht zum Gehorsam aufhören, wenn er weiß, daß der Befehl ein Verbrechen oder ein Vergehen bezweckt, kennt der Jurist, seit vor etwa hundert Jahren die letzten Naturrechtler unter den Juristen ausgestorben sind, keine solche Ausnahmen von der Geltung des Gesetzes und vom Gehorsam der Untertanen des Gesetzes. Das Gesetz gilt, weil es Gesetz ist, und es ist Gesetz, wenn es in der Regel der Fälle die Macht hat, sich durchzusetzen. Diese Auffassung vom Gesetz und seiner Geltung (wir nennen sie die positivistische Lehre) hat die Juristen wie das Volk wehrlos gemacht gegen noch so willkürliche, noch so grausame, noch so verbrecherische Gesetze. Sie setzt letzten Endes das Recht der Macht gleich, nur wo die Macht ist, ist das Recht*". RADBRUCH, Gustav. "Fünf Minuten Rechtsphilosophie". *In*: KAUFMANN, A. (Coord.). *Rechtsphilosophie*. Gesamtausgabe Gustav Radbruch. vol. 3, Heidelberg: Müller, 1990 [1945], p. 78.

> Nós olhamos para trás, para uma época em que as leis deviam servir à injustiça, para sancionar o crime. A concepção dominante entre os Juristas alemães, o Positivismo Jurídico, concedeu a quaisquer leis a natureza de Direito diante de sua simples validade e os deixou indefesos contra as leis injustas e criminosas. Precisamos refletir sobre os direitos humanos que estão acima de todas as leis, sobre o Direito Natural que nega às leis hostis à Justiça qualquer validade.[115]

Ainda no ano de 1946, Radbruch publicou o texto "Injustiça Legal e Direito Supralegal" (*Gesetzliches Unrecht und übergesetzliches Recht*), um dos seus escritos mais conhecidos. Este texto é, certamente, a referência mais importante da construção da Lenda do Positivismo.[116]

> Por meio de dois princípios o Nacional-Socialismo sabia como controlar seus subordinados, em especial os soldados e os juristas. De um lado, "ordens são ordens"; do outro, "lei é lei". O princípio "ordens são ordens" nunca foi considerado totalmente válido. O dever de obediência cessa diante de ordens para fins criminosos (Parágrafo 47 do Código Militar Alemão de 1940). O princípio 'lei é lei', por outro lado, não sofreu qualquer restrição. Ele era a expressão do pensamento jurídico positivista, quase incontestado durante décadas pelos juristas alemães. A injustiça legal era algo como o direito supralegal: uma contradição em termos.[117]

---

[115] "*Wir blicken zurück auf eine Zeit, in der die Gesetze selbst dazu dienen mußten, die Ungerechtigkeit, ja das Verbrechen zu sanktionieren. Die unter den deutschen Juristen herrschende Auffassung: der Positivismus, der jedem ordnungsmäßig entstandenen Gesetze den Charakter des Rechts und die Geltung zugestand, war solchen ungerechten und verbrecherischen Gesetzen gegenüber wehrlos. Wir müssen uns wieder besinnen auf die Menschenrechte, die über allen Gesetzen stehen, auf das Naturrecht, das gerechtigkeitsfeindlichen Gesetzen die Geltung versagt*". RADBRUCH, Gustav. "Erneuerung des Rechts". *In*: KAUFMANN, A. (Coord.). *Rechtsphilosophie*. Gesamtausgabe Gustav Radbruch. vol. 3, Heidelberg: Müller, 1990 [1946], p. 80.

[116] Além de ser a referência mais importante da origem e desenvolvimento da Lenda do Positivismo, esse artigo apresenta a famosa "Fórmula de Radbruch". Ela será apresentada e discutida no momento oportuno.

[117] "*Mittels zweier Grundsätze wußte der Nationalsozialismus seine Gefolgschaft, einerseits die Soldaten, andererseits die Juristen, an sich zu fesseln: 'Befehl ist Befehl' und 'Gesetz ist Gesetz'*".

CAPÍTULO I – A FORMAÇÃO DA LENDA DO POSITIVISMO

Também em "Lei e Direito" (*Gesetz und Recht*), publicado em 1947, Radbruch atribui ao Positivismo Jurídico a reponsabilidade pelo estado de apatia dos juristas durante o nacional-socialismo. Além disso, tenta demonstrar que apenas a injustiça legal somente pode ser compreendida a partir da ideia de um Direito Supralegal. Eis suas palavras:

> Lei e Direito. Temos aqui duas palavras que sempre pensamos como expressões equivalentes. Toda lei era para nós Direito e todo Direito era lei. A ciência do Direito nada mais é do que interpretação das leis e a Jurisprudência nada mais é do que aplicação do Direito. Nós nos chamávamos positivistas. E o Positivismo Jurídico, que em síntese reconhece toda lei como Direito, é o culpado pela complacência da ciência jurídica alemã nos anos do Nacional-Socialismo. O Positivismo deixou-nos indefesos contra a injustiça, uma vez que apenas a forma da lei deve ser levada em conta. Temos que entender que *é possível uma injustiça em forma de lei, uma injustiça legal. E somente é possível entender o que efetivamente é o Direito a partir do parâmetro supralegal, seja a partir do Direito Natural, das leis divinas ou das leis da razão. Todas estas formas de Direito supralegal podem tomar a forma de leis.*[118]

Der Grundsatz 'Befehl ist Befehl' hat nie uneingeschränkt gegolten. Die Gehorsamspflicht hörte bei Befehlen zu verbrecherischen Zwecken des Befehlenden auf (MStrGB § 47). Der Grundsatz 'Gesetz ist Gesetz' kannte dagegen keine Einschränkung. Er war der Ausdruck des positivistischen Rechtsdenkens, das durch viele Jahrzehnte fast unwidersprochen die deutschen Juristen beherrschte. Gesetzliches Unrecht war deshalb ebenso wie übergesetzliches Recht ein Widerspruch in sich". RADBRUCH, Gustav. "Gesetzliches Unrecht und übergesetzliches Recht". *In*: KAUFMANN, A. (Coord.). *Rechtsphilosophie*. Gesamtausgabe Gustav Radbruch. vol. 3, Heidelberg: Müller, 1990 [1946], p. 83.

118 "'*Gesetz und Recht', in dieser Redewendung hatten wir immer in zwei Worten dasselbe zu sagen geglaubt. Jedes Gesetz war uns Recht und alles Recht Gesetz, Rechtswissenschaft nichts anderes als Gesetzesauslegung und Rechtsprechung ausschließlich Gesetzesanwendung. Wir nannten uns Positivisten, und der Positivismus, die ausschließliche Anerkennung des Gesetzes als Recht, ist die Schuld, welche die deutsche Rechtswissenschaft mitzutragen hat an dem Rechtszustand der nationalsozialistischen Jahre. Denn der Positivismus hat uns wehrlos gemacht gegenüber dem Unrecht, sofern es nur die Form des Gesetzes anzunehmen verstand. Wir haben einsehen müssen, daß es ein Unrecht in der Form des Gesetzes gibt, ein 'gesetzliches Unrecht', und daß nur an dem Maßstab eines übergesetzlichen Rechts ermessen werden kann, was Recht ist, mag man dieses Recht über allen Gesetzen nun Naturrecht, göttliches Recht oder Vernunftrecht nennen. Auch dieses übergesetzliche Recht kann Gesetzform*

Também em 1947 é publicado o artigo "A renovação do Direito" (*Die Erneuerung des Rechts*), onde o Positivismo Jurídico, pensamento "ultrapassado", mas pretensamente "dominante" no meio jurídico alemão, é o responsável por levar os juristas a reconhecerem a juridicidade das leis injustas. Confira-se:

> Na tentativa de restaurar o respeito pelo Direito tem o jurista alemão uma tarefa, que parece ser mais importante que todas as outras. Durante os doze anos de ditadura, diversos os governantes deram ao crime e à injustiça a forma de lei. Até mesmo o assassinato deve ser fundado numa lei, ainda que sob a forma de uma lei secreta, não promulgada e monstruosa. A concepção ultrapassada de Direito, que há décadas domina de forma incontestável o pensamento jurídico alemão, bem como o seu ensinamento de que 'lei é lei', foi impotente contra a injustiça sob a forma da lei. Os defensores desta doutrina foram forçados a reconhecer qualquer lei como Direito, até mesmo as mais injustas.[119]

Em 1948 é publicado seu livro *Curso Elementar de Filosofia do Direito* (*Vorschule der Rechtsphilosophie*), baseado nas transcrições de algumas de suas aulas feitas por dois alunos. Esse texto, assim como os anteriores,

---

annehmen". RADBRUCH, Gustav. "Gesetz und Recht". *In*: KAUFMANN, A. (Coord.). *Rechtsphilosophie. Gesamtausgabe Gustav Radbruch.* vol. 3, Heidelberg: Müller, 1990 [1947], p. 96.

[119] "(...) neben der Wiederherstellung der Achtung vor dem Gesetz hat der deutsche Jurist (...) eine (...) Aufgabe, die zu jener ersten fast in einem Gegensatz zu stehen scheint. Vielfältig haben die Machthaber der zwölf jährigen Diktatur dem Unrecht, ja dem Verbrechen die Form des Gesetzes gegeben. Sogar der Anstaltsmord soll durch ein Gesetz untergründet gewesen sein, freilich in der monströsen Form eines unveröffentlichten Geheimgesetzes. Die überkommene Auffassung des Rechts, der seit Jahrzehnten unter den deutschen Juristen unbestritten herrschende Positivismus und seine Lehre 'Gesetz ist Gesetz', war gegenüber einem solchen Unrecht in der Form des Gesetzes wehrlos und machtlos: die Anhänger dieser Lehre waren genötigt, jedes noch so ungerechte Gesetz als Recht anzuerkennen". RADBRUCH, Gustav. "Die Erneuerung des Rechts". *In*: KAUFMANN, A. (Coord.). *Rechtsphilosophie. Gesamtausgabe Gustav Radbruch*, vol. 3, Heidelberg: Müller, 1990 [1947], pp. 107 e ss.

insiste na tese de que a ciência jurídica positivista foi responsável por ter deixado os juristas alemães desarmados contra as leis injustas e criminosas do regime nazista: "O Positivismo Jurídico, que podemos resumir pelo slogan 'lei é lei', deixou a ciência jurídica e a administração da justiça alemãs indefesas contra crueldade e arbítrios cada vez mais graves".[120]

Esse conjunto de textos altamente emotivos e pouco analíticos produzidos por Radbruch no curto período de três anos lançaram as bases fundamentais da crença que posteriormente seria generalizada, de que o Positivismo Jurídico teria sido uma peça essencial na formação e para o desenvolvimento do Estado Nazista.

1.2.1.2 Um positivista convertido

A autoridade dos argumentos não decorria apenas da importância das contribuições de Radbruch para a Filosofia do Direito em geral. Havia aí um argumento implícito muito mais contundente. "Nós nos chamávamos positivistas", afirmou ele expressamente.[121] Radbruch, "um jurista moralmente insuspeito",[122] "que, antes do Nacional-Socialismo era positivista, mudou de opinião".[123] Devido à "experiência pessoal devastadora do Nazismo",[124] "um dos nomes

---

[120] *"Der Positivismus, den wir schlagwortmäßig zusammenfassen können in die Formel 'Gesetz ist Gesetz', hat die deutsche Rechtswissenschaft und Rechtspflege wehrlos gemacht gegen noch so große Grausamkeit und Willkür, sofern sie nur von den damaligen Machthabern in die Form des Gesetzes gebracht wurden (...)".* RADBRUCH, Gustav. "Vorschule der Rechtsphilosophie". *In*: KAUFMANN, A. (Coord.). *Rechtsphilosophie*. Gesamtausgabe Gustav Radbruch, vol. 3, Heidelberg: Müller, 1990 [1948], p. 226.

[121] *"Wir nannten uns Positivisten"*. RADBRUCH, Gustav. "Gesetz und Recht". *In*: KAUFMANN, A. (Coord.). *Rechtsphilosophie*. Gesamtausgabe Gustav Radbruch, vol. 3, Heidelberg: Müller, 1990 [1947], p. 96.

[122] JOUANJAN, Olivier. *Justifier l'injustifiable*: l'ordre du discours juridique nazi. Paris: Presses universitaires de France, 2017, p. 28.

[123] ALEXY, Robert. *Begriff und Geltung des Rechts*. 3ª ed. Freiburg: Alber, 2011, p. 80.

[124] HART, Herbert L. A. "Positivism and the Separation of Law and Morals". *Harvard Law Review*, vol. 71, p. 616, 1958. Doi:10.2307/1338225

mais influentes do Positivismo Jurídico no século XX"¹²⁵ teria, num corajoso "exercício de autorreflexão",¹²⁶ "abandonado a tese juspositivista da separação entre o Direito e a Moral defendida em seus escritos anteriores".¹²⁷ Radbruch teria, portanto, percebido – ainda que tardiamente – os equívocos da sua concepção jusfilosófica e a destruição dos valores humanitários que ela teria viabilizado.¹²⁸ A força desse argumento *ad hominem* reverso contra o Positivismo Jurídico é evidente e fala por si só.

Não há dúvidas de que a Filosofia Jurídica de Gustav Radbruch foi modificada durante o domínio dos nazistas. Uma questão um pouco mais complicada, todavia, é definir exatamente em qual direção e em que medida tais modificações ocorreram.¹²⁹ Mas qualquer que seja a resposta, o fato é que Radbruch sempre defendera o relativismo moral e, principalmente, a primazia da *segurança jurídica* (*Rechtssicherheit*) sobre as noções de *Justiça* (*Gerechtigkeit*) e *adequação* à finalidade (*Zweckmäßigkeit*). Colocar um fim a um conflito era muito mais importante para Radbruch que lhe trazer um termo *justo* ou *adequado*. A existência de uma ordem jurídica era mais importante que a sua Justiça ou a sua adequação. Essas seriam tarefas secundárias do Direito, enquanto a tarefa primordial era promover a paz social.¹³⁰ A primazia ordinária da segurança jurídica diante da ideia de Justiça seria apenas uma forma de garantir a estabilidade social, que, perante um cenário de relatividade

---

125 OTTE, Gerhard. "Rechtspositivismus". *Staatslexikon*, vol. 4. 7ª ed. Freiburg: Herder, 1988, p. 725.

126 MORRISON, Wayne. *Jurisprudence*: from the Greeks to post-modernism. Londres: Cavendish, 1997, pp. 311 e ss.

127 HOERSTER, Norbert. *Was ist Recht?* Grundfragen der Rechtsphilosophie. Munique: Beck, 2006, p. 79.

128 Também defendendo a tese de que Radbruch era positivista, confira-se: HAYEK, Friedrich August von. *Recht, Gesetz und Freiheit*. Tübingen: Mohr, 2003, pp. 205 e ss.

129 Esse tema será abordado no momento oportuno.

130 RADBRUCH, Gustav. "Rechtsphilosophie". 3ª ed. *In*: KAUFMANN, A. (Coord.). *Rechtsphilosophie. Gesamtausgabe Gustav Radbruch*, vol. 2, Heidelberg: Müller, 1993 [1932], p. 303.

moral, em que cada indivíduo possui um determinado senso de justiça, poderia restar ameaçada.

É nesse contexto que a afirmação de Radbruch deve ser entendida. A supervalorização da *segurança jurídica* supostamente promovida pelo "anterior" Positivismo Jurídico de Radbruch, a identificação de "Lei e Direito", cuja máxima expressão repousaria no axioma "Lei é Lei", teria deixado os juristas alemães indefesos contra as leis arbitrárias, cruéis e criminosas do Estado Nazista. A própria lógica, a própria estrutura do Direito enraizada na consciência jurídica alemã como resultado de quase um século de domínio positivista teria deixado pouca ou quase nenhuma margem para resistência. Os juristas, acostumados a prestigiar o aspecto formal da *segurança jurídica* em detrimento de uma ideia substantiva de Justiça e sem dispor do instrumental jurídico adequado, nada poderiam ter feito, ainda que quisessem.

1.2.1.3 A insuficiência do Positivismo Jurídico para lidar com a perversão do Direito

Além disso, segundo Radbruch, o Positivismo Jurídico não só teria sido insuficiente para evitar as graves injustiças passadas como também seria insuficiente para evitar as graves injustiças futuras, que se apresentavam perante os juristas como o rescaldo do Estado nacional-socialista. Eis suas palavras:

> Uma vez que eles eram sempre trazidos pelos então governantes na forma de lei, surgiam constantemente novas dificuldades para o Positivismo Jurídico lidar com tais injustiças legais. O colapso do Estado de injustiça Nazista levou os tribunais alemães a serem confrontados constantemente com perguntas que não podem ser respondidas por um Positivismo Jurídico desatualizado. Devem permanecer válidas as medidas impostas por conta das Leis Raciais de Nuremberg? Devem permanecer válidos os confiscos dos bens de judeus realizados sob a vigência de uma lei nazista? Devemos dar execução a uma sentença proferida por um magistrado nazista que condenou alguém a morte por traição ao

regime? A denúncia que levaria agora a esta condenação deve ser considerada legítima? A solução final imposta em sigilo e o assassinato em massa promovido por Hitler ainda tem para nós o significado de uma lei? Será que estamos obrigados a deixar um crime impune, se a ele foi decretada uma anistia pelo próprio governo que a beneficia? O Estado regido por um partido único e que impôs aos integrantes de todos os outros partidos a ameaça à vida foi mesmo um "Estado", no sentido jurídico? O Positivismo Jurídico ultrapassado soluciona estes problemas simplesmente através da validade da legislação.[131]

Além desses questionamentos genéricos acerca dos limites do Positivismo Jurídico para lidar com a *perversão do Direito* e solucionar as situações de extrema injustiça decorrentes da regra simplória da "validade da legislação", Radbruch apresenta em "Injustiça Legal e Direito Supralegal" (1946) alguns casos concretos com os quais os tribunais aliados[132]

---

[131] "(...) solche[m] gesetzliche[m] Unrechts entstehen aus dem noch weiterlebenden Positivismus immer neue Schwierigkeiten. Der Zusammenbruch des nationalsozialistischen Unrechtsstaates stellt die deutsche Rechtsprechung immer wieder vor Fragen, die der überkommene Positivismus nicht zu beantworten vermag: Soll es bei den Maßnahmen bleiben, die auf Grund der Nürnberger Rassengesetze verhängt worden sind? Hat die Beschlagnahme jüdischer Vermögen, wenn sie sich zu ihrer Zeit auf geltendes Recht der nationalsozialistischen Zeit stützen konnte, auch jetzt noch Rechtsgültigkeit? Haben wir ein Urteil als rechtsgültig hinzunehmen, durch das der nationalsozialistischen Judikatur entsprechend das Hören eines feindlichen Senders als Hochverrat mit dem Tode bestraft wurde? Müssen wir die Denunziation, die zu einem solchen Urteil geführt hatte, auch jetzt noch als gesetzmäßig ansehen? Hat jener formlose Wisch, durch den Hitler unter Auferlegung des strengen Geheimnisses den Anstaltsmassenmord einleitete, auch für uns noch die Bedeutung eines Gesetzes? Sind wir auch jetzt noch genötigt, eine Straftat straflos zu lassen, wenn sie unter eine Amnestie fällt, durch die die zur Herrschaft gelangte Partei die von ihr selbst begangenen Straftaten der Strafe entzog? War ein Staat, der die Herrschaft einer Partei bedeutete, allen anderen Parteien aber den Daseinsfaden abschnitt, überhaupt ein 'Staat' im Rechtssinne? Der überkommene juristische Positivismus würde auf die Lösung dieser Fragen durch die Gesetzgebung verweisen". RADBRUCH, Gustav. "Vorschule der Rechtsphilosophie". *In*: KAUFMANN, A. (Coord.). *Rechtsphilosophie*. Gesamtausgabe Gustav Radbruch, vol. 3. Heidelberg: Müller, 1990 [1948], p. 226.

[132] Após o fim da Guerra, a Alemanha foi administrada pelo Conselho de Controle Aliado (*Alliierter Kontrollrat*) e dividida em quatro zonas, cada uma ocupada por uma das forças aliadas: Estados Unidos, Grã-Bretanha, França e União Soviética. Esse Conselho emitiu um número substancial de leis, decretos e resoluções, que tinham

se depararam imediatamente após o término do regime nazista e que, segundo ele, deixavam clara essa insuficiência instrumental positivista.

1.2.1.3.1 O caso do delator

O Tribunal Penal de Turíngia, em Nordhausen, foi chamado a decidir um caso que envolvia um funcionário do Departamento de Justiça chamado Puttfarken.[133] Esse funcionário teria, durante o Regime nacional-socialista, informado às autoridades que um comerciante de nome Göttig escrevera na parede de um banheiro o seguinte: "Hitler é um assassino em massa e culpado pela guerra". Com base nessa acusação – e também por ter escutado transmissões de rádio estrangeiras, o que era proibido –, Göttig foi condenado à morte e executado pelos nazistas.

O promotor público responsável pelo caso, Dr. Friedrich Kuschnitzki, sustentou que, mesmo sendo Puttfarken, um nacional-socialista convicto, a) não havia, mesmo nos anos de domínio nazista, qualquer lei que obrigasse uma pessoa a denunciar a outra. Apesar da Seção 139 do Código Penal (§ 139 StGB)[134] prever uma obrigação de denunciar "planos de alta traição", a simples escrita de Göttig não poderia, por si só, configurar qualquer "plano" e o próprio Puttfarken jamais declarou ter denunciado Göttig, porque sabia que o escrito fazia parte de um plano e se sentiu, por isso, obrigado

---

como finalidade principal substituir as instituições do Estado Nazista. Dentre suas atribuições constavam desde a desmilitarização e os processos de desnazificação até questões banais como a regulamentação das tarifas telefônicas e a promoção do combate às doenças venéreas. Em 10 de dezembro de 1945, o Conselho promulgou a Lei n. 10 que, em síntese, autorizava todas as potências ocupantes a ter seu próprio sistema jurídico para julgar criminosos de guerra e realizar tais julgamentos independentemente do Tribunal Militar Internacional, então em Nuremberg.

133 *Thüringer Volk* (Weimar), 10 May 1946.
134 *§ 139 StGB. [1].* "Aquele que tomar ciência da prática de um crime de traição (...), mas não se reportar à autoridade no momento certo, será punido com prisão". / "*Wer von dem Vorhaben eines Hochverrats oder Landesverrats (...) glaubhafte Kenntnis erhält und es unterläßt, der Behörde (...) hiervon zur rechten Zeit Anzeige zu machen, wird mit Gefängnis bestraft*".

a denunciá-lo.[135] Ademais, qualquer um que denunciasse tal ato durante o domínio do regime nazista, b) deveria saber que estava entregando o denunciado a um julgamento sumário, sem a garantia do devido processo legal. E especificamente alguém como Puttfarken "poderia não ter uma noção exata de como o Judiciário iria perverter o Direito, mas saberia com certeza que isso iria acontecer".[136] O fato inequívoco é que o denunciado "jamais sairia vivo de uma acusação como esta".[137] Por fim, c) a corajosa declaração de Götting de que "Hitler é um assassino em massa e culpado pela guerra" era apenas "a mais pura verdade".[138] Qualquer um que declarasse e disseminasse tais palavras não estaria ameaçando o país, nem mesmo a sua segurança. Estaria apenas ajudando a derrubar um regime tirânico. Em outras palavras, estaria praticando exatamente o oposto de uma *"alta traição"*.[139]

A pergunta que se colocava diante da Corte era a seguinte: teria o ato de Puttfarken violado o Direito? O próprio Puttfarken admitiu que sua intenção era que Göttig fosse condenado à pena de morte, fato esse confirmado por diversas testemunhas. Para o Dr. Friedrich Kuschnitzki, isso configurava *homicídio premeditado*, nos termos da Seção 211 do Código Criminal (§211 StGB).[140] O fato de a Corte ter observado a forma legal ao sentenciar Göttig à morte não retira de Puttfarken a condição de *coautor* do crime, uma vez que o artigo 2º da Lei Complementar de Turíngia, de 8 de fevereiro de 1946, a fim de dissipar eventuais dúvidas, oferecia a seguinte interpretação do item (1) da Seção 47 do Código Penal: "aquele que praticar um ato criminoso, quer por si próprio quer por intermédio

---

135 Apud: RADBRUCH, Gustav. "Gesetzliches Unrecht und übergesetzliches Recht" (1946). *In*: KAUFMANN, A. (Coord.). *Rechtsphilosophie. Gesamtausgabe Gustav Radbruch*, vol. 3, Heidelberg: Müller, 1990 [1946], p. 84.

136 *"Wie die Justiz das Recht beugen würde, konnte ein Mann wie Puttfarken gewiß nicht übersehen, aber er konnte sich schon darauf verlassen, daß sie das fertigbringen würde"*. Idem, p. 84.

137 "(...) *dieser Mann dann mit dem Leben nicht davonkommen könnte*". Idem, p. 84.

138 *"Der von Göttig mutig verkündete Satz: 'Hitler ist ein Massenmörder und am Kriege schuld' war allemal nur die blanke Wahrheit"*. Idem, p. 84.

139 Idem, p. 84.

140 *§ 211 StGB*. "*Quem intencionalmente matar uma pessoa, se o assassinato foi deliberado, será punido com a pena de morte*". / "*Wer vorsätzlich einen Menschen tödtet, wird, wenn er die Tödtung mit Überlegung ausgeführt hat, wegen Mordes mit dem Tode bestraft*".

de outra pessoa, mesmo que essa outra pessoa tenha agido legalmente, será punido como autor".¹⁴¹ Não se poderia, aqui, falar de uma *lei substantiva nova*, retroativamente eficaz, e sim de uma *interpretação autêntica* do Direito Penal em vigor desde 1871.¹⁴²

Em suas palavras finais, assim escreveu o Dr. Friedrich Kuschnitzki:

> como jurista, estou acostumado a limitar-me a uma avaliação puramente legal. Mas é sempre aconselhável, por assim dizer, colocar-se para fora dos limites puramente jurídicos e ver a situação segundo com o senso comum. A técnica jurídica é, sem exceção, apenas o instrumento que o jurista responsável deve usar para chegar a uma decisão juridicamente defensável.¹⁴³

Ao final do julgamento, Puttfarken foi condenado não como mero partícipe, mas como verdadeiro coautor do "assassinato" de Göttig.

1.2.1.3.2 Extrapolando o caso Puttfarken: a responsabilidade do magistrado no caso Götting

Em seu arrazoado, o promotor Dr. Friedrich Kuschnitzki indagou sobre a eventual responsabilidade dos magistrados que, a partir da

---

¹⁴¹ Art. II da Lei Complementar da Turíngia de 08.02.1946. "Será punido como autor aquele que culposamente pratica a ofensa por ato próprio ou de terceiro, ainda que o terceiro esteja agindo de boa-fé". / "*Als Täter wird bestraft, wer schuldhaft die strafbare Handlung selbst oder durch einen anderen ausführt, auch wenn der andere rechtmäßig handelt*".

¹⁴² Apud: RADBRUCH, Gustav. "Gesetzliches Unrecht und übergesetzliches Recht". *In*: KAUFMANN, A. (Coord.). *Rechtsphilosophie*. Gesamtausgabe Gustav Radbruch, vol. 3, Heidelberg: Müller, 1990 [1946], p. 86.

¹⁴³ "*Ich bin im übrigen als Jurist gewöhnt, mich auf rein juristische Wertung zu beschränken. Man tut immer gut, sich über die Sache zu stellen und sie mit gesundem Menschenverstand zu betrachten. Juristerei ist stets nur das Instrument, das der verantwortungsbewußte Jurist benutzt, um zu einem rechtlich haltbaren Urteil zu kommen*". Idem, p. 86.

denúncia de Puttfarken, condenaram Göttig à morte. Sem se olvidar das "sérias dúvidas que a questão poderia levantar", entendeu Kuschnitzki que os magistrados, nos termos do artigo 2º, n. 1, alínea "c" da Lei do Conselho de Controle Aliado n. 10, de 20 de dezembro de 1945,[144] seriam culpados de um crime contra a humanidade. No âmbito desse estatuto, a questão já não seria saber se a legislação nacional do país foi violada. Atos e perseguições por motivos políticos, raciais ou religiosos são, sem ressalvas, sujeitos a punição. Sua conclusão é a de que "os juízes que o condenaram devem ser considerados como assassinos".[145]

1.2.1.3.3 Responsabilidade criminal por decisões judiciais desumanas

O procurador-geral da Saxônia, Dr. J.U. Schroeder, anunciou à imprensa[146] que pretendia promover a responsabilidade criminal dos magistrados que proferiram "decisões judiciais desumanas", mesmo nos casos em que tais decisões tenham se baseado em cumprimento de normas editadas pelo regime nazista. Segundo ele,

---

[144] Artigo 2c da Lei n. 10 do Conselho de Ocupação Aliada de 30 de janeiro de 1946: "Crimes contra a humanidade. Atrocidades e ofensas, incluindo, mas não limitadas, a assassinato, extermínio, escravidão, deportação, prisão, tortura, estupro ou outros atos desumanos cometidos contra qualquer população civil, ou perseguições por motivos políticos, raciais ou religiosos, violando ou não as leis domésticas do país onde perpetradas". / Artikel 2c des Gesetzes n. 10 des Alliierten Kontrollrates vom 30. Januar 1946: "Verbrechen gegen die Menschlichkeit. *Gewalttaten und Vergehen, einschließlich der folgenden den obigen Tatbestand jedoch nicht erschöpfenden Beispiele: Mord, Ausrottung, Versklavung, Zwangsverschleppung, Freiheitsberaubung, Folterung, Vergewaltigung oder andere an der Zivilbevölkerung begangene unmenschliche Handlungen; Verfolgung aus politischen, rassischen oder religiösen Gründen, ohne Rücksicht darauf, ob sie das nationale Recht des Landes, in welchem die Handlung begangen worden ist, verletzen*".

[145] Apud: RADBRUCH, Gustav. "Gesetzliches Unrecht und übergesetzliches Recht". *In*: KAUFMANN, A. (Coord.). *Rechtsphilosophie*. Gesamtausgabe Gustav Radbruch, vol. 3, Heidelberg: Müller, 1990 [1946], p. 86.

[146] *Tägliche Rundschau* (Berlim), 14 mar. 1946.

CAPÍTULO I – A FORMAÇÃO DA LENDA DO POSITIVISMO

um juiz nunca pode administrar justiça apelando para um estatuto que não é meramente injusto, mas criminoso. Devemos apelar à lei natural inalienável, imemorial, aos direitos humanos que ultrapassam todas as leis escritas e que negam a validade aos ditames criminosos de tiranos desumanos. À luz destas considerações, creio que os juízes que tenham proferido decisões incompatíveis com os preceitos da humanidade e tenham pronunciado a sentença de morte por ninharias devem ser processados.[147]

1.2.1.3.4 O caso dos assistentes do carrasco

Em Halle, na Saxônia, dois assistentes de um carrasco foram condenados à morte por participar ativamente de inúmeras execuções sem base na lei. Um deles, por exemplo, teria participado de 931 execuções, apenas no período compreendido entre abril de 1944 e março de 1945, e para tanto recebeu 26.433 marcos.[148] Ambos os acusados teriam praticado o seu "horrendo comércio" de bom grado, uma vez que eles estariam livres para se abster a qualquer momento por simples motivo de foro íntimo. As condenações de ambos foram baseadas, segundo relatos, na Lei n. 10 do Conselho de Controle Aliado, que prevê o julgamento por crimes contra a humanidade.[149]

---

[147] *"Kein Richter kann sich auf ein Gesetz berufen und die Rechtsprechung danach handhaben, auf ein Gesetz, das nicht nur ungerecht, das verbrecherisch ist. Wir berufen uns auf die Menschenrechte, die über allen geschriebenen Satzungen stehen, auf das unentziehbare, unvordenkliche Recht, das verbrecherischen Befehlen unmenschlicher Tyrannen Geltung versagt. Von diesen Erwägungen ausgehend, glaube ich, daß Richter angeklagt werden müssen, die mit den Geboten der Humanität unvereinbare Urteile), gesprochen und wegen Nichtigkeiten auf Todesstrafe erkannt haben"*. RADBRUCH, Gustav. "Gesetzliches Unrecht und übergesetzliches Recht". *In*: KAUFMANN, A. (Coord.). *Rechtsphilosophie*. Gesamtausgabe Gustav Radbruch, vol. 3, Heidelberg: Müller, 1990 [1946], p. 87.

[148] *Liberaldemokratische Zeitung* (Halle), 12 jun. 1946

[149] RADBRUCH, Gustav. "Gesetzliches Unrecht und übergesetzliches Recht". *In*: KAUFMANN, A. (Coord.). *Rechtsphilosophie*. Gesamtausgabe Gustav Radbruch, vol. 3, Heidelberg: Müller, 1990 [1946], p. 87.

1.2.1.3.5 O caso do desertor

Ainda na área ocupada pelos soviéticos, surgiu o seguinte caso concreto.[150] Um soldado alemão, designado para guardar os prisioneiros de guerra na frente oriental, abandonou seu posto em 1943. Além de não compactuar com "o tratamento desumano que os prisioneiros recebiam", tal soldado também estaria possivelmente "cansado de servir no exército de Hitler". Depois de fugir, decidiu visitar sua esposa, quando foi descoberto, detido e levado sob custódia por um sargento. Durante essa custódia, esse soldado conseguiu tomar o revólver do sargento, atirando pelas costas, matando-o e fugindo novamente.

Em 1945, o soldado desertor retornou à Saxônia e foi preso. O promotor público preparava sua denúncia, sob a acusação de que o soldado teria matado o sargento de forma maliciosa. Contudo, o procurador-geral ordenou a sua libertação e o arquivamento do processo penal, argumentando que a conduta do soldado, agindo sob estado de necessidade, era irrepreensível. Ademais, a norma que em tese punia a deserção não era mais uma "norma válida", e desertar do exército nazista não era uma atitude desonrada, muito pelo contrário. A toda evidência, ele não poderia ser condenado por causa deste homicídio.[151]

1.2.1.4 A solução para a perversão do Direito: a "Fórmula de Radbruch"

Esses seriam apenas alguns casos de perversão do Direito que ocupavam diariamente os tribunais alemães. Com esses exemplos, Radbruch pretendia demonstrar "como a luta contra o Positivismo Jurídico

---

[150] Conforme narrado no seguinte jornal: *Tägliche Rundschau* (Berlim), 9 mai. 1946.
[151] RADBRUCH, Gustav. "Gesetzliches Unrecht und übergesetzliches Recht". *In*: KAUFMANN, A. (Coord.). *Rechtsphilosophie*. Gesamtausgabe Gustav Radbruch, vol. 3, Heidelberg: Müller, 1990 [1946], pp. 87 e ss.

CAPÍTULO I – A FORMAÇÃO DA LENDA DO POSITIVISMO

estava sendo tomada em toda parte".[152] A solução positivista da "validade das normas" traria apenas uma falsa segurança e fatalmente acabou aniquilando a própria ideia de Direito. Se, de um lado, a existência de uma norma jurídica, por promover alguma segurança, é preferível à inexistência de qualquer norma, de outro lado a segurança jurídica não seria o único valor que o Direito deve promover, nem mesmo o valor mais importante.[153]

Constatada a ausência, dentro do arsenal juspositivista, de instrumentos jurídicos para lidar com semelhantes casos de injustiça extrema, Radbruch defendeu que qualquer solução satisfatória para casos semelhantes somente poderia ser alcançada com o abandono da dogmática positivista e com o recurso aos conceitos de "Injustiça Legal" e de "Direito Supralegal". Se a própria ideia de um "Direito Pervertido" é uma contradição em termos, faz-se necessária a criação de um novo instrumental jurídico capaz de identificar estas situações e neutralizar situações de injustiça extrema.

Assim, apesar de esperar que o nazismo tivesse sido uma "aberração isolada, e não uma loucura repetida", deveria o povo alemão estar devidamente "armado", seja para corrigir a *perversão do Direito* produzida pelo regime nazista, seja para se precaver contra qualquer "eventualidade futura". Tal arma seria, ao seu ver, uma fórmula que, se utilizada pelos juristas, poderia proteger os indivíduos de novos regimes políticos tiranos e deixaria o Positivismo Jurídico "definitivamente superado".[154] Esses são seus termos:

---

[152] "*Allerorten wird also unter dem Gesichtspunkt des gesetzlichen Unrechts und des übergesetzlichen Rechts der Kampf gegen den Positivismus aufgenommen*". Idem, p. 88.

[153] "(Uma lei) ainda é melhor do que a ausência de lei, porque cria alguma segurança jurídica. Mas a segurança legal não é o único valor que o Direito tem que realizar". / "*(Ein Gesetz) ist immer noch besser als kein Gesetz, weil es zum mindesten Rechtssicherheit schafft. Aber Rechtssicherheit ist nicht der einzige und nicht der entscheidende Wert, den das Recht zu verwirklichen hat*". Idem, p. 88.

[154] "Devemos acreditar que tal injustiça continue a ser uma aberração isolada na história do povo alemão, mas, através da superação definitiva do positivismo, que enfraqueceu qualquer defesa contra o abuso da legislação nacional-socialista, seria possível nos precaver e opor no futuro a novas injustiças dessa natureza". / "*Wir müssen hoffen,*

O conflito entre Justiça e segurança jurídica deve ser resolvido de forma que o Direito Positivo, garantido pelo poder, tenha prioridade, ainda que ele seja injusto e impraticável em conteúdo, a não ser quando o Direito Positivo tenha ofendido a Justiça num nível tão insuportável que a própria lei tenha se afastado da mesma como uma verdadeira "lei errada". É impossível traçar uma linha precisa entre casos de injustiça legal e leis que ainda são válidas apesar de conteúdos incorretos, mas uma demarcação diferente pode ser feita com toda a clareza: onde a Justiça não é sequer procurada, onde a igualdade, que é a essência da Justiça, foi conscientemente negada no estabelecimento do Direito Positivo, então a lei não é apenas uma lei "errada". Pelo contrário, ela carece de essência, de natureza jurídica. Pois o Direito, ou mesmo o Direito Positivo, não pode ser definido de outra forma que não uma ordem ou um estatuto que, em seu sentido, destina-se a servir à Justiça. Medidos de acordo com esse padrão, todo o Direito nacional-socialista nunca atingiu a dignidade de uma lei válida.[155]

Essa é a conhecida "Fórmula de Radbruch". Embora a segurança continuasse a ser um valor jurídico importante, qualquer norma jurídica

---

daß ein solches Unrecht eine einmalige Verirrung und Verwirrung des deutschen Volkes bleiben werde, aber für alle möglichen Fälle haben wir uns durch die grundsätzliche Überwindung des Positivismus, der jegliche Abwehrfähigkeit gegen den Mißbrauch nationalsozialistischer Gesetzgebung entkräftete, gegen die Wiederkehr eines solchen Unrechtsstaates zu wappnen". Idem, p. 90.

[155] *"Der Konflikt zwischen der Gerechtigkeit und der Rechtssicherheit dürfte dahin zu lösen sein, daß das positive, durch Satzung und Macht gesicherte Recht auch dann den Vorrang hat, wenn es inhaltlich ungerecht und unzweckmäßig ist, es sei denn, daß der Widerspruch des positiven Gesetzes zur Gerechtigkeit ein so unerträgliches Maß erreicht, daß das Gesetz als 'unrichtiges Recht' der Gerechtigkeit zu weichen hat. Es ist unmöglich, eine schärfere Linie zu ziehen zwischen den Fällen des gesetzlichen Unrechts und den trotz unrichtigen Inhalts dennoch geltenden Gesetzen; eine andere Grenzziehung aber kann mit aller Schärfe vorgenommen werden: wo Gerechtigkeit nicht einmal erstrebt wird, wo die Gleichheit, die den Kern der Gerechtigkeit ausmacht, bei der Setzung positiven Rechts bewußt verleugnet wurde, da ist das Gesetz nicht etwa nur 'unrichtiges' Recht, vielmehr entbehrt es überhaupt der Rechtsnatur. Denn man kann Recht, auch positives Recht, gar nicht anders definieren als eine Ordnung und Satzung, die ihrem Sinne nach bestimmt ist, der Gerechtigkeit zu dienen. An diesem Maßstab gemessen sind ganze Partien nationalsozialistischen Rechts niemals zur Würde geltenden Rechts gelangt".* Idem, p. 89.

CAPÍTULO I – A FORMAÇÃO DA LENDA DO POSITIVISMO

tida como "extremamente injusta" não poderia sequer ser considerada como Direito. Se antes "encerrar um conflito" era muito mais importante para Radbruch do que lhe trazer "um termo *justo* ou *adequado a um fim*",[156] agora as concepções materiais deveriam ser levadas em conta e seriam decisivas para a própria definição do Direito. Todavia, não seria qualquer defeito que poderia produzir a invalidação de uma norma jurídica, mas apenas aquele que levasse à negação da própria *Ideia de Direito*, já que o Direito, em última análise, tem sempre a finalidade de servir à Justiça.[157]

Como pode ser visto, essa "fórmula" apresenta uma dupla dimensão.[158] De um lado, ela apresenta um *conceito de Direito*: o Direito é a ideia que tem por finalidade específica servir a Justiça. Embora a segurança jurídica continuasse a ser um valor fundamental do Direito, sua proteção somente seria justificada *na medida* em que ela estivesse servindo à Justiça. Disso decorre uma segunda dimensão desta fórmula: a sua *pretensão normativa*. Como a injustiça extrema é um caso de negação do próprio Direito, as normas jurídicas que a veicule devem ser desconsideradas pelos juristas. E caso as normas criminosas e aberrantes editadas pelo regime nazista fossem medidas por esse metro, o Direito por ele promulgado jamais poderia valer como tal.

Já a aplicação dessa fórmula pode ser dividida em dois momentos distintos. Um primeiro momento (negativo) consiste na *falsificação* do Direito Positivo, que tem por finalidade afastar uma situação de *injustiça legal*. Nesse primeiro momento realiza-se uma mensuração da injustiça produzida pela aplicação do Direito Positivo que, caso seja insuportável,

---

[156] RADBRUCH, Gustav. "Rechtsphilosophie". 3ª ed. *In*: KAUFMANN, A. (Coord.). *Rechtsphilosophie*. Gesamtausgabe Gustav Radbruch, vol. 2, Heidelberg: Müller, 1993 [1932], p. 303.

[157] RADBRUCH, Gustav. "Gesetzliches Unrecht und übergesetzliches Recht". *In*: KAUFMANN, A. (Coord.). *Rechtsphilosophie*. Gesamtausgabe Gustav Radbruch, vol. 3, Heidelberg: Müller, 1990 [1946], p. 89.

[158] DREIER, Horst. "*Die Radbruchsche Formel*: Erkenntnis oder Bekenntnis?". *In*: MAYER, H.; WALTER, R. (Coord.). *Staatsrecht in Theorie und Praxis*: Festschrift Robert Walter zum 60 *Geburtstag*. Viena: Manz, 1991, p. 119.

autoriza o seu afastamento. Depois de afastada a "norma injusta", verifica-se um segundo momento (positivo), um momento de *identificação* do Direito Justo, que consiste em definir o Direito Supralegal e aplicá-lo ao caso concreto.[159]

1.2.1.5 A análise dos casos por Radbruch

Para Radbruch, nenhum dos casos elencados jamais poderia ser satisfatoriamente resolvido com a lógica positivista simplória da "validade" das normas jurídicas e sem o recurso à sua "fórmula", sem o abandono de uma concepção puramente formal de Direito em prol de uma concepção material de Direito.

A publicação de uma *lei de anistia* para todos os atos políticos de resistência ao nazismo, por exemplo, poderia resolver um dos casos relatados por Radbruch (*o caso do desertor*), mas não resolveria os demais. Ainda assim, a flagrante injustiça da situação não permite sequer que o desertor seja julgado. Aguardar uma publicação eventual de uma lei nesse sentido somente iria prolongar o estado de injustiça extrema.[160]

No caso do delator (*Puttfarken*), a punibilidade precisaria ficar demonstrada na forma da legislação vigente à época dos "crimes", e não somente nas leis eventualmente editadas pelo Conselho de Controle Aliado – como, por exemplo, a Lei n. 10, de 20 de dezembro de 1945 – ou quaisquer outras leis que pudessem a ser editadas, regulando retroativamente os casos desta natureza.[161]

---

[159] DIECKMANN, Hubertus-Emmanuel. *Überpositives Recht als Prüfungsmaßstab im Geltungsbereich des Grundgesetzes*? eine kritische Würdigung der Rezeption der Radbruchschen Formel und des Naturrechtsgedankens in der Rechtsprechung. Berlin: Duncker & Humblot, 2006, p. 29.

[160] RADBRUCH, Gustav. "Gesetzliches Unrecht und übergesetzliches Recht". *In*: KAUFMANN, A. (Coord.). *Rechtsphilosophie*. Gesamtausgabe Gustav Radbruch, vol. 3, Heidelberg: Müller, 1990 [1946], pp. 90 e ss.

[161] Idem, p. 91.

CAPÍTULO I – A FORMAÇÃO DA LENDA DO POSITIVISMO

Já nos casos que dizem respeito à responsabilidade penal dos magistrados que proferiram sentenças de morte sob a vigência do regime nazista, a punibilidade por homicídio implicaria, por consectário lógico, no reconhecimento do abuso de Direito por ele praticado. A sentença de um juiz somente poderia ser objeto de condenação se violasse o princípio básico da independência do Judiciário, que determina a subordinação dos magistrados ao Direito com exclusividade. Se a partir da "fórmula" for possível concluir que a lei por eles aplicada não era Direito, se ficasse demonstrado que a medida penal por eles aplicada era, na verdade, um escárnio à Justiça, estaria objetivamente demonstrado o abuso de Direito. Como consequência, estaria demonstrada a sua culpabilidade.[162]

Todavia, os juízes sequer conheciam qualquer outro Direito além da lei. Uma vez que a mentalidade da magistratura estava "deformada pelo Positivismo Jurídico dominante", como eles poderiam sequer ter a intenção de abusar do Direito quando aplicavam a lei? Ademais, ainda que tivessem em mente essa distinção entre "Direito" e "Injustiça Legal" – o que, graças à "tradição positivista", não era o caso – estariam correndo perigo de vida caso "ousassem" declarar o Direito Nazista como um não Direito, como a perversão do Direito, como um Direito Injusto. Ainda nesse caso, a absolvição dos magistrados poderia ser "dolorosamente" embasada na cláusula geral do estado de necessidade.[163]

De todos os casos, o mais fácil de ser resolvido seria o dos assistentes do carrasco. Logo de início, adverte Radbruch que "não devemos nos deixar impressionar pelo fato de existirem pessoas que fazem da morte dos outros seu ofício, nem pela rentabilidade de tal emprego naquela complexa conjuntura".[164] Essa profissão era uma espécie de "trabalho manual hereditário" e seus encarregados sempre alegavam estar "apenas

---

[162] Idem, p. 91.
[163] Idem, pp. 91 e ss.
[164] *"Man darf sich weder durch den Eindruck von Menschen bestimmen lassen, die sich aus der Tötung anderer Menschen ein Gewerbe machen, noch durch die damalige Hochkonjunktur und Einträglichkeit jenes Gewerbes"*. Idem, p. 92.

executando tarefas designados por terceiros".¹⁶⁵ Não incumbe ao verdugo a apuração da legitimidade da sentença. Assim,

> da mesma forma que a sentença de um juiz que condena alguém à morte somente tipifica homicídio quando resulta de violação do Direito, o algoz só pode ser punido pela execução no caso de execução proposital de penalidade que não deveria ser aplicada.¹⁶⁶

Perante o Direito, "o carrasco encontra-se em situação semelhante à do juiz".¹⁶⁷ Sua obrigação consiste apenas "em cumprir exatamente a ordem recebida".¹⁶⁸

1.2.1.6 A aplicação da "Fórmula de Radbruch" na República Federal da Alemanha

Os textos do pós-guerra de Radbruch não tiveram uma importância e repercussão meramente acadêmicas. Muito pelo contrário, eles desempenharam um papel fundamental em diversos momentos importantes da história da Alemanha,¹⁶⁹ oferecendo respostas e soluções para as situações de *perversão do Direito* e guiando o trabalho jurisprudencial.

---

165 Idem, p. 92.

166 "*Wie das Todesurteil eines Richters nur dann strafbare Tötung darstellen kann, wenn es auf Rechtsbeugung beruht, so kann der Nachrichter wegen einer Hinrichtung nur dann bestraft werden, wenn sie dem Tatbestand des § 345: vorsätzliche Vollstreckung einer Strafe, die nicht zu vollstrecken ist, darstellt*". Idem, p. 92.

167 Idem, p. 92.

168 Idem, p. 92.

169 O presente estudo fará referência a apenas dois casos concretos, que podem ser considerados verdadeiros paradigmas da jurisprudência alemã. Uma extensa relação de casos em que a Fórmula de Radbruch foi utilizada, bem como a análise de cada um deles, pode ser encontrada aqui: DIECKMANN, Hubertus-Emmanuel. *Überpositives Recht als Prüfungsmaßstab im Geltungsbereich des Grundgesetzes?*

CAPÍTULO I – A FORMAÇÃO DA LENDA DO POSITIVISMO

No pós-guerra, a "fórmula de Radbruch" foi extensivamente utilizada para solucionar os conflitos entre a ordem jurídica nacional-socialista e a nova ordem jurídica que se estabelecia.[170] Um desses casos diz respeito à Lei de Cidadania do Reich.[171] Decidido pelo BVerfG em 1968, foi a primeira vez[172] em que se reconheceu, com fundamento na "fórmula de Radbruch",[173] a nulidade dos efeitos de uma norma considerada extremamente injusta. A questão dizia respeito aos efeitos da Lei de 25 de novembro de 1941, editada durante o domínio do regime nazista. Um advogado de ascendência judaica, que emigrara para a Holanda pouco antes do início da Segunda Guerra, perdeu sua cidadania alemã em decorrência desta lei. O BVerfG manteve a cidadania do requerente, sob o argumento de que uma *não lei* que claramente viola os valores mais fundamentais de justiça não se torna de alguma forma lei por ser aplicada e observada. Eis os termos da própria Corte:

> 1. Às disposições 'legais' nacional-socialistas pode ser negada validade caso elas contradigam claramente os princípios fundamentais de Justiça, de modo que o magistrado que quisesse aplicá-las ou reconhecer suas consequências jurídicas acabaria por realizar a negação do próprio Direito. 2. No Décimo Decreto sobre a Lei de Cidadania do Reich de 25 de novembro de 1941 (...), a contradição com a Justiça atingiu uma

---

eine kritische Würdigung der Rezeption der Radbruchschen Formel und des Naturrechtsgedankens in der Rechtsprechung. Berlim: Duncker & Humblot, 2006.

170 Por exemplo, no Bundesverfassungsgericht: *BVerfG 2 BvG 1/51* (1951); *BVerfG 1 BvR 147/52* (1953); *BVerfG 1 BvL 106/53* (1953); *BVerfG 1 BvR 550/52* (1957); *BVerfG 2 BvR 557/62* (1968). No *Bundesgerichtshof*: *BGH 3 ZR 179/51* (1951); *BGH 1 StR 466/51* (1951); *BGH 2 StR 112/50* (1952).

171 Verordnung zum Reichsbürgergesetz vom 25 November 1941.

172 DIECKMANN, Hubertus-Emmanuel. *Überpositives Recht als Prüfungsmaßstab im Geltungsbereich des Grundgesetzes*? eine kritische Würdigung der Rezeption der Radbruchschen Formel und des Naturrechtsgedankens in der Rechtsprechung. Berlim: Duncker & Humblot, 2006, p. 54.

173 Além da Fórmula de Radbruch, o Direito Natural também aparece como importante fundamento da decisão. Idem, p. 54; SCHUMACHER, Björn. *Rezeption und Kritik der Radbruchschen Formel*. Göttingen, University, 1985, p. 86 (Tese de doutorado).

dimensão tão insuportável que o mesmo deve ser considerado nula desde o início.[174]

O recurso à "fórmula de Radbruch" também é encontrado em decisões judiciais alemãs mais recentes,[175] como nos casos dos "atiradores do muro" (*Mauerschützenfälle*)[176] decididos pelo BHG a partir de 1992. A questão principal dizia respeito à responsabilidade criminal dos guardas do Muro de Berlim por atirarem em civis que tentaram atravessar irregularmente a fronteira. A questão incidental dizia respeito à validade do § 27 da Lei de Fronteira da Alemanha Oriental,[177] que autorizava os guardas a atirar "para prevenir situações que pudessem ser consideradas crimes". A questão deveria ser interpretada de acordo com o *Realsozialismus* da extinta Alemanha Oriental ou de acordo com os princípios do Estado de Direito (*Rechtsstaat*), consagrados na Constituição da República Federal da Alemanha?

Como linha geral de interpretação, a Corte decidiu que a lei era em princípio válida, mas sua interpretação deveria ser orientada pelos direitos fundamentais consagrados pela Lei Fundamental. No caso relativo à morte de Manfred Weylandt, julgado em 1994,[178] o *BGH* decidiu, por exemplo, que o assassinato de fugitivos desarmados configura uma *injustiça* (*Unrecht*), tanto na República Federal da

---

[174] "*1. Nationalsozialistischen 'Rechts' vorschriften kann die Geltung als Recht abgesprochen werden, wenn sie fundamentalen Prinzipien der Gerechtigkeit so evident widersprechen, daß der Richter, der sie anwenden oder ihre Rechtsfolgen anerkennen wollte, Unrecht statt Recht sprechen würde. 2. In der Elften Verordnung zum Reichsbürgergesetz vom 25. November 1941 (...) hat der Widerspruch zur Gerechtigkeit ein so unerträgliches Maß erreicht, daß sie von Anfang an als nichtig erachtet werden muss*". BVerfG 2 BvR 557/62 (1968).

[175] Entre 1970 e 1990, a utilização da Fórmula de Radbruch foi praticamente abandonada.

[176] Entende-se por *Mauerschützenprozesse* os processos judiciais abertos para incriminar diversos militares responsáveis por disparar e matar diversos civis que tentaram atravessar a fronteira entre 1961 e 1989. Os casos foram processados de 1991 a 2004 em Berlim, Neuruppin, Potsdam, Schweinfurt e Schwerin, tendo sido acusados tanto os executores, quanto os responsáveis políticos e militares do governo da Alemanha Oriental.

[177] §27 da Lei sobre Fronteiras da Alemanha Oriental. / § 27 DDR Grenzgesetz.

[178] *BGH 5 StR 167/94* (1994).

Alemanha, quanto na Alemanha Oriental (DDR), por se tratar de "uma violação óbvia e insuportável dos mandamentos elementares da Justiça e dos direitos humanos protegidos internacionalmente". [179] Já no caso relativo à morte de Michael S., julgado em 1992, o BGH fundamentou sua decisão expressamente na fórmula de Radbruch. Eis seus termos:

> A contradição do Direito Positivo com a Justiça deve ser tão insuportável que a lei tem que ceder como um Direito incorreto da Justiça (Radbruch SJZ 1946, 105, 107). Após o fim da tirania nacional-socialista, tentou-se identificar as violações mais graves através destas formulações. A identificação desses aspectos no presente caso não é fácil, porque a morte de pessoas na fronteira interna da Alemanha não pode ser igualada ao assassinato em massa Nacional-Socialista. Ao mesmo tempo, no entanto, a percepção adquirida naquele momento permanece válida: ao avaliar os atos praticados sob a autoridade de um Estado, é importante considerar se o Estado excedeu o limite extremo que geralmente é reconhecido por todos os países.[180]

1.2.2 Argumento-Nuremberg

Tão importante quando os escritos de Gustav Radbruch para a construção da Lenda do Positivismo foi a repercussão na comunidade

---

[179] "*wegen offensichtlichen, unerträglichen Verstoßes gegen elementare Gebote der Gerechtigkeit und völkerrechtlich geschützte Menschenrechte*". BGH 5 StR 167/94 (1994).

[180] "*Der Widerspruch des positiven Gesetzes zur Gerechtigkeit muß so unerträglich sein, daß das Gesetz als unrichtiges Recht der Gerechtigkeit zu weichen hat (Radbruch SJZ 1946, 105, 107). Mit diesen Formulierungen (...) ist nach dem Ende der nationalsozialistischen Gewaltherrschaft versucht worden, schwerste Rechtsverletzungen zu kennzeichnen. Die Übertragung dieser Gesichtspunkte auf den vorliegenden Fall ist nicht einfach, weil die Tötung von Menschen an der innerdeutschen Grenze nicht mit dem nationalsozialistischen Massenmord gleichgesetzt werden kann. Gleichwohl bleibt die damals gewonnene Einsicht gültig, daß bei der Beurteilung von Taten, die in staatlichem Auftrag begangen worden sind, darauf zu achten ist, ob der Staat die äußerste Grenze überschritten hat, die ihm nach allgemeiner Überzeugung in jedem Lande gesetzt ist*". BGH 5 StR 370/92 (1992).

jurídica internacional dos "julgamentos de Nuremberg", uma série de julgamentos realizados por tribunais militares das forças aliadas de ocupação na Alemanha após o fim da Segunda Guerra, onde líderes políticos, militares, judiciais e econômicos do regime nazista foram acusados por planejar, realizar ou participar do Holocausto e de outros crimes de guerra.

1.2.2.1 O Tribunal de Nuremberg

A instalação do Tribunal de Nuremberg foi uma das primeiras iniciativas relativas ao processo de desnazificação[181] da sociedade alemã. Em seu conjunto, essa série de julgamentos, descrita pelo magistrado que o presidiu como "o mais importante da história",[182] formou o que veio a ser conhecido como "os julgamentos de Nuremberg" e representa um ponto de virada entre o Direito Internacional clássico e o Direito Internacional contemporâneo. A base legal genérica da sua competência foi definida pelo ato de rendição da Alemanha,[183] um documento assinado pelo Alto Comando da *Wehrmacht*, de um lado, e a Força Expedicionária Aliada e o Alto Comando Soviético, de outro.

Essa base legal foi, no entanto, objeto de severas críticas, uma vez que a Alemanha, ao assinar o Tratado de Rendição, não mais poderia

---

[181] Desnazificação (do alemão *Entnazifizierung*) é o termo que designa uma das principais iniciativas dos Aliados após a vitória sobre a Alemanha nazista na Segunda Guerra Mundial. Reforçada pelos acordos de Potsdam e iniciados pelos julgamentos de Nuremberg, essa iniciativa buscava a limpeza política e cultural da sociedade, da imprensa e da Justiça alemãs de toda e qualquer influência nazista. FISCHER, Torben; LORENZ, Matthias N. *Lexikon der "Vergangenheitsbewältigung" in Deutschland*: Debatten- und Diskursgeschichte des Nationalsozialismus nach 1945. Bielefeld: Transcript, 2007, p. 18.

[182] "*The greatest trial on history*". HARRIS, Whitney R. "Tyranny on trial: trial of major german war criminals at Nuremberg (1945-1946)". *In*: REGINBOGIN, H. R.; SAFFERLING, C. J. M.; HIPPEL, W. R. (Coord.). *The Nuremberg trials*: international criminal law since 1945 - 60th anniversary international conference. Munique: K.G. Saur, 2006, p. 106.

[183] Uma vez que era limitada pelos crimes de guerra, não foram julgados possíveis crimes praticados antes do seu início, em 1º de setembro de 1939.

CAPÍTULO I – A FORMAÇÃO DA LENDA DO POSITIVISMO

ser considerada uma nação soberana à luz do Direito Internacional vigente.[184] "Desde sua rendição incondicional", escreveu Hans Kelsen ainda em 1945,

> os poderes vitoriosos colocaram um fim à Alemanha como um Estado soberano (...). Se o estado de guerra foi encerrado, a Alemanha deixou de existir como um Estado, porque tal status só pode existir entre Estados beligerantes. Desde a rendição da Alemanha, (...) o status legal do território ocupado pelos poderes vencedores não pode ser o da ocupação beligerante.[185]

Essa objeção lançada por Kelsen[186] era comum sobretudo aos positivistas da época,[187] já que para eles o Estado soberano era o único sujeito de Direito Internacional e apenas as obrigações livremente aceitas por esses poderiam gerar regras válidas.[188] Essa tese, no entanto, era amplamente

---

[184] *"How can principles enunciated by the Nuremberg Tribunal, to take it as an example, be of legal value until most of the states have agreed to a tribunal with jurisdiction to enforce those principles? How could the Nuremberg Tribunal have obtained jurisdiction to find Germany guilty of aggression, when Germany had not consented to the Tribunal? How could the law, first explicitly accepted in the Nuremberg Charter of 1945, have bound the defendants in the trial when they committed the acts for which they were indicted years earlier?"*. WRIGHT, Quincy. "Legal Positivism and the Nuremberg Judgment". *American Journal of International Law*, n° 42, pp. 406 e ss, 1948. Doi:10.2307/2193683.

[185] *"Since her unconditional surrender (...) Germany has ceased to exist as a state in the sense of international law. Germany having ceased to exist as a state, the status of war has been terminated, because such a status can exist only between belligerent states. Since Germany's surrender (...) the legal status of the territory occupied by the victorious powers cannot be that of belligerent occupation"*. KELSEN, Hans. "The legal status of Germany according to the Declaration of Berlin". *American Journal of International Law*, n° 39, p. 519, 1945. Doi:10.2307/2193527.

[186] STOLLEIS, Michael. *Geschichte des öffentlichen Rechts in Deutschland*: Staats- und Verwaltungsrechtswissenschaft in West und Ost (1945-1990). vol. 4, Munique: C.H. Beck, 2012, p. 36.

[187] Além de Kelsen, Hans Nawiasky também defendia a tese da ruptura. Confira-se: NAWIASKY, Hans. "Ist Deutschland noch ein Staat?". *Die neue Zeitung*, n° 25, 1948, pp. 5 e ss.

[188] WRIGHT, Quincy. "Legal Positivism and the Nuremberg Judgment". *American Journal of International Law*, n° 42, p. 405. Doi:10.2307/2193683.

minoritária, já que desconsiderava o "espírito objetivo" (*objektiver Geist*)[189] do povo alemão como fundamento último do Estado. Sobre a tese da ruptura recaía, inclusive, um certo estigma de "traição à pátria", já que ela era defendida sobretudo por positivistas, socialistas, imigrantes, soviéticos e/ou franceses.[190] Apesar das suas evidentes vantagens jurídicas e políticas,[191] a tese de Kelsen foi preterida pela tese da continuidade, que era endossada pela maioria esmagadora dos publicistas e dos internacionalistas.[192]

Assim é que, em agosto de 1945, foi firmada entre os países aliados a Carta de Londres, documento que fixou os princípios e os procedimentos que seriam seguidos pelos julgamentos dos crimes de guerra. O primeiro e mais conhecido conjunto desses julgamentos foi realizado em Nuremberg[193] pelo Tribunal Militar Internacional (IMT)[194] – entre 20 de novembro de 1945 e 1º de outubro de 1946 – e tinha como réus 24 dos mais importantes líderes políticos e militares do 3º Reich.[195] Dentre esses destacam-se: a) *Hermann Göring*, Marechal do Reich e Comandante da Luftwaffe,[196] b)

---

[189] GÜNTHER, Frieder. "Jemand, der sich schon vor fünfzig Jahren selbst überholt hatte: Die Nicht-Rezeption Hans Kelsens in der bundesdeutschen Staatsrechtslehre der 1950er und 1960er Jahre". *In*: JESTAEDT, M. (Coord.). *Hans Kelsen und die deutsche Staatsrechtslehre*: Stationen eines wechselvollen Verhältnisses. Tübingen: Mohr Siebeck, 2013, p. 78.

[190] STOLLEIS, Michael. *Geschichte des öffentlichen Rechts in Deutschland*: Staats- und Verwaltungsrechtswissenschaft in West und Ost (1945-1990). vol. 4, Munique: C.H. Beck, 2012, p. 36.

[191] Idem, p. 36.

[192] Idem, p. 34.

[193] Nuremberg foi a cidade onde o NSDAP foi oficializado e, por causa dessa simbologia, foi escolhida como cidade-sede dos julgamentos.

[194] Cada um dos quatro países ocupantes (Estados Unidos, Reino Unido, França e União Soviética) constituiu um juiz e um promotor, enquanto a grande maioria dos advogados de defesas eram alemães.

[195] STEINBACH, Peter. "Der Nürnberger Prozess gegen die Hauptkriegsverbrecher". *In*: BLASIUS, R. A.; UEBERSCHÄR, G. R. (Coord.). *Der Nationalsozialismus vor Gericht:* Die alliierten Prozesse gegen Kriegsverbrecher und Soldaten (1943-1952). Frankfurt: Fischer Taschenbuch Verlag, 1999, p. 32.

[196] Hermann Göring foi condenado à morte, mas suicidou-se na prisão na noite anterior à execução.

CAPÍTULO I – A FORMAÇÃO DA LENDA DO POSITIVISMO

Franz von Papen,[197] interventor da Prússia no Preußenschlag,[198] que pavimentou o caminho dos nazistas rumo ao poder absoluto, bem como os juristas c) *Hans Frank*, líder jurídico do Reich (1933-1945)[199] e d) *Wilhelm Frick*, Ministro do Interior do Reich (1933-1943).[200]

Esses julgamentos tiveram sequência com uma série de doze julgamentos secundários sob a jurisdição do Tribunal Militar de Nuremberg (NMT) – realizados entre 9 de dezembro de 1946 e 28 de outubro de 1948 –, onde, agora com base na Lei de Controle Aliado n. 10, foram julgados outros participantes do regime nazista, como médicos, empresários etc. Dentre esses julgamentos, destaca-se a terceira série: o "caso dos juristas" (*Juristenprozess*). Realizado entre 17 de fevereiro de 1947 e 14 de dezembro de 1947, foram réus nesse julgamento dezesseis altos funcionários do Ministério da Justiça do *Reich* (*Reichsjustizministerium*), bem como alguns promotores públicos e magistrados que tiveram destaque por sua atuação nos tribunais de apelação (*Sondergerichte*) ou no Tribunal Superior (*Volksgerichtshof*). Dentre eles, apenas quatro foram absolvidos, mas a maioria foi condenada à pena de prisão, que variou de cinco anos de reclusão até a prisão perpétua.[201] Além desses julgamentos secundários, a Administração Adenauer (1949-1963), na esteira do processo de desnazificação da Alemanha, também processou e julgou mais de 800 magistrados que colaboraram com o regime nazista, os *Nazi-Blutrichter* (algo como "juízes nazistas sanguinários").[202]

---

[197] Franz von Papen foi absolvido, mas em 1947 foi reclassificado como criminoso de guerra por um Tribunal de Desnazificação e condenado a oito anos de trabalhos forçados, dos quais cumpriu apenas dois anos.

[198] O Preußenschlag será abordado no item 2.3.4.7.1.

[199] Hans Frank foi condenado à morte e executado por enforcamento em 16 de outubro de 1946.

[200] Wilhelm Frick foi condenado à morte e executado por enforcamento em 16 de outubro de 1946.

[201] ROTTLEUTHNER, Hubert. "Das Nürnberger Juristenurteil und seine Rezeption in Deutschland: Ost und West". *Neue Justiz*, vol. 51, p. 618, 1997.

[202] GODAU-SCHÜTTKE, Klaus-Detlev. *Ich habe nur dem Recht gedient*: die "Renazifizierung" der Schleswig-Holsteinischen Justiz nach 1945. Baden-Baden: Nomos, 1993, p. 9.

1.2.2.2 Uma defesa positivista

O indiciamento dos acusados tinha por base os crimes definidos pelo artigo 6º da Carta de Londres[203] e pelo artigo 2º, item 1 da Lei de Controle Aliado n. 10,[204] e consistiam basicamente em: a) participar ou conspirar para a prática de crimes contra a paz, b) planejar, iniciar ou incitar agressões de guerra ou crimes contra a paz, c) praticar crimes de guerra, d) participar de crimes contra a humanidade, e) participar

---

[203] *"The following acts, or any of them, are crimes coming within the jurisdiction of the Tribunal for which there shall be individual responsibility: (a) Crimes against Peace: namely, planning, preparation, initiation or waging of a war of aggression, or a war in violation of international treaties, agreements or assurances, or participation in a common plan or conspiracy for the accomplishment of any of the foregoing; (b) War Crimes: namely, violations of the laws or customs of war. Such violations shall include, but not be limited to, murder, ill-treatment or deportation to slave labor or for any other purpose of civilian population of or in occupied territory, murder or ill-treatment of prisoners of war or persons on the seas, killing of hostages, plunder of public or private property, wanton destruction of cities, towns or villages, or devastation not justified by military necessity; (c) Crimes against Humanity: namely, murder, extermination, enslavement, deportation, and other inhumane acts committed against any civilian population, before or during the war; or persecutions on political, racial or religious grounds in execution of or in connection with any crime within the jurisdiction of the Tribunal, whether or not in violation of the domestic law of the country where perpetrated. Leaders, organizers, instigators and accomplices participating in the formulation or execution of a common plan or conspiracy to commit any of the foregoing crimes are responsible for all acts performed by any persons in execution of such plan".*

[204] *"1. Each of the following acts is recognized as a crime: (a) Crimes against Peace. Initiation of invasions of other countries and wars of aggression in violation of international laws and treaties, including but not limited to planning, preparation, initiation or waging a war of aggression, or a war of violation of international treaties, agreements or assurances, or participation in a common plan or conspiracy for the accomplishment of any of the foregoing; (b) War Crimes. Atrocities or offenses against persons or property constituting violations of the laws or customs of war, including but not limited to, murder, ill treatment or deportation to slave labor or for any other purpose, of civilian population from occupied territory, murder or ill treatment of prisoners of war or persons on the seas, killing of hostages, plunder of public or private property, wanton destruction of cities, towns or villages, or devastation not justified by military necessity; (c) Crimes against Humanity. Atrocities and offenses, including but not limited to murder, extermination, enslavement, deportation, imprisonment, torture, rape, or other inhumane acts committed against any civilian population, or persecutions on political, racial or religious grounds whether or not in violation of the domestic laws of the country where perpetrated; (d) Membership in categories of a criminal group or organization declared criminal by the International Military Tribunal".*

de organização criminosa, assim declarada pelo Tribunal Militar Internacional (IMT).

Já as principais teses de defesa dos acusados estavam embasadas: a) no princípio da *lex ex post facto*, i.e., na inexistência de norma jurídica que tipificasse a conduta como criminosa no momento em que ela foi praticada; b) na teoria dos *atos de Estado*, de modo que as condutas imputadas não teriam sido praticadas propriamente pelos acusados, e sim pelo próprio Estado; e c) no mero *cumprimento de ordens superiores*, de modo que apenas o soberano poderia responder judicialmente.[205] No caso dos juristas, ainda havia a alegação: d) da *obediência ao direito válido*, de modo que o juiz, por estar adstrito aos termos expressos da lei escrita, não teria poder decisório para agir livremente.[206]

1.2.2.2.1 Lex ex post facto

A transição entre regimes políticos decorrente da ruptura total do ordenamento jurídico (ou seja, uma *revolução*, no sentido kelseniano do termo)[207] sempre apresenta novos dilemas morais e jurídicos, notadamente o dilema de como lidar com as "injustiças" do sistema

---

[205] PAULSON, Stanley L. "Classical Legal Positivism at Nuremberg". *Philosophy & Public Affairs*, n° 4, p. 132, 1975.

[206] INTERNATIONAL MILITARY TRIBUNAL. *Trials of war criminals before the Nuremberg military tribunals.* vol. 3, U.S. Government Print Office, 1951, p. 124.

[207] "*A revolution, in this wide sense, occurs whenever the legal order of a community is nullified and replaced by a new order in an illegitimate way, that is in a way not prescribed by the first order itself. It is in this context irrelevant whether or not this replacement is effected through a violent uprising against those individuals who so far have been the 'legitimate' organs competent to create and amend the legal order. It is equally irrelevant whether the replacement is effected through a movement emanating from the mass of the people, or through action from those in government positions. From a juristic point of view, the decisive criterion of a revolution is that the order in force is overthrown and replaced by a new order in a way which the former had not itself anticipated*". KELSEN, Hans. *General Theory of Law and State*. 3ª ed. Cambridge, Mass.: Harvard University Press, 1949 [1945], p. 117.

suplantado.²⁰⁸ Seja democrático ou tirânico, o novo regime sempre se considera mais virtuoso e moralmente superior ao anterior e uma das formas pelas quais ele busca se legitimar é justamente por meio da resolução dos casos de "injustiça legal".

A alternativa que se apresenta diante desses casos de "injustiça legal" é bastante simples. Por um lado, o novo regime pode prestigiar a *segurança jurídica* ou, de outro lado, nas situações em que o resultado "injustiça" seja insuportável diante dos novos padrões éticos vigentes, pode optar por prestigiar a Justiça. A resolução *política* dessa equação – garantir a segurança ou promover a Justiça –, pode ser *juridicamente* regulada de duas formas distintas: a) pela *edição de leis gerais de anistia*, quando o novo regime "perdoa" os ilícitos praticados sob a vigência da ordem jurídica anterior, e b) pela *persecução penal dos "ilícitos" praticados*, com a relativização do princípio *nulla poena sine lege*.²⁰⁹

A defesa comum de todos os acusados perante os julgamentos de Nuremberg recaia exatamente sobre a ofensa à garantia prevista pelo princípio geral de Direito *nulla poena sine lege* que, em síntese, proíbe a retroatividade da lei penal que prejudique o acusado. Uma vez que não havia norma jurídica anterior à prática da conduta que a descrevesse como criminosa, não poderia haver qualquer crime. Quanto ao julgamento principal, a cargo do Tribunal Militar Internacional (IMT), a tese de defesa alegava que a Carta de Londres definiu como criminosas condutas que, antes da sua assinatura, não eram consideradas como tal. No que diz respeito aos julgamentos sob a jurisdição do Tribunal Militar de Nuremberg (NMT), a alegação de *lex ex post facto* recaía sobre a irretroatividade da Lei de Controle Aliado n. 10.

Durante o julgamento perante o Tribunal Militar Internacional (IMT), o argumento da *lex ex post facto* foi inegavelmente desenvolvido em linhas "positivistas", quando a defesa dos acusados ponderou, por

---

208 HOFMANN, Hasso. *Einführung in die Rechts- und Staatsphilosophie*. 5ª ed. Die Philosophie. Darmstadt: Wissenschaftliche Buchgesellschaft, 2011, pp. 109 e ss.

209 SANDKÜHLER, Hans Jörg. *Nach dem Unrecht*: Plädoyer für einen neuen Rechtspositivismus. Freiburg: Verlag Karl Alber, 2015, pp. 15 e ss.

CAPÍTULO I – A FORMAÇÃO DA LENDA DO POSITIVISMO

exemplo, que o Tribunal deveria analisar a responsabilidade dos acusados apenas com base no "Direito válido", e não com base em considerações acerca de "como a questão poderia ou deveria ser resolvida em nome da ética ou do progresso humano".[210]

A articulação do princípio *nulla poena sine lege* e do Positivismo Jurídico como conceitos conexos parece mesmo ser intuitiva. De fato, ambos surgiram dentro do mesmo ambiente da cultura liberal dos séculos XIX e XX, tentavam superar o arbítrio e a crueldade do *ancien régime* e garantir a todos os cidadãos um ponto angular de liberdade.[211] Além disso, tanto um quanto outro decorrem de um ideário difuso de segurança que permeia a construção conceitual e prática do Direito moderno.[212]

Partindo dessa conexão aparente, a abordagem tipicamente "positivista" seria imprópria para solucionar a situação moralmente insustentável de deixar os "crimes" dos nazistas impunes. Uma concepção exclusivamente formal do Direito deveria ser abandonada em nome da Justiça. Para refutar a natureza *ex post facto* da Carta de Londres e da Lei de Controle Aliado n. 10, as Cortes de Nuremberg decidiram que o princípio da *nulla poena sine lege* não se aplicaria ao Direito Internacional e ao *common law* – que, ao contrário do sistema do *civil law*, não se compõe de estatutos estáticos, e sim de costumes que se desenvolvem e se consolidam[213] – e que o Direito Natural indica a existência de um Direito transcendental já existente no momento dos crimes imputados aos acusados, de modo que não se poderia falar propriamente num "efeito retroativo". Tendo em vista a natureza abominável dos crimes praticados pelos nazistas, era uma

---

[210] Defensor Jahrreiss: "*I am dealing only with the problems of law as it is at present valid, not with the problem of such law as could or should be demanded in the name of ethics or of human progress*". INTERNATIONAL MILITARY TRIBUNAL. *Trials of war criminals before the Nuremberg military tribunals.* vol. 17, U.S. Government Print Office, 1951, p. 459.

[211] SCHÖNEBURG, Volkmar. "Nullum crimen, nulla poena sine lege: Rechtsgeschichtliche Anmerkungen". *Utopie kreativ*, n° 8, p. 61, 1998.

[212] Idem, pp. 61 e ss.

[213] THIELE-FREDERSDORF, Herbert. "The judgment of Military Tribunal III in the Nuremberg trials of justice". *In*: BENTON, W. E. (Coord.). *Nuremberg*: German views of the war trials. Dallas: Southern Methodist University Press, 1955, p. 140.

situação em que o Direito Internacional deveria fixar um precedente.[214] Uma "intervenção humanitária", de natureza "antipositivista", serviria como uma justificativa plausível e aceitável para a fixação da competência da Corte e para a violação de soberania do Estado alemão.

1.2.2.2.2 Atos de Estado

Outra defesa comum aos acusados de Nuremberg era a tese de que todos os atos praticados pelos acusados seriam, na verdade, "atos de Estado". Segundo essa teoria, todos os atos praticados por indivíduos deveriam ser compreendidos, na verdade, como atos praticados pelos órgãos do Estado e, como consequência, deveriam ser imputados apenas ao Estado enquanto sujeito de Direito Internacional.[215]

Segundo a tese dos atos de Estado, toda e qualquer reinvindicação por danos decorrentes da ação estatal deveria ser dirigida contra o próprio Estado, e nunca contra o agente público, que sempre age apenas e tão-somente como órgão do Estado. Qualquer situação jurídica imputada ao indivíduo que decorra do exercício regular[216] do poder de um agente público é resultado da ação de um Estado soberano, não podendo ser imputada ao agente qualquer responsabilidade.[217] Nesse particular, o Conselho de Defesa dos acusados de Nuremberg invocou expressamente a autoridade de um escrito de Hans Kelsen[218] para

---

[214] ROTTLEUTHNER, Hubert. "Das Nürnberger Juristenurteil und seine Rezeption in Deutschland: Ost und West". *Neue Justiz*, n° 51, p. 619, 1997.

[215] PAULSON, Stanley L. "Classical Legal Positivism at Nuremberg". *Philosophy & Public Affairs*, n° 4, p. 140, 1975.

[216] Excepcionalmente, um agente público poderia ser responsabilizado – e mesmo assim apenas no âmbito do Direito Nacional, e nunca no âmbito do Direito Internacional – quando este excedesse os limites do poder inerente ao seu ofício.

[217] PAULSON, Stanley L. "Classical Legal Positivism at Nuremberg". *Philosophy & Public Affairs*, n° 4, p. 141, 1975.

[218] KELSEN, Hans. "Collective and Individual Responsibility in International Law with Particular Regard to the Punishment of War Criminals". *California Law Review*,

CAPÍTULO I – A FORMAÇÃO DA LENDA DO POSITIVISMO

sustentar que "em questões de violação da paz, a responsabilidade dos indivíduos pela punição não existe de acordo com o Direito Internacional atualmente válido".[219]

Além disso, a tese dos "atos de Estado" estava diretamente conectada com a doutrina positivista de John Austin sobre o conceito de soberania.[220] Para Austin, o poder do soberano "não reconhece qualquer limite legal"[221] e, como consequência, o verdadeiro soberano não responde pelos seus atos perante terceiros, mas apenas perante a si mesmo. Se o agente público age *como se fosse* o próprio soberano agindo, a sua responsabilização para além da esfera do Estado Nacional implicaria na própria negação da sua soberania.[222]

Em suas considerações, a acusação atacou expressamente a teoria da soberania de John Austin, nos seguintes termos:

> os juspuristas podem argumentar que apenas uma lei imposta pelo soberano tem o poder de exigir obediência. Esta ideia nunca foi aplicável ao Direito Internacional. Se fosse, não seria possível reconhecer também qualquer obrigação dos Estados em matéria contratual ou mesmo sua responsabilidade civil.[223]

---

n° 31, p. 532, 1943.

[219] "*Kelsen again and again repeats that in questions of breach of the peace, the liability of individuals to punishment does not exist according to the general international law at present valid and that it cannot exist because of the concept of sovereign*". INTERNATIONAL MILITARY TRIBUNAL. *Trials of war criminals before the Nuremberg military tribunals*. vol. 17, U.S. Government Print Office, 1951, p. 478.

[220] PAULSON, Stanley L. "Classical Legal Positivism at Nuremberg". *Philosophy & Public Affairs*, n° 4, p. 141, 1975.

[221] "*(...) the power of a sovereign is incapable of legal limitation*". AUSTIN, John. *The Province of Jurisprudence Determined*. Cambridge: Cambridge University Press, 1995, p. 9.

[222] PAULSON, Stanley L. "Classical Legal Positivism at Nuremberg". *Philosophy & Public Affairs*, n° 4, pp. 142 e ss, 1975.

[223] "*Legal purists may contend that nothing is law which is not imposed from above by a sovereign body having the power to compel obedience. That idea of the analytical jurists has never been applicable to International Law. If it had, the undoubted obligation of States in matters of contract and tort could not exist*". INTERNATIONAL MILITARY TRIBUNAL.

Ao final do julgamento, a validade do artigo 7 da Carta de Londres,[224] que vedava expressamente a tese dos "atos de Estado", foi afirmada pelo Tribunal de Nuremberg[225] e a tese dos "atos de Estado", decorrente da versão positivista da soberania de John Austin, foi afastada.

1.2.2.2.3 Cumprimento de ordens

Uma terceira tese recorrente na defesa dos acusados de Nuremberg também recebeu a pecha de "positivista": a tese do "mero cumprimento de ordens". Na forma utilizada pela defesa dos acusados de Nuremberg, essa tese também se conectava com a doutrina da soberania de John Austin. A sua ideia central era que a relação existente entre o soberano, o agente público e o indivíduo é de sujeição,[226] em que o soberano ordena uma conduta do indivíduo, cabendo ao agente público, na qualidade de órgão do Estado, apenas verificar e cuidar para que tal ordem seja efetivamente cumprida.

De acordo com a teoria da soberania de Austin, um agente público não poderia deixar de cumprir ordens por considerá-las imorais. Como expressão da soberania, a simples ordem superior, combinada com o poder

---

The trial of German major war criminals by the International military tribunal sitting at Nuremberg, Germany (1945-1946). vol. 19, Londres: Pub. under the authority of H. M. Attorney-general by H. M. Stationery, 1946, p. 426. Aqui foi utilizada a versão britânica da compilação oficial dos julgamentos de Nuremberg, uma vez que a versão americana contém falhas de impressão.

[224] "*Article 7. The official position of defendants, whether as Heads of State or responsible officials in Government departments, shall not be considered as freeing them from responsibility or mitigating punishment*".

[225] "*He who violates the laws of war cannot obtain immunity while acting in pursuance of the authority of the state if the state in authorizing action moves outside its competence under international law*". INTERNATIONAL MILITARY TRIBUNAL. *Trials of war criminals before the Nuremberg military tribunals*. vol. 1, U.S. Government Print Office, 1951, p. 223.

[226] AUSTIN, John. *The province of jurisprudence determined*. Cambridge: Cambridge University Press, 1995, p. 284.

CAPÍTULO I – A FORMAÇÃO DA LENDA DO POSITIVISMO

legal ilimitado de exigir obediência, seria suficiente para estabelecer a obrigação jurídica, que por natureza e definição seria incondicional.[227] Com relação específica à situação da Alemanha Nazista, a defesa alegou que a Lei Habilitante de 24 de março de 1933 basicamente revogou todos os critérios formais de fixação de competência, permitindo que Hitler alterasse a Constituição por Decreto.[228] Ao assumir poderes absolutos, Hitler personificou a própria soberania do Estado alemão.[229] E uma vez reconhecido como soberano, não seria facultado aos agentes públicos descumprirem suas ordens.[230]

A tese positivista do "mero cumprimento de ordens" foi, no entanto, afastada.[231] Isso porque, se mesmo quando alegada por soldados rasos a tese já seria problemática – por haver no Direito alemão vigente normas militares que permitiam o descumprimento de ordens manifestamente ilegais ou imorais[232] –, o julgamento deveria levar em conta contexto

---

[227] PAULSON, Stanley L. "Classical Legal Positivism at Nuremberg". *Philosophy & Public Affairs*, nº 4, 1975, pp. 146 e ss.

[228] INTERNATIONAL MILITARY TRIBUNAL. *Trials of war criminals before the Nuremberg military tribunals.* vol. 17, U.S. Government Print Office, 1951, pp. 481 e ss.

[229] *"Now in a state in which the entire power to make final decisions is concentrated in the hands of a single individual, the orders of this one man are absolutely binding on the members of the hierarchy"*. Idem, p. 486.

[230] PAULSON, Stanley L. "Classical Legal Positivism at Nuremberg". *Philosophy & Public Affairs*, nº 4, p. 148, 1975.

[231] Embora proibida pelo artigo 8 da Carta de Londres como excludente de antijuridicidade, a alegação de "mero cumprimento de ordens" poderia servir, no entanto, como atenuante de penas a serem aplicadas pelo Tribunal. "*Article 8. The fact that the defendant acted pursuant to order of his Government or of a superior shall not free him from responsibility, but may be considered in mitigation of punishment if the Tribunal determines that justice so requires*".

[232] § 47. I do Código Penal Militar: "Se uma lei criminal é violada pela execução em serviço de um comando superior, então o superior comandante é o único responsável. No entanto, ele atende a submissão do sujeito aos subordinados que obedecem: 1. quando ele entregou o comando determinado, ou 2. quando ele está ciente de que o comando do supervisor se refere a um ato que foi planejado para um delito ou crime geral ou militar. Se a culpa do subordinado é baixa, sua punição pode ser dispensada". / Militärstrafgesetzbuch, § 47. I. "*Wird durch die Ausführung eines Befehls in Dienstsachen ein Strafgesetz verletzt, so ist dafür der befehlende Vorgesetzte allein*

específico dos casos sob jurisdição do IMT, a saber, crimes praticados por diversos membros da elite nazista, alguns dos principais responsáveis pela elaboração das políticas implementadas por Hitler.[233] Ademais, a questão fundamental não seria a existência ou não de tais normas, mas sim saber se uma "escolha moral"[234] seria possível no caso concreto.[235]

Em segundo lugar, a tese do mero cumprimento de ordens foi afastada sob o argumento de que

> não há regra no Direito Internacional que confira imunidade para aqueles que obedecem a ordens que – sejam elas legais ou não no país onde são emitidas – sejam manifestamente contrárias à própria lei natural a partir da qual o Direito Internacional se desenvolveu.[236]

---

verantwortlich. Es trifft jedoch den gehorchenden Untergebenen die Strafe des Teilnehmers: 1. wenn er den erteilten Befehl überschritten hat, oder 2. wenn ihm bekannt gewesen ist, dass der Befehl des Vorgesetzten eine Handlung betraf, welche ein allgemeines oder militärisches Verbrechen oder Vergehen bezweckte. II. Ist die Schuld des Untergebenen gering, so kann von seiner Bestrafung abgesehen werden".

[233] PAULSON, Stanley L. "Classical Legal Positivism at Nuremberg". *Philosophy & Public Affairs*, n° 4, 1975, pp. 146 e ss.

[234] *"(...) but what was meant by 'moral choice' is not obvious. The 'choice' may be understood in genuinely moral terms, inviting serious reflection on the propriety of harming or killing innocent persons to avoid one's own punishment or death. On this interpretation, the soldier has a 'moral choice' even when faced with death. But 'choice' may also be understood simply as ruling out a situation in which, as Brigadier General Telford Taylor expressed it, 'opportunity for reflection, choice, and the exercise of responsibility is non-existent or limited'. Given either interpretation, what is significant is that the Tribunal based its test on this 'choice.' For the possibility of a choice to obey runs directly counter to the classical legal positivist requirement of unconditional obedience to state law and involves a rejection of the doctrine underlying that requirement, namely the doctrine of absolute sovereignty".* Idem, p. 150.

[235] INTERNATIONAL MILITARY TRIBUNAL. *Trials of war criminals before the Nuremberg military tribunals.* vol. 1, U.S. Government Print Office, 1951, p. 224.

[236] *"No rule of international law (...) provides immunity for those who obey orders which-whether legal or not in the country where they are issued-are manifestly contrary to the very law of nature from which international law has grown".* INTERNATIONAL MILITARY TRIBUNAL, *Trials of war criminals before the Nuremberg military tribunals.* vol. 19, pp. 465 e ss.

CAPÍTULO I – A FORMAÇÃO DA LENDA DO POSITIVISMO

Esta imunidade seria ilegal se cotejada "com o Direito Internacional, com a consciência comum e com regras elementares de humanidade".[237]

Por fim, a adoção dessa tese poderia levar a absurdos práticos. Isso porque, em última análise, apenas o próprio soberano – no caso específico da Alemanha nazista, Hitler – poderia ser responsabilizado, nunca qualquer outro agente público. Mais absurda ainda seria a contradição lógica da conjugação dessa tese com a tese dos "atos de Estado". Ter-se-ia assim uma situação na qual, de acordo com a tese do "mero cumprimento de ordens", apenas o soberano responde, mas, de acordo coma tese dos "atos de Estado", o soberano não responde a ninguém.[238] A conjugação dessas duas teses "positivistas" levaria ao resultado absurdo de que ninguém pode ser responsabilizado, razão pela qual a tese do "mero cumprimento de ordens" também foi afastada.[239]

1.2.2.2.4 Vinculação ao Direito válido

Além das três teses anteriormente descritas, uma quarta tese foi recorrente especificamente na defesa de todos os juristas julgados na terceira etapa da segunda fase dos julgamentos de Nuremberg: a tese da "vinculação ao Direito válido". Tem-se, aqui, uma espécie de "adaptação" da tese anterior (mero cumprimento de ordens) à especificidade do ofício dos magistrados e promotores públicos que, "diante do sistema jurídico alemão" e como "funcionários públicos independentes", estão vinculados "apenas e tão-somente à lei".[240]

---

237 *"Every test of international law, of common conscience, [and] of elementary humanity"*. Idem, pp. 465 e ss.
238 PAULSON, Stanley L. "Classical Legal Positivism at Nuremberg". *Philosophy & Public Affairs*, n° 4, p. 149, 1975.
239 *"The combination of these two doctrines means that nobody is responsible"*. INTERNATIONAL MILITARY TRIBUNAL. *Trials of war criminals before the Nuremberg military tribunals*. vol. 2, U.S. Government Print Office, 1951, p. 1073.
240 *"The action of the Spruchrichter dealt with in the indictment and the charges raised in this connection will bring the legal position of the German judge up for discussion. We shall see*

A exata compreensão do "papel desempenhado pelo Positivismo Jurídico" na prática judicial alemã era, portanto, fundamental para a defesa.²⁴¹ Logo na declaração inicial, a defesa dos acusados fez as seguintes considerações sobre a relação do Positivismo Jurídico e a prática judicial alemã, *in verbis*:

> A defesa também deve estar ciente das dificuldades encontradas diante um tribunal não-alemão. A diferença entre o sistema jurídico anglo-americano e o sistema jurídico alemão, segundo a qual os atos dos acusados serão julgados, reside não só na solução de questões e problemas jurídicos individuais, mas é fundamental e sistemática. O Direito anglo-americano progride na medida em que as decisões dos mais altos tribunais estabelecem precedentes. O Direito alemão, por outro lado, é um Direito codificado, muito menos aberto à necessidade de adaptação pela administração da Justiça. A lei escrita é inflexível e exige a sua aplicação. Novos conceitos jurídicos podem ser desenvolvidos como caso do desenvolvimento gradual do 'common law'. O sistema alemão e continental da lei codificada somente permite a incorporação de novos conceitos jurídicos através de mudanças expressas na lei escrita. As leis complementares do código penal em vigor na Alemanha desde 1877 mostram uma mudança abrupta em intervalos mais curtos ou mais longos. Por esta razão, o Positivismo Jurídico desempenhou um papel muito mais importante na Alemanha desde o final do século XIX do que nos sistemas legais fora do continente.²⁴²

---

the judge as an independent official who is not bound to directives but only to the law". INTERNATIONAL MILITARY TRIBUNAL. *Trials of war criminals before the Nuremberg military tribunals*. vol. 3, U.S. Government Print Office, 1951, p. 124.

241 "*We will discuss the positivism of the German interpretation of law*". Idem, p. 124.

242 "*The defense must also be aware of the difficulties encountered in the treatment of the subject matter before a non-German court. The difference between the Anglo-American legal system and the German law, in accordance with which the acts of the German defendants are judged, lies not only in the solution of individual legal questions and problems, but is fundamental and systematic. Anglo-American law appears to us vitally progressive by the effect which decisions of the highest courts carry in setting precedents. German law, on the other hand, is a codified law, much less suitable to development by the administration of justice, but a law*

CAPÍTULO I – A FORMAÇÃO DA LENDA DO POSITIVISMO

Como pode ser visto, a direção da defesa foi seguir o padrão tradicional do Argumento-Radbruch, afirmando de que os juristas alemães, diante de sua "formação positivista", apenas aplicavam as leis. Treinados no espírito do Positivismo Jurídico, no qual os códigos são as únicas fontes do Direito, os juristas alemães não puderam desenvolver um espírito crítico quanto à natureza delitiva do Direito Nazista. Sem o recurso ao Direito Natural, não poderia ser demonstrada a natureza criminosa autoevidente do regime nazista e reconhecido um *dever de resistência* desses juristas contra a perversão do Direito.[243]

Este argumento – a existência de um *dever de resistência* com base num Direito Natural – também foi desenvolvido não só na defesa dos acusados, mas também na academia. Ainda durante os julgamentos de Nuremberg (1947), Helmut Coing veicula a tese de que, embora uma das funções primordiais do Direito seja promover a segurança e estabilidade das relações sociais, "os magistrados têm o dever de negar obediência às leis"[244] sempre que estejam despidas de uma "dignidade

---

which in itself demands observance of the legal standard. The written law is inflexible. New concepts of the law cannot succeed in the administration of justice as is the case in the gradual development of the 'common law'. The German-as well as the continental-principle of the codified law permits the incorporation of new legal concepts only through sudden changes of the written law. Thus the supplementary laws of the penal code in force in Germany since 1877 show an abrupt change at shorter or longer intervals. For this reason the positivism of law has played a far more important part in Germany since the end of the nineteenth century than has been the case in legal systems outside the continent". Idem, p. 108.

[243] "Formados no espírito do Positivismo Jurídico, eles não poderiam ter desenvolvido uma consciência de injustiça. Somente com base no subjetivismo da lei natural se poderia construir um dever de resistência do juiz ou mesmo sua punibilidade por uma resistência não realizada. Objetou-se, ainda, que o sistema jurídico do era nacional-socialista em si um crime evidente". / "*Im Geiste des Gesetzespositivismus ausgebildet, hätten sie kein Unrechtsbewußtsein entwickeln können. Nur auf der Grundlage eines naturrechtlichen Subjektivismus könne man eine Widerstandspflicht des Richters oder gar dessen Strafbarkeit bei nicht geleistetem Widerstand konstruieren. Dagegen wurde eingewendet, daß das Rechtssystem des NS in sich ein Verbrechen darstellte, das evident war*". ROTTLEUTHNER, Hubert. "Das Nürnberger Juristenurteil und seine Rezeption in Deutschland: Ost und West". *Neue Justiz*, n° 51, p. 619, 1997.

[244] "*Vom Richter muß vielmehr gefordert werden, daß er solchen Gesetzen den Gehorsam versagt*". COING, Helmut. "Zur Frage der strafrechtlichen Haftung der Richter für

ética intrínseca".²⁴⁵ As ideias desenvolvidas neste trabalho teriam uma grande influência sobre os julgamentos posteriores a Nuremberg,²⁴⁶ bem como no "renascimento" do Direito Natural na Alemanha.

1.2.3 Considerações parciais

No período do pós-guerra (1945-1949), a Alemanha encontrava-se em ruínas, física e institucional. Mesmo com o "vácuo jurídico" deixado pelo fim do Estado Nazista, questões jurídicas precisavam ser solucionadas. Nesse ambiente de reconstrução das instituições jurídicas e de busca de um novo fundamento de legitimidade para o Direito, surgiram os dois argumentos que serviram como a base da Lenda do Positivismo.

De um lado, a série de publicações de Radbruch deu origem ao Argumento-Radbruch, uma argumento que funciona, ao mesmo tempo, como principal pilar da Lenda do Positivismo, sendo composto pelas seguintes teses: a) Radbruch era um positivista convertido; b) o Positivismo Jurídico defende uma aplicação incondicional de toda e qualquer Lei ("lei é lei"); c) os juízes ficaram indefesos contra as leis nazistas diante de sua arraigada formação positivista; d) a fórmula de Radbruch é uma boa solução para os casos de "perversão do Direito". Além da integridade moral, da autoridade científica e da reputação inquestionável de Gustav Radbruch, o apelo, a plausibilidade e a simplicidade da sua "fórmula" serviram como base e fio condutor da articulação de uma contradição moral, ética e humanística do que o Direito *deveria ser* e como ele foi *efetivamente* praticado durante o nacional-socialismo.²⁴⁷

---

die Anwendung naturrechtswidriger Gesetze". *Süddeutsche Juristen-Zeitung*, nº 2, p. 62, 1947.
²⁴⁵ Idem, pp. 62 e ss.
²⁴⁶ ROTTLEUTHNER, Hubert. "Das Nürnberger Juristenurteil und seine Rezeption in Deutschland: Ost und West". *Neue Justiz*, nº 51, p. 619, 1997.
²⁴⁷ DREIER, Horst. "Die Radbruchsche Formel: Erkenntnis oder Bekenntnis?". *In*: MAYER, H.; WALTER, R. (Coord.). *Staatsrecht in Theorie und Praxis*: Festschrift

CAPÍTULO I – A FORMAÇÃO DA LENDA DO POSITIVISMO

Se, de um lado, de acordo com o discurso corrente, era inegável que o Positivismo Jurídico teria embasado teoricamente o funcionamento do regime nazista, de outro ele também teria servido como fundamento de defesa dos nazistas. O Argumento-Nuremberg não deixava dúvidas de que todas as teses de defesa (*lex ex post facto*, atos de Estado, cumprimento de ordens superiores e obediência ao direito válido) tinham uma inegável natureza "positivista".[248] Os julgamentos de Nuremberg exigiram que "os juristas alemães revivessem o Direito Natural, desaparecido por cerca de 150 anos".[249] Estava claro, a essa altura, que o Positivismo Jurídico, além de auxiliar o regime nazista a promover "a barbárie em nome da lei",[250] também forneceu a base da defesa dos acusados de praticar crimes contra a humanidade.

Ao fim do maior conflito registrado na história da humanidade, "a ideia de um ordenamento jurídico indiferente a valores éticos e da lei como uma estrutura meramente formal, uma embalagem para qualquer produto, já não tinha mais aceitação no pensamento esclarecido".[251] A conjugação dos "Argumentos-Radbruch" e "Nuremberg" fez crer que, sem esse duplo movimento (abandono do Positivismo Jurídico e reaproximação do Direito Natural), o Direito poderia ser novamente utilizado como instrumento da perversão do poder, seja com uma função legitimadora, seja com uma função exculpatória dos crimes praticados

---

Robert Walter zum 60 *Geburtstag*. Viena: Manz, 1991, p. 128.

[248] Sendo as três primeiras defesas mais ligadas ao Positivismo Jurídico da *common law*, preocupadas mais com a construção de uma teoria da soberania, e a última mais ligada à tradição positivista continental, que tinha a preocupação de transportar a metodologia do Direito Privado para o Direito Público.

[249] "*West German jurists revived the theory of natural law that had disappeared from German jurisprudence for 150 years*". BRYANT, Michael S. "*Prosecuting the cheerful murderer: Natural law and national socialist crimes in West German courts (1945-1950)*". *Human Rights Review*, n° 5, p. 88, 2004. Doi:10.1007/s12142-004-1030-4.

[250] BARROSO, Luís Roberto. "Fundamentos Teóricos e Filosóficos do Novo Direito Constitucional Brasileiro (pós-modernidade, teoria crítica e pós-positivismo)". *In*: BARROSO, L. R.; BARCELLOS, A. P. de (Coord.). *A Nova Interpretação Constitucional*: ponderação, direitos fundamentais e relações privadas. Rio de Janeiro: Renovar, 2003, p. 27.

[251] Idem, p. 27.

contra a humanidade.²⁵² Apenas com o abandono definitivo do Positivismo Jurídico, culpado de várias maneiras pela *Rechtsperversion*, e com a reintrodução Direito Natural na ciência e na prática jurídica alemã, o Direito seria capaz de resgatar sua dignidade.

1.3 O renascimento do Direito Natural no pós-guerra

Como foi visto nos itens anteriores, o "vácuo jurídico"²⁵³ deixado pela extinção do regime nazista nos anos imediatamente subsequentes ao fim da guerra e a necessidade de resolução de questões práticas que se colocavam diariamente perante os tribunais serviram para impulsionar e renovar as concepções teóricas que encaravam o Direito enquanto "ideia". Ancorada na narrativa do Direito Injusto (*Gesetzliches Unrecht*) e direcionada no sentido do reconhecimento de um Direito Supralegal (*Übergesetzliches Recht*), essa concepção de Direito enquanto uma *Ideia* (*Rechtsidee*) formava os alicerces dos argumentos arrolados nos itens anteriores: o Argumento-Radbruch e o Argumento-Nuremberg.

De fato, esses "argumentos" soavam bastante plausíveis. Além de simples, eram bem articulados e dotados de um inegável apelo, seja para justificar a leniência dos juristas em geral com a tirania nacional-socialista, seja para combater a *Rechtsperversion*. Se o Argumento-Radbruch deixava claro que o Positivismo Jurídico servira para que o Estado Nazista impusesse seu regime de terror, o Argumento-Nuremberg deixava claro que o Positivismo Jurídico também servira como base da defesa dos criminosos que agiram em seu nome. Como consequência

---

252 BRYANT, Michael S. "Prosecuting the cheerful murderer: Natural law and national socialist crimes in West German courts (1945-1950)". *Human Rights Review*, vol. 5, p. 100, 2004. Doi:10.1007/s12142-004-1030-4.

253 FOLJANTY, Lena. *Recht oder Gesetz*: Juristische Identität und Autorität in den Naturrechtsdebatten der Nachkriegszeit. Tübingen: Mohr Siebeck, 2012, p. 51.

CAPÍTULO I – A FORMAÇÃO DA LENDA DO POSITIVISMO

do seu "desprezo niilista pelos fundamentos morais do Direito",[254] o Positivismo Jurídico foi impiedosamente culpado por "tornar possível ou mesmo provocar" o seu colapso.[255]

Parecia mais claro do que nunca que "a crise jurídica não era o resultado de mero acaso".[256] Ela era, na verdade, "o resultado prático da dissolução do Direito precedida por uma dissolução teórica contínua do conceito de Direito".[257] A negação de uma *Rechtsidee* pelo Positivismo Jurídico teria deixado o Direito à sua própria sorte quando o Estado totalitário chegou, impôs sua vontade e "impiedosamente aplicou os princípios positivistas",[258] que "obviamente não foram pensados" para essas ocasiões.[259] A dolorosa lição do nazismo evidenciava a existência de situações de manifesta injustiça, situações essas praticadas *em nome* da lei ou *diante da sua ausência*.

Uma profunda "revisão da Filosofia do Direito"[260] tornou-se, assim, urgente. O que se assiste a partir daí é uma fase de transição da Lenda do Positivismo do campo da *prática jurídica* para o campo da *teoria jurídica*,[261] um movimento que teve por finalidade legitimar o novo sistema jurídico surgido no vácuo deixado pelo Estado Nazista. Essa revisão tinha por finalidade resgatar uma concepção do Direito

---

[254] "*nihilistische Verachtung der sittlichen Grundlagen des Rechtes*". WIEACKER, Franz. *Zum heutigen Stand der Naturrechtsdiskussion*. Köln: Westdeutschen Verlag, 1965, p. 9.

[255] "*ermöglicht oder gar herbeigeführt*". SCHELAUSKE, Hans Dieter. *Naturrechtsdiskussion in Deutschland*: ein Überblick über zwei Jahrzehnte (1945-1965). Köln: Bachen, 1968, p. 14.

[256] "*die Rechtskrisis [war] nicht das Ergebnis eines bloßen Zufalls*". Idem, p. 13.

[257] "*der praktischen Rechtsauflösung als Wegbereiterin [war] eine fortlaufende theoretische Auflösung des Rechtsgedankens vorangegangen*". Idem, p. 13.

[258] "*rücksichtslos die positivistischen Grundsätze anwandte*". Idem, p. 14.

[259] "*natürlich nicht für eine solch konsequente Anwendung gedacht waren*". WIEACKER, Franz. *Zum heutigen Stand der Naturrechtsdiskussion*. Köln: Westdeutschen Verlag, 1965, p. 8.

[260] "*Revision einer Rechtsphilosophie*". SPENDEL, Günter. *Jurist in einer Zeitenwende*: Gustav Radbruch zum 100 Geburtstag. Heidelberg: Müller, 1979, p. 28.

[261] FOLJANTY, Lena. *Recht oder Gesetz*: Juristische Identität und Autorität in den Naturrechtsdebatten der Nachkriegszeit. Tübingen: Mohr Siebeck, 2012, p. 23.

enquanto *Ideia* (*Rechtsidee*) e teve como resultado o "renascimento" do Direito Natural. Essa "redescoberta espontânea"[262] do Direito Natural desencadeou uma avassaladora "onda jusnaturalista" (*Naturrechtswelle*) na década de 1950, um movimento que apontava o Positivismo Jurídico como o principal responsável pela *Rechtspervertion*, sendo, portanto, combatido como o grande inimigo.[263]

Essa "euforia" em torno do Direito Natural no pós-guerra, apesar de ter se dado de modo por vezes confuso, retórico e pouco sistemático,[264] não encontrou qualquer resistência significativa na cultura jurídica alemã. No que diz respeito ao Positivismo Jurídico, o principal motivo talvez tenha sido que, devido às suas posições políticas liberais e favoráveis à democracia parlamentar, os positivistas foram os juristas mais perseguidos pelos Nazistas.[265] Kelsen, o principal positivista de Weimar, fugiu para os Estados Unidos, passando a se dedicar no pós-guerra mais ao Direito Internacional que à Teoria do Direito, mantendo quase nenhum contato com a Academia alemã[266] e participando do debate alemão apenas de forma periférica.[267] Com exceção de Hans Nawiasky (1880-1961), nin-

---

[262] "*spontane Wiederentdeckung*". SCHELAUSKE, Hans Dieter. *Naturrechtsdiskussion in Deutschland*: ein Überblick über zwei Jahrzehnte (1945-1965). Köln: Bachen, 1968, p. 18.

[263] SANDKÜHLER, Hans Jörg. *Nach dem Unrecht:* Plädoyer für einen neuen Rechtspositivismus. Freiburg: Verlag Karl Alber, 2015, pp. 228 e ss.

[264] HERBE, Daniel. *Hermann Weinkauff (1894-1981)*: Der erste Präsident des Bundesgerichtshofs. Tübingen: Mohr Siebeck, 2008, p. 119.

[265] FOLJANTY, Lena. *Recht oder Gesetz*: Juristische Identität und Autorität in den Naturrechtsdebatten der Nachkriegszeit. Tübingen: Mohr Siebeck, 2012, p. 39.

[266] Kelsen foi convidado a retornar à sua Cátedra na Universidade de Köln já em 1945, mas recusou a oferta. GÜNTHER, Frieder. "Jemand, der sich schon vor fünfzig Jahren selbst überholt hatte: Die Nicht-Rezeption Hans Kelsens in der bundesdeutschen Staatsrechtslehre der 1950er und 1960er Jahre". *In*: JESTAEDT, M. (Coord.). *Hans Kelsen und die deutsche Staatsrechtslehre*: Stationen eines wechselvollen Verhältnisses. Tübingen: Mohr Siebeck, 2013, p. 76.

[267] JESTAEDT, Matthias; LEPSIUS, Oliver. "Der Rechts- und der Demokratietheoretiker Hans Kelsen - Eine Einführung". *In*: JESTAEDT, M.; LEPSIUS, O. (Coord.). *Verteidigung der Demokratie*: Abhandlungen zur Demokratietheorie. Tübingen: Mohr Siebeck, 2006, p. 10.

guém demostrava interesse no legado intelectual de Kelsen e dos demais positivistas do *Kaiserreich* e de Weimar.[268] Gerhard Anschütz faleceu em 1948[269] e outros positivistas importantes, como Richard Thoma, já tinham idade avançada e, por isso, não contavam com o mesmo vigor para participar dos debates.[270] Além disso, autores como Ernst Fraenkel, Franz L. Neumann e Otto Kirchheimer, que publicaram importantes trabalhos sobre a teoria e prática jurídica de Weimar e do 3º Reich,[271] também estavam exilados nos Estados Unidos ou na Inglaterra e, por isso, não tomaram parte das discussões jurídicas na Alemanha.[272]

1.3.1 As críticas ao Positivismo Jurídico e as (falsas) lembranças

Esse movimento de renascimento teórico do Direito Natural foi iniciado em pequenos livros, folhetos e artigos publicados em revistas jurídicas a partir dos primeiros anos pós-guerra e partia do pressuposto (equivocado) que o Direito Natural não tinha desempenhado qualquer papel relevante na cultura jurídica alemã até 1945.[273] Em vez de analisar em profundidade

---

[268] Idem, p. 11.

[269] WALDHOFF, Christian. "Gerhard Anschütz (1867-1948)". *In*: HÄBERLE, P.; KILIAN, M.; WOLFF, H. (Coord.). *Staatsrechtslehrer des 20 Jahrhunderts*. Berlim: De Gruyter, 2015, pp. 93 e ss.

[270] STOLLEIS, Michael. *Geschichte des öffentlichen Rechts in Deutschland*: Staats- und Verwaltungsrechtswissenschaft in West und Ost (1945-1990). vol. 4, Munique: C.H. Beck, 2012, p. 195.

[271] FRAENKEL, Ernst. *The Dual State*: a contribution to the theory of dictatorship. Clark NJ. The Lawbook Exchange, 2006; KIRCHHEIMER, Otto. *Von der Weimarer Republik zum Faschismus*: Die Auflösung der demokratischen Rechtsordnung. Frankfurt: Suhrkamp, 1976; NEUMANN, Franz L. *Behemoth:* Struktur und Praxis des Nationalsozialismus (1933-1944). Hamburgo: Europäische Verlagsanstalt, 2013.

[272] FOLJANTY, Lena. *Recht oder Gesetz*: Juristische Identität und Autorität in den Naturrechtsdebatten der Nachkriegszeit. Tübingen: Mohr Siebeck, 2012, p. 39.

[273] HERBE, Daniel. *Hermann Weinkauff (1894-1981)*: Der erste Präsident des Bundesgerichtshofs. Tübingen: Mohr Siebeck, 2008, p. 105.

a jurisprudência e a postura da judicatura durante a era nazista,[274] todos os esforços eram retoricamente dirigidos para uma "cura" da ciência jurídica alemã, que havia passado por uma "crise" e se tornado uma "Ciência do Direito sem Direito".[275] A principal tarefa desse movimento era relembrar aos juristas que o Direito era, em essência, algo "bom".[276]

Para atingir esse objetivo, essas publicações empenharam-se em desqualificar o Positivismo Jurídico, o que normalmente era feito por meio de argumentos simplórios que apelavam para a emoção do leitor.[277] Na melhor das hipóteses, o Positivismo Jurídico era qualificado com expressões niilistas. "Estéril",[278] "seco"[279] e "espiritualmente vazio"[280] *são apenas alguns dos exemplos. Noutras vezes, era o mesmo associado* explicitamente a termos pejorativos, como "egoísmo",[281] "terror",[282] "loucura",[283]

---

[274] HOEPPEL, Alexander. *NS-Justiz und Rechtsbeugung*: die strafrechtliche Ahndung deutscher Justizverbrechen nach 1945. Tübingen: Mohr Siebeck, 2019, p. 11

[275] "*Rechtswissenschaft ohne Recht*". HIPPEL, Ernst von. *Einführung in die Rechtstheorie*, p. 57; HIPPEL, Ernst von. *Mechanisches und moralisches Rechtsdenken*. Meisenheim am Glan: Anton Hain, 1959, p. 69.

[276] "A preocupação dos textos do pós-guerra era lembrar os juristas que o Direito era uma coisa essencialmente boa". / "*Es ging ihnen [den Texten] darum, Juristen daran zu erinnern, dass Recht grundsätzlich etwas Gutes sei*". FOLJANTY, Lena. *Recht oder Gesetz*: Juristische Identität und Autorität in den Naturrechtsdebatten der Nachkriegszeit. Tübingen: Mohr Siebeck, 2012, p. 98.

[277] Todos as expressões utilizadas a seguir foram catalogadas originalmente por: Idem, pp. 23 e ss.

[278] "*steril*". ROMMEN, Heinrich. *Die ewige Wiederkehr des Naturrechts*. 2ª ed. Munique: Kösel, 1947, p. 138.

[279] "*vertrocknet*". SCHÖNFELD, Walter. *Zur Frage des Widerstandsrechts*: ein Gespräch. Stuttgart: Kohlhammer, 1955, p. 11.

[280] "*geistesfern*". MITTEIS, Heinrich. *Vom Lebenswert der Rechtsgeschichte*. Weimar: Böhlau, 1947, pp. 24 e ss.

[281] "*Egoismus*". HIPPEL, Ernst von. *Rechtsgesetz und Naturgesetz*. Tübingen: Neomarius Verlag, 1949, p. 80.

[282] "*Terror*". HIPPEL, Ernst von. *Einführung in die Rechtstheorie*: ein Dialog. 2ª ed. Bonn: Schwippert, 1947, p. 66.

[283] "*Wahn*". SCHÖNFELD, Walter. *Grundlegung der Rechtswissenschaft*. 2ª ed. Stuttgart: Kohlhammer, 1951, p. 524.

CAPÍTULO I – A FORMAÇÃO DA LENDA DO POSITIVISMO

"escuridão".[284] O Positivismo Jurídico não passava, segundo esta nova narrativa, de uma teoria "despótica",[285] "perniciosa"[286] e "sem coração",[287] responsável por aprisionar o pensamento jurídico num "labirinto",[288] submetendo-o a um "frio inverno".[289]

Raras eram, no entanto, as situações em que essa literatura dava um passo além das ofensas vazias. Quando ultrapassavam o arroubo retórico, esses textos contentavam-se com simplificações conceituais grosseiras.[290] Essas simplificações eram invariavelmente apoiadas por (falsas) lembranças[291] sobre o verdadeiro *status* da teoria e prática jurídica em Weimar e no 3° Reich, imputando-se ao Positivismo Jurídico funções que ele nunca desempenhou.[292] A localização temporal e a delimitação conceitual desse Positivismo Jurídico, ademais, nunca era muito clara. Quando muito, o nome do positivista alemão Karl Bergbohm[293] era

---

[284] "*Finsternis*". SÜSTERHENN, Adolf. "Naturrecht und Verfassungsgesetzgebung". *In*: SÜSTERHENN, A.; BUCHER, P. (Coord.). *Schriften zum Natur-, Staats- und Verfassungsrecht*. Mainz: v. Hase & Koehler, 1991 [1947], p. 174.

[285] "*despotisch*". Idem, p. 175.

[286] "*verderblich*". SCHÖNFELD, Walter. *Grundlegung der Rechtswissenschaft*. 2ª ed. Stuttgart: Kohlhammer, 1951, p. 524.

[287] "*herzlos*". HIPPEL, Ernst von. *Einführung in die Rechtstheorie*: ein Dialog. 2ª ed. Bonn: Schwippert, 1947, p. 177.

[288] "*Irrgarten*". HAENSEL, Carl. "Zum Nürnberger Urteil: 2. Beitrag: Schuldprinzip und Gruppenkriminalität". *Süddeutsche Juristen-Zeitung*, nº 2, p. 25, 1947.

[289] "*kalten Winter*". ROMMEN, Heinrich. *Die ewige Wiederkehr des Naturrechts*. 2ª ed. Munique: Kösel, 1947, p. 138.

[290] "A precisão na descrição do positivismo não importava (...). [A]nálises sóbrias dificilmente podem ser encontradas no texto (...)". / "*Auf Präzision bei der Beschreibung des Positivismus kam es nicht an (...). [N]üchterne Analysen [sind] kaum in den Text zu finden (...)*". FOLJANTY, Lena. *Recht oder Gesetz*: Juristische Identität und Autorität in den Naturrechtsdebatten der Nachkriegszeit. Tübingen: Mohr Siebeck, 2012, pp. 22 e ss.

[291] Termo utilizado por: Idem, p. 20.

[292] No próximo capítulo, será demonstrado porque essas lembranças não correspondem aos fatos.

[293] Karl Bergbohm, um importante nome do Positivismo Jurídico do Kaiserreich, nunca, no entanto, defendeu uma versão estrita do Positivismo Estatutário (*Gesetzespositivismus*) ou mesmo o dogma de completude do sistema jurídico. Na verdade, ele se opunha apenas à ideia de que as lacunas poderiam ser preenchidas

citado.²⁹⁴ Em qualquer caso, a descrição do Positivismo Jurídico enquanto projeto teórico do Direito nunca foi suficientemente honesta, era baseada em estereótipos e não passava de um espantalho.

A (falsa) lembrança mais comum era que o Positivismo Jurídico defendia uma submissão cega à lei, na forma deduzida pelo Argumento-Radbruch. Na sua formação "positivista", os juristas alemães teriam aprendido que qualquer ordem emanada pelo legislador não poderia ser questionada ou descumprida.²⁹⁵ Quando, na esteira do nazismo, a invasão do mal e da injustiça tomaram conta da esfera política, a técnica jurídica não conferia aos juristas alemães instrumentos para defesa do povo. A observância do postulado "positivista" "lei é lei" teria acelerado e legitimado a queda do Direito no abismo da injustiça. Os juristas estariam todos desamparados e impotentes.²⁹⁶ E ainda que quisessem

---

por critérios extralegais ou com normas do Direito Natural. De resto, defendia inclusive uma Teoria do Direito de natureza histórica e empírica. FOLJANTY, Lena. *Recht oder Gesetz*: Juristische Identität und Autorität in den Naturrechtsdebatten der Nachkriegszeit. Tübingen: Mohr Siebeck, 2012, p. 32.

294 Citado, por exemplo, em: COING, Helmut. *Grundzüge der Rechtsphilosophie*. Berlim: De Gruyter, 1950, p. 155; HIPPEL, Ernst von. *Mechanisches und moralisches Rechtsdenken*. Meisenheim am Glan: Anton Hain, 1959, p. 70.

295 FOLJANTY, Lena. *Recht oder Gesetz*: Juristische Identität und Autorität in den Naturrechtsdebatten der Nachkriegszeit. Tübingen: Mohr Siebeck, 2012, p. 25.

296 "Quando, sob o nacional-socialismo, o mal, a injustiça e o crime tomaram conta do Estado, os quais a engenhosa tecnologia do Estado de Direito e da democracia formal não conseguiram resistir, o povo, os teólogos, os juristas, os políticos e os militares alemães, ficaram impotentes e indefesos diante desse fenômeno. Não éra óbvio para eles que seguir os princípios da época (lei é lei e ordem é ordem) iriam acelerar e apoiar a queda no abismo da ilegalidade e do crime". / "*Als sich daher unter dem Nationalsozialismus der Einbruch des Bösen, des Unrechts und des Verbrechens in den staatlichen Raum vollzog, und zwar des vom Staate selbst veranlaßten und befohlenen Unrechts und Verbrechens, dem die ausgeklügelte Technik des Rechtsstaates und formale Demokratie nichts entgegenzusetzen hatte, stand das deutsche Volk, standen die deutschen Theologen und Juristen, Politiker und Offiziere zunächst ratlos und hilflos vor dieser Erscheinung. Mit den zuletzt überkommenen Wertvorstellungen 'Gesetz ist Gesetz' und 'Befehl ist Befehl' war ihr ersichtlich nicht beizukommen: die Befolgung dieser Grundsätze beschleunigte und unterstützte vielmehr den Sturz in den Abgrund der Rechtlosigkeit und des Verbrechens*". WEINKAUFF, Hermann. *Die Militäropposition gegen Hitler und das Widerstandsrecht*. Bonn: Bundeszentrale für Heimatdienst, 1954, p. 13.

CAPÍTULO I – A FORMAÇÃO DA LENDA DO POSITIVISMO

se rebelar, a lealdade dos juristas ao Direito válido era garantida pela "atmosfera de medo" corrente durante o regime nazista.[297]

Outra "lembrança" corrente dizia respeito ao papel desempenhado pelo Positivismo Jurídico como um garantidor de um Estado forte e centralizado. Já que o Positivismo Jurídico afirma que "todo Direito é produzido pelo legislador"[298] e "que não há Direito acima do Estado",[299] ele fatalmente apoia, através da "lei do mais forte",[300] qualquer ordem de dominação (*Herrschaftsordnung*) estabelecida no mundo real e promove um "absolutismo de Estado", um verdadeiro "despotismo estatal".[301]

Ao "identificar Direito, poder e violência",[302] o Positivismo Jurídico "faz do legislador um déspota e do cidadão um servo",[303] "anulando

---

[297] COING, Helmut. *Die obersten Grundsätze des Rechts*: ein Versuch zur Neugründung des Naturrechts. Heidelberg: Schneider, 1947, p. 143; WEINKAUFF, Hermann. *Richtertum und Rechtsfindung in Deutschland*: Vortrag. Tübingen: Mohr, 1952, p. 15.

[298] "*Es ist ein positivistischer Irrtum, anzunehmen, daß alles Recht vom Gesetzgeber erzeugt werde*". HIPPEL, Ernst von. *Einführung in die Rechtstheorie*: ein Dialog. 2ª ed. Bonn: Schwippert, 1947, p. 97.

[299] "*Der Rechtspositivismus, der kein Recht über den Staaten kennt (...)*". KIPP, Heinrich. *Mensch, Recht und Staat*. Köln: Pick, 1947, p. 157.

[300] "As ordens do poder mais forte, e esse é sempre o Estado, são [para o positivista] lei invisível. Por isso, o positivista recai sempre na velha fórmula sofista que o Direito é o poder do mais forte". / "*Die Anordnungen der stärksten Macht, und das ist der Staat, sind für ihn unbesehen Recht. Und er kommt so auf die alte sophistische Formel heraus, daß Recht die Macht des Stärkeren sei*". HIPPEL, Ernst von. *Einführung in die Rechtstheorie*: ein Dialog. 2ª ed. Bonn: Schwippert, 1947, p. 45.

[301] FOLJANTY, Lena. *Recht oder Gesetz*: Juristische Identität und Autorität in den Naturrechtsdebatten der Nachkriegszeit. Tübingen: Mohr Siebeck, 2012, p. 27.

[302] "*(...) läuft der so bereinigte Positivismus notwendig auf die Gleichung: Recht = höchste Anordnungsgewalt = Macht hinaus*". HIPPEL, Ernst von. *Mechanisches und moralisches Rechtsdenken*. Meisenheim am Glan: Anton Hain, 1959, p. 69.

[303] "Como o Positivismo Jurídico identifica, em última instância, o Direito e a violência, trata-se de um conceito jurídico que, ao fazer do legislador um déspota e ao cidadão um servo, contraria a ideia de Direito em qualquer sentido não materialista". / "*Denn indem der Positivismus Recht und Gewalt letzten Endes identifiziert, kommt er zu einem Rechtsbegriff, der, wie er den Gesetzgeber zum Despoten und den Bürger zum Knecht macht, der Idee des Rechts überhaupt in jedem nicht materialistischen Sinne zuwiderläuft*". Idem, p. 68.

qualquer possibilidade de uma vida comunitária pacífica e segura".[304] Segundo a descrição de Adolf Süsterhenn,

> o positivista, que vê no Estado a fonte de todo Direito, ancora todo o seu pensamento político em torno do Estado. Ele se inclina a proclamar a supremacia do Estado em todas as esferas da vida. Para ele, o Estado é a finalidade mais nobre da vida humana (...). Em última análise, todo positivista defende um Estado Totalitário. Se o Estado é o único criador do Direito, então a concessão de qualquer Direito remonta ao Estado, que pode, como consequência, limitar-lhe ou até mesmo eliminar-lhe a qualquer momento.[305]

E numa clara alusão ao nazismo, chegou-se a afirmar que "o positivismo europeu dominante reconheceu a brutal consequência do conceito naturalista de soberania".[306]

---

[304] "O Positivismo Jurídico, que via no Estado ou na raça ariana dominante do Estado o maior valor de todos, concluiu que o Direito não poderia ser outra coisa senão a ordem estatal. Uma coexistência pacífica e segura dos povos não é mais possível sob essas condições". / "*Zu solcher Auffassung muß der Rechtspositivismus kommen, der im Staat oder in der herrschenden Rasse des Staates den Höchstwert schlechthin sah, sodaß das Recht nichts anderes sein konnte als der Staatsbefehl. Ein ruhiges, gesichertes Zusammenleben der Völker ist unter diesen Voraussetzungen nicht mehr möglich*". KIPP, Heinrich. Mensch, Recht und Staat. Köln: Pick, 1947, p. 137.

[305] "*Der Rechtspositivist, der im Staat die Quelle allen Rechts erblickt, kreist naturgemäß in seinem politischen Denken stets um den Staat. Er wird geneigt sein, auf allen Lebensgebieten die Vorherrschaft des Staates zu proklamieren. Für ihn ist der Staat letzten Endes der Höchstwert menschlichen Lebens (...). In seiner Grundhaltung wird der Rechtspositivist immer staatstotalitär sein. Denn wenn der Staat der einzige Schöpfer des Rechts ist, dann gehen alle übrigen Rechte letztlich auf staatliche Verleihung zurück und können daher jederzeit durch den Staat eingeengt oder gar aufgehoben werden*". SÜSTERHENN, Adolf. "Naturrecht und Politik". *In*: SÜSTERHENN, A.; BUCHER, P. (Coord.). *Schriften zum Natur-, Staats- und Verfassungsrecht*. Mainz: Hase & Koehler, 1991 [1947], p. 133.

[306] "*Nun hat der herrschende Positivismus Europas die brutale Konsequenz jedes naturalistischen Souveränitätsbegriffs (...) erkannt*". HIPPEL, Ernst von. *Mechanisches und moralisches Rechtsdenken*. Meisenheim am Glan: Anton Hain, 1959, p. 69.

CAPÍTULO I – A FORMAÇÃO DA LENDA DO POSITIVISMO

Outra tentativa de vincular o Positivismo Jurídico ao regime nazista passava pela crítica ao "pluralismo de valores"[307] da modernidade, cujo principal representante na política era o liberalismo e, no Direito, o Positivismo Jurídico. A crítica era que o relativismo moderno, com seu atomismo e individualismo artificial, promoveu uma fragmentação excessiva do tecido social, deixando a sociedade alemã carente de empatia comunitária e, principalmente, de uma sinergia social capaz de fornecer resistência à "devastação totalitária". Alertava-se, ainda, que, caso os fundamentos metafísicos do Direito não fossem retomados e uma renovação do Direito por meio do Direito Natural não fosse promovida, o Positivismo Jurídico certamente falharia diante de novas ameaças totalitárias.[308]

Uma derradeira lembrança "implantada" na consciência coletiva descrevia o Positivismo Jurídico não como uma teoria que, de forma ingênua, apoiava o poder absoluto, mas sim como uma ideologia *ativa* de dominação.[309] Essa crítica dirigia-se, na verdade, contra o Naturalismo Jurídico, uma forma de pensamento que – além de guardar pouca semelhança com o Positivismo Jurídico –, buscava uma definição do Direito a partir da sua produção de efeitos concretos.[310] Se o pensamento jurídico nacional-socialista, baseado na máxima "tudo o que é bom para o povo é Direito",[311] repousava num "uti-

---

[307] "*Wertpluralismus*". WEINKAUFF, Hermann. "Die deutsche Justiz und der Nationalsozialismus: ein Überblick". *In*: *Quellen und Darstellungen zur Zeitgeschichte*. Veröffentlichungen des Instituts für Zeitgeschichte. vol. 16, Stuttgart: Deutsche Verlags-Anstalt, 1968, p. 182.

[308] "O Positivismo Jurídico, em conexão com o pluralismo de valores antes da legalização totalitária, fracassou vergonhosamente e voltará a falhar vergonhosamente diante de qualquer nova ameaça". / "(...) *der Rechtspositivismus [hat] in Verbindung mit dem Pluralismus der Wertvorstellungen vor der totalitären Rechtsverwüstung schmählich versagt und [wird] vor jeder neuen solchen Bedrohung wiederum ebenso schmählich versagen*". Idem, 1968.

[309] FOLJANTY, Lena. *Recht oder Gesetz*: Juristische Identität und Autorität in den Naturrechtsdebatten der Nachkriegszeit. Tübingen: Mohr Siebeck, 2012, p. 29

[310] Essa confusão está clara, por exemplo, *In*: HIPPEL, Ernst von. *Einführung in die Rechtstheorie*: Ein Dialog. 2ª ed. Bonn: Schwippert, 1947, p. 63; HIPPEL, Ernst von. *Rechtsgesetz und Naturgesetz*. Tübingen: Neomarius Verlag, 1949, p. 76; HIPPEL, Ernst von. *Mechanisches und moralisches Rechtsdenken*. Meisenheim am Glan: Anton Hain, 1959, p. 56.

[311] "*Recht ist, was dem Volke nützt*". SÜSTERHENN, Adolf. "Wir Christen und die Erneuerung des staatlichen Lebens". *In*: SÜSTERHENN, A.; BUCHER,

litarismo radical", a realidade era a fonte máxima dos valores jurídicos mais elevados e a inadvertida superposição entre "fato" e "norma" servia como instrumento de legitimação daquela ideologia.[312] Também numa evidente alusão ao nazismo, a "lembrança" dizia que o Positivismo Jurídico "teria provocado catástrofes históricas simplesmente porque ignorou deliberadamente (...) o fundamento último de qualquer Estado: o ser-humano".[313]

Nas escassas análises teóricas mais sérias, as críticas eram dirigidas contra conceitos utilizados por versões embrionárias do Positivismo Jurídico que estavam superadas desde o final do século XIX.[314] Em linhas gerais, todas essas críticas baseavam-se no pressuposto de que o Positivismo Jurídico pretendia reduzir a teoria jurídica a um "método de aplicação do Direito que, livre de qualquer valor, se limita à interpretação do Direito Positivo",[315] método esse ancorado na "matemática"[316] ou na "pura lógica",[317] associado ao "pensamento sistemático", à "dedução"[318]

P. (Coord.). *Schriften zum Natur-, Staats- und Verfassungsrecht*. Mainz: v. Hase & Koehler, 1991 [1948], p. 243.

[312] HIPPEL, Ernst von. *Einführung in die Rechtstheorie*: ein Dialog. 2ª ed. Bonn: Schwippert, 1947, pp. 42 e ss.

[313] "*Rechts- und Staatspositivismus mußten geschichtliche Katastrophen heraufführen, weil sie bewußt oder unbewußt verfälscht und entstellt hatten, was Grundlage und Grundvoraussetzung jedes Staates ist, - das Antlitz des Menschen*". KIPP, Heinrich. *Mensch, Recht und Staat*. Köln: Pick, 1947, p. 6.

[314] FOLJANTY, Lena. *Recht oder Gesetz*: Juristische Identität und Autorität in den Naturrechtsdebatten der Nachkriegszeit. Tübingen: Mohr Siebeck, 2012, p. 32.

[315] "Eu diria que o Positivismo Jurídico significa uma tentativa de aderir estritamente ao Direito Positivo na interpretação da lei, a fim de objetivamente interpretá-la de forma livre a qualquer juízo de valor, especialmente aquele de natureza política". / "*Ich würde sagen, Positivismus bedeutet juristisch den Versuch, sich bei der Rechtsauslegung streng nur an das positive Recht zu halten, um es frei von allen Werturteilen, insbesondere solchen politischer Art, objektiv auszulegen*". HIPPEL, Ernst von. *Einführung in die Rechtstheorie*: ein Dialog. 2ª ed. Bonn: Schwippert, 1947, p. 56.

[316] FOLJANTY, Lena. *Recht oder Gesetz*: Juristische Identität und Autorität in den Naturrechtsdebatten der Nachkriegszeit. Tübingen: Mohr Siebeck, 2012, p. 32.

[317] "*absolute logische Gültigkeit*". HIPPEL, Ernst von. *Mechanisches und moralisches Rechtsdenken*. Meisenheim am Glan: Anton Hain, 1959, p. 53.

[318] FOLJANTY, Lena. *Recht oder Gesetz*: Juristische Identität und Autorität in den Naturrechtsdebatten der Nachkriegszeit. Tübingen: Mohr Siebeck, 2012, p. 32.

CAPÍTULO I – A FORMAÇÃO DA LENDA DO POSITIVISMO

e à "subsunção",³¹⁹ um pensamento "mecanicista"³²⁰ preocupado apenas com "conceitos puros".³²¹ A identificação entre a Teoria Pura do Direito, por exemplo, e o construtivismo lógico da *Jurisprudência dos Conceitos* (*Begriffsjurisprudenz*) deve-se, sobretudo, a Heinrich Triepel,³²² um jurista que havia saudado a tomada de poder pelos Nazistas como uma "libertação"³²³ e que, durante a reconstrução da Alemanha, imputou à autonomia conceitual proposta por Kelsen uma extensão por ele jamais autorizada. Isso é realmente surpreendente, já que a *Begriffsjurisprudenz*, além de diferir-se substancialmente da Teoria Pura do Direito, conheceu nela a sua crítica mais afiada e implacável.³²⁴ Isso porque, ao descrever a dimensão dinâmica do ordenamento jurídico, a Teoria Pura do Direito demonstra de forma cabal que a criação de normas jurídicas jamais pode decorrer de uma mera operação lógica, de uma subsunção ou de uma dedução.³²⁵

E ainda que fosse possível levar a sério a redução do Positivismo Jurídico à *Begriffsjurisprudenz*, convém notar que tais críticas não eram dirigidas propriamente contra o seu construtivismo. Em vez disso, elas

---

319 "*Subsumtionstheorie*". HIPPEL, Ernst von. *Mechanisches und moralisches Rechtsdenken*. Meisenheim am Glan: Anton Hain, 1959, pp. 46, 53.
320 "*Mechanisches Weltbild des Naturalismus*". Idem, p. 101.
321 "*in der Form reiner Begriffe*". HIPPEL, Ernst von. *Einführung in die Rechtstheorie*: ein Dialog. 2ª ed. Bonn: Schwippert, 1947, p. 173.
322 JESTAEDT, Matthias; LEPSIUS, Oliver. "Der Rechts- und der Demokratietheoretiker Hans Kelsen: eine Einführung". *In*: JESTAEDT, M.; LEPSIUS, O. (Coord.). *Verteidigung der Demokratie*: Abhandlungen zur Demokratietheorie. Tübingen: Mohr Siebeck, 2006, p. 90.
323 TRIEPEL, Heinrich. *Staatsrecht und Politik*. Berlim: De Gruyter, 1927, pp. 116 e ss.
324 JESTAEDT, Matthias; LEPSIUS, Oliver. "Der Rechts- und der Demokratietheoretiker Hans Kelsen: eine Einführung". *In*: JESTAEDT, M.; LEPSIUS, O. (Coord.). *Verteidigung der Demokratie*: Abhandlungen zur Demokratietheorie. Tübingen: Mohr Siebeck, 2006, p. 90.
325 KELSEN, Hans. *Allgemeine Staatslehre*. Viena: Österreichische Staatsdr, 1993 [1925], pp. 231 e ss.; KELSEN, Hans. *Reine Rechtslehre*: Einleitung in die rechtswissenschaftliche Problematik. Studienausgabe der 1. Auflage 1934, herausgegeben und eingeleitet von Matthias Jestaedt. Tübingen: Mohr Siebeck, 2008 [1934], pp. 73 e ss.; KELSEN, Hans. *General Theory of Law and State*. 3ª ed. Cambridge, Mass.: Harvard University Press, 1949 [1945], pp. 110 e ss.; KELSEN, Hans. *Reine Rechtslehre*. Viena: Österreichische Staatsdruckerei, 1992 [1960], pp. 198 e ss.

eram dirigidas contra um estranho híbrido: uma *mistura do Positivismo Estatutário (Gesetzespositivismus) em sentido estrito*, no qual a jurisprudência não tinha qualquer espaço de valoração, com uma *ideia rudimentar de sistema sem lacunas* e da qual todas as respostas poderiam ser deduzidas por uma operação lógica.[326] Essa representação era obviamente contraditória em si mesma, pois um sistema de onde algo pode ser *deduzido* deve ser antes *construído* por meio de indução. Ademais, foi precisamente essa constatação que criou uma demanda de independência da magistratura contra a legislatura, o que nunca seria compatível com a ideia de uma lei vinculante em sentido estrito.[327] A real finalidade dessa redução a um "formalismo" era deslegitimar[328] o Positivismo Jurídico, desacreditá-lo enquanto ciência descritiva do Direito, demonstrar que o mesmo despia o Direito de sua dignidade intrínseca e associá-lo a uma forma de pensar "calculada com meros conceitos, através de matemática jurídica pura".[329] Se alguém realmente conseguir levar a sério quaisquer dessas críticas, então os positivistas, em geral, e Kelsen, em particular, não passariam de

---

[326] É curioso notar que "nem um único jurista do século XIX defendeu a tese de que um sistema fechado de Direito Positivo era viável. Sempre foi assumido que haveria lacunas no Direito Positivo. A única divergência era sobre o modo de preencher tais lacunas". A teoria mais antiga defendia que as lacunas no Direito Positivo deveriam ser preenchidas pelo Direito Natural. Em vez disso, Putcha passou a defender que "as lacunas no Direito Positivo deveriam ser fechadas por meio do desenvolvimento de novas regras derivadas de princípios de um Direito já existente". HAFERKAMP, Hans-Peter. "Legal formalism and its critics". *In*: PIHLAJAMÄKI, H.; DUBBER, M.; GODFREY, M. (Coord.) *The Oxford Handbook of European Legal History*. Nova York, Oxford University Press, 2018.

[327] SCHRÖDER, Jan. "Gabs es im deutschen Kaiserreich einen Gesetzpositivismus?". *In*: SCHRÖDER, J.; FINKENAUER, T. (Coord.). *Rechtswissenschaft in der Neuzeit*: Geschichte Theorie Methode. Ausgewählte Aufsätze (1976-2009). Tübingen: Mohr Siebeck, 2010, p. 505.

[328] FOLJANTY, Lena. *Recht oder Gesetz*: Juristische Identität und Autorität in den Naturrechtsdebatten der Nachkriegszeit. Tübingen: Mohr Siebeck, 2012, p. 33.

[329] "Simplesmente calculando com termos, através de uma mera matemática jurídica, o juiz certamente não pode alcançar a solução justa dos casos individuais não expressamente previstos na lei". / "Durch bloßes Rechnen mit Begriffen, durch bloße Rechtsmathematik, kann der Richter die gerechte Lösung der im Gesetz nicht ausdrücklich vorgesehenen Einzelfälle gewiß nicht erreichen". WEINKAUFF, Hermann. *Richtertum und Rechtsfindung in Deutschland*: Vortrag. Tübingen: Mohr, 1952, p. 25.

CAPÍTULO I – A FORMAÇÃO DA LENDA DO POSITIVISMO

teóricos "autistas",[330] incapazes de relacionar suas especulações teóricas com o mundo da vida.

O fio condutor comum de todas essas críticas era promover abandono definitivo de uma concepção do Direito em que "apenas vale como ordem jurídica aquilo que o Estado assim institui ou reconhece".[331] Como forma de "*desqualificar a separação positivista entre a norma e a lei natural*", a própria utilização da palavra "*lei*" (*Gesetz*) deveria ser evitada.[332] A "crise do Direito" e a "situação crítica da humanidade" não era apenas "o resultado da guerra perdida".[333] Ela "teria causas mais profundas", a saber: "o declínio da ideia de Direito".[334] Competia a essa geração fazer lembrar para sempre as consequências das antigas "lições cheias de sangue".[335] "Assassinatos em massa, os campos de concentra-

---

[330] JESTAEDT, Matthias; LEPSIUS, Oliver. "Der Rechts- und der Demokratietheoretiker Hans Kelsen: eine Einführung". *In*: JESTAEDT, M.; LEPSIUS, O. (Coord.). *Verteidigung der Demokratie*: Abhandlungen zur Demokratietheorie. Tübingen: Mohr Siebeck, 2006, p. 12.

[331] "As dolorosas lições do seu regime criminoso demonstraram a necessidade do reconhecimento da 'injustiça legal' e forçaram a revisão de uma Filosofia Jurídica cujo valor relativista tinha que favorecer o Positivismo Jurídico, isto é, aquela doutrina que para o propósito de ordem e segurança pode ser considerada como o Estado como tal ou que, no entanto, tornou os juristas espiritualmente indefesos contra leis injustas e até criminais". / "*Der schmerzliche Anschauungsunterricht seines verbrecherischen Regimes demonstrierte die Erkennbarkeit 'gesetzlichen Unrechts' und nötigte zur Revision einer Rechtsphilosophie, deren Wertrelativismus den juristischen Positivismus begünstigen mußte, also jene Lehre, die zwecks Ordnung und Sicherheit nur das als Recht gelten läßt, was der Staat als solches setzt oder anerkennt, die aber die Juristen gegen ungerechte, ja verbrecherische Gesetze geistig hilflos gemacht hat*". SPENDEL, Günter. *Jurist in einer Zeitenwende*: Gustav Radbruch zum 100 Geburtstag. Heidelberg: Müller, 1979, p. 28.

[332] "*Wir wollen statt Gesetze lieber Regeln sagen, um die positivistische Verwechslung von Naturgesetz und Norm auszuschließen*". HIPPEL, Ernst von. *Einführung in die Rechtstheorie*: Ein Dialog. 2ª ed. Bonn: Schwippert, 1947, p. 47.

[333] "*Die Krise des heutigen Rechtslebens*", "*kritische Situation der Menschheit*", "*eine Folge des verlorenen Krieges*". KIPP, Heinrich. *Naturrecht und moderner Staat*. Nürnberg: Glock & Lutz, 1950, p. 7.

[334] "*hat tiefere Ursachen*", "*Das macht es erforderlich, den Weg des Rechts und seines Abfalls von Rechtsidee und Rechtsideal*". Idem, p. 7.

[335] "*blutige[r] Anschauungsunterricht[-]*". WEINKAUFF, Hermann. *Richtertum und Rechtsfindung in Deutschland*: Vortrag. Tübingen: Mohr, 1952, p. 32.

ção, os banimentos, as torturas, as lágrimas dos inocentes, as mentiras insolentes dos órgãos públicos", tudo isso teria sido considerado normal pelo Positivismo Jurídico.[336] A sua superação era uma "necessidade urgente dos novos tempos".[337]

1.3.2 As três vertentes do Direito Natural

O retorno ao Direito Natural passou, portanto, a ser apresentado como a única alternativa justeórica adequada à superação da barbárie e à promoção dos valores humanitários. Se sob o domínio do Positivismo Jurídico a magistratura tinha "o dever de aplicar as leis mesmo que elas contivessem a mais grave das injustiças",[338] com a "regeneração"[339] do Direito pelo Direito Natural a busca do ideal supremo da Justiça nunca seria comprometida. Na literatura jurídica do pós-guerra consolidou-se um consenso básico em torno de uma "nova" narrativa, embasada numa (não tão nova) concepção material do Direito: o Direito enquanto ideia, uma *"Rechtsidee"*. Estava assim pavimentado o caminho para o "renascimento" do Direito Natural, que se desenvolveu em três direções simultâneas e, de certo modo, complementares.[340]

---

[336] *"Die Massenmorde, die Konzentrationslager, die Vertreibungen aus der Heimat, die Folterungen, die Tränen der Unschuldigen, die frechen Lügen amtlicher Stellen, all dies ist für Kelsen juristisch einwandfrei, da Staats- und Rechtsordnung, Gesetz und Recht ja identisch sind"*. HIPPEL, Ernst von. *Allgemeine Staatslehre*. 1ª ed. Berlim: Vahlen, 1963, p. 154.

[337] *"Eine drängende Notwendigkeit unserer Tage ist die Überwindung des in der nominalistischen Philosophie wurzelnden Rechtspositivismus"*. KIPP, Heinrich. *Naturrecht und moderner Staat*. Nürnberg: Glock & Lutz, 1950, p. 7.

[338] *"Der Positivismus kannte (...) ein Richtertum, dass diese Gesetze anzuwenden hatte, auch wenn sie schwerstes Unrecht enthielten"*. Idem, p. 130.

[339] TOMBERG, Valentin. *Degeneration und Regeneration der Rechtswissenschaft*. Bonn: Götz Schwippert, 1946.

[340] FOLJANTY, Lena. *Recht oder Gesetz*: Juristische Identität und Autorität in den Naturrechtsdebatten der Nachkriegszeit. Tübingen: Mohr Siebeck, 2012, p. 51.

1.3.2.1 Direito Natural católico

A primeira vertente desse renascimento do Direito Natural do pós-guerra foi desenvolvida a partir do catolicismo. Juristas católicos como Ernst von Hippel (1895-1984),[341] Heinrich Rommen (1897-1967),[342] Adolf Süsterhenn (1905-1997),[343] Günther Küchenhoff (1907-1983),[344] Frederick August von Heydte (1907-1994),[345] Georg Stadtmüller (1909-1985)[346] e Heinrich Kipp (1910-1993)[347] foram os

---

[341] Principais obras: HIPPEL, Ernst von. *Einführung in die Rechtstheorie*: ein Dialog. 2ª ed. Bonn: Götz Schwippert, 1947; HIPPEL, Ernst von. *Vom Wesen der Demokratie*. Bonn: Götz Schwippert, 1947; HIPPEL, Ernst von. *Gewaltenteilung im modernen Staate*. Koblenz: Historisch-politischer Verlag, 1948; HIPPEL, Ernst von. *Rechtsgesetz und Naturgesetz*. Tübingen: Neomarius Verlag, 1949; HIPPEL, Ernst von. *Mechanisches und moralisches Rechtsdenken*. Meisenheim am Glan: Anton Hain, 1959.

[342] Principal obra: ROMMEN, Heinrich. *Die ewige Wiederkehr des Naturrechts*. 2ª ed. Munique: Kösel, 1947.

[343] Principais escritos: SÜSTERHENN, Adolf. "Naturrecht und Politik". *In*: SÜSTERHENN, A.; Bucher, P. (Coord.). *Schriften zum Natur-, Staats- und Verfassungsrecht*. Mainz: v. Hase & Koehler, 1991 [1947]; SÜSTERHENN, Adolf. "Naturrecht und Verfassungsgesetzgebung". *In*: SÜSTERHENN, A.; BUCHER, P. (Coord.). *Schriften zum Natur-, Staats- und Verfassungsrecht*. Mainz: v. Hase & Koehler, 1991 [1947]; SÜSTERHENN, Adolf. "Wir Christen und die Erneuerung des staatlichen Lebens". *In*: SÜSTERHENN, A.; BUCHER, P. (Coord.). *Schriften zum Natur-, Staats- und Verfassungsrecht*. Mainz: v. Hase & Koehler, 1991 [1948]. Estes e outros escritos de Süsterhenn sobre o Direito Natural foram compilados *In*: SÜSTERHENN, A.; BUCHER, P. (Coord.). *Schriften zum Natur-, Staats- und Verfassungsrecht*. Mainz: v. Hase & Koehler, 1991.

[344] Principal obra: KÜCHENHOFF, Günther. *Naturrecht und Christentum*. Düsseldorf: Bastion Verlag, 1948.

[345] Principais escritos: HEYDTE, Friedrich August von der. *Das Weiß-Blau-Buch zur deutschen Bundesverfassung und zu den Angriffen auf Christentum und Staatlichkeit der Länder*. Regensburg: Habbel, 1948; HEYDTE, Friedrich August von der. *Vom heiligen Reich zur geheiligten Volkssouveränität*. Laupheim: Steiner, 1955; HEYDTE, Friedrich August von der. *Kirche und Staat*. Karlsruhe: Badenia, 1966.

[346] Principal obra: STADTMÜLLER, Georg. *Das Naturrecht im Lichte der geschichtlichen Erfahrung*. Recklinghausen: Bitter, 1948.

[347] Principais obras: KIPP, Heinrich. *Mensch, Recht und Staat*. Köln: Pick, 1947; KIPP, Heinrich. *Staatslehre*. Köln: Banduin Pick, 1949; KIPP, Heinrich. *Naturrecht und moderner Staat*. Nürnberg: Glock & Lutz, 1950.

principais artífices dessa vertente.[348] Muito embora não compartilhassem as mesmas posições políticas durante o regime nazista, seus projetos teóricos eram muito semelhantes entre si, com controvérsias pontuais e praticamente irrelevantes, de modo que é difícil falar sobre uma "discussão" entre eles.[349]

Dessa vertente jusnaturalista partiam os mais intensos e ferozes ataques ao Positivismo Jurídico.[350] Todos esses autores defendiam a necessidade de superar a "primitividade" da forma de pensar positivista[351] e de uma "profunda renovação espiritual".[352] A trajetória histórica "pecaminosa" da Ciência do Direito, que despencou "das alturas do Direito Natural fundado na lei religiosa às profundezas do Positivismo Jurídico baseado no poder",[353] precisava ser imediatamente revertida. Ao contrário do que era ensinado pelo Positivismo Jurídico, nem todo Direito emana do Estado. Muito pelo contrário, o Direito tem sua fonte nas leis naturais, instituídas em última instância por Deus.[354]

---

[348] Günther Küchenhoff, por exemplo, apoiou o regime nazista de forma incondicional. Friederich August von der Heydte buscou compatibilizar o catolicismo com o nacional-socialismo. Adolf Süsterhenn, por outro lado, era um adversário declarado do regime. Heinrich Rommen teve que se exilar nos EUA. FOLJANTY, Lena. *Recht oder Gesetz*: Juristische Identität und Autorität in den Naturrechtsdebatten der Nachkriegszeit. Tübingen: Mohr Siebeck, 2012, pp. 98 e ss.

[349] "*Nennenswerte Kontroversen zwischen ihnen gab es nach 1945 keine, es kann kaum davon gesprochen werden, dass eine 'Diskussion' stattgefunden hätte*". Idem, p. 99.

[350] HOFMANN, Hasso. *Rechtsphilosophie nach 1945*: zur Geistesgeschichte der Bundesrepublik Deutschland. Berlim: Duncker & Humblot, 2012, p. 12.

[351] "*Primitivität*". HIPPEL, Ernst von. *Rechtsgesetz und Naturgesetz*. Tübingen: Neomarius Verlag, 1949, p. 65.

[352] FOLJANTY, Lena. *Recht oder Gesetz*: Juristische Identität und Autorität in den Naturrechtsdebatten der Nachkriegszeit. Tübingen: Mohr Siebeck, 2012, p. 98.

[353] "*Der geschichtliche Sündenfall der Rechtswissenschaft von den Höhen des religiös-fundierten Naturrechts in die Tiefen des macht-fundierten Positivismus*". TOMBERG, Valentin. *Degeneration und Regeneration der Rechtswissenschaft*. Bonn: Götz Schwippert, 1946, p. 13.

[354] "O Positivismo Jurídico do passado queria nos ensinar que o Estado é origem e única fonte de Direito (...). A origem de todo Direito é a lei moral natural, com sua exigência de justiça. Em última instância, Deus é o seu fundamento". / "*Der Staat ist der Ursprung und der alleinige Quell des Rechts, wie der Rechtspositivismus der Vergangenheit uns lehren wollte (...). Ursprung allen Rechts ist das natürliche Sittengesetz mit*

CAPÍTULO I – A FORMAÇÃO DA LENDA DO POSITIVISMO

De acordo com esses juristas, a crise da perversão do Direito somente poderia ser superada pela "recristianização" da sociedade, a partir do fortalecimento da influência sociopolítica da Igreja Católica,[355] que poderia até mesmo, dentro da tradição jusnaturalista alemã,[356] ser reconhecida como uma instância de arbitragem de conflitos internacionais. E, no que se refere ao Direito Natural, era óbvio que a Igreja Católica podia contar com uma tradição consolidada de séculos, o que tornava bastante simples a proposta de "reconstrução" do Direito.[357] Na verdade, esse "renascimento do Direito Natural" não era apenas um renascimento acadêmico da teoria aristotélico-tomista, mas funcionava como parte essencial da Doutrina Social da Igreja Católica, que era um dos pilares da nova "República de Bonn".[358]

Duas eram as bases epistemológicas dessa refundação do Direito. De um lado, a ideia de um *Direito verdadeiro* (*Wahres Recht*) era fundamentada – de forma circular – na própria *natureza* do Direito. De outro, essa *Rechtsidee* encontrava seu fundamento na natureza do próprio *objeto* a ser regulado, como a liberdade, a dignidade e a integridade psicofísica do ser humano, que exigiam uma evidente proteção diante da lei natural. Em ambas as situações, pressupunha-se que o ser humano era um ser social que realiza seu destino apenas em comunhão com os demais e que sua proteção somente seria possível mediante do reconhecimento de valores e necessidades que faziam parte da sua essência enquanto tal.[359] Por sua vez, essa essência "dada por Deus" era

---

seiner Forderung der Gerechtigkeit, ist darum letztlich Gott". KIPP, Heinrich. *Staatslehre*. Köln: Banduin Pick, 1949, p. 108.

[355] FOLJANTY, Lena. *Recht oder Gesetz*: Juristische Identität und Autorität in den Naturrechtsdebatten der Nachkriegszeit. Tübingen: Mohr Siebeck, 2012, p. 98.

[356] RADBRUCH, Gustav. "Einführung in die Rechtswissenschaft". 2ª ed. *In*: KAUFMANN, A. (Coord.). *Rechtsphilosophie*. Gesamtausgabe Gustav Radbruch, vol. 1. Heidelberg: Müller, 1987 [1929], p. 370.

[357] FOLJANTY, Lena. *Recht oder Gesetz*: Juristische Identität und Autorität in den Naturrechtsdebatten der Nachkriegszeit. Tübingen: Mohr Siebeck, 2012, p. 98.

[358] HOFMANN, Hasso. *Rechtsphilosophie nach 1945*: zur Geistesgeschichte der Bundesrepublik Deutschland. Berlim: Duncker & Humblot, 2012, p. 11.

[359] FOLJANTY, Lena. *Recht oder Gesetz*: Juristische Identität und Autorität in den Naturrechtsdebatten der Nachkriegszeit. Tübingen: Mohr Siebeck, 2012, p. 100.

cognoscível porque Deus configurou "todas as coisas de modo que o homem pudesse conhecê-las".[360]

Contra o Positivismo Jurídico, os juristas católicos seguiam a tradição escolástica consolidada desde São Tomás de Aquino e costumavam invocar[361] como fundamento do Direito Natural a doutrina aristotélico-tomista dos "propósitos da natureza" (*Naturzwecken*) e a hierarquia estoico-cristã entre as normas a) da *lex aeterna* (a lei eterna do mundo), b) da *lex naturalis* (a parte da lei eterna reconhecível pela razão natural, imposta por Deus e que servia como fundamento de legitimidade e limite de validade do Direito Positivo) e c) do *jus positivum* ou *lex positiva* (um conjunto de leis criadas pelos homens que não pode contradizer a lei natural de mais alta hierarquia).[362] Uma vez que o legislador encontra-se limitado pelo Direito Natural, uma lei não seria "obrigatória"[363] sempre que esta estivesse em desacordo com aquele. Se esse era um caso de nulidade ou se o indivíduo está apenas liberado da obrigação moral de seguir a lei, raramente era esclarecido.[364]

---

[360] "Ao criar a natureza humana como ela é, e não de outro modo, dando ao homem o dom do intelecto para conhecer sua natureza em sua essência, o Criador não só se revelou como o legislador, mas também de modo que, ao mesmo tempo, proclama a lei ética do dever-ser. De sua natureza, o homem pode reconhecer a lei divina. Ela foi promulgada em e com sua natureza". / "Indem der Schöpfer die menschliche Natur so, wie sie ist, und nicht anders erschaffen hat, indem er dem Menschen die Gabe des Intellekts gegeben hat, seine Natur in ihrem Wesen zu erkennen, hat er sich nicht nur als der Gesetzgeber offenbart, sondern damit gleichzeitig das ethische Gesetz des Sollens verkündet. Aus seiner Natur kann der Mensch das göttliche Gesetz erkennen. Es ist in und mit seiner Natur promulgiert worden". KIPP, Heinrich. *Naturrecht und moderner Staat*. Nürnberg: Glock & Lutz, 1950, p. 70.

[361] Um exemplo: STADTMÜLLER, Georg. *Das Naturrecht im Lichte der geschichtlichen Erfahrung*. Recklinghausen: Bitter, 1948, pp. 33 e ss.

[362] HOFMANN, Hasso. *Rechtsphilosophie nach 1945*: zur Geistesgeschichte der Bundesrepublik Deutschland. Berlim: Duncker & Humblot, 2012, p. 12; FOLJANTY, Lena. *Recht oder Gesetz*: Juristische Identität und Autorität in den Naturrechtsdebatten der Nachkriegszeit. Tübingen: Mohr Siebeck, 2012, p. 101.

[363] "*unverbindlich*". HIPPEL, Ernst von. *Einführung in die Rechtstheorie*: Ein Dialog. 2ª ed. Bonn: Schwippert, 1947, p. 43.

[364] FOLJANTY, Lena. *Recht oder Gesetz*: Juristische Identität und Autorität in den Naturrechtsdebatten der Nachkriegszeit. Tübingen: Mohr Siebeck, 2012, p. 101.

CAPÍTULO I – A FORMAÇÃO DA LENDA DO POSITIVISMO

Além disso, o conteúdo desse Direito Natural era raramente definido. Na maioria esmagadora das vezes,[365] essa literatura apenas se valia de conceitos morais vagos como a promoção do "bem comum" (*Gemeinwohl*), conceito esse que, por acaso, era fundamental para a sustentação da retórica jusnaturalista católica.[366] A sua função era servir como uma espécie de "elo" entre os indivíduos, uma "cola" capaz de manter a sociedade unida.[367] Os indivíduos não só gozavam de direitos concedidos pelo Estado, mas também e principalmente tinham verdadeiros *deveres* de cooperação com todas as redes subcomunitárias às quais pertenciam, notadamente com o Estado.[368] Além disso, os próprios direitos individuais justificavam-se apenas *na medida* em que fossem exercidos visando a realização do bem comum.[369]

O Estado, por sua vez, tinha a missão de criar, manter e estimular estruturas por meio das quais o "bem comum" pudesse ser

---

[365] Um caso excepcional, no qual foram arroladas vinte e quatro regras fundamentais do Direito Natural, pode ser encontrado *In*: KIPP, Heinrich. *Naturrecht und moderner Staat*. Nürnberg: Glock & Lutz, 1950, pp. 102-108.

[366] FOLJANTY, Lena. *Recht oder Gesetz*: Juristische Identität und Autorität in den Naturrechtsdebatten der Nachkriegszeit. Tübingen: Mohr Siebeck, 2012, p. 104.

[367] SÜSTERHENN, Adolf. "Wir Christen und die Erneuerung des staatlichen Lebens". *In*: SÜSTERHENN, A.; BUCHER, P. (Coord.). *Schriften zum Natur-, Staats- und Verfassungsrecht*. Mainz: v. Hase & Koehler, 1991 [1948], p. 238.

[368] Idem, p. 227.

[369] "A diferença entre o verdadeiro Estado de Direito e o Estado de Direito de caráter liberal repousa sobre a diferença essencial entre o nosso e o conceito liberal de Direito. Enquanto o liberalismo vê na lei apenas a garantia de liberdade e independência do indivíduo, o conceito da lei natural cristã é essencialmente relacionado à comunidade". / "*Unterschied zwischen dem Ideal des wahren Rechtsstaats und dem Rechtsstaat liberaler Prägung beruht auf der Wesensverschiedenheit unseres und des liberalen Rechtsbegriffs. Während der Liberalismus im Recht nur die Garantie der Freiheit und Unabhängigkeit des Individuums erblickt, ist der christlich-naturrechtliche Rechtsgedanke wesentlich gemeinschaftsbezogen*". Manuscrito supostamente escrito por Adolf Süsterhenn. LHA Koblenz, 700/177, N. 633, Bl. 49. Não foi possível ter acesso ao original. A informação consta *In*: FOLJANTY, Lena. *Recht oder Gesetz*: Juristische Identität und Autorität in den Naturrechtsdebatten der Nachkriegszeit. Tübingen: Mohr Siebeck, 2012, p. 103.

realizado.³⁷⁰ De forma muito semelhante ao que aconteceu durante o regime nazista,³⁷¹ mas vendido como uma grande inovação pela literatura juscatólica do pós-guerra, a realização do bem comum foi reconhecido como uma "medida da legitimidade do Estado".³⁷² A formatação social da Democracia Liberal, que se concentrou na garantia da liberdade subjetiva do indivíduo, era inadequada,³⁷³ devendo o Estado limitar os direitos individuais sempre que eles colocassem em perigo o "bem comum". Este "novo" Direito Natural pretendia servir como um ponto de inflexão entre individualismo e coletivismo,³⁷⁴ mesmo sem explicar muito bem *como* isso poderia ser feito. No final das contas, a Teoria do Estado desenhada por este "novo"

---

370 "O propósito do Estado é o bem comum, isto é, a produção, preservação e a melhoria das condições públicas e instalações pelas quais todos os seus membros, por meio da força coletiva, podem alcançar de maneira livre e independente seu verdadeiro bem-estar terrestre de acordo com suas habilidades e circunstâncias especiais. O Estado é o guardião da justiça social, *suum cuique* (de todos) para todos". / "*Der Zweck des Staates ist das Gemeinwohl, d. h. die Herstellung, Bewahrung und Vervollkommnung der öffentlichen Bedingungen und Einrichtungen, durch welche allen Gliedern des Staates mittels der Gesamtkraft die Möglichkeit gegeben wird, frei und selbständig ihr wahres irdisches Wohl nach Maßgabe ihrer besonderen Fähigkeiten und Verhältnisse zu erreichen. Der Staat ist der Hüter der sozialen Gerechtigkeit, des* suum cuique *(jedem das Seine) für alle*". SÜSTERHENN, Adolf. "Wir Christen und die Erneuerung des staatlichen Lebens". In: SÜSTERHENN, A.; BUCHER, P. (Coord.). *Schriften zum Natur-, Staats- und Verfassungsrecht*. Mainz: Hase & Koehler, 1991 [1948], p. 238.

371 A noção de "bem comum" (*Gemeinwohl*), a ideia da sua promoção pelo Estado e a contraposição ao atomismo liberal eram categorias essenciais do regime nazista e foram expressamente utilizadas pela parcela dos jusnaturalistas que pretendiam apresentar um compromisso teórico entre o catolicismo e o nacional-socialismo. Sobre a utilização do conceito "bem comum" como fundamento de legitimação do Direito Nazista, em geral, e sobre o compromisso entre parte dos jusnaturalistas católicos com o nazismo por meio dessa fórmula abstrata, em particular, confira-se: STOLLEIS, Michael. *Gemeinwohlformeln im nationalsozialistischen Recht*. Berlim: Schweitzer, 1974, pp. 39-75.

372 FOLJANTY, Lena. *Recht oder Gesetz*: Juristische Identität und Autorität in den Naturrechtsdebatten der Nachkriegszeit. Tübingen: Mohr Siebeck, 2012, p. 103.

373 CATHREIN, Victor. *Die Aufgaben der Staatsgewalt und ihre Grenzen*: Eine staatsrechtliche Abhandlung. Freiburg: Herder, 1882, p. 75.

374 SÜSTERHENN, Adolf. "Wir Christen und die Erneuerung des staatlichen Lebens". In: SÜSTERHENN, A.; BUCHER, P. (Coord.). *Schriften zum Natur-, Staats- und Verfassungsrecht*. Mainz: v. Hase & Koehler, 1991 [1948], p. 232.

CAPÍTULO I – A FORMAÇÃO DA LENDA DO POSITIVISMO

Direito Natural correspondia exatamente àquilo que se desenvolveu na neoescolástica desde o último terço do século XIX[375] e que foi declarado como doutrina oficial da Igreja Católica a partir de sucessivas encíclicas papais:[376] o Estado era conceituado como um "organismo vivo", assim como a Família, a Igreja e a Sociedade.[377]

Outra constatação importante que pode ser deduzida desse "renascimento" do jusnaturalismo católico é uma maior preocupação com a "recristianização" da sociedade do que com a "redemocratização" do Estado.[378] O renascimento do Direito Natural não era fruto apenas dos novos impulsos acadêmicos da teoria aristotélico-tomista, mas funcionava como parte fundamental da Doutrina Social da Igreja, que, como já afirmado há pouco, era um dos pilares da República de Bonn.[379] Os autores católicos faziam questão de frisar que o catolicismo manteve-se em constante e unificada oposição contra o regime nazista,[380] o que não correspondia exatamente à verdade.[381] As mazelas do totalitarismo

---

[375] Por exemplo: MEYER, Theodor. *Die Grundsätze der Sittlichkeit und des Rechts*. Freiburg: Herder, 1868; CATHREIN, Victor. *Die Aufgaben der Staatsgewalt und ihre Grenzen*: Eine staatsrechtliche Abhandlung. Freiburg: Herder, 1882; MAUSBACH, Joseph. *Naturrecht und Völkerrecht*. Freiburg: Herder, 1918.

[376] Em particular, por meio das encíclicas *Quanta Cura* (1864), de Pio IX, e *Aeterna Patris* (1879), de Leão XIII.

[377] SÜSTERHENN, Adolf. "Wir Christen und die Erneuerung des staatlichen Lebens". In: SÜSTERHENN, A.; BUCHER, P. (Coord.). *Schriften zum Natur-, Staats- und Verfassungsrecht*. Mainz: v. Hase & Koehler, 1991 [1948], pp. 227 e 237.

[378] FOLJANTY, Lena. *Recht oder Gesetz*: Juristische Identität und Autorität in den Naturrechtsdebatten der Nachkriegszeit. Tübingen: Mohr Siebeck, 2012, p. 107.

[379] HOFMANN, Hasso. *Rechtsphilosophie nach 1945*: zur Geistesgeschichte der Bundesrepublik Deutschland. Berlim: Duncker & Humblot, 2012, p. 11.

[380] BÖCKENFÖRDE, Ernst Wolfgang. "*Der deutsche Katholizismus im Jahre 1933*: Kirche und demokratisches Ethos". In: BÖCKENFÖRDE, Ernst Wolfgang. *Schriften zu Staat, Gesellschaft und Kirche*. 1ª ed. Freiburg: Herder, 1988, p. 39.

[381] Entre 1930 e 1933, a Igreja Católica na Alemanha apareceu muitas vezes como crítica do nacional-socialismo. Depois que Hitler, numa declaração governamental de 23 de março de 1933, descreveu as duas grandes igrejas cristãs como "os fatores mais importantes para manutenção da nacionalidade alemã", a Igreja Católica relativizou as suas críticas. Em 20 de junho de 1933, foi assinada a Concordata do *Reich* com o Vaticano, garantindo a este o autogoverno institucional da Igreja

eram atribuídas ao processo de secularização,[382] do Iluminismo, do liberalismo e do materialismo.[383] O Direito deveria ser restaurado com fundamento último na Religião, e não na Política.[384] A última instância da verdade *"era a Igreja, e não o povo"*.[385]

Aliás, embora a Igreja Católica não fizesse oposição formal à democracia,[386] a postura dos jusnaturalistas católicos com relação à

> Católica, a continuidade da existência das escolas denominacionais católicas e a liberdade de religião e sua divulgação pública. Apesar disso, o regime nazista quebrou continuamente a Concordata e perseguiu diversos clérigos católicos, ao ponto do Papa Pio XI (1857-1939) ter editado em 1937 a encíclica papal "Com ardente preocupação" (*Mit brennender Sorge*), acusando formalmente o regime nazista de violação da Concordata, quando a perseguição ao clero católico na Alemanha atingiu o clímax. Com o início da Segunda Guerra Mundial em 1939, o regime nazista buscou uma "trégua", diminuindo a perseguição. As ações de "eutanásia" foram objeto de protesto da Igreja, que, no entanto, manteve-se num silêncio complacente sobre a perseguição dos judeus, mesmo depois das Leis de Nuremberg ou da sua deportação para os campos de extermínio. Após o fim da Segunda Guerra Mundial, os bispos católicos reconheceram a cumplicidade da Igreja Católica nos crimes do nacional-socialismo em uma declaração pastoral datada de 23 de agosto de 1945. Sobre o tema: KÖSTERS, Christophers; RUFF, Mark Edward. *Die katholische Kirche im Dritten Reich*: eine Einführung. 2ª ed. Freiburg: Herder, 2018. Da mesma forma e na mesma intensidade, oscilava a relação do jusnaturalistas católicos com o nacional-socialismo. Sobre o tema: WITTRECK, Fabian. *Nationalsozialistische Rechtslehre und Naturrecht*: Affinität und Aversion. Tübingen: Mohr Siebeck, 2008, pp. 29-34.

[382] FOLJANTY, Lena. *Recht oder Gesetz*: Juristische Identität und Autorität in den Naturrechtsdebatten der Nachkriegszeit. Tübingen: Mohr Siebeck, 2012, p. 109.

[383] Idem, p. 135.

[384] HIPPEL, Ernst von. *Vom Wesen der Demokratie*. Bonn: Götz Schwippert, 1947, p. 30.

[385] "O papa, no entanto, apegou-se à primazia da verdade religiosa sobre a política. A Igreja, e não o povo, permanece como a última instância". / *"(Der Papst) hielt dabei jedoch am Primat der religiösen Wahrheit in der Politik fest. Die letzte Instanz blieb damit die Kirche, nicht der Demos"*. FOLJANTY, Lena. *Recht oder Gesetz*: Juristische Identität und Autorität in den Naturrechtsdebatten der Nachkriegszeit. Tübingen: Mohr Siebeck, 2012, p. 111

[386] UERTZ, Rudolf. *Vom Gottesrecht zum Menschenrecht*: das katholische Staatsdenken in Deutschland von der Französischen Revolution bis zum II Vatikanischen Konzil (1789-1965). Paderborn: Schöningh, 2005, pp. 363 e ss.

ela movia-se entre os cepticismos cauteloso e declarado,[387] já que em muitos casos a democracia poderia colocar em risco o próprio Direito Natural.[388] Enquanto Adolf Süsterhenn, por exemplo, defendia que a democracia parlamentar era necessária ao desenvolvimento da ideia de "bem comum",[389] Ernst von Hippel entendia que a sua definição somente poderia ser estabelecida por um "grupo de especialistas".[390] A posição mais comum na literatura jusnaturalista católica reconhecia a necessidade de se facultar ao povo a participação nas decisões políticas, mas defendia que o Direito jamais poderia ser fundamentado em premissas democráticas,[391] uma vez que o fundamento último do Direito era a *verdade*, e não a *vontade*.[392]

1.3.2.2 Direito Natural protestante

Ao contrário da Igreja Católica, a Igreja Protestante não tinha uma tradição milenar sobre o Direito Natural. Também ao contrário do que se passou com o jusnaturalismo católico, sua preocupação não era imputar ao Positivismo Jurídico a responsabilidade pelos crimes do regime nazista.[393] As discussões, que englobavam juristas e teólogos, giravam em torno dos próprios fundamentos da fé protestante e sobre

---

[387] FOLJANTY, Lena. *Recht oder Gesetz*: Juristische Identität und Autorität in den Naturrechtsdebatten der Nachkriegszeit. Tübingen: Mohr Siebeck, 2012, p. 111.

[388] Idem, p. 112.

[389] LHA Koblenz, 700/177, Nr. 364. Recensão do livro "*Gewaltenteilung im modernen Staate*", de Ernst von Hippel. Não foi possível o acesso à fonte original. A referência indireta aqui utilizada é a seguinte: Idem, pp. 133 e ss.

[390] HIPPEL, Ernst von. *Gewaltenteilung im modernen Staate*. Koblenz: Historisch-politischer Verlag, 1948, pp. 84-88.

[391] HIPPEL, Ernst von. *Einführung in die Rechtstheorie*: Ein Dialog. 2ª ed. Bonn: Götz Schwippert, 1947, pp. 51 e 73.

[392] FOLJANTY, Lena. *Recht oder Gesetz*: Juristische Identität und Autorität in den Naturrechtsdebatten der Nachkriegszeit. Tübingen: Mohr Siebeck, 2012, p. 112.

[393] Idem, p. 173.

princípios fundamentais de Filosofia Moral. A sua pergunta fundamental era a seguinte: existiria um Direito Natural propriamente cristão e, em caso afirmativo, como ele poderia ser conciliado com o pensamento protestante?[394]

O papel do Direito Natural para a autocompreensão da Igreja Protestante no pós-guerra e a promoção da conciliação entre o Direito e a religião tiveram especial destaque nos trabalhos de Erik Wolf (1902-1977).[395] Para melhor entender o desenvolvimento da ancoragem religiosa nos seus trabalhos posteriores a 1945, antes é preciso analisar o *status* da sua jusfilosofia no período anterior a essa data.

A posição jusfilosófica de Erik Wolf não era muito precisa durante a República de Weimar. É fato, contudo, que ela não demonstrava um direcionamento religioso[396] e que ela se apresentava como uma alternativa ao Positivismo Jurídico e ao Direito Natural.[397] Mesmo reconhecendo a importância do indivíduo,[398] o Direito era entendido como uma ordem que servia a uma "ação cooperativa correta".[399]

---

[394] Idem, p. 138.

[395] Principais obras: WOLF, Erik. "Das Rechtsideal des nationalsozialistischen Staates". *Archiv für Rechts- und Sozialphilosophie*, vol. 28, 1934, pp. 348 e ss.; WOLF, Erik. *Richtiges Recht im nationalsozialistischen Staate*. Freiburg: Wagnersche Universitätsbuchhandlung, 1934; WOLF, Erik. *Richtiges Recht und evangelischer Glaube*. Berlim: Wichern, 1937 [1934]; WOLF, Erik. "Das künftige Strafensystem und die Zumessungsgrundsätze". *Zeitschrift für die gesamte Strafrechtswissenschaft*, vol. 54, 1935, pp. 544 e ss. Doi:10.1515/zstw.1935.54.1.544; WOLF, Erik. *Vom Wesen des Rechts in deutscher Dichtung*. Frankfurt: Klostermann, 1946; WOLF, Erik. *Rechtsgedanke und Biblische Weisung*. Berlim: Furche-Verlag, 1948; WOLF, Erik. *Fragwürdigkeit und Notwendigkeit der Rechtswissenschaft*. Freiburg: Schulz, 1953; WOLF, Erik. *Das Problem der Naturrechtslehre*. Karlsruhe: Mueller, 1955; WOLF, Erik. *Recht des Nächsten*. Frankfurt: Klostermann, 1958.

[396] FOLJANTY, Lena. *Recht oder Gesetz*: Juristische Identität und Autorität in den Naturrechtsdebatten der Nachkriegszeit. Tübingen: Mohr Siebeck, 2012, pp. 138 e ss.

[397] WOLF, Erik. "Recht und Welt". *In*: WOLF, E. (Coord.). *Rechtsphilosophische Studien*: ausgewählte Schriften. vol. 1, Frankfurt: Klostermann, 1972 [1931], p. 30.

[398] Idem, p. 44.

[399] "*rechtsgenossenschaftlichen Einsatz*". Idem, p. 52

CAPÍTULO I – A FORMAÇÃO DA LENDA DO POSITIVISMO

Essa concepção jurídica "orientada para a comunidade"[400] foi fortalecida em seus escritos de Direito Penal posteriores a 1931, quando ele passa a desenvolver ainda mais suas reflexões sobre a "cooperação jurídica" a ser exigida do indivíduo. "Cooperação jurídica", disse Wolf, "significa (...) defender plenamente o Direito, se necessário (...). Todos devem amar o Direito e estar preparados para por ele se sacrificar".[401] Esses "sacrifícios" poderiam incluir a supressão de direitos individuais, como a proibição da analogia[402] e da pena de morte[403] no Direito Penal e a possibilidade de demissão de funcionários públicos judeus.[404] Como consequência dessa guinada organicista, Wolf passou a defender a compatibilidade dos princípios do nacional-socialismo com o pensamento da Igreja Protestante,[405] sendo este um potencial legitimador daquele. Aliás, da mesma forma que o Estado Total deveria aproveitar a oportunidade de retirar sua autoridade da religião, as normas divinas deveriam ser interpretadas à luz dos valores nacional-socialistas.[406]

No entanto, um movimento de distanciamento do Nacional-Socialismo já pode ser visto em 1936. Ao que parece, Wolf considerava que o Estado Nazista teria ultrapassado os seus limites terrenos e se

---

[400] "*gemeinschaftsorientierte(s) Rechtsdenken*". FOLJANTY, Lena. *Recht oder Gesetz*: Juristische Identität und Autorität in den Naturrechtsdebatten der Nachkriegszeit. Tübingen: Mohr Siebeck, 2012, p. 139.

[401] "*Rechtsgenossenschaft bedeutet Rechtsstandschaft. Deren Ziel aber ist das volle Einstehen für das Recht, notfalls auch gegen die gehabten eigenen Rechte (...). Jeder muß das Recht lieben und dabei sein Recht auch zu opfern bereit sein*". WOLF, Erik. *Richtiges Recht im nationalsozialistischen Staate*. Freiburg: Wagnersche Universitätsbuchhandlung, 1934, p. 17.

[402] WOLF, Erik. "Tattypus und Tätertypus". *Zeitschrift der Akademie für Deutsches Recht* 3, p. 360, 1936.

[403] WOLF, Erik. "Das künftige Strafensystem und die Zumessungsgrundsätze". *Zeitschrift für die gesamte Strafrechtswissenschaft*, nº 54, 1935, pp. 544 e ss. Doi:10.1515/zstw.1935.54.1.544.

[404] WOLF, Erik. *Richtiges Recht im nationalsozialistischen Staate*. Freiburg: Wagnersche Universitätsbuchhandlung, 1934, p. 357.

[405] WOLF, Erik. *Richtiges Recht und evangelischer Glaube*. 5ª ed. Berlim: Wichern, 1937 [1934], pp. 241-266.

[406] Idem, p. 250.

"auto-deificado".[407] Já em 1938, Wolf integrava um grupo de intelectuais que, em Freiburg, conduzia um projeto de resistência à política nacional-socialista sob a perspectiva protestante.[408] Em vez de fundir Estado e religião, como nos textos de 1934, Wolf passou a defender uma separação rigorosa entre eles,[409] formulando a tese de que a Igreja – por ser uma instância apolítica na autopercepção dos protestantes[410] – deveria manter uma autoridade crítica e servir de uma instância de correção contra eventual arbítrio do Estado.[411] Ao atribuir à Igreja uma atitude mediadora entre sociedade e Estado, Wolf pretendia,[412] na verdade, compatibilizar sua jusfilosofia aos ideais da Declaração Teológica de Barmen.[413]

Essa "orientação bíblica", no sentido de que o Direito Estatal deveria ser corrigido a partir das Escrituras, formou a espinha dorsal do discurso jusnaturalista posterior de Erik Wolf e da Igreja Protestante como um todo.[414] A constatação de que uma parte considerável da Igreja Protestante comprometeu-se ativamente com o nacional-socialismo – ou, pelo menos, não opôs qualquer resistência relevante

---

[407] FOLJANTY, Lena. *Recht oder Gesetz*: Juristische Identität und Autorität in den Naturrechtsdebatten der Nachkriegszeit. Tübingen: Mohr Siebeck, 2012, p. 141.

[408] Idem, p. 143.

[409] WOLF, Erik. "Zur rechtlichen Neugestaltung der Kirche". *In*: WOLF, E.; HOLLERBACH, A. (Coord.). *Ausgewählte Schriften*: Rechtstheologische Studien. vol. 2, Frankfurt: Vittorio Klostermann, 1972 [1936], p. 287.

[410] BARTH, Karl. *Rechtfertigung und Recht*. 2ª ed. Zurique: Evangelischer Verlag, 1944, p. 45.

[411] FOLJANTY, Lena. *Recht oder Gesetz*: Juristische Identität und Autorität in den Naturrechtsdebatten der Nachkriegszeit. Tübingen: Mohr Siebeck, 2012, p. 141.

[412] Segundo: Idem, p. 142.

[413] A Declaração Teológica de Barmen foi a resolução fundamental do Primeiro Sínodo Confessante da Igreja Evangélica Alemã, realizado entre 29 e 31 de maio de 1934, em Barmen, Alemanha. O documento tinha por finalidade orientar os cristãos confusos diante da ideologia do nacional-socialismo e definir posicionamentos teológicos e políticos da Igreja Protestante.

[414] FOLJANTY, Lena. *Recht oder Gesetz*: Juristische Identität und Autorität in den Naturrechtsdebatten der Nachkriegszeit. Tübingen: Mohr Siebeck, 2012, p. 143.

CAPÍTULO I – A FORMAÇÃO DA LENDA DO POSITIVISMO

–,⁴¹⁵ levou, já em 1945, à renovação da sua estrutura⁴¹⁶ e à criação da Academia Evangélica (*Evangelische Akademie*), que reunia juristas e teólogos para debates regulares acerca do seu papel da Igreja e do Direito Natural.⁴¹⁷

A crença fundamental desse novo movimento era a necessidade de encontrar um conceito absoluto, material de Justiça.⁴¹⁸ A "relatividade moral", que em maior ou menor grau percorria tanto os fundamentos do Direito dos séculos XIX e XX quanto o Direito Natural Iluminista ou mesmo o Direito Natural da Antiguidade, foi duramente criticada.⁴¹⁹ Distanciando-se dos fundamentos do Direito Natural da Igreja Católica, havia uma tentativa de posicionar a questão a partir de uma premissa especificamente protestante. Exatamente por isso, a expressão Direito Natural (*Naturrecht*) era evitada⁴²⁰ em prol de termos como "Direito absoluto derivado da natureza ou da Bíblia",⁴²¹ "justiça natural"⁴²² ou "caminho correto".⁴²³

Da mesma forma, o jusnaturalismo protestante buscou sua identidade própria tendo como a sua base a rejeição de normas derivadas da

---

415 Idem, pp. 148 e ss.
416 Em agosto de 1945, na conferência de Treysa, foi extinta a Igreja Evangélica Alemã (*Deutsche Evangelische Kirche*, DEK) e fundada uma nova organização, a Igreja Evangélica na Alemanha (*Evangelische Kirche in Deutschland*, EKD).
417 FOLJANTY, Lena. *Recht oder Gesetz*: Juristische Identität und Autorität in den Naturrechtsdebatten der Nachkriegszeit. Tübingen: Mohr Siebeck, 2012, p. 144.
418 Idem, p. 145.
419 WOLF, Erik. "Vom Wesen der Gerechtigkeit: Vortrag". *In*: WOLF, E. (Coord.). *Rechtsgedanke und Biblische Weisung*. Berlin: Furche-Verl., 1948, p. 16.
420 Na maioria das vezes, a expressão era usada apenas pontualmente como referência à principiologia estabelecida por Emil Brunner. FOLJANTY, Lena. *Recht oder Gesetz*: Juristische Identität und Autorität in den Naturrechtsdebatten der Nachkriegszeit. Tübingen: Mohr Siebeck, 2012, p. 155.
421 "*aus der Natur oder Bibel ableitbaren*" absoluten Rechts. WOLF, Erik. "Biblische Weisung als Richtschnur des Rechts: Vortrag". *In*: WOLF, E. (Coord.). *Rechtsgedanke und Biblische Weisung*. Berlin: Furche-Verl., 1948 [1946], p. 38.
422 "*Natürlichen Gerechtigkeit*". Idem, p. 38.
423 "*Richtschnur*". Idem, p. 38.

"natureza" ou da "essência" do homem. A única e verdadeira Justiça é divina, já que, a partir do pecado original, o homem não poderia mais ser considerado a imagem e semelhança de Deus.[424] Embora não se possa conceber qualquer ordem social ideal a partir da "natureza do homem", a Justiça pode ser alcançada pelos homens caso eles fossem "guiados radicalmente pela palavra de Deus".[425] Uma vez que valores fundamentais foram "inscritos no coração"[426] de todos os homens, a sua natureza pecadora poderia ser corrigida se guiasse conduta estritamente pelas Escrituras.[427]

Outra peculiaridade do jusnaturalismo protestante residia no fato de que tais "diretrizes bíblicas" (*biblische Weisungen*) não tinham por finalidade vincular diretamente o Direito Positivo. Aliás, uma separação – ou pelo menos uma distinção conceitual fina – entre lei e Direito sequer é apresentada pela tradição jusprotestante.[428] As "diretrizes bíblicas" deveriam desempenhar seu papel apenas nas áreas em que os juristas têm a sua margem individual de discricionariedade. Essas normas de Direito Natural deveriam ser entendidas como verdadeiros princípios fundamentais (*Rechtsgrundsätze*) a serem seguidos pelos indivíduos nas atividades desenvolvidas dentro da comunidade jurídica.[429] A mensagem era clara: "com a lei de Deus em nossos corações, podemos julgar todas as leis humanas".[430] Essa essência cristã,[431]

---

[424] FOLJANTY, Lena. *Recht oder Gesetz*: Juristische Identität und Autorität in den Naturrechtsdebatten der Nachkriegszeit. Tübingen: Mohr Siebeck, 2012, pp. 145 e ss.

[425] "*radikale Ausrichtung (...) nach dem Wort*". WOLF, Erik. "Vom Wesen der Gerechtigkeit: Vortrag". *In*: WOLF, E. (Coord.). *Rechtsgedanke und Biblische Weisung*. Berlim: Furche-Verl., 1948, p. 28.

[426] "*ins Herz geschrieben*". Idem, p. 28.

[427] BESIER, Gerhard. *Kirche, Politik und Gesellschaft im 20 Jahrhundert*. München: Oldenbourg, 2000, p. 14.

[428] FROMMEL, Monika. "Rechtsphilosophie in den Trümmern der Nachkriegszeit". *JuristenZeitung*, n° 71, p. 917, 2016.

[429] WOLF, Erik. "Biblische Weisung als Richtschnur des Rechts: Vortrag". *In*: WOLF, E. (Coord.). *Rechtsgedanke und Biblische Weisung*. Berlim: Furche-Verl., 1948 [1946], pp. 40 e ss.

[430] "*Mit Gottes Gesetz im Herzen können wir über alle Menschengesetze urteilen*". Idem, p. 62.

[431] "*christliche Existenz*". Idem, p. 62.

dada por Deus inclusive para os não cristãos,⁴³² é o pressuposto fundamental para uma legislatura justa e para a correta aplicação do Direito.⁴³³

Em comparação com o jusnaturalismo católico tradicional, o jusnaturalismo protestante reconheceu ao Direito Positivo uma autossuficiência em relação às normas religiosas.⁴³⁴ Especificamente nos trabalhos de Wolf não há quaisquer comentários acerca da relação entre as "diretrizes bíblicas" e o Direito Positivo. Ainda que este fosse contraditório àquelas, isso não afetaria a sua validade secular como Direito. A obrigação perante o Direito Natural não teria uma dimensão propriamente jurídica, e sim ética,⁴³⁵ criando um vínculo de solidariedade entre os homens.⁴³⁶ De qualquer forma e ainda que ao Direito Positivo fosse reconhecido uma existência autônoma, toda ação estatal deveria resguardar um mínimo ético, muito embora os contornos dessa relação tenham permanecido um tanto obscuros.⁴³⁷

1.3.2.3 Direito Natural secular

Uma terceira vertente desse "renascimento" do Direito Natural na Alemanha no pós-guerra tinha um viés secular. Embora o primeiro trabalho nesse sentido tenha aparecido apenas em 1947⁴³⁸ – trabalho este que forneceu as bases da discussão do jusnaturalismo secular durante toda a década de 50 –,⁴³⁹ os questionamentos sobre a existência

---

432 Idem, pp. 56 e 60.
433 Idem, p. 62.
434 Idem, p. 62.
435 FOLJANTY, Lena. *Recht oder Gesetz*: Juristische Identität und Autorität in den Naturrechtsdebatten der Nachkriegszeit. Tübingen: Mohr Siebeck, 2012, p. 151.
436 Idem, p. 172.
437 Idem, p. 151.
438 COING, Helmut. *Die obersten Grundsätze des Rechts*: ein Versuch zur Neugründung des Naturrechts. Heidelberg: Schneider, 1947.
439 FOLJANTY, Lena. *Recht oder Gesetz*: Juristische Identität und Autorität in den Naturrechtsdebatten der Nachkriegszeit. Tübingen: Mohr Siebeck, 2012, p. 176.

de um "Direito Supralegal" remontavam, como visto, aos trabalhos de Gustav Radbruch e a necessidade de resolver questões práticas que se apresentavam perante os tribunais alemães com o "vácuo normativo" decorrente da ruptura institucional.

Essa proposta de refundação não negava a importância do Direito Positivo e de sua natureza temporal e contextual. No entanto, havia uma busca por estruturas e valores que pudessem oferecer um padrão normativo estável ao Direito. A Teoria do Direito teria, portanto, uma missão dúplice: de um lado, compreender as modificações do Direito Positivo, bem como delimitar a medida de tais modificações e, de outro, delimitar um núcleo objetivo e suprapositivo do Direito.[440] Já o Direito Natural seria um "critério para a avaliação do Direito Positivo",[441] que perde sua obrigação moral no caso de contradição com aquele e que, no caso extremo, pode deixar de ser aplicado pelas autoridades,[442] algo muito próximo ao que Radbruch defendia por meio da sua "fórmula".

Ancorado numa filosofia orientada por valores,[443] esse jusnaturalismo secular tinha como finalidade propor uma nova ontologia do Direito, em que o Direito Natural era apresentado como um sistema rígido de normas atemporais e abstratas.[444] Note-se, no entanto, que a exata conexão desse projeto teórico com uma *determinada* filosofia de valores (*Wertphilosophie*) nunca ficou muito clara,[445] tendo Coing, muito pelo contrário, utilizado uma mistura de *topois* filosóficos: ora buscou seus fundamentos em considerações sobre a História da Filosofia, especialmente nas doutrinas da antiguidade

---

[440] Idem, p. 175.

[441] "*Maßstab für die Beurteilung des positiven Rechts*". COING, Helmut. *Grundzüge der Rechtsphilosophie*. Berlim: De Gruyter, 1950, p. 129.

[442] HOFMANN, Hasso. *Rechtsphilosophie nach 1945*: zur Geistesgeschichte der Bundesrepublik Deutschland. Berlim: Duncker & Humblot, 2012, p. 18.

[443] Especialmente nas versões neokantianas de Max Scheler (1874-1928) e Nicolai Hartmann (1882-1950).

[444] FOLJANTY, Lena. *Recht oder Gesetz*: Juristische Identität und Autorität in den Naturrechtsdebatten der Nachkriegszeit. Tübingen: Mohr Siebeck, 2012, p. 176.

[445] Idem, p. 179.

CAPÍTULO I – A FORMAÇÃO DA LENDA DO POSITIVISMO

sobre a Justiça, ora no próprio *status* do Direito, que serviria para buscar a ordem social e servir à paz, ora em princípios modernos de Direito Positivo.

De qualquer modo, em diametral divergência ao neokantismo formalista, para quem os valores não poderiam ser fundados independentemente da experiência humana, essa vertente neokantiana reconhecia como inequívoca a existência de valores *a priori*. As diferenças temporais na sua percepção decorrem da sua contingência histórica, mas apenas demonstram um processo de aprendizado da humanidade sobre o seu reconhecimento.[446] Assim sendo, seja em virtude do "sentimento sobre o Direito" (*Rechtsgefühl*), seja em virtude da "consciência jurídica" (*Rechtsbewusstsein*) compartilhados por todos os seres humanos, tais valores poderiam, para Coing, ser conhecidos e reconhecidos. E uma vez que a Justiça é o valor fundamental reconhecido pelos seres humanos,[447] o Direito não só decorre dela, como o próprio Direito Positivo deve ser sempre projetado de modo que os homens possam reconhecê-la.[448]

Se a Justiça era o valor fundamental, a dignidade humana servia como medida da sua realização.[449] Também nessa vertente secular, a busca dessa "essência do homem" era orientada nos termos do Direito Natural tradicional. O homem era "acima de tudo um ser espiritual, uma pessoa que tem um valor intrínseco insubstituível, incorpora uma combinação única de valores espirituais e está destinado a desenvolver sua personalidade".[450]

---

[446] SCHELER, Max. *Der Formalismus in der Ethik und die materiale Wertethik*. Halle: Niemeyer, 1921, p. 277; HARTMANN, Nicolai. *Ethik*. Berlim: De Gruyter, 1926, p. 44.

[447] COING, Helmut. *Die obersten Grundsätze des Rechts*: ein Versuch zur Neugründung des Naturrechts. Heidelberg: Schneider, 1947, p. 29.

[448] FOLJANTY, Lena. *Recht oder Gesetz*: Juristische Identität und Autorität in den Naturrechtsdebatten der Nachkriegszeit. Tübingen: Mohr Siebeck, 2012, p. 178.

[449] "*Verwirklichung des Menschen selbst*". COING, Helmut. *Die obersten Grundsätze des Rechts*: ein Versuch zur Neugründung des Naturrechts. Heidelberg: Schneider, 1947, p. 54.

[450] "(...) *vor allem ein geistigsittliches Wesen. Er ist Person. Er besitzt als Einzelner einen unvertauschbaren Eigenwert; in ihm verkörpert sich eine besondere und einmalige Zusammenfassung geistig-seelischer und vitaler Werte: er ist bestimmt, Persönlichkeit zu werden*". Idem, p. 39.

Dessa figura central, a "dignidade humana", decorreriam diversos outros valores objetivos que estariam hierarquicamente relacionados entre si.[451] Apesar de não ter apresentado um projeto sistemático dos diversos valores que devem ser realizados pelo Direito,[452] Coing estabeleceu a "dignidade humana" como ponto de referência comum dos direitos individuais e sociais. No que diz respeito aos Direitos inerentes à condição humana, seu projeto era tão detalhado quanto nenhum outro do seu tempo.[453] Mais de um terço de suas páginas destinavam-se a apresentar uma lista de "direitos fundamentais"[454] dos mais variados, que iam desde os direitos mais elementares como o direito à vida e à liberdade, até regras específicas de Direito Civil, como o *pacta sunt servanda* e a proibição do *venire contra factum proprium*.

O casuísmo desse projeto deu origem a diversas críticas. Para Karl Larenz, tais "princípios superiores do Direito" baseavam-se numa consciência historicamente determinada, naquele caso específico, "a atual consciência jurídica alemã".[455] Apesar de ter seus méritos, seu projeto não provava a existência de um verdadeiro "Direito Natural". No mesmo sentido, Eduard Spranger questionou se tal Direito Natural não seria, na verdade, um "mapa da consciência de valor moderna, ocidental, fortemente influenciada pelos cristãos".[456] Já Hans Welzel defendeu que esse projeto "fortalece a velha suspeita de que os

---

[451] Idem, p. 116.

[452] FOLJANTY, Lena. *Recht oder Gesetz*: Juristische Identität und Autorität in den Naturrechtsdebatten der Nachkriegszeit. Tübingen: Mohr Siebeck, 2012, p. 179.

[453] Idem, p. 180.

[454] "*Echtes Recht*". COING, Helmut. *Die obersten Grundsätze des Rechts*: ein Versuch zur Neugründung des Naturrechts. Heidelberg: Schneider, 1947, p. 82.

[455] "*ein geschichtlich bestimmtes, nämlich das gegenwärtige deutsche Rechtsbewußtsein*". LARENZ, Karl. "Rez. zu Coing 'Die obersten Grundsätze des Rechts'". *Neue Juristische Wochenschrift*, p. 500, 1950.

[456] "*Landkarte des modernen, abendländischen, stark christlich beeinflussten Wertbewusstseins*". SPRANGER, Eduard. "Zur Frage der Erneuerung des Naturrechts". *In*: MAIHOFER, W. (Coord.). *Naturrecht oder Rechtspositivismus?*. 3ª ed. Darmstadt: Wissenschaftliche Buchgesellschaft, 1981 [1948], p. 90.

CAPÍTULO I – A FORMAÇÃO DA LENDA DO POSITIVISMO

jusnaturalistas projetam seus desejos políticos para uma lei natural eterna".[457] De qualquer modo, as discussões da época provam que as fundações desse jusnaturalismo secular já eram bastante questionadas.[458]

Outro ponto importante nesse renascimento do jusnaturalismo secular diz respeito ao fato de Coing ter apoiado alguns pontos essenciais do seu projeto teórico – como o "sentimento sobre o Direito" (*Rechtsgefühl*) e a "consciência jurídica" (*Rechtsbewusstsein*) – expressamente na obra *O sentimento sobre o Direito na Justiça e na Política* (*Das Rechtsgefühl in Justiz und Politik*) de Alfred Hoche.[459] Para Hoche, enquanto o senso de Justiça era um sentimento relativamente estável, a consciência jurídica estava sujeita a mudanças históricas e a constante aperfeiçoamento. Desse modo, o fato de o Direito Positivo estar em constante modificação não contradizia a existência de uma ordem objetiva de valores. Se o desenvolvimento e a subsequente formação do Direito Positivo são realizados por "descobertas morais" (*Moralische Entdeckungen*), num progressivo conhecimento do Direito Natural, o senso de Justiça e a consciência jurídica apenas conectam o "reino dos valores" (*Reich der Werte*) com o "mundo do ser" (*Welt des Seins*).[460] O fato convenientemente esquecido é que Alfred Hoche era um destacado psiquiatra que, durante a década de 1920, ofereceu as pretensas bases científicas para o extermínio de deficientes mentais e cujos trabalhos serviram de base

---

[457] "*den alten Verdacht wieder bestärkt, daß die Naturrechtler nur die rechtspolitischen Wünsche ihrer Zeit oder gar ihrer Person zu ewigen Naturrechtssätzen hypostasieren*". WELZEL, Hans. "Naturrecht und Rechtspositivismus". *In*: MAIHOFER, W. (Coord.). *Naturrecht oder Rechtspositivismus?*. 3ª ed. Darmstadt: Wissenschaftliche Buchgesellschaft, 1981 [1953], p. 324.

[458] FOLJANTY, Lena. *Recht oder Gesetz*: Juristische Identität und Autorität in den Naturrechtsdebatten der Nachkriegszeit. Tübingen: Mohr Siebeck, 2012, p. 181.

[459] HOCHE, Alfred. *Das Rechtsgefühl in Justiz und Politik*. Berlim: Springer, 1932. Coing, inclusive, considerava esse um livro "excelente" (*ausgezeichnet*). COING, Helmut. *Die obersten Grundsätze des Rechts*: ein Versuch zur Neugründung des Naturrechts. Heidelberg: Schneider, 1947, nota 1, p. 22.

[460] Idem, p. 28.

para algumas práticas do nacional-socialismo.⁴⁶¹ De diversas posições evidentemente racistas de Hoche, Coing tentou desvencilhar-se numa simples nota de rodapé.⁴⁶²

Por fim, deve ser registrado que essa vertente secular não guarda uma diferença muito significativa do jusnaturalismo confessional, notadamente do católico.⁴⁶³ Na verdade, Helmut Coing era religioso e participou ativamente de debates sobre questões internas da Igreja Protestante.⁴⁶⁴ Ademais, as raízes confessionais de seu projeto teórico ficam evidentes quando Coing afirma, por exemplo, que "o cristianismo e o humanismo moldaram historicamente a imagem do homem impressa nas ordens jurídicas do mundo cultural do ocidente, pois ambos conferem ao indivíduo um valor específico e inequívoco como pessoa".⁴⁶⁵

1.3.3 Considerações parciais

De acordo com a narrativa produzida no pós-guerra (1950-1965), a concepção "positivista" de um ordenamento jurídico "indiferente a valores éticos" e do Direito como uma "estrutura meramente formal" perdera a sua primazia. Os horrores praticados pelo regime nazista somente tinham sido possíveis diante da anomia ou apatia moral defendida pelo Positivismo Jurídico. A sua superação não foi apenas uma obra de

---

461 FOLJANTY, Lena. *Recht oder Gesetz*: Juristische Identität und Autorität in den Naturrechtsdebatten der Nachkriegszeit. Tübingen: Mohr Siebeck, 2012, p. 182.

462 COING, Helmut. *Die obersten Grundsätze des Rechts*: ein Versuch zur Neugründung des Naturrechts. Heidelberg: Schneider, 1947, nota 1, p. 23.

463 FOLJANTY, Lena. *Recht oder Gesetz*: Juristische Identität und Autorität in den Naturrechtsdebatten der Nachkriegszeit. Tübingen: Mohr Siebeck, 2012, p. 187.

464 Sobre a participação de Coing nesses debates: Idem, p. 177.

465 "*Christentum und Humanismus haben geschichtlich das Wertbild vom Menschen geformt, dass in die Rechtsordnungen der abendländischen Kulturwelt eingegangen ist. Beide verleihen dem Einzelmenschen als solchem einen spezifischen, unübersehbaren Wert als Person*". COING, Helmut. *Die obersten Grundsätze des Rechts*: ein Versuch zur Neugründung des Naturrechts. Heidelberg: Schneider, 1947, p. 133.

CAPÍTULO I – A FORMAÇÃO DA LENDA DO POSITIVISMO

desconstrução. Junto com o diagnóstico, vinha também a prescrição do remédio. Somente um Direito ancorado em valores superiores e imutáveis poderia oferecer um porto seguro para o bem comum e para o desenvolvimento social. A ruptura com as abordagens "críticas" e o "retorno" à metafísica, à especulação filosófica e aos valores foi a tônica do Direito alemão na década de 1950 e grande parte da década de 1960, numa hegemonia narrativa que não deixava qualquer margem para o dissenso.

1.4 O Direito como uma ordem objetiva de valores

Edificadas sobre a "evidência" do "fiasco do Positivismo Jurídico",[466] todas essas novas vertentes do Direito Natural confluíam para um ponto em comum: a fundamentação última do Direito em valores absolutos,[467] valores esses que não poderiam ser desconsiderados, em qualquer circunstância, pelo Direito Positivo ou pelos poderes instituídos. O mantra era que o Direito Positivo somente poderia servir como um instrumento para a realização de certos valores humanitários, mas nunca como um fim em si mesmo.

Ancorado numa filosofia dos valores, esse "novo" Direito Natural prometia não apenas ser uma proteção contra a *Rechtsperversion*, mas principalmente um instrumento ativo para a promoção de valores humanitários. Na transição da literatura jurídica para a jurisprudência dos tribunais superiores, esse Direito Natural passou a ser apresentado e catalogado na forma de uma *"ordem objetiva de valores"*, um conjunto de valores que deveria ser reconhecido como um Direito Supralegal, objetivamente cognoscível pelos operadores do Direito. Note-se que

---

[466] *"Fiasko des Rechtspositivismus"*. BÖCKENFÖRDE, Ernst Wolfgang. "Zur Lage der Grundrechtsdogmatik nach 40 Jahren Grundgesetz". *Carl-Friedrich-von-Siemens-Stiftung*, n° 47, p. 23, 1990.

[467] HOFMANN, Hasso. *Rechtsphilosophie nach 1945*: zur Geistesgeschichte der Bundesrepublik Deutschland. Berlim: Duncker & Humblot, 2012, p. 21.

essa ideia de que uma "objetivação" do mundo espiritual é possível já era antiga na tradição idealista alemã,[468] o que tornou ainda mais fácil a sua assimilação e o seu desenvolvimento no contexto conservador do pós-guerra.

Muito embora a ancoragem racional desse Direito Natural se desse sobre um terreno bastante frágil, com premissas bastante questionáveis,[469] indagações de tal ordem eram geralmente ignoradas. Seu reconhecimento fazia parte de um novo *ethos*,[470] um conjunto de hábitos e crenças que definia a própria sociedade alemã do pós-guerra e que, em alguma medida, parecia refletir o próprio estágio evolutivo da humanidade.

1.4.1 Do renascimento do Direito Natural ao Direito como uma "ordem objetiva de valores"

Essa transmutação do Direito Natural para uma "ordem objetiva de valores" (*Objektive Wertordnung*), cujo epicentro era a "dignidade humana" (*Menschenwürde*), foi consolidada por meio de um processo de múltiplas fontes, num ambiente que combinava, de um lado, elementos jurídicos de um intrincado sistema normativo e, de outro, elementos políticos bem específicos. Nesse processo, a dignidade humana – entendida como o Direito Natural mais importante de todos, por definição e excelência[471] –

---

[468] Nos domínios da historiografia, por exemplo, já se falava numa espécie de "espírito objetivo" (*objektives Geist*) há mais de um século, uma ideia que pode ser encontrada em Wilhelm Dilthey, para quem compreender um homem ou uma época do passado, significa reconstruir uma individualidade histórica a partir das "objetivações" remanescentes do seu espírito. RINGER, Fritz K. *The decline of the German mandarins*: the German academic community (1890-1933). Cambridge: Harvard University Press, 1969, p. 99.

[469] HOFMANN, Hasso. *Rechtsphilosophie nach 1945*: zur Geistesgeschichte der Bundesrepublik Deutschland. Berlim: Duncker & Humblot, 2012, p. 1.

[470] RENSMANN, Thilo. *Wertordnung und Verfassung*: das Grundgesetz im Kontext grenzüberschreitender Konstitutionalisierung. Tübingen: Mohr Siebeck, 2007, p. 9.

[471] Idem, p. 28.

CAPÍTULO I – A FORMAÇÃO DA LENDA DO POSITIVISMO

passou a ser entendida como uma verdadeira condição (*Umstände*)[472] para a promoção de todo e qualquer valor protegido pelo Direito.

No plano internacional, o destaque ia para a necessidade de consolidar na cultura jurídica um parâmetro normativo que servisse de proteção aos direitos humanos, tanto no âmbito internacional, para evitar déficits de legitimidade em julgamentos como os realizados em Nuremberg, quanto no âmbito nacional, caso algum país se recusasse a reconhecer tais direitos. O resultado dessa demanda foi a promulgação pelas Nações Unidas (ONU) da "Declaração Universal dos Direitos Humanos" (1948). A crença de que ela representava um verdadeiro "consenso sobre valores universais"[473] e que os "direitos humanos" e "dignidade humana" (nela reconhecidos como verdadeiros Direitos Naturais)[474] foram assentados como "os pilares da reorganização da comunidade internacional no pós-guerra",[475] era reforçada pelo fato de sua aprovação ter sido obtida sem qualquer voto dissidente.[476]

Essa inegável "diretriz internacional" foi recepcionada no "novo" Estado alemão que se formava. Internamente houve uma combinação de fatores jurídicos e políticos para tal consolidação. No plano jurídico, destaca-se a promulgação (1949) da nova Constituição, a Lei Fundamental de Bonn (*Bonner Grundgesetz*), que, em seu artigo 1º, reconheceu "os direitos invioláveis e inalienáveis da pessoa humana como fundamento da comunidade, da paz e da justiça no mundo".[477] A reserva de um lugar

---

[472] NEUMANN, Ulfrid. "Rechtsphilosophie in Deutschland seit 1945". *In*: SIMON, D. (Coord.). *Rechtswissenschaft in der Bonner Republik*: Studien zur Wissenschaftsgeschichte der Jurisprudenz. Frankfurt: Suhrkamp, 1994, p. 158.

[473] RENSMANN, Thilo. *Wertordnung und Verfassung*: das Grundgesetz im Kontext grenzüberschreitender Konstitutionalisierung. Tübingen: Mohr Siebeck, 2007, p. 11.

[474] Idem, p. 29.

[475] Idem, p. 14.

[476] Idem, p. 9.

[477] "Artigo 1. (1) A dignidade da pessoa humana é intangível. Respeitá-la e protegê--la é obrigação de todo o poder público. (2) O povo alemão reconhece, por isto, os direitos invioláveis e inalienáveis da pessoa humana como fundamento de toda comunidade humana, da paz e da justiça no mundo". / "*Artikel 1. (1) Die Würde des*

privilegiado para a "dignidade humana" no sistema constitucional que se inaugurava não foi mera obra do acaso. Foi, muito antes, uma providência intensamente discutida e cuidadosamente pensada durante os trabalhos do Conselho Parlamentar (*Parlamentarischer Rat*),[478] de modo que a dignidade humana não viesse a ser compreendida no futuro como um "mero" Direito, mas sim como um verdadeiro "valor fundamental" do Estado alemão.[479] Além do plano federal, a preocupação em destacar a "dignidade humana" também pode ser vista nas Constituições dos Estados da Baviera (1946),[480] de Baden-Württemberg (1946),[481] de Hessen (1946),[482] de Bremen (1947),[483] de Rheinland-Pfalz (1947)[484] e de Saarland (1947).[485]

Já no campo político alemão, o destaque foi a Doutrina Social do Cristianismo (*Christliche Soziallehre*), um dos pilares da Nova República.[486] Trata-se da designação genérica de uma orientação confessional

---

Menschen ist unantastbar. Sie zu achten und zu schützen ist Verpflichtung aller staatlichen Gewalt. (2) Das Deutsche Volk bekennt sich darum zu unverletzlichen und unveräußerlichen Menschenrechten als Grundlage jeder menschlichen Gemeinschaft, des Friedens und der Gerechtigkeit in der Welt".

[478] Carlo Schmid, por exemplo, defendeu durante os trabalhos constituintes que "direitos fundamentais não devem ser um mero apêndice, mas sim devem reger a Constituição". / "*Grundrechte müssen das Grundgesetz regieren; sie dürfen nicht nur ein Anhängsel des Grundgesetzes sein*". SCHMID, Carlo. Was heißt eigentlich Grundgesetz? Grundsatzrede über das Grundgesetz im Parlamentarischen Rat vom 8 September 1948. Disponível em: http://artikel20gg.de/Texte/Carlo-Schmid-Grundsatzrede-zum-Grundgesetz.htm. Acessado em: 01.05.2021. Para mais detalhes desta discussão durante os trabalhos constituintes: RENSMANN, Thilo. *Wertordnung und Verfassung*: das Grundgesetz im Kontext grenzüberschreitender Konstitutionalisierung. Tübingen: Mohr Siebeck, 2007, pp. 25-41.

[479] Idem, p. 18.

[480] Preâmbulo, artigos 100 e 131 (2).

[481] Preâmbulo.

[482] Artigos 3, 27 e 30.

[483] Preâmbulo, artigos 5, 26 e 52.

[484] Artigo 55.

[485] Artigos 1 e 47.

[486] HOFMANN, Hasso. *Rechtsphilosophie nach 1945*: zur Geistesgeschichte der Bundesrepublik Deutschland. Berlim: Duncker & Humblot, 2012, p. 11.

CAPÍTULO I – A FORMAÇÃO DA LENDA DO POSITIVISMO

orientada para a política alemã no pós-guerra e que englobou elementos das doutrinas católica e protestante. Apesar de suas divergências pontuais e preferências terminológicas, seu objetivo fundamental era superar a ética *individual*, focada nos interesses do sujeito, por uma ética *social*, capaz de moldar as estruturas e processos sociais. Seu objetivo central é verificar se "as instituições sociais existentes estão corretamente constituídas", por meio da constante "avaliação das relações, estruturas, regras, ordens sociais etc., nas suas relações com a Justiça".[487] A fórmula kantiana tradicional de "dignidade humana" foi abandonada em favor de uma releitura orientada pela ética do valor material.[488]

No centro dessa ética social residia um postulado claramente normativo: as relações e estruturas sociais e políticas *deveriam* ser concebidas para atender às exigências gerais de Justiça e apenas nessa medida poderiam tais relações e estruturas serem conhecidas e avaliadas.[489] Além de ter influenciado enormemente os trabalhos constituintes,[490] a posterior vitória legislativa da coalisão formada em torno da CDU,[491] partido que assumiu a maior parte da clientela católica-conservadora

---

[487] "A questão central é a seguinte: há determinados bens institucionais que são justos por natureza? A ética social avalia que sim, isso com base em critérios (ética fundamental) de justiça de relações sociais, estruturas, sistemas de regras, ordens etc". / "Die zentrale Frage lautet: Sind gegebene institutionelle Gebilde gerecht? Die Sozialethik beurteilt also auf Grund von Kriterien (Fundamentalethik) soziale Verhältnisse, Strukturen, Regelsysteme, Ordnungen etc. hinsichtlich ihrer Gerechtigkeit". ANZENBACHER, Arno. *Christliche Sozialethik*: Einführung und Prinzipien. Paderborn: Schöningh, 1997, p. 15.

[488] STOLLEIS, Michael. *Geschichte des öffentlichen Rechts in Deutschland*: Staats- und Verwaltungsrechtswissenschaft in West und Ost (1945-1990). vol. 4, Munique: C.H. Beck, 2012, p. 221.

[489] Essa natureza *normativa* da ética social cristã é expressamente reconhecida por: ANZENBACHER, Arno. *Christliche Sozialethik*: Einführung und Prinzipien. Paderborn: Schöningh, 1997, p. 16.

[490] RENSMANN, Thilo. *Wertordnung und Verfassung*: das Grundgesetz im Kontext grenzüberschreitender Konstitutionalisierung. Tübingen: Mohr Siebeck, 2007, pp. 32 e ss.

[491] Esta coalizão contava, também, com a CSU/Christlich-Soziale Union da Baviera (União Democrata-Cristã), com a FDP/Frei-Drmokratische Partei (Partido Democrático Livre), de orientação liberal, com o DP/Deutsche Partei

alemã no pós-guerra, permitiu que a Doutrina Social do Cristianismo fizesse parte do discurso e da prática oficiais do Estado Alemão a partir de 1950.

A lição era, portanto, muito clara. O "sofrimento indescritível"[492] provocado pela guerra, bem como a revelação das atrocidades cometidas pelos Nazistas, elevaram a dignidade humana ao posto de conceito-chave de proteção dos direitos humanos.[493] Elevada à categoria de "ethos universal", "consenso internacional", "princípio supraconstitucional" e "fundamento último de um sistema de valores",[494] a dignidade humana serviu de ponto de partida para reestruturação do sistema jurídico alemão e, mais tarde, serviria de parâmetro normativo para diversas Constituições mundo afora.

Nesse contexto político é que deve ser compreendido o adjetivo "objetivo" atribuído à "ordem de valores" protegida pela Constituição. Sua finalidade era distinguir a posição dos direitos fundamentais em sua função clássica de defesa subjetiva. Ao mesmo tempo, no entanto, o adjetivo "objetivo" também sugeria uma conexão com uma metafísica idealista que estava distante dos embates individuais. Aqui, o legado filosófico do idealismo alemão de Fichte e Hegel uniu-se ao renascimento do Direito Natural no sentido da Doutrina Social da Igreja Católica. Isso resultou num "espírito da Constituição", que deveria permear o Direito como um todo. Uma construção bastante plausível, notadamente diante da necessidade de realização de valores humanitários por meio de um sistema jurídico que estava traumatizado pela ditadura.[495]

(Partido Alemão), de orientação conservadora, e elegeu Konrad Adenauer como *Bundeskanzler*.

[492] Preâmbulo da Carta das Nações Unidas.

[493] RENSMANN, Thilo. *Wertordnung und Verfassung*: das Grundgesetz im Kontext grenzüberschreitender Konstitutionalisierung. Tübingen: Mohr Siebeck, 2007, p. 14.

[494] "*Projekt Wertethos*", "*Universaler Wertkonsens*", "*Oberstes Konstitutionsprinzip*", "*Grundlage eines Wertsystems*". Idem, pp. 9, 11, 13 e 18.

[495] STOLLEIS, Michael. *Geschichte des öffentlichen Rechts in Deutschland*: Staats- und Verwaltungsrechtswissenschaft in West und Ost (1945-1990). vol. 4, Munique: C.H. Beck, 2012, p. 166.

CAPÍTULO I – A FORMAÇÃO DA LENDA DO POSITIVISMO

1.4.2 Do Estado Liberal ao Estado Social

No que diz respeito à sua relação com os demais Direitos catalogados pela Lei Fundamental, além de sua centralidade sistêmica, ele também era dotado de uma carga normativa interna, de sorte que todos os demais direitos consagrados tinham por finalidade sua proteção e promoção. É que, além de consagrar a dignidade humana como valor fundamental da Nova República, a Lei Fundamental também determinou em seu artigo 1 (3) que "os direitos fundamentais constituem direitos diretamente aplicáveis e vinculam os Poderes Legislativo, Executivo e Judiciário".[496]

O exemplo mais importante diz respeito ao direito fundamental da liberdade. Embora a sua formulação clássica ("a liberdade só pode ser restringida com fundamento na lei") tenha sido mantida pelo artigo 2° (2) da Lei Fundamental, o acento dado pelo artigo 2° (1) à fórmula do "livre desenvolvimento da personalidade" sinalizava um inequívoco "afastamento do liberalismo puro".[497] A nova concepção horizontal da liberdade partia do pressuposto de que o homem somente poderia desenvolver totalmente sua personalidade dentro da comunidade. Antes de dizer respeito apenas ao indivíduo, a liberdade pressupõe, antes de tudo, a solidariedade dentro de uma comunidade, bem como a sua proteção.[498] Diante da exigência de que cada indivíduo cuide dos seus pares quando esses não mais disponham das condições socioeconômicas

---

[496] "Artigo 1. (1) A dignidade da pessoa humana é intangível. Respeitá-la e protegê-la é obrigação de todo o poder público (...). (3) Os direitos fundamentais, discriminados a seguir, constituem direitos diretamente aplicáveis e vinculam os Poderes Legislativo, Executivo e Judiciário". / "*Artikel 1. (1) Die Würde des Menschen ist unantastbar. Sie zu achten und zu schützen ist Verpflichtung aller staatlichen Gewalt* (...). *(3) Die nachfolgenden Grundrechte binden Gesetzgebung, vollziehende Gewalt und Rechtsprechung als unmittelbar geltendes Recht*".

[497] "*Abkehr vom reinen Liberalismus*". MANGOLDT, Hermann von. *Das Bonner Grundgesetz*. Berlin: Vahlen, 1953, p. 47.

[498] RENSMANN, Thilo. *Wertordnung und Verfassung*: das Grundgesetz im Kontext grenzüberschreitender Konstitutionalisierung. Tübingen: Mohr Siebeck, 2007, p. 37.

mínimas para a sua existência digna, a liberdade passa a ser um valor secundário, a serviço de outro: a dignidade.

Também no plano vertical, o distanciamento do conceito de liberdade da sua matriz liberal era evidente. Essa nova diretriz acabou sendo a base de uma interpretação expansiva do artigo 2 (1) da Lei Fundamental ("todos têm o direito ao livre desenvolvimento da sua personalidade"), de modo que os direitos fundamentais passaram a exigir prestações positivas do Estado que pudessem garantir o desenvolvimento humano e o pleno desenvolvimento da personalidade.[499] O longo catálogo de direitos fundamentais não representava mais uma mera "declaração programática".[500] Direitos fundamentais "não devem ser declamações, declarações ou diretivas vazias, e sim direitos imediatamente válidos",[501] diretamente vinculantes aos Poderes Legislativo, Executivo e Judiciário[502] e exigíveis por meio de prestações positivas do Estado. Como se não bastasse, esse Estado Social também deveria ser considerado como uma parte essencial de todos os ramos do Direito, sendo, na verdade, uma condição para o seu desenvolvimento.[503]

---

[499] Idem, p. 15.

[500] "*Programmsätze*". Idem, p. 26.

[501] "Esses direitos fundamentais não devem ser meras declarações, declarações ou diretivas, não apenas requisitos para as Constituições Estaduais, não apenas uma garantia dos direitos fundamentais dos Estados, mas sim lei federal diretamente aplicável, com base na qual cada alemão, cada habitante de nosso país possa demandar perante os tribunais". / "*Diese Grundrechte sollen nicht bloße Deklamationen, Deklarationen oder Direktiven sein, nicht nur Anforderungen an die Länderverfassungen, nicht nur eine Garantie der Länder-Grundrechte, sondern unmittelbar geltendes Bundesrecht, auf Grund dessen jeder einzelne Deutsche, jeder einzelne Bewohner unseres Landes vor den Gerichten soll Klage erheben können*". SCHMID, Carlo. Was heißt eigentlich Grundgesetz? Grundsatzrede über das Grundgesetz im Parlamentarischen Rat vom 8 September 1948. Disponível em: http://artikel20gg.de/Texte/Carlo-Schmid-Grundsatzrede-zum-Grundgesetz.htm. Acessado em: 01.05.2021.

[502] RENSMANN, Thilo. *Wertordnung und Verfassung*: das Grundgesetz im Kontext grenzüberschreitender Konstitutionalisierung. Tübingen: Mohr Siebeck, 2007, p. 26.

[503] "O Estado de Bem-Estar está em importantes áreas de Direito (por exemplo, Direito Administrativo, Direito Comercial, Direito do Trabalho) e, portanto, é uma realidade jurídica". / "*Der Sozialstaat ist in wesentlichen Bereichen des Rechts (z.B. Verwaltungsrecht, Wirtschaftsrecht, Arbeitsrecht) verwirklicht und damit eine*

CAPÍTULO I – A FORMAÇÃO DA LENDA DO POSITIVISMO

Embora nos primeiro anos da Nova República parte dos constitucionalistas tenha tentado dissolver tal construção em favor de uma prática constitucional liberal, com a simples exclusão do Estado da esfera de liberdade dos indivíduos,[504] a tese de que a Lei Fundamental instituiu um verdadeiro "Estado Social" acabou prevalecendo de forma ampla, sob o principal argumento de que o Conselho Parlamentar (*Parlamentarischer Rat*) "tinha lançado mão de um considerável desvio social-programático no texto constitucional em comparação com a Constituição de Weimar".[505] O Estado não encarava mais "o indivíduo isolado como ponto de partida", mas sim "o seu valor intrínseco".[506] Ao reconhecer "a dignidade inviolável da personalidade humana como o seu valor central", a Constituição não mais reconhecia no "Estado de Direito" um mero "Estado de Leis" e submetia "os seus elementos formais" à realização desse "conteúdo material".[507]

---

rechtliche Gegebenheit". Orientação 1. do Relator Ernst Forsthoff no Encontro da Associação dos Professores de Direito do Estado de 1953. *In*: FORSTHOFF, Ernst *et al*. "BEGRIFF UND WESEN DES SOZIALEN RECHTSSTAATES: Berichte und Ausspruche zu den Berichten in den Verhandlungen der Tagung der deutschen Staatsrechtslehrer zu Bonn am 15 und 16 Oktober 1953". *Veröffentlichungen der Vereinigung der Deutschen Staatsrechtslehrer*, nº 12, 1954. Doi:10.1515/9783110904499.

[504] Conferência de abertura de Ernst Forsthoff no Encontro da Associação dos Professores de Direito do Estado de 1953. Idem, pp. 8 e ss.

[505] Rensmann, Thilo. *Wertordnung und Verfassung*: das Grundgesetz im Kontext grenzüberschreitender Konstitutionalisierung. Tübingen: Mohr Siebeck, 2007, p. 43.

[506] "O ponto de partida não é mais o indivíduo compreendido de forma absoluta", "valor intrínseco e autonômono do homem". / "*Ausgangspunkt nicht mehr die absolut verstandene Einzelperson*", "*Eigenwert und Eigenständigkeit des Menschen*". Intervenção de Otto Bachof no Encontro da Associação dos Professores de Direito do Estado de 1953. *In*: FORSTHOFF, Ernst *et al*. "BEGRIFF UND WESEN DES SOZIALEN RECHTSSTAATES: Berichte und Ausspruche zu den Berichten in den Verhandlungen der Tagung der deutschen staatsrechtslehrer zu Bonn am 15 und 16 Oktober 1953". *Veröffentlichungen der Vereinigung der Deutschen Staatsrechtslehrer*, nº 12, 1954. Doi:10.1515/9783110904499.

[507] "a dignidade inviolável da personalidade humana como valor central", "a Lei Fundamental quebra a equação Estado de Direito = Estado de Leis", "seus elementos formais servem apenas para garantir esse conteúdo material". / "*die unantastbare Würde der menschlichen Persönlichkeit als den zentralen Wert*", "*bricht das GG mit der Gleichung Rechtsstaat=Gesetzesstaat*", "*seine formalen Elemente dienen nur zur*

1.4.3 A força normativa da Constituição

O recurso a uma "ordem de valores" externa ao Direito Positivo, mas que, ao mesmo tempo, tivesse ancorada numa ordem jurídica "objetiva", era um impulso de modernização necessário e inevitável para um ordenamento jurídico despedaçado, que era formado por um amontoado disforme de normas oriundas do período imperial, da República de Weimar ou até mesmo da Ditadura Nazista.[508] Apenas uma Constituição em sentido material, entendida como uma "ordem objetiva de valores", poderia oferecer aos juristas um ponto de apoio intelectual para compreensão e desenvolvimento de um sistema jurídico harmônico.[509]

A intenção de fornecer um marco seguro de orientação para o desenvolvimento do Direito era mais do que compreensível. Diante dessa nova demanda, a Constituição não poderia mais ser encarada como um documento axiologicamente neutro. As questões constitucionais não deveriam mais ser consideradas como meras questões políticas, mas sim como questões jurídicas. Se apenas uma ordem objetiva de valores poderia preencher as lacunas e pontos de fissura do ordenamento jurídico, a radical separação, no plano constitucional, entre realidade e norma, entre o *ser* (*Sein*) e o *dever-ser* (*Sollen*), deveria ser superada.

A leitura material da Lei Fundamental fornecia, assim, a necessária base para a construção de identidade da Alemanha Ocidental do pós-guerra, já que as fontes tradicionais dessa construção, por várias razões, não estavam disponíveis: (i) a *nação*, porque havia fornecido as bases para a ideologia *völkisch*; (ii) a *história*, porque foi contaminada pela ideologia nazista e suas consequências (ódio, genocídio etc.); e (iii) a *cultura*, porque deveria ser preservada como o último elo remanescente

---

Gewährleistung dieses materialen Gehalts". Intervenção de Otto Bachof no Encontro da Associação dos Professores de Direito do Estado de 1953. Idem, p. 39.

[508] STOLLEIS, Michael. *Öffentliches Recht in Deutschland*: eine Einführung in seine Geschichte (16.-21. Jahrhundert). Munique: C.H. Beck, 2014, pp. 151 e ss.

[509] Idem, pp. 149 e ss.

com outros "alemães" no Oriente. De certo modo, os valores objetivos e subjacentes à Lei Fundamental – e, por extensão, a justiça constitucional – preenchiam essa lacuna.[510]

A Lei Fundamental deveria, portanto, converter-se numa "força ativa". Embora uma Constituição não possa, por si só, realizar nada, ela pode "impor tarefas".[511] Uma Constituição "transforma-se em força ativa se essas tarefas forem efetivamente realizadas, se existir na comunidade jurídica uma vontade, uma disposição de orientar a conduta de todos os seus destinatários conforme as suas disposições, a despeito de todos os questionamentos ou reservas que se possam identificar".[512] Por ser muito mais que uma simples "folha de papel", a Constituição não deveria ser considerada como a parte mais fraca, de modo que, no caso de confronto entre o *ser* da realidade e o *dever-ser* da Constituição, sua "força normativa" deve ser assegurada e prestigiada, sempre que estiverem presentes os seus "pressupostos realizáveis" (*realizierbare Voraussetzungen*). Apenas – e tão-somente apenas (!) – quando esses pressupostos não puderem ser satisfeitos, é que se as questões constitucionais devem deixar de ser consideradas como *questões jurídicas* (*Rechtsfragen*) para serem consideradas como *questões políticas* (*Machtfragen*).[513]

Dessa constante tensão entre os "*fatores reais de poder*" (*wirkliche Verfassung*) e a "*vontade de tornar a Constituição efetiva*" (*rechtliche Verfassung*) decorre que a dignidade humana, bem como todos os direitos fundamentais que dela orbitam, devem ter sua eficácia jurídica promovida

---

510 COLLINGS, Justin. *Scales of Memory*: constitutional Justice and Historical Evil. Oxford: Oxford University Press, 2021, p. 3.

511 "*Sie kann zwar für sich allein nichts bewirken, sondern immer nur eine Aufgabe stellen*". HESSE, Konrad. *Die normative Kraft der Verfassung*: Freiburger Antrittsvorlesung. Tübingen: Mohr, 1959, p. 12.

512 "*Aber sie wird zur tätigen Krafft, wenn diese Aufgabe ergriffen wird, wenn die Bereits ifl: besteht, das eigene Verhalten durch die von der Verfassung normierte Ordnung bestimmen zu lassen, wenn die Entschlossenheit vorhanden ist, jene Ordnung gegenüber aller Infragestellung und Anfechtung durch augenblickliche Nützlichkeitserwägungen durchzusetzen*". Idem, p. 12.

513 Idem, p. 18.

da melhor maneira que for possível. No caso de colisão entre direitos fundamentais ou mesmo no caso em que algum dos seus *pressupostos de realização (realizierbare Voraussetzungen)* não estejam presentes, eles devem ser equilibrados entre si do modo mais cuidadoso possível. Essa *"concordância prática"* deveria acontecer por meio de uma ponderação,[514] ou seja, por um sopeso – muitas vezes intuitivo e impreciso –, voltado para o resultado de acomodação e de máxima efetivação de todos os valores em jogo.[515] Igualmente imprecisos permaneceram os critérios para aplicação do princípio da proporcionalidade. Outrora desenvolvido para adequar a dosagem da intervenção policial, agora seria ampliado, transformando-se num princípio fundamental do Estado de Direito, aplicável a todas as intervenções relevantes nos direitos fundamentais.[516]

Num contexto em que a Constituição não era mais vista como um mero documento político, o resultado prático desse dispositivo foi a "constitucionalização da ordem jurídica", já que agora qualquer questão submetida aos tribunais poderia, em última análise, ser lida e resolvida com base em dispositivos constitucionais.[517] Essa diretiva, que reconhecia na Constituição em sentido material – essa "vontade de tornar a Constituição efetiva" (*Wille zur Verfassung*) – um imperativo hermenêutico, teve uma recepção muito favorável nas primeiras décadas da República Federal da Alemanha justamente porque o "sistema de valores" da Lei Fundamental oferecia algo como um cânone de fé secular, uma verdadeira religião civil para uma sociedade profundamente insegura.[518]

---

[514] Conforme precedente do *"caso das farmácias"*. BVerfGE 7, 377 - Aphotheken-Urteil / BVerfG Az. 1 BvR 596/56 (1958).

[515] STOLLEIS, Michael. *Öffentliches Recht in Deutschland*: eine Einführung in seine Geschichte (16.-21. Jahrhundert). Munique: C.H. Beck, 2014, p. 154.

[516] Idem, p. 154.

[517] STOLLEIS, Michael. *Geschichte des öffentlichen Rechts in Deutschland*: Staats- und Verwaltungsrechtswissenschaft in West und Ost (1945-1990). vol. 4, Munique: C.H. Beck, 2012, pp. 226 e ss.

[518] Idem, p. 245.

CAPÍTULO I – A FORMAÇÃO DA LENDA DO POSITIVISMO

1.4.4 Direito Natural na jurisprudência dos Tribunais Superiores depois de 1945

O direcionamento "social" da nova Constituição, combinado com a ascensão de um governo conservador empenhado em superar os traumas do regime nazista, iria pavimentar uma prática constitucional jusnaturalista, baseada na ideia fundamental do Direito como uma *"ordem objetiva de valores"*, centrada na promoção da "dignidade humana" e voltada para uma atuação positiva do Poder Público. Essa mistura "ingênua"[519] de uma concepção aristotélico-tomista do Direito Natural com uma requentada filosofia dos valores[520] forneceu as bases para um "incrível processo de idealização e da sacralização" da Lei Fundamental,[521] processo esse levado a cabo pela consolidação da jurisprudência dos recém-instalados tribunais superiores, em especial do Tribunal Federal Superior (*Bundesgerichtshof*) e do Tribunal Federal Constitucional (*Bundesverfassungsgericht*).

1.4.4.1 Superior Tribunal Federal (Bundesgerichtshof)

Instituído em 1950, o *Bundesgerichtshof* (BGH) é a mais alta Corte do sistema de jurisdição ordinária na Alemanha. Suas decisões

---

[519] HOFMANN, Hasso. *Rechtsphilosophie nach 1945*: zur Geistesgeschichte der Bundesrepublik Deutschland. Berlim: Duncker & Humblot, 2012, p. 25.

[520] Essa imprecisão da ancoragem filosófica da jurisprudência dos tribunais superiores da Alemanha a partir de 1950, sobretudo, fica clara diante da confusa, equívoca e imprecisa referência a termos como "Direito Natural", "ordem objetiva de valores" ou "Justiça". Para uma extensa e detalhada menção a diversos julgados, em que o uso dos termos acima arrolados, bem como seus derivados, demonstra não haver qualquer critério na sua seleção que não o mero recurso à retórica como forma de legitimação, confira-se: LANGNER, Albrecht. *Der Gedanke des Naturrechts seit Weimar und in der Rechtsprechung der Bundesrepublik*. Bonn: Bouvier, 1959, pp. 93-110.

[521] HOFMANN, Hasso. *Rechtsphilosophie nach 1945*: zur Geistesgeschichte der Bundesrepublik Deutschland. Berlim: Duncker & Humblot, 2012, p. 25.

somente podem ser revistas pelo *Bundesverfassungsgericht* (BVerfG), o famoso Tribunal Federal Constitucional. Sua composição originária, ao contrário da composição do BVerfG – que veremos a seguir – não era plural. Dos 69 magistrados que compunham a Corte no momento de sua criação, 91,3% eram cristãos, sendo que desses, 68,2% eram protestantes e 29% católicos. Além disso, 27 dos magistrados (39,1%) que compunham a Corte no momento da sua criação[522] e mais de 70% dos magistrados e promotores públicos que trabalharam na Corte entre 1954 e 1964[523] foram filiados ao NSDAP. Note-se, no entanto, que a filiação ao NSDAP, por si só, quer dizer muito pouco e não pode ser vista com um comprometimento irrestrito com o regime nazista. Em alguns desses casos, a filiação ocorreu por pura necessidade ou interesse de progressão na carreira. Por outro lado, a não filiação não indica uma situação de resistência ou distanciamento. Tanto é assim que, dentre os 42 dos magistrados originais do BGH que não eram filiados ao NSDAP, pelo menos onze (26,2%) deles poderiam ser apontados como colaboradores do regime nazista, seja em sentido mais amplo ou mais estrito.[524]

Hermann Weinkauff foi o seu primeiro presidente, um jurista visto na época como "um modelo a ser seguido pelos juízes alemães"[525] apesar de suas inegáveis relações com o regime nazista.[526]

---

[522] GODAU-SCHÜTTKE, Klaus-Detlev. "Entnazifizierung und Wiederaufbau der Justiz am Beispiel des Bundesgerichtshofs". *In*: SCHUMANN, E. (Coord.). *Kontinuitäten und Zäsuren*: Rechtswissenschaft und Justiz im "Dritten Reich" und in der Nachkriegszeit. Göttingen: Wallstein, 2008, p. 192.

[523] HENNE, Thomas. "Von 0 auf Lüth in 6 1/2 Jahren". *In*: HENNE, T.; RIEDLINGER, A. (Coord.). *Das Lüth-Urteil aus (rechts-)historischer Sicht*: Die Konflikte um Veit Harlan und die Grundrechtsjudikatur des Bundesverfassungsgerichts. Berlim: Berliner Wissenschafts-Verlag, 2005, pp. 203 e ss.

[524] Idem, pp. 196 e ss.

[525] "Eu vejo em você, Hermann Weinkauff, o modelo dos juízes alemães, a medida em que eles devem se inspirar". / "*Ich sehe in Ihnen, Hermann Weinkauff, das Vorbild der deutschen Richter, das Maß, das sie erfüllen sollen*". DEHLER, Thomas. "Hermann Weinkauff zum 70 Geburtstag". *Neue Juristische Wochenschrift*, nº 19, p. 489, 1964.

[526] As relações de Weinkauff com o regime nazista serão abordadas no item 3.3.1.5. da presente investigação.

CAPÍTULO I – A FORMAÇÃO DA LENDA DO POSITIVISMO

Antes, durante e depois da sua presidência no BGH (1950-1960), Weinkauff participou ativamente da discussão sobre o Direito Natural desencadeada por Radbruch.[527] Dentre seus trabalhos,[528] destaca-se um denominado "O Direito Natural na Perspectiva Protestante" (*Das Naturrecht in evangelischer Sicht*).[529] Este texto – que, de certo modo, estabeleceu as bases jusfilosóficas da sua judicatura no BHG –, longe de apresentar uma teoria jurídica consistente, está mais para um amontoado jusfilosófico formado por partes da teologia moral católica tradicional, por elementos protestantes da doutrina de Emil Brunner e Erik Wolf, em especial, e por elementos seculares da fenomenologia moral de Max Scheler e Nicolai Hartmann.[530] Ainda assim, Weinkauff é considerado como "um dos mais proeminentes representantes do Direito Natural alemão"[531] e como "o seu mais influente defensor na jurisprudência".[532]

Apenas alguns dias após ser empossado na presidência, Weinkauff já defendia uma *"modificação radical"*[533] do direcionamento da jurisprudência do *BGH*. Ao contrário do que (supostamente) teria feito o *Reichsgericht*, o tribunal que, durante o regime nazista, cumpria a função semelhante ao *BGH* e que foi por este substituído, "era crucial voltar-se

---

[527] HERBE, Daniel. *Hermann Weinkauff (1894-1981)*: Der erste Präsident des Bundesgerichtshofs. Tübingen: Mohr Siebeck, 2008, p. 121.

[528] Idem, pp. 121 e ss.

[529] WEINKAUFF, Hermann. "Das Naturrecht in evangelischer Sicht". *In*: MAIHOFER, W. (Coord.). *Naturrecht oder Rechtspositivismus?* 3ª ed. Darmstadt: Wissenschaftliche Buchgesellschaft, 1981 [1952], pp. 210 e ss.

[530] HOFMANN, Hasso. *Rechtsphilosophie nach 1945*: zur Geistesgeschichte der Bundesrepublik Deutschland. Berlin: Duncker & Humblot, 2012, p. 13.

[531] *"einer der prominentesten Vertreter des Naturrechts in der deutschen Justiz"*. HERBE, Daniel. *Hermann Weinkauff (1894-1981)*: Der erste Präsident des Bundesgerichtshofs. Tübingen: Mohr Siebeck, 2008, p. 105.

[532] *"einflussreichster Förderer naturrechtlicher Gedanken in der Rechtsprechung"*. WELZEL, Hans. *Naturrecht und materiale Gerechtigkeit*: Prolegomena zu einer Rechtsphilosophie. Göttingen: Vandenhoeck & Ruprecht, 1951, p. 226.

[533] WEINKAUFF, Hermann. "Die Aufgaben des BGH". *In*: KISTNER, Albert. *Festschrift zur Eröffnung des Bundesgerichtshofes in Karlsruhe*. Karlshuge: C.F. Mueller, 1950, p. 45.

mais fortemente para os fundamentos metafísicos do Direito",[534] com a realização "dos valores do cristianismo e do humanismo".[535] A reconstrução do BGH demandaria "coragem, humildade e também uma fé inquebrável na essência metafísica e na essência divina do Direito".[536] E no desempenho dessa tarefa, o tribunal deveria "preocupar-se menos com o Direito válido, buscando o fundamento do Direito novamente em princípios gerais".[537]

A Presidência de Weinkauff, bem como a sua concepção sobre o Direito Natural, serviram como a porta de entrada[538] da concepção do "Direito como uma ordem objetiva de valores" na jurisprudência do BGH. Em seu famoso julgamento de 17 de fevereiro de 1954,[539] por exemplo, o BGH referiu-se às "relações sexuais entre os noivos" (*kuppelei gegenüber verlobten*) como uma "instância natural" (*natürliche instanz*) e

---

[534] "*sich anders als das Reichsgericht wieder stärker auf die metaphysischen Grundlagen des Rechts zurückzubesinnen*". WEINKAUFF, Hermann. "Die Aufgaben des BGH". *In*: KISTNER, Albert. *Festschrift zur Eröffnung des Bundesgerichtshofes in Karlsruhe*. Karlshuge: C.F. Mueller [Dr.], 1950, p. 45.

[535] "*das die Werte des Christentums und der Menschlichkeit verwirkliche*". WEINKAUFF, Hermann. "Die gegenwärtige Lage der deutschen Justiz". *In*: SCHÜTZ, J. (Coord.). *Justitia kehrt zurück:* der Aufbau einer rechtsstaatlichen Justiz nach dem Zusammenbruch 1945. Bamberg: Fränkischer Tag, 1987 [1947], p. 161.

[536] "*was man brauche, um den Bundesgerichtshof aufzubauen, seien Mut, Demut und außerdem ein unerschütterlicher Glaube an die metaphysische Substanz und den göttlichen Kern des Rechts*". WEINKAUFF, Hermann. "Die Aufgaben des BGH". *In*: KISTNER, A. *Festschrift zur Eröffnung des Bundesgerichtshofes in Karlsruhe*. Karlshuge: C.F. Mueller [Dr.], 1950, p. 43.

[537] "*sich hierbei die wenigen dem positiven Recht vorausliegenden und aus sich selbst heraus geltenden allgemeinen Rechtssätze wieder zu erarbeiten*". Idem, p. 45.

[538] Antes da consolidação da jurisprudência do BGH, vários tribunais locais já haviam recorrido ao Direito Natural para decidir. Para alguns exemplos, confira-se: SANDKÜHLER, Hans Jörg. *Nach dem Unrecht:* Plädoyer für einen neuen Rechtspositivismus. Freiburg: Verlag Karl Alber, 2015, pp. 220-227. Para alguns exemplos de decisões do próprio Weinkauff proferidas entre 1947-1950, enquanto membro da Corte Constitucional da Baviera, confira-se: HERBE, Daniel. *Hermann Weinkauff (1894-1981)*: Der erste Präsident des Bundesgerichtshofs. Tübingen: Mohr Siebeck, 2008, pp. 178-197.

[539] BGH GSSt 3/53 (1954).

CAPÍTULO I – A FORMAÇÃO DA LENDA DO POSITIVISMO

recorreu expressamente à "ordem objetiva de valores" para encontrar uma solução para um caso sob a sua jurisdição.⁵⁴⁰ Segundo Weinkauff,

> quem habitualmente, para benefício próprio ou por truques encoraja a noiva a ter relações sexuais com terceiros, bem como o pai, mãe, guardião, clérigo, professor ou educador que favorece a noiva a ter relação sexual extraconjugal ou a tolera, contrariamente ao seu dever legal, promove em princípio um ato ofensivo contra a sexualidade (...). [N]ão se pode duvidar que a sociedade é organizada fundamentalmente em torno da coexistência dos sexos e suas relações sexuais, e que certos mandamentos implícitos de sua organização criam e garantem a ordenação do casamento e da família (e, num sentido mais amplo, também da própria sociedade). As leis morais não são meras regras convencionais entregues aos interesses mutáveis de grupos sociais. Elas exigem que a relação entre os sexos seja realizada de acordo com o princípio da monogamia, porque o significado e a consequência do sexo é a criança. Por seu bem e por causa da dignidade pessoal e da responsabilidade dos parceiros sexuais, a monogamia é a forma de vida definida para os homens.⁵⁴¹

---

540 HERBE, Daniel. *Hermann Weinkauff (1894-1981)*: Der erste Präsident des Bundesgerichtshofs. Tübingen: Mohr Siebeck, 2008, p. 236.

541 "*Wer gewohnheitsmäßig oder aus Eigennutz oder durch hinterlistige Kunstgriffe dem Geschlechtsverkehr Verlobter Vorschub leistet oder wer als Vater, Mutter, Vormund, Geistlicher, Lehrer oder Erzieher dem Geschlechtsverkehr Verlobter Vorschub leistet oder ihn entgegen seiner Rechtspflicht zur Gegenwirkung duldet, fordert eine grundsätzlich gegen die geschlechtliche Zucht verstoßende Handlung (...). Nun kann es aber nicht zweifelhaft sein, daß die Gebote, die das Zusammenleben der Geschlechter und ihre geschlechtlichen Beziehungen grundlegend ordnen und die dadurch zugleich die gesollte Ordnung der Ehe und der Familie (in einem entfernteren Sinne auch die des Volkes) festlegen und verbürgen, Normen des Sittengesetzes sind und nicht bloße dem wechselnden Belieben wechselnder gesellschaftlicher Gruppen ausgelieferte Konventionalregeln. Die sittliche Ordnung will, daß sich der Verkehr der Geschlechter grundsätzlich in der Einehe vollziehe, weil der Sinn und die Folge des Verkehrs das Kind ist. Um seinetwillen und um der personhaften Würde und der Verantwortung der Geschlechtspartner willen ist dem Menschen die Einehe als Lebensform gesetzt*". BGH GSSt 6, 46 (1954).

Essa forma de interferência do Poder Judiciário na regulação de aspectos essenciais da vida privada, sempre com recurso ao Direito Natural, era ostensivamente apoiada e entusiasticamente festejada por Weinkauff.[542]

Aos poucos, a jurisprudência do BGH foi se consolidando no sentido de recorrer ao Direito Natural para legitimar suas decisões sempre que isso fosse necessário para justificar um afastamento do Direito Positivo. Apenas para exemplificar,[543] o Grande Senado do BHG para assuntos cíveis recorreu ao Direito Natural como principal fundamento decisório em pelo menos três tipos de situação. Elas dizem respeito, basicamente, a) à natureza supralegal dos direitos fundamentais, que deveriam ser reconhecidos independentemente de previsão por lei formal ou mesmo antes da entrada em vigor da Constituição de Bonn, b) à continuidade do Estado alemão após a guerra, com a consolidação de situações jurídicas anteriores e c) o Direito de autodeterminação de um povo após uma derrota militar. Em qualquer caso, uma justificação mais profunda e consistente da natureza supralegal dos direitos fundamentais nunca é encontrada.[544]

---

[542] WEINKAUFF, Hermann. "Der Naturrechtsgedanke in der Rechtsprechung des Bundesgerichtshofes". *In*: MAIHOFER, W. (Coord.). *Naturrecht oder Rechtspositivismus*? vol. 3, Darmstadt: Wissenschaftliche Buchgesellschaft, 1981 [1960], p. 573.

[543] Uma compilação das decisões mais importantes do BGH relativas ao reconhecimento do Direito Natural pode ser encontrada *In*: HERBE, Daniel. *Hermann Weinkauff (1894-1981)*: Der erste Präsident des Bundesgerichtshofs. Tübingen: Mohr Siebeck, 2008, pp. 198-242.

[544] "Uma justificativa mais aprofundada da natureza super-legal dos direitos fundamentais e dos enunciados vinculantes do Direito supra-legal não é fornecida". / "*Eine tiefergehende Begründung des übergesetzlichen Charakters der Grundrechte und der zwingenden Sätze des übergesetzlichen Rechtes wird allerdings nicht geliefert*". Idem, p. 236.

1.4.4.2 Tribunal Federal Constitucional (Bundesverfassungsgericht)

Embora a ideia de um Tribunal Constitucional fosse antiga na Alemanha, durante o colapso da República de Weimar e principalmente durante a Ditadura Nazista sua implementação era impensável. Apenas com a reconstrução do Estado no pós-guerra as condições políticas ficaram favoráveis à sua criação. Felizmente, o legado teórico produzido em Weimar, principalmente por juspositivistas (dentre os quais Kelsen destaca-se com clareza), não estava perdido.[545]

Fundado em 7 de setembro de 1951, o *Bundesverfassungsgericht* era composto de 24 juízes de temperamento forte, dos quais apenas uma era mulher (Erna Scheffler). Os membros mais velhos nasceram entre 1883 e 1895 e um grupo relativamente mais jovem entre 1.900 e 1911. O seu crescimento remonta, assim, ao tempo da Primeira Guerra ou aos primeiros anos da República de Weimar. Todos experimentaram, em alguma medida, as lutas partidárias, seu florescimento cultural, bem como o seu colapso a partir de 1929. Profissionalmente, eles vieram da política antes de 1933 ou depois de 1945 (Höpker-Aschoff, Ellinghaus, Scholtissek, Stein, Katz) ou do Poder Judiciário (Scheffler, Sailand, Wessel, Wolff, Hennecka, Rupp, Geiger). Outros poucos tinham antecedentes na Administração (Ritterspach), na Academia (Branch, Leibholz, Friesenhahn) ou na diplomacia (Roediger).[546] A única exceção no que diz respeito ao comprometimento com o regime nazista ficou por conta de Willi Geiger, mas tal fato somente viria a público em 1966.[547]

No geral – e ao contrário do que aconteceu com a composição do *Bundesgerichtshof* –, o BVerfG foi instituído com pessoas de idade madura, com uma grande experiência política e que, durante o período

---

[545] STOLLEIS, Michael. *Geschichte des öffentlichen Rechts in Deutschland.* vol. 4, Staats- und Verwaltungsrechtswissenschaft in West und Ost (1945-1990). Munique: C.H. Beck, 2012, pp. 145 e ss.

[546] Idem, p. 147.

[547] Esse fato será abordado no item 3.3.1.5.

nacional-socialista, foram vítimas ou opositores ao sistema.[548] Devido à sua composição plural, a orientação política geral do BVerfG dificilmente poderia ser resumida à dicotomia política clássica direita-esquerda,[549] não sendo, no entanto, errado afirmar que havia uma certa preponderância do conservadorismo-cristão.[550]

Mesmo com o ambiente favorável, sua criação era vista com uma grande dose de ceticismo. A consolidação do seu papel institucional, bem como definição da sua linha jurisprudencial, foi um processo relativamente rápido, que durou menos de dez anos.[551] A autoridade do BVerfG foi conquistada por meio de um diálogo constante com a sociedade e de uma atuação mediadora,[552] geralmente de orientação contramajoritária.[553] No final da década de 1960, o BVerfG já tinha alcançado o estrelato absoluto. Muito embora tenha sido (e ainda continue sendo) a principal força motora do desenvolvimento do Direito Público alemão desde o final da guerra,[554] o fato é que o deslumbramento da comunidade jurídica e da sociedade alemã com o BVerfG começou a demonstrar seus primeiros sinais de desgaste já no início da década de 1970.[555]

---

[548] STOLLEIS, Michael. *Geschichte des öffentlichen Rechts in Deutschland*. vol. 4, Staats- und Verwaltungsrechtswissenschaft in West und Ost (1945-1990). Munique: C.H. Beck, 2012, pp. 147 e 153.

[549] Idem, p. 147.

[550] Idem, p. 154.

[551] Idem, p. 146.

[552] ZIPPELIUS, Reinhold; WÜRTENBERGER, Thomas. *Deutsches Staatsrecht*: Ein Studienbuch. 32ª ed. Munique: Beck, 2008, pp. 512 e ss.

[553] STOLLEIS, Michael. *Geschichte des öffentlichen Rechts in Deutschland*. vol. 4, Staats- und Verwaltungsrechtswissenschaft in West und Ost (1945-1990). Munique: C.H. Beck, 2012, p. 155.

[554] STOLLEIS, Michael. *Öffentliches Recht in Deutschland*: Eine Einführung in seine Geschichte (16.-21. Jahrhundert). Munique: C.H. Beck, 2014, pp. 141 e ss.

[555] STOLLEIS, Michael. *Geschichte des öffentlichen Rechts in Deutschland*. vol. 4, Staats- und Verwaltungsrechtswissenschaft in West und Ost (1945-1990). Munique: C.H. Beck, 2012, p. 158.

CAPÍTULO I – A FORMAÇÃO DA LENDA DO POSITIVISMO

Partindo de uma desconfiança da formatação liberal da sociedade, sua jurisprudência foi orientada pelos valores cristãos (e.g., casamento tradicional, defesa da família[556] e validade da norma que criminalizava a homossexualidade),[557] fundada no Direito Natural e fundamentada em termos de valores, com algumas poucas nuances e exceções pontuais.[558] A recepção da "ordem objetiva de valores" na jurisprudência do *BVerfG* foi um processo rápido, que levou pouco mais de seis anos.[559] É importante notar que o BGH, sob a liderança de Herman Weinkauff, já tinha consolidado toda uma jurisprudência que reconhecia o fundamento Supralegal do Direito, que influenciou de forma decisiva a nascedoura jurisprudência do BVerfG.

Há quem diga[560] que uma referência embrionária à existência de uma "ordem objetiva de valores" na jurisprudência do BVerfG já poderia ser encontrada na decisão de 23 de outubro de 1952 que proibiu a criação do SRP, um partido que defendia o fim da República e o retorno ao Império.[561] Também na decisão de 17 de agosto de 1956, o julgamento que proibiu a criação do KPD fez referência expressa a um "sistema de valores" (*Wertsystem*). A tese era que a finalidade de instituir uma ditadura do proletariado, ínsita ao KPD, era antidemocrática, e sendo a democracia um valor fundamental, seria aquele com esta incompatível.[562]

---

[556] Idem, p. 154.
[557] LAMPRECHT, Rolf. *Ich gehe bis nach Karlsruhe*: Eine Geschichte des Bundesverfassungsgerichts. Munique, Hamburg: Deutsche Verlags-Anstalt, Spiegel-Verlag, 2011, pp. 54-60.
[558] STOLLEIS, Michael. *Geschichte des öffentlichen Rechts in Deutschland*. vol. 4, Staats- und Verwaltungsrechtswissenschaft in West und Ost (1945-1990). Munique: C.H. Beck, 2012, p. 154.
[559] HENNE, Thomas. "Von 0 auf Lüth in 6 1/2 Jahren". *In*: HENNE, T.; RIEDLINGER, A. (Coord.). *Das Lüth-Urteil aus (rechts-)historischer Sicht*: Die Konflikte um Veit Harlan und die Grundrechtsjudikatur des Bundesverfassungsgerichts. Berlim: Berliner Wissenschafts-Verlag, 2005, ppp. 198 e ss.
[560] SANDKÜHLER, Hans Jörg. *Nach dem Unrecht:* Plädoyer für einen neuen Rechtspositivismus. Freiburg: Verlag Karl Alber, 2015, p. 230.
[561] BVerfGE 2, 1 – SRP-Verbot / BVerfG 1 BvR 1/51 (1952).
[562] BVerfGE 5, 85 – KPD-Verbot / BVerfG 1 BvR 2/51 (1956).

Mas sem dúvidas o precedente definitivo do reconhecimento de uma "ordem objetiva de valores" no constitucionalismo alemão foi o *Caso Lüth*.[563] Em 20 de setembro de 1950, Erich Lüth, presidente do Hamburg Press Club e chefe de imprensa do Senado de Hamburgo, defendeu um boicote público de um novo filme dirigido por Veit Harlan – conhecido no tempo do nacional-socialismo por dirigir o filme antissemita *Jud Süß* –, que seria exibido na Semana do Filme Alemão. A produtora do filme obteve uma liminar perante o juízo local proibindo que Lüth a) solicitasse aos proprietários de cinema e distribuidores de filmes alemães que não incluíssem o filme em seu programa e b) exortasse o público alemão a não assistir ao filme. O Tribunal Estadual manteve a decisão, por entender que o pedido de boicote não tinha fundamento, uma vez que Harlan foi absolvido no processo penal contra ele por seu envolvimento no filme *Jud Süß*, não estando, portanto, sujeito a quaisquer restrições no exercício de sua profissão, conforme estabelecido no processo de desnazificação. A opinião pessoal de Lüth sobre Harlan não importava e, portanto, o boicote seria um ato não autorizado, nos termos da Seção 826 do Código Civil (§ 846 BGB). Contra essa decisão, Lüth apresentou uma queixa constitucional ao BVerfG, afirmando que seu direito fundamental à liberdade de expressão, protegido nos termos do Artigo 5 (1) da Lei Fundamental, estaria sendo violado.

Embora a liberdade de expressão, enquanto direito fundamental, "fosse destinado originariamente à proteção de indivíduos contra o Estado", esse caso dizia respeito ao Direito Privado. A questão a ser decidida pelo BVerfG consistia, portanto, em definir até que ponto os direitos fundamentais poderiam ser aplicados nas relações privadas. Ao decidir o caso em 15 de janeiro de 1958,[564] o BVerfG enfatizou que os direitos fundamentais não são simples direitos de defesa, e sim "constituem também uma ordem objetiva de valores", um sistema que "encontra seu ponto central na dignidade humana, um valor a ser livremente desenvolvido dentro da comunidade". Por isso mesmo, os direitos fundamentais "formam

---

[563] SANDKÜHLER, Hans Jörg. *Nach dem Unrecht:* Plädoyer für einen neuen Rechtspositivismus. Freiburg: Verlag Karl Alber, 2015, p. 229.
[564] BVerfGE 7, 198 – Lüth / BVerfG 1 BvR 400/51 (1958).

CAPÍTULO I – A FORMAÇÃO DA LENDA DO POSITIVISMO

diretrizes para a legislação, administração e jurisdição, devendo ser aplicados a todas as áreas do Direito", incluindo-se o Direito Privado.[565] Assim, diante da "força irradiante dos direitos fundamentais", entendidos como uma "ordem objetiva de valores", e não como uma mera lista formal, nenhuma disposição de Direito Privado estar imune à sua força, de modo que o BVerfG reconheceu o Direito de Lüth em promover o boicote.[566]

Se, de um lado, essa decisão consolidou o novo paradigma jurídico (o "Direito como ordem objetiva de valores") e o recurso manifesto ao Direito Natural como fonte de legitimação das decisões do BVerfG, de outro lado, foi a partir dela que a Corte passou a ocupar um papel de destaque no arranjo institucional da Nova República. Ao longo da década de 1960, essa jurisprudência *positiva* do BVerfG consolidou-se de tal forma que ele acabou se tornando o ponto de equilíbrio do Estado de Direito alemão,[567] de modo que seu respeito e prestígio não encontrariam paralelo em qualquer outra instituição alemã do pós-guerra.[568] Por intermédio da Reclamação Constitucional (*Verfassungsbeschwerde*), praticamente qualquer questão jurídica podia ser conhecida e decidida pelo BVerfG.[569]

---

[565] "Os direitos fundamentais são principalmente os direitos de defesa do cidadão contra o Estado. No entanto, as disposições sobre direitos fundamentais da Lei Fundamental também incorporam uma ordem objetiva de valores que é uma decisão constitucional fundamental para todas as áreas do Direito". / "*Die Grundrechte sind in erster Linie Abwehrrechte des Bürgers gegen den Staat; in den Grundrechtsbestimmungen des Grundgesetzes verkörpert sich aber auch eine objektive Wertordnung, die als verfassungsrechtliche Grundentscheidung für alle Bereiche des Rechts gilt*". BVerfGE 7, 198 – Lüth / BVerfG 1 BvR 400/51 (1958).

[566] BVerfGE 7, 198 – Lüth / BVerfG 1 BvR 400/51 (1958).

[567] STOLLEIS, Michael. *Geschichte des öffentlichen Rechts in Deutschland*. vol. 4, Staats- und Verwaltungsrechtswissenschaft in West und Ost (1945-1990). Munique: C.H. Beck, 2012, p. 155.

[568] JESTAEDT, Matthias. "Phänomen Bundesverfassungsgericht. Was das Gericht zu dem macht, was es ist". *In*: JESTAEDT, M.; LEPSIUS, O.; MÖLLERS, C.; Schönberger, C. (Coord.). *Das entgrenzte Gericht:* Eine kritische Bilanz nach sechzig Jahren Bundesverfassungsgericht. Berlim: Suhrkamp, 2011, p. 77.

[569] STOLLEIS, Michael. *Geschichte des öffentlichen Rechts in Deutschland*. vol. 4, Staats- und Verwaltungsrechtswissenschaft in West und Ost (1945-1990). Munique: C.H. Beck, 2012, p. 227.

Note-se, ainda, que os avanços do BVerfG eram prontamente referendados por uma academia complacente e engajada, que cuidava de legitimar as decisões expansivas da Corte, estabilizar teoricamente os julgados mais criativos e fornecer o suporte doutrinário que garantia a sua "juridicidade".[570] No final das contas, o reconhecimento de um Direito Supralegal pelo BVerfG tornou a distinção entre Direito Natural e Direito Constitucional irrelevante: a Constituição de Bonn tornou-se o próprio Direito Natural[571] e o BVerfG tornou-se o seu porta-voz e guardião.

1.5 A situação do Positivismo Jurídico entre 1950 e 1965

Com exceção de breves momentos de estabilidade, a primeira metade do século XX na Alemanha foi marcada por crises econômicas e convulsões sociopolíticas. O caos decorrente da perda da Primeira Guerra Mundial, a divisão irreconciliável da sociedade alemã durante a República de Weimar e o totalitarismo do regime nazista não permitiam que as condições favoráveis para a recepção de abordagens iluministas, relativistas e positivistas do Estado, do Direito e da Ciência do Direito surgissem e se desenvolvessem.[572]

Durante o período de fundação da República de Bonn não foi diferente. Ao mesmo tempo em que se erguia das ruínas do 3º Reich, a República Federal da Alemanha tinha que lidar com a escalada da Guerra Fria. A crescente polarização geopolítica mundial (ainda

---

[570] HAILBRONNER, Michaela. "Rethinking the rise of the German Constitutional Court: From anti-Nazism to value formalism". *International Journal of Constitutional Law*, nº 12, 2014, pp. 644 e ss.

[571] HOFMANN, Hasso. *Rechtsphilosophie nach 1945*: zur Geistesgeschichte der Bundesrepublik Deutschland. Berlim: Duncker & Humblot, 2012, p. 24.

[572] JESTAEDT, Matthias; LEPSIUS, Oliver. "Der Rechts- und der Demokratietheoretiker Hans Kelsen - Eine Einführung". *In*: JESTAEDT, M.; LEPSIUS, O. (Coord.). *Verteidigung der Demokratie*: Abhandlungen zur Demokratietheorie. Tübingen: Mohr Siebeck, 2006, p. 9.

mais sensível no caso alemão, já que essa divisão ocorria dentro do seu próprio território), aliada à destruição e escassez do pós-guerra, gerava uma demanda extra por coesão interna. Sem uma certa homogeneidade do tecido social a unidade do Estado frente a inimigos externos potenciais talvez pudesse ficar prejudicada. A Nova República que se erguia acabou encontrando no sistema de valores cristãos do Ocidente uma base sólida para a sua reconstrução.[573] Esse sistema era uma espécie de *"blueprint"* a ser seguido por toda a sociedade e que deveria ser garantido pelo Estado.

1.5.1 Uma cruzada contra o Positivismo Jurídico

No período de reconstrução do pós-guerra, a Alemanha não apresentava as características minimamente necessárias para que abordagens tipicamente "positivistas" das ciências sociais pudessem florescer.[574] De fato, apenas uma ciência social engajada poderia restabelecer a ordem social. A percepção geral era de que "o niilismo, do qual Hitler foi máximo expoente (mas não o único), teve sua realização plena na bestialidade".[575] Em oposição ao "positivismo destrutivo"[576] que se esquiva da tarefa de "penetrar numa compreensão teórica da fonte da ordem e de sua validade",[577] isto é, da "ideia de justiça",[578] os novo tempos exigiam

---

[573] Idem, p. 9; RÜTHERS, Bernd. *Geschönte Geschichten* - Geschonte Biographien: Sozialisationskohorten in Wendeliteraturen. Ein Essay. Tübingen: Mohr Siebeck, 2001, p. 83.

[574] Idem, p. 9.

[575] *"der Nihilismus, dessen politischer Exponent in Hitler (und nicht allein in Hitler) nicht ausblieb (...), realisierte sich in der Bestialität"*. ARNDT, Adolf. "Die Krise des Rechts". *In*: MAIHOFER, W. (Coord.). *Naturrecht oder Rechtspositivismus?*. 3ª ed. Darmstadt: Wissenschaftliche Buchgesellschaft, 1981 [1948], p. 129.

[576] VOEGELIN, Eric. *The new science of politics*. Chicago: University of Chicago Press, 1952, p. 18.

[577] *"penetrate to a theoretical understanding of the source of order and its validity"*. Idem, p. 6.

[578] KELSEN, Hans; ARNOLD, Eckhart. *A new science of politics*: Hans Kelsen's reply to Eric Voegelin's "New science of politics". A contribution to the critique of

que a reconstrução fosse feita com recurso à especulação metafísica e por meio de uma ciência social que buscasse uma justificação última da sociedade em valores comuns compartilhados.[579]

Esse foi o período de uma verdadeira "cruzada contra o Positivismo",[580] que era apontado como o culpado pela "destruição da ciência", acusação feita na maioria absoluta das vezes sem uma definição conceitual clara de qual "positivismo" se atacava,[581] sem análises teóricas mais profundas[582] e sem o mínimo suporte em evidências, normalmente com apelo exclusivo à emoção.[583] Todo o processo de refundação do Direito e do Estado alemão no pós-guerra sobre uma "ordem objetiva de valores" foi desenvolvido *in re ipsa*, ou seja, a partir da "evidência completa e convincente" de que o Positivismo Jurídico havia permitindo que "movimentos totalitários tomassem o poder".[584] Por força dessa suposta conexão com o totalitarismo e da sua aversão aos valores democráticos, o Positivismo Jurídico foi responsabilizado pela falência da República de Weimar e pela degeneração do Direito durante o regime nazista. A

---

ideology. Frankfurt: Ontos, 2004, p. 12.

[579] Idem, p. 14.

[580] Idem, p. 11.

[581] Idem, p. 18.

[582] Weinkauff, por exemplo, limitou-se a dizer que o Positivismo Jurídico tinha apresentado a "fundamentação justeórica mais superficial já experimentada pela história", sem, no entanto, refutá-la. (*"Der reine Gesetzespositivismus - dies darf man wohl ohne weiteres sagen - ist nicht nur die flachste aller Begründungen des Rechts, die man jemals in der Geschichte versucht hat"*). WEINKAUFF, Hermann. *Richtertum und Rechtsfindung in Deutschland*: Vortrag. Tübingen: Mohr, 1952, p. 30.

[583] FOLJANTY, Lena. *Recht oder Gesetz*: Juristische Identität und Autorität in den Naturrechtsdebatten der Nachkriegszeit. Tübingen: Mohr Siebeck, 2012, pp. 22 e ss.

[584] "O Positivismo Jurídico foi reduzido ao absurdo diante da experiência completa e convincente onde os movimentos totalitários tomaram o poder do Estado de legislar". / "Der reine Gesetzespositivismus (...) ist auch überall dort, wo sich totalitäre Bewegungen der staatlichen Gesetzgebungsgewalt bemächtigt haben, mit vollkommener und zwingender Evidenz ad absurdum geführt worden". WEINKAUFF, Hermann. *Richtertum und Rechtsfindung in Deutschland*: Vortrag. Tübingen: Mohr, 1952, p. 30.

CAPÍTULO I – A FORMAÇÃO DA LENDA DO POSITIVISMO

dolorosa "lição de Weimar"[585] e a perversão do Direito, supostamente promovidos e celebrados pelo Positivismo Jurídico, traziam a certeza de que o Direito, como ordem social específica que é,[586] somente poderia ser reconstruído em bases metafísicas.[587]

Nesse ambiente hostil e altamente reativo ao Positivismo Jurídico, que era apontado como "raiz de todo mal",[588] o Direito Natural apresentava todas as credenciais necessárias para servir de fundação jurídica da República Federal da Alemanha. No período que vai de 1945 até meados da década de 1960, a busca por um Direito Natural absoluto e a ilusão da existência de valores objetivos foi o "Santo Graal" da Filosofia do Direito alemã. Nessa busca retórica pela Justiça absoluta, pela resolução "correta" das questões jurídicas com base em princípios meta-normativos, o Direito Natural prometia ser a única alternativa viável ao degenerado Positivismo Jurídico. As raras advertências[589] sobre os problemas teóricos dessa abordagem e sobre

---

[585] *"Lernen aus Weimar"*. HENNE, Thomas. "Von 0 auf Lüth in 6 1/2 Jahren". *In*: HENNE, T.; RIEDLINGER, A. (Coord.). *Das Lüth-Urteil aus (rechts-)historischer Sicht*: Die Konflikte um Veit Harlan und die Grundrechtsjudikatur des Bundesverfassungsgerichts. Berlim: Berliner Wissenschafts-Verlag, 2005, p. 205.

[586] KELSEN, Hans. "The Law as a Specific Social Technique". *In*: KELSEN, H. (Coord.). *What is Justice*? Justice, law, and politics in the mirror of science. Collected essays, Union: Lawbook Exchange, 2000 [1941], pp. 231 e ss.

[587] "A crença equivocada de que um Positivismo Jurídico era responsável pela injustiça cometida durante a era nazista exigia claramente uma justificação jusnaturalista dos princípios legais". / *"Der Irrglaube, ein Gesetzespositivismus sei verantwortlich für das in der NS-Zeit geschehene Unrecht, verlangte offenbar nach einer naturrechtlichen Begründung von Rechtsprinzipien"*. KAUHAUSEN, Ilka. *Nach der "Stunde Null"*: Prinzipiendiskussionen im Privatrecht nach 1945. Tübingen: Mohr Siebeck, 2007, p. 28.

[588] *"die (...) Wurzel allen Übels"*. HOFMANN, Hasso. *Rechtsphilosophie nach 1945*: zur Geistesgeschichte der Bundesrepublik Deutschland. Berlim: Duncker & Humblot, 2012, p. 19.

[589] Uma das raras advertências sobre os perigos de uma fundamentação absoluta do Direito foi apresentada por Carlo Schmid: "... eu não negaria em apontar que a teoria jurídica nazista também se baseava em 'direitos naturais', embora não partisse do conceito de homem de Lamettrie, mas de Darwin. Reconhecer Direitos Naturais absolutos é uma coisa perigosa". / *"... ich mir nicht versagen möchte, darauf*

os perigos de sua aplicação não encontravam qualquer ressonância na comunidade jurídica alemã.

Esse "consenso antipositivista"[590] teve seu ponto alto no início da década de 1960,[591] quando o reconhecimento de que o Direito "tinha se livrado completamente do Positivismo Jurídico e retornado a uma concepção do Direito enquanto ideia" era tido como um fato inequívoco. Essa "era uma realidade tão evidente", que qualquer oposição a essa afirmação podia ser "simplesmente descartada".[592] A defesa do Positivismo Jurídico não era apenas um "absurdo" teórico,[593] era quase apontada como uma falha de caráter. Ser chamado de "positivista" era quase como um xingamento,[594] e qualquer jurista que tentasse assumir

---

hinzuweisen, daß die nazistische Rechtstheorie auch auf dem 'Naturrechte' beruhte, allerdings auf einem, das nicht von dem Begriff des Menschen bei Lamettrie ausging, sondern von dem Darwins. Naturrecht absolut zu setzen, ist eine gefährliche Sache". *In*: PIKART, Eberhard; WERNER, Wolfram (Coord). *Der Parlamentarische Rat (1948-1949)*: Akten und Protokolle, Band. 5/I. Ausschuß für Grundsatzfragen. Boppard: Boldt, 1983, pp. 62 e ss.

[590] HENNE, Thomas. "Von 0 auf Lüth in 6 1/2 Jahren". *In*: HENNE, T.; RIEDLINGER, A. (Coord.). *Das Lüth-Urteil aus (rechts-)historischer Sicht*: Die Konflikte um Veit Harlan und die Grundrechtsjudikatur des Bundesverfassungsgerichts. Berlim: BWV Berliner Wissenschafts-Verlag, 2005, p. 205.

[591] JESTAEDT, Matthias. "Ein Klassiker der Rechtstheorie: Die 'Reine Rechtslehre' aus dem Jahre 1960". *In*: KELSEN, H. *Reine Rechtslehre mit einem Anhang*: das Problem der Gerechtigkeit. 2ª ed. Tübingen: Mohr Siebeck, 2017, p. 27.

[592] "Que a ciência jurídica deve libertar-se do Positivismo Jurídico e retornar a uma concepção de Direito ligada à ideia de Direito tornou-se óbvio agora, uma constatação contra a qual quase ninguém se opõe". / "*Daß die Rechtswissenschaft sich vom Positivismus befreien und wieder einer an die Rechtsidee gebundenen Auffassung vom Recht zuwenden müsse, ist heute eine Selbstverständlichkeit geworden, die man sich beinahe scheut auszusprechen*". COING, Helmut. *Die obersten Grundsätze des Rechts*: Ein Versuch zur Neugründung des Naturrechts. Heidelberg: Schneider, 1947, p. 7.

[593] WEINKAUFF, Hermann. *Richtertum und Rechtsfindung in Deutschland*: Vortrag. Tübingen: Mohr, 1952, p. 30.

[594] JESTAEDT, Matthias; LEPSIUS, Oliver. "Der Rechts- und der Demokratietheoretiker Hans Kelsen - Eine Einführung". *In*: JESTAEDT, M.; LEPSIUS, O. (Coord.).

CAPÍTULO I – A FORMAÇÃO DA LENDA DO POSITIVISMO

uma abordagem positivista estaria automaticamente colocando a própria carreira em risco.[595]

1.5.2 Hans Kelsen: o pária do Direito Alemão

Durante os anos de fundação da República Federal da Alemanha, o Positivismo Jurídico, apesar de sua variedade e ambiguidade interna, estava agora mais do que nunca associado ao nome de Hans Kelsen.[596] Uma imagem desbotada da Teoria Pura do Direito figurava no imaginário coletivo do pós-guerra como o arquétipo *par excellence* do Positivismo Jurídico, absorvendo na sua representação conceitual todas as teorias jurídicas que pudessem ser classificadas como "positivistas" num sentido muito amplo (*École de l'Exégèse, Analytical Jurisprudence, Begriffsjurisprudenz, Staatsrechtlicher Positivismus, Gesetzespositivismus, Soziologischer Positivismus, Psychologischer Positivismus, Rechtsrealismus* etc.), pouco importando se eram compatíveis com ele ou se eram compatíveis entre si. De forma completamente equivocada, Positivismo Jurídico e Teoria Pura do Direito passaram a ser entendidos como expressões sinônimas.

A maioria absoluta dos juristas, especialmente os professores de Direito do Estado (*Staatsrechtslehrer*), rejeitava as posições científicas positivistas, em geral, e de Hans Kelsen, em particular.[597] Na

---

Verteidigung der Demokratie: Abhandlungen zur Demokratietheorie. Tübingen: Mohr Siebeck, 2006, p. 9.

[595] DREIER, Horst. "Die (Wieder-)Entdeckung Kelsens in den 1980er Jahren: Ein Rückblick (auch eigener Sache)". *In*: JESTAEDT, M. (Coord.). *Hans Kelsen und die deutsche Staatsrechtslehre*: Stationen eines wechselvollen Verhältnisses. Tübingen: Mohr Siebeck, 2013, p. 191.

[596] JESTAEDT, Matthias; LEPSIUS, Oliver. "Der Rechts- und der Demokratietheoretiker Hans Kelsen - Eine Einführung". *In*: JESTAEDT, M.; LEPSIUS, O. (Coord.). *Verteidigung der Demokratie*: Abhandlungen zur Demokratietheorie. Tübingen: Mohr Siebeck, 2006, p. 9.

[597] GÜNTHER, Frieder. "Jemand, der sich schon vor fünfzig Jahren selbst überholt hatte. Die Nicht-Rezeption Hans Kelsens in der bundesdeutschen Staatsrechtslehre

maior parte das vezes, seu legado teórico simplesmente ignorado.[598] No que diz respeito, por exemplo, às publicações da Associação dos Professores Alemães de Direito do Estado (*Vereinigung der Deutschen Staatsrechtslehrer*), as raras discussões sobre as posições científicas de Kelsen partiam de contribuições e palestras dos membros austríacos.[599] E nas raríssimas oportunidades em que a comunidade acadêmica dialogava com a Teoria Pura do Direito, era para criticá-la. Um exemplo foi a dissertação de Horst Ehmke,[600] um jurista que pertencia ao círculo de influência de Rudolf Smend. Nesse trabalho, Ehmke denunciava a artificialidade e desconexão da teoria kelseniana com a realidade, afirmando que seu relativismo axiológico não satisfazia as exigências da democracia moderna e defendendo, em última análise, uma posição semelhante à de Carl Schmitt, com uma superposição entre Direito e Poder.[601]

Uma segunda exceção à tendência de simplesmente ignorar a Teoria Pura do Direito era utilizá-la como bode expiatório da *Rechtsperversion*[602] e que pode ser encontrada, por exemplo, em Ernst von

---

der 1950er und 1960er Jahre". *In*: JESTAEDT, M. (Coord.). *Hans Kelsen und die deutsche Staatsrechtslehre*: Stationen eines wechselvollen Verhältnisses. Tübingen: Mohr Siebeck, 2013, p. 68.

[598] JESTAEDT, Matthias. "Ein Klassiker der Rechtstheorie: Die 'Reine Rechtslehre' aus dem Jahre 1960". *In*: KELSEN, H. *Reine Rechtslehre mit einem Anhang*: das Problem der Gerechtigkeit. 2ª ed. Tübingen: Mohr Siebeck, 2017, p. 27.

[599] GÜNTHER, Frieder. "Jemand, der sich schon vor fünfzig Jahren selbst überholt hatte. Die Nicht-Rezeption Hans Kelsens in der bundesdeutschen Staatsrechtslehre der 1950er und 1960er Jahre". *In*: JESTAEDT, M. (Coord.). *Hans Kelsen und die deutsche Staatsrechtslehre*: Stationen eines wechselvollen Verhältnisses. Tübingen: Mohr Siebeck, 2013, p. 69.

[600] EHMKE, Horst. *Grenzen der Verfassungsänderung*. Berlim: Duncker & Humblot, 1953.

[601] GÜNTHER, Frieder. "Jemand, der sich schon vor fünfzig Jahren selbst überholt hatte. Die Nicht-Rezeption Hans Kelsens in der bundesdeutschen Staatsrechtslehre der 1950er und 1960er Jahre". *In*: JESTAEDT, M. (Coord.). *Hans Kelsen und die deutsche Staatsrechtslehre*: Stationen eines wechselvollen Verhältnisses. Tübingen: Mohr Siebeck, 2013, p. 74.

[602] JESTAEDT, Matthias; LEPSIUS, Oliver. "Der Rechts- und der Demokratietheoretiker Hans Kelsen - Eine Einführung". *In*: JESTAEDT, M.; LEPSIUS, O. (Coord.).

CAPÍTULO I – A FORMAÇÃO DA LENDA DO POSITIVISMO

Hippel. Para ele, o sistema proposto pela Teoria Pura do Direito, além de "negar o campo das ideias" e promover "a perda da realidade",[603] representava um perigoso exemplo para a "deificação do Estado"[604] e, portanto, da afirmação das relações de poder vigentes. Enquanto em Weimar Kelsen foi atacado como "um liberal que, em última instância, nega o Estado, ou mesmo um anarquista",[605] Hippel agora lhe imputava a responsabilidade pela "legitimação fatal de qualquer ordem efetiva de coerção, ainda que profundamente imoral".[606]

Por vezes, Kelsen e a sua Teoria Pura do Direito chegavam a ser ridicularizados. Numa carta enviada por Wilheim Hennis a Roman Schnur em 1963, por exemplo, que tinha por objetivo definir quais autores fariam parte de uma série de publicações sobre ciência política a ser lançada pela editora Luchterhand, aquele jovem cientista político, além de sugerir nomes de autores alinhados ideologicamente com a esquerda, foi taxativamente contra a inclusão de um volume destinado a Hans Kelsen. Além de ser "contra resgatar alguém que se encontrava

---

Verteidigung der Demokratie: Abhandlungen zur Demokratietheorie. Tübingen: Mohr Siebeck, 2006, p. 9.

[603] "*Verleugung des Ideenbereichs*", "*dem Verlust der Wirklichkeit*". HIPPEL, Ernst von. *Allgemeine Staatslehre*. 2ª ed. Berlim: Vahlen, 1967.

[604] Idem, p. 143

[605] "*als letztlich staatsverneinenden Liberalen oder gar Anarchisten geschildert*". DREIER, Horst. "Rezeption und Rolle der Reinen Rechtslehre". *In*: DREIER, H.; WALTER, R. (Coord.). *Rezeption und Rolle der Reinen Rechtslehre*: Festakt aus Anlass des 70 Geburtstags von Robert Walter. Schriftenreihe des Hans Kelsen-Instituts, vol. 22. Viena: Manz, 2001, p. 29. Exemplos dessa acusação podem ser encontrados *In*: HELLER, Hermann. "Europa und der Fascismus". *In*: HELLER, H.; DRATH, M.; MÜLLER, C. (Coord.). *Gesammelte Schriften*. vol. 2, Tübingen: Mohr, 1971 [1931], p. 473 e ss.; KOELLREUTTER, Otto. "Staatsrechtswissenschaft und Politik". *Deutsche Juristen-Zeitung*, n° 33, p. 1.225, 1928; SCHMITT, Carl. *Politische Theologie*: Vier Kapitel zur Lehre von der Souveränität. 9ª ed. Berlim: Duncker & Humblot, 2009 [1934], p. 20.

[606] "*als fatale Legitimation einer jeden effektiven Zwangsordnung, sei diese auch zutiefst unsittlich*". DREIER, Horst. "Rezeption und Rolle der Reinen Rechtslehre". *In*: DREIER, H.; WALTER, R. (Coord.). *Rezeption und Rolle der Reinen Rechtslehre*: Festakt aus Anlass des 70 Geburtstags von Robert Walter. Schriftenreihe des Hans Kelsen-Instituts, vol. 22. Viena: Manz, 2001, p. 29.

superado há mais de cinquenta anos", Hennis alertava que "a influência de Kelsen nas ciências jurídicas alemãs já tinha sido suficientemente fatal" e que por isso, numa frase repleta de pedantismo, o deixaria "de bom grado para brasileiros e para outros estrangeiros".[607]

Como pode ser visto, o quadro geral da recepção de Kelsen no pós-guerra é "uma mistura de distância, ignorância e desinformação".[608] Kelsen, antes reconhecido mundialmente como o "jurista mais importante" da primeira metade do século XX, havia se tornado oficialmente o "pária" do Direito alemão.[609]

---

[607] *"Der Einfluß von Kelsen auf die deutsche Rechtswissenschaft war schon fatal genug (...). [A]ber nun jemanden. der sich schon vor fünfzig Jahren selbst überholt hatte. frisch aufzulegen. geht mir doch gegen den Strich. Ich überli1sse Kelsen gern den Brasilianern und sonstigen -ianern".* GÜNTHER, Frieder. "Jemand, der sich schon vor fünfzig Jahren selbst überholt hatte. Die Nicht-Rezeption Hans Kelsens in der bundesdeutschen Staatsrechtslehre der 1950er und 1960er Jahre". *In*: JESTAEDT, M. (Coord.). *Hans Kelsen und die deutsche Staatsrechtslehre*: Stationen eines wechselvollen Verhältnisses. Tübingen: Mohr Siebeck, 2013, p. 67.

[608] *"eine Mischung aus Distanz, Ignoranz und Desinformation"*. DREIER, Horst. "Rezeption und Rolle der Reinen Rechtslehre". *In*: DREIER, H.; WALTER, R. (Coord.). *Rezeption und Rolle der Reinen Rechtslehre*: Festakt aus Anlass des 70 Geburtstags von Robert Walter. Schriftenreihe des Hans Kelsen-Instituts, vol. 22. Viena: Manz, 2001, p. 28.

[609] JESTAEDT, Matthias; LEPSIUS, Oliver. "Der Rechts- und der Demokratietheoretiker Hans Kelsen - Eine Einführung". *In*: JESTAEDT, M.; LEPSIUS, O. (Coord.). *Verteidigung der Demokratie*: Abhandlungen zur Demokratietheorie. Tübingen: Mohr Siebeck, 2006, p. 10.

CAPÍTULO II
A REFUTAÇÃO DA LENDA DO POSITIVISMO

> *"Nós procuramos um vínculo que seja mais confiável, mais vigoroso e mais profundo do que a obrigação que decorre das palavras traiçoeiras e escorregadias de milhares de disposições legais"*.
>
> Carl Schmitt[610]

2.1 Antes do Marco Zero: o que havia antes do nada?

Terminada a Segunda Guerra Mundial, a Alemanha estava devastada econômica e moralmente. Os horrores praticados pelo 3º Reich foram enfim revelados. Toda uma geração que fora educada no racismo e na intolerância, e que pretendia subjugar o continente por meio de uma violência genocida, inicia um processo de transição para o pós-guerra sob circunstâncias nada favoráveis. Longe de serem os donos do mundo,

---

[610] SCHMITT, Carl. *Staat, Bewegung, Volk*: Die Dreigliederung der politischen Einheit. 2ª ed. Hamburg: Hanseatische Verlagsanstalt, 1933, p. 46.

os alemães passaram a ser governados pelos exércitos de ocupação, representantes das nações livres que tanto aprenderam a odiar.[611] A Alemanha era "uma nação culpada numa casa arruinada".[612]

Exatamente por isso, a experiência do nazismo e da guerra – e sobretudo as dificuldades vivenciadas a partir de 1945 – não inspirou os alemães a refletirem sobre os sobre seus próprios erros e sobre a sua responsabilidade pela guerra e pelo terrível passado a que, apenas agora, começavam a ser expostos. Em vez disso, os alemães passaram a se concentrar nos seus problemas cotidianos, vendo-se, na verdade, como vítimas impotentes e inocentes de forças fora do seu controle, seja do comportamento arbitrário e por vezes violento das tropas aliadas de ocupação, seja da brutal escassez de alimentos e moradias, seja do aumento da criminalidade ou outras violências menores.[613]

Os anos imediatamente posteriores ao final da guerra eram lembrados pela geração da época não como um tempo de questionamentos morais ou éticos, mas sim como anos de fome, escombros, desabrigo, mercado negro, ocupação e crise monetária.[614] Na maioria das cidades,

---

[611] BESSEL, Richard. *Germany 1945*: From war to peace. Nova York: Simon & Schuster, 2010, p. 4.

[612] "*Eine schuldbeladene Nation in einem zerstörten Haus*". STOLLEIS, Michael. *Geschichte des öffentlichen Rechts in Deutschland*. vol. 4, Staats- und Verwaltungsrechtswissenschaft in West und Ost (1945-1990). Munique: C.H. Beck, 2012, p. 15.

[613] BESSEL, Richard. *Germany 1945*: From war to peace. Nova York: Simon & Schuster, 2010, p. 4; STOLLEIS, Michael. "Bestatzungsherrschaft und Widerufbau deutscher Staatlichkeit (1945-1949)". In: ISENSEE, J.; KIRCHHOF, P.; BAUER, H.; ANDERHEIDEN, M.; BADURA, P.; BÖCKERNFÖRDE, E.-W.; AXER, P. (Coord.). *Handbuch des Staatsrechts der Bundesrepublik Deutschland*. vol. 1, 3ª ed., Heidelberg: C.F. Müller Juristischer Verlag, 2003, p. 270.

[614] "*Die vier Jahre [nach dem Krieg] haften im Gedächtnis der älteren Generation als die Jahre der Flucht, der Trümmer, des Schwarzmarktes, der Besatzung und der Währungsreform*". STOLLEIS, Michael. "Bestatzungsherrschaft und Widerufbau deutscher Staatlichkeit (1945-1949)". In: ISENSEE, J.; KIRCHHOF, P.; BAUER, H.; ANDERHEIDEN, M.; BADURA, P.; BÖCKERNFÖRDE, E.-W.; AXER, P. (Coord.). *Handbuch des Staatsrechts der Bundesrepublik Deutschland*. vol. 1, 3ª ed. Heidelberg: C.F. Müller Juristischer Verlag, 2003, p. 270.

CAPÍTULO II – A REFUTAÇÃO DA LENDA DO POSITIVISMO

entre 70% e 90% por cento das casas estavam completamente destruídas.[615] De fato, a maior parte dos alemães estava muito mais preocupada em obter comida ou um teto do que obter alguma espécie de perdão ou absolvição pelos seus crimes.[616] As desconfortáveis lembranças do período nazista foram simplesmente varridas para debaixo do tapete.[617]

Mas não foram apenas as lembranças desagradáveis que acabaram ficando para trás. A pacificação da sociedade e a reconstrução do país prescindiam de uma narrativa capaz de levá-las adiante. Com isso, grande parte da própria história alemã acabou sendo "esquecida", quando não "reescrita" de modo a se conformar com essa narrativa. Foi exatamente nesse contexto e diante dessas circunstâncias que surgiu a Lenda do Positivismo. Ao contrário do que dizia a narrativa oficial do pós-guerra, o ocaso de Weimar e a busca por legitimação do regime nazista não se deram por força de uma hegemonia teórico-pragmática do Positivismo Jurídico, mas sim por meio de uma retórica e de uma prática *antipositivista*. Nas próximas páginas, a Lenda do Positivismo será dissecada em seus elementos constitutivos essenciais, com a finalidade de demonstrar que a tentativa de imputar ao Positivismo Jurídico a responsabilidade pela *Rechtsperversion* é uma hipótese absurda que não se sustenta em fatos e evidências.

2.2 Desconstruindo as bases da Lenda do Positivismo

Como já foi visto no capítulo anterior, o vácuo deixado no sistema jurídico alemão com o fim do regime nazista e a necessidade de resolução de questões concretas que se apresentavam diariamente perante

---

[615] STOLLEIS, Michael. *Geschichte des öffentlichen Rechts in Deutschland*. vol. 4, Staats- und Verwaltungsrechtswissenschaft in West und Ost (1945-1990). Munique: C.H. Beck, 2012, p. 29.

[616] GÖRTEMAKER, Manfred. *Geschichte der Bundesrepublik Deutschland*: Von der Gründung bis zur Gegenwart. Frankfurt: Fischer, 2004, pp. 28 e ss.

[617] BESSEL, Richard. *Germany 1945*: From war to peace. Nova York: Simon & Schuster, 2010, pp. 338 e ss.

os tribunais deram origem a uma busca por um novo fundamento de legitimidade para o Direito. Se o Direito Positivo não oferecia mais o instrumental necessário para que os juristas lidassem com a *Rechtsperversion*, o novo discurso que surgia deveria se apresentar não só como uma alternativa viável, mas também como uma alternativa melhor ao Positivismo Jurídico.

Essa alternativa foi concebida em torno de um Direito Natural, num movimento de retorno da cultura jurídica do pós-guerra a um conceito de Direito baseado numa concepção material de Direito, numa *Rechtsidee*. Esse Direito Natural, sedimentado na literatura jurídica alemã e na jurisprudência dos seus tribunais superiores na forma de uma "ordem objetiva de valores" entre 1950 e 1965, foi edificado sobre dois pilares muito bem definidos: *os Argumentos "Radbruch" e "Nuremberg"*. Esse tópico é destinado, justamente, a demonstrar os problemas, as contradições e as inconsistências desses dois argumentos.

2.2.1 Problemas do Argumento-Radbruch

Como foi visto no capítulo anterior, Radbruch publicou uma série de escritos sobre Filosofia do Direito no curto período de quatro anos após o término da guerra, vários deles com ataques diretos ao Positivismo Jurídico. A partir desses escritos, que formam a base e a origem mais remota da Lenda do Positivismo, originou-se o que foi aqui denominado como Argumento-Radbruch, composto pelas seguintes teses: a) Radbruch era um positivista convertido; b) o Positivismo Jurídico defende uma aplicação incondicional de toda e qualquer lei ("lei é lei"); c) os juízes ficaram indefesos contra as leis nazistas diante de sua arraigada formação positivista; d) o Positivismo Jurídico não é capaz de solucionar a *Rechtsperversion*, motivo pela qual a introdução de elementos morais na definição do Direito não deve ser eliminada. Embora o Argumento-Radbruch possa parecer convincente à primeira vista, ele apresenta falhas graves, que serão apresentadas ao longo da presente investigação. Nesse momento, a primeira tese que compõe o Argumento-Radbruch será visitada e problematizada. As demais teses "b", "c" e "d" serão tratadas no item 2.3., 2.4. e 2.5. da presente investigação.

CAPÍTULO II – A REFUTAÇÃO DA LENDA DO POSITIVISMO

2.2.1.1 Um mito dentro do mito: Radbruch era um positivista?

Não há dúvidas de que a filosofia jurídica de Gustav Radbruch foi modificada durante período nacional-socialista. Também não há dúvidas de que, depois de 1945, ele não pode ser rotulado como positivista. Sobre esses dois pontos, parece haver um consenso.[618] Os problemas começam quando se pretende definir exatamente em qual direção e em que medida tais modificações ocorreram.

De fato, se antes de 1945 ele defendia um relativismo moral e, principalmente, a primazia da *segurança jurídica* (*Rechtssicherheit*) sobre as noções de *Justiça* (*Gerechtigkeit*) e *adequação* à finalidade (*Zweckmäßigkeit*), após 1945 ele passa a apresentar um conceito de Direito claramente incompatível com o Positivismo Jurídico. Com essa divisão, surge uma tese bem simples: Radbruch era um positivista durante a República de Weimar, mas depois do nazismo converteu-se a um não positivismo.[619] Alguns exemplos dessa conversão, fartos na literatura, são aqui apresentados.

> **Ernst von Hippel:** "Depois do fim do 3º Reich, o resultado devastador de um pensamento jurídico que se desviava do conteúdo moral não podia mais ser ignorado pelos círculos mais amplos de juristas. Aqui foi particularmente impressionante a conversão Gustav Radbruch (...). Quando foi deposto pelo 3º Reich e condenado ao silêncio, a fim de, num ensaio intitulado 'Reflexão Jusfilosófica', denunciar o Positivismo Jurídico, Radbruch comportou-se como Saulo para Paulo, pois rejeitou um ponto de vista que até então ele próprio tinha defendido".[620]

---

[618] PAULSON, Stanley L. "Ein ewiger Mythos: Gustav Radbruch als Positivist – Teil I". *JuristenZeitung*, nº 63, p. 105, 2008.

[619] Idem, p. 105.

[620] "*Das vernichtende Ergebnis eines Rechtsdenkens, das von moralischen Inhaltlichkeiten absah, konnte nach dem Ende des Dritten Reiches auch breiteren Kreisen der Juristen nicht länger verborgen bleiben. Hier war eindrucksvoll insbesondere die Umkehr Gustav Radbruchs (...). Indem er, durch das Dritte Reich abgesetzt und zum Schweigen verurteilt, nun heraustrat,*

Albrecht Langner: "No período de Weimar, o nome de Radbruch é associado, como o de Kelsen, ao conceito de 'positivista' por excelência. Assim como Kelsen em sua Teoria Pura do Direito, Radbruch – por meio do seu relativismo axiológico e nas suas considerações sobre justiça, a adequação do direito e a segurança jurídica – dedicou-se a construir uma teoria positivista do Direito".[621]

Robert Alexy: "Antes da era nacional-socialista, Radbruch era um positivista. Depois de 1945, ele mudou de ideia e argumentou que o Positivismo Jurídico deixou os juristas e o povo indefesos contra as leis cada vez mais arbitrárias, cruéis e criminosas".[622]

Herbert L. A. Hart: "Gustav Radbruch defendeu a doutrina 'positivista' até a tirania nazista, mas foi convertido por essa experiência, apelando a partir de então para que outras pessoas descartassem a tese separação entre o Direito e a Moral".[623]

Wayne Morrison: "A imagem do Positivismo Jurídico havia ajudado a fazer da perversidade do regime nazista uma banalidade paulatinamente aceitável? Num exercício de meditação pessoal, o teórico alemão Gustav Radbruch aparentemente pensava assim.

---

um in einem Aufsatz: 'Rechtsphilosophische Besinnung', dem Positivismus abzusagen, ward er zugleich vom Saulus zum Paulus, da er einen Standpunkt verwarf, den er bisher selber vertreten hatte". HIPPEL, Ernst von. *Mechanisches und moralisches Rechtsdenken*. Meisenheim am Glan: Anton Hain, 1959, pp. 228 e ss.

[621] "*Mit dem Namen Radbruchs verbindet sich neben Kelsen für die Weimarer Zeit weithin der Begriff des Positivisten schlechthin. Wie Kelsen in seiner reinen Rechtslehre, so widmet Radbruch in seinem Wertrelativismus und in den Gedanken über die Gerechtigkeit, die Zweckmäßigkeit des Rechts und die Rechtssicherheit dem Positivismus den Versuch einer eigenen Theorie*". LANGNER, Albrecht. *Der Gedanke des Naturrechts seit Weimar und in der Rechtsprechung der Bundesrepublik*. Bonn: H. Bouvier u. Co. Verlag, 1959, p. 25.

[622] "*Radbruch war vor der Zeit des Nationalsozialismus Positivist. Nach 1945 hat er seine Auffassung geändert und die Meinung vertreten, der Rechtspositivismus habe, die Juristen wie das Volk wehrlos gemacht gegen noch so willkürliche, noch so grausame, noch so verbrecherische Gesetze*". ALEXY, Robert. *Begriff und Geltung des Rechts*. 3ª ed. Freiburg: Alber, 2011, p. 80.

[623] "*Gustav Radbruch had himself shared the 'positivist' doctrine until the Nazi tyranny, but he was converted by this experience and so his appeal to other men to discard the doctrine of the separation of law and morals has the special poignancy of a recantation*". HART, Herbert L. A. "Positivism and the Separation of Law and Morals". *Harvard Law Review*, nº 71, p. 616, 1958. Doi:10.2307/1338225.

CAPÍTULO II – A REFUTAÇÃO DA LENDA DO POSITIVISMO

> Radbruch adotara o Positivismo Jurídico em grande parte por acreditar – juntamente com a maioria dos teóricos alemães, como Kelsen – na relatividade dos valores".[624]

Na verdade, a tese de que Radbruch era positivista é *falsa* e deve ser combatida. Ele jamais foi positivista, mesmo durante o seu período inicial.[625] Da assertiva correta "houve modificações na teoria de Radbruch" não decorre a assertiva que "Radbruch deixou de ser positivista". Eis os principais motivos.

2.2.1.2 Críticas de Gustav Radbruch ao Positivismo Jurídico

Em diversos dos seus trabalhos anteriores a 1945 Radbruch já havia realizado fortes críticas ao Positivismo Jurídico,[626] críticas essas que tornariam seu *status* incompatível com a de um jurista "positivista". Assim, por exemplo, já em 1905 Radbruch celebrava que Rudolf Stammler, em sua obra *A Teoria do Direito Correto*,[627] teria despertado a ciência jurídica alemã para a necessidade da "luta contra o Positivismo

---

[624] "*Had the jurisprudential imagination of legal positivism helped make the evil of the Nazi regime a slowly acceptable banality? In an exercise of personal soul searching, the German theorist Gustav Radbruch apparently thought so. Radbruch had been a legal positivist in large part because he believed - along with most German theorists, such as Kelsen in the relativity of values claimed in the name of justice*". MORRISON, Wayne. *Jurisprudence*: from the Greeks to post-modernism. Londres: Cavendish, 1997, p. 313.

[625] PAULSON, Stanley L. "*Ein ewiger Mythos*: Gustav Radbruch als Positivist - Teil I". *JuristenZeitung*, nº 63, p. 106, 2008.

[626] Neste item serão apenas abordadas as críticas mais genéricas de Radbruch ao Positivismo Jurídico. Para uma lista mais detalhada de críticas a aspectos mais específicos do Positivismo Jurídico e cada uma de suas vertentes: Idem, pp. 105 e ss.; HIDEHIKO, Adachi. "Gustav Radbruchs Kritik am Positivismus". *In*: SCHMIDT, R. (Coord.). *Rechtspositivismus*: Ursprung und Kritik Zur Geltungsbegründung von Recht und Verfassung. Baden-Baden: Nomos, 2014, pp. 157 e ss.

[627] STAMMLER, Rudolf. *Die Lehre von dem richtigen Rechte*. Berlin: Guttentag, 1902. Lançado originalmente em 1902 e republicado em 1926.

Jurídico".⁶²⁸ Numa resenha em 1918, Radbruch tece inúmeros elogios ao teólogo e político Joseph Mausbach por ter apresentado "uma proposta convincente de superação do Positivismo Jurídico",⁶²⁹ que "por meio da fanática rejeição de todo Direito Supraestatal, de toda lei natural, recusa-se a examinar a validade do Direito para além da vontade e do poder do Estado".⁶³⁰

Crítica semelhante também pode ser encontrada nos manuscritos de uma palestra realizada por Radbruch na Universidade de Kiel em 1919, em que Radbruch afirma que "o Positivismo Jurídico é a manifestação jurídica da política real, do poder político de um determinado momento histórico. Para o Positivismo Jurídico, o Direito é essencialmente idêntico à lei. A diferença entre Direito e poder, Direito e arbitrariedade parece ser abolida: por meio do poder estatal, o Direito anda inseparavelmente de mãos dadas e toda arbitrariedade do Estado

---

628 RADBRUCH, Gustav. "Literaturbericht Rechtsphilosophie". *In*: KAUFMANN, A. (Coord.). *Rechtsphilosophie. Gesamtausgabe Gustav Radbruch*, vol. 1. Heidelberg: Müller, 1987 [1905], p. 455.

629 "Eu não saberia indicar para um jurista um melhor começo para iniciar-se na Filosofia Católica do Direito do que o livro de Mausbach. Ele apresenta não apenas uma proposta convincente de superação do positivismo, mesmo para leitores de orientação diferente, como também em poucas palavras toda uma Filosofia do Direito fundamentada no pacifismo cristão". / "*Ich wüßte aber für den Juristen keinen besseren Anfang der Bekanntschaft mit der katholischen Rechtsphilosophie als das Buch von Mausbach, das nicht nur eine auch für anders orientierte Leser voll überzeugende Widerlegung des Positivismus, sondern eine ganze Rechtsphilosophie in nuce zur Grundlegung des christlichen Pazifismus bietet*". RADBRUCH, Gustav. "Rez. v. Joseph Mausbach, Naturrecht und Völkerrecht". *In*: KAUFMANN, A. (Coord.). *Rechtsphilosophie. Gesamtausgabe Gustav Radbruch*, vol. 1. Heidelberg: Müller, 1987 [1919], pp. 534 e ss.

630 "Como um fenômeno parcial da era da Realpolitik, o futuro historiador da cultura terá que reconhecer no Positivismo Jurídico a doutrina que, que através da fanática rejeição de todo Direito Supraestatal, de toda Lei Natural, recusa-se a examinar a validade do Direito para além da vontade e do poder do Estado". / "*Als eine Teilerscheinung des Zeitalters der Realpolitik wird der künftige Kulturhistoriker auch den juristischen Positivismus des nunmehr geschlossenen Zeitalters zu würdigen haben, die Lehre, die sich in fanatischer Ablehnung alles überstaatlichen, alles Natur-Rechts weigerte, den Geltungsgrund des Rechts jenseits des Willens und der Macht des Staates zu suchen*". Idem, p. 534.

CAPÍTULO II – A REFUTAÇÃO DA LENDA DO POSITIVISMO

se torna Direito na forma da lei. As ciências jurídicas se tornam uma mera idolatria do poder".[631]

Noutra crítica, também de 1918, Radbruch afirma que o Positivismo Jurídico é essencialmente igual à lei e, por isso, "o Direito nada mais é do que a arbitrariedade estatal, o sentido jurídico nada mais é que a obediência cega; o Positivismo Jurídico limita-se à idolatria do poder real, da aparência jurídica, do poder temporal do Estado".[632]

Na sua obra magna de 1932, Radbruch também se dirige de forma ríspida contra o Positivismo Jurídico, nos seguintes termos:

> o período do Direito Natural buscou extrair da ideia formal do justo a totalidade do conteúdo jurídico (...). Na mais fatal unilateralidade, a superada época do Positivismo Jurídico via somente a positividade e a segurança jurídica, e provocou por longo tempo a paralisação da investigação sistemática da utilidade e até mesmo da Justiça, silenciando durante decênios a Filosofia do Direito e a Política do Direito.[633]

---

[631] *"Der juristische Positivismus ist die juristische Erscheinungsform des realpolitischen, des machtpolitischen Zeitalters. Recht ist dem juristischen Positivismus wesentlich gleich Gesetz, gleich Staatswille. Der Unterschied von Recht und Macht, von Recht und Willkür erscheint aufgehoben: mit der Macht des Staates geht das Recht unzertrennlich Hand in Hand und jede Willkür des Staates wird in der Form des Gesetzes zum Recht. Rechtswissenschaft – Götzendienst gegenüber der Macht"*. RADBRUCH, Gustav. *"Rechtsphilosophische Tagesfragen*: Vorlesungsmanuskript, Kiel, Sommersemester 1919". In: ADACHI, H.; Teifke, N. (Coord.). *Rechtsphilosophische Tagesfragen*: Vorlesungsmanuskript, Kiel, Sommersemester 1919. Baden-Baden: Nomos, 2004 [1919], p. 33.

[632] *"[D]er juristische Positivismus, dem Recht nichts als Staatswillkür, Rechtssinn nichts als Gehorsam war, dieser Götzendienst der Macht, bedeutete die juristische Teilerscheinung des realpolitischen, des machtstaatlichen Zeitalters"*. RADBRUCH, Gustav. "Ihr jungen Juristen!". In: BARATTA, A. (Coord.). *Politische Schriften aus der Weimarer Zeit. Gesamtausgabe Gustav Radbruch*, vol. 13. Heidelberg: C.F. Müller, 1993 [1919], p. 36.

[633] *"So versuchte das Naturrechtszeitalter aus dem formalen Prinzip der Gerechtigkeit den gesamten Rechtsinhalt hervorzuzaubern und zugleich seine Geltung abzuleiten. So sah in verhängnisvollster Einseitigkeit das vergangene Zeitalter des Rechtspositivismus nur die Positivität und Sicherheit des Rechts und bewirkte, daß die planvolle Untersuchung der Zweckmäßigkeit und gar der Gerechtigkeit gesetzten Rechts auf lange Zeit zum Stillstand, Rechtsphilosophie und Rechtspolitik Jahrzehnte hindurch nahezu zum Schweigen gebracht*

E, nessa mesma obra, ao criticar os fundamentos filosóficos das *Lições Fundamentais do Direito* (*Juristische Grundlehre*) de Felix Somló, Radbruch a compara com a Teoria Pura do Direito:

> do mesmo modo, a filosofia jurídica do Direito Positivo, se de fato Filosofia do Direito, é a chamada Teoria Pura do Direito. Trata-se de uma singular unificação do positivismo com o seu aparentemente oposto: a teoria "normológica" do dever-ser (Sollenslehre). Em seu pretenso desmascaramento de todas as hipóstases e ficções parece acolher novamente o lema de um original filósofo da Escola de Ludwig Feuerbach:[634] como "polícia suprema do saber", a Filosofia do Direito deve "destruir todos os fantasmas jurídicos" para, finalmente, "aniquilar-se a si mesma.[635]

2.2.1.3 Ausência de ruptura na Filosofia do Direito de Gustav Radbruch

Além disso, ao contrário do que normalmente se acredita, as modificações introduzidas na teoria de Radbruch no período do pós-guerra

---

waren". RADBRUCH, Gustav. "Rechtsphilosophie". 3ª ed. *In*: KAUFMANN, A. (Coord.). *Rechtsphilosophie*. Gesamtausgabe Gustav Radbruch, vol. 2. Heidelberg: Müller, 1993 [1932], pp. 306 e ss.

[634] Radbruch está se referindo aqui a Ludwig Knapp, um dos seguidores de Ludwig Feuerbach, mais especificamente ao seu livro *Sistema de Filosofia Jurídica* (*System der Rechtsphilosophie*) de 1857. PAULSON, Stanley L. "*Ein ewiger Mythos*: Gustav Radbruch als Positivist - Teil I". *JuristenZeitung*, n° 63, p. 101, 2008.

[635] "*Gleichfalls Rechtsphilosophie des positiven Rechts, wenn überhaupt Rechtsphilosophie, eine eigenartige Verbindung des Positivismus mit seinem scheinbaren Gegenteil, der 'normlogischen' Sollenslehre, ist die sogenannte Reine Rechtslehre, die in ihrer unerbittlichen Entlarvung aller Hypostasierungen und Fiktionen die Aufgabe eines originellen Philosophen aus Ludwig Feuerbachs Schule wieder aufzunehmen scheint: als 'hohe Polizei des Wissens' alle 'Rechtsphantasmen zu zerstören', um schließlich 'sich selbst zu vernichten'*". RADBRUCH, Gustav. "Rechtsphilosophie". 3ª ed. *In*: KAUFMANN, A. (Coord.). *Rechtsphilosophie*. Gesamtausgabe Gustav Radbruch, vol. 2. Heidelberg: Müller, 1993 [1932], p. 253.

CAPÍTULO II – A REFUTAÇÃO DA LENDA DO POSITIVISMO

não conduzem a uma ruptura com o seu pensamento anterior. Elas denotam, na verdade, uma "mudança de enfoque" (*Akzentverschiebung*)[636] que apenas "acentua" alguns aspectos centrais da sua teoria em detrimento de outros. Antes de demonstrar como tais mudanças se encaixam no contexto mais amplo do legado de Radbruch, é preciso tecer algumas considerações sobre o seu projeto jusfilosófico originário.

Logo na primeira página de sua obra magna, Radbruch lança essa significativa advertência: "As seguintes observações são baseadas nos ensinamentos filosóficos de Windelband, Rickert e Lask; em particular, a filosofia jurídica de Lask (...) é a base desse livro".[637] Essa referência à trindade de Baden diz muita coisa. Muito embora as construções filosóficas de Windelband, Rickert e Lask tenham suas peculiaridades,[638] todas elas apontam para uma mesma direção, de sorte que essa referência deixa bastante clara a inspiração e a orientação filosófica da proposta de Radbruch: a Escola Neokantiana do Sudoeste da Alemanha.

A Escola Neokantiana de Baden (*Badische neokantischen Schule*) foi um movimento filosófico desenvolvido entre 1890 e 1930, notadamente nas universidades de Heidelberg, Freiburg e Estrasburgo. O seu ponto de partida foi o trabalho de Wilhelm Windelband (1848-1915), apresentado em seu discurso de posse no cargo de reitor da Universidade de Estrasburgo em 1894, logo após publicado com o título *História e Ciência* (*Geschichte und Wissenschaft*). Trata-se de um movimento que tem por base uma *filosofia orientada por valores*, ou seja, uma filosofia que pressupõe a existência de valores morais, éticos e estéticos universalmente válidos e, principalmente, que esses valores possam ser racionalmente descritos e fundamentados.

---

[636] KAUFMANN, Arthur. *Gustav Radbruch*: Rechtsdenker, Philosoph, Sozialdemokrat. Munique: Piper, 1987, p. 29.

[637] "*Die folgenden Ausführungen haben zum Hintergrund die philosophischen Lehren Windelbands, Rickerts und Lasks, insbesondere ist Lasks Rechtsphilosophie (...) für diese Ausführungen und dieses Buch wegweisend geworden*". RADBRUCH, Gustav. "Rechtsphilosophie". 3ª ed. *In*: KAUFMANN, A. (Coord.). *Rechtsphilosophie*. Gesamtausgabe Gustav Radbruch, vol. 2. Heidelberg: Müller, 1993 [1932], p. 476.

[638] FUNKE, Andreas. "Radbruchs Rechtsbegriffe, ihr neukantianischer Hintergrund und ihr staatsrechtlicher Kontext". *In*: BOROWSKI, M.; PAULSON, S. L. (Coord.). *Die Natur des Rechts bei Gustav Radbruch*. Tübingen: Mohr Siebeck, 2015, p. 23.

Todavia, se a referência ao neokantismo de Baden deixa clara a orientação filosófica de Radbruch, ela não diz muito sobre a Filosofia do Direito que se pretende apresentar. Nos escritos de Windelband não existe qualquer menção substancial sobre a Filosofia do Direito. Por sua vez, Rickert apenas menciona superficialmente o Direito (*Recht*) e o Direito Natural (*Naturrecht*).[639] O único que dedicou alguma atenção ao tema foi Lask, mas ainda assim foram apenas algumas poucas páginas.[640] Ou seja: Radbruch, apesar de deixar clara a sua inspiração filosófica, não podia contar com conceitos epistemológicos e jusfilosóficos prontos e, devido a essa lacuna, teve que projetar seu próprio sistema.[641]

De acordo com Radbruch, os fundamentos da Filosofia do Direito são idênticos aos da Filosofia Geral. Esta pressuposição inclui a separação entre *fato* (*Wirklichkeit*) e *valor* (*Wert*), que na *realidade* do mundo observável, do dado empírico (*Gegebenheit*), apresentam-se superpostos e caoticamente entrelaçados. A *natureza*, como parcela da realidade onde ocorrem os *fatos*, e *sociedade*, como parcela da realidade onde se desenvolvem os *valores*, são dois sistemas completamente diferentes e cada um deles demanda a construção de um instrumental teórico específico para o seu estudo.

Disso decorre que os *valores* não são intrínsecos aos *fatos* observados, ou seja, não podem ser deles extraídos Os *valores* são, na verdade, projeções que o observador realiza *sobre* os *fatos*. Por causa disso, o primeiro movimento do observador deve ser separar *fatos* e *valores*. Numa atitude *cega para os valores* (*wertblindes Verhalten*) deve o observador buscar no mundo físico uma descrição pura dos fatos. Essa seria a forma tradicional de conhecimento das ciências naturais (*Naturwissenschaft*). Elas

---

[639] Idem, pp. 24 e ss.
[640] LASK, Emil. "Rechtsphilosophie". *In*: LASK, E. *Gesammelte Schriften*. vol. 1, Tübingen: J.C.B. Mohr, 1923 [1905], pp. 275 e ss.
[641] FUNKE, Andreas. "Radbruchs Rechtsbegriffe, ihr neukantianischer Hintergrund und ihr staatsrechtlicher Kontext". *In*: BOROWSKI, M.; PAULSON, S. L. (Coord.). *Die Natur des Rechts bei Gustav Radbruch*. Tübingen: Mohr Siebeck, 2015, p. 25.

CAPÍTULO II – A REFUTAÇÃO DA LENDA DO POSITIVISMO

teriam assim uma natureza *nomotética* (*nomothetisch*),[642] sua tarefa seria produzir descrições universalmente válidas (*gesetzmäßig-generalisierend*) e seus métodos seriam experimentais e quantitativos.

Num segundo momento, numa atitude *orientada pelos valores* (*wertendes Verhalten*) deve o observador identificar no mundo cultural as normas que regram a conduta em sociedade, bem como as suas relações recíprocas. Essa seria a forma tradicional de conhecimento das ciências humanas (*Geisteswissenschaften*). Elas teriam, por sua vez, uma natureza *ideográfica* (*idiographisch*),[643] sua tarefa seria produzir uma descrição particular (*individualisierende Beschreibung*) de uma situação concreta, delimitados no tempo e no espaço, e seus métodos seriam prescritivos e qualitativos.[644] Esta atitude avaliativa sistemática é justamente o que, segundo Radbruch, também caracteriza a Filosofia dos Valores (*Wertphilosophie*) com seus três ramos: a Lógica (*Logik*), a Ética (*Ethik*) e a Estética (*Ästhetik*).[645]

Mas além dessas atitudes cega (*wertblind*) e orientada (*wertend*) para os valores existe também uma terceira atitude, a atitude *relacional*

---

[642] Do grego *nomos* (norma) e *thesis* (construir). / Von griechisch *nomos* (Gesetz) und *thesis* (aufbauen).

[643] Do grego *idios* (particular) e *graphein* (descrever). / Von griechisch *idios* (eigen) und *graphein* (beschreiben).

[644] Até aqui a Escola Neokantiana de Baden compartilhava, em linhas gerais, os mesmos pressupostos filosóficos da Escola Neokantiana de Marburg, sobre a qual veio a se edificar a Teoria Pura do Direito de Hans Kelsen. A diferença era que, enquanto a Escola de Baden partia dos pressupostos que os valores possuem uma existência cognoscível, os neokantianos de Marburg denunciavam o psicologismo de qualquer razão prática e, por isso, eram céticos quanto a apreensão racional dos valores. O tema será abordado no momento oportuno.

[645] "A atitude cega para o valor, metodicamente exercida, é a essência do pensamento científico, a atitude valorativa, sistematicamente realizada, caracteriza a Filosofia dos Valores em seus três ramos: a Lógica, a Ética e a Estética". / "*Das wertblinde Verhalten, methodisch ausgeübt, ist das Wesen des naturwissenschaftlichen Denkens, die bewertende Haltung, systematisch durchgeführt, kennzeichnet die Wertphilosophie in ihren drei Zweigen: Logik, Ethik und Ästhetik*". RADBRUCH, Gustav. "Rechtsphilosophie". 3ª ed. *In*: KAUFMANN, A. (Coord.). *Rechtsphilosophie. Gesamtausgabe Gustav Radbruch*, vol. 2. Heidelberg: Müller, 1993 [1932], p. 222.

(*wertbeziehend*) que tem por finalidade, como o próprio nome indica, conectar as duas realidades anteriores. Esta atitude representa, especificamente, a metodologia das ciências culturais (*Kulturwissenschaften*). Se os conceitos culturais da ciência (*Wissenschaft*), da arte (*Kunst*) ou da moral têm algo em comum, é justamente serem todos eles dotados de uma *pretensão da verdade*.[646] De um lado, a cultura (*Kultur*) nunca é completamente indiferente aos valores.[647] De outro lado, ela também não se confunde com a própria realização dos valores.[648] A cultura é a realidade (*Gegebenheit*) que tem por finalidade justamente a realização dos valores.[649,650]

Verifica-se, portanto, que o Direito somente pode ser compreendido no âmbito de uma atitude que faz referência a um valor (*wertbeziehender Bereich*).[651] Se o Direito é uma realização, uma empreitada humana (*Menschenwerk*), ele somente pode ser compreendido a partir de sua *ideia*,[652] ou seja, do que ele pretende ser. E se o Direito é uma

---

[646] "Os conceitos da cultura, como ciência, arte ou até mesmo moralidade, têm em comum que eles buscam a verdade". / "*Den Begriffen der Kultur, wie Wissenschaft, Kunst oder auch Moral, ist gemeinsam, dass sie nach der Wahrheit streben*". SCHLÜTER, Philipp Horst. *Gustav Radbruchs Rechtsphilosophie und Hans Kelsens Reine Rechtslehre ein Vergleich*. Eberhard-Karls-Universität Tübingen, 2009, p. 83 (tese de doutorado).

[647] "Em última instância, a cultura jamais é completamente desvinculada dos valores". / "*Die Kultur (...) ist letztlich nie ohne Bezug zum Wert*". Idem, p. 83.

[648] "*Die Kultur ist nicht Wertverwirklichung*". Idem, p. 83.

[649] "(Cultura) é a realidade que visa a realização de valores". / "*[Die Kultur] ist die Begebenheit, die die Verwirklichung der Werte zum Ziel hat*". Idem, p. 83.

[650] Radbruch também menciona uma quarta atitude: a *valorativa transcendental*, própria da conduta religiosa. Esta, porém, não é relevante para os fins do presente trabalho. RADBRUCH, Gustav. "Rechtsphilosophie". 3ª ed. *In*: KAUFMANN, A. (Coord.). *Rechtsphilosophie. Gesamtausgabe Gustav Radbruch*, vol. 2. Heidelberg: Müller, 1993 [1932], pp. 225 e ss.

[651] "O Direito só pode ser entendido a partir da ideia de que ele é uma criação humana e só pode ser atribuído ao campo dos estudos culturais baseados em valores". / "*Das aus seiner Idee heraus zu begreifende Recht ist Menschenwerk und kann nur dem wertbeziehenden Bereich der Kulturwissenschaften zugeordnet werden*". SCHLÜTER, Philipp Horst. *Gustav Radbruchs Rechtsphilosophie und Hans Kelsens Reine Rechtslehre ein Vergleich*. Eberhard-Karls-Universität Tübingen, 2009, p. 83 (tese de doutorado).

[652] "O Direito é uma criação humana e, como qualquer criação humana, só pode ser entendida a partir de sua ideia". / "*Recht ist Menschenwerk und kann wie*

CAPÍTULO II – A REFUTAÇÃO DA LENDA DO POSITIVISMO

manifestação cultural, um fato relacionado a um valor, logo, segundo Radbruch, "o conceito de Direito não pode ser determinado senão como a realidade, o dado cujo sentido é realizar a ideia de Direito. O Direito pode ser injusto (...), mas é Direito apenas porque tem por finalidade ser justo".[653] A *Ideia de Direito* funciona como um princípio constitutivo de natureza valorativa da própria realidade jurídica.[654]

Assim, apesar de partir de um dualismo metodológico (*Methodendualismus*), Radbruch acaba por fundar um verdadeiro *trialismo* metodológico (*Methodentrialismus*).[655] Se a *cultura* é a condição que tem o sentido de realizar os valores e uma vez que o Direito pertence às ciências culturais, logo *o Direito também tem como sentido, como finalidade realizar valores*. Essa relação triangular não pode decorrer de uma simples antítese entre *ser* (*Sein*) e *dever-ser* (*Sollen*), entre *fato* (*Wirklichkeit*) e *valor* (*Wert*). Entre o *juízo de fato* (*Wirklichkeitsurteil*) e o *juízo de valor* (*Wertbeurteilung*) deve ser reconhecida uma relação valorativa (*Wertbeziehung*). Entre a natureza e os valores encontra-se a *cultura*. Se a ideia de Direito é um valor, o Direito é uma realidade referente a valores, um fenômeno cultural.[656] Note-se que, com esse movimento, a *Filosofia do Direito* proposta por Radbruch, que acaba por se converter numa

---

jegliches Menschenwerk nur aus seiner Idee begriffen werden". RADBRUCH, Gustav. "Rechtsphilosophie". 3ª ed. *In*: KAUFMANN, A. (Coord.). *Rechtsphilosophie*. Gesamtausgabe Gustav Radbruch, vol. 2. Heidelberg: Müller, 1993 [1932], p. 227.

[653] "*Der Rechtsbegriff kann nicht anders bestimmt werden denn als die Gegebenheit, die den Sinn hat, die Rechtsidee zu verwirklichen. Recht kann ungerecht sein (...), aber es ist Recht nur, weil es den Sinn hat, gerecht zu sein*". Idem, p. 227.

[654] "A ideia de Direito é um princípio constitutivo e a medida de valoração da realidade jurídica". / "*Die Rechtsidee ist ein konstitutives Prinzip und der Wertemaßstab für die Rechtswirklichkeit*". SCHLÜTER, Philipp Horst. *Gustav Radbruchs Rechtsphilosophie und Hans Kelsens Reine Rechtslehre ein Vergleich*. Eberhard-Karls-Universität Tübingen, 2009, p. 83 (tese de doutorado).

[655] RADBRUCH, Gustav. "Rechtsphilosophie". 3ª ed. *In*: KAUFMANN, A. (Coord.). *Rechtsphilosophie*. Gesamtausgabe Gustav Radbruch, vol. 2. Heidelberg: Müller, 1993 [1932], p. 251.

[656] SCHLÜTER, Philipp Horst. *Gustav Radbruchs Rechtsphilosophie und Hans Kelsens Reine Rechtslehre ein Vergleich*. Eberhard-Karls-Universität Tübingen, 2009, p. 83 (tese de doutorado).

Filosofia Cultural do Direito,[657] compromete a estrita divisão entre *ser* (*Sein*) e *dever-ser* (*Sollen*) e, por isso, distancia-se do *relativismo moral* que supostamente[658] a origina.

De fato, em diversos momentos Radbruch parece *flertar* com uma noção de justiça absoluta, notadamente quando diz que "o Direito é a realidade que tem por finalidade servir a Justiça".[659] Em outros momentos, Radbruch parece "relativizar" o seu convencionalismo moral, ao dizer que "liberdade e igualdade são valores fundamentais indestrutíveis dos quais o homem pode eventualmente se pode afastar, mas aos quais inevitavelmente retorna".[660] Da mesma forma, tal relativização parece acontecer quando Radbruch reconhece a igualdade perante a lei e a proibição do julgamento por tribunal de exceção como valores absolutos.[661] Por fim,

---

[657] "Essa tríade faz da Filosofia do Direito uma Filosofia Cultural do Direito". / "*Dieser Trialismus macht die Rechtsphilosophie zu einer Kulturphilosophie des Rechts*". RADBRUCH, Gustav. "Rechtsphilosophie". 3ª ed. *In*: KAUFMANN, A. (Coord.). *Rechtsphilosophie*. Gesamtausgabe Gustav Radbruch, vol. 2. Heidelberg: Müller, 1993 [1932], p. 251.

[658] De acordo com Stanley Paulson, até mesmo essa ideia de que a Filosofia do Direito de Radbruch anterior a 1932 ancorava-se num relativismo moral claro e bem definido pode ser questionada. PAULSON, Stanley L. "Zur Kontinuität der nichtpositivistischen Rechtsphilosophie Gustav Radbruchs". *In*: BOROWSKI, M.; PAULSON, S. L. (Coord.). *Die Natur des Rechts bei Gustav Radbruch*. Tübingen: Mohr Siebeck, 2015, p. 179.

[659] Essa definição, de que *o Direito é a realidade que tem por finalidade servir a Justiça,* aparece pelo menos 11 (onze) vezes na obra de 1932. Idem, p. 180.

[660] "*Freiheit und Gleichheit, die Ideen von 1789, sind wieder aufgetaucht aus der skeptischen Flut, in der sie zu ertrinken schienen. Sie sind die unzerstörbare Grundlage, von der man sich entfernen kann, aber zu der man immer zurückkehren muß*". RADBRUCH, Gustav. "Der Relativismus in der Rechtsphilosophie". *In*: KAUFMANN, A. (Coord.). *Rechtsphilosophie*. Gesamtausgabe Gustav Radbruch, vol. 3, Heidelberg: Müller, 1990 [1934], p. 22.

[661] "No entanto, existem várias prescrições legais que não são ditadas de forma alguma por conveniência, mas apenas por justiça ou segurança jurídica. A igualdade perante a lei ou a proibição de excepções, por exemplo, baseia-se em exigências não de conveniência, mas apenas de justiça". / "*Es gibt jedoch (...) eine Reihe von Rechtsvorschriften, die überhaupt nicht durch Zweckmäßigkeit, sondern nur durch Gerechtigkeit oder Rechtssicherheit diktiert sind. Die Gleichheit vor dem Gesetz oder das Verbot der Ausnahmegerichte etwa beruhen auf Forderungen nicht der Zweckmäßigkeit,*

CAPÍTULO II – A REFUTAÇÃO DA LENDA DO POSITIVISMO

há ainda momentos onde Radbruch parece abandonar por completo uma posição relativista e abraçar de vez um absolutismo moral, ao dizer, por exemplo, que "o correto é como o bom, a verdade e o belo, isto é (...), um valor absoluto".[662]

Qualquer que seja a interpretação que se dê a essas concessões ao relativismo moral de Radbruch, o fato é que, *já em 1932*, a sua Filosofia do Direito, esta verdadeira contemplação do Direito orientada por valores, poderia ser compreendida como uma "Teoria do Direito Correto" (*Lehre vom richtigen Recht*).[663] Exatamente por isso, *não parece correto falar que há uma ruptura, uma mudança brusca na Filosofia do Direito de* Radbruch nos trabalhos posteriores a 1945. Na verdade, a *"fórmula de* Radbruch*"* mais parece ser "um triunfo tardio dos valores absolutos"[664] na sua Filosofia do Direito. Se estes valores absolutos derivam do neokantismo de Baden,[665] especificamente porque Radbruch parece atribuir à *Ideia de Direito (Rechtsidee)* um *status transcendental* e a conecta com um *conceito de Direito (Rechtsbegriff)* de *status categórico*,[666] ou se eles refletem o alinhamento

---

sondern allein der Gerechtigkeit". RADBRUCH, Gustav. "Rechtsphilosophie". 3ª ed. *In*: KAUFMANN, A. (Coord.). *Rechtsphilosophie. Gesamtausgabe Gustav Radbruch*, vol. 2, Heidelberg: Müller, 1993 [1932], p. 306.

662 "Nós devemos reconhecer (...) a justiça como um ponto de partida final, porque o justo é como o bom, o verdadeiro, o belo e o absoluto, isto é, um valor que não é derivado de nenhum outro valor". / "*Wir sind (...) berechtigt, bei der Gerechtigkeit als einem letzten Ausgangspunkte Halt zu machen, denn das Gerechte ist wie das Gute, das Wahre, das Schöne ein absoluter, d. h. ein aus keiner anderen Werter ableitbarer Wert*". Idem, p. 256.

663 Idem, p. 225.

664 PAULSON, Stanley L. "Zur Kontinuität der nichtpositivistischen Rechtsphilosophie Gustav Radbruchs". *In*: BOROWSKI, M.; PAULSON, S. L. (Coord.). *Die Natur des Rechts bei Gustav Radbruch*. Tübingen: Mohr Siebeck, 2015, p. 181.

665 Idem, p. 181.

666 "Especificamente neokantiano é o fato de que Radbruch atribui ao conceito de Direito um status categorial e, associado a isso, um status transcendental à ideia de Direito". / "*Spezifisch neukantianisch ist daran, dass Radbruch dem Rechtsbegriff einen kategorialen und, damit verbunden, der Rechtsidee einen transzendentalen Status zuspricht*". FUNKE, Andreas. "Radbruchs Rechtsbegriffe, ihr neukantianischer Hintergrund und ihr staatsrechtlicher Kontext". *In*: BOROWSKI, M.; PAULSON, S. L. (Coord.). *Die Natur des Rechts bei Gustav Radbruch*. Tübingen: Mohr Siebeck, 2015, p. 28.

crescente da sua teoria a uma "filosofia idealista, hegeliana, aristotélica e tomista",[667] é uma questão sobre a qual ainda discutem os especialistas.[668]

Por todo o exposto, verifica-se que, se a simples filiação do projeto teórico de Radbruch a uma filosofia orientada por valores – neokantiana ou idealista, conforme se queira – já tornaria problemática a sua caracterização como um projeto *positivista*, o reconhecimento do Direito como *um fenômeno cultural que tem por finalidade realizar valores, notadamente a ideia de Justiça*, torna tal pretensão simplesmente impossível. Radbruch, ao contrário do mito corrente, nunca foi um positivista.

2.2.1.4 Contra qual Positivismo Jurídico dirige-se Radbruch?

Além do mito de que Radbruch abandonou o seu "positivismo" anterior diante da constatação de que este deixara os juristas alemães indefesos contra o arbítrio legal promovido pelo Estado Nazista, o Argumento-Radbruch apresenta um outro problema grave: a afirmação de que o Positivismo Jurídico defende a aplicação incondicional de toda e qualquer lei. Esse ponto já foi desenvolvido oportunamente na introdução deste trabalho. A questão aqui em aberto é outra: o que exatamente se entende por Positivismo Jurídico no Argumento-Radbruch?

---

[667] "Assim, a primeira edição da 'Filosofia do Direito' de Radbruch em 1914 e, mais ainda, a terceira edição do ano de 1932 foram produzidas num ambiente espiritual cada vez mais autoconfiante, filosófico-idealista, hegeliano, platônico, aristotélico e tomista". / "*So entstanden die erste Auflage der 'Rechtsphilosophie' Radbruchs im Jahr 1914 und noch stärker die dritte Auflage aus dem Jahr 1932 in einem zunehmend selbstsicheren, philosophisch-idealistischen, hegelianischen, platonischen, aristotelischen und thomistischen geistigen Umfeld*". PFORDTEN, Dietmar von der. "Gustav Radbruch – über den Charakter und das Bewahrenswerte seiner Rechtsphilosophie". *JuristenZeitung*, nº 65, p. 1.023, 2010.

[668] FUNKE, Andreas. "Radbruchs Rechtsbegriffe, ihr neukantianischer Hintergrund und ihr staatsrechtlicher Kontext". In: BOROWSKI, M.; PAULSON, S. L. (Coord.). *Die Natur des Rechts bei Gustav Radbruch*. Tübingen: Mohr Siebeck, 2015, p. 26.

CAPÍTULO II – A REFUTAÇÃO DA LENDA DO POSITIVISMO

Em primeiro lugar, convém notar que não existia na Alemanha da primeira metade do século XX apenas "um" Positivismo Jurídico. Durante tal período havia, pelo menos, quatro versões,[669] sendo que por vezes as linhas distintivas não são tão simples de serem traçadas. A saber: a) o *Positivismo Estatutário*, que identificava o Direito com as leis editadas pelo Estado (e.g. Karl Bergbohm, Richard Thoma, Gerhard Anschütz); b) o *Positivismo Psicológico,* que definia o Direito por meio de categorias psicológicas, como vontade, aceitação e consciência (e.g. Georg Jellinek, Ernst von Beling, Adolf Merkel, Hans Nawiasky); c) o *Positivismo Sociológico,* que definia o Direito como uma realidade social que tem o poder de se impor (e.g. Eugen Ehrlich, Max Weber, Theodor Geiger); e d) a *Teoria Pura do Direito* que, ancorada na separação entre *Sein* e *Sollen,* entre Direito e Moral, definia o Direito como uma ordem coercitiva da conduta humana (Hans Kelsen).

Embora críticas aos diversos tipos de Positivismo Jurídico possam ser encontradas de forma esparsa nos escritos de Radbruch,[670] as críticas posteriores a 1945, que embasaram o Argumento-Radbruch e a Lenda do Positivismo, parecem fazer referências aleatórias e genéricas *ao Positivismo Estatutário* e ao *Positivismo Sociológico*, que sequer eram as vertentes mais recorrentes em Weimar, quanto mais durante o regime nazista.[671] Quanto o *Positivismo Psicológico*, sequer há menções nos trabalhos de Radbruch posteriores a 1945.

A referência ao Positivismo Estatutário parece estar presente quando Radbruch atribui ao Positivismo Jurídico a máxima "uma ordem é uma

---

[669] As classificações poderiam ser as mais variadas. Optou-se, aqui, por uma configuração que melhor atenda aos objetivos do presente trabalho, embasada predominantemente nas propostas de: PAULSON, Stanley L. "Ein ewiger Mythos: Gustav Radbruch als Positivist - Teil I". *JuristenZeitung*, nº 63, p. 105, 2008; OTT, Walter. *Der Rechtspositivismus*: Kritische Würdigung auf der Grundlage eines juristischen Pragmatismus. 2ª ed. Berlin: Duncker und Humblot, 1992.

[670] Para uma análise das críticas de Radbruch dirigidas especificamente a cada uma dessas variantes do Positivismo Jurídico: Idem, pp. 107 e ss.

[671] PAULSON, Stanley L. "Lon L. Fuller, Gustav Radbruch, and the 'Positivist' Theses". *Law and Philosophy*, nº 13, p. 344, 2004. Doi:10.2307/3504918.

ordem" (*Befehl ist Befehl*).⁶⁷² Uma outra possível referência ao Positivismo Estatutário é feita em duas etapas: uma declaração geral sobre o Positivismo Jurídico, seguido de uma linguagem restritiva que serve para demonstrar a vinculação do juiz à letra da lei. Eis seus termos: "'Direito e lei', sempre acreditamos que essas duas palavras fossem a mesma coisa. Toda lei era Direito e todo Direito era lei; e a Ciência do Direito era nada além de interpretação de leis e jurisdição exclusivamente de aplicação das leis".⁶⁷³ Por fim, Radbruch parece dirigir suas críticas a uma versão mais ampla e irrestrita do Positivismo Jurídico – o Positivismo Sociológico –, no qual uma "tese de poder" é a chave: "uma lei é válida porque é lei, e é lei quando ela tem o poder de regular e de se impor ao caso".⁶⁷⁴

Note-se, outrossim, que, especificamente quanto à tese positivista da separação entre o Direito e a Moral, Radbruch sequer a menciona, seja em seu período inicial (até 1932), seja no período pós-guerra (1945-1949). Segundo Stanley Paulson,

> isso se deve simplesmente ao fato de que a variante do Positivismo Jurídico, que hoje é quase inteiramente dominada pela discussão, praticamente não desempenhou qualquer papel na separação entre lei e moral na época do Império até o final da Segunda Guerra Mundial. Somente depois da Segunda Guerra é que a tese da

---

672 RADBRUCH, Gustav. "Gesetzliches Unrecht und übergesetzliches Recht". *In*: KAUFMANN, A. (Coord.). *Rechtsphilosophie. Gesamtausgabe Gustav Radbruch*, vol. 3, Heidelberg: Müller, 1990 [1946], p. 79; RADBRUCH, Gustav. "Fünf Minuten Rechtsphilosophie". *In*: KAUFMANN, A. (Coord.). *Rechtsphilosophie. Gesamtausgabe Gustav Radbruch*, vol. 3, Heildeberg: Müller, 1990 [1945], p. 79.

673 "'*Gesetz und Recht', in dieser Redewendung hatten wir immer in zwei Worten dasselbe zu sagen geglaubt. Jedes Gesetz war uns Recht und alles Recht Gesetz, Rechtswissenschaft nichts anderes als Gesetzesauslegung und Rechtsprechung ausschließlich Gesetzesanwendung*". RADBRUCH, Gustav. "Gesetz und Recht". *In*: KAUFMANN, A. (Coord.). *Rechtsphilosophie. Gesamtausgabe Gustav Radbruch*, vol. 3, Heidelberg: Müller, 1990 [1947], p. 196.

674 "*Das Gesetz gilt, weil es Gesetz ist, und es ist Gesetz, wenn es in der Regel der Fälle die Macht hat, sich durchzusetzen*". RADBRUCH, Gustav. "Fünf Minuten Rechtsphilosophie". *In*: KAUFMANN, A. (Coord.). *Rechtsphilosophie. Gesamtausgabe Gustav Radbruch*, vol. 3, Heildeberg: Müller, 1990 [1945], p. 78.

CAPÍTULO II – A REFUTAÇÃO DA LENDA DO POSITIVISMO

separação foi reintroduzida na discussão e, de fato, como uma antítese à tese moral da teoria revivida do Direito Natural.[675]

Como pode ser visto, a caracterização que Radbruch faz ao Positivismo Jurídico é um tanto quanto confusa e mistura, de forma aleatória e imprecisa, elementos teóricos de variantes existentes à época, mas que nem de longe eram as vertentes positivistas mais populares. E além de não ser possível determinar qual Positivismo Jurídico Radbruch pretende culpar pela apatia dos juízes durante o regime nazista, verifica-se que algumas versões positivistas correntes no início de Weimar sequer são mencionadas nas críticas ou têm seus fundamentos analisados. Mesmo após um intenso esforço hermenêutico, somente podem ser extraídas dos escritos do pós-guerra referências vazias a um Positivismo Jurídico genérico e indeterminado, uma verdadeira caricatura.

2.2.1.5 Um problema adicional: a contradição intrínseca no Argumento de Radbruch

Um ponto pouco explorado é a aparente contradição interna no próprio argumento de Radbruch. Isso porque, de um lado, Radbruch parece associar o Positivismo Jurídico à ideia de segurança jurídica (*Rechtssicherheit*), a uma ideia de estabilidade, de sorte que esse "valor" seria o traço característico daquela doutrina. Confira-se:

> O Positivismo Jurídico (não) é capaz de estabelecer a validade das leis por conta própria. Ele acredita que a validade de uma lei já está provada quando ela tem o poder de prevalecer (...).

---

[675] "*Dies liegt schlicht daran, daß die auf die Trennung von Recht und Moral bezogene, heutzutage die Diskussion fast gänzlich beherrschende Variante des Rechtspositivismus, damals – im Kaiserreich bis zum Ende des zweiten Weltkrieges – so gut wie keine Rolle spielte. Erst nach dem zweiten Weltkrieg wurde die Trennungsthese wieder verstärkt in die Diskussion eingeführt, und zwar als Gegenthese zur Moralthese der wiedererstarkten Naturrechtslehre*". PAULSON, Stanley L. "*Ein ewiger Mythos*: Gustav Radbruch als Positivist - Teil I". *JuristenZeitung*, nº 63, p. 107, 2008.

Toda lei positiva já carrega um valor independentemente do seu conteúdo: ainda assim, isso é melhor do que nenhuma lei, porque pelo menos cria uma certeza jurídica.[676]

De outro lado, Radbruch afirma categoricamente que os doze anos de regime nazista foram anos de ausência de leis (*Gesetzlosigkeit*) e arbítrio (*Willkür*), e defende que o primado da lei (*Herrschaft des Gesetzes*) e o Estado de Direito (*Rechtsstaat*) devem ser restaurados. Eis seus termos: "Nós olhamos para trás para os doze anos de injustiça e capricho (...). Devemos retornar da ilegalidade e da arbitrariedade ao Estado de Direito, do Estado Injurídico para o Estado de Direito".[677]

As declarações são manifestamente contraditórias entre si. Se, de acordo com Radbruch, o Positivismo Jurídico reconhece seu valor fundamental na segurança jurídica, e este valor se materializa por intermédio do Direito Positivo, mas o nacional-socialismo foi um regime caracterizado pelo arbítrio e pela ausência de leis, logo um regime baseado na *insegurança*, deduz-se que os doze anos de nazismo foram, na verdade, anos de um *não-positivismo*. A conclusão de que o Positivismo Jurídico deixou os juristas e o povo indefesos contra leis cruéis, criminosas e arbitrárias[678] (sendo este adjetivo aqui utilizado com uma conotação material, e não procedimental) parece – mais uma vez – não se sustentar.

---

[676] "*[D]er Positivismus [ist] gar nicht in der Lage, aus eigener Kraft die Geltung von Gesetzen zu begründen. Er glaubt, die Geltung eines Gesetzes schon damit erwiesen zu haben, daß es die Macht besessen hat, sich durchzusetzen (...). Einen Wert führt schon jedes positive Gesetz ohne Rücksicht auf seinen Inhalt mit sich: Es ist immer noch besser als kein Gesetz, weil es zum mindesten Rechtssicherheit schafft*". RADBRUCH, Gustav. "Gesetzliches Unrecht und übergesetzliches Recht". *In*: KAUFMANN, A. (Coord.). *Rechtsphilosophie*. Gesamtausgabe Gustav Radbruch, vol. 3, Heidelberg: Müller, 1990 [1946], p. 88.

[677] "*Wir blicken zurück auf zwölf Jahre voll Unrecht und Willkür (...). Wir müssen von Gesetzlosigkeit und Willkür wieder zurück zur Herrschaft des Gesetzes, von dem Unrechtsstaat zum Rechtsstaat*". RADBRUCH, Gustav. "Erneuerung des Rechts". *In*: KAUFMANN, A. (Coord.). *Rechtsphilosophie*. Gesamtausgabe Gustav Radbruch, vol. 3, Heidelberg: Müller, 1990 [1946], p. 80.

[678] RADBRUCH, Gustav. "Fünf Minuten Rechtsphilosophie". *In*: KAUFMANN, A. (Coord.). *Rechtsphilosophie*. Gesamtausgabe Gustav Radbruch, vol. 3, Heidelberg: Müller, 1990 [1945], p. 78.

CAPÍTULO II – A REFUTAÇÃO DA LENDA DO POSITIVISMO

2.2.2 Problemas do Argumento-Nuremberg

No capítulo anterior, também foi visto que outro importante pilar da Lenda do Positivismo foi o Argumento-Nuremberg. De acordo com este argumento, o Positivismo Jurídico, além de auxiliar o regime nazista a promover a *Rechtsperversion*, também teria fornecido a base da defesa dos acusados pela prática de crimes contra a humanidade, por meio de quatro teses fundamentais: a) *lex ex post facto*, i.e., a inexistência de norma jurídica que tipificasse a conduta como criminosa no momento em que a mesma foi praticada; b) *atos de Estado*, de modo que as condutas imputadas não teriam sido praticadas propriamente pelos acusados, e sim pelo próprio Estado de modo que as condutas imputadas não teriam sido praticadas propriamente pelos acusados, e sim pelo próprio Estado; c) *cumprimento* de *ordens superiores*, de modo que apenas o soberano poderia responder judicialmente e d) *obediência ao direito válido*, uma tese alegada especificamente pelos juristas, segundo a qual eles estariam apenas aplicando a lei. A associação dessas teses ao Positivismo Jurídico deve ser feita, no entanto, com muita cautela, uma vez que ela apresenta inúmeras nuances, normalmente ignoradas.

2.2.2.1 *Lex ex post facto*

Os problemas de uma associação indiscriminada do princípio da vedação da *lex ex post facto* ao Positivismo Jurídico são vários. Em primeiro lugar, porque as críticas "positivistas" contra o Tribunal de Nuremberg não eram tanto dirigidas contra a regra da *lex ex post facto*, mas sim contra a jurisdição do Tribunal Militar Internacional (IMT). As atrocidades praticadas pelos nazistas seriam, em sua esmagadora maioria, crimes comuns previstos pela legislação criminal ordinária alemã, válida quando os crimes foram cometidos, sendo, portanto, completamente desnecessária a criação de uma instância *ad hoc* para tanto.[679]

---

[679] "*The atrocities for which persons belonging to the Axis powers, and especially the Germans, shall be prosecuted are almost all ordinary crimes according to the municipal law of the persons to be accused, valid at the moment they were committed. In respect of these crimes the main*

Em segundo lugar, porque a proibição *lege ex post facto* decorre de uma concepção *material* de Direito, a ideia de que o Direito deve obedecer ao princípio da legalidade, o Estado de Direito e o devido processo legal.[680] Essa proibição tem uma natureza *normativa*, uma pretensão de correção acerca de como o Direito *deve ser,* e isso porque se entende que um Direito que reconheça tal proibição é *melhor* do que um Direito que não a reconheça. Sob a perspectiva da Teoria do Direito, nada impede que a lei tipifique condutas ocorridas em momento posterior à sua vigência. Se uma determinada norma jurídica, regularmente produzida por meio dos critérios de fixação de competência, prevê a retroatividade dos seus efeitos, não há, sob o enfoque de uma ciência descritiva do Direito, qualquer fundamento que impeça que esses efeitos sejam produzidos.

Por fim, embora associado historicamente ao Positivismo Jurídico,[681] o respeito ao princípio *nulla poena sine lege* é, na verdade, uma mera questão de política legislativa. Sobre esta questão, Kelsen já havia escrito antes mesmo da criação do Tribunal de Nuremberg que

> não há qualquer regra do Direito Internacional geral consuetudinário que proíba a promulgação de normas com força retroativa, as chamadas leis *ex post facto*. Mas algumas Constituições proíbem expressamente esse tipo de regulamentação, que é um princípio de Direito Penal reconhecido pela maioria das nações civilizadas, no sentido de que nenhuma punição deve ser aplicada a uma conduta que não era legalmente punível no momento da sua realização.[682]

---

problem is not the application of the rule against ex post facto laws but the jurisdiction of the International Tribunal". KELSEN, Hans. "The Rule against Ex Post Facto Laws and the Prosecution of the Axis War Criminals". *The Judge Advocate Journal,* nº 2, p. 10, 1945.

[680] PAULSON, Stanley L. "Classical Legal Positivism at Nuremberg". *Philosophy & Public Affairs,* nº 4, 1975, pp. 152 e ss.

[681] OTT, Walter. *Der Rechtspositivismus*: Kritische Würdigung auf der Grundlage eines juristischen Pragmatismus. 2ª ed. Berlim: Duncker und Humblot, 1992, p. 43.

[682] *"There is no rule of general customary international law forbidding the enactment of norms with retroactive force, so-called ex post facto laws. But some State constitutions forbid that type of*

CAPÍTULO II – A REFUTAÇÃO DA LENDA DO POSITIVISMO

A suspensão da *nulla poena sine lege*, como forma de viabilizar a persecução penal de atos anteriores à sua vigência, pode ser, em tese, moralmente justificável. A base moral da vedação da *lex ex post facto* repousa na ideia de que não seria justo que um indivíduo fosse responsabilizado por um ato, se esse indivíduo não tivesse conhecimento de que este ato seria um ato reprovável.[683] Trata-se da materialização de uma demanda humana por segurança. Mas também sob o ponto de vista moral, quando dois princípios jurídicos colidem, um deles pode ser relativizado em favor do outro.[684]

No caso da persecução penal dos crimes de guerra, a demanda genérica de segurança jurídica pode, portanto, ceder diante de uma demanda concreta por Justiça. Parece óbvio que,

> de acordo com a opinião pública do mundo civilizado, é mais importante trazer criminosos perante a Justiça do que respeitar acriticamente a vedação da lex ex post facto, que é apenas um valor relativo, e nunca foi reconhecido como um valor absoluto".[685] Não há nada de errado que "a demanda de retribuição seja eventualmente estendida a violações de princípios humanitários, quer dizer, contra atos que, embora não sejam ilegais do ponto de vista do Direito Nacional ou Internacional, configurem violações a normas de moralidade contra as quais as leis nacional e internacional não prevejam sanções e para as quais não haja qualquer previsão de imputação de responsabilidade.[686]

---

regulations expressly, and it is a principle of criminal law recognized by most of the civilized nations that no punishment must be attached to an act which was not legally punishable at the moment of its performance". KELSEN, Hans. *Peace Through Law*. Chapel Hill: University of North Carolina Press, 1944, p. 87.

[683] Idem, pp. 87 e ss.

[684] *"If two principles of law are not compatible with each other, then one must be restricted by the other"*. KELSEN, Hans. "The Rule against Ex Post Facto Laws and the Prosecution of the Axis War Criminals". *The Judge Advocate Journal*, nº 2, p. 9, 1945.

[685] *"There can be little doubt that, according to the public opinion of the civilized world, it is more important to bring the war criminals to justice than to respect, in their trial, the rule against* ex post facto *law, which has merely a relative value and consequently, was never unrestrictedly recognized"*. Idem, p. 11.

[686] *"The demand for retribution is sometimes extended to violations of the principles of humanity, that is to say, to acts which, though not illegal from the point of view of international*

2.2.2.2 Atos de Estado e cumprimento de ordens superiores

Ao contrário do que se passa no caso anterior, a associação dessas duas teses da defesa (a teoria dos "atos de Estado" e o "mero cumprimento de ordens superiores") ao Positivismo Jurídico não é totalmente equivocada. Os problemas aqui são mais sutis e apresentam algumas nuances que geralmente passam desapercebidas na narrativa consolidada pela Lenda do Positivismo.

Em primeiro lugar, deve ser ressaltado que o Argumento-Nuremberg é normalmente apresentado por meio de uma associação genérica das teses da defesa dos acusados ao Positivismo Jurídico, sem que seja especificada sobre qual das suas *versões* essa imputação é realizada. Neste particular, deve ser observado que a defesa dos acusados foi feita perante um Tribunal Internacional que funcionou com base no sistema da *common law*, e não com base no sistema da *civil law*.[687] Da mesma forma, a versão do Positivismo Jurídico utilizada como base da defesa também foi aquela corrente nos países que adotam o *common law* e cujas raízes estavam diretamente conectadas com a doutrina de John Austin sobre o conceito de soberania.[688]

Essa versão do Positivismo Jurídico sempre foi sujeita a críticas dentro da tradição juspositivista alemã. Em 1941, por exemplo, Kelsen publicou um artigo ressaltando as diferenças entre a sua Teoria Pura do Direito e a versão analítica de John Austin. Embora reconheça que ambas as versões limitem sua "investigação ao conhecimento do Direito

---

or national law, are breaches of the norms of morality against which neither international nor national law provides any sanction, and for which no legal responsibility is established". KELSEN, Hans. "Collective and Individual Responsibility in International Law with Particular Regard to the Punishment of War Criminals". *California Law Review*, nº 31, p. 532, 1943, Doi:10.2307/3477207.

[687] Esse alerta foi feito expressamente por um dos advogados de defesa no início do próprio julgamento. INTERNATIONAL MILITARY TRIBUNAL. *Trials of war criminals before the Nuremberg military tribunals*. vol. 3, U.S. Government Print Office, 1951, p. 108.

[688] PAULSON, Stanley L. "Classical Legal Positivism at Nuremberg". *Philosophy & Public Affairs*, nº 4, p. 141, 1975.

CAPÍTULO II – A REFUTAÇÃO DA LENDA DO POSITIVISMO

Positivo",[689] Kelsen ressalta que, por "não reconhecer a distinção entre Sein e Sollen",[690] a teoria de Austin do "Direito como comando" tem problemas em explicar, por exemplo, a permanência de um sentido objetivo de um ato de vontade autônomo à figura do seu emissor. A ideia de comando – ou de uma "vontade" do soberano, o que dá no mesmo[691] – não passaria de uma mera ficção, uma vez que, por exemplo, "uma lei permanece válida mesmo depois que todos os membros da legislatura que a editou tenham morrido".[692] Apenas a ideia de "norma" como uma esfera objetiva de significado e derivada de uma distinção fundamental entre *Sein* e *Sollen* poderia resolver tal problema.[693]

Em segundo lugar, o que a defesa realmente pretendia ao invocar os "atos de Estado" e o "mero cumprimento de ordens" era delimitar a ação dos acusados e demonstrar que eles não agiram para além dos poderes que lhes foram delegados. E se assim agiram, os acusados somente poderiam ser responsabilizados com base no Direito Nacional, uma vez que responsabilidade dos indivíduos com fundamento direto no Direito Internacional seria contrária à teoria da soberania da época, fundada no positivismo analítico da *common law*. Note-se que essa impossibilidade de sujeição direta do indivíduo perante o Direito Internacional não era compartilhada por Kelsen, uma vez que, para ele, "todo Direito é uma regulamentação da conduta humana".[694]

---

[689] *"limits itself to cognition of positive law"*. KELSEN, Hans. "The Pure Theory of Law and Analytical Jurisprudence". *Harvard Law Review*, n° 55, p. 54, 1941. Doi:10.2307/1334739.

[690] *"Austin (...) pays no attention to the distinction between 'is' and 'ought' that is the basis of the concept of the norm"*. Idem, p. 54.

[691] *"(...) if a particular law is called a command, or, what amounts to the same thing, the 'will' of the law-maker, or if law in general is called the 'command' or 'will' of the state, this can be taken as only a figurative expression"*. Idem, p. 56.

[692] *"The statute is valid, that is, binding, even after all the members of the legislature that enacted it have died; then, therefore, the content of the statute is no longer the 'will' of anyone"*. Idem, p. 55.

[693] Idem, p. 54.

[694] *"All law is regulation of human behavior"*. KELSEN, Hans. *General Theory of Law and State*. 3ª ed. Cambridge, Mass.: Harvard University Press, 1949 [1945], pp. 341 e ss.

A estratégia jurídica para garantir a imunidade dos acusados era clara e bem interessante. Caso o indivíduo pudesse ser responsabilizado diretamente perante o Direito Internacional, este estaria reconhecendo uma instância de poder superior ao Estado Nacional. Se o Direito Internacional pressupunha a existência de Estados soberanos, que, por natureza e definição, não se submetem a instâncias de poder sem a sua própria aquiescência, o reconhecimento de responsabilidade individual seria contrário ao Direito Internacional vigente. Isso porque não havia, na época, qualquer norma de Direito Internacional, isto é, uma regra firmada por Estados soberanos – lembre-se de que a Alemanha, com a rendição, não mais poderia ser considerada uma nação soberana, mas apenas uma nação ocupada[695] – que autorizasse a responsabilização direta do indivíduo por crimes de guerra, qualquer condenação proferida pelo Tribunal de Nuremberg consistiria num ataque à soberania de Estados Nacionais.[696] A utilização da versão positivista de John Austin pela defesa não tinha tanto por finalidade justificar os atos dos acusados perante o Direito válido, mas sim explorar uma brecha no Direito Internacional.

Essa estratégia não passou despercebida pela acusação. No que diz respeito aos crimes contra a paz, o Tribunal de Nuremberg afirmou que o Tratado Kellogg-Briand, base normativa fundamental do Direito Internacional da época, vinculava todas as 63 nações signatárias, "incluindo-se aqui Alemanha, Itália e Japão",[697] e era obrigatório ainda que "não reconhecesse que atos de agressão constituíssem crimes ou que não previsse tribunais para processar e julgar tais crimes".[698]

---

[695] "*By abolishing the last Government of Germany the victorious powers have destroyed the existence of Germany as a sovereign state. Since her unconditional surrender, at least since the abolishment of the Doenitz Government, Germany has ceased to exist as a state in the sense of international law. Germany having ceased to exist as a state, the status of war has been terminated, because such a status can exist only between belligerent states*". KELSEN, Hans. "The Legal Status of Germany According to the Declaration of Berlin". *American Journal of International Law*, n° 39, p. 519, 1945. Doi:10.2307/2193527.

[696] PAULSON, Stanley L. "Classical Legal Positivism at Nuremberg". *Philosophy & Public Affairs*, n° 4, p. 143, 1975.

[697] INTERNATIONAL MILITARY TRIBUNAL. *Trials of war criminals before the Nuremberg military tribunals*. vol. 1, U.S. Government Print Office, 1951, p. 219.

[698] The pact was binding even though it "*does not expressly enact that [aggressive] wars are crimes, or set up courts to try those who make such wars*". Idem, p. 220.

CAPÍTULO II – A REFUTAÇÃO DA LENDA DO POSITIVISMO

Em terceiro lugar, a doutrina positivista clássica da soberania também foi atacada, sob o argumento de que ela seria incompatível com as obrigações comuns dos Estados. Se a soberania do Estado permite uma decisão de conteúdo ilimitado, qualquer regra que criasse uma obrigação ao Estado poderia ser unilateralmente revista. Deste modo, o Estado nunca "se obrigaria", mas apenas realizaria a sua própria vontade. E, como consequência, também "não seria possível reconhecer também qualquer obrigação dos Estados em matéria contratual ou mesmo sua responsabilidade civil".[699]

Por fim, a contradição lógica da teoria dos "atos de Estado" com a tese do "mero cumprimento de ordens" – cuja adoção simultânea faria com que, no final das contas, ninguém pudesse ser responsabilizado[700] – impediriam o reconhecimento de responsabilidade do Estado perante a Comunidade Internacional. Essa situação de anomia fez com que o IMT rejeitasse o conceito de soberania do Positivismo Jurídico de Austin, uma teoria que, em última análise, inviabilizaria a própria existência do Direito Internacional.[701]

2.2.2.3 Vinculação ao Direito Válido

No que diz respeito à "tese dos juristas", a (falsa) ideia de que eles "apenas aplicavam um Direito válido", também é usualmente articulada contra o Positivismo Jurídico. E dentre as quatro teses que tentam

---

[699] "(...) the undoubted obligation of States in matters of contract and tort could not exist". INTERNATIONAL MILITARY TRIBUNAL. *The trial of German major war criminals by the International military tribunal sitting at Nuremberg, Germany (1945-1946)*. vol. 19, Londres: Pub. under the authority of H. M. Attorney-general by H. M. Stationery, 1946, p. 426. Aqui foi utilizada a versão britânica da compilação oficial dos julgamentos de Nuremberg, uma vez que a versão americana contém falhas de impressão.

[700] "*The combination of these two doctrines means that nobody is responsible*". INTERNATIONAL MILITARY TRIBUNAL. *Trials of war criminals before the Nuremberg military tribunals*. vol. 2, U.S. Government Print Office, 1951, p. 1073.

[701] PAULSON, Stanley L. "Classical Legal Positivism at Nuremberg". *Philosophy & Public Affairs*, nº 4, p. 133, 1975.

associar o Positivismo Jurídico à defesa dos acusados perante o Tribunal de Nuremberg, essa é sem dúvida a mais frágil de todas.

A uma, porque o conceito positivista de validade (em especial aquele defendido pela versão kelseniana) não tem qualquer conexão com a ideia de que o Direito, enquanto sistema de normas, *deve* ser aplicado. A análise da validade ocorre num plano *descritivo,* que nada tem a ver com o plano *prescritivo,* como deve o sujeito se portar diante daquilo que foi descrito. Algo pode ser *descritivamente* assumido como Direito por um sujeito que, ao mesmo tempo, assuma como seu dever moral mais elevado guiar sua conduta de forma diametralmente oposta.[702] Ademais, esta atitude de obediência incondicional ao Direito Positivo é incompatível com os próprios fundamentos do Positivismo Jurídico na tradição alemã, notadamente da Teoria Pura do Direito, não sendo possível sua adoção sem contradição da distinção essencial entre o *Sein* e o *Sollen* do Direito, entre o Direito real, efetivamente existente, e um Direito ideal.

A duas, porque, apesar de falar numa "estrita vinculação à legalidade", a própria defesa num momento posterior reconhece que na Alemanha nazista não vigorava um Estado de Direito, já que "desde que Brüning era o Chanceler do Reich, o peso da legalidade estrita foi relativizado na medida em que cada vez mais foi reconhecida a competência do Presidente do Reich em emitir decretos de emergência".[703]

A três, porque a prática jurídica da Alemanha Nazista nada tinha de "positivista", uma vez que a "aplicação" do Direito apelava muito mais para valores substantivos do que a construções formais de delegação de competência.[704] Aqueles eram tempos de uma "interpretação ilimitada",[705]

---

[702] ROSS, Alf. On law and justice. Berkeley: University of California Press, 1974, p. 32.

[703] INTERNATIONAL MILITARY TRIBUNAL. *Trials of war criminals before the Nuremberg military tribunals.* vol. 3, U.S. Government Print Office, 1951, pp. 108 e ss.

[704] DREIER, Horst. "*Die Radbruchsthe Formel*: Erkenntnis oder Bekenntnis?" *In*: MAYER, H.; WALTER, R. (Coord.). *Staatsrecht in Theorie und Praxis*: Festschrift Robert Walter zum 60 Geburtstag. Viena: Manz, 1991, p. 125.

[705] Conforme a expressão cunhada por: RÜTHERS, Bernd. *Die unbegrenzte Auslegung*: Zum Wandel der Privatrechtsordnung im Nationalsozialismus. 7ª ed. Tübingen:

em que toda e qualquer legislação deveria ser livremente "interpretada" ou "reinterpretada"[706] de acordo com o "espírito do nacional-socialismo"[707] e, quando necessário, a lei formal era simplesmente ignorada.[708]

Por fim, observe-se que, muitas vezes, a real função do Direito Natural no combate à *Rechtsperversion* não era tanto promover a punição dos responsáveis pelos crimes nazistas, mas sim permitir a sua *absolvição*. Para Helmut Coing, por exemplo, o "dever de resistência" dos juristas não era, na verdade, um "dever". Era sim uma "faculdade", de modo que os juristas que aplicaram normas contrárias ao Direito Natural não poderiam ser punidos. Isso porque a finalidade do Direito Penal não seria impor a moralidade, mas apenas proteger a ordem e a paz no Estado. Os juristas, em geral, e os magistrados e promotores públicos, em particular, teriam o "Direito" de resistir às violações contra o Direito Natural, mas não poderiam ser punidos se não o fizessem. Eles poderiam ser culpados de má conduta moral, mas a violação dos valores morais não pode justificar uma punição penal.[709]

Mohr Siebeck, 2012.

[706] "A (...) recepção do Direito Histórico foi realizada por meio de uma estratégia flexível de adaptação interpretativa, sem alteração formal do texto legal, mas adaptando-o às diretrizes do pensamento nazista". / "*Die (...) Rezeption des überkommenen alten Rechts wurde mittels einer flexiblen Strategie interpretativer Anpassung bei unverändertem Gesetzestext iS der Leitlinien des NS-Denkens bewerkstelligt*". DREIER, Horst. "*Die Radbruchsche Formel*: Erkenntnis oder Bekenntnis?" *In*: MAYER, H.; WALTER, R. (Coord.). *Staatsrecht in Theorie und Praxis*: Festschrift Robert Walter zum 60 Geburtstag. Viena: Manz, 1991, p. 126.

[707] SCHMITT, Carl. "Nationalsozialismus und Rechtsstaat". *Juristische Wochenschrift*, nº 63, p. 717, 1934. Artifício muito semelhante também era proposto pelos principais ideólogos do Estado Novo, a experiência autoritária brasileira que durou de 1937 até 1945: a *ressemantização* dos conceitos juspolíticos, que agora deveriam servir ao novo regime e orientar a ditadura de Getúlio Vargas. ROSENFIELD, Luis. *Revolução Conservadora*. Genealogia do Constitucionalismo Autoritário Brasileiro (1930-1945). Porto Alegre: ediPUCRS, 2021, p. 269.

[708] Esse ponto será oportunamente abordado no item 2.3.5. da presente investigação.

[709] COING, Helmut. "Zur Frage der strafrechtlichen Haftung der Richter für die Anwendung naturrechtswidriger Gesetze". *Süddeutsche Juristen-Zeitung*, nº 2, pp. 61 e ss, 1947. Sobre o tema, confira-se também: ROTTLEUTHNER, Hubert. "*Legal Positivism and National Socialism*: A Contribution to a Theory of Legal Development".

2.2.3 Considerações parciais

Na última metade da década de 1940, as bases da Lenda do Positivismo foram estabelecidas sobre dois argumentos. O primeiro deles foi o Argumento-Radbruch que, originado numa série de pequenos escritos publicados por Radbruch no período do pós-guerra, estabeleceu as teses de que: a) Radbruch era um positivista convertido; b) o Positivismo Jurídico defende uma aplicação incondicional de toda e qualquer lei (*lei é lei*); c) os juízes ficaram indefesos contra as leis nacional-socialistas diante de sua arraigada formação positivista; d) o Positivismo Jurídico não é capaz de solucionar a *Rechtsperversion*, motivo pela qual a introdução de elementos morais na definição do Direito não deve ser eliminada. Até aqui a principal preocupação foi demonstrar que a tese do "positivista convertido", que acrescenta uma grande carga emotiva à Lenda, é *falsa*. Radbruch jamais poderia ser considerado um positivista e seus trabalhos do pós-guerra devem ser entendidos apenas como uma correção da teoria de Radbruch aos seus próprios fundamentos jusnaturalistas.

Já no que diz respeito ao Argumento-Nuremberg, a vinculação das principais teses de defesa dos acusados de Nuremberg a postulados "positivistas" esconde sutilezas normalmente ignoradas. Algumas dessas teses (como, e.g., a *lex ex post facto* ou a *obediência ao Direito válido*) não seriam postulados universais do Positivismo Jurídico ou sequer seriam um postulado específico de uma de suas versões. Ainda quando seja possível sustentar que autores "positivistas" tiveram reservas, por exemplo, quanto ao julgamento *ad hoc* realizado pelo Tribunal de Nuremberg, essas reservas não levariam à sua negação (eis que seria moralmente possível justificar a sua existência) ou ao reconhecimento de irresponsabilidade dos acusados (que poderiam ser normalmente julgados pelas instâncias ordinárias da justiça alemã).

Outras teses (como, e.g., a teoria dos *atos de Estado* e o *cumprimento de ordens superiores*) poderiam, na melhor das hipóteses, ser imputadas

---

German Law Journal, nº 12, 2011, pp. 100 e ss. *Legal Positivism and National-Socialism*, p. 100; ROTTLEUTHNER, Hubert. "*Das Nürnberger Juristenurteil und seine Rezeption in Deutschland*: Ost und West". *Neue Justiz*, nº 51, p. 619, 1997.

CAPÍTULO II – A REFUTAÇÃO DA LENDA DO POSITIVISMO

apenas a uma versão específica do Positivismo Jurídico – a versão analítica de John Austin. Na verdade, uma vez que tais teses sequer fazem parte do núcleo conceitual do Positivismo Jurídico, elas jamais poderiam ser corretamente taxadas de "positivistas". Além disso, a vinculação dessas teses ao Positivismo Jurídico normalmente ignora que o real objetivo era, na verdade, explorar uma brecha do Direito Internacional, e não propriamente promover uma discussão profunda sobre o conceito de Direito. Em qualquer caso, o Argumento-Nuremberg", enquanto tentativa de vinculação do Positivismo Jurídico a uma tentativa de legitimação *a posteriori* dos atos de *Rechtsperversion*, apresenta problemas intransponíveis, normalmente ignorados pela narrativa da Lenda do Positivismo.

2.3 Positivismo Jurídico e antipositivismo na História da Alemanha

Outro elemento que compõe a Lenda do Positivismo – e que está contido no Argumento-Radbruch, mas que foi destacado no tópico anterior para uma análise mais acurada a partir de agora – é a crença de que o Positivismo Jurídico foi a teoria jurídica hegemônica na Alemanha "por muitas décadas",[710] ou seja, desde as suas origens, em meados do século XIX, até o final do regime nazista. Segundo essa narrativa, a longa e consolidada tradição positivista, centrada no abandono do conteúdo moral do Direito e na redução do Direito apenas ao Direito Positivo, isto é, aquele que foi reconhecido pelo Estado como Direito válido, "deixou os juristas indefesos",[711] desprovidos de um arsenal metodológico que os permitisse resistir à *Rechtspervertion*, sendo, por

---

[710] "*durch viele Jahrzehnte*". RADBRUCH, Gustav. "Gesetzliches Unrecht und übergesetzliches Recht". *In*: KAUFMANN, A. (Coord.). *Rechtsphilosophie. Gesamtausgabe Gustav Radbruch*, vol. 3, Heidelberg: Müller, 1990 [1946], p. 83.

[711] "*hat uns wehrlos gemacht*". RADBRUCH, Gustav. "Gesetz und Recht". *In*: KAUFMANN, A. (Coord.). *Rechtsphilosophie. Gesamtausgabe Gustav Radbruch*, vol. 3, Heidelberg: Müller, 1990 [1947], p. 96.

isso, "culpado pela complacência da ciência jurídica alemã nos anos de nacional-socialismo".[712]

Na verdade, as questões que se apresentam para análise são as seguintes. Primeiro: o Positivismo Jurídico foi realmente a concepção jurídica hegemônica na Alemanha "por muitas décadas?" Tendo em vista que o texto de Radbruch foi escrito em 1946 e que um período de "muitas décadas" pressupõe *pelo menos* três décadas, a questão que se impõe é descobrir se o Positivismo Jurídico foi a concepção jurídica dominante na Alemanha entre – pelo menos – 1916 e 1946, o que compreende exata e completamente o período da República de Weimar e do Estado Nazista. Segundo: o que significa exatamente dizer que o Positivismo Jurídico é uma abordagem do fenômeno jurídico que se limita à análise do Direito Positivo? Terceiro: *Positivismo Jurídico* e *Democracia* são conceitos que em alguma medida se comunicam, seja de forma ontológica, seja de forma contingente? Ao que parece, uma resposta séria a todas essas questões somente pode ser dada a partir da reconstrução da história do *Positivismo Jurídico* – e também do *Antipositivismo* – na Alemanha, que aponte as circunstâncias históricas, políticas e sociais do seu surgimento e desenvolvimento.

Um parêntese deve, no entanto, ser aberto aqui. O conceito de Positivismo Jurídico – bem como outros conceitos fundamentais das ciências sociais (*Geisteswissenschaften*) – foi construído através de um período histórico bastante extenso. Disso decorrem alguns problemas conceituais, que podem ser a) semânticos, b) sintáticos ou c) taxinomáticos.

Em primeiro lugar, deve ser ressaltado que durante esse longo período de quase dois séculos de evolução, decantação e sedimentação, o conceito de Positivismo Jurídico assumiu ou pode ter assumido significados distintos no tempo e no espaço, dependendo do *conceito de Direito* adotado por cada autor.[713] Essa divergência *semântica* pode levar

---

[712] *"[D]er Positivismus (...) ist die Schuld, welche die deutsche Rechtswissenschaft mitzutragen hat an dem Rechtszustand der nationalsozialistischen Jahre"*. Idem, p. 96.

[713] Walter Ott explica bem os problemas relativos à determinação do conceito de Direito para a definição do Positivismo Jurídico, *in verbis*: "O problema (...) diz respeito à definição do conceito de Direito. [Aqui] são as perguntas sobre as características

CAPÍTULO II – A REFUTAÇÃO DA LENDA DO POSITIVISMO

um autor a definir determinada teoria, abordagem ou autor como positivista, enquanto outros podem caracterizá-los como não positivistas.[714]

Outra dificuldade – de natureza *sintática* – decorre do fato de que o termo *Positivismo Jurídico* é basicamente uma *re*construção conceitual da Teoria do Direito formada e consolidada a partir de elementos e conceitos de disciplinas diversas, como a Filosofia do Direito, o Direito Privado, a Teoria do Estado e o Direito Constitucional. Essas disciplinas não desenvolvem seus conceitos com a preocupação de sistematizar um conhecimento metanormativo, preocupação central da Teoria do Direito, e sim resolver as questões e problemas que lhes são próprios. Assim, por exemplo, no Direito Público e na Teoria do Estado é mais comum encontrar a referência ao termo Positivismo Estatal (*Staatsrechtlicher Positivismus*), uma vez que o enfoque está na questão da definição de competência dos órgãos do Estado, enquanto no Direito Privado é mais comum encontrar referência à expressão Positivismo Estatutário (*Gesetzespositivismus*), já que o enfoque da questão está na aplicação do Direito, mais especificamente nos problemas da interpretação jurídica e da lacunas dos textos legais. Esses *proto*conceitos não tinham obviamente a finalidade de fornecer subsídios para a construção do conceito de Positivismo Jurídico, e sim resolver problemas concretos que se apresentavam e demandavam soluções por parte de cada uma dessas disciplinas. Esses conceitos serviram, em grande medida, como ponto de partida para a Teoria do Direito desenvolver o

---

da positividade, sobre a validade, sobre a separação ou conexão entre o Direito e a moralidade, sobre a confiabilidade e arbitrariedade do conteúdo jurídico, sobre a obrigação jurídica e o direito de resistência em sentido jurídico, bem como a afinidade do Positivismo Jurídico com o Positivismo Filosófico". / "Der (...) Problemkreis betrifft die Bestimmung des Begriffs des Rechts. [Hier] gehören die Fragen nach den Merkmalen der Positivität, nach der Rechtsgeltung, nach der Trennung bzw. Verbindung von Recht und Moral, nach der Relativität und Beliebigkeit des Rechtsinhaltes, nach der Rechtspflicht und dem Widerstandsrecht im juristischen Sinne sowie nach der Verwandtschaft des juristischen Positivismus mit dem allgemeinen philosophischen Positivismus". OTT, Walter. *Der Rechtspositivismus*: Kritische Würdigung auf der Grundlage eines juristischen Pragmatismus. 2ª ed. Berlim: Duncker und Humblot, 1992, p. 107.

[714] Gustav Radbruch e sua Filosofia do Direito, como já visto, são considerados por alguns como positivistas, enquanto outros os consideram jusnaturalistas. Sobre o tema, remete-se o leitor aos itens 1.2.1.2. e 2.2.1.1. da presente investigação.

seu conceito de *Positivismo Jurídico em sentido estrito*, mas com eles não se confundem, possuindo seu campo peculiar de significado.

Por fim, uma dificuldade *taxinomática* também pode ser levantada. É muito comum que a construção de conceitos seja um trabalho *a posteriori,* que não se passa no mesmo período histórico e não é realizado pelos mesmos atores que forjaram elementos essenciais que seriam utilizados para a sua construção.[715] Autores como Gerber e Laband, por exemplo, que hoje inegavelmente são considerados "positivistas" e que inequivocamente se inserem dentro da tradição do *Positivismo Estatal (Staatsrechtlicher Positivismus)* da Teoria do Estado da segunda metade do Século XIX não se definiam como "positivistas". Esses conceitos são normalmente construídos de forma retrospectiva e, muitas vezes, por críticos de determinada abordagem, e não pelos seus defensores.[716] Isso só reforça o que foi dito há pouco: todo trabalho de construção conceitual é, na verdade, um processo de *re*construção, em que novos significados lhe são constantemente atribuídos.

Nenhuma dessas questões é nova. Todas elas são, há algum tempo, objeto de estudo da História das Ideias, uma subdisciplina da historiografia que reconhece que o significado de um conceito (ou ideia) está inserido em determinada cultura e está em constante mutação, de modo que um mesmo conceito possa ser associado a diferentes significados verificáveis

---

[715] No contexto alemão, por exemplo, a *"Begriffsjurisprudenz"* – comumente associada ao *Positivismo Jurídico* – é um desses conceitos alvo de inúmeros mal-entendidos. Frequentemente sua historicidade é simplesmente ignorada, acreditando-se que ela deve se adaptar a compreensões modernas que temos sobre o tema. SCHRÖDER, Jan. "Methodenlehre, historisch". *Enzyklopädie zur Rechtsphilosophie.* IVR (Deutsche Sektion) und Deutsche Gesellschaft für Philosophie, p. 36. Disponível em: http://www.enzyklopaedie-rechtsphilosophie.net. Acessado em: 01.07.2018.

[716] Ainda sobre a *"Begriffsjurisprudenz"*, por exemplo, trata-se de uma caricatura elaborada no início do Século XX por juristas que pretendiam apresentar uma nova metodologia de interpretação de textos legais, e não por juristas que supostamente a endossavam. Nenhum jurista jamais se definiu como seu defensor. HAFERKAMP, Hans-Peter. "Begriffsjurisprudenz". *Enzyklopädie zur Rechtsphilosophie.* IVR (Deutsche Sektion) und Deutsche Gesellschaft für Philosophie, p. 1. Disponível em: http://www.enzyklopaedie-rechtsphilosophie.net. Acessado em: 01.07.2018.

CAPÍTULO II – A REFUTAÇÃO DA LENDA DO POSITIVISMO

através do tempo.[717] Uma investigação do desenvolvimento histórico do Positivismo Jurídico, que leve em conta as suas variações *semânticas,* suas conexões *sintáticas* e suas sutilezas *taxinomáticas* durante quase dois séculos de história da Alemanha, é um tema que transcende os objetivos desta investigação e que está à espera de um autor.[718] Por isso, a presente investigação não irá se aprofundar em algumas sutilezas conceituais, de modo que eventuais distinções conceituais finas na reconstrução da história do Positivismo Jurídico na Alemanha somente serão apresentadas e utilizadas *na medida* em que isso for necessário à refutação da Lenda do Positivismo.

---

[717] Designa-se por *"Begriffsgeschichte"* o ramo da historiografia que tem por objeto o estudo dos diversos significados assumidos por uma mesma ideia ou conceito no tempo e no espaço, sendo regido pela fusão de duas tradições distintas. A primeira de matriz filosófica anglo-saxônica, que tem como seu percursor Quentin Skinner (1940-). Apoiado na filosofia da linguagem de John L. Austin (1911-1960), esta vertente abriu um campo de reflexão para uma história das ideias fortemente contextualizada e atenta à singularidade das situações históricas em que as ideias e os pensamentos são produzidos. Para a denominada Escola de Cambridge, as questões conceituais apenas se tornam inteligíveis através da análise das reconstruções retóricas operadas entre os agentes dotados de competências específicas e identificados pelas suas posições, disposições e predisposições. Já a segunda tradição, de matriz filosófica germânica, teve como seu idealizador Reinhart Koselleck (1923-2006), para quem as diferenças adquiridas pelos conceitos devem ser tematizadas dentro de um período racionalmente verificável, o que distingue a história das lendas, contos de fadas ou mitos. Enquanto a abordagem anglo-saxônica assume uma postura *sincrônica* na historiografia das ideias, a abordagem germânica assume uma postura *diacrônica* diante do mesmo fenômeno. O aspecto subversivo comum de ambas as abordagens consiste na explicação e variação histórica do conteúdo tácito-normativo no uso dos conceitos. Estas tradições, além de não serem contraditórias, são de certa forma *complementares,* viabilizando abordagens distintas – mas com similar instrumental metodológico – sobre uma mesma realidade conceitual, de acordo com o enfoque preponderantemente local ou temporal que se queira dar. Para um panorama destas duas tradições, bem como sobre a sua complementariedade, confira-se: PALONEN, Kari. "The History of Concepts as a Style of Political Theorizing Quentin Skinner's and Reinhart Koselleck's Subversion of Normative Political Theory". *European Journal of Political Theory*, nº 1, 2002, pp. 91 e ss. Doi: 10.1177/1474885102001001007.

[718] Uma análise abrangente e precisa do *Positivismo Jurídico*, focada, entretanto, mais na sua taxonomia do que no aspecto histórico, pode ser encontrada em: OTT, Walter. *Der Rechtspositivismus*: Kritische Würdigung auf der Grundlage eines juristischen Pragmatismus. 2ª ed. Berlim: Duncker und Humblot, 1992, pp. 10 e ss.

Pois bem. A história do Positivismo Jurídico alemão começa no final do século XVIII, fase de transição de um *Jusnaturalismo Teológico* para um *Jusnaturalismo Humanista*, época em que uma nova classe social, a burguesia, ascendia no cenário político europeu. Se em outros países como a França, por exemplo, ele nasce da necessidade de consolidar, já no final do século XVII, uma nova ideologia por meio de soluções gerais codificadas, na Alemanha o Positivismo Jurídico segue um caminho muito peculiar durante todo o século XIX, um caminho acidentado pelo qual o liberalismo tentava se impor como alternativa ao *ancien régime*. A análise desse "caminho especial alemão" (*Sonderweg*) deixa claro como o desenvolvimento das estruturas juspolíticas liberais alemãs difere significativamente do "padrão europeu", principalmente quando comparado os casos da França e da Grã-Bretanha.[719] O recurso à *Sonderwegthese*[720] ajuda compreender o movimento de migração do Positivismo Jurídico do Direito Privado para o Direito do Estado no século XIX, bem como a sua tomada de consciência como uma *Teoria Formal do Direito* na virada para o século XX (itens 2.3.1., 2.3.2. e 2.3.3.).

Depois de compreender o ambiente político em que o Positivismo Jurídico alemão foi forjado, será possível avaliar se ele foi, de fato, "a concepção dominante entre os juristas"[721] durante a República

---

[719] COLLINGS, Justin. *Democracy's guardians*: a history of the German Federal Constitutional Court (1951-2001). Oxford: Oxford University Press, 2015, p. 32. Uma apresentação mais ampla da *Sonderwegsthese* pode ser encontrada aqui: KÜHNL, Reinhard. *Deutschland seit der Französischen Revolution*: Untersuchungen zum deutschen Sonderweg. Heilbronn: Distel Verlag, 1996.

[720] Não se ignora, todavia, a objeção tradicional ao *Sonderwegsthese*, de que ela pressupõe que haja uma norma para o desenvolvimento histórico da Democracia Liberal. Ela é utilizada aqui como mero recurso de reconstrução histórica, com a finalidade de ressaltar as características alemãs e facilitar a compreensão do ambiente sociopolítico que deu origem ao Positivismo Jurídico. Aliás, uma publicação recente desafia (ou, no mínimo, relativiza ainda mais) a versão tradicional da "*Sonderwegsthese*", indicando que, durante o século XIX, a democracia alemã acompanhou o desenvolvimento das demais democracias europeias em diversos aspectos substanciais. RICHTER, Hedwig. *Demokratie*: eine deutsche Affäre vom 18 Jahrhundert bis zur Gegenwart. 3ª ed. Munique: C.H. Beck, 2020.

[721] "*Die unter den deutschen Juristen herrschende Auffassung: der Positivismus* (...)". RADBRUCH, Gustav. "Erneuerung des Rechts". *In*: KAUFMANN, A. (Coord.). *Rechtsphilosophie*. Gesamtausgabe Gustav Radbruch, vol. 3, Heidelberg: Müller, 1990 [1946], p. 80.

CAPÍTULO II – A REFUTAÇÃO DA LENDA DO POSITIVISMO

de Weimar (item 2.3.4.) e durante o Estado Nazista (item 2.3.5.). Adianta-se, aqui, parcialmente a conclusão para afirmar que, embora o Positivismo Jurídico seja um *player* constante na teoria jurídica alemã e tenha desfrutado de momentos de significativa importância teórica e prática, sempre houve constantes e poderosas vozes que a ele se opunham. Que o Positivismo Jurídico desempenhou um papel relevante na cultura jurídica alemã entre os séculos XIX e XX, não há dúvidas. Isso não significa, no entanto, que ele tenha se apresentado com uma primazia absoluta ou inconteste, capaz de moldar a consciência coletiva dos juristas de modo uniforme.

2.3.1 A pré-história do Positivismo Jurídico no *Vormärz* (1815-1848)

Na transição do século XVIII para o século XIX, a Alemanha era basicamente uma sociedade agrária,[722] que mantinha praticamente intacto o modelo socioeconômico do *ancien régime*.[723] Em comparação com os seus vizinhos como França e Inglaterra, sobretudo, seu desenvolvimento econômico estava muito atrasado,[724] permanecendo todos os meios de produção sob o monopólio de uma aristocracia de bases feudais.[725] Enquanto em diversos países da Europa Ocidental a burguesia comercial e industrial havia acumulado riquezas e se fortalecido politicamente já durante o século XVIII, quase todas as cidades da Alemanha permaneceram sob a influência direta da nobreza feudal e, por isso, a

---

[722] EISERMANN, Gottfried. *Die Grundlagen des Historismus in der deutschen Nationalökonomie*. Stuttgart: Ferdinand Enke, 1956, p. 43.
[723] STOLLEIS, Michael. *Geschichte des öffentlichen Rechts in Deutschland*. vol. 2, Staatsrechtslehre und Verwaltungswissenschaft (1800-1914). Munchen: C. H. Beck, 1992, p. 45.
[724] ROSENBAUM, Wolf. *Naturrecht und positives Recht*: Rechtssoziologische Untersuchungen zum Einfluß der Naturrechtslehre auf die Rechtspraxis in Deutschland seit Beginn des 19 Jahrhunderts. Darmstadt: Luchterhand, 1972, pp. 22 e ss.
[725] EISERMANN, Gottfried. *Die Grundlagen des Historismus in der deutschen Nationalökonomie*. Stuttgart: Ferdinand Enke, 1956, p. 45.

maior parte das riquezas era destinada a financiar um Estado que servia para manter a sua posição social.[726]

A permanência de estruturas medievais em pleno século XIX impediu que o desenvolvimento do Direito e a teoria jurídica alemã acompanhassem os seus vizinhos.[727] Na França, por exemplo, na medida que as demandas liberais foram paulatinamente consolidadas no século XVIII, o Jusnaturalismo iluminista de bases kantianas, que tinha por finalidade originária reformar as bases da sociedade estamental do Antigo Regime, converteu-se num sistema de justificação da obra já realizada e passou a ter a pretensão de consolidar a nova ideologia por intermédio de soluções gerais codificadas. O surgimento da *École de l'Exégèse*[728] e sua pretensão de completude e neutralidade na aplicação do Código de Napoleão deixava clara a função a ser desempenhada pela teoria jurídica na nova ordem estabelecida.[729]

---

[726] Idem, p. 45; ROSENBAUM, Wolf. *Naturrecht und positives Recht*: Rechtssoziologische Untersuchungen zum Einfluß der Naturrechtslehre auf die Rechtspraxis in Deutschland seit Beginn des 19 Jahrhunderts. Darmstadt: Luchterhand, 1972, pp. 22 e ss.

[727] ROSENBAUM, Wolf. *Naturrecht und positives Recht*: Rechtssoziologische Untersuchungen zum Einfluß der Naturrechtslehre auf die Rechtspraxis in Deutschland seit Beginn des 19 Jahrhunderts. Darmstadt: Luchterhand, 1972, pp. 47 e ss.

[728] A *École de l'Exégèse* foi um movimento teórico liderado pelos comentaristas do Código de Napoleão que pretendia consagrar um método de interpretação de textos jurídicos fundado no seu sentido literal, utilizando outros métodos interpretativos apenas com a função de tornar clara a vontade do legislador, legitimação única da autoridade da lei na medida em que essa vontade é legitimada pela vontade geral do povo. Para maiores detalhes, que vão desde questionamentos acerca da existência de uma Escola como realidade histórica delimitada até a definição de suas características, confira-se: MEDINA, Diego Eduardo López. *Teoría impura del derecho*: La transformación de la cultura jurídica latinoamericana. Bogotá: Legis, 2004, pp. 147 e ss.

[729] ROSENBAUM, Wolf. *Naturrecht und positives Recht*: Rechtssoziologische Untersuchungen zum Einfluß der Naturrechtslehre auf die Rechtspraxis in Deutschland seit Beginn des 19 Jahrhunderts. Darmstadt: Luchterhand, 1972, p. 59.

CAPÍTULO II – A REFUTAÇÃO DA LENDA DO POSITIVISMO

2.3.1.1 Nacionalismo e a resistência aos ideais do Iluminismo

De fato, o *Iluminismo* e seu subproduto, a *Revolução Francesa*, trouxeram consigo uma ruptura radical com a ordem vigente há séculos. Esse "desejo por mudanças"[730] encontrou, todavia, uma forte resistência por parte dos poderes instituídos na Alemanha e deu origem, já a partir de 1770,[731] a movimentos reacionários, muitas vezes violentos,[732] que tinham por finalidade impedir a transformação de uma sociedade confessional, estamental e centralizada "numa sociedade secular, igualitária e autogovernada".[733] A *raison d'être* desse movimento conservador[734] era a "proteção da herança do passado".[735]

O individualismo do pensamento Iluminista francês, em geral, e as demandas pela codificação do Direito, em particular, eram vistos na Alemanha como uma ameaça expansiva da política estrangeira, capaz de comprometer a ordem interna e ameaçar a existência nacional alemã.[736] A

---

[730] *"ein ausgeprägtes Gefühl für den Wandel"*. EPSTEIN, Klaus. *Die Ursprünge des Konservativismus in Deutschland* - der Ausgangspunkt: die Herausforderung durch die Französische Revolution (1770-1806). Frankfurt: Propyläen, 1973, p. 14.

[731] Idem, p. 9.

[732] *"eine heftige konservative Reaktion"*. Idem, p. 14.

[733] "O conservadorismo como movimento político tem sua razão de ser num oposição deliberada à intenção declarada de modificação de uma sociedade medieval rumo a uma sociedade secular, igualitária e autogovernada". / *"Der Konservativismus als eine zielgerichtete Bewegung hat seine raison d'être in einer bewussten Opposition gegen die erklärte Absicht der Bewegungspartei, die Gesellschaft in Richtung auf eine säkulare, egalitäre, sich selbst regierende Gesellschaft zu verändern"*. Idem, p. 9.

[734] Um estudo amplo acerca das origens do movimento conservador alemão entre 1770 e 1806, bem como suas peculiaridades diante do movimento conservador de outros países pode ser encontrado aqui: Idem, pp. 18 e ss.

[735] *"sich an das Erbe der Vergangenheit zu halten"*. EPSTEIN, Klaus. *Die Ursprünge des Konservativismus in Deutschland* - der Ausgangspunkt: die Herausforderung durch die Französische Revolution (1770-1806). Frankfurt: Propyläen, 1973, p. 26.

[736] ROSENBAUM, Wolf. *Naturrecht und positives Recht*: Rechtssoziologische Untersuchungen zum Einfluß der Naturrechtslehre auf die Rechtspraxis in Deutschland seit Beginn des 19 Jahrhunderts. Darmstadt: Luchterhand, 1972, p. 32.

falta de unidade do Estado alemão era um problema a ser resolvido e a sua própria burguesia não acreditava que era suficientemente forte para garantir a estabilidade social, de modo que a permanência de algumas estruturas do antigo regime eram essenciais para se evitar o caos e a anarquia.[737]

Essa insurgência contra os ideais da Revolução Francesa e do Iluminismo formaram a base da política alemã[738] no *Vormärz* (1815-1848),[739] numa formatação que se estendeu como estrutura fundamental da política nacional até 1871 e que, num sentido fraco, estendeu-se pelo menos até a década de 1970.[740] De acordo com a teoria política alemã vigente na época, a unidade nacional não era garantida pelo uso autônomo da razão, e sim por uma narrativa que consagrava um passado romântico comum idealizado, materializada no próprio "povo alemão" (*Deutsches Volk*), um organismo vivo que, em contraposição à concepção abstrata e racional do Iluminismo, representava a unidade espiritual-cultural concreta de uma história comum compartilhada pela "raça germânica", que reconhecia na figura do monarca a sua representação máxima.[741] O culto romântico à grande nação alemã aumentava na mesma proporção em que aumentava a ideia de perigo de tudo o que fosse considerado

---

[737] Idem, p. 35.

[738] Idem, p. 28.

[739] "Vormärz" é um termo que designa o período histórico que antecedeu à convocação da primeira Assembleia Nacional Constituinte alemã na primavera de 1848, em Paulskirche, Frankfurt. Embora o início deste período não esteja bem definido, costuma ser aceito que a Revolução Francesa, em julho de 1830, foi o seu ponto de partida. Há, no entanto, quem identifique seu início no Congresso de Viena, de 1815, onde 34 principados e quatro cidades livres formaram a Confederação Alemã. No âmbito internacional, esse período é normalmente conhecido por Era Metternich, um governo que exerceu forte controle e censura em resposta aos apelos revolucionários liberais. Todo o período é caracterizado por rápidas mudanças econômicas, sociais e políticas, e pela proliferação de ideias como liberdade, igualdade e fraternidade, nacionalismo, liberalismo e socialismo.

[740] SCHIEDER, Theodor. "Partikularismus und Nationalbewußtsein im Denken des deutschen Vormärz". *In*: CONZE, W. (Coord.). *Staat und Gesellschaft im deutschen Vormärz (1815-1848)*. Stuttgart: Klett, 1970, p. 29.

[741] ROSENBAUM, Wolf. *Naturrecht und positives Recht*: Rechtssoziologische Untersuchungen zum Einfluß der Naturrechtslehre auf die Rechtspraxis in Deutschland seit Beginn des 19 Jahrhunderts. Darmstadt: Luchterhand, 1972, p. 33.

estrangeiro. Identificar e definir o que significava ser "alemão" foi o grande desafio dessa época.[742]

É nesse contexto que o adjetivo *völkisch* (povo) ganha um significado peculiar, que iria ditar os rumos da cultura e das ciências sociais alemãs durante todo o século XIX e na primeira metade do século XX. "Povo" não era um conceito secularizado, a denotar o conjunto de pessoas dotadas de capacidade política, mas caracterizava um movimento histórico de redenção da germanidade. Tanto o substantivo "povo" (*Volk*), quanto o adjetivo "popular" (*völkisch*) assumem uma forte conotação étnica e racial, com a exclusão de toda influência estrangeira, referindo-se apenas àquilo que fosse erguido sobre a ideia de uma unidade orgânica, indivisível e de sangue ariano.

Por conta desse *background* histórico-social, as demandas pelo reconhecimento de um Direito Natural revolucionário foram relativizadas durante o *Vormärz* como reivindicações estrangeiras, inadequadas às necessidades do *"povo alemão"* (*Deutsches Volk*) e do *"Estado alemão"* (*Deutscher Staat*).[743] Diante da fraqueza do movimento liberal,[744] um movimento conservador[745] encontrou na Alemanha um terreno fértil para se desenvolver. Esse movimento deu origem ao Romantismo alemão, uma resposta ao Iluminismo francês, embasado na sacralização e na mitificação desse passado glorioso idealizado, cujo discurso a) apelava para o caráter nacional das ciências sociais, incompatível com certas tendências estrangeiras, b) buscava na

---

[742] ERIKSEN, Trond Berg; HARKET, Håkon; LORENZ, Einhart O. *História do anti-semitismo*: da antiguidade aos nossos dias. Lisboa: Edições 70, 2010, p. 193.

[743] ROSENBAUM, Wolf. *Naturrecht und positives Recht*: Rechtssoziologische Untersuchungen zum Einfluß der Naturrechtslehre auf die Rechtspraxis in Deutschland seit Beginn des 19 JahrhundertsDarmstadt: Luchterhand, 1972, p. 34.

[744] LEONHARD, Jörn. *Liberalismus*: zur historischen Semantik eines europäischen Deutungsmusters. Munique: Oldenbourg, 2001, p. 191.

[745] Note-se, no entanto, que esse movimento conservador não deve ser descrito como um movimento estritamente reacionário, pois ele acabou sendo, em grande medida, um aliado da burguesia na formatação juspolítica do Estado e do Direito alemão. SCHIEDER, Theodor. "Partikularismus und Nationalbewußtsein im Denken des deutschen Vormärz". *In*: Conze, W. (Coord.). *Staat und Gesellschaft im deutschen Vormärz (1815-1848)*. Stuttgart: Klett, 1970, p. 29.

tradição alemã as bases da organização social, política e jurídica[746] e c) servia de oposição às mudanças socioculturais trazidas pela modernidade, notadamente às ideias liberais de igualdade e de universalidade.

2.3.1.2 A situação da teoria jurídica: jusnaturalismo e Escola Histórica do Direito

No âmbito da teoria jurídica, é sabido que o Direito Natural reconheceu fundamentos filosóficos, teológicos e científicos diversos entre os séculos XVII e XVIII, que vão desde a) um Direito Natural de bases teológicas da Escolástica do final da Idade Média e das doutrinas da Reforma (Althusius e Hugo Grotius), passando por b) um Direito Natural destacado da teologia moral, desenvolvido em bases *naturalistas* do sistema *more geometrico* (Hobbes, Spinoza e Pufendorf),[747] depois por c) um Direito Natural revolucionário de bases Iluministas, apoiado no *liberalitas moralis* kantiano[748] (Thomasius).[749]

No caso da Alemanha, o modelo de Grotius (1583-1645), graças ao seu ancoramento teológico cristão, foi amplamente recepcionado,[750] enquanto Pufendorf (1632-1694) era reconhecido como uma das maiores autoridades do Direito Natural, principalmente por conectar o tomismo aristotélico com a matematização.[751] De todos os modelos "clássicos" do Direito Natural, o modelo kantiano foi o que menos

---

[746] ROSENBAUM, Wolf. *Naturrecht und positives Recht*: Rechtssoziologische Untersuchungen zum Einfluß der Naturrechtslehre auf die Rechtspraxis in Deutschland seit Beginn des 19 Jahrhunderts. Darmstadt: Luchterhand, 1972, p. 21.

[747] STOLLEIS, Michael. *Geschichte des öffentlichen Rechts in Deutschland*. Reichspublizistik und Policeywissenschaft (1600-1800). vol. 1, Munique: C.H. Beck, 1988, p. 269.

[748] LEONHARD, Jörn. *Liberalismus*: zur historischen Semantik eines europäischen Deutungsmusters. Munique: Oldenbourg, 2001, p. 187.

[749] STOLLEIS, Michael. *Geschichte des öffentlichen Rechts in Deutschland*. Reichspublizistik und Policeywissenschaft (1600-1800). vol. 1, Munique: C.H. Beck, 1988, p. 269.

[750] Idem, p. 280.

[751] Idem, p. 282.

CAPÍTULO II – A REFUTAÇÃO DA LENDA DO POSITIVISMO

repercutiu na teoria jurídica alemã (*deutsche Rechtswissenschaft*).[752] Não se deve ignorar, outrossim, que a teoria jurídica alemã do final do século XVIII assistiu ao surgimento de um "novo" Direito Natural derivado da Reforma Protestante,[753] que se opunha à tendência de secularização, com a identificação do *ius divinum* e do *ius naturale*, num movimento de resistência à historização e ao esvaziamento teológico (Reinking, Seckendorff, Veltheim).[754] Apesar de eventuais sutilezas ou divergências conceituais pontuais, uma visão panorâmica da Teoria do Estado do século XVIII demonstra uma paisagem bastante homogênea, que negava o fundamento último do poder estatal na vontade do indivíduo e reconhecia elementos normativos na sua fundação.[755]

De qualquer modo, o "perigo" da recepção e do desenvolvimento de um Direito Natural antropológico de bases Iluministas não poderia ser ignorado. Afinal, revoluções e Direito Natural *"sempre foram bons amigos"*.[756] O processo de secularização parecia ser um caminho sem volta e um Direito Natural teológico parecia ser incapaz de fornecer uma base sólida para as novas necessidades da teoria jurídica. A ciência parecia ser o único caminho possível e o resultado desse movimento foi o surgimento da Escola Histórica do Direito na primeira metade do século XIX.

O fato é que todo potencial revolucionário que o Direito Natural possa ter adquirido na Alemanha foi completamente esvaziado pela Escola Histórica do Direito, uma concepção de Ciência Jurídica

---

[752] LEONHARD, Jörn. *Liberalismus*: zur historischen Semantik eines europäischen Deutungsmusters. Munique: Oldenbourg, 2001, p. 191.
[753] STOLLEIS, Michael. *Geschichte des öffentlichen Rechts in Deutschland*. Reichspublizistik und Policeywissenschaft (1600-1800). vol. 1, Munique: C.H. Beck, 1988, pp. 274 e ss.
[754] Idem, p. 274.
[755] STOLLEIS, Michael. *Geschichte des öffentlichen Rechts in Deutschland*. Staatsrechtslehre und Verwaltungswissenschaft (1800-1914). vol. 2, Munchen: C. H. Beck, 1992, p. 123.
[756] *"immer gut befreundet gewesen"*. MAYER, Max Ernst. *Rechtsphilosophie*. Berlin: Julius Springer, 1922, p. 22.

(*Rechtswissenschaft*) que moldou a cultura jurídica alemã na primeira metade do século XIX e que, de certo modo, permanece relevante até os dias atuais.[757] Trata-se de um movimento conservador tipicamente alemão[758] que surgiu contra a tendência de codificação do Direito Civil[759] e tinha por objetivo impedir "*a aniquilação da nacionalidade alemã*".[760] Inaugurada[761] por Friederich Carl von Savigny (1777-1861) em 1814,[762] a Escola Histórica do Direito partia do pressuposto de que todo o Direito é sempre um Direito Positivo, não no sentido de um Direito criado artificialmente pela vontade arbitrária de um legislador,[763] mas sim no sentido de um Direito válido por força da interação das forças criativas

---

[757] SCHRÖDER, Jan. *Recht als Wissenschaft*: Geschichte der juristischen Methode vom Humanismus bis zur historischen Schule (1500-1850). Munique: C.H. Beck, 2001, p. 191.

[758] ROSENBAUM, Wolf. *Naturrecht und positives Recht*: Rechtssoziologische Untersuchungen zum Einfluß der Naturrechtslehre auf die Rechtspraxis in Deutschland seit Beginn des 19 Jahrhunderts. Darmstadt: Luchterhand, 1972, p. 48.

[759] STERN, Jaques. *Thibaut und Savigny* - zum 100 jährigen Gedächtnis des Kampfes um einheitliches bürgerliches Recht für Deutschland (1814-1914): die Originalschriften in ursprünglicher Fassung mit Nachträgen, Urteilen der Zeitgenossen und einer Einleitung. Berlim: Vahlen, 1914, p. 239.

[760] "*mit der Vernichtung unserer Nationalität enden mußte*". SAVIGNY, Friedrich Carl von. *Vom Beruf unsrer Zeit für Gesetzgebung und Rechtswissenschaft*. Heidelberg: Mohr und Zimmer, 1814, p. 2.

[761] SCHRÖDER, Jan. *Recht als Wissenschaft*: Geschichte der juristischen Methode vom Humanismus bis zur historischen Schule (1500-1850). Munique: C.H. Beck, 2001, p. 191. Contra: Defendendo a tese de que Gustav von Hugo (1764-1844) foi precursor ou pelo menos o cofundador da Escola Histórica. BUSCHMANN, Arno. "*Naturrecht und geschichtliches Recht*: Gustav Hugos Rechtsphilosophie und die Anfänge der geschichtlichen Rechtswissenschaft". *In*: BEHRENDS, O. (Coord.). *Elementa Iuris*: Vorträge zur feierlichen Eröffnung des Instituts. Schriftenreihe des Instituts für Rechtsgeschichte, Rechtsphilosophie und Rechtsvergleichung der Georg-August-Universität Göttingen, vol. 1, Baden-Baden: Nomos, 2009, pp. 17 e ss.

[762] SAVIGNY, Friedrich Carl von. *Vom Beruf unsrer Zeit für Gesetzgebung und Rechtswissenschaft*. Heidelberg: Mohr und Zimmer, 1814.

[763] SCHRÖDER, Jan. *Recht als Wissenschaft*: Geschichte der juristischen Methode vom Humanismus bis zur historischen Schule (1500-1850). Munique: C.H. Beck, 2001, p. 192.

CAPÍTULO II – A REFUTAÇÃO DA LENDA DO POSITIVISMO

irracionais do povo durante a sua história, e que é hermeneuticamente consolidado pela cultura como "um tema musical".[764]

Em contraposição à tendência racionalista, normativa e universalista do Direito Natural, a Escola Histórica ancorava o fundamento do Direito na cultura e na tradição[765] e buscava identificá-lo na facticidade das relações sociais, isto é, na sedimentação orgânica dos costumes que, através dos tempos, materializam-se na consciência coletiva do povo (*Volksgeist, Bewusstsein des Volkes*). Nesse sistema, o Direito Romano[766] ocupava um papel de destaque, já que ele moldava o Direito alemão desde a fundação do Sacro Império Romano Germânico.[767] Todavia, as construções e regras do Direito Romano, muitas vezes desconexas ou contraditórias entre si, deveriam ser sistematizadas pelos dos juristas[768] por meio da elaboração científica dos conceitos jurídicos e resultar num sistema fechado e orgânico.[769]

---

[764] *"ein musikalisches Thema"*. WIEACKER, Franz. *Privatrechtsgeschichte der Neuzeit*: unter besonderer Berücksichtigung der deutschen Entwicklung. 2ª ed. Göttingen: Vandenhoeck & Ruprecht, 1967, p. 388.

[765] STOLLEIS, Michael. *Geschichte des öffentlichen Rechts in Deutschland*. Staatsrechtslehre und Verwaltungswissenschaft (1800-1914). vol. 2, Munchen: C. H. Beck, 1992, p. 97.

[766] Não se ignora, todavia, que havia dentro da *Escola Histórica* uma divisão interna. De um lado, os Romanistas (ou Pandectistas), como Rudolf von Ihering, Georg Arnold Heise, Adolph von Vangerow e Bernhard Windscheid, entendiam que o Direito Romano recepcionado desde a fundação do Sacro Império Romano Germânico era a fonte primária do Direito, enquanto os germanistas como Karl Friedrich Eichhorn, Jacob Grimm, Georg Beseler ou Otto von Gierke viam essa fonte primária no Direito Medieval. Schröder, Jan. *Recht als Wissenschaft*: Geschichte der juristischen Methode vom Humanismus bis zur historischen Schule (1500-1850). Munique: C.H. Beck, 2001, pp. 206 e ss.

[767] *Sacro Império Romano-Germânico* (em latim: *Sacrum Imperium Romanum*; em alemão: *Heiliges Römisches Reich*) era o nome oficial dado para a região europeia dominada pelos imperadores romano-alemães durante a Alta Idade Média e que continuou até sua dissolução em 1806, como decorrência das guerras napoleônicas.

[768] Para uma descrição detalhada da metodologia proposta pela Escola Histórica: SCHRÖDER, Jan. *Recht als Wissenschaft:* Geschichte der juristischen Methode vom Humanismus bis zur historischen Schule (1500-1850). Munique: C.H. Beck, 2001, pp. 191 e ss.

[769] ROSENBAUM, Wolf. *Naturrecht und positives Recht*: Rechtssoziologische Untersuchungen zum Einfluß der Naturrechtslehre auf die Rechtspraxis in Deutschland

2.3.2 O surgimento do Positivismo Jurídico durante a Restauração (1848-1871)

O crescente descontentamento com a ordem político-social vigente e o ainda modesto[770] fortalecimento da burguesia alemã levou à eclosão, em 1848, da Revolução de Março,[771] quando o imperador, com receio dos levantes populares cada vez mais comuns, convocou uma nova constituinte. O liberalismo alemão, que desde as suas origens teve uma íntima relação com as ideias conservadoras,[772] começou finalmente a se apresentar como uma força política independente. A burguesia alemã, que até então tivera uma atuação mais defensiva, passou a apresentar reivindicações mais ousadas.[773] Embora a Revolução tenha fracassado[774] e uma nova ordem liberal não tenha sido implementada de forma tão bem-sucedida como em outros lugares da Europa, houve importantes mudanças na estrutura da sociedade alemã, com destaque para a completa e efetiva extinção das relações feudais sobre a terra, a abolição da hierarquia entre classes e a reorganização dos meios de produção e da vida econômica sob as novas bases liberais.[775]

Essas modificações permitiriam nas décadas seguintes um crescimento econômico mais acelerado, bem como o surgimento de uma autêntica

---

seit Beginn des 19 Jahrhunderts. Darmstadt: Luchterhand, 1972, pp. 48 e ss.

[770] A fraqueza da burguesia alemã nessa época pode ser medida pelo fato de que no ano de 1946, por exemplo, apenas a cidade de Londres consumiu mais carvão (*Steinkohle*) do que a Alemanha inteira. EISERMANN, Gottfried. *Die Grundlagen des Historismus in der deutschen Nationalökonomie*. Stuttgart: Ferdinand Enke, 1956, p. 51.

[771] Como já foi visto acima, o período que se inicia em 1815 e que se estende até a deflagração das Revoluções em março de 1848 é conhecido como *Restauração* ou *Pré-Março* (*Vormärz*).

[772] EISERMANN, Gottfried. *Die Grundlagen des Historismus in der deutschen Nationalökonomie*. Stuttgart: Ferdinand Enke, 1956, p. 31.

[773] Idem, p. 73.

[774] "Fracassado" porque os príncipes reinantes conseguiram reprimir os levantes pela força, dissolver o Parlamento de Frankfurt e reestabelecer a Liga Alemã em 1850. STOLLEIS, Michael. *Geschichte des öffentlichen Rechts in Deutschland*. Staatsrechtslehre und Verwaltungswissenschaft (1800-1914). vol. 2, Munchen: C. H. Beck, 1992, p. 275.

[775] FULBROOK, Mary. *A concise history of Germany*. 2ª ed. Nova York: Cambridge University Press, 2004, pp. 116 e ss.

CAPÍTULO II – A REFUTAÇÃO DA LENDA DO POSITIVISMO

burguesia moderna.[776] Sem ignorar as peculiaridades da sua estrutura social, a Alemanha da segunda metade do século XIX era um típico exemplo de um Estado estamental em vias de industrialização, composto por a) uma *burguesia* ascendente e defensora de uma pauta liberal, notadamente no que diz respeito ao fim de barreiras comerciais internas, por b) uma *aristocracia* retrógrada, defensora de um nacionalismo romântico, com a glorificação de um Império Medieval idealizado, e por c) um *proletariado* que pretendia instaurar uma revolução comunista para toda a humanidade, em que todas as classes e o próprio Estado desapareceriam.[777]

Todavia, na busca de consolidação do seu poder e influência política, a burguesia alemã não pôde fundamentar suas exigências nos termos do Direito Natural.[778] Se durante os séculos XVII e XVIII, a teoria jurídica alemã medieval foi dominada por uma tentativa de desenvolver *ius publicum universale* com um forte ancoramento no Direito Natural tomista-eclesiástico,[779] no *Vormärz* todas as tentativas de edificação de um Direito Natural de bases revolucionárias foram sufocadas pela Escola Histórica do Direito, um movimento conservador de base historicista, como já foi dito. A burguesia, portanto, teve que desenvolver uma Teoria do Estado e do Direito apropriada às suas condições políticas peculiares e, ao mesmo tempo, explicar porque não seguiu as teorias ocidentais. Essa dupla função serviu como ponto de partida histórico do pensamento juspolítico moderno alemão[780] e condicionou de forma decisiva o desenvolvimento da sua teoria jurídica a partir da segunda metade do século XIX.

---

[776] ROSENBAUM, Wolf. *Naturrecht und positives Recht*: Rechtssoziologische Untersuchungen zum Einfluß der Naturrechtslehre auf die Rechtspraxis in Deutschland seit Beginn des 19 Jahrhunderts. Darmstadt: Luchterhand, 1972, pp. 25 e ss.

[777] FULBROOK, Mary. *A concise history of Germany*. 2ª ed. Nova York: Cambridge University Press, 2004, pp. 104 e ss.

[778] ROSENBAUM, Wolf. *Naturrecht und positives Recht*: Rechtssoziologische Untersuchungen zum Einfluß der Naturrechtslehre auf die Rechtspraxis in Deutschland seit Beginn des 19 Jahrhunderts. Darmstadt: Luchterhand, 1972, p. 20.

[779] STOLLEIS, Michael. *Geschichte des öffentlichen Rechts in Deutschland*. Reichspublizistik und Policeywissenschaft (1600-1800). vol. 1, Munique: C.H. Beck, 1988, pp. 268 e ss.

[780] ROSENBAUM, Wolf. *Naturrecht und positives Recht*: Rechtssoziologische Untersuchungen zum Einfluß der Naturrechtslehre auf die Rechtspraxis in

Essa base historicista, originalmente componente do pensamento conservador, passou a fazer parte do pensamento juspolítico liberal alemão. Prova disso é que a maior parte dos teóricos liberais do Estado defendiam a forma de governo de uma monarquia constitucional.[781] Enquanto a burguesia acreditava que apenas por intermédio de uma forte autoridade monárquica poderia alcançar seus objetivos políticos, a monarquia percebeu que seu próprio poder, especialmente o militar, dependia do aumento da produção industrial,[782] ou seja, forças conservadoras e liberais souberam criar concessões recíprocas para alcançarem objetivos comuns.[783] Não foi, portanto, o estabelecimento da liberdade sociopolítica e a construção de um Estado pautado pela soberania popular que estavam na linha de frente dos objetivos burgueses, mas sim um interesse comum em torno da unificação do Estado.[784] Nessa versão "não iluminista", a "liberdade germânica" seguiu por um caminho "orgânico-histórico", cuja função era legitimar a forma monárquica genuinamente alemã, definida como "o casamento harmonioso da realeza com a liberdade popular".[785] Pelo menos até esse momento da história alemã, liberalismo e democracia não eram ideias necessariamente irmãs.[786]

Deutschland seit Beginn des 19 Jahrhunderts. Darmstadt: Luchterhand, 1972, p. 32.

[781] STOLLEIS, Michael. *Geschichte des öffentlichen Rechts in Deutschland*. Staatsrechtslehre und Verwaltungswissenschaft (1800-1914). vol. 2, Munchen: C. H. Beck, 1992, p. 185.

[782] ROSENBAUM, Wolf. *Naturrecht und positives Recht*: Rechtssoziologische Untersuchungen zum Einfluß der Naturrechtslehre auf die Rechtspraxis in Deutschland seit Beginn des 19 Jahrhunderts. Darmstadt: Luchterhand, 1972, p. 27.

[783] STOLLEIS, Michael. *Geschichte des öffentlichen Rechts in Deutschland*. Staatsrechtslehre und Verwaltungswissenschaft (1800-1914). vol. 2, Munchen: C. H. Beck, 1992, p. 154.

[784] ROSENBAUM, Wolf. *Naturrecht und positives Recht*: Rechtssoziologische Untersuchungen zum Einfluß der Naturrechtslehre auf die Rechtspraxis in Deutschland seit Beginn des 19 Jahrhunderts. Darmstadt: Luchterhand, 1972, pp. 44 e ss.

[785] HUMMEL, Jacky. "Allemagne (Doctrines allemandes de l'État et du droit de Hegel à Jellinek)". *In*: ALLAND, D.; RIALS, S. (Coord). *Dictionnaire de la culture juridique*. Paris: Quadrige/Lamy-PUF, 2003, p. 40.

[786] STOLLEIS, Michael. *Geschichte des öffentlichen Rechts in Deutschland*. Staatsrechtslehre und Verwaltungswissenschaft (1800-1914). vol. 2, Munchen: C. H. Beck, 1992, p. 185.

CAPÍTULO II – A REFUTAÇÃO DA LENDA DO POSITIVISMO

2.3.2.1 Em busca de um novo fundamento para o Estado: o *Rechtsstaat*

Diante desse contexto, o princípio monárquico foi simplesmente absorvido pela Teoria do Estado alemã de viés liberal. Na verdade, durante a segunda metade do século XIX, as concepções políticas conservadora e liberal confluíram em grande medida na Teoria do Estado e da Constituição.[787] Diferentemente dos Estados Unidos ou da França, o ancoramento político da Constituição não era uma *volonté générale* manifestada depois de um marco zero revolucionário. O Estado não era o resultado de um contrato, mas sim uma realidade que se institui *de facto*.[788] Para o liberalismo monárquico alemão, o Estado não era definido pelo reconhecimento da soberania do *povo*, mas sim caracterizado pela soberania da *lei*.[789] Toda a modernização somente viria de cima pra baixo, de sorte o reconhecimento e a teorização do poder monárquico, de um lado, e o reconhecimento de limites para este, de outro, formavam a díade fundamental do Direito Público alemão.[790]

Isso explica, por exemplo, a notável evolução do Direito Administrativo, a partir da segunda metade do século XIX, e ressalta o traço característico do Estado de Direito (*Rechtsstaat*) alemão, principalmente quando comparado ao princípio inglês do *"rule of law"*. O objetivo político do Estado e a sua legitimidade não integram esse conceito. Ele lida apenas com as formas legais pelas quais a liberdade do cidadão deve ser protegida diante do Estado, isto é, sua preocupação é definir os limites da atividade estatal. Por isso, "o Estado de Direito significa em primeiro lugar, a legalidade da Administração, de sorte que todas as intervenções do Estado na propriedade

---

[787] ROSENBAUM, Wolf. *Naturrecht und positives Recht*: Rechtssoziologische Untersuchungen zum Einfluß der Naturrechtslehre auf die Rechtspraxis in Deutschland seit Beginn des 19 Jahrhunderts. Darmstadt: Luchterhand, 1972, p. 43.

[788] STOLLEIS, Michael. *Geschichte des öffentlichen Rechts in Deutschland*. Staatsrechtslehre und Verwaltungswissenschaft (1800-1914). vol. 2, Munchen: C. H. Beck, 1992, p. 171.

[789] HUMMEL, Jacky. "Allemagne (Doctrines allemandes de l'État et du droit de Hegel à Jellinek)". *In*: ALLAND, D.; RIALS, S. (Coord). *Dictionnaire de la culture juridique*. Paris: Quadrige/Lamy-PUF, 2003, pp. 39 e ss.

[790] STOLLEIS, Michael. *Geschichte des öffentlichen Rechts in Deutschland*. Staatsrechtslehre und Verwaltungswissenschaft (1800-1914). vol. 2, Munchen: C. H. Beck, 1992, p. 100.

e na esfera pessoal do cidadão somente podem ser efetuadas com base na lei".[791] De outro lado, no que diz respeito à atuação da Administração Pública, a área de liberdade do Administrador deve ser restrita, tanto quanto possível, para evitar eventual ato arbitrário, somente sendo-lhe autorizado a fazer aquilo que a lei expressamente permitir. Esses princípios do Estado de Direito devem ser salvaguardados pelos tribunais sempre que o cidadão se sentir afetado pela atuação da Administração Pública.[792]

Verifica-se, portanto, que a teoria liberal alemã do Estado, na construção do seu conceito de soberania, eliminou o conteúdo político e social real da atividade do Estado de suas considerações. O conhecimento jurídico deve se limitar a verificar a validade da lei, isso é, se a lei foi editada de acordo com as regras legais pré-estabelecidas. A verificação de questões como a atividade política de criação do Direito, bem como seu eventual conteúdo político ou ético, não é uma atribuição da Ciência do Direito (*Rechtswissenschaft*), sempre subordinada à forma estritamente legal em que a atividade do Estado se desenvolve.

E aqui está a nota essencial de diferenciação entre o *"Rechtsstaat"* e o *"rule of law"*: essa é a forma legal da democracia parlamentar inglesa e não pode ser pensada sem suas implicações políticas, já que ela está intimamente ligada à história política do *Common Law*, que representa desde 1689 um bastião contra o Absolutismo. Após a Revolução, o Parlamento controlado pelas principais classes da sociedade assumiu o controle do rei e foi formalmente capaz de mudar cada proposição do *Common Law* tradicional. No entanto, a doutrina do *rule of law* não se limita a este aspecto técnico, mas inclui como um elemento crucial de sua definição que a lei pela qual o governo intervém na sociedade é o direito comum tradicional desenvolvido pelos tribunais independentes, isto é, o Direito reconhecido pelos representantes do "povo" no Parlamento.[793]

---

[791] *"Rechtsstaat bedeutet nach der deutschen Lehre zuallererst Gesetzmäßigkeit der Verwaltung. Darunter fällt einmal, daß alle Eingriffe des Staates in das Eigentum und in die persönliche Sphäre des Bürgers nur durch Gesetz oder auf Grund eines Gesetzes erfolgen dürfen"*. ROSENBAUM, Wolf. *Naturrecht und positives Recht*: Rechtssoziologische Untersuchungen zum Einfluß der Naturrechtslehre auf die Rechtspraxis in Deutschland seit Beginn des 19 Jahrhunderts. Darmstadt: Luchterhand, 1972, p. 44.

[792] Idem, p. 44.

[793] Idem, p. 45.

Já o *Rechtsstaat* não pressupunha, em suas origens, uma formatação necessariamente compatível com o sistema democrático. Do ponto de vista técnico, o Estado de Direito alemão nada mais é do que o reconhecimento de que a Administração só pode agir com base na lei em vigor e pode ser processada pelo cidadão individual perante os tribunais, com ênfase no Direito Administrativo, e não no Direito Constitucional.[794] Na doutrina do *Rechtsstaat* encontrava-se uma solução de compromisso para o problema que foi o epicentro dos conflitos políticos concretos entre a monarquia e a burguesia desde o começo do século XIX. Do "fracasso" da Revolução de 1848, os liberais extraíram a lição de que o campo da política não se reduz a um mero conflito de ideias, sendo caracterizado pelo predomínio dos fatores reais de poder.[795] E seria justamente através de uma abordagem mais "realista"[796] do Estado dentro de um sistema constitucional positivo que a burguesia iria avançar sua pauta nas décadas seguintes.[797]

2.3.2.2 *Spätkonstitutionalismus* e a migração do *Gesetzespositivismus* para o Direito do Estado

O período compreendido entre a Revolução de 1848 e a unificação definitiva ocorrida em 1871 foi caracterizado pelo recrudescimento de um regime político monárquico conservador e uma política econômica relativamente progressista, que resultou num crescimento econômico

---

[794] HUMMEL, Jacky. "Allemagne (Doctrines allemandes de l'État et du droit de Hegel à Jellinek)". *In*: ALLAND, D.; RIALS, S. (Coord). *Dictionnaire de la culture juridique*. Paris: Quadrige/Lamy-PUF, 2003, pp. 40 e ss.

[795] Idem, pp. 40 e ss.

[796] Neste contexto que nasce, por exemplo, a expressão *Realpolitik*, que aparece pela primeira vez em 1853 na obra de A. L. von Rochau, para traduzir essa nova exigência de uma política fundada em dados reais e exigências concretas. ROCHAU, August Ludwig von. *Grundsätze der Realpolitik*: Angewendet auf die staatlichen Zustände Deutschlands. Frankfurt: Ullstein, 1972, pp. 2 e ss.

[797] ROSENBAUM, Wolf. *Naturrecht und positives Recht*: Rechtssoziologische Untersuchungen zum Einfluß der Naturrechtslehre auf die Rechtspraxis in Deutschland seit Beginn des 19 Jahrhunderts. Darmstadt: Luchterhand, 1972, p. 45.

consistente, na urbanização, na expansão da educação pública, na difusão científica e na proliferação de instituições culturais e uma rica vida associativa, denotando que uma sólida cultura burguesa se enraizava paulatinamente na Alemanha. Entretanto, ao mesmo tempo, para a grande maioria do povo alemão, a vida parecia seguir como antes: uma vida campesina de grandes famílias reunidas em comunidades relativamente compactas, geralmente controladas pela Igreja local e normalmente alheia ou incapaz de perceber as drásticas mudanças que ocorriam no âmbito nacional.[798]

Sob o ponto de vista jurídico, esse período é denominado como *Constitucionalismo Tardio (Spätkonstitutionalismus)*, um movimento marcado sobretudo pela "independência"[799] da Ciência do Direito em face do Direito Natural, pela "separação do Direito do Estado como parte da Ciência do Direito e do Direito Geral como parte da Filosofia"[800] e pela "formação de uma verdadeira ciência do Direito Positivo".[801] Esse movimento é caracterizado por uma nova metodologia da Teoria do Estado e do Direito Público na Alemanha, resultante da importação da metodologia do Direito Privado,[802] que dava "ênfase exclusiva ao elemento lógico-sistemático da interpretação" e "se limitava a explicar o Direito Positivo apenas por si", com a supressão de "todos os meios de interpretação filosóficos, políticos e históricos".[803]

---

[798] FULBROOK, Mary. *A concise history of Germany*. 2ª ed. Nova York: Cambridge University Press, 2004, pp. 122 e ss.

[799] "independência fundamental da ciência do Direito Positivo do Estado da doutrina do Direito Natural". / "*grundsätzliche Selbständigkeit der Wissenschaft des positiven Staatsrechts gegenüber der Naturrechtsdoktrin*". REHM, Hermann. *Geschichte der Staatsrechtswissenschaft*. Tübingen: Mohr, 1896, p. 256.

[800] "*Trennung zwischen positivem Staatsrecht als Teil der Jurisprudenz und allgemeinem Staatsrecht als Teil der Philosophie*". Idem, p. 255.

[801] "*Entstehung einer wahren Rechtswissenschaft des allgemeinen Staatsrechts*". Idem, p. 260.

[802] PAULY, Walter. *Der Methodenwandel im deutschen Spätkonstitutionalismus*: ein Beitrag zu Entwicklung und Gestalt der Wissenschaft vom Öffentlichen Recht im 19 Jahrhundert. Tübingen: Mohr, 1993, pp. 11 e ss.

[803] "*durch eine ausschließlich einseitige Hervorkehrung des logisch-systemachen Elements der Auslegung*", "*lediglich aus sich selbst heraus*", "*philosophischen, politischen und historischen Auslegungsbehelfe*". REHM, Hermann. *Geschichte der Staatsrechtswissenschaft*. Tübingen: Mohr, 1896, pp. 256-260.

CAPÍTULO II – A REFUTAÇÃO DA LENDA DO POSITIVISMO

Carl Friedrich Wilhelm von Gerber (1859-1923),[804] um dos grandes juristas do seu tempo no âmbito do Direito Privado e considerado por alguns (com razão) como o fundador do Direito do Estado (*Staatsrecht*),[805] foi o grande pioneiro dessa transição. Gerber considerava inúteis todas as tentativas anteriores de fundamentação (seja histórica, filosófica ou política) do Estado moderno,[806] defendeu a possibilidade de análise das normas constitucionais sem valorações políticas[807] e apresentou um sistema jurídico fundado em descrições tipicamente "positivistas",[808] dentre as quais se destaca a fundamentação do poder estatal na *vontade* do monarca,[809] o

---

[804] Carl Friedrich Wilhelm von Gerber estudou Direito em Heidelberg e habilitou-se em 1844 na Universidade de Jena. Em 1847 tornou-se professor na Universidade de Erlangen e em 1851 mudou-se para a Universidade de Tübingen. Gerber tornou-se Professor na Universidade de Jena em 1862, mas foi no ano seguinte transferiu-se para a Universidade de Leipzig. STOLLEIS, Michael. *Juristen*: ein biographisches Lexikon von der Antike bis zum 20 Jahrhundert. Munique: Beck, 2001, pp. 237 e ss; STOLLEIS, Michael. *Geschichte des öffentlichen Rechts in Deutschland*. Staatsrechtslehre und Verwaltungswissenschaft (1800-1914). vol. 2, Munchen: C. H. Beck, 1992, pp. 331 e ss.

[805] PAULY, Walter. *Der Methodenwandel im deutschen Spätkonstitutionalismus*: ein Beitrag zu Entwicklung und Gestalt der Wissenschaft vom Öffentlichen Recht im 19 Jahrhundert. Tübingen: Mohr, 1993, p. 95.

[806] STOLLEIS, Michael. *Geschichte des öffentlichen Rechts in Deutschland*. Staatsrechtslehre und Verwaltungswissenschaft (1800-1914). vol. 2, Munchen: C. H. Beck, 1992, p. 334.

[807] PAULY, Walter. *Der Methodenwandel im deutschen Spätkonstitutionalismus*: ein Beitrag zu Entwicklung und Gestalt der Wissenschaft vom Öffentlichen Recht im 19 Jahrhundert. Tübingen: Mohr, 1993, p. 142.

[808] STOLLEIS, Michael. *Geschichte des öffentlichen Rechts in Deutschland*. Staatsrechtslehre und Verwaltungswissenschaft (1800-1914). vol. 2, Munchen: C. H. Beck, 1992, p. 334.

[809] "Como legislador, o Estado revela sua vontade na forma de normas abstratas (...). Mas antes de tudo, algumas disposições sobre a própria constituição do Estado são necessárias: leis fundamentais, leis constitucionais, leis sobre serviço público, ordens municipais etc. Por isso, é do interesse público que os demais ramos da Administração sejam regulados na forma de legislação". / "*Als Gesetzgeber offenbart der Staat seinen Willen in der Form abstrakter Normen. (...) Vor allem bedarf es einer festen gesetzlichen Bestimmung des Staatsrechts selbst - Grundgesetze, Verfassungsgesetze, Gesetze über den Staatsdienst, Gemeindeordnungen u.s.w.; sodann fordert das öffentliche Interesse, dass die wichtigsten Zweige der Verwaltung in der Form der Gesetzgebung reguliert (...) werden*". GERBER, Carl Friedrich Wilhelm von. *Grundzüge eines Systems des deutschen Staatsrechts*. Leipzig: Tauchnitz, 1865, p. 137.

reconhecimento do Estado como uma pessoa jurídica,[810] em moldes semelhantes àqueles utilizados pelo Direito Privado,[811] e a subordinação do monarca ao Direito Positivo.[812]

De fato, apenas a partir da obra *Principais Fundamentos de um Sistema do Direito do Estado Alemão* (*Grundzüge eines Systems des deutschen Staatsrechts*) de 1865, o Direito do Estado passa a ser encarado como o ramo do conhecimento que se ocupa com o estudo da manifestação da vontade do Estado (*Die Lehre vom Staatswillen*)[813] e tem por finalidade responder a seguinte pergunta: "O que o Estado pode querer?".[814] Sua finalidade, portanto, é definir o conteúdo e o alcance do poder estatal, bem como definir através de quais órgãos e formas o Estado pode e deve expressar sua vontade.[815]

Assim, para Gerber, toda questão constitucional pode ser reduzida a uma questão sobre o conteúdo, escopo, limites, órgãos, formas da atuação estatal e procedimentos a serem adotados pelo Estado.[816] Por consequência, a função das normas constitucionais é justamente regular o conteúdo, os limites e as formas pelas quais o Estado manifesta a sua vontade.[817] Embora Gerber tivesse uma inclinação política conservadora e defendesse a monarquia como forma de governo, sua Teoria do Estado

---

[810] Idem, pp. 1 e ss.
[811] STOLLEIS, Michael. *Geschichte des öffentlichen Rechts in Deutschland*. Staatsrechtslehre und Verwaltungswissenschaft (1800-1914). vol. 2, Munchen: C. H. Beck, 1992, p. 333.
[812] GERBER, Carl Friedrich Wilhelm von. *Grundzüge eines Systems des deutschen Staatsrechts*. Leipzig: Tauchnitz, 1865, pp. 71 e ss.
[813] PAULY, Walter. *Der Methodenwandel im deutschen Spätkonstitutionalismus*: ein Beitrag zu Entwicklung und Gestalt der Wissenschaft vom Öffentlichen Recht im 19 Jahrhundert. Tübingen: Mohr, 1993, p. 141. GERBER, C. GERBER, Carl Friedrich Wilhelm von. *Grundzüge eines Systems des deutschen Staatsrechts*. Leipzig: Tauchnitz, 1865,
[814] "*Was kann der Staat als solcher wollen?*". GERBER, Carl Friedrich Wilhelm von. *Grundzüge eines Systems des deutschen Staatsrechts*. Leipzig: Tauchnitz, 1865, p. 3.
[815] Idem, p. 3.
[816] PAULY, Walter. *Der Methodenwandel im deutschen Spätkonstitutionalismus*: ein Beitrag zu Entwicklung und Gestalt der Wissenschaft vom Öffentlichen Recht im 19 Jahrhundert. Tübingen: Mohr, 1993, p. 141.
[817] Idem, p. 142.

era estruturada sobre a premissa democrática da soberania popular,⁸¹⁸ já que o exercício do poder estatal deveria estar sempre ligado a uma finalidade pública e não poderia jamais ser arbitrário.⁸¹⁹

2.3.3 A consolidação do Positivismo Jurídico no *Kaiserreich* (1871-1918)

Depois de um período de lutas políticas regionais, a Alemanha foi finalmente unificada em 1871 na forma de uma monarquia parlamentar-constitucional, com a proclamação do Rei da Prússia Guilherme I como Kaiser e a nomeação de Otto von Bismarck como chanceler.⁸²⁰ Esse processo foi menos o resultado ou expressão do nacionalismo alemão do que uma forma de expansionismo e colonização prussianos da Alemanha não prussiana, em rivalidade a uma Áustria excluída.⁸²¹

A formação do *Kaiserreich* (também conhecido como 2º Reich alemão) resultou numa espécie de Império *federal*, no qual os Estados constituintes mantinham suas monarquias e um poder considerável sobre questões internas, embora a política externa e a guerra fossem áreas de competência nacional. Os membros do Parlamento (*Reichstag*), embora eleitos diretamente pelo sufrágio masculino universal secreto, tinham pouco poder e, na prática, apenas desabafavam suas opiniões.⁸²²

---

818 GERBER, Carl Friedrich Wilhelm von. *Grundzüge eines Systems des deutschen Staatsrechts*. Leipzig: Tauchnitz, 1865, pp. 140 e ss.
819 PAULY, Walter. *Der Methodenwandel im deutschen Spätkonstitutionalismus*: ein Beitrag zu Entwicklung und Gestalt der Wissenschaft vom Öffentlichen Recht im 19 Jahrhundert. Tübingen: Mohr, 1993, p. 143.
820 KIRK, Tim. *Cassell's dictionary of modern German history*. Londres: Cassell, 2002, pp. 137 e ss.
821 FULBROOK, Mary. *A concise history of Germany*. 2ª ed. Nova York: Cambridge University Press, 2004, p. 128.
822 Idem, p. 129.

2.3.3.1 Os "mandarins" e o seu papel na cultura alemã

Antes, no entanto, de falar sobre a consolidação do Positivismo Jurídico, é preciso fazer um breve parêntese para discorrer sobre o surgimento de uma "classe" da sociedade alemã que viria a ter uma enorme influência sobre todos os rumos do Estado alemão durante todo o *Kaiserreich* (1971-1918) e durante a República de Weimar (1918-1933).

A transformação gradual de um Estado essencialmente feudal numa monarquia altamente burocrática favoreceu o surgimento e o desenvolvimento de uma elite intelectual forte e autoconsciente: os "mandarins".[823] Trata-se de uma elite social e cultural que devia seu *status* principalmente às qualificações educacionais, em vez de direitos hereditários ou riqueza. Esse grupo era formado por médicos, advogados, funcionários públicos e outros profissionais que adquiriam uma elevada titulação acadêmica e que eram aprovados num determinado tipo de exame regulamentado pelo Estado.

De todos os membros desse seleto grupo, um deles tinha especial destaque: os professores universitários, já que eles cuidavam da "dieta educacional" dessa elite, estipulavam os padrões de qualificação para ingresso de novos membros do grupo e atuavam como seus porta-vozes nas questões culturais. Todo o complexo de padrões institucionais, sociais e culturais que garantia a influência dos "mandarins" nos assuntos do Estado tinha seu centro nas universidades.[824]

As universidades tinham, portanto, um papel central na construção do imaginário mandarim. De maneira geral, o Iluminismo não foi bem recebido no ambiente universitário alemão. Isso não quer dizer que a Alemanha não tenha tido o seu próprio *Aufklärung*, mas o fato

---

[823] O termo foi utilizado originalmente por Fritz Ringer como uma referência à elite tradicional de funcionários instruídos na China. RINGER, Fritz K. *The decline of the German mandarins*: the German academic community (1890-1933). Cambridge Mass.: Harvard University Press, 1969, p. 5.

[824] Idem, pp. 81 e ss.

CAPÍTULO II – A REFUTAÇÃO DA LENDA DO POSITIVISMO

é que este diferiu de seu congênere anglo-francês em vários aspectos importantes. O principal traço característico do *Aufklärung*, essa versão especificamente alemã do Iluminismo, foi a relativização do elemento empirista que predominou, por exemplo, na Inglaterra e um interesse positivo e constante pelas questões religiosas, em especial na tentativa de manutenção das implicações espirituais e morais do cristianismo, ao contrário do que ocorreu na França.[825]

O centro das preocupações do *Aufklärung* era a formação espiritual do homem, o que fica claro com o termo *Bildung*, fundamental na pedagogia alemã e que designa, ao mesmo tempo, as ideias de educação, formação e cultivo da mente e da alma dentro de um ambiente cultural, o que somente pode ser alcançado por meio do entendimento (*Verstehen*) e do vivenciamento (*Erleben*) empáticos.[826] Se, de um lado, é correto afirmar que o *Aufklärung*, assim como o Iluminismo anglo-francês, compreendia a importância e tinha uma grande preocupação com o processo da formação do homem, por outro lado, o conceito especificamente alemão *"Bildung"* apresenta um modelo totalmente particular do processo de aprendizagem, com características essencialmente idealistas e românticas.

Com o passar do tempo, essa elite acadêmica (os "mandarins intelectuais") cansou-se do papel puramente técnico que lhes era atribuído pelo sistema. Suas aspirações pessoais vão além das de meros especialistas e eles começam a exigir reconhecimento como uma espécie de nobreza espiritual, de modo que os seus valores deveriam servir como um modelo para toda a sociedade alemã. Ademais, por serem homens extremamente eruditos, eles tendiam a rejeitar a importância de qualquer conhecimento que fosse considerado como meramente "prático" ou "técnico". Em vez disso, consideram o aprendizado como um processo no qual o contato com fontes veneradas resulta na absorção de seu conteúdo espiritual.[827]

---

[825] Idem, p. 83.
[826] Idem, p. 86 e ss.
[827] Idem, p. 9.

Essa tendência era especialmente reforçada entre os professores universitários ligados às ciências humanas e sociais, que acumularam um poder ainda maior. Especial destaque tinham os professores das disciplinas ligadas ao Direito do Estado e à Teoria Política. Eles falavam em nome dessa classe privilegiada e tinham uma enorme autoridade em todos os assuntos do Estado. Muitos alemães, quando desejavam formar uma opinião sobre assuntos culturais e políticos, orientavam-se por esses "mandarins intelectuais".[828]

Na medida em que a sociedade e o Estado alemão se modernizavam, muitos desses "mandarins" intelectuais sentiam que a sua influência na vida social e cultural da Alemanha estava sob ameaça. Esse sentimento ficou ainda mais intenso por volta de 1890, quando a defesa da germanicidade representada pelo ideal *völkisch* passou a ter, de forma gradativa, cada vez mais importância. A tarefa de preservar seus valores tradicionais foi assumida por muitos desses acadêmicos num misto de desespero e rebelião, o que os levou muitas vezes à xenofobia, ao antissemitismo, ao racismo e ao nacionalismo agressivo.[829]

A compreensão do papel desempenhado pelos "mandarins", em geral, e pelos "mandarins" intelectuais, em particular, no contexto da sociedade alemã fornece o pano de fundo para a compreensão de alguns fenômenos e acontecimentos relevantes da vida cultural, social, política e jurídica durante o *Kaiserreich* (1871-1933) e que serão apresentados até o final deste capítulo 2. Primeiramente, permite compreender por que o ambiente acadêmico alemão era desfavorável à recepção do Positivismo Jurídico, uma vez que suas bases anti-idealistas representavam tudo o que a cultura "mandarim" mais desprezava. Além disso, permite compreender os desdobramentos da contrarrevolução conservadora ocorrida na Alemanha durante o século XIX. Assim como o desenvolvimento do liberalismo trilhou um caminho peculiar na Alemanha (o *Sonderweg*), muito acidentado e com inúmeras concessões ao *establishment* político, o Iluminismo, ao desembarcar na Alemanha, também sofreu várias "derrotas", o que

---

[828] Idem, p. 6.
[829] Idem, p. 81.

acabou gerando a versão idealizada e romantizada do *Aufklärung*. Por fim, permite compreender o gradual processo de radicalização nacionalista, violenta e reacionária de parcela significativa das elites burocráticas alemãs, em especial da academia, bem como o seu papel de destaque nos ataques à República de Weimar e na posterior legitimação do Estado Nazista.

2.3.3.2 O *Staatsrechtlicher Positivismus* de Paul Laband

Se Gerber iniciou o processo de transição do Positivismo Jurídico do Direito Privado para o Direito Público, sem dúvida a consolidação desse movimento foi efetivada por Paul Laband (1838-1918).[830] Também originário do Direito Privado,[831] Laband migra aos poucos para o Direito Público. Inspirado na obra de Gerber,[832] Laband publicou (1876-1882) sua *opus maximum* em três volumes, *Direito do Estado do Reich Alemão (Staatsrecht des Deutschen Reiches)*, obra essa que viria a se tornar o manual dos juristas no *Kaiserreich* e que serviu de base para gerações de publicistas alemães.[833] Diante da importância e repercussão (inclusive

---

[830] Paul Laband estudou Direito na Universidade de Breslau, na Universidade de Heidelberg e depois em Berlim. Ele era descendente de judeus e em 1857 converteu-se do judaísmo para a Igreja Protestante. Laband habilitou-se em Heidelberg em 1861, lá trabalhando como *Privatdozent*. Em 1864, tornou-se Professor Extraordinário em Königsberg e, em 1872, tornou-se professor titular em Estrasburgo, onde permaneceu até sua aposentadoria. MUßGNUG, Reinhard. "Paul Laband (1838-1918)". *In*: HÄBERLE, P.; KILIAN, M.; WOLFF, H. (Coord.). *Staatsrechtslehrer des 20 Jahrhunderts*. Berlim: De Gruyter, 2015, pp. 3 e ss.; STOLLEIS, Michael. *Juristen*: ein biographisches Lexikon von der Antike bis zum 20 Jahrhundert. Munique: Beck, 2001, p. 375; STOLLEIS, Michael. *Geschichte des öffentlichen Rechts in Deutschland*. Staatsrechtslehre und Verwaltungswissenschaft (1800-1914). vol. 2, Munchen: C. H. Beck, 1992, pp. 341 e ss.

[831] MUßGNUG, Reinhard. "Paul Laband (1838-1918)". *In*: HÄBERLE, P.; KILIAN, M.; WOLFF, H. (Coord.). *Staatsrechtslehrer des 20 Jahrhunderts*. Berlim: De Gruyter, 2015, p. 14.

[832] Idem, p. 14.

[833] Idem, p. 15.

internacional)[834] dessa obra, há quem diga que "todo trabalho do Direito do Estado posterior a Laband está apoiado sobre seus ombros",[835] de modo que até mesmo os seus oponentes teóricos admitiam que o seu trabalho era "um produto intelectual de destaque, com a qual todas as novas abordagens teóricas deve[ria]m dialogar".[836]

A transposição da metodologia de interpretação e aplicação dos textos normativos do Direito Privado para o Direito Constitucional foi a maior das suas contribuições teóricas.[837] Concentrando-se em princípios lógicos-formais em vez de indagações filosóficas ou políticas,[838] Laband defendeu uma abordagem científica que reconhecesse a completude do ordenamento jurídico "em semelhança ao ordenamento da natureza",[839] de modo que "a criação de um instituto jurídico não [deve] ser subordinado a um conceito metajurídico, o que seria tão impensável quando a invenção de uma nova categoria lógica ou a emergência de uma nova força da natureza".[840] Na ausência de normas estabelecidas pelo Estado, a regra jurídica deveria ser inferida a partir do que supostamente seria um Direito válido, mesmo sem a sua aprovação explícita.

---

[834] Idem, p. 12.

[835] *"Alle staatsrechtliche Arbeit nach Laband steht auf seinen Schultern"*. ZORN, Philipp. "Die Entwicklung der Staatsrechtswissenschaft seit 1866". *Jahrbuch des öffentlichen Rechts der Gegenwart*, n° 1, 1907, pp. 72 e ss.

[836] *"hervorragende geistige Product, mit welchem die neue Schule steht und fällt"*. STOERK, Felix. *Zur Methodik im öffentlichen Recht*. Viena: Hölder, 1885, p. 341; STOLLEIS, Michael. *Geschichte des öffentlichen Rechts in Deutschland*. Staatsrechtslehre und Verwaltungswissenschaft (1800-1914). vol. 2, Munchen: C. H. Beck, 1992, p. 341.

[837] MUẞGNUG, Reinhard. "Paul Laband (1838-1918)". *In*: HÄBERLE, P.; KILIAN, M.; WOLFF, H. (Coord.). *Staatsrechtslehrer des 20 Jahrhunderts*. Berlin: De Gruyter, 2015, p. 21.

[838] Idem, p. 16.

[839] *"wie die Ordnung der Natur"*. LABAND, Paul. *Das Budgetrecht*: Nach den Bestimmungen der Preußischen Verfassungs-Urkunde unter Berücksichtigung des Norddeutschen Bundes. Berlim: De Gruyter, 1871, p. 75.

[840] *"die Schaffung eines neuen Rechtsinstitutes, welches einem höheren und allgemeineren Rechtsbegriff überhaupt nicht untergeordnet werden kann, gerade so unmöglich wie die Erfindung einer neuen logischen Kategorie oder die Entstehung einer neuen Naturkraft"*. LABAND, Paul. *Das Staatsrecht des Deutschen Reiches*. vol. 1, Tübingen: Laupp, 1876, p. 4.

CAPÍTULO II – A REFUTAÇÃO DA LENDA DO POSITIVISMO

Essas regras são criadas por analogia e inferências internas do próprio sistema, por meio da integração indireta realizada a partir do material disperso em conceitos e instituições legais já positivados.[841]

Desse modo, apenas a lei válida pode ser entendida como Direito no sentido jurídico da expressão. Dando continuidade ao conceito proposto por Gerber, Laband definiu a lei como "a manifestação da vontade do Estado, cujo conteúdo é uma proposição jurídica, uma norma para regular ou decidir relações jurídicas",[842] uma "forma" constante de "regulação de relações sociais multifacetadas", que, no entanto, é tão constante em relação a conteúdos variáveis quanto "a matemática em relação à física".[843] Essa vontade, que se manifesta por intermédio do processo legislativo, tem sempre a finalidade de regular uma conduta com força vinculante, isto é, com a garantia e por meio de uma *"sanção"*.[844]

Outra relevante contribuição de Laband para a teoria constitucional foi a distinção entre lei em sentido formal e lei em sentido material,[845]

---

[841] HERBERGER, Maximilian. *"Logik und Dogmatik bei Paul Laband*: zur Praxis der sog. juristischen Methode im Staatsrecht des Deutschen Reiches". *In*: HEYEN, E. V. (Coord.). *Wissenschaft und Recht der Verwaltung seit dem Ancien Régime*: Europäische Ansichten. Frankfurt: Klostermann, 1984, pp. 91 e ss.; STOLLEIS, Michael. *Geschichte des öffentlichen Rechts in Deutschland*. vol. 2, Staatsrechtslehre und Verwaltungswissenschaft (1800-1914). Munchen: C. H. Beck, 1992, p. 344.

[842] *"Äußerung des Staatswillens (...), deren Inhalt ein Rechtssatz, eine Norm zur Regelung oder Entscheidung von Rechtsverhältnissen ist"*. LABAND, Paul. *Das Budgetrecht*: Nach den Bestimmungen der Preußischen Verfassungs-Urkunde unter Berücksichtigung des Norddeutschen Bundes. Berlim: De Gruyter, 1871, p. 3.

[843] *"O Direito é apenas a forma, a casca exterior de relações sociais complexas e é precisamente uma característica da forma que possa ser tratada independentemente de qualquer conteúdo. Assim é a matemática em relação à física, que remonta a fórmulas matemáticas"*. / *"Das Recht ist lediglich die Form, die äussere Hülle der verwickelten und vielgestaltigen gesellschaftlichen Verhältnisse und es ist gerade eine Eigenschaft der Form, dass sie unabhängig von jedem Inhalt behandelt werden kann. So die Mathematik im Verhältnis zur Physik, welche auf mathematische Formeln zurückgeht"*. LABAND, Paul. "Alfredo Bartolomei, Diritto pubblico e teoria della conoscenza!". *Archiv des öffentlichen Rechts*, nº 19, p. 61e, 1905.

[844] LABAND, Paul. *Das Staatsrecht des Deutschen Reiches*. vol. 2, Tübingen: Laupp, 1878, pp. 8 e ss.

[845] LABAND, Paul. *Das Budgetrecht*: Nach den Bestimmungen der Preußischen Verfassungs-Urkunde unter Berücksichtigung des Norddeutschen Bundes. Berlim:

o que permitiria mais tarde o desenvolvimento da noção de igualdade *na* lei, em acréscimo à demanda liberal clássica da igualdade *perante* à lei.[846] A partir dessa distinção, Laband defendeu que o legislador podia editar não apenas normas jurídicas, mas também decretos e outros atos administrativos, que, uma vez previstos por lei, teriam a mesma força vinculante.[847] Essa possibilidade decorre do amplo poder conferido pela Constituição ao legislador, de sorte que "não há qualquer assunto da vida estatal que não possa se tornar conteúdo de uma lei".[848]

O reconhecimento da onipotência da vontade do legislador foi, ainda que de forma tímida, construída sob a premissa democrática da soberania popular e, por isso, marca um importante passo dado na construção de uma Democracia Liberal. Somado com o conceito bipartido de lei, esse reconhecimento assume, então, um poder explosivo considerável.[849] Uma vez que a tendência das monarquias constitucionais da época era a concentração do Poder Legislativo no Parlamento, a estrutura jurídico-estatal apresentada por Laband fortalecia a separação de poderes e reconhecia, em última análise, a submissão completa do monarca ao órgão de representação popular, num sistema[850] que já reconhecia o voto universal secreto masculino.

Em síntese, se Gerber teve um brilhante *insight* metodológico quanto ao Direito do Estado e à Teoria do Estado, Laband atuou de

---

De Gruyter, 1871, pp. 3 e ss.

[846] MUßGNUG, Reinhard. "Paul Laband (1838-1918)". *In*: HÄBERLE, P.; KILIAN, M.; WOLFF, H. (Coord.). *Staatsrechtslehrer des 20 Jahrhunderts*. Berlim: De Gruyter, 2015, p. 16.

[847] Idem, p. 17.

[848] "*Es gibt mit einem Wort keinen Gegenstand des gesamten staatlichen Lebens, ja man kann sagen, keinen Gedanken, welcher nicht zum Inhalt eines Gesetzes gemacht werden könnte.* LABAND, Paul. *Das Staatsrecht des Deutschen Reiches*. vol. 2, Tübingen: Laupp, 1878, p. 63.

[849] MUßGNUG, Reinhard. "Paul Laband (1838-1918)". *In*: HÄBERLE, P.; KILIAN, M.; WOLFF, H. (Coord.). *Staatsrechtslehrer des 20 Jahrhunderts*. Berlim: De Gruyter, 2015, p. 17.

[850] ZIPPELIUS, Reinhold; WÜRTENBERGER, Thomas. *Deutsches Staatsrecht*: ein Studienbuch. 32ª ed. Munique: Beck, 2008, p. 6.

forma concreta e deu um passo adiante, adaptando a metodologia do Direito Privado para a interpretação do Direito Constitucional codificado,[851] dizendo como a Constituição funcionava, em vez de simplesmente apresentar considerações abstratas sobre a natureza do Estado.[852] Por intermédio desse processo, Laband a um só tempo conferiu plena autonomia científica ao Direito do Estado (*Staatsrecht*) perante a Teoria do Estado (*Staatslehre*),[853] reconheceu a possibilidade de um estudo do Direito Positivo por uma disciplina autônoma e proporcionou aos juristas o arsenal metodológico prático que eles tanto precisavam.[854] Com a *Escola Gerber-Laband* inicia-se, assim, uma "nova época do Direito do Estado", em que o poder estatal é o ponto de partida para a compreensão do Direito[855] e o Direito Positivo passa a ser a única preocupação do Direito do Estado.[856]

2.3.3.3 O reconhecimento do Positivismo Jurídico como uma Teoria Formal do Direito

A consolidação de uma Teoria *Formal* do Direito e o desenvolvimento político alemão da segunda metade do século XIX permitiram,

---

851 PAULY, Walter. *Der Methodenwandel im deutschen Spätkonstitutionalismus*: ein Beitrag zu Entwicklung und Gestalt der Wissenschaft vom Öffentlichen Recht im 19 Jahrhundert. Tübingen: Mohr, 1993, p. 22.
852 MUẞGNUG, Reinhard. "Paul Laband (1838-1918)". *In*: HÄBERLE, P.; KILIAN, M.; WOLFF, H. (Coord.). *Staatsrechtslehrer des 20 Jahrhunderts*. Berlim: De Gruyter, 2015, p. 22.
853 Idem, p. 21.
854 Idem, p. 23.
855 "*Epoche des Staatsrechts*". PAULY, Walter. *Der Methodenwandel im deutschen Spätkonstitutionalismus*: ein Beitrag zu Entwicklung und Gestalt der Wissenschaft vom Öffentlichen Recht im 19 Jahrhundert. Tübingen: Mohr, 1993, p. 24.
856 "Com crescente rigor, cresce a visão de que a doutrina do Direito do Estado deve lidar apenas que lidar com o Direito Constitucional Positivo". / "*Mit zunehmender Strenge der Auffassung, daß sich die Staatsrechtswissenschaft nur mit positivem Staatsrecht zu beschäftigen hat* (...)". Idem, p. 129.

finalmente, que o Direito Público e a Teoria do Estado vigente até o terceiro quarto do século XIX, impregnada de conceitos metafísicos, aristocráticos e idealistas, fosse completamente substituída.[857] Se até então a unidade política do Estado era um fato histórico e a unidade jurídica era uma realidade descrita a partir dos costumes pela sistematização científico-racional dos juristas (e não o povo),[858] a partir de agora, a tarefa da Ciência do Direito não era mais declarar o Direito como resultado do acesso racional a uma realidade imanente por uma casta privilegiada (os juristas), seja oriundo de valores metajurídicos, seja oriundo da realidade histórica, mas sim e tão-somente descrever o Direito Positivo e apresentar métodos de interpretação e aplicação que lhe guardem fidelidade.

Não se deve ignorar, outrossim, o movimento que acontecia em paralelo no Direito Privado. Enquanto Laband lançou as bases da transformação do *Positivismo Científico (Wissenschaftlicher Positivismus)* para o *Positivismo Estatal (Staatsrechtlicher Positivismus)*,[859] a codificação do Direito Privado do final do século XIX determinou a transformação desse mesmo *Positivismo Científico (Wissenschaftlicher Positivismus)*[860] para um *Positivismo Estatutário (Gesetzespositivismus)*,[861] segundo o qual

---

[857] ROSENBAUM, Wolf. *Naturrecht und positives Recht*: Rechtssoziologische Untersuchungen zum Einfluß der Naturrechtslehre auf die Rechtspraxis in Deutschland seit Beginn des 19 Jahrhunderts. Darmstadt: Luchterhand, 1972, p. 48.

[858] "As leis eram o trabalho de praticantes e acadêmicos treinados em ciência pandética. A existência do Direito correspondia à unidade da ciência jurídica". / "*Die Gesetze waren überwiegend das Werk der durch die Pandektenwissenschaft geschulten Praktiker und Gelehrten. Die Rechtseinheit war als Einheit der Rechtswissenschaft (...)*". Idem, p. 54.

[859] PAULY, Walter. *Der Methodenwandel im deutschen Spätkonstitutionalismus*: ein Beitrag zu Entwicklung und Gestalt der Wissenschaft vom Öffentlichen Recht im 19 Jahrhundert. Tübingen: Mohr, 1993, pp. 186 e ss.

[860] PAULSON, Stanley L. "The very idea of legal positivism". *Revista Brasileira de Estudos Políticos*, nº 102, p. 141, 2011.

[861] ROSENBAUM, Wolf. *Naturrecht und positives Recht*: Rechtssoziologische Untersuchungen zum Einfluß der Naturrechtslehre auf die Rechtspraxis in Deutschland seit Beginn des 19 Jahrhunderts. Darmstadt: Luchterhand, 1972, p. 54.

CAPÍTULO II – A REFUTAÇÃO DA LENDA DO POSITIVISMO

a tarefa dos juristas não era mais sistematizar e interpretar um Direito Histórico, e sim sistematizar e a interpretar o *Direito Positivo, (im)posto e criado* previamente pela vontade[862] de uma autoridade política.[863] É nesse momento da história alemã que o *Positivismo Jurídico* deixa de ser apenas "uma concepção segundo a qual o Direito equivale a um sistema que não leva em conta avaliações extrajudiciais, religiosas ou sociais", para uma concepção segundo a qual "todo Direito é criado pelo Estado ou pelo mesmo autorizado".[864]

O objetivo central dessa nova abordagem do final do século XIX era "eliminar a autoridade da lei natural, profissionalizar a Ciência do Direito por meio de conceitos objetivos, conferir ao Estado como legislador plena autoridade"[865] e, como consequência, "compreender a

---

[862] Importante notar que, nessa altura, o *Positivismo Jurídico* ainda não se encontrava completamente despido de elementos naturalísticos e/ou outras ficções, como, por exemplo, a ideia de "vontade do legislador". Esta emancipação somente iria se completar mais tarde, com a Teoria Pura do Direito, de Hans Kelsen. PAULSON, Stanley L. "The very idea of legal positivism". *Revista Brasileira de Estudos Políticos*, nº 102, p. 144, 2011.

[863] *"Ao excluir todas as considerações políticas e éticas como injustas, o Positivismo Jurídico restringiu a ciência jurídica à interpretação e aplicação do Direito válido [lei]. A questão da legitimidade política ou moral do Direito e de sua função social foi afastada desde o início".* / *"Indem der Positivismus alle politischen und ethischen Überlegungen als unjuristisch ausschloß, konzentrierte er die Rechtswissenschaft auf die Interpretation und Anwendung des geltenden, positiven (Gesetzes-)Rechts. Das Problem des Rechts verengte sich auf das der Rechtsanwendung. Die Frage nach der politischen oder sittlichen Legitimität des Rechts und nach seiner gesellschaftlichen Funktion war von vornherein abgeschnitten".* ROSENBAUM, Wolf. *Naturrecht und positives Recht*: Rechtssoziologische Untersuchungen zum Einfluß der Naturrechtslehre auf die Rechtspraxis in Deutschland seit Beginn des 19 Jahrhunderts. Darmstadt: Luchterhand, 1972, p. 60.

[864] BROCKMÖLLER, Annette. *Die Entstehung der Rechtstheorie im 19 Jahrhundert in Deutschland*. Baden-Baden: Nomos, 1997, p. 34.

[865] "A ideia central do 'Positivismo Estatutário', cunhado no Direito Constitucional alemão no final do século XIX, sobretudo por Karl Friedrich Wilhelm von Gerber e Paul Laband, era suprimir a lei natural, profissionalizar a ciência do direito através de conceitos neutros em relação ao valor e conferir ao Estado plena autoridade enquanto legislador". / *"Der Kerngedanke auch des in der deutschen Staatsrechtslehre im späten 19. Jahrhundert vor allem von Carl Friedrich Wilhelm von Gerber und Paul Laband geprägten 'etatistischen Rechtspositivismus' war 'das Naturrecht zu verdrängen, die Wissenschaft vom Recht durch wertneutrale Begriffe zu professionalisieren und dem Staat als Gesetzgeber eine uneingeschränkte*

Constituição como uma verdadeira lei".[866] Essa despolitização da *Jurisprudenz*, tanto no Direito Público quanto no Direito Privado, foi ápice de um longo e antigo processo, uma demanda liberal revolucionária represada ao longo de todo o século XIX, que visava substituir as fundações aristocráticas remanescentes da Teoria do Estado e implementar uma Teoria *Democrática* do Estado.[867] Uma análise histórico-jussociológica demonstra claramente que "o Positivismo Jurídico é o produto da ruína do seu Idealismo apolítico antecessor, que dominou a Teoria do Direito e da Constituição durante o *século XIX*".[868]

Embora origens mais remotas do Positivismo Jurídico possam ser encontradas — principalmente no que diz respeito ao fenômeno da positivação —, já no século XVII[869] ou mesmo na Grécia Antiga,[870] é nesse

---

Autorität zu verleihen"'. SANDKÜHLER, Hans Jörg. *Nach dem Unrecht*: Plädoyer für einen neuen Rechtspositivismus. Freiburg: Verlag Karl Alber, 2015, p. 165.

[866] KORIOTH, Stefan. "... *soweit man nicht aus Wien ist oder aus Berlin*: die Smend/Kelsen-Kontroverse". *In*: PAULSON, S. L.; STOLLEIS, M. (Coord.). *Hans Kelsen*: Staatsrechtslehrer und Rechtstheoretiker des 20 Jahrhunderts. Tübingen: Mohr Siebeck, 2005, p. 320.

[867] ROSENBAUM, Wolf. *Naturrecht und positives Recht*: Rechtssoziologische Untersuchungen zum Einfluß der Naturrechtslehre auf die Rechtspraxis in Deutschland seit Beginn des 19 Jahrhunderts. Darmstadt: Luchterhand, 1972, p. 54

[868] "*Eine rechtssoziologisch-historische Untersuchung zeigt, daß der Positivismus selbst ein Zerfallsprodukt des ihm vorausgegangenen unpolitischen Idealismus in der deutschen Rechts- und Verfassungstheorie des 19. Jahrhunderts ist*". Idem, p. 21.

[869] Talvez a primeira expressão histórica mais clara do Positivismo Jurídico esteja em *Leviatã* (1651), de Thomas Hobbes (1588-1679). Embora o Direito Natural não estivesse completamente descartado a essa altura, era o mesmo submetido a fortes críticas, notadamente em razão de sua incapacidade de garantir a segurança individual e a paz social. HOBBES, Thomas. *Leviathan*. Cambridge texts in the history of political thought. Cambridge, Nova York: Cambridge University Press, 1996, pp. 91 e ss.

[870] Embora, obviamente, a discussão da origem do *Positivismo Jurídico* possa ser remetida até a Grécia Clássica, deve ser registrado que os textos daquela época não estavam disponíveis para os escolásticos até o final do século XII. Após a queda do Império Romano, quase tudo o que era disponível sobre a filosofia grega na Europa Continental eram fragmentos em latim ou literatura secundária, geralmente elaborada por autores latinos do antigo Império. E foi sobre *essa base de dados* que a escolástica dos séculos XI e XII iniciou o desenvolvimento do conceito que se

CAPÍTULO II – A REFUTAÇÃO DA LENDA DO POSITIVISMO

momento que o Positivismo Jurídico surge na história como uma Teoria do Direito consciente de si mesma.[871] Qualquer que seja o caso, e independentemente de influências recebidas por abordagens positivistas nas ciências e na filosofia, o Positivismo Jurídico é uma forma de pensar o Direito resultante de um longo processo histórico de reconhecimento da sua *positividade*,[872] quer dizer, o Direito é algo *posto*, e não algo *pressuposto*. Ele é sempre *criado* por uma autoridade terrena, e nunca apenas *revelado* num nível metafísico. Num sentido amplo, o Positivismo Jurídico engloba "qualquer teoria que pretenda definir o que é o Direito a partir de determinadas características empíricas e evitando suposições metafísicas".[873]

É nesse momento da história alemã que a "arraigada especulação filosófica"[874] e o subjetivismo de uma "Pseudofilosofia do Direito",[875] hipnotizada pelo sonho metafísico de uma "ideia de Direito" (*Rechtsidee*) ou "Direito da Razão" (*Rechtsvernunft*),[876] foram finalmente abandonados em favor de uma *Teoria do Direito*, preocupada unicamente com a estrutura lógica do ordenamento e das normas jurídicas, deixando para a *Política*

---

investiga. Embora os textos gregos tenham se tornado acessíveis em momento posterior e tenham contribuído para as discussões acerca do Direito Natural, já havia na aurora do 2º milênio toda uma tradição consolidada em volta da ideia de positivação, no sentido de um Direito Posto. EYNDE, Damian van der. "The Terms 'Ius Positivum' and 'Signum Positivum' in Twelfth-Century Scholasticism". *Franciscan Studies*, nº 9, 1949, pp. 41 e ss.

[871] PAULSON, Stanley L. "The very idea of legal positivism". *Revista Brasileira de Estudos Políticos*, nº 102, 2011, pp. 141 e ss.

[872] DIMOULIS, Dimitri. *Positivismo Jurídico*: Introdução a uma teoria do direito e defesa do pragmatismo jurídico-político. São Paulo: Método, 2006, p. 68.

[873] "*Unter Rechtspositivismus soll verstanden werden jede Theorie, die unter Vermeidung metaphysischer Annahmen den Begriff des Rechts mit Hilfe empirischer Merkmale bestimmt, die jeweils veränderlich sind*". OTT, Walter. "Was heißt Rechtspositivismus?" *In*: MAYER-MALY, D.; AMBROSETTI, G.; MARCIC, R. (Coord.). *Das Naturrechtsdenken heute und morgen*: Gedächtnisschrift für René Marcic. Berlin: Duncker & Humblot, 1983, p. 417.

[874] "*Die entfesselte philosophische Spekulation*". BERGBOHM, Karl. *Jurisprudenz und Rechtsphilosophie*: Kritische Abhandlungen. Leipzig: Duncker & Humblot, 1892, p. 5.

[875] "*Die pseudorechtsphilosophischen Gebilde*". Idem, p. 23.

[876] Idem, p. 116.

toda e qualquer questão relativa ao Direito Ideal. "Quando falamos de uma 'Teoria do Direito', e não de uma 'Filosofia do Direito'", escreveu Kelsen, "deve ser entendido que esse problema (o problema da justiça, do Direito Natural, justo e absoluto), cuja solução especulativa é geralmente entendida primariamente pelo termo 'Filosofia do Direito', não deve ser incluído no círculo dessas discussões".[877] Uma vez que "todo e qualquer Direito tem sua origem remota no e pelo Estado e apenas a lei é válida como genuína forma de Direito",[878] o único Direito que interessa para a Ciência do Direito (*Rechtswissenschaft*) é o Direito "em sentido objetivo" (*Recht im objektiven Sinn*), ou seja, o Direito "válido" ou "positivo", assim entendido como o "Direito Estatal".

Esse ciclo de transição do Positivismo Jurídico do Direito Privado para o Direito Público iria conhecer mais uma etapa no início do século XX: o reconhecimento da Teoria do Direito (*Rechtstheorie*) como disciplina autônoma, um ramo do conhecimento "purificado de toda ideologia política e de todos os elementos das ciências naturais" e destinado a explicar "não as tendências dirigidas à formação, mas exclusivamente ao conhecimento do Direito".[879] Hans Kelsen, herdeiro

---

[877] "*Wenn von einer 'Theorie des Rechts' und nicht von Rechtsphilosophie gesprochen wird, so soll damit angedeutet werden, dass jenes Problem, dessen spekulative Lösung man für gewöhnlich in erster Linie unter der Bezeichnung 'Rechtsphilosophie' zu verstehen pflegt: das Problem der Gerechtigkeit, des richtigen, gerechten, des natürlichen oder absoluten Rechts, in den Kreis jener Erörterungen [soll] nicht einbezogen werden*". KELSEN, Hans. "*Vorwort*: Revue Internationale de la Théorie du Droit*". *Internationale Zeitschrift für Theorie des Rechts*, n° 1, 1926, p. 3.

[878] "*Die alles Recht seinen Ursprung ausschließlich im Staate und durch den Staat nehmen und das 'Gesetz' allein als echte Form des Rechts gelten läßt*". BERGBOHM, Karl. *Jurisprudenz und Rechtsphilosophie*: Kritische Abhandlungen. Leipzig: Duncker & Humblot, 1892, p. 116.

[879] "Há mais de duas décadas me comprometi a desenvolver uma teoria pura do direito, isto é, uma teoria jurídica purificada de toda ideologia política e de todos os elementos das ciências naturais, uma teoria consciente, por assim dizer, da autonomia do objeto de sua ciência e, portanto, consciente de seu próprio caráter único. A jurisprudência havia sido quase completamente reduzida - aberta ou encoberta - a deliberações de política legal, e meu objetivo desde o início era elevá-la ao nível de uma ciência genuína, uma ciência humana. A ideia era desenvolver aquelas tendências da jurisprudência que focalizassem apenas a cognição da lei, e não a sua criação, e que trouxesse os resultados dessa cognição

intelectual da Escola Gerber-Laband, viria a desempenhar um papel central nessa nova orientação metodológica do século XX ao propor "uma Teoria Pura do Direito como Teoria do Direito Positivo",[880] de sorte que até hoje o Positivismo Jurídico e a Teoria do Direito estejam essencialmente ligados ao seu nome.[881]

2.3.3.4 As críticas ao Positivismo Jurídico

Embora o Positivismo Jurídico tenha sido alcançado uma posição de destaque na cultura jurídica alemã no último quarto do século XIX, nesse mesmo período já era possível identificar sinais de sua "decadência".[882] Ainda que se possa falar num certo triunfo do Positivismo Jurídico nessa altura da história alemã, ele certamente não durou muito tempo.[883]

---

o mais próximo possível dos valores mais elevados de toda a ciência: objetividade e exatidão". / "*Mehr als zwei Jahrzehnte ist es her, daß ich unternommen, habe, eine reine, das heißt: von aller politischen Ideologie und allen naturwissenschaftlichen Elementen gereinigte, ihrer Eigenart weil der Eigengesetzlichkeit ihres Gegenstandes bewußte Rechtstheorie zu entwickeln. Von allem Anfang an war dabei mein Ziel: Die Jurisprudenz, die – offen oder versteckt – in rechtspolitischem Raisonnement fast völlig aufging, auf die Höhe einer echten Wissenschaft, einer Geistes-Wissenschaft zu heben. Es galt, ihre nicht auf Gestaltung, sondern ausschließlich auf Erkenntnis des Rechts gerichteten Tendenzen zu entfalten und deren Ergebnisse dem Ideal aller Wissenschaft, Objektivität und Exaktheit, soweit als irgend möglich anzunähern*". KELSEN, Hans. *Reine Rechtslehre*: einleitung in die rechtswissenschaftliche Problematik (1934). Studienausgabe der 1. Auflage 1934, herausgegeben und eingeleitet von Matthias Jestaedt. Tübingen: Mohr Siebeck, 2008 [1934], p. 3.

880 "*eine reine Rechtslehre als Theorie des positiven Rechtes*". KELSEN, Hans. "Vorrede zur zweiten Auflage". *In*: KELSEN, H. *Hauptprobleme der Staatsrechtslehre*: Entwickelt aus der Lehre vom Rechtssatze. 2ª ed. Tübingen: Mohr, 1923 [1911], p. VI.

881 BROCKMÖLLER, Annette. *Die Entstehung der Rechtstheorie im 19 Jahrhundert in Deutschland*. Baden-Baden: Nomos, 1997, p. 271.

882 "*Zerfallserscheinungen des Positivismus*". KAUFMANN, Arthur. "Die Naturrechtsrenaissance der ersten Nachkriegsjahre - und was daraus geworden ist". *In*: STOLLEIS, M.; GAGNÉR, S. (Coord.). *Die Bedeutung der Wörter*: Studien zur europäischen Rechtsgeschichte. Festschrift für Sten Gagnér zum 70 Geburtstag, Munique: Beck, pp. 105ss, 1991, p. 107.

883 KLENNER, Hermann. *Rechtsleere* - Verurteilung der Reinen Rechtslehre. Frankfurt: Marxistische Blätter, 1972, p. 47.

Isso não quer dizer, no entanto, que a concepção "positivista" das ciências tenha sido imune às críticas. Durante o *Vormärz*, o "positivismo" – associado na época às lições de Comte e seus admiradores[884] – já era apontado como o culpado pela decadência dos assuntos públicos, pela poluição da vida política e pela corrupção da ciência.[885] Ele era um "pecado capital" daqueles que permaneciam presos ao "empírico", daqueles que trocavam a sofisticação e as altas verdades da filosofia idealista pelo "materialismo". [886]

No que diz respeito especificamente ao Positivismo Jurídico, Gerber era apontado, já no *Kaiserreich*, como o "coveiro da concepção germânica de Direito"[887] ou acusado de ter "matado a alma do Direito alemão",[888] enquanto Laband teria provocado um "isolamento genético do Direito" frente às "demais manifestações da vida social".[889] Ser designado como um "positivista" nessa época não era muito bem um elogio.[890]

Também em Weimar, Laband foi duramente criticado. O seu retrato pintado por Smend, por exemplo, era bastante pejorativo. O

---

[884] PHILLIPS, Denise. "Trading Epistemological Insults: 'Positivist Knowledge' and Natural Science in Germany, 1800-1850". *In*: FEITCHINGER, J.; FILLAFER, F. L. *et* SURMAN, J. (Coord.). *The Worlds of Positivism*. A Global Intellectual History, 1770-1930. Londres: Pallgrave Macmillan, 2018, p. 149.

[885] Idem, p. 137.

[886] Idem, pp. 143 e ss.

[887] "*Totengräber germanistischer Rechtsanschauungen*". BRUNNER, Heinrich. *Das anglonormannische Erbfolgesystem*: ein Beitrag zur Geschichte der Parentelenordnung nebst einem Excurs über die älteren normannischen Coutumes. Leipzig: Duncker & Humblot, 1869, p. 7.

[888] "*die deutsche Seele im deutschen Rechte getötet*". GIERKE, Otto von. *Deutsches Privatrecht*. Systematisches Handbuch der deutschen Rechtswissenschaft. vol. 1, Leipzig: Duncker & Humblot, 1895, p. 92.

[889] "*einer genetischen Isolierung des Rechts*" von "*den übrigen Manifestationen des sozialen Lebens*". MUẞGNUG, Reinhard. "Paul Laband (1838-1918)". *In*: HÄBERLE, P.; KILIAN, M.; WOLFF, H. (Coord.). *Staatsrechtslehrer des 20 Jahrhunderts*. Berlim: De Gruyter, 2015, p. 23.

[890] BROCKMÖLLER, Annette. *Die Entstehung der Rechtstheorie im 19 Jahrhundert in Deutschland*. Baden-Baden: Nomos, 1997, p. 34.

CAPÍTULO II – A REFUTAÇÃO DA LENDA DO POSITIVISMO

sistema "*inconsistente*" apresentado por Laband era "uma fonte incontrolável de erros".[891] Seu formalismo positivista era "uma técnica útil apenas aos burocratas",[892] que causou grandes prejuízos "às questões constitucionais de consciência e vida do povo alemão".[893] Ao apresentar um Direito do Estado como um sistema vazio e sem sentido "de mera atribuição de competências", este deixou de ter qualquer "relação com a própria vida".[894] *Já para Hermann Heller, a* "*necessidade* burguesa de segurança"[895] induziu a Escola Gerber-Laband a um "manifesto erro metodológico",[896] uma vez que, apoiada na "ilusão da objetividade",[897] sua "construção conceitual muito ingênua" pressupunha a existência "de uma esfera jurídica autônoma que se distingue da história, política e filosofia".[898]

---

[891] "*eine unkontrollierbare Fehlerquelle*". SMEND, Rudolf. *Verfassung und Verfassungsrecht*. Munique: Duncker & Humblot, 1928, pp. 128 e ss.

[892] "*als Denktechnik für Bürokraten brauchbar*". SMEND, Rudolf. "Politisches Erlebnis und Staatsdenken seit dem 18 Jahrhundert". *In*: Staatsrechtliche Abhandlungen (und andere Aufsätze). 4ª ed. Berlim: Duncker & Humblot, 2010 [1943], p. 356.

[893] "[*Er hat*] *den verfassungspolitischen Gewissens- und Lebensfragen des deutschen Volkes begangen*". SMEND, Rudolf. "Der Einfluß der deutschen Staats- und Verwaltungsrechtslehre des 19 Jahrhunderts auf das Leben in Verfassung und Verwaltung". *In*: SMEND, R. (Coord.). *Staatsrechtliche Abhandlungen (und andere Aufsätze)*. 4ª ed. Berlim: Duncker & Humblot, 2010 [1939], p. 336.

[894] "*(Das Staatsrecht als sinnentleertes System von) Kompetenz oder Machtparzellen, das zum Leben an sich keine Beziehung hat*". Idem, p. 335.

[895] "*bourgeoise Sekuritätsbedürfnis*". HELLER, Hermann. "Bemerkungen zur staats- und rechtstheoretischen Problematik der Gegenwart". *In*: HELLER, H.; DRATH, M.; MÜLLER, C. (Coord.). *Gesammelte Schriften*. vol. 2, Tübingen: Mohr, 1971 [1929], p. 276.

[896] "*ein mit Händen zu greifender Irrtum*". Idem, p. 269.

[897] "*Wahn einer Objektivität*". HELLER, Hermann. "Die Krisis der Staatslehre". *In*: HELLER, H.; DRATH, M.; MÜLLER, C. (Coord.). *Gesammelte Schriften*. vol. 2, Tübingen: Mohr, 1971 [1926], p. 13.

[898] "*in sehr naiver Form wird diese Art der Begriffsbildung bei Laband* ", "*es gäbe eine von Geschichte, Politik und Philosophie abgehobene juristische Sphäre*". HELLER, Hermann. "Bemerkungen zur staats- und rechtstheoretischen Problematik der Gegenwart". *In*: HELLER, H.; DRATH, M.; MÜLLER, C. (Coord.). *Gesammelte Schriften*. vol. 2, Tübingen: Mohr, 1971 [1929], p. 269.

Já durante o regime nazista, as menções ao nome de Laband vinham normalmente acompanhadas da palavra "judeu",[899] enquanto o "alemão" Gierke e sua teoria organicista, por exemplo, eram saudados por terem alertado para "o perigo do Positivismo Jurídico" e por terem "resistido (a ele) com toda as suas forças".[900] Inclusive, durante o renascimento do Direito Natural nos primeiros anos da República Federal da Alemanha, Gierke esteve novamente em voga, enquanto Laband não teve qualquer chance de reabilitação.[901]

O maior crítico e opositor contemporâneo a Laband no Direito Público e na Teoria do Estado foi, sem dúvidas, Otto von Gierke (1841-1921).[902] Apoiado nas lições da Escola Histórica do Direito, Gierke desenvolveu sua concepção de Direito Comunitário (*Genossenschaftsrecht*), por meio da distinção entre a) as associações cooperativas (*Genossenschaftliche Verbände*), como a família e sociedades civis, baseadas na liberdade associativa, e b) as associações impositivas (*Herrschaftliche Verbände*), como Estado, em que a associação é compulsória, numa relação de subordinação.[903] Sua teoria tinha uma premissa idealista, anti-individualista e organicista,[904] estando

---

[899] SCHÖNFELD, Walter. *Die Geschichte der Rechtswissenschaft im Spiegel der Metaphysik*. Stuttgart: Kohlhammer, 1943, p. 52.

[900] "*[D]ie Gefahr des Positivismus (...) in voller Deutlichkeit erkannt und sich mit aller Kraft dagegen aufgelehnt*". Idem, p. 10.

[901] PAULY, Walter. *Der Methodenwandel im deutschen Spätkonstitutionalismus*: ein Beitrag zu Entwicklung und Gestalt der Wissenschaft vom Öffentlichen Recht im 19 Jahrhundert. Tübingen: Mohr, 1993, p. 210.

[902] Otto Gierke habilitou-se em Berlim no ano de 1868. Em 1887 tornou-se professor titular em Breslau e, em 1884, em Heidelberg. Até o final da vida, Gierke ensinou em Berlim e foi reitor no biênio 1902/03). Ainda em vida foi considerado um gigante, uma lenda do Direito alemão. FRIEDRICH, Manfred. *Geschichte der deutschen Staatsrechtswissenschaft*. Schriften zur Verfassungsgeschichte. vol. 50, Berlim: Duncker & Humblot, 1997, p. 266.

[903] PAULY, Walter. *Der Methodenwandel im deutschen Spätkonstitutionalismus*: ein Beitrag zu Entwicklung und Gestalt der Wissenschaft vom Öffentlichen Recht im 19 Jahrhundert. Tübingen: Mohr, 1993, pp. 228 e ss.

[904] ROSENBAUM, Wolf. *Naturrecht und positives Recht*: Rechtssoziologische Untersuchungen zum Einfluß der Naturrechtslehre auf die Rechtspraxis in Deutschland seit Beginn des 19 Jahrhunderts. Darmstadt: Luchterhand, 1972, p. 64.

o indivíduo, ao contrário do que defendido por Laband e pela incipiente tradição positivista, a serviço do Estado.

No campo do Direito Privado, os ataques ao Positivismo Jurídico aconteciam por um motivo diverso. Parecia que os grandes temas do Direito Privado (sistematização e elaboração conceitual) estavam resolvidos com a codificação do Direito Civil. A crença de que a codificação traria uma base decisória para todos os casos tornou-se rapidamente evidente e a natureza discricionária da tomada de decisões judiciais era cada vez mais visível.[905] Nesse contexto, os juízes são confrontados com o dilema de ter de estarem vinculados à lei, mas, por outro lado, terem que satisfazer as exigências práticas de circunstâncias cada vez mais complexas.[906] A necessidade de uma metodologia que conferisse aos magistrados um maior poder de decisão começou a se impor, dando origem a duas frentes de ataque ao Positivismo Jurídico: a *Jurisprudência dos Interesses (Interessenjurisprudenz)* e a *Escola do Direito Livre (Freirechtslehre)*.[907]

O termo *Interessenjurisprudenz* surge numa série de publicações de Philipp Heck (1858-1943) a partir de 1905, em que, analisando a relação entre os juízes e o Direito, foi defendida a tese de que o ordenamento jurídico não é um sistema fechado de conceitos jurídicos, a ser encarado sob o "primado da lógica",[908] e sim o resultado de decisões tomadas a partir do "primado da valoração da vida".[909] A investigação tanto da lei como das relações da vida deve levar a uma decisão judicial valorativamente adequada. O objetivo final da atividade judicial é "a satisfação das necessidades da vida, a satisfação das pretensões materiais

---

[905] BROCKMÖLLER, Annette. *Die Entstehung der Rechtstheorie im 19 Jahrhundert in Deutschland*. Baden-Baden: Nomos, 1997, p. 271.

[906] SCHRÖDER, Rainer. "'Die deutsche Methodendiskussion um die Jahrhundertwende': Wissenschaftstheoretische Präzisierungsversuche oder Antworten auf den Funktionswandel von Recht und Justiz". *Rechtstheorie*, 1988, nº 19, pp. 323 e ss.

[907] SANDKÜHLER, Hans Jörg. *Nach dem Unrecht*: Plädoyer für einen neuen Rechtspositivismus. Freiburg: Verlag Karl Alber, 2015, p. 166.

[908] "*Das Primat der Logik*". HECK, Philipp. *Begriffsbildung und Interessenjurisprudenz*. Tübingen: Mohr, 1932, p. 17.

[909] "*Ein Primat der Lebensforschung und Lebenswertung*". Idem, p. 17.

e ideais presentes na comunidade jurídica".[910] As leis não visam apenas *delimitar* interesses. Elas *são em si mesmas* o resultado de interesses materiais, nacionais, religiosos e éticos que, em cada comunidade jurídica, contrapõem-se uns aos outros e lutam por reconhecimento. Por isso mesmo, toda ciência jurídica deve tem como objetivo final "uma ação sobre a vida",[911] mas nunca "qualquer outro objetivo secundário, meramente puro ou teórico".[912] Por isso, Heck reconhece apenas uma única Ciência do Direito, a Ciência *Prática* do Direito,[913] voltada para a satisfação de interesses concretos.

Já a *Freirechtslehre* foi inaugurada por Hermann Kantorowicz (1877-1940) em seu manifesto de 1906 denominado "A Luta pela Ciência Jurídica" (*Der Kampf um die Rechtswissenschaft*). Nele, após apresentar uma caricatura do juiz "positivista", um juiz que acredita que, por meio da pura lógica e da pura técnica, será capaz de encontrar uma decisão predeterminada pelo legislador nas letras de um Código,[914] pretende Kantorowicz demonstrar que as lacunas le-

---

[910] "[*Das Endziel der Rechtsprechung und der richterlichen Fallentscheidung wiederum sei*] *die Befriedigung der Lebensbedürfnisse, der in der Rechtsgemeinschaft vorhandenen Begehrungen und Begehrungstendenzen, der materiellen wie der idealen*". HECK, Philipp. *Gesetzesauslegung und Interessenjurisprudenz*. Tübingen: Mohr, 1914, p. 11.

[911] "*[Diese Wissenschaft aber erforsche] die Wege zu einem einzigen Endziele, zu der Einwirkung auf das Leben*". HECK, Philipp. *Begriffsbildung und Interessenjurisprudenz*. Tübingen: Mohr, 1932, p. 4.

[912] "*[Sie diene darüber hinaus] keinem zweiten, getrennten, etwa rein theoretischen Ziele*". Idem, p. 4.

[913] LARENZ, Karl. *Methodenlehre der Rechtswissenschaft*. Berlim: Springer, 1960, p. 49.

[914] "Um funcionário público sênior com formação acadêmica se senta, armado apenas com uma máquina pensante, é claro, um dos melhores tipos, em sua cela. Sua única mobília é uma mesa verde, na qual o Código do Estado está localizado. Ele recebe um caso arbitrário, real ou imaginário, e de acordo com seu dever, ele é capaz, com a ajuda de operações puramente lógicas e uma técnica secreta, compreensível apenas para ele, de aplicar com absoluta exatidão a decisão predeterminada pelo legislador". / "*Ein höherer Staatsbeamter mit akademischer Ausbildung, sitzt er, bewaffnet bloß mit einer Denkmaschine, freilich einer von der feinsten Art, in seiner Zelle. Ihr einziges Mobiliar ein grüner Tisch, auf dem das staatliche Gesetzbuch vor ihm liegt. Man reicht ihm einen beliebigen Fall, einen wirklichen oder nur erdachten, und entsprechend seiner Pflicht, ist er imstande, mit Hilfe rein logischer*

CAPÍTULO II – A REFUTAÇÃO DA LENDA DO POSITIVISMO

gais (*Gesetzeslücken*) acabam por levar os juízes a abandonar a lógica da subsunção e a buscar a solução no Direito *não estatal*, a saber, nos costumes, na equidade, no senso de Justiça e, no seu julgamento, levar em conta aspectos psicológicos, sociológicos e econômicos.[915] Para ele, o direcionamento formalista da Teoria do Direito anulava o elemento *finalístico* intrínseco ao fenômeno jurídico, uma vez que ela acaba privilegiando a letra fria da lei em detrimento do verdadeiro sentido da realidade, das necessidades, dos fins e dos valores que uma sociedade entende como social, espiritual e moral relevantes.[916]

Como pode ser visto, tanto no âmbito do Direito Público, por meio das críticas organicistas de Gierke, quanto no âmbito do Direito Privado, por meio das críticas e propostas teóricas da *Interessenjurisprudenz* e da *Freirechtslehre*, o Positivismo Estatal (*Staatsrechtlicher Positivismus*) da Escola Gerber-Laband, embora tivesse um grande prestígio durante o *Kaiserreich*, nunca desfrutou de uma hegemonia *incontestável*, ao ponto de se impor como a única abordagem possível ou de impedir o surgimento e o desenvolvimento de outras concepções justeóricas antagônicas.[917] De qualquer forma, é fato que, no final do Império, uma nova leva de positivistas como Richard Thoma e Gerhard Anschütz, mas principalmente Hans Kelsen, gozava de inegável prestígio, e alguns deles influenciaram de forma decisiva a estrutura jurídica do

---

Operationen und einer nur ihm verständlichen Geheimtechnik, die vom Gesetzgeber vorherbestimmte Entscheidung im Gesetzbuch mit absoluter Exaktheit nachzuweisen". KANTOROWICZ, Hermann. *Der Kampf um die Rechtswissenschaft*. Heidelberg: Winter, 1906, p. 5.

[915] SANDKÜHLER, Hans Jörg. *Nach dem Unrecht*: Plädoyer für einen neuen Rechtspositivismus. Freiburg: Verlag Karl Alber, 2015, p. 168.

[916] KANTOROWICZ, Hermann. "Die Epochen der Rechtswissenschaft". *Die Tat*, nº 6, p. 346, 1914.

[917] "O positivismo de Gerber e Laband não dominou as décadas entre 1866 e 1914 de forma tão avassaladora como se costuma acreditar". / "*Gerbers und Labands Positivismus [hat] die Jahrzehnte zwischen 1866 und 1914 keineswegs so beherrscht, wie dies zunächst rückblickend erschien*". STOLLEIS, Michael. *Geschichte des öffentlichen Rechts in Deutschland*. Staats- und Verwaltungsrechtswissenschaft in Republik und Diktatur (1914-1945). vol. 3, Munique: C.H. Beck, 1999, p. 171.

novo Estado que surgiria com o final da Primeira Guerra Mundial: a República de Weimar.⁹¹⁸

2.3.4 Positivismo Jurídico e antipositivismo na República de Weimar (1918-1933)

De acordo com um dos elementos constitutivos da Lenda do Positivismo, constante no Argumento-Radbruch, o Positivismo Jurídico teria sido a teoria jurídica responsável pela passividade dos juristas alemães diante da deterioração da República de Weimar e da ascensão do Estado Nazista. Submetidos durante décadas a uma cultura jurídica que estimulava a aplicação acrítica de todas as leis impostas pelo Estado, sem quaisquer questionamentos acerca da sua legitimidade ou justiça, os juristas não detinham o instrumental necessário para oferecer qualquer resistência à escalada totalitária.

Por óbvio, o primeiro ponto que deve ser analisado é se o Positivismo Jurídico, durante o jovem período republicano alemão, realmente defendia essa submissão acrítica dos juristas à aplicação das leis e normas jurídicas emanadas pelo Estado. Para tanto, é preciso compreender seus postulados teóricos, sua evolução durante esse período histórico e como eles se articulam com a prática jurídica. Outro ponto que merece ser investigado é se o Positivismo Jurídico era realmente uma teoria jurídica tão influente no primeiro terço do século XX, capaz de moldar de forma hegemônica a consciência dos juristas e influenciar suas condutas de forma decisiva. Embora o Positivismo Jurídico fosse a concepção jurídica dominante na época de transição do *Kaiserreich* para a República de Weimar,⁹¹⁹ já havia nessa mesma época uma forte oposição, representada

---

⁹¹⁸ E não apenas ela, mas também a Primeira República Austríaca.
⁹¹⁹ RÜTHERS, Bernd. *Die unbegrenzte Auslegung*: zum Wandel der Privatrechtsordnung im Nationalsozialismus. 7ª ed. Tübingen: Mohr Siebeck, 2012, p. 93.

CAPÍTULO II – A REFUTAÇÃO DA LENDA DO POSITIVISMO

por nomes como Otto von Gierke,[920] Johann Kaspar Bluntschli (1808-1881)[921] e Leonhard Nelson (1882-1927),[922] por exemplo. Como será demonstrado, um mínimo de rigor científico no exame da teoria e da prática jurídica em Weimar (1918-1933) deixa claro que essa primazia inconteste do Positivismo Jurídico simplesmente não ocorreu.

2.3.4.1 Positivismo Jurídico e a Constituição de Weimar

O extraordinário crescimento industrial da Alemanha durante o *Kaiserreich* e a política imperialista da maior parte dos países da Europa elevaram as tensões internacionais no início do século XX e levaram a região a uma corrida armamentista, que acabou contribuindo para a Primeira Guerra (1914-1918). No primeiro semestre de 1917, ainda durante o estado de guerra, os liberais, apesar de serem numericamente fracos e politicamente fragmentados, já haviam conseguido impor uma pauta política de reforma constitucional ampla, com vistas ao fortalecimento do sistema democrático.[923] Diante da possibilidade de colapso do governo por força de uma derrota militar iminente e de um ambiente potencialmente explosivo (lembre-se, a Alemanha nessa época já era Estado industrializado com uma classe operária cada vez mais organizada e a Rússia tinha acabado de passar pela Revolução Bolchevique), os líderes militares e os representantes da monarquia finalmente aceitaram transferir, em outubro de 1918, o poder a um governo civil

---

[920] GIERKE, Otto von. *Die Grundbegriffe des Staatsrechts und die neuesten Staatsrechtstheorien*. Tübingen: Mohr, 1915, pp. 30 e ss.

[921] BLUNTSCHLI, Johann Caspar. *Lehre vom modernen Staat*: Allgemeine Staatslehre – Erster Teil. 6ª ed. Stuttgart: Cotta, 1886, pp. 22 e ss.

[922] NELSON, Leonard. *Die Rechtswissenschaft ohne Recht*: Kritische Betrachtungen über die Grundlagen des Staats- und Völkerrechts insbesondere über die Lehre von der Souveränität. Leipzig: Veit, 1917, pp. 4 e ss.

[923] GUSY, Christoph. "Die Entstehung der Weimarer Reichsverfassung". *JuristenZeitung*, nº 49, p. 755, 1994.

que pudesse assumir a missão de aceitar a derrota na guerra, promover as reformas necessárias e conter as agitações populares. Esse momento chegou a ser comemorado na época como o momento do "nascimento da democracia alemã".[924]

A derrota na guerra trouxe consigo uma grande inquietação social direcionada contra a autoridade militar do sistema político e contra as injustiças sociais dele decorrentes,[925] deixou expostos, mais uma vez, os problemas relativos à unidade do Estado alemão[926] e teve como consequência a necessidade de sua reestruturação formal.[927] As inquietações

---

[924] "*Geburtstag der deutschen Demokratie*". Expressão utilizada por Friedrich Ebert. Em: REICHSTAGPROTOKOLLE. v. 22.10.1918, Bd. 314. Disponível em: https://www.reichstagsprotokolle.de/Blatt_k13_bsb00003418_00011.html. Acessado em: 27.02.2021, p. 6161. Anote-se, por curiosidade, que a experiência constitucional de Weimar guarda grandes semelhanças com a experiência constitucional brasileira da década de 1930. A Constituição brasileira de 1934 foi o frágil resultado das negociações políticas que levaram ao encerramento do Governo Provisório instaurado pela Revolução de 1930. De acordo com Rosenfield, "pela primeira vez na história do Brasil, iniciava-se um sistema declaradamente social-democrata, que emulava o desenvolvimento político de reconhecimento de direitos sociais na Europa, ao mesmo tempo em que mantinha vol. eiras liberais no que se refere a direitos individuais". A brevíssima experiência democrática brasileira sofreu seu primeiro duro golpe já em 1935, com a promulgação da Lei de Segurança Nacional, que cerceava diversas liberdades individuais. Seu golpe fatal veio com o fechamento do Congresso Nacional, em 10 de novembro de 1937. Iniciou-se, a partir daí, o Estado Novo, que sepultou a Democracia Liberal no Brasil e instituiu uma nova Constituição (de 1937), símbolo da hegemonia autoritária, repressiva e corporativista dos novos tempos. Assim com a República de Weimar, o projeto constitucional democrático iniciado em 1934 foi subitamente abortado em virtude das exigências autoritárias dos novos tempos. Sobre o tema: ROSENFIELD, Luis. *Revolução Conservadora. Genealogia do Constitucionalismo Autoritário Brasileiro (1930-1945)*. Porto Alegre: ediPUCRS, 2021, pp. 184-186.

[925] MOMMSEN, Hans. *Aufstieg und Untergang der Republik von Weimar (1918-1933)*. 3ª ed. Berlim: Ullstein, 2009, p. 33.

[926] SCHULZE, Hagen. *Weimar: Deutschland (1917-1933)*. *Die Deutschen und ihre Nation*. Munique: Siedler, 1983, p. 16.

[927] A Constituição Imperial de 1871 dissolveu-se até outubro de 1918 nos pontos mais centrais. Mesmo antes da Primeira Guerra Mundial, a ordem política do Império já havia sido significativamente redesenhada. No entanto, essa mudança política silenciosa não foi acompanhada por mudanças constitucionais formais. GUSY,

sociais eram, todavia, muitas e não havia um consenso sobre todos os aspectos do Novo Estado. A República que iria nascer não seria bem o resultado de um consenso entre partidos políticos ou do funcionamento de um Parlamento regular, e sim a única saída que restava a um Estado Maior que não sabia muito bem o que fazer.[928]

A tarefa de elaborar a minuta da Constituição de Weimar, que viria a ser a primeira Constituição efetivamente democrática da história da Alemanha, foi conferida a Hugo Preuß (1860-1925), um judeu considerado o maior teórico do Direito do Estado (*Staatsrechtslehrer*) de inclinação progressista da época[929] e que perfilhava uma concepção organicista do Estado nas bases da *Genossenschaftslehre* de Otto von Gierke, que fora seu professor.[930] Esse anteprojeto, no entanto, sofreu modificações consideráveis durante os trabalhos da Assembleia Nacional Constituinte.[931] No final dos trabalhos, a versão final do documento que foi aprovada correspondia apenas ao "esqueleto" do anteprojeto apresentado por Preuß,[932] uma vez que o processo constituinte foi fortemente influenciado pelo trabalho e pela atuação de dois importantes

---

Christoph. "Die Entstehung der Weimarer Reichsverfassung". *JuristenZeitung*, nº 49, p. 753, 1994.

[928] VITA, Leticia. "Los juristas de Weimar ante la sentencia del Tribunal Estatal de Leipzig". *In*: VITA, L. (Coord.). *Prusia contra el Reich ante el Tribunal Estatal*: La sentencia que enfrentó a Hermann Heller, Carl Schmitt y Hans Kelsen en Weimar. Bogotá: Universidad Externado de Colombia, 2015, p. 26; SCHULZE, Hagen. *Kleine deutsche Geschichte:* Mit Bildern aus dem Deutschen Historischen Museum. Munique: C. H. Beck, 1996, pp. 130 e ss.

[929] GUSY, Christoph. "Die Entstehung der Weimarer Reichsverfassung". *JuristenZeitung*, nº 49, p. 759, 1994.

[930] Idem, p. 759; SCHEFOLD, Dian. "Hugo Preuß (1860-1925)". *In*: HÄBERLE, P.; KILIAN, M.; WOLFF, H. (Coord.). *Staatsrechtslehrer des 20* Jahrhunderts. Berlim: De Gruyter, 2015, p. 73.

[931] GUSY, Christoph. "Die Entstehung der Weimarer Reichsverfassung". *JuristenZeitung*, nº 49, p. 760, 1994.

[932] "*O esboço de Preuß foi alterado mais tarde em muitos pontos. Mas o esqueleto da Constituição de Weimar permaneceu fiel a esse esboço*". / "*Der Entwurf Preuß ist später in vielen Punkten geändert worden. Aber das Gerippe zur Weimarer Verfassung hat doch dieser Entwurf abgegeben*". JELLINEK, Georg. "Revolution und Reichsverfassung". *Jahrbuch des öffentlichen Rechts der Gegenwart*, nº 9, pp. 1 e ss, 1920, p. 48.

juspositivistas da época,[933] Gerhard Anschütz (1867-1948)[934] e Richard Thoma (1874–1957).[935]

Desse modo, com o fim da guerra, a primeira decisão básica da Revolução de Novembro[936] já estava mais ou menos tomada: o novo Estado seria uma República Parlamentar, formas de Estado e de governo que os liberais da época consideravam complementares[937] e que estavam intimamente ligadas à ideia de soberania popular.[938] Antiliberais (e também antipositivistas) de direita e de esquerda tentaram, no entanto, reverter essa decisão fundamental de deferência ao Poder Legislativo, ora

---

[933] CALDWELL, Peter C. *Popular Sovereignty, and the Crisis of German Constitutional Law*: The theory & practice of Weimar constitutionalism. Durham: Duke University Press, 1997, p. 65.

[934] Gerhard Anschütz habilitou-se em 1896, em Berlim, e tornou-se Professor Catedrático de Direito Público e Administrativo em Tübingen (1899), depois em Heidelberg (1900), em Berlim (1908) e, finalmente, retornou para Heidelberg em 1916. Na primavera de 1933, Anschütz solicitou a aposentadoria, alegando que ele não poderia ser "conivente" com o novo Direito Nazista. FRIEDRICH, Manfred. *Geschichte der deutschen Staatsrechtswissenschaft*. Berlim: Duncker & Humblot, 1997, p. 337.

[935] Richard Thoma habilitou-se com um trabalho sobre Direito Civil em Freiburg (1906). Em 1911, Thoma obteve uma cátedra de Direito Público em Heidelberg, seguindo para Bonn em 1928. De 1933 a 1945, ele foi condenado à inatividade literária, somente sendo autorizado a publicar textos irrelevantes, fora do Direito Público. Em 1949, Thoma abriu a primeira reunião de refundação da Associação de Professores de Direito do Estado, sendo escolhido como o seu presidente honorário. Idem, p. 399.

[936] A Revolução de Novembro foi um conflito civil no Império Alemão no final da Primeira Guerra Mundial que resultou na substituição da monarquia constitucional federal alemã por uma república parlamentar democrática que mais tarde ficou conhecida como República de Weimar. O período revolucionário durou de novembro de 1918 até a adoção, em agosto de 1919, da Constituição de Weimar. Sobre o tema, confira-se: HAFFNER, Sebastian. *Die deutsche Revolution (1918/19)*. Köln: Anaconda, 2008, pp. 9 e ss.

[937] "República e Democracia, esses conceitos andam sempre juntos". / "*Republik und Demokratie, diese beiden Begriffe gehören zusammen*". GUSY, Christoph. "Die Entstehung der Weimarer Reichsverfassung". *JuristenZeitung*, n° 49, p. 760, 1994.

[938] CALDWELL, Peter C. *Popular Sovereignty, and the Crisis of German Constitutional Law*: The theory & practice of Weimar constitutionalism. Durham: Duke University Press, 1997, p. 69.

CAPÍTULO II – A REFUTAÇÃO DA LENDA DO POSITIVISMO

militando pela manutenção da monarquia e a restauração de um modelo com poderes mais concentrados, ora defendendo um Estado Comunista, embalados pela recém bem-sucedida Revolução Bolchevique.[939]

Com relação aos direitos fundamentais e outras decisões de compromisso entre ideologias distintas (notadamente no que diz respeito à regulação das relações entre capital e trabalho), muitos antipositivistas simplesmente rejeitavam a ideia de seu reconhecimento no texto da Constituição. Alguns por entender que eles tinham pouquíssima relevância prática.[940] Outros porque duvidavam que um sistema coerente fundado sobre um compromisso de valores antagônicos pudesse ser instituído.[941] Já os positivistas – em especial Anschütz e Thoma – defendiam que apenas um catálogo com diversas contradições ideológicas poderia alcançar a maioria necessária para a aprovação do documento e sua posterior aceitação popular na República.[942] Nesse ponto, assim como nas demais estruturas democráticas fundamentais

---

[939] Idem, pp. 76 e ss.

[940] Hugo Preuß era um deles. Aliás, sua minuta original não previa uma lista de direitos fundamentais, que só vieram a constar na sua segunda minuta, por pressão dos partidos políticos. Idem, p. 73.

[941] Os direitos liberais clássicos, por exemplo, eram vistos por alguns como "velhas peças de museu", enquanto o reconhecimento de direitos sociais era visto como o reconhecimento de uma influência indevida da Rússia bolchevique. Idem, p. 73.

[942] Idem, p. 77. Aqui, também, a experiência liberal-democrática brasileira da década de 1930 encontra um paralelo interessante. A Constituição brasileira de 1934, representante legítima da tradição *liberal* e *social*-democrata, foi duramente atacada por não haver adotado integralmente e com exclusividade uma única doutrina política, e sim "um amálgama de várias posições constitucionais potencialmente contraditórias e antagônicas". O jurista João Mangabeira, a) um jurista com firmes convicções liberais, mas que reconhecia a necessidade de reconhecimento de um amplo catálogo de direitos sociais, e b) membro do "conselho de notáveis" responsável por auxiliar o processo constituinte de 1933, afirmava que este era, precisamente, o seu grande acerto. Na sua visão, o suposto "erro do ecletismo" da Constituição de 1934 representava, na verdade, um grande compromisso que harmonizava diversos interesses políticos conflitantes. Sobre o tema, respectivamente: ROSENFIELD, Luis. *Revolução Conservadora*. Genealogia do Constitucionalismo Autoritário Brasileiro (1930-1945). Porto Alegre: ediPUCRS, 2021, pp. 190/191 e MANGABEIRA, João. *Em torno da Constituição*. São Paulo: Companhia Editora Nacional, 1934, pp. 10-20.

da Nova Alemanha, a participação e a influência dos positivistas foi decisiva.⁹⁴³ No final dos trabalhos constituintes, o texto aprovado acabou reconhecendo uma extensa lista de direitos individuais e sociais, fornecendo as bases para o desenvolvimento posterior de uma legislação mais justa e igualitária.⁹⁴⁴ A Constituição de Weimar era um "documento perfeito", que incorporava "as melhores características da Declaração de Direitos do Reino Unido, da Declaração Francesa dos Direitos do Homem e dos Cidadãos e das dez primeiras Emendas da Constituição Americana".⁹⁴⁵

De fato, o Estado que emergiu das ruínas do Império tinha um DNA republicano, parlamentar, liberal⁹⁴⁶ e, por que não dizer, um DNA inegavelmente "positivista". Se, por óbvio, a história do Positivismo Jurídico se confunde com a história do Direito do Estado (e, diante do seu arsenal descritivo, é uma teoria capaz de descrever a realidade jurídica em qualquer Estado que se apresente, democrático ou tirânico), é inegável que a democratização das instituições jurídicas foi o resultado de um longo processo de consolidação de reinvindicações liberais, representadas no Direito do Estado (e depois na Teoria do Direito) pelo Positivismo Jurídico, num movimento que se iniciou no *Vormärz,* mas que apenas em 1918 teve a sua efetiva consagração,

---

943 Sobre a atuação decisiva dos positivistas (como Anschütz e Thoma) nas soluções compromissórias da Constituição de Weimar, confira-se: CALDWELL, Peter C. *Popular Sovereignty, and the Crisis of German Constitutional Law*: The theory & practice of Weimar constitutionalism. Durham: Duke University Press, 1997, pp. 73 e ss.

944 Lembre-se, por exemplo, que os direitos de igualdade civil foram estendidos aos judeus apenas sob o manto da Constituição de Weimar. ERIKSEN, Trond Berg; HARKET, Håkon; LORENZ, Einhart O. *História do anti-semitismo*: da antiguidade aos nossos dias. Lisboa: Edições 70, 2010, p. 387.

945 "(...) *a letter-perfect document embodying the best features of the British Bill of Rights, the French Declaration of the Rights of Man and the Citizen, and the First Ten amendments of the American Constitution*". SNYDER, Louis L. *The Weimar Republic*: a history of Germany from Ebert to Hitler. Princeton: Van Nostrand, 1966, p. 40.

946 A Constituição de Weimar representa, ao mesmo tempo, a continuidade e o ápice do projeto liberal alemão em direção a um Estado Democrático. ZIPPELIUS, Reinhold; WÜRTENBERGER, Thomas. *Deutsches Staatsrecht*: ein Studienbuch. 32ª ed. Munique: Beck, 2008, p. 6.

CAPÍTULO II – A REFUTAÇÃO DA LENDA DO POSITIVISMO

sendo a Constituição de Weimar seu *opus magnum*. Pelo menos no caso alemão, é correto afirmar que *Positivismo Jurídico, democracia parlamentar* e *direitos fundamentais* são conceitos que compartilham a mesma certidão de nascimento.[947]

2.3.4.2 A crise da "democracia improvisada"

A democracia instituída pela Constituição de Weimar era um "arranjo de emergência" (*Notlösung*),[948] uma "democracia sem democratas"[949] que simplesmente não correspondia ao *Zeitgeist* do povo alemão. *Não custa lembrar que* os alemães de Weimar descendiam de gerações instruídas em hierarquia, preconceito e obediência, não de uma cultura ampla de normas, valores, instituições ou práticas democráticas.[950] Uma cultura rigorosa de direitos e liberdades individuais se destacava mais

---

[947] ROSENBAUM, Wolf. *Naturrecht und positives Recht*: Rechtssoziologische Untersuchungen zum Einfluß der Naturrechtslehre auf die Rechtspraxis in Deutschland seit Beginn des 19 Jahrhunderts. Darmstadt: Luchterhand, 1972, p. 57.

[948] "A democracia não foi o resultado de um esforço político interno, nem o sucesso de um movimento político, mas uma solução de emergência, uma saída tática. Quando, como o tratado de paz mostrou, essa solução não foi bem-sucedida, a instituição foi rejeitada. A nova forma estatal foi trazida para Versalhes por sua legitimidade política". / "*Die Demokratie war nicht das Ergebnis einer innerpolitischen Kraftanstrengung, nicht der Erfolg einer politischen Bewegung, sondern eine Notlösung, ein taktischer Ausweg; als sich dieser Ausweg, wie der Friedensvertrag gezeigt hatte, nicht bewährte, wurde die Institution als solche verworfen. Die neue Staatsform wurde durch Versailles um ihre politische Legitimierung gebracht*". ESCHENBURG, Theodor. "Die improvisierte Demokratie: Ein Beitrag zur Geschichte der Weimarer Republik". *In*: ESCHENBURG, T. (Coord.). *Die improvisierte Demokratie*: gesammelte Aufsätze zur Weimarer Republik. München: Piper, 1963, p. 45.

[949] "*Demokratie ohne Demokraten*". GROH, Kathrin. "Reanimation der 'wehrhaften' Demokratie?" *In*: LEGGEWIE, C.; MEIER, H. (Coord.). *Verbot der NPD oder mit Rechtsradikalen leben*? die Positionen. Frankfurt: Suhrkamp, 2002, p. 93.

[950] "*Weimar Germans (...) had still mostly descended from generations schooled in hierarchy, prejudice, and obedience, not in any broad culture of democratic norms, values, institutions, or practices (...)*". HEINZE, Eric. *Hate speech and democratic citizenship*. Nova York: Oxford University Press, 2016, p. 136.

como um ideal alimentado por um número relativamente pequeno de intelectuais ao estilo iluminista do que como a consciência popular.[951]

Exatamente por não corresponder a um sentimento subjacente de apreço pela democracia, a Constituição de Weimar não conseguiu garantir a estabilidade política da nova República. Ademais, a assinatura do Tratado de Versalhes em 1919 gerou uma "onda de choque" por toda a Alemanha. O ônus desta "humilhação nacional" foi rapidamente imputado à classe política e, principalmente, sobre a coalisão liberal formada em torno do gabinete social-democrata do então Presidente. Os ressentimentos não foram direcionados contra os militares que incentivaram e planejaram a guerra desastrosa, mas sim contra a República e contra a Democracia Liberal.[952]

Por sua vez, a instabilidade política dos primeiros anos de Weimar criou o terreno propício para uma avalanche de críticas. Seu arranjo democrático desagradava tanto setores da direita, quanto setores da esquerda, que passaram a patrocinar ostensivos ataques contra a República. Os partidos políticos da época de Weimar refletiam e perseguiam o sentimento popular majoritário de eliminar a democracia de uma vez por todas.[953] A radicalização do discurso e da prática, com o recurso à violência e ao terrorismo se necessário, era o caminho comum trilhado por fascistas e comunistas, sempre com o objetivo de colocar fim à República e instaurar uma ditadura militar.[954]

Pelo lado da direita, os ataques teóricos vinham de uma ala radical do movimento conservador alemão de natureza neonacionalista,[955]

---

[951] "*Weimar arose in the dying days of a Concert of Europe world, in which a rigorous culture of individual rights and liberties stood more as an ideal nurtured by relatively small numbers of Enlightenment-style intellectuals than as the reality of the workaday world or of popular consciousness*". Idem, p. 136.

[952] PAUER-STUDER, Herlinde. *Justifying injustice*: legal theory in Nazi Germany. Cambridge: Cambridge University Press, 2020, p. 21.

[953] HEINZE, Eric. *Hate speech and democratic citizenship*. Oxford, Nova York: Oxford University Press, 2016, p. 132.

[954] ELIAS, Norbert. *Studien über die Deutschen*: Machtkämpfe und Habitusentwicklung im 19 und 20 Jahrundert. Frankfurt: Suhrkamp, 2005, pp. 276 e ss.

[955] BREUER, Stefan. *Die radikale Rechte in Deutschland, 1871-1945*: eine politische Ideengeschichte. Stuttgart: Philipp Reclam, 2010, pp. 176 e ss.

CAPÍTULO II – A REFUTAÇÃO DA LENDA DO POSITIVISMO

caracterizado por um forte componente étnico (a ideologia *völkisch*) e embasado em ideias organicistas e qualitativas (em contraposição às ideias materialistas e quantitativas da Revolução Francesa). Essa ala radical aglutinava pensadores conservadores das mais variadas matizes, mas que tinham em comum a crítica aos fundamentos da modernidade e uma confessada vocação antiliberal, antidemocrática, antirrepublicana e antilegalista.[956] Esses conservadores, por não se sentirem bem representados por um Parlamento de maioria progressista, em especial social-democratas, viam o Positivismo Jurídico como um inimigo.[957] Já a luta armada e a radicalização geralmente ficava a cargo das *Freikorps*, grupos paramilitares que surgiram em toda a Alemanha logo após a derrota do país na Primeira Guerra Mundial, cujas fileiras eram preenchidas por veteranos inconformados e não adaptados ao retorno à vida civil.[958]

Pelo lado da esquerda, os ataques à democracia vinham sobretudo dos comunistas e do KPD (Partido Comunista).[959] Se antes da Primeira

---

[956] Sobre a natureza antiliberal: "O liberalismo subverteu a cultura. Ele destruiu religiões. Ele destruiu pátrias. Ele é a autoaniquilação da humanidade". / "*Der Liberalismus hat Kulturen untergraben. Er hat Religionen vernichtet. Er hat Vaterländer zerstört. Er war die Selbstauflösung der Menschheit*". BRUCK, Arthur Moeller van der. *Das Dritte Reich*. 2ª ed. Berlim: Ring-Verlag, 1926. Sobre a natureza antidemocrática: A democracia era vista como "*a ausência de forma em todos os sentidos*". / "*Formlosigkeit in jedem Sinne als Prinzip*". SPENGLER, Oswald. *Jahre der Entscheidung*. Munique: C. H. Beck, 1933, p. 32. Sobre a natureza antirrepublicana: a República era vista, por exemplo, como a "*negação de qualquer tipo de autoridade*". / "*Verneinung jeder Art von Autorität*". SPENGLER, Oswald. *Jahre der Entscheidung*. Munique: C. H. Beck, 1933, p. 32.

[957] HAFERKAMP, Hans-Peter. "Positivism as a Concept of Legal Historians". *Juridica International*, nº 17, p. 103, 2010. Disponível em: https://www.juridicainternational.eu/public/pdf/ji_2010_XVII_100.pdf. Acessado em: 04.06.2021.

[958] ELIAS, Norbert. *Studien über die Deutschen*: Machtkämpfe und Habitusentwicklung im 19 und 20 Jahrhundert. Gesammelte Schriften/Norbert Elias. vol. 11, Frankfurt: Suhrkamp, 2005, p. 278.

[959] Embora a esquerda, notadamente os comunistas, tivesse desprezo pela Democracia de Weimar, a importância do movimento antidemocrático de direita teve uma influência muito mais forte na sua degradação. SONTHEIMER, Kurt. "Antidemokratisches Denken in der Weimarer Republik". *Vierteljahrshefte für Zeitgeschichte*, nº 5, p. 45, 1957.

Guerra a maior parte da classe trabalhadora apoiava a social-democracia, terminado o conflito – e como consequência direta do achatamento econômico sofrido – cerca de dois terços dos antigos partidários do antigo USPD (Partido Social-Democrata Independente da Alemanha), inspirados pela próspera economia soviética, migraram para o KPD e se esforçaram para substituir a democracia de Weimar por uma ditadura do proletariado ao estilo soviético.[960]

2.3.4.3 Filosofia do Direito em Weimar

Na medida que a vida da República se desenvolvia, a orientação geral da filosofia alemã apontava na direção do idealismo, da fenomenologia e da ontologia.[961] O neokantismo, que fora a última e mais poderosa construção da "filosofia otimista"[962] da virada do século XX, estava em declínio. Com o restabelecimento da dialética, os neo-hegelianos retomaram o caminho de seu ancestral filosófico, saindo do sistema de Kant e recolocando o "objeto abrangente" (*das umfassende Objekt*) no centro de suas considerações. A centralidade do sujeito foi, assim, abandonada e o homem foi novamente classificado em contextos interindividuais maiores, na historicidade e no direcionamento do objetivo do ser.[963]

A principal característica desse deslocamento filosófico consistia no abandono da lógica formal e da epistemologia por uma representação imanente

---

[960] KITCHEN, Martin. *História da Alemanha moderna*: de 1800 aos dias de hoje. São Paulo: Cultrix, 2013, pp. 313 e ss.

[961] "O desenvolvimento geral da moderna filosofia alemã (...) aponta na direção da moderna fenomenologia e a renovação do hegelianismo". / "*Die allgemeine Entwicklung der neueren deutschen Philosophie (...) bewegt sich [in der Richtung der] moderne[n] Phänomenologie und d[er] Erneuerung des Hegelianismus*". LARENZ, Karl. *Deutsche Rechtserneuerung und Rechtsphilosophie*. Tübingen: Mohr, 1934, p. 15.

[962] "*Optimistische Philosophie*". KORB, Axel-Johannes. *Kelsens Kritiker: ein Beitrag zur Geschichte der Rechts- und Staatstheorie*. Tübingen: Mohr Siebeck, 2010, p. 24.

[963] Idem, p. 25.

CAPÍTULO II – A REFUTAÇÃO DA LENDA DO POSITIVISMO

ao objeto.⁹⁶⁴ Esse foi um tempo da paixão pelo "orgânico", de um apelo ao retorno aos valores da Alemanha medieval⁹⁶⁵ e de uma concepção de sociedade como um realidade natural, indivisível e unitária regida por leis inacessíveis à razão humana.⁹⁶⁶ Além de Hegel, outros idealistas como Fichte, Schelling e Schleiermacher experimentavam um renascimento, normalmente coloridos em contextos nacionalistas e com o recrudescimento da ideologia *völkisch*. Se em 1911 era difícil encontrar sequer um entusiasta desse tipo de abordagem filosófica, seu número crescia exponencialmente após a Primeira Guerra.⁹⁶⁷ O livro de Richard Kroner (1884-1974) *"De Kant a Hegel"* (*Von Kant bis Hegel*), publicado em 1921, apontava o novo caminho a ser seguido.⁹⁶⁸ A ênfase na

---

964 LARENZ, Karl. *Deutsche Rechtserneuerung und Rechtsphilosophie*. Tübingen: Mohr, 1934, p. 15.

965 "A concepção do 'orgânico' está na base do antigo pensamento alemão, que foi enterrado e depois trazido novamente à luz. Ele estava emaranhado na construção do Estado e da Economia durante a Idade Média, quando o alemão estava mais perto de sua própria natureza". / *"Der organische Gedanke ist altes deutsches Gedankengut, das verschüttet lag und wieder ans Licht gehoben wurde. Er war verwirklicht im Aufbau des Staats und der Wirtschaft während des Mittelalters, als der Deutsche seinem eigenen Wesen noch näher stand"*. EVERLING, Friedrich. *Organischer Aufbau des Dritten Reichs*. München: J. F. Lehmann, 1931, p. 1.

966 Nota preliminar de Juan Luis Requejo Pagés à edição em espanhol de *Vom Wert und Wesen der Demokratie*, de Hans Kelsen. *In*: KELSEN, Hans. *De la esencia y valor de la democracia*. Oviedo: KRK, 2009 [1929], pp. 18 e ss.

967 "Embora fosse difícil encontrar hegelianos dedicados em 1911, seu número era crescente após a Primeira Guerra Mundial. Em 1921, Erich Kaufmann submeteu o neokantianismo a severas críticas. Fichte, Schelling e Hegel experimentaram um renascimento, principalmente dentro de contextos conservadores e nacionalistas". / *"Während man 1911 dezidierte Hegelianer nur mit Mühe finden konnte, war ihre Zahl nach dem Weltkrieg um ein Vielfaches angewachsen. Erich Kaufmann hatte 1921 den Neukantianismus einer scharfen Kritik unterzogen. Fichte, Schelling und Hegel erlebten eine Wiedergeburt, meist innerhalb konservativer und nationalistischer Kontexte"*. STOLLEIS, Michael. *Geschichte des öffentlichen Rechts in Deutschland*: Staats- und Verwaltungsrechtswissenschaft in Republik und Diktatur (1914-1945). vol. 3, Munique: C.H. Beck, 1999, p. 176. Ver também: ROSENBAUM, Wolf. *Naturrecht und positives Recht*: Rechtssoziologische Untersuchungen zum Einfluß der Naturrechtslehre auf die Rechtspraxis in Deutschland seit Beginn des 19 Jahrhunderts. Darmstadt: Luchterhand, 1972, pp. 64 e ss.

968 *"Richard Kroners Werk "Von Kant bis Hegel" (1921/24) zeichnete den Weg vor"*. STOLLEIS, Michael. *Geschichte des öffentlichen Rechts in Deutschland*: Staats- und

metafísica, "o retorno ao objeto, ao ser, à existência", marcam, portanto, a Filosofia Geral e, como consequência, a Filosofia do Direito em Weimar.⁹⁶⁹

No campo da Filosofia do Direito, houve um expressivo fortalecimento do Direito Natural. A ideia de um *Richtiges Recht* (algo como Direito "justo" ou "correto"), derivado do sentido de "imanência" e embasado na teoria jurídica de Rudolf Stammler (1856-1938), ganhava força.⁹⁷⁰ Já o livro *Filosofia do Direito* (*Philosophie des Rechts*) de Julius Binder (1870-1939), publicado em 1926, marcou o ponto alto a ser seguido nos anos subsequentes por manifestações cada vez mais antidemocráticas, nacionalistas e belicosas.⁹⁷¹ Gerhard Anschütz expressou o sentimento vigente em Weimar, ao afirmar que "o mundo havia mudado e o Direito Natural estava na moda novamente".⁹⁷² No mesmo sentido, Hans Kelsen lamentava que, "depois de um longo período de positivismo e empirismo, o grito pela metafísica soava novamente por todas as áreas do

---

Verwaltungsrechtswissenschaft in Republik und Diktatur (1914-1945). vol. 3, Munique: C.H. Beck, 1999, p. 176.

[969] "*Wende zum Objekt, zum Sein und zur Existenz*". LANGNER, Albrecht. *Der Gedanke des Naturrechts seit Weimar und in der Rechtsprechung der Bundesrepublik*. Bonn: H. Bouvier u. Co. Verlag, 1959, p. 49.

[970] ROSENBAUM, Wolf. *Naturrecht und positives Recht*: Rechtssoziologische Untersuchungen zum Einfluß der Naturrechtslehre auf die Rechtspraxis in Deutschland seit Beginn des 19 Jahrhunderts. Darmstadt: Luchterhand, 1972, p. 64.

[971] "A Filosofia do Direito, de Julius Binder (1925), foi o grande clímax, seguido nos anos seguintes por manifestações antidemocráticas e bélicas". / "*Julius Binders "Philosophie des Rechts" von 1925 markierte den ersten Höhepunkt, dem in den folgenden Jahren noch die antidemokratischen und bellizistischen Realisationen folgten*". STOLLEIS, Michael. *Geschichte des öffentlichen Rechts in Deutschland*: Staats- und Verwaltungsrechtswissenschaft in Republik und Diktatur (1914-1945). vol. 3, Munique: C.H. Beck, 1999, p. 176.

[972] "*Die Welt wandelt sich. Das Naturrecht ist wieder Mode*". Intervenção de Gerhard Anschütz no Encontro da Associação dos Professores de Direito do Estado de 1926. In: DIE GLEICHHEIT VOR DEM GESETZ IM SINNE DES ART. 109 DER REICHSVERFASSUNG: Verhandlungen der Tagung der Vereinigung der Deutschen Staatsrechtslehrer zu Münster i. W. am 29. und 30. März 1926. *Veröffentlichungen der Vereinigung der Deutschen Staatsrechtslehrer*, n° 3, p. 47, 1927. Doi:10.1515/9783110888225.

CAPÍTULO II – A REFUTAÇÃO DA LENDA DO POSITIVISMO

conhecimento",[973] enquanto Karl Vossler criticava o ressurgimento "das novas larvas da antiga irracionalidade: a politização metafísica, especulativa, romântica, fanática, abstrata e *mística*".[974] Em meados da década de 1920, já estava suficientemente claro que a ciência jurídica estava muito mais abertas aos valores do que estivera nas últimas décadas.[975]

Nessa mesma época, Erich Kaufmann, que vivenciava o ápice do seu idealismo de matiz hegeliana – em que a história era despolitizada em favor de uma abordagem metafísica e onde o Direito Natural era conectado a um pensamento nacionalista –,[976] referia-se ao Positivismo Jurídico como uma teoria "superada"[977] e denunciava os seus fundamentos filosóficos neokantianos (notadamente o de Marburg) como uma filosofia da "pureza abstrata, insensata, vazia e racional, onde a

---

[973] "*(D)er Schrei nach Metaphysik tönt jetzt - nach einer Periode des Positivismus und Empirismus - wieder allenthalben und auf allen Erkenntnisgebieten*". Intervenção de Hans Kelsen no Encontro da Associação dos Professores de Direito do Estado de 1926. Idem, p. 53.

[974] "*Immer in neuen Verpuppungen die alte Unvernunft: ein metaphysisches, spekulatives, romantisches, fanatisches, abstraktes, irrationalistisches und mystisches Politisieren (...)*". VOSSLER, Karl. *Politik und Geistesleben:* Rede zur Reichsgründungsfeier im Januar 1927 und drei weitere Ansprachen. Munique: Hueber, 1927, p. 4.

[975] "Na nossa área, nós (...) operamos com valores e com uma maior ênfase nos juízos de valor previstos na lei ou nela reconhecíveis do que a última geração fez". / "*Wir (...) operieren auf unserem Gebiete mit Werten und drängen nach Herausstellung der im Gesetz festgelegten oder aus ihm erkennbaren Werturteile, mehr als dies die letzte Generation getan hat*". Intervenção de Heinrich Triepel no Encontro da Associação dos Professores de Direito do Estado de 1927. *In*: ROTHENBÜCHER, Karl *et al.* "Das Recht der freien Meinungsäußerung: DER BEGRIFF DES GESETZES IN DER REICHSVERFASSUNG". *Veröffentlichungen der Vereinigung der Deutschen Staatsrechtslehrer*, vol. 4, 1928. Doi:10.1515/9783110888232.

[976] STOLLEIS, Michael. *Geschichte des öffentlichen Rechts in Deutschland*: Staats- und Verwaltungsrechtswissenschaft in West und Ost (1945-1990). vol. 4, Munique: C.H. Beck, 2012, p. 176.

[977] "*erledigt*". Conferência de abertura de Ernst Forsthoff no Encontro da Associação dos Professores de Direito do Estado de 1926. *In*: KAUFMANN, Erich *et al.* "DIE GLEICHHEIT VOR DEM GESETZ IM SINNE DES ART. 109 DER REICHSVERFASSUNG: der Einfluß des Steuerrechts auf die Begriffsbildung des öffentlichen Rechts". *Veröffentlichungen der Vereinigung der Deutschen Staatsrechtslehrer*, vol. 3, 1927, pp. 2 e ss. Doi:10.1515/9783110888225.

ideia de pureza é reinterpretada nos termos de uma pureza metafísica e supernatural e o esvaziamento das coisas da vida é a palavra final; ou seja, uma teoria do conhecimento sem o conceito de verdade, uma psicologia sem alma, uma ciência jurídica sem a 'ideia de Direito' (Rechtsidee)".[978] A experiência traumática "com a (Primeira) Guerra, com a Revolução [de 1918] e com o Tratado de Versailles" levou o povo alemão a uma "grande autorreflexão", submetendo "os pensamentos sobre o Direito e o Estados a um novo julgamento (...). O legislador não cria o Direito (...). O Estado não cria o Direito. O Estado cria leis. E tanto o Estado, quanto as leis são subordinados à Justiça".[979]

Idealismo, fenomenologia, ontologia, enfim, todas as vertentes filosóficas em sua diversidade apontavam para a o renascimento da metafísica e do Direito Natural, numa crítica coordenada contra as bases filosóficas do Positivismo Jurídico.[980] No que diz respeito especificamente ao neokantismo de Marburgo, base filosófica da Teoria

---

[978] *"Abstrakte, unsinnliche, inhaltsleere, rationale Reinheit ist zu metaphysischer und übersinnlicher Reinheit umgedeutet. Aushöhlung und Entleerung alles Lebendigen ist das letzte Wort. Erkenntnistheorie ohne Wahrheitsbegriff, Psychologie ohne Seele, Rechtswissenschaft ohne Rechtsidee, formale Gesinnungsethik ohne Sittlichkeitsbegriff, Geisteswissenschaften ohne Gefühl für konkrete Geistigkeiten (...)"*. KAUFMANN, Erich. *Kritik der neukanstischen Rechtsphilosophie:* eine Betrachtung über die Beziehungen zwischen Philosophie und Rechtswissenschaft. Tübingen: Mohr, 1921, p. 100.

[979] *"Die Erlebnisse, die unser Volk, und wir mit ihm, im Kriege, im Zusammenbruch, in der Revolution und unter dem Versailler Vertrag inner- und außenpolitisch gehabt hat, haben uns gewaltig aufgerüttelt und zu einer großen Selbstbesinnung geführt. Diese Erlebnisse haben uns den Zwang auferlegt, unsere Gedanken über Recht und Staat einer neuen Prüfung zu unterwerfen (...). Der Gesetzgeber ist nicht Schöpfer des Rechts (...) der Staat schafft nicht Recht, der Staat schafft Gesetze, und Staat und Gesetz stehen unter dem Recht"*. Conferência de abertura de Ernst Forsthoff no Encontro da Associação dos Professores de Direito do Estado de 1926. In: KAUFMANN, Erich et al. "DIE GLEICHHEIT VOR DEM GESETZ IM SINNE DES ART. 109 DER REICHSVERFASSUNG: der Einfluß des Steuerrechts auf die Begriffsbildung des öffentlichen Rechts". *Veröffentlichungen der Vereinigung der Deutschen Staatsrechtslehrer*, vol. 3, 1927, pp. 2 e ss. Doi:10.1515/9783110888225.

[980] AMADO, Juan Antonio Garcia. "¿Es Posible ser Antikelseniano sin Mentir sobre Kelsen?". *In:* AMADO, J. A. G. (Coord.). *El Derecho y sus Circunstancias*: nuevos ensayos de filosofía jurídica. Bogotá: Universidad Externado de Colombia, 2010, p. 393.

CAPÍTULO II – A REFUTAÇÃO DA LENDA DO POSITIVISMO

Pura do Direito,[981] foi o mesmo gradativamente desacreditado ao longo da primeira década de Weimar até ao ponto de ser completamente esquecido durante o período nacional-socialista, quando trabalhos do judeu Hermann Cohen e do socialista Karl Vorländer simplesmente desapareceram das livrarias.[982] Esse embate levou Karl Larenz, um dos principais justeóricos do futuro regime,[983] a reconhecer em 1934 que "a principal característica da filosofia jurídica alemã dos últimos anos repousa na luta contra o Positivismo Jurídico, em especial contra a Teoria Pura do Direito".[984] De fato, "a renovação do pensamento jurídico alemão não seria possível sem o abandono radical do Positivismo Jurídico".[985]

2.3.4.4 Direito do Estado em Weimar

As insatisfações contra à Constituição de Weimar, notadamente no que diz respeito à sua natureza compromissória, rapidamente tomaram conta dos debates do Direito do Estado, forçando a revisão de

---

[981] "It is altogether correct that the philosophical foundation of the Pure Theory of Law is the Kantian philosophy, in particular the Kantian philosophy in the interpretation that it has undergone by Cohen". KELSEN, Hans. "The Pure Theory of Law, 'Laband ism', and Neo-Kantism: a Letter to Renato Treves". *In*: PAULSON, S. L.; PAULSON, B. L. (Coord.). *Normativity and Norms*: critical perspectives on Kelsenian themes. Oxford: Clarendon Press, 1998 [1933], p. 171.

[982] MÜLLER, Claudius. *Die Rechtsphilosophie des Marburger Neukantianismus*: Naturrecht und Rechtspositivismus in der Auseinandersetzung zwischen Hermann Cohen, Rudolf Stammler und Paul Natorp. Tübingen: J.C.B. Mohr, 1994, p. 2.

[983] STOLLEIS, Michael. *Juristen*: ein biographisches Lexikon von der Antike bis zum 20 Jahrhundert. Munique: Beck, 2001, pp. 379 e ss.

[984] "*Die deutsche Rechtsphilosophie der letzten Jahre steht zum großen Teil im Zeichen des Kampfes gegen den Positivismus, insbesondere gegen die 'Reine Rechtslehre'*". LARENZ, Karl. *Deutsche Rechtserneuerung und Rechtsphilosophie*. Tübingen: Mohr, 1934, p. 15.

[985] "A renovação do pensamento jurídico alemão é inconcebível sem um afastamento radical do positivismo e do individualismo". / "*Die Erneuerung des deutschen Rechtsdenkens ist ohne eine radikale Abkehr vom Positivismus und Individualismus nicht denkbar*". Idem, p. 15.

métodos e conceitos utilizados pela disciplina durante décadas. Esses novos debates acerca da natureza e da função do Estado deram origem ao que hoje se denomina a "Disputa Metodológica" (*Methodenstreit*) do Direito do Estado em Weimar, uma acalorada e intensa discussão em torno dos conceitos fundamentais da disciplina, notadamente acerca da essência e finalidade do Estado.[986]

Tais críticas eram dirigidas contra um inimigo em comum: o Positivismo Jurídico de Paul Laband.[987] A principal acusação era que o Positivismo Jurídico teria falhado em reconhecer a verdadeira essência do Estado,[988] reduzindo-o a "uma pessoa coletiva qualquer", não distinguível de uma associação ou corporação,[989] sendo necessário desenvolver o Direito do Estado com base "num conhecimento apriorístico de uma ordem valorativa superior".[990] Se havia uma nova Constituição, não havia, contudo, um *Direito Constitucional* que servisse como guia neste novo tempo. Essa verdadeira "democracia improvisada"[991] acabou

---

[986] STOLLEIS, Michael. *Geschichte des öffentlichen Rechts in Deutschland*: Staats- und Verwaltungsrechtswissenschaft in Republik und Diktatur (1914-1945). vol. 3, Munique: C.H. Beck, 1999, p. 155; STOLLEIS, Michael. *Der Methodenstreit der Weimarer Staatsrechtslehre*: ein abgeschlossenes Kapitel der Wissenschaftsgeschichte?. Frankfurt: Frank Steiner, 2001, p. 5.

[987] CALDWELL, Peter C. *Popular Sovereignty, and the Crisis of German Constitutional Law*: The theory & practice of Weimar constitutionalism. Durham: Duke University Press, 1997, pp. 80 e ss.

[988] STOLLEIS, Michael. *Der Methodenstreit der Weimarer Staatsrechtslehre*: ein abgeschlossenes Kapitel der Wissenschaftsgeschichte?. Frankfurt: Frank Steiner, 2001, p. 5.

[989] CALDWELL, Peter C. *Popular Sovereignty, and the Crisis of German Constitutional Law*: The theory & practice of Weimar constitutionalism. Durham: Duke University Press, 1997, pp. 80 e ss.

[990] "*apriorischen Wissen um höhere Ordnungen*". Intervenção de Friedrich Heydte no Encontro da Associação dos Professores de Direito Público de 1954. *In*: HEYDTE, August von der *et al*. "DER DEUTSCHE STAAT IM JAHRE 1945 UND SEITHER: die Berufsbeamten und die Staatskrisen". *Veröffentlichungen der Vereinigung der Deutschen Staatsrechtslehrer*, nº 13, 1955. Doi:10.1515/9783110903249.

[991] ESCHENBURG, Theodor. "Die improvisierte Demokratie: ein Beitrag zur Geschichte der Weimarer Republik". *In*: ESCHENBURG, T. (Coord.). *Die improvisierte Demokratie*: Gesammelte Aufsätze zur Weimarer Republik. München: Piper, 1963, pp. 11 e ss.

CAPÍTULO II – A REFUTAÇÃO DA LENDA DO POSITIVISMO

deixando o Direito do Estado num terreno desconhecido. O panorama teórico-pragmático era mais incerto do que nunca, já que "a suposta segurança do Positivismo Jurídico 'prevalecente' entre 1870 e 1914 estava perdida".[992] No entanto, o Direito Público credenciava-se como uma ponte estabilizadora para o Novo Estado, graças ao prestígio dos seus "mandarins" nas questões de Estado e ao "capital de confiabilidade acumulado durante o *Kaiserreich*".[993]

Desse modo, embora o positivismo labandiano ainda fosse bastante influente e a nova Constituição tivesse sido uma obra com paternidade e com inegável inspiração "positivista", as correntes antipositivistas no Direito do Estado, embaladas em sua maioria por esse desprezo pela democracia, começavam a se destacar logo após a instauração da República (1918).[994] No grupo que defendia a democracia como a melhor forma de organização política estavam Gerhard Anschütz, Richard Thoma e Hans Kelsen, bem como o não positivista Hermann Heller.[995] Já entre aqueles que, preocupados com a instabilidade política e com a fraqueza do arranjo institucional vigente, atacavam as suas bases democráticas, estavam os seguintes autores, todos antiliberais e antipositivistas: Arthur Moeller van den Bruck (1876-1925), Othmar Spann (1878-1950),

---

[992] "*Letztere erschienen unsicherer denn je, seitdem die vermeintliche Sicherheit des zwischen 1870 und 1914 'herrschenden' Positivismus verloren war*". STOLLEIS, Michael. *Der Methodenstreit der Weimarer Staatsrechtslehre*: ein abgeschlossenes Kapitel der Wissenschaftsgeschichte?. Frankfurt: Frank Steiner, 2001, p. 6.

[993] "*O Direito do Estado apareceu nessa situação, por um lado, como um oráculo para o qual procuramos ajuda. Graças à cientificidade e à objetividade das suas proposições, ele ainda possuía o capital fiduciário acumulado durante a Era Imperial e prometia que assim formaria uma ponte de continuidade e estabilização*". / "*Die Staatsrechtslehre erschien in dieser Lage einerseits als Orakel, an den man sich hilfesuchend wendete. Sie verfügte noch über das in der Kaiserzeit angesammelte Vertrauenskapital in die Wissenschaftlichkeit und Objektivität ihrer Aussagen, und sie versprach, auf diese Weise eine Brücke der Kontinuität zu bilden und stabilisierend zu wirken*". Idem, p. 7.

[994] STOLLEIS, Michael. *Geschichte des öffentlichen Rechts in Deutschland*: Staats- und Verwaltungsrechtswissenschaft in Republik und Diktatur (1914-1945). vol. 3, Munique: C.H. Beck, 1999, pp. 159 e 171.

[995] GROH, Kathrin. *Demokratische Staatsrechtslehrer in der Weimarer Republik*: von der konstitutionellen Staatslehre zur Theorie des modernen demokratischen Verfassungsstaats. Tübingen: Mohr Siebeck, 2010, p. 1.

Rudolf Smend (1882-1975), Hans Freyer (1887-1969), Carl Schmitt (1888-1985), Edgar Julius Jung (1894-1934), Theodor Maunz (1901-1993) e Reinhard Höhn (1904-2000).[996]

À medida que a vida republicana se desenvolvia, ficava cada vez mais claro para os críticos e para os entusiastas da democracia de Weimar que "os sonhos de flores esperados não tinham amadurecido".[997] Era necessário, portanto, "corrigir" um antigo problema do Estado alemão – potencializado pela nova Constituição – que, devido à sua fragmentação política interna, era altamente instável e fraco. A maioria dos juspublicistas defendia que a única alternativa contra o caos e instabilidade política era uma estrutura teórica que garantisse a concentração do poder nas mãos de um soberano forte.[998] As soluções propostas para a superação dessa "crise" apontavam invariavelmente para a mesma direção: um Estado forte e centralizado, geralmente por meio do resgate dos valores da tradição monárquica e, não raro, com o resgate e a revalorização da ideologia *völkisch*. Com diferentes oscilações do centro liberal para a extrema direita, a política agora dominava as atenções de toda uma geração de professores de Direito do Estado.[999]

---

[996] STOLLEIS, Michael. *Geschichte des öffentlichen Rechts in Deutschland*: Staats- und Verwaltungsrechtswissenschaft in Republik und Diktatur (1914-1945). vol. 3, Munique: C.H. Beck, 1999, pp. 171 e ss.

[997] "*Os esperados sonhos de flores simplesmente não amadureceram e a alienação do Estado Liberal, que foi a razão última de tais concepções, foi necessariamente desiludida*". / "*Die erhofften Blütenträume sind eben nicht gereift und die liberale Staatsfremdheit, die der letzte Grund derartiger Auffassungen war, mußte notwendig desillusioniert werden*". KOELLREUTTER, Otto. "Rezension. Kelsen, Hans. Vom Wesen und Wert der Demokratie". *Archiv des öffentlichen Rechts*, n° 17, p. 139, 1929.

[998] ELIAS, Norbert. *Studien über die Deutschen*: machtkämpfe und Habitusentwicklung im 19 und 20 Jahrhundert. Gesammelte Schriften/Norbert Elias. vol. 11, Frankfurt: Suhrkamp, 2005, p. 468.

[999] "*wenn auch mit unterschiedlichen Pendelschlägen von liberaler Mitte bis nach rechtsaußen, erfaßte die Politik nun eine ganze Generation von Staatsrechtslehrern*". STOLLEIS, Michael. *Geschichte des öffentlichen Rechts in Deutschland*: Staats- und Verwaltungsrechtswissenschaft in Republik und Diktatur (1914-1945). vol. 3, Munique: C.H. Beck, 1999, p. 173.

CAPÍTULO II – A REFUTAÇÃO DA LENDA DO POSITIVISMO

A questão de fundo da *Methodenstreit* era uma discussão sobre a *metodologia* a ser utilizada pelo Direito do Estado. Contra o modelo positivista moderado "prevalecente" de Gerhard Anschütz e Richard Thoma, havia, por exemplo, tentativas de reintroduzir no Direito do Estado a) conceitos e categorias teológicas (Heinrich Triepel), b) categorias axiológicas suprapositivas no sentido de um Direito Natural (Erich Kaufmann), c) um antipositivismo de orientação político-sociológico (Gerhard Leibholz).[1000] Mas dentre todas as concepções, destacavam-se aquelas apresentadas por um grupo de quatro jovens juristas, que hoje em dia são reconhecidos e normalmente reverenciados como "os quatro grandes" (*Die großen Vier*) de Weimar.[1001]

Nessa disputa metodológica, uma visão orgânica da sociedade era invariavelmente prestigiada, enquanto uma formatação social baseada em torno do indivíduo era habitualmente apontada como a causa de todos os males da Teoria do Estado.[1002] O Direito Público foi assim "rasgado por dentro", desenvolvendo-se no sentido da politização e abrindo-se para as demais ciências do espírito, como a ética e a história.[1003] Kelsen, o principal herdeiro da tradição liberal-positivista da democracia e principal "herdeiro" intelectual da Escola Gerber-Laband,[1004] parecia ser o único que se recusava ir nessa direção *substantiva* do Direito do Estado.[1005] A situação política e

---

[1000] SCHULZE-FIELITZ, Helmuth. "Rudolf Smend (1882-1975)". *In*: HÄBERLE, P.; KILIAN, M.; WOLFF, H. (Coord.). *Staatsrechtslehrer des 20 Jahrhunderts*. Berlim: De Gruyter, 2015, p. 263.

[1001] JESTAEDT, Matthias; LEPSIUS, Oliver. "Der Rechts- und der Demokratietheoretiker Hans Kelsen - Eine Einführung". *In*: JESTAEDT, M.; LEPSIUS, O. (Coord.). *Verteidigung der Demokratie*: Abhandlungen zur Demokratietheorie. Tübingen: Mohr Siebeck, 2006, p. 9.

[1002] EVERLING, Friedrich. *Organischer Aufbau des Dritten Reichs*. München: J. F. Lehmann, 1931, pp. 1 e ss.

[1003] STOLLEIS, Michael. *Der Methodenstreit der Weimarer Staatsrechtslehre*: ein abgeschlossenes Kapitel der Wissenschaftsgeschichte?. Frankfurt: Frank Steiner, 2001, p. 7.

[1004] KORIOTH, Stefan. "Kelsen im Diskurs: Die Weimarer Jahre". *In*: JESTAEDT, M. (Coord.). *Hans Kelsen und die Staatsrechtslehre*. Tübingen, Mohr Siebeck, 2013, p. 31.

[1005] JESTAEDT, Matthias; LEPSIUS, Oliver. "Der Rechts- und der Demokratietheoretiker Hans Kelsen - Eine Einführung". *In*: JESTAEDT,

econômica da República de Weimar, no entanto, contribuiu para o desenvolvimento e aceitação de perspectivas teóricas que não se importavam em combinar engajamento político com descrição da realidade. Essa "nova direção" do Direito Público alemão provar-se-ia com o tempo ser muito mais eficaz em impedir qualquer entendimento político mínimo do que resolver os problemas concretos que se apresentavam.[1006]

2.3.4.4.1 Hans Kelsen e a Teoria Pura do Direito

O incrível desenvolvimento das ciências naturais nos séculos XVIII e XIX aumentou a pressão sobre as ciências sociais por resultados concretos. Havia uma percepção generalizada de que o desenvolvimento das ciências sociais estava estagnado, principalmente quando seus resultados práticos eram cotejados com os resultados obtidos pelas ciências naturais. Segundo Kelsen, esse descompasso ocorria porque,

> desprovida de qualquer espírito crítico, a ciência jurídica tradicional, da forma como ela tem se desenvolvido ao longo dos séculos

---

M.; LEPSIUS, O. (Coord.). *Verteidigung der Demokratie*: Abhandlungen zur Demokratietheorie. Tübingen: Mohr Siebeck, 2006, p. 9.

[1006] "Após a Primeira Guerra Mundial, mudanças políticas e sociais foram adicionadas. Imediatamente e de forma mais eficaz a compreensão sobre o conceito de Direito, mais do que qualquer outra coisa, foi modificada. A afirmação de Kelsen de que o ideal de uma ciência objetiva do Direito e do Estado tinha 'apenas um período de equilíbrio social a perspectiva de reconhecimento universal' também significava que, em tempos de crise, a busca por tal objetividade deveria ser ainda mais intensa, quando um consenso parecia inatingível e, possivelmente, também poderia resultar em um silêncio depressivo". / "*Nach dem Ersten Weltkrieg kamen die politischen und sozialen Verwerfungen hinzu. Sie verhinderten unmittelbar und viel wirksamer als alles andere auch das Verständnis des Rechts. Die Feststellung Kelsens, das Ideal einer objektiven Wissenschaft von Recht und Staat habe 'nur in einer Periode sozialen Gleichgewichts Aussicht auf allgemeine Anerkennung' bedeutete auch, daß in Krisenzeiten die Suche nach einer solchen Objektivität um so intensiver sein mußte und um Ende, wenn der methodische Konsens unerreichbar schien, möglicherweise auch in ein depressives Verstummen münden konnte*". STOLLEIS, Michael. *Der Methodenstreit der Weimarer Staatsrechtslehre*: ein abgeschlossenes Kapitel der Wissenschaftsgeschichte?. Frankfurt: Frank Steiner, 2001, p. 6.

CAPÍTULO II – A REFUTAÇÃO DA LENDA DO POSITIVISMO

XIX e XX, tem se misturado com a psicologia e a biologia, com a ética e a teologia (...). [N]ão há nenhuma ciência específica sobre a qual o jurista não se considere incompetente para investigar. Os juristas acreditam que podem melhorar o seu prestígio científico precisamente por empréstimo de outras disciplinas. Mas, com isso, é a verdadeira essência da ciência jurídica que está sendo perdida.[1007]

A partir dessa constatação, Hans Kelsen (1881-1973)[1008] tenta desenvolver uma ciência jurídica "genuína", purificada de toda ideologia política e de todos os elementos das ciências naturais, que pudesse explicar "não as tendências endereçadas à formação do Direito, mas as tendências dirigidas exclusivamente ao conhecimento do Direito, e aproximar o tanto quanto possível os seus resultados do ideal de toda a ciência: objetividade e exatidão".[1009] Na busca por esse objetivo, Kelsen

---

1007 "(...) *ein Blick auf die traditionelle Rechtswissenschaft, so wie sie sich im Laufe des 19. und 20. Jahrhunderts entwickelt hat, zeigt deutlich, wie weit diese davon entfernt ist, der Forderung der Reinheit zu entsprechen. In völlig kritikloser Weise hat sich die Jurisprudenz mit Psychologie und Biologie, mit Ethik und Theologie, vermengt. Es gibt heute beinahe keine Spezialwissenschaft mehr in deren Gehege einzudringen der Rechtsgelehrte sich für unzuständig hielte. Ja, er glaubt sein wissenschaftliches Ansehen gerade durch Anleihen bei anderen Disziplinen erhöhen zu können. Dabei geht natürlich die eigentliche Rechtswissenschaft verloren*". KELSEN, Hans. *Reine Rechtslehre*: Einleitung in die rechtswissenschaftliche Problematik. Studienausgabe der 1. Auflage 1934, herausgegeben und eingeleitet von Matthias Jestaedt. Tübingen: Mohr Siebeck, 2008 [1934], pp. 16 e ss.

1008 Hans Kelsen, descendente de uma família burguesa judaica de Praga, dedicou-se aos estudos de Direito em Viena, concluindo lá seu doutorado em 1906, sua habilitação em 1911 e tornando-se professor em 1919. A Constituição Federal Austríaca de 1920 foi escrita por ele. Em reconhecimento da sua contribuição para a sua elaboração, Kelsen foi nomeado em 1921 Juiz vitalício do Tribunal Constitucional. Kelsen só foi capaz de manter sua cátedra em Colônia, adquirida em 1930, por um curto período. Em 1º de janeiro de 1934, com efeito da aposentadoria compulsória imposta pelos nazistas, ele teve que deixar a Alemanha. Inicialmente, Kelsen deslocou-se para a universidade alemã em Praga e, finalmente, encontrou no exílio, o novo local de trabalho: a Cátedra de Ciências Políticas da Universidade da Califórnia). Depois de 1945, Kelsen não retornou à Alemanha ou à Áustria. FRIEDRICH, Manfred. *Geschichte der deutschen Staatsrechtswissenschaft*. Berlim: Duncker & Humblot, 1997, p. 342.

1009 "*Von allem Anfang an war dabei mein Ziel: Die Jurisprudenz, die – offen oder versteckt – in rechtspolitischem Raisonnement fast völlig aufging, auf die Höhe einer echten Wissenschaft, einer*

defendeu uma abordagem do fenômeno jurídico que evitasse a análise do conteúdo do Direito (*Rechtsinhalt*) e desenvolveu um instrumental justeórico formal que poderia ser aplicado ao material jurídico de qualquer procedência, independentemente do contexto sociológico, político ou cultural contingente. O conteúdo de cada norma ou sistema jurídico não eram, de forma alguma, irrelevantes, mas não deveriam ter qualquer influência direta no método científico.[1010] O objetivo de Kelsen nunca foi *separar* o Direito do seu substrato real ou moral, mas apenas estabelecer uma *metodologia* para manejar e resolver os respectivos conflitos de uma maneira específica e inédita.

2.3.4.4.1.1 Delimitação do objeto da ciência do Direito

Para executar esse "programa da limpeza",[1011] Kelsen assenta as bases filosóficas dessa nova teoria jurídica — a sua Teoria Pura do Direito — no método transcendental da Escola Neokantiana de Marburg,[1012] um caminho epistemológico que busca delimitar as condições

---

Geistes-Wissenschaft zu heben. Es galt, ihre nicht auf Gestaltung, sondern ausschließlich auf Erkenntnis des Rechts gerichteten Tendenzen zu entfalten und deren Ergebnisse dem Ideal aller Wissenschaft, Objektivität und Exaktheit, soweit als irgend möglich anzunähern". KELSEN, Hans. *Reine Rechtslehre*: Einleitung in die rechtswissenschaftliche Problematik. Studienausgabe der 1. Auflage 1934, herausgegeben und eingeleitet von Matthias Jestaedt. Tübingen: Mohr Siebeck, 2008 [1934], p. 3.

[1010] STOLLEIS, Michael. *Der Methodenstreit der Weimarer Staatsrechtslehre*: ein abgeschlossenes Kapitel der Wissenschaftsgeschichte?. Frankfurt: Frank Steiner, 2001, p. 13.

[1011] Idem, p. 6.

[1012] A denominada Escola Neokantiana de Marburg tinha como seu maior expoente o filósofo Hermann Cohen (1842-1918) e funcionou como grande inspiração de Kelsen na edificação da Teoria Pura do Direito. KELSEN, Hans. "The Pure Theory of Law, 'Labandism', and Neo-Kantism: a Letter to Renato Treves". *In*: PAULSON, S. L.; PAULSON, B. L. (Coord.). *Normativity and Norms*: critical perspectives on Kelsenian themes. Oxford, Nova York: Clarendon Press; Oxford University Press, 1998 [1933], p. 171. Para conhecer as implicações da Escola de Marburg para a Filosofia do Direito, confira-se: MÜLLER, Claudius. *Die Rechtsphilosophie des Marburger Neukantianismus*:

CAPÍTULO II – A REFUTAÇÃO DA LENDA DO POSITIVISMO

de possibilidade do conhecimento científico, de modo que a reflexão filosófica se limite apenas a explicitar as suas condições lógicas.[1013] Partindo desse método transcendental,[1014] Kelsen iria conceber que a sociedade, entendida como uma representação da coexistência real dos seres humanos, faz parte da própria natureza e desse mesmo destino compartilha o Direito. Exatamente por isso, a divisão entre ciências naturais e ciências sociais seria artificial. Existe um só mundo e um só conhecimento, de modo que toda ciência se ocupa, em última instância, do mesmo conjunto de fatos.[1015] Não obstante, a análise das questões jurídicas (*Rechtliche Tatbestände*) revela duas dimensões claramente distinguíveis, a saber, o ato sensorial do comportamento humano, que ocorre no tempo e no espaço e que pode ser descrito com base nas leis da natureza (*causalidade*), e o seu significado especificamente *jurídico*, que é o *sentido* atribuído pela *vontade humana* a esses atos ou fatos naturais, mas que não existem por si só, de forma autônoma, explicáveis nos termos da *imputação* (*Zurechnung*).[1016]

Assim, por exemplo, uma lei aprovada pelo Parlamento, uma sentença judicial ou um contrato são sem dúvida eventos naturais,

---

naturrecht und Rechtspositivismus in der Auseinandersetzung zwischen Hermann Cohen, Rudolf Stammler und Paul Natorp. Tübingen: J.C.B. Mohr, 1994.

[1013] GONZÁLEZ PORTA, Mario Ariel. *Estudos Neokantianos*. Rio de Janeiro: Loyola, 2011, pp. 47 e ss.

[1014] Aqui deve ser aberto um parêntese. A relação entre a Teoria Pura do Direito e o método transcendental da Escola de Marburg jamais foi feita por Kelsen de forma sistemática e exaustiva. Nos seus primeiros trabalhos, Kelsen sequer fez uso consciente das teorias neokantianas. A primeira menção a Cohen surge apenas no prefácio da 2ª edição do "*Hauptprobleme*" (publicada em 1923), onde Kelsen aponta certas similaridades com a sua teoria. Depois disso, Kelsen sempre manteve uma posição ambivalente face a filosofia de Cohen. De qualquer forma, a capacidade da epistemologia neokantiana de lidar com alguns problemas criados pelas teses básicas da Teoria Pura do Direito explica as razões que levaram Kelsen a se apropriar dela HEIDEMANN, Carsten. "Hans Kelsen and the Transcendental Method". *Northern Ireland Legal Quarterly*, 2004, nº 55, pp. 362 e ss.

[1015] KELSEN, Hans. "Eine 'realistische' und die 'reine' Rechtslehre. Bemerkungen zu Alf Ross: On Law and Justice". *Österreichische Zeitschrift für öffentliches Recht und Völkerrecht*, nº 10, p. 2, 1959.

[1016] Idem, pp. 16 e ss.

fatos da realidade que ocorrem num determinado lugar do tempo e do espaço. No entanto, afirmar que esses fatos existem enquanto *fatos naturais* é apenas uma descrição de parte da realidade.[1017] Uma norma jurídica, que sempre deve sua existência a uma decisão, obviamente começa a existir no momento em que a decisão foi tomada, mas a partir daí passa a "existir" de forma autônoma, sem ser necessário (ou possível, dependendo do caso) levar em consideração a vontade efetiva daqueles que a produziram. No caso de decisões colegiadas, por exemplo, é quase impossível imputar determinada regra à vontade desse ou daquele parlamentar. Pode acontecer, ainda, que a decisão que gerou a norma jurídica sequer corresponda mais à vontade da pessoa que a criou. É muito comum, por exemplo, que certas normas continuem existindo por décadas ou séculos, não sendo mais possível rastrear qualquer vínculo dela com a vontade do seu emissor.[1018]

Do ponto de vista jurídico, a existência de uma norma jurídica não pode ser reduzida a um fenômeno psicológico. A partir do momento em que uma norma jurídica é criada (um *ser*), sua "existência" assume sob o ponto de vista jurídico uma forma determinada: a validade.[1019] A *validade* de uma norma jurídica nada mais é, portanto, do que sua *existência específica* no âmbito do Direito.[1020] Especificamente sobre este ponto, distingue-se a sua Teoria Pura do Direito das demais versões do Positivismo Jurídico vigentes à época, que limitavam suas análises à vontade da pessoa que criou a norma jurídica e ignoravam essa dimensão específica do fenômeno jurídico.[1021]

[1017] KELSEN, Hans. "Absolutism and relativism in philosophy and politics". *In*: KELSEN, H. (Coord.). *What is Justice*? Justice, law, and politics in the mirror of science. Union: Lawbook Exchange, 2000 [1942], pp. 206 e ss. (Collected essays).

[1018] Idem, pp. 207 e ss.

[1019] Idem, p. 208.

[1020] KELSEN, Hans. *Reine Rechtslehre*: Einleitung in die rechtswissenschaftliche Problematik (1934). Studienausgabe der 1. Auflage 1934, herausgegeben und eingeleitet von Matthias Jestaedt. Tübingen: Mohr Siebeck, 2008 [1934], p. 21.

[1021] UNRUH, Peter. *Weimarer Staatsrechtslehre und Grundgesetz*: ein verfassungstheoretischer Vergleich. Berlim: Duncker & Humblot, 2004, pp. 58 e ss.

CAPÍTULO II – A REFUTAÇÃO DA LENDA DO POSITIVISMO

Num segundo movimento, contudo, Kelsen defende que uma teoria jurídica consciente de sua especificidade deve partir do pressuposto – até então jusnaturalista – de que o Direito possui, apesar da complexidade do mundo natural onde ele se apresenta como *fato*, uma realidade própria – uma esfera autônoma de sentido – e um objeto bem definido: a *norma jurídica*.[1022] Desse modo, uma autêntica Ciência do Direito deveria evitar questões relativas à facticidade do Direito e concentrar-se apenas na camada normativa do fenômeno jurídico. Esta abordagem reconhece que o Direito está *conectado* com a realidade social, sem, no entanto, *pertencer* a ela.[1023] Isso significa que a Teoria Pura do Direito não ignora a dimensão normativa do Direito, o *dever-ser*, mas apenas abandona um *dever-ser* ideal em prol de um *dever-ser real*, um *dever-ser* que decorre daquilo que é: o Direito Positivo.[1024] Quando Kelsen insiste na separação estrita entre o *ser* (*Sein*) e o *dever-ser* (*Sollen*) de uma norma jurídica, não é porque ele acredita que o *ser* não tem qualquer relação com o *dever-ser* (e vice-versa), mas porque, da perspectiva do *dever-ser*, o mundo da norma, a relação com o *ser* não decorre da mera facticidade, sendo, na verdade, unilateralmente determinada por um ato que imputa ao *ser* um significado.[1025]

Note-se, no entanto, que o recurso à dimensão normativa do Direito não significa uma adesão de Kelsen ao Direito Natural. Se, de um lado, Kelsen parte inegavelmente de uma epistemologia ancorada na *razão teórica* de Kant, de outro lado, numa interpretação ainda mais

---

[1022] KELSEN, Hans. *Reine Rechtslehre*: Einleitung in die rechtswissenschaftliche Problematik (1934). Studienausgabe der 1. Auflage 1934, herausgegeben und eingeleitet von Matthias Jestaedt. Tübingen: Mohr Siebeck, 2008 [1934], p. 24.

[1023] HARTNEY, Michael. "Introduction: The Final Form of the Pure Theory of Law". *In*: PAULSON, S.; KELSEN, H. (Coord.). *General Theory of Norms*. Oxford England, Nova York: Clarendon Press; Oxford University Press, 1991, p. 21.

[1024] JESTAEDT, Matthias; LEPSIUS, Oliver. "Der Rechts- und der Demokratietheoretiker Hans Kelsen - Eine Einführung". *In*: JESTAEDT, M.; LEPSIUS, O. (Coord.). *Verteidigung der Demokratie*: Abhandlungen zur Demokratietheorie. Tübingen: Mohr Siebeck, 2006, p. 18.

[1025] Idem, p. 15.

radical[1026] que aquela proposta pela Escola de Marburg,[1027] ele nega por completo a filosofia moral kantiana,[1028] que, em maior ou menor medida, dependendo da abordagem escolhida, pressupõe a existência de valores ou sentidos imanentes na própria natureza acessíveis à razão. Uma vez que os juízos de *valor* não podem ser submetidos a uma análise lógica, o método transcendental não pode ser a eles aplicáveis e, como consequência, não é possível fazer um conhecimento científico sobre eles. Segundo Kelsen,

> Se existe algo que a história do conhecimento humano pode nos ensinar é como todos os esforços para encontrar, por meios racionais, uma fórmula absolutamente válida de comportamento justo foram em vão (...). Do ponto de vista do conhecimento racional existem apenas interesses humanos e, por isso, conflitos de interesses. Para solucioná-los, existem apenas dois caminhos: ou satisfazer um dos interesses à custa do outro, ou promover um compromisso entre ambos. Não é possível provar [por meio do método transcendental] que apenas uma

---

[1026] Kelsen considerava, inclusive, que a *razão prática* era teoricamente insustentável diante da *razão pura* e, por isso, deveria ser completamente descartada. KELSEN, Hans. *General Theory of Law and State*. 3ª ed. Cambridge, Mass.: Harvard University Press, 1949 [1945], pp. 444 e ss.

[1027] Para Hans Kelsen, tanto Kant quanto os neokantianos de Marburg foram tímidos no rigor com que se opuseram à metafísica. Talvez por razões de cunho religioso, eles não teriam conseguido se livrar por completo de elementos jusnaturalistas. KELSEN, Hans. "The Pure Theory of Law, 'Labandism', and Neo-Kantism. A Letter to Renato Treves". *In*: PAULSON, S. L.; PAULSON, B. L. (Coord.). *Normativity and Norms*: critical perspectives on Kelsenian themes, Oxford, Nova York: Clarendon Press; Oxford University Press, 1998 [1933], pp. 172 e ss.

[1028] Para Kelsen, a razão prática kantiana nada mais era do que "a máxima expressão da doutrina clássica do Direito Natural, tal como desenvolvido durante os séculos XVII e XVIII, com base no cristianismo protestante". / *"Ja, seine 'Metaphysik der Sitten' kann geradezu als der vollkommenste Ausdruck der klassischen Naturrechtslehre angesehen werden, wie sie sich während des XVII. und XVIII. Jahrhunderts auf dem Boden des protestantischen Christentums entwickelt hat"*. KELSEN, Hans. *Die philosophischen Grundlagen der Naturrechtslehre und des Rechtspositivismus*. Charlottenburg: Pan-Verl., 1928, p. 76.

CAPÍTULO II – A REFUTAÇÃO DA LENDA DO POSITIVISMO

ou outra solução é justa (...). Se se pressupõe a paz social como o valor maior, a solução de compromisso pode ser vista como justa, mas também essa justiça, a justiça da paz, é uma justiça relativa, e não absoluta.[1029]

Esse relativismo moral[1030] da Teoria Pura do Direito não indica, contudo, que ela seja indiferente aos valores e às questões morais, mas apenas indica um caminho alternativo para os extremos do dogmatismo e do ceticismo. A crença de que a justiça absoluta é um ideal irracional e que consensos sobre questões morais não podem ser atingidos pelo uso da razão, afasta-a por completo do Direito Natural.

Em síntese: para a Teoria Pura do Direito, embora o ato que cria o Direito seja, sem dúvida, um fato (*Seins-Tatsache*),[1031] o sentido objetivo desse ato, isto é, a norma jurídica (*dever-ser*), possui uma realidade autônoma na esfera cultural (*ser*).[1032] Ao conciliar a separação entre Direito e Moral (*Trennungsthesis*) com a dimensão *normativa* do Direito (*Normativitätsthesis*), Kelsen garante uma espécie de compromisso (um meio termo)[1033]

1029 "*If the history of human thought proves anything, it is the futility of the attempt to establish, in the way of rational considerations, an absolutely correct standard of human behavior, and that means a standard of human behavior as the only just one, excluding the possibility of considering the opposite standard to be just too (...). From the point of view of rational cognition, there are only interests of human beings and hence conflicts of interests. The solution of these conflicts can be brought about either by satisfying one interest at the expense of the other, or by a compromise between the conflicting interests. It is not possible to prove that only the one or the other solution is just (...). If social peace is supposed to be the ultimate end - but only then - the compromise solution may be just, but the justice of peace is only a relative, and not an absolute, justice*". KELSEN, Hans. "Whats is Justice?". *In*: KELSEN, H. (Coord.). *What is Justice*? Justice, law, and politics in the mirror of science. Union: Lawbook Exchange, 2000 [1952], pp. 21 e ss. (collected essays).

1030 KELSEN, Hans. *Reine Rechtslehre*: einleitung in die rechtswissenschaftliche Problematik. Studienausgabe der 1. Auflage 1934, herausgegeben und eingeleitet von Matthias Jestaedt. Tübingen: Mohr Siebeck, 2008 [1934], pp. 25 e ss.

1031 Idem, p. 24.

1032 Idem, p. 24.

1033 Kelsen viria mais tarde a caracterizar sua teoria como um meio-termo (*Mittelweg*) entre estas tradições jusfilosóficas. Confira-se: "Uma teoria jurídica positivista é posta perante a tarefa de encontrar entre os dois extremos, ambos insustentáveis,

entre as tradições jusnaturalista e positivista correntes na Alemanha do início do século XX, e a "dupla pureza"[1034] da sua teoria torna possível a explicação do Direito de forma independente dos fatos e dos valores que lhe deram origem.[1035] Se, de um lado, a adesão à tese da normatividade permite que a Teoria Pura do Direito alcance uma pureza *sociológica*[1036] da Ciência do Direito, de outro, a adesão à tese da separação permite a sua pureza *axiológica* (ou *valorativa*).[1037]

---

o meio-termo correto. Um dos extremos é representado pela tese de que, entre validade como um dever-ser e eficácia como um ser, não existe conexão de espécie alguma, que a validade do Direito é completamente independente da sua eficácia. O outro extremo é a tese de que a validade do Direito se identifica com a sua eficácia". / "*Eine positivistische Rechtstheorie ist vor die Aufgabe gestellt, zwischen zwei Extremen, die beide unhaltbar sind, den richtigen Mittelweg zu finden. Das eine Extrem ist die These, daß zwischen Geltung als einem Sollen und Wirksamkeit als einem Sein überhaupt keine Beziehung besteht, daß die Geltung des Rechts von seiner Wirksamkeit völlig unabhängig ist. Das andere Extrem ist die These, daß die Geltung des Rechts mit seiner Wirksamkeit identisch ist. Der ersteren Lösung des Problems neigt eine idealistische, der zweiten eine realistische Theorie zu*". KELSEN, Hans. *Reine Rechtslehre*. 2ª ed. Viena: Österreichische Staatsdruckerei, 1992 [1960], p. 378.

[1034] RAZ, Joseph. "The Purity of the Pure Theory". *In*: PAULSON, S. L.; PAULSON, B. L. (Coord.). *Normativity and Norms*: critical perspectives on Kelsenian themes. Oxford, Nova York: Clarendon Press; Oxford University Press, 1998, p. 238.

[1035] PAULSON, Stanley L. "Introduction". *In*: PAULSON, S. L.; PAULSON, B. L. (Coord.). *Normativity and Norms*: critical perspectives on Kelsenian themes. Oxford, Nova York: Clarendon Press; Oxford University Press, 1998, p. 32.

[1036] Neste passo, sem negar a possibilidade de uma ou mais ciências que estude o Direito de acordo com seus fatores sociais, a Ciência do Direito de Hans Kelsen pretende ser uma *Teoria Pura* do Direito Positivo, e não uma Teoria do *Direito Puro*, ou seja, de um Direito desligado da realidade. KELSEN, Hans. *Was ist die Reine Rechtslehre?* Frankfurt: Polygraph. Verlag, 1953, pp. 152 e ss.

[1037] Ao assumir uma posição exclusivamente descritiva do Direito, a ciência do Direito passa a ter por objeto específico o Direito Positivo (ou Real), e não o Direito Ideal, objeto da política. Note-se, todavia, que sua Teoria Pura se propõe a *delimitar* o Direito no que diz respeito aos valores, e não *eliminar* toda e qualquer consideração moral *sobre* ou *a partir* do Direito. LOSANO, Mario G. "Introdução". *In*: KELSEN, H. *O problema da justiça*. 3ª ed. São Paulo: Martins Fontes, 1998, p. 14.

2.3.4.4.1.2 Dinâmica jurídica, regulação da criação jurídica e relação entre Direito e política

Se a *descrição* de uma norma é um ato de *conhecimento*, o resultado da razão humana dirigida à apreensão de um *fato*, a *criação* da norma, por sua vez, decorre de um ato de *vontade*. Não obstante, não é qualquer ato de vontade que é capaz de criar uma norma, mas apenas o ato de vontade cujo sentido objetivo é reconhecido por outra norma. Desse modo, a diferença entre o "homicídio" e a "pena de morte", por exemplo, não pode ser encontrada na sua facticidade. Sua definição jurídica como um ou como outro decorre do *sentido* atribuído ao fato (naturalmente idêntico) por uma outra norma. O que transforma um fato natural num ato jurídico (lícito ou ilícito) não é a sua facticidade, não é o seu ser natural, isto é, o seu ser tal como determinado pela lei da causalidade e encerrado no sistema da natureza, mas o sentido objetivo que está ligado a esse ato, a significação que a ele é atribuído por uma outra norma.[1038]

Partindo dessas considerações, Kelsen reconheceu que, além da perspectiva *estática* (orientada pelo ato real de coerção, de natureza exclusivamente executiva), o Direito também apresenta uma perspectiva *dinâmica*, entendida como uma função criadora da própria ordem jurídica estatal.[1039] Assim, se a ordem jurídica é um sistema regulador de sua própria criação, essa criação é, em essência, um problema jurídico. E se toda norma jurídica é criada por indivíduos que desempenham funções de criação jurídica definidas por outras normas jurídicas, toda função do Estado é uma função de criação jurídica e toda norma jurídica confere o poder de criação jurídica.[1040] Nesse ponto, fica claro que a acusação de que Kelsen defende uma teoria que nega a dimensão política do Direito não se sustenta. Na verdade, nenhuma outra concepção teórica identificou com maior precisão os momentos políticos na criação do Direito. A dinâmica jurídica é justamente a descrição do

---

[1038] KELSEN, Hans. *Pure Theory of Law*. Clark: Lawbook Exchange, 2005 [1960], pp. 1 e ss.
[1039] KELSEN, Hans. *Allgemeine Staatslehre*. Viena: Österreichische Staatsdruckerei, 1993 [1925], pp. 263 e ss.
[1040] Idem, p. 231.

momento em que a política influencia o Direito. O que Kelsen quis evitar é a judicialização da política e a politização do sistema jurídico.[1041]

Uma vez que toda função do Estado é uma função criadora de normas jurídicas, a distinção entre as diversas "funções" do Estado não é *qualitativa*, baseada na natureza *peculiar* e *intrínseca* de cada uma delas. Os poderes de Estado, que as teorias tradicionais apontam como funções estatais distintas (legislativa, executiva e jurisdicional) não são mais do que formas juspositivas específicas assumidas por uma única função estatal de criação jurídica.[1042] Entendidas como uma única função de criação jurídica, todas as "funções" estatais estão, na verdade, inseridas numa estrutura comum de criação do Direito, dispostas hierarquicamente, isto é, escalonadas num *processo* de criação jurídica em diversos graus.[1043] Cada uma das "funções" de criação *limitam* e *estão limitadas* pelo exercício de uma outra "função". Dispostas de modo escalonado, as normas do nível superior delimitam formal e materialmente um fato que *cria* o Direito num grau inferior.[1044]

Assim, do ponto de vista dinâmico, a ordem jurídica pode ser descrita como um sistema de normas dispostas hierarquicamente, em que as normas superiores estabelecem as condições sob as quais as normas inferiores serão criadas. Essa série continuada de fases no processo de criação jurídica demonstra o paralelismo entre o *fato* e a *norma*, pois, se a criação da norma inferior é reconhecida por um *fato* determinado pela *norma* superior, faz-se necessário, para a sua criação (ou reconhecimento), que o respectivo fato psicofísico, que servirá como o suporte da norma inferior, seja realizado. Em todos os casos, é a norma superior que confere ao fato nela mesma descrita a qualidade específica de fato criador do Direito.[1045]

[1041] JESTAEDT, Matthias; LEPSIUS, Oliver. "Der Rechts- und der Demokratietheoretiker Hans Kelsen - Eine Einführung". *In*: JESTAEDT, M.; LEPSIUS, O. (Coord.). *Verteidigung der Demokratie*: Abhandlungen zur Demokratietheorie. Tübingen: Mohr Siebeck, 2006, pp. 15 e ss.

[1042] KELSEN, Hans. *Allgemeine Staatslehre*. Viena: Österreichische Staatsdruckerei, 1993 [1925], p. 249.

[1043] Idem, p. 249.

[1044] Idem, p. 249.

[1045] Idem, p. 249.

CAPÍTULO II – A REFUTAÇÃO DA LENDA DO POSITIVISMO

Considerando a importante diferença existente entre o *fato* de criação normativa e a *norma* criada por este fato, pode ser afirmado o seguinte: aquilo que diante do grau superior constitui um *fato*, diante do grau inferior constitui uma *norma*. Assim, os limites extremos da pura *norma* e o puro *fato* são reconhecidos, de um lado, pela *norma fundamental* e, de outro, pelo *ato concreto de execução*.[1046] Como ponto inicial, a norma fundamental – uma norma *não-positivada*, mas *pressuposta* pelo conhecimento teórico, cuja função é "reconhecer" o primeiro órgão criador do Direito – confere a base e a unidade necessária para a dinâmica da produção normativa e, portanto, da própria ordem jurídica. Embora não seja *instituída* por um ato humano (por isso, *não positivada*), a norma fundamental constitui uma condição *a priori* da produção normativa, podendo ser descrita como a constituição em sentido *lógico-jurídico*.[1047] E por constituir o fundamento de validade último de *qualquer* ordem jurídica, sua natureza é meramente *formal*, referindo-se exclusivamente à sua criação, não determinando, pois, o *conteúdo* das normas jurídicas posteriores.[1048] Já o ato coativo real, entendido como o ato de pura execução, não deve ser analisado sob uma perspectiva dinâmica, mas apenas sob uma perspectiva estática, uma vez que o mesmo não se refere a uma função *criadora* da ordem jurídica. Partindo do ponto de vista de uma ordem jurídica acabada, sem fazer qualquer referência à sua criação, o ato coativo aparece como a consequência (ou efeito) da proposição jurídica completa, estabelecida pelo conjunto das normas que compõem o ordenamento positivo.[1049]

A partir do conjunto dessas premissas metodológicas, Kelsen apresenta a seguinte definição de ordenamento jurídico (*Rechtsordnung*): um sistema de normas gerais e específicas ligadas umas às outras, de forma que as normas posteriores são reguladas pelas normas anteriores e que,

---

[1046] Idem, p. 249.
[1047] Idem, p. 249.
[1048] AMADO, Juan Antonio Garcia. *Hans Kelsen y la norma fundamental*. Madri: Marcial Pons, 1996, pp. 31 e ss.
[1049] Idem, pp. 31 e ss.

em última análise, tem sua unidade determinada por uma norma fundamental.[1050] O Direito não é, portanto, uma mera parte do Estado ou algo "produzido" pelo Estado, o que decorreria de uma análise sociológica do fenômeno jurídico. De acordo com uma abordagem estritamente *jurídica*, o Estado *é a própria ordem jurídica* (positiva), de sorte que Direito e Estado são conceitualmente idênticos.[1051] O Estado não possui, como defendido por Jellinek em sua "teoria dos dois lados" (*Zwei-Seiten-Theorie*),[1052] uma dupla natureza, uma existência jusnormativa e outra fática-social simultâneas.[1053] Trata-se, na verdade, de uma única realidade. Aquilo que, do ponto de vista *sociológico*, aparece como *forma*, equivale, *do ponto de vista estritamente jurídico*, a um *conteúdo*.[1054]

2.3.4.4.1.3 Equivalência dos conceitos de Direito e Estado

Se esta é precisamente a essência de qualquer Estado, ou seja, a capacidade de transformar *poder* em *Direito*, qualquer ato que possa ser imputado ao Estado é, na verdade, imputado sempre ao Estado apenas enquanto *sistema normativo*.[1055] Do ponto de vista jurídico, qualquer ato

---

[1050] KELSEN, Hans. *Allgemeine Staatslehre*. Viena Österreichische Staatsdruckerei, 1993 [1925], pp. 51 e ss.

[1051] Idem, pp. 51 e ss.

[1052] A *Teoria do Duplo Aspecto* (*Zwei-Seiten-Lehre*) de Jellinek reconhece que o Estado possui, simultaneamente, uma existência natural e uma social. JELLINEK, Georg. *System der subjektiven öffentlichen Rechte*. 2ª ed. Tübingen: Mohr Siebeck, 2011 [1905], pp. 9 e ss.

[1053] KORIOTH, Stefan. "... soweit man nicht aus Wien ist oder aus Berlin: die Smend/Kelsen-Kontroverse". *In*: PAULSON, S. L.; STOLLEIS, M. (Coord.). *Hans Kelsen*: Staatsrechtslehrer und Rechtstheoretiker des 20 Jahrhunderts. Tübingen: Mohr Siebeck, 2005, p. 320.

[1054] KELSEN, Hans. "Hauptprobleme der Staatsrechtslehre. Entwickelt aus der Lehre vom Rechtssatze". *In*: KELSEN, H. (Coord.). *Hans Kelsen Werke*. vol. 21, Tübingen: Mohr Siebeck, 2007 [1911], pp. 321 e ss.

[1055] "Pois essa é precisamente a essência do Estado: nele o poder se torna Direito, porque qualquer ato pode ser entendido como um ato estatal, qualquer ato pode

CAPÍTULO II – A REFUTAÇÃO DA LENDA DO POSITIVISMO

imputado ao Estado está sempre relacionado à ordem jurídica, cujo Estado é apenas e tão-somente uma "personalização", uma mera ficção.[1056] A partir de uma análise puramente descritiva do Direito todo e qualquer Estado é sempre, invariavelmente e por definição um *Estado de Direito* (*Rechtsstaat*), no sentido de que todos os *atos estatais* são também *atos jurídicos*, porque e na medida que todos os seus atos materializam uma ordem jurídica.[1057]

Especificamente sobre esse último ponto, convém esclarecer um equívoco comum, que pretende ligar a afirmação de que "todo Estado é um Estado de Direito" a uma pretensa legitimação de qualquer Estado, de forma que "mesmo o Estado Nazista seria um Estado onde a legalidade prevalece".[1058] Essa afirmação parece ser o resultado de uma compreensão equivocada da Teoria Pura do Direito, principalmente

---

ser conceituado como um 'ato do Estado', pode ser atribuído ao Estado somente com base em uma ordem normativa, que é o próprio Direito". / "*Denn das ist ja gerade das Wesen des Staates, daß in ihm die Macht zum Recht wird, weil irgendein Akt als Staatsakt begriffen, irgendein Tatbestand als staatlich gedeutet, dem Staate zugerechnet werden kann nur auf Grund einer normativen Ordnung, die das Recht selbst ist*". KELSEN, Hans. *Allgemeine Staatslehre*. Viena: Österreichische Staatsdruckerei, 1993 [1925], p. 44.

[1056] Aliás, esse era exatamente o objetivo de Kelsen: lutar contra os "*fantasmas e ficções*" da Teoria Jurídica do Estado (*Staatsrechtslehre*) da época, que reconheciam que o poder estatal correspondia, de alguma forma, a uma *vontade coletiva*, no sentido ético-jurídico da expressão. KELSEN, Hans. "Hauptprobleme der Staatsrechtslehre. Entwickelt aus der Lehre vom Rechtssatze". *In*: KELSEN, H. (Coord.). *Hans Kelsen Werke*. vol. 2-1, Tübingen: Mohr Siebeck, 2007 [1911], p. 292.

[1057] "E, portanto, do ponto de vista do Positivismo Jurídico, todo Estado deve ser um Estado Constitucional, no sentido de que todos os atos de Estado são atos legais, porque, e na medida em que realizam uma ordem, qualificam-se como ordem jurídica". / "*Und darum muß, vom Standpunkt des Rechtspositivismus aus gesehen, jeder Staat ein Rechtsstaat in dem Sinne sein, daß alle Staatsakte Rechtsakte sind, weil und sofern sie eine als Rechtsordnung zu qualifizierende Ordnung realisieren*". KELSEN, Hans. *Allgemeine Staatslehre*. Viena: Österreichische Staatsdruckerei, 1993 [1925], p. 44

[1058] "*Kelsen made a notorious statement that even the Nazi regime qualified as a Rechtsstaat—a constitutional state in which the rule of law prevails*". HOLMES, Stephen. "Kelsen, Hans". *In*: LIPSET, S. M. (Coord.). *The encyclopedia of democracy*. Volume II. D-K, Londres: Routledge, 1995, p. 698.

por não considerar o mais alto nível de abstração de pensamento de Kelsen: o nível de uma *meta*teoria do Direito. Se, ao descolar conceitualmente o *Direito* da Ética, a Teoria Pura do Direito permite, de um lado, que "qualquer conduta humana seja objeto do Direito", de outro lado, ela não faz qualquer juízo de valor sobre a legitimidade – uma análise político-sociológica – desse mesmo *Direito*. O Estado de Direito, compreendido como um Estado que reconheça direitos fundamentais ao indivíduo, como a liberdade e o devido processo legal, é uma categoria *histórico-política* que não se confunde com o Estado de Direito enquanto uma categoria estritamente *jurídica*.[1059]

Por isso, quando os críticos da Teoria Pura do Direito afirmam que a sua assepsia moral justifica um regime político ditatorial, equivocam-se ao interpretar o conceito de *validade* apresentado por Kelsen. Aliás, ele teve a oportunidade de se manifestar expressamente sobre essa questão, deixando claro que a afirmação sobre a validade do Direito autoritário decorre de um juízo de *fato*, e não de um juízo de *valor*. "Do ponto de vista da Ciência do Direito", escreveu Kelsen, "o Direito Nazista é Direito. Podemos lamentar, mas não podemos negar que foi Direito. O Direito da União Soviética é um Direito! Podemos detestá-lo, da mesma forma que abominamos uma cobra venenosa, mas não podemos negar que ele existe. Isso significa que ele é válido. Essa é a essência".[1060]

[1059] "*Kelsen clearly distinguishes between* Rechtsstaat *qua identity of law and state and, as the concept is ordinarily understood,* Rechtsstaat *qua constitutional state embracing the rule of law*". PAULSON, Stanley L. "Hans Kelsen and Carl Schmitt: Growing Discord, Culminating in the 'Guardian' Controversy of 1931". *In*: MEIERHENRICH, J.; SIMONS, O. (Coord.). *The Oxford handbook of Carl Schmitt*. Nova York: Oxford University Press, 2016, p. 515. Também é possível caracterizar as diferentes formas de Estado Constitucional com um par de termos que Kelsen gostava bastante de usar. De um lado, o "Estado de Direito" pode ser entendido como um "conceito formal" ou "essencial" (*Rechtsform/-wesenbregriff*), como algo que se extrai da estrutura (ou da natureza) do próprio Direito ou, de outro, também pode ser entendido como um "conceito material" (*Rechtsinhaltbegriff*), que depende do conteúdo concreto e contingente de determinado ordenamento jurídico. KELSEN, Hans. *Allgemeine Staatslehre*. Viena: Österreichische Staatsdruckerei, 1993 [1925], pp. 262-277.

[1060] "*Vom Standpunkt der Rechtswissenschaft, ist das Recht unter der Naziherrschaft ein Recht. Wir können es bedauern, aber wir können nicht leugnen, daß das Recht war. Das Recht der Sowjetunion ist ein Recht! Wir können es verabscheuen, so wie wir eine Giftschlange*

CAPÍTULO II – A REFUTAÇÃO DA LENDA DO POSITIVISMO

Um Direito autoritário é válido porque, numa perspectiva sociológica, a sociedade e os indivíduos em geral aceitam e se comportam em conformidade com ele, seja por livre concordância ou pela sua imposição através da força.[1061] A afirmação de que "sob o despotismo inexiste qualquer ordem jurídica" é completamente sem sentido.[1062] Por mais paradoxal que possa parecer num primeiro momento, um dos grandes méritos da Teoria Pura do Direito foi encaminhar o Positivismo Jurídico na direção de um certo "antiestatismo".[1063] De fato, embora o Positivismo Jurídico da Escola Gerber-Laband tivesse se esforçado para construir uma teoria do Estado adaptada às mudanças históricas e ao declínio do modelo do *ancien régime*, o modelo estatal daí resultante ainda se apoiava sobre bases evidentemente organicistas e autoritárias. A transferência para o Estado dos atributos outrora associados ao imperador foi realizada com a manutenção de elementos anímicos e psicofísicos. Além da dimensão normativo-institucional, o Estado tinha também uma dimensão "natural": a comunhão de interesses da nação. Essa concepção era incompatível com a tese kelseniana de que o Estado não contém qualquer facticidade pré-jurídica, porque, ainda que as ações de seus órgãos e instituições sejam da ordem dos fatos, as instituições em si só existem em *razão* e no âmbito do Direito. Ao evitar imiscuir-se de uma análise sobre a legitimidade do Direito, a Teoria Pura relega essa questão para o âmbito da política. Enquanto teoria, ela simplesmente não tem o poder de legitimar o que quer que seja.

---

verabscheuen, wir können aber nicht leugnen, daß es existiert. Das heißt, daß es gilt. Das ist das Wesen". SCHMÖLZ, Franz-Martin. *Das Naturrecht in der politischen Theorie*. Viena: Springer, 1963, p. 148.

[1061] A Teoria Pura do Direito não é construída a partir de uma perspectiva sociológica para afirmar a validade do Direito. Em vez disso, a validade, entendida como o modo especificamente normativo de existência do Direito, permanece como uma qualidade jurídica exclusivamente (ou puramente) interna, sendo, nesse sentido, puramente sistêmica).

[1062] "Completamente inútil é a afirmação de que no despotismo não há ordem legal, mas que a arbitrariedade prevalece sobre o déspota". / "*Vollends sinnlos ist die Behauptung, daß in der Despotie keine Rechtsordnung bestehe, sondern Willkür des Despoten herrsche*". KELSEN, Hans. *Allgemeine Staatslehre*. Viena: Österreichische Staatsdruckerei, 1993 [1925], p. 335.

[1063] VELLOSO, Paula Campos Pimenta. "Edição e Recepção de Kelsen no Brasil". *Escritos da Casa de Rui Barbosa*, nº 8, p. 214.

2.3.4.4.1.4 A Teoria da Democracia de Hans Kelsen

De fato, a definição do *método* (democrático, aristocrático ou tirânico)[1064] pelo qual o Estado cria o seu Direito, bem como a valoração positiva ou negativa do método utilizado, não é uma questão *jurídica*, e sim uma questão *política*. Esse fato, longe de comprometer o ideal de democracia, deixa ainda mais clara uma virtude acidental do Positivismo Jurídico, em geral, e da Teoria Pura do Direito, em particular. É que, "ao insistir no conceito de validade do Direito Positivo e na total exclusão do campo da Ciência do Direito de toda consideração moral, sociológica ou política, torna-se impossível cobrir as demandas políticas com o manto do Direito".[1065] Se, de um lado, o Positivismo Jurídico não a) serve para legitimar qualquer Estado ou qualquer conteúdo legal ou b) não está, enquanto uma teoria meramente *descritiva* do Direito, *conceitualmente engajado* com a ideia de democracia, de outro lado, c) sua construção conceitual é aquela que melhor se adapta à Teoria da Democracia e ao desenvolvimento de um *Direito democrático*.

Explica-se: uma vez que a legitimação do Estado/Direito se dá pelo *método*, e não pelo conteúdo, quer dizer, pelo reconhecimento de uma verdade evidente ou imanente, suas bases podem ser constante

---

[1064] "Uma vez que a democracia e a autocracia são apenas métodos para criar uma ordem social, os representantes de um e de outro princípio acreditam que podem alcançar a melhor ordem através dele". / *"Da Demokratie wie Autokratie nur Methoden sind, eine soziale Ordnung zu erzeugen, glauben die Vertreter des einen wie des anderen Prinzipes, durch dieses die beste Ordnung erreichen zu können"*. KELSEN, Hans. "Von Wert und Wesen der Demokratie". 2ª ed. *In*: JESTAEDT, M.; LEPSIUS, O. (Coord.). *Verteidigung der Demokratie*: Abhandlungen zur Demokratietheorie. Tübingen: Mohr Siebeck, 2006 [1929], p. 207.

[1065] *"Ihr Beharren auf der alleinigen Gültigkeit des positiven Rechts und der gänzlichen Entkleidung der Rechtswissenschaft von allen moralischen Erwägungen soziologischer oder politischer Art macht es unmöglich, politische Forderungen mit dem Deckmantel des Rechts zu verhüllen"*. NEUMANN, Franz L. *Behemoth*: Struktur und Praxis des Nationalsozialismus (1933-1944). Hamburgo: Europäische Verlagsanstalt, 2013, p. 74.

CAPÍTULO II – A REFUTAÇÃO DA LENDA DO POSITIVISMO

e permanentemente questionadas,[1066] de forma que qualquer minoria pode, um dia, ver suas opiniões consideradas como Direito.[1067] O mesmo relativismo moral que embasa a Teoria Pura de Direito, quando aplicado à Teoria Política, leva inevitavelmente a uma visão cosmopolita de sociedade em detrimento de um absolutismo axiológico, numa espécie de "teoria geral da diferença".[1068] Uma vez que não há verdades absolutas, todos os indivíduos devem levar em consideração as opiniões dos demais, até mesmo dos seus inimigos, como se tivessem o mesmo peso que a sua.[1069] Se a Teoria Pura do Direito não é, em essência, uma Teoria "Democrática" do Direito, ela é sem dúvida uma teoria "amiga" da democracia e que melhor "permite" o seu desenvolvimento.[1070]

[1066] UNRUH, Peter. *Weimarer Staatsrechtslehre und Grundgesetz*: ein verfassungstheoretischer Vergleich. Berlim: Duncker & Humblot, 2004, p. 67.

[1067] KELSEN, Hans. "Von Wert und Wesen der Demokratie". 2ª ed. *In*: JESTAEDT, M.; LEPSIUS, O. (Coord.). *Verteidigung der Demokratie*: Abhandlungen zur Demokratietheorie. Tübingen: Mohr Siebeck, 2006 [1929], pp. 195 e ss.

[1068] VELLOSO, Paula Campos Pimenta. "Edição e Recepção de Kelsen no Brasil". *Escritos da Casa de Rui Barbosa*, nº 8, p. 212.

[1069] "Qualquer um que considere que a verdade absoluta e os valores absolutos do conhecimento humano devem ser fechados deve não apenas considerar a sua própria, mas também deve considerar a opinião estrangeira, contrária, como pelo menos possível. *É por isso que o relativismo é a a visão de mundo que o pensamento democrático pressupõe*". / "*Wer absolute Wahrheit und absolute Werte menschlicher Erkenntnis für verschlossen hält, muß nicht nur die eigene, muß auch die fremde, gegenteilige Meinung zumindest für möglich halten. Darum ist der Relativismus die Weltanschauung, die der demokratische Gedanke voraussetzt*". KELSEN, Hans. "Von Wert und Wesen der Demokratie". 2ª ed. *In*: JESTAEDT, M.; LEPSIUS, O. (Coord.). *Verteidigung der Demokratie*: Abhandlungen zur Demokratietheorie. Tübingen: Mohr Siebeck, 2006 [1929], p. 226.

[1070] Kelsen via a democracia como uma instituição orientada para garantir a representação política de todos os cidadãos, independentemente de pertencerem a uma minoria ou maioria. Mas a ciência também podia oferecer garantias em prol do mesmo objetivo: a Teoria Pura do Direito deveria se provar uma espécie de instância guardiã, que expunha atos antidemocráticos de poder no Estado. FEICHTINGER, Johannes. *Wissenschaft als reflexives Projekt* – Von Bolzano über Freud zu Kelsen: Österreichische Wissenschaftsgeschichte, 1848-1938. Bielefeld: Transcript Verlag, 2010, p. 69.

Não é de se espantar, portanto, que Kelsen tenha se ocupado de teorizar[1071] sobre a *"essência"* (*Wesen*) e defender[1072] o *"valor"* (*Wert*) da democracia[1073] em diversas oportunidades, muito embora essa parte importante do seu legado intelectual seja lamentável – ou convenientemente (?) – ignorada pela maioria absoluta dos seus críticos. Kelsen não foi apenas um dos mais importantes teóricos da democracia moderna,[1074] ele foi, sem dúvida, também um dos seus maiores defensores.[1075] Infelizmente, sua Teoria da Democracia nunca obteve o devido reconhecimento. Isso porque, na tradição política alemã (e, em grande medida, na tradição ocidental como um todo), *democracia* e *soberania popular* (*Volkssouveränität*) sempre foram consideradas conceitos idênticos. A Teoria da Democracia de Kelsen, todavia, segue outro caminho. Ela separa a "vontade do povo" (*Volkswille*) da "vontade do órgão/Estado"

[1071] Entre 1919 e 1963 Kelsen escreveu pelo menos, 34 vezes sobre a democracia. Uma lista com todos esses trabalhos, bem como o texto completo dos sete trabalhos mais importantes, pode ser encontrada aqui: JESTAEDT, Matthias; LEPSIUS, Oliver (Coord.). *Verteidigung der Demokratie*: Abhandlungen zur Demokratietheorie. Tübingen: Mohr Siebeck, 2006, pp. 387 e ss.

[1072] O destaque absoluto na defesa da democracia enquanto melhor método de convivência política está no texto *"Verteidigung der Demokratie"*, publicado apenas um ano antes da tomada do poder pelos nazistas. Este texto será analisado mais adiante (item 2.3.4.6.). KELSEN, Hans. "Verteidigung der Demokratie". *In*: JESTAEDT, Matthias; LEPSIUS, Oliver (Coord.). *Verteidigung der Demokratie*: Abhandlungen zur Demokratietheorie. Tübingen: Mohr Siebeck, 2006 [1932], pp. 229 e ss.

[1073] Essas palavras foram, inclusive, expressamente utilizadas por Kelsen no título de uma das suas obras mais importantes, que teve duas edições, uma em 1920 e outra em 1929: KELSEN, Hans. "Von Wert und Wesen der Demokratie". 1ª ed. *In*: JESTAEDT, M.; LEPSIUS, O. (Coord.). *Verteidigung der Demokratie*: Abhandlungen zur Demokratietheorie. Tübingen: Mohr Siebeck, 2006 [1920], pp. 11 e ss.; KELSEN, Hans. "Von Wert und Wesen der Demokratie". 2ª ed. *In*: JESTAEDT, M.; LEPSIUS, O. (Coord.). *Verteidigung der Demokratie*: Abhandlungen zur Demokratietheorie. Tübingen: Mohr Siebeck, 2006 [1929].

[1074] BOBBIO, Norberto; BOVERO, Michelangelo; VERSIANI, Daniela Beccaccia. *Teoria geral da política*: a filosofia e as lições dos clássicos. Rio de Janeiro: Elsevier, 2000, p. 372.

[1075] JESTAEDT, Matthias; LEPSIUS, Oliver. "Der Rechts- und der Demokratietheoretiker Hans Kelsen - Eine Einführung". *In*: JESTAEDT, M.; LEPSIUS, O. (Coord.). *Verteidigung der Demokratie*: Abhandlungen zur Demokratietheorie. Tübingen: Mohr Siebeck, 2006, p. 27.

CAPÍTULO II – A REFUTAÇÃO DA LENDA DO POSITIVISMO

(*Organ-* oder *Staatswille*), demonstrando que a ideia de "representação do povo" (*Repräsentation des Volkes*), isto é, o reconhecimento da "vontade do povo por meio do Parlamento" (*Volkswille durch das Parlament*), no sentido de uma identidade plena entre a vontade dos "dominantes" (*Herrscher*) e a vontade dos "dominados" (*Beherrschte*), não passa de uma ficção.[1076] A ideia de que a vontade do *povo* equivale à vontade natural ou substancial manifestada pelo *Parlamento* – uma suposição profundamente arraigada na tradição democrática ocidental – é simplesmente insustentável. Como se não bastasse, Kelsen também confere ao conceito de "povo" um significado completamente novo, na medida em que, em vez de defini-lo com recurso a categorias *étnicas* ou *sociológicas*, sua definição opera num sentido estritamente *jurídico*, em que o "povo" é entendido como uma mera "unidade abstrata", sem qualquer fundamento *substancial*, mas apenas *funcional*.[1077]

Exatamente por isso, o fundamento último da soberania jamais poderia ser encontrada numa fictícia "vontade do povo", mas somente na "ordem jurídica" (*Rechtsordnung*), que por sua vez se legitima pela "cidadania" (*Staatsangehörigkeit*) e pelo "sufrágio" (*Wahlrecht*), de modo que apenas a "ordem jurídica" é capaz de processar a pluralidade social e transformá-la num "povo em sentido jurídico" (*Volk im rechtlichen Sinn*).[1078] A superação da ficção da "vontade do povo" e a separação das vontades do *indivíduo* e do *órgão* têm, ainda, uma vantagem adicional: permitir que o indivíduo possa exercer uma influência *permanente*, ainda que *indireta*, sobre a formação da vontade do Estado.[1079] A genialidade dessa construção está no fato de que ela é capaz de processar os fatores reais da democracia numa teoria "sobre normas", e não numa teoria

---

[1076] Idem, pp. 19 e ss.

[1077] FEICHTINGER, Johannes. *Wissenschaft als reflexives Projekt* - Von Bolzano über Freud zu Kelsen: Österreichische Wissenschaftsgeschichte, 1848-1938. Bielefeld: Transcript Verlag, 2010, p. 370.

[1078] JESTAEDT, Matthias; LEPSIUS, Oliver. "Der Rechts- und der Demokratietheoretiker Hans Kelsen - Eine Einführung". In: JESTAEDT, M.; LEPSIUS, O. (Coord.). *Verteidigung der Demokratie*: Abhandlungen zur Demokratietheorie. Tübingen: Mohr Siebeck, 2006, pp. 19 e ss.

[1079] Idem, p. 20.

"normativa". Enquanto seus adversários precisaram realizar disputas *normativas* sobre os fatores *reais* da democracia – em construções em que o pluralismo político e a heterogeneidade social são naturalmente prejudicados em favor de uma atitude organicista e homogeneizadora –,[1080] Kelsen garantiu por meio desse arranjo teórico que o indivíduo fosse respeitado permanentemente na sua unidade *real*. Quer dizer: esse distanciamento entre o *normativo* e o *fático* garantiu um espaço de *liberdade* individual que jamais pode ser eliminada pelo Estado.[1081]

Em última análise, o que Kelsen reconhece é que, mesmo numa democracia, a realidade política é dinâmica e que o processo de criação do Direito está sempre sujeito a muitos ruídos e interferências. As pessoas podem mudar de ideia, não serem efetivamente representadas, dentre outros problemas. Esse conflito potencial entre liberdade individual e soberania popular por meio da representação não pode ser simplesmente

---

[1080] Esse relativismo moral e consequente pluralismo que embasam a concepção kelseniana de democracia foi duramente atacada na época. Para Otto Koellreuter, que viria a ser um dos principais juristas do regime nazista, era "preciso ser capaz de afirmar a democracia a partir de juízos de valor absolutos, se a democracia quiser afirmar que também é uma ideia que sustenta o Estado". Isso porque, "apenas o povo como uma entidade política nacional" pode legitimar o Estado, de forma que "mesmo formas autocráticas, como o Fascismo, legitimam-se democraticamente". Desse modo, "qualquer um que reconheça na Nação e no Estado valores elevados, não será capaz de seguir um pensador tão brilhante e estiloso, cuja 'teoria política da democracia' se esgotou no método". / "Man muß von absoluten Werturteilen aus der Demokratie bejahen können, wenn die Demokratie überhaupt Anspruch darauf machen will auch eine den Staat tragende Staatsidee zu sein". / "*Und daß diese demokratische Idee der letzthin durch das Volk, die Nation, in irgendeiner Form legitimierten Kollektivwillensbildung heute absoluten Wert besitzt, das scheint mir zu beweisen, daß sogar autokratische Formen, wie der Faszismus sich demokratisch legitimieren wollen. Freilich muß man dann auch in dem Volke als nationalpolitische Einheit einen absoluten Wert sehen*". / "Wer in Nation und Staat höchste Werte sieht, wird auch einem so glänzenden Denker und Stilisten nicht folgen können, dessen 'Staatslehre der Demokratie' sich in Methode erschöpft". KOELLREUTTER, Otto. "Rezension. Kelsen, Hans. Vom Wesen und Wert der Demokratie". *Archiv des öffentlichen Rechts*, 1929, n° 17, pp. 138 e ss.

[1081] JESTAEDT, Matthias; LEPSIUS, Oliver. "Der Rechts- und der Demokratietheoretiker Hans Kelsen - Eine Einführung". *In*: JESTAEDT, M.; LEPSIUS, O. (Coord.). *Verteidigung der Demokratie*: Abhandlungen zur Demokratietheorie. Tübingen: Mohr Siebeck, 2006, pp. 24 e ss.

CAPÍTULO II – A REFUTAÇÃO DA LENDA DO POSITIVISMO

eliminado com a simples ideia de submissão ao Direito produzido pelo Parlamento. Tal ideia seria absurda porque, a pretexto de viabilizar a democracia, estar-se-ia, em essência, acabando com ela. Kelsen transforma o aparente paradoxo que resulta da diferença entre vontade *individual* e vontade do órgão em algo positivo: uma regra democrática, que garanta a liberdade individual não apenas como um ponto de partida, mas também como um ponto de chegada, só pode ser concebida na forma de uma democracia representativa. A democracia não pode prometer a regra da submissão à vontade individual, porque isso poderia levar à escravidão dos outros, nem mesmo uma submissão acrítica à "vontade do Parlamento", mas apenas a participação do indivíduo num processo constante de produção e reformulação de normas jurídicas.[1082]

2.3.4.4.2 Carl Schmitt e o decisionismo

Embora num momento inicial da sua produção acadêmica[1083] Carl Schmitt (1888-1985)[1084] compartilhasse de alguns pressupostos da metodologia utilizada por Kelsen (notadamente o dualismo *Sein/Sollen*), a distensão entre seus projetos teóricos aumentou até o ponto de não

---

[1082] Idem, pp. 21 e ss.

[1083] SCHMITT, Carl. *Der Wert des Staates und die Bedeutung des Einzelnen*. 2ª ed. Berlim: Duncker und Humblot, 2004 [1914].

[1084] Carl Schmitt, um católico fervoroso, concluiu seu doutorado (1910) e habilitou-se (1916) em Estrasburgo. Tornou-se professor de Direito Público em Greifswald (1921), Bonn (1922) e Colônia (1932). Nomeado por Goering para o Conselho de Estado da Prússia e para a Universidade de Berlim, Schmitt assumiu logo nos primeiros anos do regime nazista não apenas posições decorativas no topo do aparato judiciário. Foi editor do Jornal dos Advogados Alemães, membro da Nova Academia de Direito Alemão e membro destacado da Associação dos Juristas Nacional-Socialistas Alemães. No final de 1936 passou a ser atacado por círculos importantes da SS, quando Schmitt passou a dedicar-se mais à promoção do Direito Internacional. Terminada a guerra, Schmitt foi temporariamente internado para ser "desnazificado" e nenhum posto acadêmico foi-lhe oferecido, sendo 'forçado' a se retirar para a vida privada em Plettenberg, Westfália, sua cidade natal. FRIEDRICH, Manfred. *Geschichte der deutschen Staatsrechtswissenschaft*. Berlim: Duncker & Humblot, 1997, pp. 360 e ss.

guardarem mais qualquer semelhança.[1085] O antagonismo entre Schmitt e Kelsen acabaria por se tornar o mais célebre, intenso e significativo da *Methodenstreit* de Weimar.

Schmitt, já em 1922, um dos mais importantes antipositivistas de Weimar – e que, mais tarde, tornar-se-ia o principal jurista (*Kronjurist*) do 3º Reich[1086] – publica sua *Teologia Política* (*Politische Theologie*), obra que ganharia uma edição revista e ampliada em 1934 e que, dentre todos os seus escritos, é a que contém as críticas mais importantes à Teoria Pura do Direito.[1087] Para Schmitt, a solução kelseniana da relação de um "poder de fato" com um "poder jurídico superior", também conhecido como o "problema da soberania", acabava por colocar a "Sociologia em contraposição com a Ciência do Direito".[1088] Para superar esse fosso, Schmitt desenvolve o conceito de "estado de exceção" como elemento fundamental da doutrina da soberania popular. Soberania, para Schmitt, nada mais é do que o poder de "decidir sobre o estado de exceção".[1089]

[1085] Um excelente estudo da relação de crescente antagonismo entre Kelsen e Schmitt pode ser achado *In*: PAULSON, Stanley L. "Hans Kelsen and Carl Schmitt: Growing Discord, Culminating in the 'Guardian' Controversy of 1931". *In*: MEIERHENRICH, J.; SIMONS, O. (Coord.). *The Oxford handbook of Carl Schmitt*. Nova York: Oxford University Press, 2016.

[1086] JESTAEDT, Matthias. "Carl Schmitt (1888-1985)". *In*: HÄBERLE, P.; KILIAN, M.; WOLFF, H. (Coord.). *Staatsrechtslehrer des 20 Jahrhunderts*. Berlin: De Gruyter, 2015, p. 313.

[1087] PAULSON, Stanley L. "Hans Kelsen and Carl Schmitt: Growing Discord, Culminating in the 'Guardian' Controversy of 1931". *In*: MEIERHENRICH, J.; SIMONS, O. (Coord.). *The Oxford handbook of Carl Schmitt*. Nova York: Oxford University Press, 2016, p. 518.

[1088] "A velha superposição de contemplação causal e normativa é transferida para a oposição da sociologia e da teoria do Direito com maior reverência e rigor do que Georg Jellinek e Kistiakowiski já haviam feito, mas com a mesma evidência indiscutível". / "*Die alte Gegenüberstellung von Sein und Sollen, von kausaler und normativer Betrachtung wird mit größerer Nachdrücklichkeit und Rigorosität, als es bereits Georg Jellinek und Kistiakowiski getan hatten, aber mit derselben unbewiesenen Selbstverständlichkeit, auf den Gegensatz von Soziologie und Jurisprudenz übertragen*". SCHMITT, Carl. *Politische Theologie*: Vier Kapitel zur Lehre von der Souveränität. 9ª ed. Berlin: Duncker & Humblot, 2009 [1934], pp. 26 e ss.

[1089] Idem, p. 13.

CAPÍTULO II – A REFUTAÇÃO DA LENDA DO POSITIVISMO

Por meio desse conceito, Schmitt pretendia deixar clara a diferença entre norma e decisão e "resolver o problema da soberania".[1090] Ao suspender a norma, o estado de exceção revela em absoluta pureza o elemento especificamente político do Direito: a decisão.[1091] Essa vontade imanente (soberania) tem um caráter transcendente e nunca pode ser completamente reduzida a uma norma jurídica positivada.[1092] A soberania que se materializa por intermédio da decisão é uma substância capaz de romper, sempre que quiser, a superfície do tecido normativo[1093] e se fazer valer como tal.

Partindo desse pressuposto, Schmitt publica em 1928 a obra *Teoria da Constituição* (*Verfassungslehre*), em que ele distingue a Constituição em um sentido material (*Verfassung*) e as leis escritas numa Constituição formal, mas que não são dotadas de "natureza constitucional" (*Verfassungsgesetze*).[1094] A Constituição em sentido material nada mais é do que a decisão fundamental de um povo sobre a sua unidade política.[1095] Assim como Kelsen, Schmitt examinou o momento anterior à Constituição, o que permitia analisá-la como uma ordem jurídica unificada.[1096] Mas enquanto Kelsen fundou uma ciência jurídica sobre uma norma básica hipotética, Schmitt pressupôs um poder imanente a quem cumpre a tarefa de criar uma ordem jurídica, como o Deus transcendente. Essa

---

[1090] PAULSON, Stanley L. "Hans Kelsen and Carl Schmitt: Growing Discord, Culminating in the 'Guardian' Controversy of 1931". *In*: MEIERHENRICH, J.; SIMONS, O. (Coord.). *The Oxford handbook of Carl Schmitt*. Nova York: Oxford University Press, 2016, p. 518.

[1091] SCHMITT, Carl. *Politische Theologie*: Vier Kapitel zur Lehre von der Souveränität. 9ª ed. Berlim: Duncker & Humblot, 2009 [1934], pp. 25 e ss.

[1092] Idem, p. 13.

[1093] Idem, p. 20.

[1094] SCHMITT, Carl. *Verfassungslehre*. 9ª ed. Berlim: Duncker & Humblot, 2010 [1928], pp. 11 e ss.

[1095] "A Constituição é a decisão coletiva fundamental sobre o modo e a forma da unidade política". / "*Die Verfassung [ist die] Gesamtentscheidung über Art und Form der politischen Einheit*". Idem, pp. 20 e ss.

[1096] CALDWELL, Peter C. *Popular Sovereignty, and the Crisis of German Constitutional Law*: The theory & practice of Weimar constitutionalism. Durham: Duke University Press, 1997, p. 100.

vontade transcendente jamais pode ser abrangida ou limitada por leis constitucionais escritas.[1097] A Constituição jamais pode ser compreendida apenas como uma norma, mas como a "decisão política fundamental sobre a forma do Estado".[1098]

Com isso, a Constituição deixa de ser entendida como um mero documento dotado de estabilidade. E se a Constituição não se reduz a uma "regra escrita", sendo a própria decisão fundamental do povo enquanto detentor do Poder Constituinte, toda Constituição contém um elemento ditatorial.[1099] Se a concepção individualista do liberalismo promovia a degeneração do Estado e o pluralismo da democracia parlamentar minava e corroía a sua unidade política,[1100] apenas o reconhecimento de uma instância de poder soberana que, em nome da comunidade, decida sobre o estado de exceção poderia restaurá-la e garantir o bem comum. Ademais, se o indivíduo que age contra a comunidade é um inimigo, a função primordial da soberania é identificar e diferenciar os amigos (*Freund*) dos inimigos (*Feind*) – compreendidos aqui não num sentido moral, mas na sua capacidade de gerar associação ou dissociação[1101] – e proteger a comunidade como um todo.

Essa decisão soberana deveria, segundo Schmitt, ser reservada ao presidente do Reich, uma vez que apenas ele, tendo sido eleito por todos os alemães, estaria destinado a defender a unidade do povo como um todo político, entendido esse "povo" não no seu sentido secularizado de

---

[1097] SCHMITT, Carl. *Verfassungslehre*. 9ª ed. Berlim: Duncker & Humblot, 2010 [1928], p. 15.
[1098] JESTAEDT, Matthias. "Carl Schmitt (1888-1985)". *In*: HÄBERLE, P.; KILIAN, M.; WOLFF, H. (Coord.). *Staatsrechtslehrer des 20 Jahrhunderts*. Berlim: De Gruyter, 2015, p. 316.
[1099] SCHMITT, Carl. *Verfassungslehre*. 9ª ed. Berlim: Duncker & Humblot, 2010 [1928], p. 30.
[1100] JESTAEDT, Matthias. "Carl Schmitt (1888-1985)". *In*: HÄBERLE, P.; KILIAN, M.; WOLFF, H. (Coord.). *Staatsrechtslehrer des 20 Jahrhunderts*. Berlim: De Gruyter, 2015, p. 316.
[1101] SCHMITT, Carl. *Der Begriff des Politischen*. 8ª ed. Berlim: Duncker & Humblot, 2009 [1932], pp. 26 e ss.

CAPÍTULO II – A REFUTAÇÃO DA LENDA DO POSITIVISMO

conjunto de indivíduos dotados de capacidade política, mas sim como um ente coletivo orgânico e homogêneo, decorrente de aspectos básicos comuns (e.g. raça, solo, religião). Se, de um lado, o Parlamento representa interesses disformes e fragmentados, por outro, apenas o presidente do Reich, por representar uma efetiva solidariedade de interesses de todo o povo alemão, apresenta-se como instância politicamente neutra.[1102]

Exatamente por isso, quando dos amplos debates em Weimar acerca do controle de constitucionalidade (*Richterliches Prüfungsrecht*),[1103] Schmitt defendeu na sua conhecida obra de 1931 – *O guardião da Constituição* (*Der Hüter der Verfassung*) – a posição de que apenas ao presidente do Reich, por "estar situado acima das opiniões divergentes",[1104] por ser "independente dos órgãos legislativos"[1105] e por ter sido eleito "pela totalidade do povo" alemão,[1106] poderia exercer um *pouvoir neutre, intermédiaire et régulateur*[1107] e declarar a inconstitucionalidade de qualquer ato estatal. Esse poder, que somente seria ativado em caso de emergência, funcionaria como um verdadeiro *pouvoir préservateur* do Estado.[1108]

Contra essa teoria, Kelsen publica em 1931 o seu conhecido manifesto *Quem deve ser o guardião da Constituição?* (*Wer soll der Hüter der Verfassung sein?*), onde denuncia a natureza ideológica da tese de Schmitt, herdeira

---

[1102] SCHMITT, Carl. *Der Hüter der Verfassung*. 4ª ed. Berlim: Duncker & Humblot, 1996 [1931], pp. 141 e ss.

[1103] Ao contrário da Áustria, que em sua Constituição – cuja minuta foi elaborada por Kelsen – previu a criação de uma Corte Constitucional, a Constituição de Weimar não previa um órgão específico para exercer o controle de constitucionalidade. Os debates em torno da definição de qual órgão deveria exercer esse controle, se o Parlamento, o presidente do Reich ou o *Reichsgericht* (Tribunal do Reich), foram alavancados por uma decisão deste último, que admitiu o controle jurisdicional de constitucionalidade em Weimar.

[1104] SCHMITT, Carl. *Der Hüter der Verfassung*. 4ª ed. Berlim: Duncker & Humblot, 1996 [1931], p. 132.

[1105] Idem, pp. 137 e ss.

[1106] Idem, p. 137.

[1107] Idem, p. 132.

[1108] Idem, p. 137.

da tradição conservadora e do princípio monárquico,[1109] bem como a sua real finalidade: impedir uma garantia eficaz da Constituição.[1110] Ademais, Kelsen considera "tola", uma mera "ficção", a ideia de que um chefe de Estado, numa república democrática, estaria imune à "alta pressão das correntes político-partidárias".[1111] Depois de assentar as premissas de que "a função da Constituição é estabelecer limites ao exercício do poder político" e que "o poder de controle nunca deve ser conferido aos mesmos órgãos que serão controlados",[1112] Kelsen defende a adoção de um modelo semelhante ao americano de controle jurisdicional de constitucionalidade. Esse controle deveria ser feito por um órgão jurisdicional criado especificamente para essa finalidade e que desempenharia uma função *política*[1113] de legislador *negativo*.[1114]

[1109] "O mais impressionante, no entanto, é que esse trabalho do professor Carl Schmitt busca principalmente transferir para o chefe de Estado republicano a doutrina de um dos ideólogos mais antigos e mais bem estabelecidos da monarquia constitucional, a doutrina de Benjamin Constant do pouvoir neutre dos monarcas". / *"Am allererstaunlichsten aber, daß diese Schrift, die in der Hauptsache die Lehre eines der ältesten und bewährtesten Ideologen der konstitutionellen Monarchie, die Lehre Benjamin Constants vom pouvoir neutre des Monarchen, erneuem und ohne jede Einschränkung auf das republikanische Staatsoberhaupt übertragen will, zum Verfasser den Professor (...) Carl Schmitt hat"*. KELSEN, Hans. *Wer soll der Hüter der Verfassung sein?* Abhandlungen zur Theorie der Verfassungsgerichtsbarkeit in der pluralistischen, parlamentarischen Demokratie. Tübingen: Mohr Siebeck, 2008 [1929], p. 61.

[1110] "Como não se podia declarar o objetivo político efetivo, ou seja, impedir que as garantias constitucionais sejam efetivas, o objetivo político apresenta-se dissimulado na doutrina de que a garantia da Constituição é uma tarefa atribuída ao Chefe de Estado". / *"Da man das eigentliche politische Ziel: die Vermeidung wirksamer Verfassungsgarantien nicht deklarieren konnte, verkleidete man es in die Lehre: die Garantie der Verfassung sei Aufgabe des Staatsoberhauptes"*. Idem, p. 59.

[1111] *"Hochdruck parteipolitischer Strömungen"*. Idem, p. 63.

[1112] Idem, p. 58.

[1113] Idem, pp. 66 e ss.

[1114] Idem, pp. 78 e ss.

2.3.4.4.3 Rudolf Smend e a Teoria da Integração

Para Rudolf Smend (1882-1975),[1115] não só a Teoria do Estado, mas o próprio Direito do Estado da Alemanha, viviam uma crise "há algum tempo".[1116] Essa crise não decorria especificamente da guerra ou de outro evento específico qualquer, mas antes era um "fenômeno que pertencia ao mundo das ideias".[1117] Sua causa mais remota era "uma concepção científica cuja manifestação filosófica é o neokantismo".[1118]

Dessas concepções filosóficas decorriam evidentes problemas práticos, sobretudo no campo da Ética e da Política.[1119] A natureza "apolítica" do Estado na teoria tradicional e o "relativismo axiológico" eram causas impeditivas do desenvolvimento comunitário.[1120] Os problemas decorrentes da fragmentação social, do atomismo gerado pela ideologia liberal, nunca poderiam ser resolvidos por um

---

[1115] Rudolf Smend, de uma antiga família de advogados e teólogos, concluiu seu doutorado em Göttingen (1904), com um trabalho premiado. Habilitou-se em Kiel (1908) e em 1911 assumiu a cátedra de Direito Público em Tübingen. Em 1915, transferiu-se para Bonn e, em 1922, sucedeu a Erich Kaufmann na Universidade de Berlim. Entre 1935/36, Smend ensinou em Göttingen. Após o fim da Segunda Guerra, Smend dedicou-se à reconstrução da Universidade de Gottingen, sendo o seu primeiro reitor no pós-guerra. Além disso, Smend trabalhou por mais de 40 anos em órgãos vinculados à Igreja Protestante. FRIEDRICH, Manfred. *Geschichte der deutschen Staatsrechtswissenschaft*. Berlim: Duncker & Humblot, 1997, p. 354.

[1116] "*Seit längerer Zeit*". SMEND, Rudolf. *Verfassung und Verfassungsrecht*. Munique: Duncker & Humblot, 1928, p. 2.

[1117] "A crise da Teoria do Estado não se baseia apenas em guerras e convulsões. É um evento intelectual, antes de tudo histórico e científico". / "*Die Krise der Staatslehre beruht nicht erst auf Krieg und Umwälzung. Sie ist ein geistes-, zunächst ein wissenschaftsgeschichtliches Ereignis*". Idem, p. 2.

[1118] "Foi justamente atribuído ao neokantismo ou, mais genericamente, ao tipo de convicção científica cuja representação filosófica é neokantiana". / "*Man hat sie mit vollem Recht zurückgeführt auf den Neukantianismus oder allgemeiner auf die Art wissenschaftlicher Gesinnung, deren philosophische Repräsentation der Neukantianismus ist*". Idem, p. 2.

[1119] Idem, p. 3.

[1120] Idem, p. 6.

"contrato social fictício, mas apenas pela experiência espiritual do pertencimento comum".[1121]

A teoria *jurídica* do Estado não poderia se limitar, portanto, a ser uma teoria *formal* do Estado. Muito mais do que uma *ficção jurídica*, como defendido pelo Positivismo Jurídico, o Estado deveria ser considerado em sua dimensão material, como a "unidade da vida espiritual de um povo".[1122] Partindo dessa premissa, Smend defendeu que era necessário proclamar o fim da Teoria do Estado tradicional e iniciar uma completamente nova que, por meio de elementos descritivos e normativos, pudesse oferecer um conceito de Estado que superasse a divisão entre indivíduo e comunidade.[1123] Somente um processo (a integração) que reconhecesse o Estado, bem como todas as questões relativas ao mesmo, como um processo social de "normatização valorativa do espírito" (*Wertgesetzlichkeit des Geistes*) poderia garantir tal unidade e superar os conflitos decorrentes da atomização da sociedade.[1124]

Esta "nova" Teoria do Estado deveria levar em conta que os sistemas sociais são sistemas de normas, a incluir *todas* as ciências do espírito, e não apenas as ciências jurídicas. Ancorado a) na filosofia de Theodor Litt (1880-1962),[1125] que defendia uma metodologia das

---

[1121] "*Integration bedeutet da dauernden einigenden Zusammenschluß der Bürger im Staat, nicht im Sinne eines hypothetischen oder historischen Gesellschafsvertrags, sondern als geistiges Erlebnis der Zusammengehörigkeit*". KORIOTH, Stefan. "... *soweit man nicht aus Wien ist oder aus Berlin*: die Smend/Kelsen-Kontroverse". *In*: PAULSON, S. L.; STOLLEIS, M. (Coord.). *Hans Kelsen*: Staatsrechtslehrer und Rechtstheoretiker des 20 Jahrhunderts. Tübingen: Mohr Siebeck, 2005, p. 324.

[1122] SMEND, Rudolf. *Verfassung und Verfassungsrecht*. Munique: Duncker & Humblot, 1928, p. 5.

[1123] KORIOTH, Stefan. "... *soweit man nicht aus Wien ist oder aus Berlin*: die Smend/Kelsen-Kontroverse". *In*: PAULSON, S. L.; STOLLEIS, M. (Coord.). *Hans Kelsen*: Staatsrechtslehrer und Rechtstheoretiker des 20 Jahrhunderts. Tübingen: Mohr Siebeck, 2005, p. 324.

[1124] SMEND, Rudolf. *Verfassung und Verfassungsrecht*. Munique: Duncker & Humblot, 1928, p. 6.

[1125] Idem, p. 7.

CAPÍTULO II – A REFUTAÇÃO DA LENDA DO POSITIVISMO

ciências sociais baseada na intuição e na vivência dos fenômenos,[1126] e b) na teologia calvinista,[1127] em que conhecimento (*Erkennen*), confissão (*Bekennen*) e vontade (*Wollen*) se confundem,[1128] Smend entendia que cada indivíduo era responsável pela felicidade do todo.[1129] Uma integração efetiva somente poderia ser realizada a partir do reconhecimento de certos valores comuns. E se a função do Estado é integrar o indivíduo no processo político-comunitário, a Constituição nada mais é do que o catalizador desse processo.[1130] Entendida como "a ordenação correta do processo de integração",[1131] a Constituição deve ser identificada na realidade, isto é, nos valores e nas instituições da comunidade, e não nas normas formais, na Constituição escrita. Apenas um sentido material

---

[1126] *"De acordo com Litt, a ciência espiritual se baseia metodologicamente nos fenômenos intuitivamente dados para extrair da forma a essência dos objetos de conhecimento". / "Nach Litt setzt 'Geisteswissenschaft' methodisch an den intuitiv und erlebnishaft gegebenen Phänomenen an, um aus deren Formen das Wesen der Erkenntnisgegenstände zu gewinnen"*. KORIOTH, Stefan. "... soweit man nicht aus Wien ist oder aus Berlin: die Smend/Kelsen-Kontroverse". *In*: PAULSON, S. L.; STOLLEIS, M. (Coord.). *Hans Kelsen*: Staatsrechtslehrer und Rechtstheoretiker des 20 Jahrhunderts. Tübingen: Mohr Siebeck, 2005, p. 323.

[1127] Desde sua infância, Rudolf Smend manteve fortes relações com a doutrina calvinista, que via a Igreja Protestante como a congregação de um grupo orgânico de fiéis, cada um deles dotado de deveres para com o todo. Desse modo, o indivíduo não poderia ser compreendido fora de seu mundo socioespiritual, no qual ele participa como membro de uma comunidade. Esta visão religiosa teria uma forte influência na construção da sua Teoria da Integração, em 1928.

[1128] KORIOTH, Stefan. "... soweit man nicht aus Wien ist oder aus Berlin: die Smend/Kelsen-Kontroverse". *In*: PAULSON, S. L.; STOLLEIS, M. (Coord.). *Hans Kelsen*: Staatsrechtslehrer und Rechtstheoretiker des 20 Jahrhunderts. Tübingen: Mohr Siebeck, 2005, p. 330.

[1129] SCHULZE-FIELITZ, Helmuth. "Rudolf Smend (1882-1975)". *In*: HÄBERLE, P.; KILIAN, M.; WOLFF, H. (Coord.). *Staatsrechtslehrer des 20 Jahrhunderts*. Berlin: De Gruyter, 2015, p. 258.

[1130] SMEND, Rudolf. *Verfassung und Verfassungsrecht*. Munique: Duncker & Humblot, 1928, p. 133

[1131] *"Die Verfassung ist die rechtliche Ordnung des Integrationsprozesses"*. KORIOTH, Stefan. "... soweit man nicht aus Wien ist oder aus Berlin: die Smend/Kelsen-Kontroverse". *In*: PAULSON, S. L.; STOLLEIS, M. (Coord.). *Hans Kelsen*: Staatsrechtslehrer und Rechtstheoretiker des 20 Jahrhunderts. Tübingen: Mohr Siebeck, 2005, p. 325.

de Constituição pode permitir uma integração permanente, contínua e efetivada comunidade.[1132]

Essa integração proposta por Smend poderia ser de três tipos, os quais poderiam ocorrer em diferentes combinações. A primeira seria a integração *pessoal*, que exigia uma participação proativa dos indivíduos na vida política, em oposição à participação indireta, reativa ou representativa.[1133] A segunda seria a integração *funcional*, compreendida como uma participação institucional dos indivíduos, por meio de eleição ou voto, por exemplo.[1134] Por fim, Smend desenvolve a noção de uma integração *factual*, que nada mais é do que uma integração através de valores e símbolos comunitários, como a língua, a cultura, os feriados nacionais etc.[1135]

A dinâmica dessa integração, por sua vez, não poderia ser realizada pelas três funções típicas (Legislativo, Executivo e Judiciário) e somente poderia ser garantida por um centro de comando que, ao mesmo tempo, *encarne* – e não apenas *represente* – indivíduo, sociedade e Estado.[1136] Uma integração efetiva pressupõe um comando forte e a sua promoção deve caber ao líder da nação. Ao líder (*Führer*) não devem ser atribuídas apenas atividades técnicas ou práticas, como aquelas designadas às três funções clássicas de Montesquieu, competindo-lhe, na verdade, promover e desenvolver ativamente o convívio social e espiritual daqueles que estão sendo conduzidos e renovar de forma constante a "autopercepção" da nação.[1137]

[1132] SMEND, Rudolf. *Verfassung und Verfassungsrecht*. Munique: Duncker & Humblot, 1928, p. 158.

[1133] SMEND, Rudolf. *Verfassung und Verfassungsrecht*. Munique: Duncker & Humblot, 1928, pp. 25 e ss.

[1134] Idem, pp. 32 e ss.

[1135] Idem, pp. 45 e ss.

[1136] Idem, pp. 102 e ss.

[1137] CALDWELL, Peter C. *Popular Sovereignty, and the Crisis of German Constitutional Law*: The theory & practice of Weimar constitutionalism. Durham: Duke University Press, 1997, p. 124.

CAPÍTULO II – A REFUTAÇÃO DA LENDA DO POSITIVISMO

Em 1930, Kelsen publica seu *O Estado como Integração* (*Der Staat als Integration*), uma crítica contundente às (frágeis) premissas metodológicas e aos resultados (confusos) da Teoria da Integração, veiculada por Smend em seu *Constituição e Direito Constitucional* (*Verfassung und Verfassungsrecht*), de 1928. Nessa obra, além de afirmar que deveria causar espanto "uma teoria que acredita ter cumprido a sua tarefa conceitual simplesmente rotulando como integração tudo o que lhe aparece pela frente",[1138] Kelsen já alertava para os riscos de tal "integração" fosse, na verdade, uma "apologia à Ditadura",[1139] típico "Estado de Exceção onde as formas normais de legislação, administração e jurisdição são sufocadas para dar lugar a uma função extraordinária concentrada nas mãos de um único órgão".[1140] Segundo Kelsen, "o Estado integral ou integrante é (na verdade) um Estado fascista",[1141] e isso representaria um grande "retrocesso" do Direito Público alemão, que seria devolvido a um estágio de evolução anterior a Jellinek.[1142]

Se a Teoria da Integração acaba por promover, de fato, uma concepção totalitária de Estado, isto é uma questão até hoje em aberto.[1143] Há bons

---

[1138] "*Man muß sich wirklich über die Selbsttäuschung einer Theorie wundern, die ihre Aufgabe, begrifflich zu differenzieren, damit zu erfüllen glaubt, daß sie alles, was sie ergreift, einfach als 'Integration' abstempelt*". KELSEN, Hans. *Der Staat als Integration*: eine prinzipielle Auseinandersetzung. Viena: Springer, 1930, p. 75.

[1139] Idem, pp. 58 e 91.

[1140] "*So auch bei der Bestimmung der Diktatur. Diese ist ein Ausnahmeszustand, bei dem die normale Form der Gesetzgebung, Verwaltung und Gerichtsbarkeit zurückgedrängt wird, um einer außerordentlichen Form dieser Funktionen Platz zu machen, bei der sie mehr oder weniger in der Hand eines und desselben Organs konzentriert werden*". Idem, p. 75.

[1141] "*der 'integrale' oder 'integrierte' Staat ist der faschistische Staat*". Idem, p. 64.

[1142] Idem, p. 16; KORIOTH, Stefan. "... soweit man nicht aus Wien ist oder aus Berlin: die Smend/Kelsen-Kontroverse". In: PAULSON, S. L.; STOLLEIS, M. (Coord.). *Hans Kelsen*: Staatsrechtslehrer und Rechtstheoretiker des 20 Jahrhunderts. Tübingen: Mohr Siebeck, 2005, p. 327.

[1143] A favor: OOYEN, Robert Christian van. *Integration*: die antidemokratische Staatstheorie von Rudolf Smend im politischen System der Bundesrepublik. Wiesbaden: Springer, 2014, pp. 83 e ss. Contra: SCHULZE-FIELITZ, Helmuth. "Rudolf Smend (1882-1975)". In: HÄBERLE, P.; KILIAN, M.; WOLFF, H. (Coord.). *Staatsrechtslehrer des 20 Jahrhunderts*. Berlim: De Gruyter, 2015, pp. 265 e ss. Sem tomar uma posição: KORIOTH, Stefan. "... soweit man nicht aus Wien ist oder aus Berlin: die Smend/Kelsen-Kontroverse".

argumentos para uma leitura mais generosa,[1144] somado ao fato de que Smend sempre guardou do regime nazista uma corajosa distância. Mas seja como for, é inegável que a natureza antipositivista da Teoria da Integração, somada à sua orientação idealista, conservadora e com resquícios monarquistas,[1145] fez dela uma das vedetes do Direito Público da República de Weimar e contribuiu, ainda que acidentalmente, com a escalada do Estado Nazista.[1146]

2.3.4.4.4 Hermann Heller e o Estado como eficácia social

Do mesmo modo que Smend, Hermann Heller (1991-1933)[1147] propôs a fundação de uma teoria do Estado completamente nova. E

In: PAULSON, S. L.; STOLLEIS, M. (Coord.). *Hans Kelsen*: Staatsrechtslehrer und Rechtstheoretiker des 20 Jahrhunderts. Tübingen: Mohr Siebeck, 2005, p. 329.

[1144] Convém registrar, no entanto, que o próprio Smend defendeu a sua teoria de tais acusações num escrito de 1956: "A teoria da integração foi denunciada pelo lado conservador como ultrademocrata, pelo lado liberal e socialista como fascista. No entanto, o seu fundamento fático foi a observação política do caos do Estado constitucional adoecido dos anos 1920, a partir da qual surgiu a preocupação de despertar como contrapartida o saudável sentido vital perdido da Constituição". / "*Die Integrationslehre ist von konservativer Seite als ultrademokratisch, von liberaler und sozialistischer als faschistisch denunziert worden. Allerdings ist ihre sachliche Grundlage die politische Anschauung des Chaos des kranken Verfassungsstaates der 1920er Jahre gewesen, aus der das Anliegen erwuchs, demgegenüber den aufgegebenen gesunden Lebenssinn der Verfassung zu entwickeln*". SMEND, Rudolf. "Integrationslehre". *In*: SMEND, R. (Coord.). *Staatsrechtliche Abhandlungen (und andere Aufsätze)*. 4ª ed. Berlim: Duncker & Humblot, 2010 [1956], p. 481.

[1145] KORIOTH, Stefan. "... soweit man nicht aus Wien ist oder aus Berlin: die Smend/Kelsen-Kontroverse". *In*: PAULSON, S. L.; STOLLEIS, M. (Coord.). *Hans Kelsen*: Staatsrechtslehrer und Rechtstheoretiker des 20 Jahrhunderts. Tübingen: Mohr Siebeck, 2005, p. 328.

[1146] SCHULZE-FIELITZ, Helmuth. "Rudolf Smend (1882-1975)". *In*: HÄBERLE, P.; KILIAN, M.; WOLFF, H. (Coord.). *Staatsrechtslehrer des 20 Jahrhunderts*. Berlim: De Gruyter, 2015, p. 263.

[1147] Hermann Heller, um judeu socialista, habilitou-se em Kiel (1924). Em 1928, tornou-se professor associado na Universidade e, em 1932, tornou-se professor catedrático em Frankfurt. Nas semanas seguintes a 30 de janeiro de 1933, durante uma série de palestras na Inglaterra, Heller, seguindo o conselho de advertência dos

CAPÍTULO II – A REFUTAÇÃO DA LENDA DO POSITIVISMO

assim como Schmitt e Smend, o seu adversário teórico era o Positivismo Jurídico, tal como construído no *Kaiserreich* por Paul Laband e Georg Jellinek e mais tarde na República por Hans Kelsen,[1148] quem, segundo Heller, teria "destruído as raízes"[1149] da Teoria do Estado, tornando-a "teoricamente inadequada e praticamente estéril".[1150] Para Heller, a Teoria Pura do Direito, sua principal adversária,[1151] não passava de uma "Teoria do Direito sem Direito" (*Rechtslehre ohne Recht*)[1152] e de uma "Teoria do Estado sem Estado" (*Staatslehre ohne Staat*).[1153]

Partindo de premissas hegelianas,[1154] Heller tinha como objetivo conectar o Estado e sua Constituição com a realidade. Sua proposta era o abandono de uma teoria que partisse da ideia que o Estado pode ser analisado em suas características formais, constantes e universais, seja no tempo ou no espaço,[1155] bem com tudo o mais que com isso estivesse relacionado,[1156] como, por exemplo, a) a estrita separação entre

---

amigos, não retornou à Alemanha e encontrou exílio na Espanha. FRIEDRICH, Manfred. *Geschichte der deutschen Staatsrechtswissenschaft*. Berlim: Duncker & Humblot, 1997, p. 370.

[1148] VOLKMANN, Uwe. "Hermann Heller (1891-1933)". *In*: HÄBERLE, P.; KILIAN, M.; WOLFF, H. (Coord.). *Staatsrechtslehrer des 20 Jahrhunderts*: Berlim: De Gruyter, 2015, p. 397.

[1149] HELLER, Hermann. "Die Souveränität". *In*: HELLER, H.; DRATH, M.; MÜLLER, C. (Coord.). *Gesammelte Schriften*. vol. 2, Tübingen: Mohr, 1971 [1927], p. 33.

[1150] HELLER, Hermann. "Die Krisis der Staatslehre". *In*: HELLER, H.; DRATH, M.; MÜLLER, C. (Coord.). *Gesammelte Schriften*. vol. 2, Tübingen: Mohr, 1971 [1926], pp. 5 e 14 e ss.

[1151] KORB, Axel-Johannes. *Kelsens Kritiker*: ein Beitrag zur Geschichte der Rechts- und Staatstheorie. Tübingen: Mohr Siebeck, 2010, p. 148.

[1152] HELLER, Hermann. *Staatslehre*. 6ª ed. Tübingen: Mohr, 1983 [1934], p. 225.

[1153] Idem, p. 224.

[1154] KORB, Axel-Johannes. *Kelsens Kritiker*: ein Beitrag zur Geschichte der Rechts- und Staatstheorie. Tübingen: Mohr Siebeck, 2010, p. 148.

[1155] HELLER, Hermann. *Staatslehre*. 6ª ed. Tübingen: Mohr, 1983 [1934], p. 259.

[1156] VOLKMANN, Uwe. "Hermann Heller (1891-1933)". *In*: HÄBERLE, P.; KILIAN, M.; WOLFF, H. (Coord.). *Staatsrechtslehrer des 20 Jahrhunderts*. Berlim: De Gruyter, 2015, p. 397.

o ser (*Sein*) e o dever-se (*Sollen*),[1157] b) a eliminação dos fundamentos éticos do Estado,[1158] c) a construção de conceitos orientados por um ideário lógico-matemático, que ignorava a dignidade das ciências humanas (*Geisteswissenschaften*)[1159] e d) a proclamação de uma suposta objetividade.[1160]

A "nova" Teoria do Estado deveria investigar não o Direito que o constitui, numa análise dogmática de conceitos gerais,[1161] mas uma "realidade social específica que nos rodeia".[1162] Ao contrário do que defendido pelo Positivismo Jurídico, que "ignorou o substrato social do Estado, banindo todos os problemas concretos da Teoria do Estado como metajurídicos",[1163] essa nova teoria deveria investigar o Estado enquanto formulação "real e histórica".[1164] A "absurda despolitização positivista"[1165] deveria ser corrigida por meio a) da refundação da Teoria do Estado em "princípios absolutos,

---

[1157] HELLER, Hermann. "Die Krisis der Staatslehre". *In*: HELLER, H.; DRATH, M.; MÜLLER, C. (Coord.). *Gesammelte Schriften*. vol. 2, Tübingen: Mohr, 1971 [1926], p. 23.

[1158] HELLER, Hermann. "Europa und der Fascismus". *In*: HELLER, H.; DRATH, M.; MÜLLER, C. (Coord.). *Gesammelte Schriften*. vol. 2, Tübingen: Mohr, 1971 [1931], p. 475.

[1159] HELLER, Hermann. "Bemerkungen zur staats- und rechtstheoretischen Problematik der Gegenwart". *In*: HELLER, H.; DRATH, M.; MÜLLER, C. (Coord.). *Gesammelte Schriften*. vol. 2, Tübingen: Mohr, 1971 [1929], p. 251.

[1160] HELLER, Hermann. "Die Krisis der Staatslehre". *In*: HELLER, H.; DRATH, M.; MÜLLER, C. (Coord.). *Gesammelte Schriften*. vol. 2, Tübingen: Mohr, 1971 [1926], p. 3.

[1161] HELLER, Hermann. *Staatslehre*. 6ª ed. Tübingen: Mohr, 1983 [1934], p. 67.

[1162] *"Die Staatslehre hat die Aufgabe, die eigenartige Wirklichkeit des uns umgebenden staatlichen Lebens zu erforschen"*. Idem, p. 12.

[1163] BERCOVICI, Gilberto. *Constituição e estado de exceção permanente*: atualidade de Weimar. Rio de Janeiro: Azougue Editorial, 2004, p. 111.

[1164] HELLER, Hermann. *Staatslehre*. 6ª ed. Tübingen: Mohr, 1983 [1934], p. 62.

[1165] Idem, p. 69.

CAPÍTULO II – A REFUTAÇÃO DA LENDA DO POSITIVISMO

suprapositivos e atemporais"[1166] e b) da fusão entre norma (*Norm*) e realidade (*Wirklichkeit*),[1167] de forma que o Estado e o seu Direito fossem compreendidos como fenômeno social e parte da cultura.[1168] Esses seriam os novos fundamentos que garantiriam a unidade e a estabilidade política.

Num primeiro momento, Heller buscou esses fundamentos numa concepção moral de política baseada na noção de interesse nacional. A primazia da "vontade" dos Estados-Nação era uma exigência do direito básico de autopreservação de todos os Estados, nas relações internas e externas. Nessa perspectiva, sua teoria concebeu o Estado como uma entidade viva.[1169] A defesa da nação era uma parte da estratégia de desenvolver um Estado socialista, tão caro à ideologia política de Heller.[1170] A nação teria uma forma real e coletiva, sendo formada de acordo com certas "características nacionais" – sangue (*Blut*) e solo (*Boden*)[1171] – e desenvolvida pela interação mútua entre

---

[1166] HELLER, Hermann. "Bemerkungen zur staats- und rechtstheoretischen Problematik der Gegenwart". *In*: HELLER, H.; DRATH, M.; MÜLLER, C. (Coord.). *Gesammelte Schriften*. vol. 2, Tübingen: Mohr, 1971 [1929], p. 252.

[1167] HELLER, Hermann. *Staatslehre*. 6ª ed. Tübingen: Mohr, 1983 [1934], p. 151.

[1168] VOLKMANN, Uwe. "Hermann Heller (1891-1933)". *In*: HÄBERLE, P.; KILIAN, M.; WOLFF, H. (Coord.). *Staatsrechtslehrer des 20 Jahrhunderts*. Berlim: De Gruyter, 2015, p. 398.

[1169] CALDWELL, Peter C. *Popular Sovereignty, and the Crisis of German Constitutional Law*: The theory & practice of Weimar constitutionalism. Durham: Duke University Press, 1997, p. 128.

[1170] Heller endossava a premissa socialista da "luta de classes", mas, ao mesmo tempo, acreditava numa nova forma de relacionamento entre capital e trabalho e na manutenção do Estado para regular esta relação. Mas ao contrário Schmitt e Smend, Heller era simpático à democracia de Weimar, mesmo não concordando, todavia, com o seu fundamento econômico capitalista. VOLKMANN, Uwe. "Hermann Heller (1891-1933)". *In*: HÄBERLE, P.; KILIAN, M.; WOLFF, H. (Coord.). *Staatsrechtslehrer des 20 Jahrhunderts*. Berlim: De Gruyter, 2015, p. 400.

[1171] Note-se, aqui, que Heller descrevia o "sangue" não como um fato biológico, mas como um processo social em que a solidificação da cultura vai criar características comuns na comunidade. CALDWELL, Peter C. *Popular Sovereignty, and the Crisis*

as pessoas no espaço (local da vida comunitária) e no tempo (pelo casamento e pela reprodução).[1172]

Após a visita de Heller à Itália fascista no final dos anos 20, sua teoria iria sofrer algumas alterações, principalmente no que diz respeito ao papel integrador do Estado. Embora ainda interessado nas fundações nacionais do Estado,[1173] sua teoria passa a descrever a nação como um sentimento de vida em comum dos cidadãos. Esse sentimento, e não as considerações objetivas anteriores (sangue e solo), seria o pré-requisito substantivo para a legitimação do Estado e da sua legislação, que não poderia ser determinado de forma abstrata.[1174] Mesmo relativizando as bases nacionalistas da sua teoria, ainda assim sua construção teórica exigia um certo grau de homogeneidade nacional.[1175]

Essa homogeneidade, por sua vez, fundava e era fundada por uma "ordem estruturada para ações" que permitia a cooperação e a coordenação dos indivíduos e dos grupos em prol do todo. Não obstante, essa organização somente seria realizada na medida em que a vontade coletiva desse às normas um significado concreto. Nesse momento, segundo Heller, surge

> um centro de ação produzido por múltiplas forças, mas que, por sua vez, atua unitariamente. Seus atos – independentemente de

---

of German Constitutional Law: The theory & practice of Weimar constitutionalism. Durham: Duke University Press, 1997, p. 130.

[1172] HELLER, Hermann. "Politische Demokratie und soziale Homogenität". In: HELLER, H.; DRATH, M.; MÜLLER, C. (Coord.). Gesammelte Schriften. vol. 2, Tübingen: Mohr, 1971 [1929], pp. 423 e ss; HELLER, Hermann. "Sozialismus und Nation". In: HELLER, H.; DRATH, M.; MÜLLER, C. (Coord.). Gesammelte Schriften. vol. 1, Tübingen: Mohr, 1971 [1931], pp. 437 e ss.

[1173] Sobre as bases nacionalistas da teoria de Heller: VOLKMANN, Uwe. "Hermann Heller (1891-1933)". In: HÄBERLE, P.; KILIAN, M.; WOLFF, H. (Coord.). Staatsrechtslehrer des 20 Jahrhunderts. Berlin: De Gruyter, 2015, pp. 400 e ss.

[1174] CALDWELL, Peter C. Popular Sovereignty, and the Crisis of German Constitutional Law: The theory & practice of Weimar constitutionalism. Durham: Duke University Press, 1997, p. 130.

[1175] HELLER, Hermann. Staatslehre. 6ª ed. Tübingen: Mohr, 1983 [1934], p. 261.

CAPÍTULO II – A REFUTAÇÃO DA LENDA DO POSITIVISMO

todas as espécies de normas – não podem ser atribuídos apenas nem à soma dos seus membros, nem aos órgãos em si, muito menos ao ordenamento isoladamente considerado.[1176]

Sua proposta apresentava uma específica concepção de Estado, presente sobre todas as forças sociais e com capacidade de regular todos os seus conflitos.

Assim, na forma utilizada em seu "Teoria do Estado" (*Staatslehre*) de 1934,[1177] o termo "organização" diz respeito a uma "estrutura ordenada de ação" (*geordnetes Handlungsgefüge*) que viabiliza "a cooperação pela coordenação de indivíduos".[1178] Aqui, Heller iria se aproximar de Smend,[1179] ao afirmar que "a manifestação de vontade dos órgãos estatais não está limitada apenas formalmente, mas também por considerações éticas e sociológicas, a saber: os valores e as práticas compartilhados pela comunidade".[1180] Se o Estado é uma unidade de ação que não pode ser compreendida abstratamente, essa ação estaria limitada pelo todo, ou seja, pela vontade comunitária básica. Quando a nação perde a fé na legitimidade do Estado enquanto instituição, ele chega ao seu fim.[1181]

[1176] "*Dadurch, daß Mitglieder und Organe auf Grund einer Ordnung zu einem einheitlichen Effekt zusammenwirken, kommt die wirkliche Einheit der Organisation als Wirkungseinheit zustande. Nunmehr ist ein vielheitlich bewirktes, aber einheitlich wirkendes Aktzentrum entstanden, dessen Wirkungen – unabhängig von allen Normen – weder der Summe der Mitglieder allein, noch den Organen für sich, am allerwenigsten aber der isolierten Ordnung zugerechnet werden können*". Idem, p. 262.

[1177] CALDWELL, Peter C. *Popular Sovereignty, and the Crisis of German Constitutional Law*: The theory & practice of Weimar constitutionalism. Durham: Duke University Press, 1997, p. 131.

[1178] HELLER, Hermann. *Staatslehre*. 6ª ed. Tübingen: Mohr, 1983 [1934], pp. 262 e ss.

[1179] CALDWELL, Peter C. *Popular Sovereignty, and the Crisis of German Constitutional Law*: The theory & practice of Weimar constitutionalism. Durham: Duke University Press, 1997, p. 131.

[1180] HELLER, Hermann. *Staatslehre*. 6ª ed. Tübingen: Mohr, 1983 [1934], pp. 251 e ss.

[1181] BERCOVICI, Gilberto. *Constituição e estado de exceção permanente*: atualidade de Weimar. Rio de Janeiro: Azougue Editorial, 2004, p. 114.

Estado e nação deveriam ser unificados por um complexo processo dialético, unificação essa decorrente de uma ação guiada por valores e práticas comunitárias, que formam a base do Direito e do Estado. Sem a sua observância, sem o seu reconhecimento pelo Estado, sem uma ação orientada para a sua realização, estaria fatalmente comprometida a unidade política da nação.

A asserção de que o Estado não é apenas uma entidade jurídica, mas uma entidade sociológica, uma realidade social que existe independentemente da sua ordem jurídica, apresenta-se, sob o ponto de vista da Ciência do Direito e da Teoria da Democracia, bastante problemática. Isso porque a Ciência do Direito não deve transcender os dados da experiência e degenerar-se em especulação metafísica. Uma "vontade coletiva" ou "consciência coletiva" pode significar apenas que um conjunto de indivíduos querem, sentem ou pensam de uma certa maneira e estão unidos por sua consciência de querer, sentir e pensar comum. Ainda assim, uma unidade real a) *apenas* entre os indivíduos que têm um estado mental idêntico, b) *no exato momento* em que essa identificação ocorre e c) *na exata questão* em que uma comunhão de fato prevalece. É impossível que tal identificação possa existir *a priori* ou *in abstrato*. Afirmar que todos os cidadãos de um Estado querem, sentem ou pensam sempre de uma mesma maneira é uma *ficção política* óbvia.[1182] A promoção de um "interesse coletivo" do Estado não passa de uma manobra ideológica utilizada sempre e tão-somente para ocultar os inevitáveis conflitos de interesses que ocorrem no interior de uma sociedade.

[1182] KELSEN, Hans. *Allgemeine Staatslehre*. Viena: Österreichische Staatsdruckerei, 1993 [1925], pp. 312 e ss.; KELSEN, Hans. *General Theory of Law and State*. 3ª ed. Cambridge, Mass.: Harvard University Press, 1949 [1945], pp. 184 e ss.

2.3.4.4.5 Considerações sobre a disputa metodológica de Weimar

No período de Weimar, não era o debate que estava em primeiro plano, e sim o desejo pelo confronto. Na maior parte do tempo, os participantes não tinham o menor interesse em escutar o outro, mas simplesmente em expressar sua própria opinião.[1183] Sob o ponto de vista metodológico – e também político –, a *Methodenstreit* foi uma disputa metodológica que, apesar de ter envolvido os "quatro grandes" (*Die Großen Vier*)[1184] juspublicistas (*Staatsrechtler*) de Weimar e seus respectivos círculos de influência, tinha dois lados bem definidos.

O aspecto *metodológico* foi, sem dúvida, o aspecto mais evidente dessa disputa. De um lado, Kelsen e a sua Teoria Pura do Direito buscavam dar continuidade à tradição positivista no Direito do Estado. De outro lado, tanto Hermann Heller,[1185] quanto Carl Schmitt e Rudolf Smend[1186] (estes dois com construções teóricas mais alinhadas entre si), tinham como pretensão de ser o antiKelsen e miravam a Teoria Pura do Direito como a principal adversária e apresentavam-se como uma proposta de superação do Positivismo Jurídico.[1187] Note-se que, apesar das diferenças teóricas, as concepções metodológicas de Carl Schmitt, Rudolf Smend e Hermann Heller compartilham alguns importantes elementos comuns.

[1183] JESTAEDT, Matthias *et al.* "Diskussion 'Die Weimarer Jahre'". *In*: JESTAEDT, M. (Coord.). *Hans Kelsen und die deutsche Staasrechtslehre*. Tübingen: Mohr Siebeck, 2013, p. 53.

[1184] JESTAEDT, Matthias; LEPSIUS, Oliver. "Der Rechts- und der Demokratietheoretiker Hans Kelsen - Eine Einführung". *In*: JESTAEDT, M.; LEPSIUS, O. (Coord.). *Verteidigung der Demokratie*: Abhandlungen zur Demokratietheorie. Tübingen: Mohr Siebeck, 2006, p. 9.

[1185] VOLKMANN, Uwe. "Hermann Heller (1891-1933)". *In*: HÄBERLE, P.; KILIAN, M.; WOLFF, H. (Coord.). *Staatsrechtlehrer des 20 Jahrhunderts*. Berlim: De Gruyter, 2015, p. 397.

[1186] SCHULZE-FIELITZ, Helmuth. "Rudolf Smend (1882-1975)". *In*: HÄBERLE, P.; KILIAN, M.; WOLFF, H. (Coord.). *Staatsrechtlehrer des 20 Jahrhunderts*. Berlim: De Gruyter, 2015, pp. 256 e ss.

[1187] Idem, p. 262.

Todas elas partiam de um ataque ao dualismo metodológico fundamental (a distinção entre o *Sein* e o *Sollen*) do Positivismo Jurídico, em especial da Teoria Pura do Direito, e incorriam num sincretismo metodológico que não permitia distinguir com clareza as camadas política e jurídica do Direito. Se as construções teóricas de Carl Schmitt, Rudolf Smend e Hermann Heller apresentam diferenças sensíveis entre si, todas elas, no entanto, refutavam a "pureza" da Ciência do Direito e se preocupavam em desenvolver o Direito (ou o Estado) com base nos valores compartilhados por uma determinada comunidade.[1188] Nos trabalhos desses três teóricos encontra-se uma premissa tipicamente antipositivista: identificar o Direito para além do fenômeno da positivação, por meio de uma filosofia moral dirigida ao conhecimento de princípios universais de Justiça. Ao contrário do que ensina a "lição de Weimar", a teoria jurídica predominante daquele período foi desenvolvida a partir de um parâmetro antipositivista, com o exame da justiça do Direito e/ou visando à sua justificação por meio de categorias metajurídicas, como a "natureza das coisas" ou a "consciência jurídica da comunidade".[1189]

Mas para além dessa dimensão metodológica, a *Methodenstreit* também tinha um claro componente político-ideológico. Numa Alemanha marcada pela derrota na Primeira Guerra e pela "humilhação" de Versailles, raros eram os autores que renunciavam a um nacionalismo nostálgico, de modo que a direção hegemônica do Direito Público caminhava num sentido bem definido: o reforço da autoridade do Estado. Exatamente por esse motivo, a teoria juspolítica de Kelsen era duramente criticada. Dando continuidade à tradição positivista, ela buscava eliminar os elementos psicofísicos remanescentes da Teoria do Estado na direção de uma "teologia política secularizada".[1190]

[1188] CALDWELL, Peter C. *Popular Sovereignty and the Crisis of German Constitutional Law*: The theory & practice of Weimar constitutionalism. Durham: Duke University Press, 1997, p. 135.

[1189] SANCHÍS, Luis Pietro. "Tribunal Constitucional y Positivismo Jurídico". *Doxa*, n° 23, p. 168, 2000. Doi:10.14198/DOXA2000.23.07.

[1190] "*Eine säkularisierte politische Theologie*". KRAWIETZ, Werner. "Die Lehre vom Stufenbau des Rechts: eine säkularisierte politische Theologie?" *In*: KRAWIETZ, W.; SCHELSKY, H. (Coord.). *Rechtssystem und gesellschaftliche Basis bei Hans Kelsen*. Rechtstheorie. vol. 5, Berlim, Duncker & Humblot, 1984, p. 255.

CAPÍTULO II – A REFUTAÇÃO DA LENDA DO POSITIVISMO

Na Alemanha de Weimar, caracterizada por uma intensa crise econômica, política e social, a proposta "antiestatizante" que Kelsen vinha desenvolvendo desde 1911 com a publicação do seu livro "Problemas Fundamentais da Teoria do Direito do Estado" (*Hauptprobleme der Staatsrechtslehre*) não encontrava um ambiente propício para a ser acolhida.[1191] Ao contrário do que sustenta a tradicional acusação de que a Teoria Pura do Direito teria fornecido as bases teóricas para o nazismo e de que Kelsen era uma espécie de irrealista ingênuo, o fato é que sua teoria foi uma resposta poderosa ao *"estatismo"* hegemônico dos movimentos que lhe foram contemporâneos[1192] e que, mais tarde, serviriam de base para o Direito do Estado Nazista.

2.3.4.5 As fontes do Direito em Weimar

No campo da prática jurídica, também não havia a alardeada[1193] supremacia do Positivismo Jurídico durante a República de Weimar.[1194] Uma prática jurídica guiada por uma metodologia antipositivista da

---

[1191] Já no prefácio da 1ª edição da sua Teoria Pura do Direito de 1934, Kelsen consignou as dificuldades da aceitação teórica da sua teoria, acreditando que ela somente seria reconhecida numa época de normalidade e equilíbrio institucional. KELSEN, Hans. *Reine Rechtslehre*: Einleitung in die rechtswissenschaftliche Problematik (1934). Studienausgabe der 1. Auflage 1934, herausgegeben und eingeleitet von Matthias Jestaedt. Tübingen: Mohr Siebeck, 2008 [1934], pp. 7 e ss.

[1192] VELLOSO, Paula Campos Pimenta. "Edição e Recepção de Kelsen no Brasil". *Escritos da Casa de Rui Barbosa*, n° 8, p. 201.

[1193] *"It should be recalled that in the seventy-five years before the Nazi regime the positivistic philosophy had achieved a standing such as it enjoyed in no other country"*. FULLER, Lon L. "Positivism and Fidelity to Law: a Reply to Professor Hart". *Harvard Law Review*, n° 71, p. 658, 1958. Doi:10.2307/1338226.

[1194] DREIER, Horst. "Die Radbruchsche Formel: Erkenntnis oder Bekenntnis?" *In*: MAYER, H.; WALTER, R. (Coord.). *Staatsrecht in Theorie und Praxis*: Festschrift Robert Walter zum 60 Geburtstag. Viena: Manz, 1991, p. 120; CALDWELL, Peter C. *Popular Sovereignty, and the Crisis of German Constitutional Law*: The theory & practice of Weimar constitutionalism. Durham: Duke University Press, 1997, p. 78.

aplicação do Direito era a nova tônica.[1195] Kelsen, o último representante da tradição positivista, era o principal inimigo.[1196] A "luta do Direito contra as leis" era a marca da República de Weimar.[1197]

A crescente participação popular na produção legislativa de Weimar, decorrente da instauração de uma democracia parlamentar que substituiu[1198] a monarquia guilhermina, não era bem vista pela magistratura.[1199] Após a fundação da República de Weimar, o governo provisório decidiu incorporar os juízes na estrutura do Novo Estado, em vez de aplicar o princípio da eleição popular.[1200] Devido aos seus vínculos com a aristocracia, a esmagadora maioria dos magistrados nos anos de Weimar era formada por monarquistas,[1201] contrários à democracia representativa,[1202]

[1195] ROSENBAUM, Wolf. *Naturrecht und positives Recht*: Rechtssoziologische Untersuchungen zum Einfluß der Naturrechtslehre auf die Rechtspraxis in Deutschland seit Beginn des 19 Jahrhunderts. Darmstadt: Luchterhand, 1972, p. 65.

[1196] CALDWELL, Peter C. *Popular Sovereignty and the Crisis of German Constitutional Law*: The theory & practice of Weimar constitutionalism. Durham: Duke University Press, 1997, p. 82.

[1197] BIEBERSTEIN, Fritz Marschall von. *Vom Kampf des Rechts gegen die Gesetze*. Stuttgart: Kohlhammer, 1927.

[1198] Registre-se, ainda, que a democracia parlamentar não foi exatamente uma "conquista" popular diante de uma monarquia semiabsolutista, e sim uma espécie de "imposição" militar decorrente da perda da Primeira Guerra. ROSENBAUM, Wolf. *Naturrecht und positives Recht*: Rechtssoziologische Untersuchungen zum Einfluß der Naturrechtslehre auf die Rechtspraxis in Deutschland seit Beginn des 19 Jahrhunderts. Darmstadt: Luchterhand, 1972, p. 66.

[1199] Idem, p. 69.

[1200] OTT, Walter; BUOB, Franziska. "Did Legal Positivism Render German Jurists Defenceless during the Third Reich?". *Social and Legal Studies*, n° 2, p. 93, 1993.

[1201] ROSENBAUM, Wolf. *Naturrecht und positives Recht*: Rechtssoziologische Untersuchungen zum Einfluß der Naturrechtslehre auf die Rechtspraxis in Deutschland seit Beginn des 19 Jahrhunderts. Darmstadt: Luchterhand, 1972, p. 66.

[1202] FRAENKEL, Ernst. "Zur Soziologie der Klassenjustiz". FRAENKEL, E. (Coord.). *Zur Soziologie der Klassenjustiz und Aufsätze zur Verfassungskrise (1931-1932)*. Darmstadt: Wissenschaftliche Buchgesellschaft, 1968, p. 8.

CAPÍTULO II – A REFUTAÇÃO DA LENDA DO POSITIVISMO

o que acarretava o seu distanciamento e repúdio da ideia "positivista" do império da lei formal.[1203]

Esse ressentimento contra a democracia já estava claro logo após a instauração da República numa publicação da Associação dos Juízes Alemães, de 1921, em que a lei formal, como produto da soberania popular, já era descreditada pelo seu presidente por ser a "essência da mentira" (*Lügengeist*), produto de "um Direito partidário, classista e bastardo".[1204] A democracia pluripartidária arruinara toda a "dignidade",[1205] toda a "majestade" do Direito, quando, por meio do "pecado positivista mortal", separou a "lei" da "Ideia de Direito".[1206] A lei não deveria ser entendida como uma "ordem soberana e inquestionável" a ser aplicada "independentemente do seu conteúdo", devendo os magistrados, no caso de conflito entre a lei e a Justiça, decidir sempre em favor desta.[1207] Na prática de Weimar, a magistratura interpretava, completava e corrigia as normas válidas de todos os ramos do Direito (*Rechtsgebieten*) sempre no sentido de suas convicções políticas e sociais.[1208]

Um exemplo do início da República de Weimar ilustra bem essa falta de vinculação do aparelho judicial do Estado às leis formais. A alta inflação dos primeiros anos gerou uma avalanche de ações judiciais que questionavam o cumprimento de contratos com base nos respectivos valores

---

[1203] KÜBLER, Friedrich Karl. "Der deutsche Richter und das demokratische Gesetz: Versuch einer Deutung aus richterlichen Selbstzeugnissen". *Archiv für die civilistische Praxis*, n° 162, p. 112, 1953.

[1204] LEEB, Johannes. "Dreierlei". *Deutsche Richterzeitung*, n° 13, p. 129, 1921.

[1205] ROSENBAUM, Wolf. *Naturrecht und positives Recht*: Rechtssoziologische Untersuchungen zum Einfluß der Naturrechtslehre auf die Rechtspraxis in Deutschland seit Beginn des 19 Jahrhunderts. Darmstadt: Luchterhand, 1972, p. 68.

[1206] DREIER, Horst. "Die Radbruchsche Formel: Erkenntnis oder Bekenntnis?" *In*: MAYER, H.; WALTER, R. (Coord.). *Staatsrecht in Theorie und Praxis:* Festschrift Robert Walter zum 60. Geburtstag. Viena: Manz, 1991, p. 121.

[1207] Idem, p. 121.

[1208] ROSENBAUM, Wolf. *Naturrecht und positives Recht*: Rechtssoziologische Untersuchungen zum Einfluß der Naturrechtslehre auf die Rechtspraxis in Deutschland seit Beginn des 19 Jahrhunderts. Darmstadt: Luchterhand, 1972, p. 72.

nominais, o que levou o *Reichsgericht*[1209] a afirmar que o princípio da boa-fé (*Treu und Glaube*), inscrito na Seção 242 do Código Civil (§ 242 BGB),[1210] demandava uma solução justa para ambas as partes. A ideia central era de que a boa-fé objetiva era uma exigência ética, sendo impensável que um sistema jurídico não a reconhecesse. Essa exigência prática abriu caminho para uma jurisprudência casuística.[1211] Inclusive, segundo o *Reichsgericht*, o legislador – ou mesmo as partes – não poderia jamais frustrar as legítimas expectativas derivadas da boa-fé objetiva.[1212] Essa decisão repercutiu por todas as demais instâncias judiciárias e abriu caminho para uma jurisprudência casuística, que ignorava, com frequência, os limites legais e contratuais e apelava para considerações materiais de justiça.[1213]

Como se não bastasse, a atitude crítica do Poder Judiciário em relação à República de Weimar levou os juízes a praticar o puro e simples descumprimento da lei, às vezes sustentando suas decisões no controle difuso de constitucionalidade (*Richterliches Prüfungsrecht*) não positivado na Constituição de Weimar,[1214] às vezes nas ideias do Direito Livre (*Freirechtslehre*).[1215] A prática jurídica alemã em Weimar foi desenvolvida por meio da teleologização da interpretação e da aplicação do Direito, a saber, com exame cada vez mais banal da "justiça" ou da "justificação da lei" a partir de parâmetros extraconstitucionais ou

---

[1209] RGZ 107, 78 (1923)

[1210] "*§ 242 BGB. O devedor é obrigado a executar a prestação conforme a boa-fé objetiva e a consideração pelos usos do tráfego*". / "*Der Schuldner ist verpflichtet, die Leistung so zu bewirken, wie Treu und Glaube mit Rücksicht auf die Verkehrssitte es erfordern*".

[1211] CALDWELL, Peter C. "Legal Positivism and Weimar Democracy". *American Journal of Jurisprudence*, nº 39, p. 275, 1994. Doi:10.1093/ajj/39.1.273.

[1212] DREIER, Horst. "Die Radbruchsche Formel: Erkenntnis oder Bekenntnis?" *In*: MAYER, H.; WALTER, R. (Coord.). *Staatsrecht in Theorie und Praxis: Festschrift Robert Walter zum 60 Geburtstag*. Viena: Manz, 1991, pp. 121 e ss.

[1213] CALDWELL, Peter C. "Legal Positivism and Weimar Democracy". *American Journal of Jurisprudence*, nº 39, p. 275, 1994. Doi:10.1093/ajj/39.1.273.

[1214] DREIER, Horst. "Die Radbruchsche Formel: Erkenntnis oder Bekenntnis?" *In*: MAYER, H.; WALTER, R. (Coord.). *Staatsrecht in Theorie und Praxis: Festschrift Robert Walter zum 60 Geburtstag*. Viena: Manz, 1991, p. 121.

[1215] Idem, p. 148.

CAPÍTULO II – A REFUTAÇÃO DA LENDA DO POSITIVISMO

legais, sempre com recurso à "natureza das coisas" ou à "consciência jurídica da comunidade".[1216]

Mas talvez o exemplo mais paradigmático, que bem ilustra simultaneamente a ideologia conservadora e antipositivista dos juízes em Weimar e o seu desapego à literalidade da lei, sempre que isso lhes fosse conveniente,[1217] seja o julgamento de Hitler em 1924 diante do incidente conhecido como *Bierkeller-Putsch*. Hitler havia, junto com seus correligionários, instigado uma revolução contra o governo da Baviária e o governo nacional numa cervejaria em Munique. Acusado de "alta traição", segundo a lei vigente, foi inocentado por esse crime, uma vez que "suas ações foram guiadas por puro patriotismo e pelas mais nobres das intenções".[1218] Ele foi condenado a uma pena de cinco anos de prisão domiciliar por outros crimes, com a promessa – cumprida mais tarde –, de relaxamento após seis meses de cumprimento da pena. O pedido de deportação – lembre-se, Hitler era austríaco – também foi negado, uma vez que para se manter fiel ao "espírito da lei" e sua "finalidade", a regra não deveria ser aplicada num caso em que restasse provado que o acusado tinha sentimentos tão elevados pela Alemanha.[1219]

Na visão da magistratura, o pluralismo político-parlamentar tinha destruído a unidade do Estado e sua capacidade de se fazer impor.[1220] Se em outros países a independência da magistratura foi consagrada

---

[1216] SANCHÍS, Luis Pietro. "Tribunal Constitucional y Positivismo Jurídico". *Doxa*, nº 23, p. 168, 2000. Doi:10.14198/DOXA2000.23.07.

[1217] PAULSON, Stanley L. "Lon L. Fuller, Gustav Radbruch, and the 'Positivist' Theses". *Law and Philosophy*, nº 13, 2004, pp. 354 e ss. Doi:10.2307/3504918.

[1218] MÜLLER, Ingo. *Furchtbare Juristen*: Die unbewältigte Vergangenheit unserer Justiz. Munique: Kindler, 1987, p. 125.

[1219] Idem, p. 125.

[1220] "Na opinião dos juízes, o pluralismo político-parlamentar destruiu a unidade do Estado e a formação da sua vontade". / *"[N]ach der Auffassung der Richter [hat] der parlamentarisch-politische Pluralismus die Einheit des Staates und seiner Willensbildung zerstört"*. ROSENBAUM, Wolf. *Naturrecht und positives Recht*: Rechtssoziologische Untersuchungen zum Einfluß der Naturrechtslehre auf die Rechtspraxis in Deutschland seit Beginn des 19 Jahrhunderts. Darmstadt: Luchterhand, 1972, p. 68.

como forma de proteção dos valores republicanos e democráticos, na Alemanha de Weimar ela funcionou, na prática, como um elemento da sua destruição.[1221]

No ocaso da República de Weimar e na alvorada do Estado Nazista, os valores tipicamente "positivistas" estavam em franco declínio e desprestígio. Se é verdade que havia uma relativa primazia do Positivismo Estatutário (*Staatsrechtlicher Positivismus*) da Escola Gerber-Laband no primeiro vintênio do século XX, durante a República de Weimar, ao contrário do que é veiculado pelo Argumento-Radbruch, "os principais candidatos para o domínio da teoria da decisão jurídica" eram a Jurisprudência dos Interesses (*Interessenjurisprudenz*) e a Escola do Direito Livre (*Freirechtslehre*).[1222] Aliás, é até mesmo difícil nominar os autores que, nesse período da história alemã, autoproclamavam-se "positivistas". Fora Hans Kelsen, não teríamos muitos.[1223] Para ser coerente com a verdade, é preciso reconhecer que, durante a República de Weimar, o Positivismo Jurídico simplesmente não correspondia à prática jurídica vigente[1224] ou sequer tinha alguma influência residual.[1225] Seu tempo havia chegado definitivamente ao fim.[1226]

[1221] Idem pp. 70 e ss.

[1222] ROTTLEUTHNER, Hubert. "Legal Positivism and National Socialism: a Contribution to a Theory of Legal Development". *German Law Journal*, nº 12, p. 102, 2011.

[1223] Idem, p. 102, 2011.

[1224] DREIER, Horst. *Rechtslehre, Staatssoziologie und Demokratietheorie bei Hans Kelsen*. 2ª ed. Baden-Baden: Nomos, 1990, p. 231.

[1225] OTT, Walter; BUOB, Franziska. "Did Legal Positivism Render German Jurists Defenceless during the Third Reich?". *Social and Legal Studies*, nº 2, p. 102, 1993.

[1226] MÜLLER, Ingo. *Furchtbare Juristen*: die unbewältigte Vergangenheit unserer Justiz. Munique: Kindler, 1987, p. 125, p. 222.

2.3.4.6 Um réquiem para a democracia

Se os primeiros anos da República de Weimar (1918-1923) foram marcados por uma grande agitação popular que quase levou a uma guerra civil,[1227] entre 1923 e 1929 houve uma relativa estabilidade, com um razoável crescimento econômico, diminuição das tensões sociais e enfraquecimento do KPD e do NSDAP.

A crise econômica de 1929, contudo, mudou drasticamente esse panorama. A Alemanha foi duramente afetada pela crise. Houve um rápido aumento do desemprego e da pobreza e, com isso, as tensões políticas recrudesceram. A instabilidade era tão intensa que os últimos anos da República transcorreram quase que inteiramente em regime de estado de exceção, numa espécie de ditadura presidencial, sem um funcionamento regular do Parlamento.[1228] Com a proliferação da violência nas ruas, com confrontos entre gangues paramilitares rivais de direita e de esquerda, com um enfraquecimento do Parlamento que estava em um impasse total, com a apatia dos liberais e com divisões cada vez mais raivosas entre comunistas e nacional-socialistas, a Alemanha no outono de 1932 beirava, novamente, uma guerra civil.[1229]

Nesse quadro de caos generalizado, de total desprezo pela democracia, Kelsen, que não era apenas "um dos seus teóricos mais importantes e analista incorruptível das democracias modernas", mas também um dos seus maiores "advogados e defensores" no século XX,[1230] publica o

---

[1227] CALDWELL, Peter C. *Popular Sovereignty and the Crisis of German Constitutional Law*: The theory & practice of Weimar constitutionalism. Durham: Duke University Press, 1997, p. 78.

[1228] ROSENBAUM, Wolf. *Naturrecht und positives Recht*: Rechtssoziologische Untersuchungen zum Einfluß der Naturrechtslehre auf die Rechtspraxis in Deutschland seit Beginn des 19 Jahrhunderts. Darmstadt: Luchterhand, 1972, p. 69.

[1229] FULBROOK, Mary. *A concise history of Germany*. 2ª ed. Nova York: Cambridge University Press, 2004, pp. 172 e ss.

[1230] "*Doch Kelsen ist nicht nur einer der bedeutendsten Theoretiker und einer der unbestechlichsten Analytiker der modernen Demokratie. Er ist zugleich deren Anwalt, deren Verteidiger, deren Parteigänger*". JESTAEDT, Matthias; LEPSIUS, Oliver. "Der Rechts- und

manifesto "Em Defesa da Democracia" (*Verteidigung der Demokratie*), uma defesa desesperada e solitária da democracia como valor a ser protegido, que diagnosticava de forma precisa o *Zeitgeist* de Weimar e que, de certo modo, também anteviu o futuro sombrio que estava por vir:

> Quando nos dias mais duros da Grande Guerra voltou-se o pensamento para o futuro a fim de suportar o terrível presente, quando se tentou imaginar o futuro político como algo melhor, então não se pode pensá-lo senão como a realização da democracia. E quando a Grande Guerra chegou ao seu fim, a maioria predominante do povo alemão concordou que sua forma de vida política não poderia ser senão a da República Democrática. O monumento dessa convicção foi a Constituição de Weimar.
>
> Essa Constituição foi conhecida como a mais livre que um povo já se outorgou. E isso é verdade. Porque ela é, de fato, a Constituição mais democrática do mundo. Nenhuma dá ao povo tantos direitos quanto ela. Nenhuma corresponde integralmente em seu conteúdo ao princípio, que está em sua cúspide, de que todo poder emana do povo. Aqui, não constituem nenhuma mentira as palavras que Nietzsche atribuiu ao "novo ídolo", ao "mais frio de todos os monstros": "Eu, o Estado, sou o povo". Porque o Estado alemão é realmente o povo alemão!
>
> E, ainda hoje, pouco mais de dez anos depois do acontecimento histórico de Weimar, não existe nenhuma Constituição no mundo que seja tão estranha ao seu povo quanto ela, nenhuma que seja encarada por uma grande parte de seu povo com tanta frieza e indiferença e, por outra parte ainda maior dele, com tanto ódio e desprezo. Ao que parece, é como se o alemão não gostasse mais da liberdade que ele mesmo se outorgou.
>
> Mas também em outros povos quer-se extinguir a luz antes irradiada com tanta força da ideia da liberdade. O ideal da democracia esmorece, e no escuro horizonte do nosso tempo ergue-se uma nova estrela à qual se dirige a esperança das massas, tão mais

---

der Demokratietheoretiker Hans Kelsen - Eine Einführung". *In*: JESTAEDT, M.; LEPSIUS, O. (Coord.). *Verteidigung der Demokratie*: Abhandlungen zur Demokratietheorie. Tübingen: Mohr Siebeck, 2006, p. 27.

CAPÍTULO II – A REFUTAÇÃO DA LENDA DO POSITIVISMO

crédulas quanto mais sangrento for o brilho que as ilumina: a ditadura. Sob seu norte dá-se a luta realizada simultaneamente em duas frentes contra a democracia. Vindo da extrema esquerda, eleva-se com cada vez mais força o crescente movimento bolchevique, que a cada dia abrange um círculo maior da classe trabalhadora. Vindo da extrema direita, o fascismo, ou, como é chamado na Alemanha, o nacional-socialismo, cujo partido cresceu com mais ímpeto do que qualquer outra organização política na Alemanha e que hoje reúne a maior parte da burguesia. Pode-se reconhecer que a ditadura é clara e nitidamente o objetivo desses dois movimentos antidemocráticos.

De um lado, a ditadura do proletariado, com todas as consequências econômicas e político-culturais que a acompanham. De outro, no que concerne ao fascismo alemão, pode-se ver apenas uma ideologia: uma estranha e contraditória mistura de nacionalismo e socialismo. Atualmente, a ditadura real que será erguida só pode ser vista como uma forma cujo conteúdo parece que nem mesmo seu líder possui uma clara noção. Quanto mais cruéis são as formas prometidas dessa ditadura, mais obscuros são os interesses em favor dos quais ela será finalmente exercida. Não sabemos quem terá, agora ou posteriormente, a vitória nessa luta. Apenas sabemos de uma coisa: seja essa vitória da esquerda ou da direita, sua bandeira será fincada no túmulo da democracia.[1231]

[1231] *"Wenn sich in den schwersten Tagen des großen Krieges die Gedanken, um die furchtbare Gegenwart zu ertragen, der Zukunft zuwendeten, wenn man sich die politische Zukunft als eine bessere vorzustellen versuchte, dann konnte man sie nicht anders denken denn als Verwirklichung der Demokratie. Und als der große Krieg sein trauriges Ende fand, da war die überwiegende Mehrheit des deutschen Volkes dahin einig, daß die Form seines politischen Lebens keine andere sein könne, als die 1911 demokratische Republik. Das Denkmal dieser Überzeugung ist die Verfassung von Weimar. / Man hat sie die freieste Verfassung genannt, die sich je ein Volk gegeben hat. Und das ist wahr. Denn sie ist in der Tat die demokratischste Verfassung der Welt. Keine gibt dem Volke soviel Recht wie sie, keine entspricht, ihrem ganzen Inhalt nach, so wie sie dem Grundsatz, der an ihrer Spitze steht, daß alle Gewalt vom Volke ausgeht. Wenn irgendwo, so ist hier keine Lüge, was Nietzsche den 'Neuen Götzen', das 'kälteste aller Ungeheuer', sprechen läßt: 'Ich, der Staat, bin das Volk'. Denn der deutsche Staat ist wirklich das deutsche Volk! / Und doch gibt es heute, kaum mehr als ein Jahrzehnt nach der historischen Tat von Weimar, keine Verfassung der Welt, die ihrem Volk so fremd wäre wie diese, keine, der ein so großer Teil des Volkes so kalt und gleichgültig und ein noch größerer mit so viel Haß und Verachtung gegenübersteht.*

Diante da aversão aos valores da Democracia Liberal, não surpreende que a República de Weimar tenha caído. A surpresa é que ela tenha resistido por quatorze anos.[1232] Se não oficialmente, o libelo de Kelsen marca simbolicamente o fim da esperança, a vitória da *força* sobre o *Direito*, a derrota da liberdade e o triunfo dos inimigos da Democracia Liberal. Pouco depois desse melancólico ato, Weimar e sua democracia sairiam de cena. No próximo ato, a intolerância, o ódio e o racismo seriam os atores principais. A grande tragédia ainda estava por vir.

Es scheint, als ob der Deutsche die Freiheit nicht mehr mag, die er sich selbst gegeben. / Aber auch bei anderen Völkern will das Licht verlöschen, das einst so gewaltig von der Idee der Freiheit ausgestrahlt. Das Ideal der Demokratie verblaßt, und an dem dunklen Horizont unserer Zeit steigt ein neues Gestirn auf, dem sich die Hoffnung der Massen um so gläubiger zuwendet, je blutiger sein Glanz über ihr leuchtet: die Diktatur. In ihrem Zeichen steht der Kampf, der zugleich von zwei Fronten gegen die Demokratie geführt wird. Vor der äußersten Linken, der immer stärker anschwellenden, immer weitere Kreise der Arbeiterschaft erfassenden bolschewistischen Bewegung; von der äußeren Rechten, dem Faszismus oder, wie er in Deutschland heißt, dem Nationalsozialismus, dessen Partei stürmischer gewachsen ist als je eine politische Organisation in Deutschland; und der heute schon den größten Teil des Bürgertums in sich vereinigt. Ist als das Ziel der einen dieser beiden antidemokratischen Bewegungen klar und deutlich zu erkennen: die Diktatur des Proletariats mit all den wirtschafts- und kulturpolitischen Konsequenzen, die solche Diktatur im Gefolge hat, so ist von der anderen Seite - soweit es sich um den deutschen Faszismus handelt - nur die Ideologie sichtbar: eine seltsam widerspruchsvolle Vermengung von Nationalismus und Sozialismus. Die reale Diktatur, die hinter ihr errichtet werden soll, ist einstweilen nur als Form zu sehen, von deren Inhalt nicht einmal ihre Führer eine feste Vorstellung zu haben scheinen. Je grausamer die Formen dieser Diktatur zu werden versprechen, desto unklarer bleibt, im Dienste welcher Interessen sie schließlich ausgeübt werden wird. Wer in diesem Kampfe den Sieg davontragen wird, zunächst einmal oder auf die Dauer - wir wissen es nicht. Nur das eine wissen wir: ob dieser Sieg der Rechten oder der Linken zufällt, seine Fahne wird aufgerichtet werden auf dem Grabe der Demokratie". KELSEN, Hans. "Verteidigung der Demokratie". *In*: JESTAEDT, M.; LEPSIUS, O. (Coord.). *Verteidigung der Demokratie*: Abhandlungen zur Demokratietheorie. Tübingen: Mohr Siebeck, 2006 [1932], pp. 229 e ss.

[1232] VITA, Leticia. "Los juristas de Weimar ante la sentencia del Tribunal Estatal de Leipzig". *In*: VITA, L. (Coord.). *Prusia contra el Reich ante el Tribunal Estatal*: La sentencia que enfrentó a Hermann Heller, Carl Schmitt y Hans Kelsen en Weimar. Bogotá: Universidad Externado de Colombia, 2015, p. 25; SCHULZE, Hagen. *Kleine deutsche Geschichte*: Mit Bildern aus dem Deutschen Historischen Museum. Munique: C. H. Beck, 1996, pp. 130 e ss.

2.3.4.7 O mito da Revolução Legal

Outra questão que merece ser analisada é a suposta tomada de poder pelos nazistas dentro das regras do jogo e de um quadro de absoluta normalidade institucional. Um dos primeiros a se manifestar sobre o tema foi Carl Schmitt, que em 1933 descreveu o processo de ascensão do Nacional-Socialismo ao poder como "uma ponte do velho para o novo Estado".[1233] Heinrich Triepel foi outro autor importante a defender que a revolução nazista ocorreu dentro da mais absoluta legalidade.[1234] Tal afirmação também pode ser encontrada na Alemanha de Konrad Adenauer[1235] e na Alemanha pós-unificação,[1236] encontrando ecos também em outros países em tempos recentes.[1237]

O fato é que termo "Revolução Legal" foi criado pelos teóricos entusiastas do regime nazista para resolver a "tensão entre as normas constitucionais e a usurpação do poder".[1238] A afirmação de que Hitler assumiu seus plenos poderes através da estrita legalidade é *falsa*[1239] e foi difundida

---

1233 "*Brücke vom alten zum neuen Staat*". SCHMITT, Carl. *Staat, Bewegung, Volk*: die Dreigliederung der politischen Einheit. 2ª ed. Hamburg: Hanseatische Verlagsanstalt, 1933, p. 7.

1234 TRIEPEL, Heinrich. "Die nationale Revolution und die deutsche Verfassung". *Deutsche Allgemeine Zeitung*, nº 2, 1933, pp. 116 e ss.

1235 FROMME, Friedrich Karl. *Von der Weimarer Verfassung zum Bonner Grundgesetz*: Tübingen: Mohr, 1960, p. 193.

1236 SPAEMANN, Robert. *Europa*: "Rechtsordnung oder Wertegemeinschaft?". *Neue Zürcher Zeitung*, 2001. Disponível em: https://www.nzz.ch/article73LH8-1.456061. Acessado em: 08.05.2020.

1237 No Brasil: "Esses movimentos políticos e militares [fascismo e nazismo] ascenderam ao poder dentro do quadro de legalidade vigente e promoveram a barbárie em nome da lei". BARROSO, Luís Roberto. "Fundamentos Teóricos e Filosóficos do Novo Direito Constitucional Brasileiro (pós-modernidade, teoria crítica e pós--positivismo)". *In*: BARROSO, L. R.; BARCELLOS, A. P. de (Coord.). *A Nova Interpretação Constitucional*: ponderação, direitos fundamentais e relações privadas. Rio de Janeiro: Renovar, 2003, p. 27.

1238 PAUER-STUDER, Herlinde. *Justifying injustice*: legal theory in Nazi Germany. Cambridge: Cambridge University Press, 2020, p. 52.

1239 MEYER-HESEMANN, Wolfgang. "Legalität und Revolution: zur Verklärung der nationalsozialistischen Machtergreifung als 'Legale Revolution'". *In*: SALJE,

inicialmente pelos próprios nazistas.[1240] A verdade é que, se os juristas alemães tivessem adotado uma postura "positivista" no que diz respeito a situações jurídicas fundamentais no processo de tomada de poder pelos nazistas, teria sido possível diagnosticar uma ampla variedade de fraturas legislativas e constitucionais[1241] e talvez a história pudesse ter sido escrita de modo diferente. A verdade é que os juristas alemães tiveram diversas e reiteradas oportunidades para, sob o microscópio da legalidade, tomar decisões que dificultariam ou impediriam os nazistas de assumir o poder, mas ao invés disso, desviaram convenientemente seus olhares e legitimaram uma situação de "pseudolegalidade" e de "pseudocontinuidade".[1242]

Ao caracterizar a tomada do poder pelos nazistas como uma "Revolução Legal", a Teoria do Estado alemã lançou mais uma das bases da Lenda do Positivismo. Como será visto, a tese da "Revolução Legal" não passa de mais um exemplo da rica e profícua mitologia jurídica alemã do pós-guerra.

2.3.4.7.1 Golpe da Prússia

O episódio conhecido como *Preußenschlag* (Golpe da Prússia) é um bom exemplo. Em 6 de fevereiro de 1933, o presidente do Reich, com fundamento no artigo 48 da Constituição de Weimar,[1243] editou o

---

P.; DENCKER, F. (Coord.). *Recht und Unrecht im Nationalsozialismus*. Münster: Regensberg & Biermann, 1985, p. 117.

[1240] HUBER, Ernst Rudolf. *Verfassungsrecht des Großdeutschen Reiches*. 2ª ed. Hamburg: Hanseatische Verlagsanstalt, 1939, p. 46.

[1241] DEISEROTH, Dieter. "Die Legalitäts-Legende: Vom Reichstagsbrand zum NS-Regime". *Blätter für deutsche und internationale Politik*, nº 2, 2008, pp. 98 e ss.

[1242] MEYER-HESEMANN, Wolfgang. "Legalität und Revolution: zur Verklärung der nationalsozialistischen Machtergreifung als 'Legale Revolution'". *In*: SALJE, P.; DENCKER, F. (Coord.). *Recht und Unrecht im Nationalsozialismus*. Münster: Regensberg & Biermann, 1985, p. 118.

[1243] "Artigo 48. Caso a segurança e a ordem públicas estejam seriamente ameaçadas ou perturbadas, o Presidente do Reich pode tomar as medidas necessárias a seu restabelecimento, com auxílio, se necessário, de força armada. Para esse fim, pode

CAPÍTULO II – A REFUTAÇÃO DA LENDA DO POSITIVISMO

Segundo Decreto de Emergência (*Zweite Preußenschlag-Notverordnung*), que destituiu o governador da Prússia, Otto Braun, destituiu todo o seu gabinete e nomeou Franz von Papen como Comissário do Reich (*Reichskommissar*). Na prática, essa intervenção federal foi essencial para o fortalecimento do NSDAP em âmbito nacional,[1244] já que por meio dela amplos poderes lhe foram conferidos sobre o governo daquele Estado, o maior, mais rico e populoso da Alemanha. A acusação era que o governo da Prússia, controlado pelos social-democratas (SPD), teria violado obrigações perante o *Reich*, em especial as relativas à manutenção da ordem e contenção da violência entre as facções políticas.

O governo destituído da Prússia, representado dentre outros por Gerhard Anschütz, e o SPD, representado por Hermann Heller, ajuizaram[1245] uma demanda contra o Governo Federal, visando a anulação desse decreto. De acordo com o artigo 19 da Constituição de Weimar, [1246] competia ao *Staatsgerichtshof* (Tribunal Estatal, em Leipzig) dirimir

---

ele suspender, parcial ou inteiramente, os direitos fundamentais (*Grundrechte*) fixados nos artigos 114, 115, 117, 118, 123, 124 e 154". / "*Artikel 48. Wenn ein Land die ihm nach der Reichsverfassung oder den Reichsgesetzen obliegenden Pflichten nicht erfüllt, kann der Reichspräsident es dazu mit Hilfe der bewaffneten Macht anhalten. Der Reichspräsident kann wenn im Deutschen Reiche die öffentliche Sicherheit und Ordnung erheblich gestört oder gefährdet wird, die zur Wiederherstellung der öffentlichen Sicherheit und Ordnung nötigen Maßnahmen treffen, erforderlichenfalls mit Hilfe der bewaffneten Macht einschreiten. Zu diesem Zwecke darf er vorübergehend die in den Artikeln 114, 115, 117, 118, 123, 124 und 153 festgesetzten Grundrechte ganz oder zum Teil außer Kraft setzen*".

[1244] DEISEROTH, Dieter. "Die Legalitäts-Legende: Vom Reichstagsbrand zum NS-Regime". *Blätter für deutsche und internationale Politik*, n° 2, p. 99, 2008.

[1245] A ação cumulava, na verdade, quatro demandas, com diversos autores e réus. Para um relato completo, confira-se: VITA, Leticia. "Los juristas de Weimar ante la sentencia del Tribunal Estatal de Leipzig". *In*: VITA, L. (Coord.). *Prusia contra el Reich ante el Tribunal Estatal: La sentencia que enfrentó a Hermann Heller, Carl Schmitt y Hans Kelsen en Weimar*. Bogotá: Universidad Externado de Colombia, 2015, pp. 42 e ss.

[1246] "Artigo 19. O Tribunal Superior do Reich tem competência para decidir sobre litígios constitucionais dentro de um Estado em que não existe Tribunal para a sua resolução, bem como decidir disputas de tipo não-privado entre diferentes Estados, ou entre o Reino e um Estado, caso não haja outro Tribunal do Reich responsável". / "*Artikel 19. Über Verfassungsstreitigkeiten innerhalb eines Landes, in dem kein Gericht zu ihrer Erledigung besteht, sowie über Streitigkeiten nichtprivatrechtlicher Art zwischen verschiedenen Ländern oder zwischen dem Reiche und einem*

os conflitos entre o Governo Federal e os Governos Estaduais, bem como os eventuais conflitos entre estes. A defesa do Reich ficou a cargo, dentre outros, de Carl Schmitt.[1247]

Num julgamento realizado em 25 de outubro de 1932 e sob a presidência de Erwin Bumke, um magistrado que se revelaria mais tarde um destacado colaborador nazista, o tribunal declarou o Decreto parcialmente nulo,[1248] reconhecendo a regularidade da intervenção federal no Governo Estadual, mas resguardando o direito do gabinete de Braun em participar do *Reichsrat*, uma espécie de Conselho Nacional Parlamentar formado pelos Estados, similar ao que conhecemos por Senado Federal. Impedido de participar das sessões do *Reichsrat*, Braun apresentou uma reclamação perante o *Reichsgericht*, que se recusou a tomar quaisquer providências.[1249] Do ponto de vista do Direito Positivo é inegável que

> o *Reichsrat*, que concordaria com a [futura] Lei Habilitante, foi ocupado em contrariedade ao artigo 63 (1) da Constituição de Weimar[1250] e ao que foi decidido pelo *Staatsgerichtshof* no julgamento '*Preußenschlag*'. Dos 64 votos [em favor da Lei Habilitante],

---

Lande entscheidet auf Antrag eines der streitenden Teile der Staatsgerichtshof für das Deutsche Reich, soweit nicht ein anderer Gerichtshof des Reichs zuständig".

[1247] VITA, Leticia. "Los juristas de Weimar ante la sentencia del Tribunal Estatal de Leipzig". *In*: Vita, L. (Coord.). *Prusia contra el Reich ante el Tribunal Estatal: La sentencia que enfrentó a Hermann Heller, Carl Schmitt y Hans Kelsen en Weimar*. Bogotá: Universidad Externado de Colombia, 2015, p. 45.

[1248] MEYER-HESEMANN, Wolfgang. "Legalität und Revolution: zur Verklärung der nationalsozialistischen Machtergreifung als 'Legale Revolution'". *In*: SALJE, P.; DENCKER, F. (Coord.). *Recht und Unrecht im Nationalsozialismus*. Münster: Regensberg & Biermann, 1985, p. 118.

[1249] Idem, p. 118; DEISEROTH, Dieter. "Die Legalitäts-Legende: Vom Reichstagsbrand zum NS-Regime". *Blätter für deutsche und internationale Politik*, n° 2, p. 99, 2008.

[1250] "Artigo 61. Cada Estado tem pelo menos um voto no Conselho do Reich. Os Estados maiores têm um voto para cada milhão de habitantes. Um excedente igual a pelo menos a população do menor Estado é igual a um milhão inteiro. Nenhum Estado pode ser representado por mais de dois quintos de todos os votos". / "*Artikel 61. Im Reichsrat hat jedes Land mindestens eine Stimme. Bei den größeren Ländern entfällt auf eine Million Einwohner eine Stimme. Ein Überschuß, der mindestens der Einwohnerzahl*

CAPÍTULO II – A REFUTAÇÃO DA LENDA DO POSITIVISMO

34 foram proferidos por membros que não representavam o Governo deposto, e sim por Comissários do Reich.[1251]

Note-se que, imediatamente após a publicação da decisão do *Staatsgerichtshof*, Kelsen publicou uma crítica analítica, denunciando as diversas violações constitucionais. Em primeiro lugar, ressaltou que a real finalidade deste decreto – simplesmente retirar o governo das mãos do SPD e transferi-lo ao NSDAP – era tão óbvia, que ele sequer mencionou qual seria a obrigação violada pela Prússia com relação ao Reich.[1252] Em segundo lugar, o decreto violava o princípio federativo, pois ao transferir ao Governo Federal o controle da Prússia, o Estado Federado passaria a ter o *status* de uma mera província, totalmente dependente do poder central.[1253] Além disso, a substituição dos membros do *Reichsrat*, eleitos diretamente pelo povo, por comissários indicados pelo presidente do Reich, acarretava uma ofensa ao princípio democrático.[1254] Por fim, Kelsen também ressaltou que, ao não criar um órgão judicial de controle de constitucionalidade, deixando-o ao alvedrio do presidente do Reich, Weimar foi condenada pela sua própria Constituição.[1255]

---

des kleinsten Landes gleichkommt, wird einer vollen Million gleichgerechnet. Kein Land darf durch mehr als zwei Fünftel aller Stimmen vertreten sein".

[1251] "34 dos 66 integrantes do 'Reichsrat', que aprovaram a lei, não eram membros regulares do Governo, mas meros agentes dos Comissários do Reich. Suas nomeações contrariavam o artigo 63 (1) da Constituição de Weimar e a decisão do Staatsgerichtshof no julgamento no caso da 'Greve da Prússia'". / "*[D]er Reichsrat, der dem Gesetz ebenfalls zustimmte, [war] falsch besetzt, da entgegen Art. 63 Abs. 1 WRV und dem einschlägigen Urteil des Staatsgerichtshofes im 'Preußenschlag'-Prozeß 34 der 66 Stimmen nicht von ordentlichen Regierungsmitgliedern, sondern von Beauftragten der Reichskommissare ausgeübt wurden*". DREIER, Horst. "Die drei gängigsten Irrtümer über die Weimarer Reichsverfassung". In: DREIER, H. (Coord.). *Staatsrecht in Demokratie und Diktatur*. Tübingen: Mohr Siebeck, 2016, pp. 56 e ss.

[1252] KELSEN, Hans. "The judgment of the Staatsgerichtshof of 25 October 1932". In: VINX, L. (Coord). *The guardian of the constitution*: Hans Kelsen and Carl Schmitt on the limits of constitutional law. Cambridge studies in constitutional law. United Kingdom: Cambridge University Press, 2015 [1932], p. 228.

[1253] Idem, pp. 230 e ss.

[1254] Idem, pp. 230 e ss.

[1255] Idem, p. 251.

É interessante notar que a batalha Kelsen *contra* Schmitt em torno do *Preußenschlag* trouxe à tona, mais uma vez, a profunda divergência sobre concepções antagônicas e irreconciliáveis em torno da concepção do Estado durante a República de Weimar e selou, de uma vez por todas, o seu destino: de um lado, a defesa intransigente da Democracia Liberal e, de outro, a sua transformação num sistema presidencial autoritário, senão numa ditadura presidencial, que infelizmente sagrou-se vencedora.[1256]

2.3.4.7.2 Lei Habilitante

O *Preußenschlag* fortaleceu o NSPDA e foi determinante para que a derradeira tomada de poder pelos nazistas se concretizasse. Com o governo à beira do colapso e sem base política para se sustentar, Hindenburg, então presidente do Reich, ficou sem opções políticas para se manter no cargo e, ainda que de forma relutante, acabou cedendo e concordando com a indicação de Hitler para o cargo de chanceler. A própria legalidade da nomeação de Hitler para a chancelaria é questionada por alguns.[1257] O fato é que, uma vez nomeado, Hitler simplesmente deu continuidade à prática comum dos anos anteriores, editando, com fundamento no art. 48 da Constituição de Weimar, diversos decretos de emergência, o que também ajudou a criar uma (falsa) impressão de continuidade política e jurídica.[1258]

Em 27 de fevereiro de 1933, o prédio do Parlamento foi incendiado e ficou parcialmente destruído. Os comunistas foram prontamente apontados como os culpados pelo atentado.[1259] No dia seguinte e por

---

[1256] PAUER-STUDER, Herlinde. *Justifying injustice*: legal theory in Nazi Germany. Cambridge: Cambridge University Press, 2020, pp. 33 e ss.

[1257] BRACHER, Karl Dietrich. *Die Auflösung der Weimarer Republik*: eine Studie zum Problem des Machtverfalls in der Demokratie. Düsseldorf: Droste, 1984, p. 638.

[1258] PAUER-STUDER, Herlinde. *Justifying injustice*: legal theory in Nazi Germany. Cambridge: Cambridge University Press, 2020, p. 72.

[1259] Há um relativo consenso de que o comunista holandês Marinus van der Lubbe foi o responsável, num ataque solitário. KERSHAW, Ian. *Hitler 1889-1935*: Hubris.

CAPÍTULO II – A REFUTAÇÃO DA LENDA DO POSITIVISMO

insistência de Hitler, Hindenburg aprovou um decreto (*Verordnung des Reichspräsidenten zum Schutz von Volk und Staat*) suspendendo vários direitos civis e permitindo que o governo fizesse prisões sem mandados judiciais. Esse decreto também concentrou todas as forças policiais do país sob a autoridade do Ministro do Interior[1260] Wilhelm Frick (1877-1946),[1261] um destacado e ativo membro do NSDAP. Vale ressaltar, ainda, que a própria eficácia do decreto do presidente do Reich que suspendeu os direitos civis estaria condicionada à sua confirmação pelo Parlamento, segundo o artigo 48 da Constituição de Weimar,[1262] o que, diante do clima de terror e de perseguição política instaurado, nunca ocorreu.[1263] Como decorrência política dessa ilegalidade – e, também, como decorrência do uso generoso do referido decreto por parte da polícia, controlada pelo Ministro do Interior –, as campanhas do KPD e do SPD para as eleições parlamentares de março de 1933 foram profundamente prejudicadas, o

---

Toronto: Penguin Books, 2001, pp. 456-458, 731s. Outra versão recorrente afirma que os nazistas forjaram o ataque e utilizaram Lubbe como um mero bode expiatório. HÖHNE, Heinz. "*Gebt mir vier Jahre Zeit*": Hitler und die Anfänge des Dritten Reiches. Berlim: Ullstein, 1999, p. 82.

[1260] DEISEROTH, Dieter. "Die Legalitäts-Legende: Vom Reichstagsbrand zum NS-Regime". *Blätter für deutsche und internationale Politik*, n° 2, p. 96, 2008.

[1261] Wilhelm Frick foi Ministro do interior entre 1933 e 1943. Em 1° de outubro de 1946, depois de ser considerado um dos principais criminosos de guerra nazistas, foi condenado a pena de morte pelo Tribunal de Nuremberg.

[1262] "Artigo 48 (...). O Presidente do Reich pode, se o Estado Alemão e a ordem estiverem significativamente perturbados, tomar as medidas necessárias para restaurar a segurança pública e a ordem, se necessário, intervir com a ajuda das forças armadas (...). De todas as medidas tomadas em conformidade com o parágrafo 1 ou 2 do presente artigo, o Presidente deverá informar imediatamente o Parlamento. As medidas serão suspensas a pedido do Parlamento". / "*Artikel 48 (...). Der Reichspräsident kann, wenn im Deutschen Reiche die öffentliche Sicherheit und Ordnung erheblich gestört oder gefährdet wird, die zur Wiederherstellung der öffentlichen Sicherheit und Ordnung nötigen Maßnahmen treffen, erforderlichenfalls mit Hilfe der bewaffneten Macht einschreiten (...). Von allen gemäß Abs. 1 oder Abs. 2 dieses Artikels getroffenen Maßnahmen hat der Reichspräsident unverzüglich dem Reichstag Kenntnis zu geben. Die Maßnahmen sind auf Verlangen des Reichstags außer Kraft zu setzen*".

[1263] DEISEROTH, Dieter. "Die Legalitäts-Legende: Vom Reichstagsbrand zum NS-Regime". *Blätter für deutsche und internationale Politik*, n° 2, p. 99, 2008.

que afetou sensivelmente o seu resultado e colaborou para o crescimento substancial do NSDAP na vindoura legislatura.[1264]

Nesse clima de perseguição política, Hitler apresentou ao Parlamento o projeto da Lei Habilitante (*Gesetz zur Behebung der Not von Volk und Reich*, também conhecida por *Ermächtigungsgesetz*), uma proposta legislativa que lhe daria o poder de aprovar leis unilateralmente por um período de quatro anos.[1265] Embora a Constituição de Weimar não previsse essa espécie de delegação legislativa, seu artigo 76 permitia a aprovação de emendas constitucionais pelo voto de dois terços do Parlamento.[1266] Dos 647 deputados, 432 deveriam estar presentes na sessão. KPD (Partido Comunista) e SPD (Partido Social-Democrata) possuíam juntos 201 deputados. Se esses partidos conseguissem apenas outras quinze ausências, a medida sequer poderia ser incluída na ordem do dia. Para evitar isso, foi introduzida uma mudança nas regras do procedimento, de forma que cada ausência considerada injustificada contaria como um voto favorável à proposta legislativa. Para garantir a sua aprovação, os nazistas, com base no decreto aprovado por Hindenburg, prenderam 81 deputados do KPD,[1267] impediram que 26 deputados do SPD participassem da votação[1268] e ameaçaram todos os possíveis dissidentes.[1269] Como as prisões dos membros do KPD e a "custódia protetora" dos

---

[1264] Idem, p. 99.

[1265] SHIRER, William L. *The rise and fall of the Third Reich*: a history of Nazi Germany. Nova York: Simon and Schuster, 1981, p. 198.

[1266] "Artigo 76. A Constituição pode ser alterada por meio de uma lei. No entanto, as decisões do Parlamento de alterar a Constituição só acontecem *diante do quórum de dois terços do número total de membros e se pelo menos dois terços dos presentes concordarem*". / "*Artikel. 76. Die Verfassung kann im Wege der Gesetzgebung geändert werden. Jedoch kommen Beschlüsse des Reichstags auf Abänderung der Verfassung nur zustande, wenn zwei Drittel der gesetzlichen Mitgliederzahl anwesend sind und wenigstens zwei Drittel der Anwesenden zustimmen*".

[1267] EVANS, Richard J. *The coming of the Third Reich*. Londres: Penguin, 2005, p. 335.

[1268] SHIRER, William L. *The rise and fall of the Third Reich*: a history of Nazi Germany. Nova York: Simon and Schuster, 1981, p. 196.

[1269] DREIER, Horst. "Die drei gängigsten Irrtümer über die Weimarer Reichsverfassung". *In*: DREIER, H. (Coord.). *Staatsrecht in Demokratie und Diktatur*. Tübingen: Mohr Siebeck, 2016, p. 56.

membros do SPD foram consideradas ausências injustificadas, a Lei Habilitante foi aprovada por uma ampla maioria, num ambiente de evidente coerção e intimidação do Parlamento.[1270] Em 23 de março de 1933, Hitler assumiu, enfim, o poder absoluto na Alemanha.

Além disso, a Lei Habilitante serviria de base para diversas "medidas de coordenação" (*Gleichschaltungsmaßnahmen*) posteriores, que centralizavam diversos poderes em torno do governo central. Dentre elas, destaca-se a Lei de Reconstrução do Reich (*Gesetz* über *den Neuaufbau des Reiches*), de 30 de janeiro de 1934, pela qual a Federação foi formalmente abolida. Os Parlamentos Estaduais foram dissolvidos, com a transferências dos seus poderes para o governo central. Os Estados (Länder) foram transformados em meras unidades administrativas do Reich e os respectivos governadores foram substituídos por mandatários de Hitler, escolhidos dentre os nacional-socialistas mais leais, com a finalidade de reforçar sua autoridade em todas as regiões do país.[1271] A morte de Hindenburg precipitou a superposição das funções de presidente do *Reich* com a de chanceler, que foi referendada pelo voto popular (*Volksabstimmung über das Staatsoberhaupt des Deutschen Reiches*) em 19 de agosto de 1934. O que se seguiu foi o desmantelamento dos partidos de oposição, a abolição do parlamentarismo e a dissolução de todas as associações sociais importantes em prol de organizações controladas pelo NSDAP.

2.3.4.7.3 Considerações parciais

A verdade é que os nazistas se utilizaram de diversos artifícios ilegais, em especial após ao incêndio do *Reichstag* (Parlamento), como forma de legitimar e colocar em funcionamento um estado de emergência

---

[1270] RÖHL, Klaus F.; RÖHL, Hans Christian. *Allgemeine Rechtslehre*: ein Lehrbuch. 3ª ed. Munique: Heymann, 2008, p. 332.
[1271] PAUER-STUDER, Herlinde. *Justifying injustice*: legal theory in Nazi Germany. Cambridge: Cambridge University Press, 2020, pp. 47 e ss.

permanente.¹²⁷² As normas constitucionais, quando utilizadas, eram invocadas de modo contrário aos *standards* constitucionais já estabelecidos.¹²⁷³ Tome-se como exemplo o próprio artigo 48 da Constituição de Weimar, nela incluído como um meio de proteção do sistema democrático contra "a extrema direita e a esquerda radical",¹²⁷⁴ mas que acabou sendo utilizado como instrumento ativo da sua destruição.¹²⁷⁵ A manipulação e a propaganda fizeram o resto do trabalho, mascarando a brutalidade das demais medidas, como a demissão, a bem do serviço público, de funcionários públicos com ascendência judaica e, mais tarde, com o estabelecimento dos campos de concentração.¹²⁷⁶

Num curto espaço de tempo de cerca de dezoito meses,¹²⁷⁷ a Democracia Liberal instituída pela Constituição de Weimar foi convertida num *Führerstaat*, sem que se tenha formado uma verdadeira oposição.¹²⁷⁸ A revolução nacional-socialista não apenas "esvaziou formalmente" a Constituição de Weimar, como também "acabou com o seu espírito".¹²⁷⁹ A Constituição de

---

1272 MEYER-HESEMANN, Wolfgang. "Legalität und Revolution: zur Verklärung der nationalsozialistischen Machtergreifung als 'Legale Revolution'". *In*: SALJE, P.; DENCKER, F. (Coord.). *Recht und Unrecht im Nationalsozialismus*. Münster: Regensberg & Biermann, 1985, p. 118.

1273 PAUER-STUDER, Herlinde. *Justifying injustice*: legal theory in Nazi Germany. Cambridge: Cambridge University Press, 2020, p. 49.

1274 Idem, p. 27.

1275 Idem, p. 51.

1276 Idem, p. 49.

1277 Mais especificamente: entre 30 de janeiro de 1933, data em que Hitler foi nomeado Chanceler, e 19 de agosto de 1934, data do Referendo Popular sobre o Chefe de Estado do *Reich* (*Volksabstimmung über das Staatsoberhaupt des Deutschen Reiches*), quando a população alemã confirmou a fusão dos cargos de Chanceler e Presidente do Reich em sua pessoa como *Führer*. BRACHER, Karl Dietrich. *Die deutsche Diktatur*: Entstehung, Struktur, Folgen des Nationalsozialismus. Köln: Kiepenheuer & Witch, 1993, p. 209.

1278 STOLLEIS, Michael. *Öffentliches Recht in Deutschland:* Eine Einführung in seine Geschichte (16.-21. Jahrhundert). Munique: C.H. Beck, 2014, p. 112.

1279 "[D]ie Weimarer Verfassung [hat] nicht nur dem Geiste nach, sondern auch formal zu gelten aufgehört". HUBER, Ernst Rudolf. *Verfassungsrecht des Großdeutschen Reiches*. 2ª ed. Hamburg: Hanseatische Verlagsanstalt, 1939, p. 46.

Weimar, considerada até hoje como uma das mais democráticas já promulgadas, "perdera a sua validade",¹²⁸⁰ transformando-se numa "caixa vazia".¹²⁸¹ Finalmente, o "novo direito popular" alemão "reencontrava a sua própria origem".¹²⁸² Na "feliz expressão"¹²⁸³ de Hans Gerber, "a Constituição de Weimar estava morta, quem vivia era a Constituição de Potsdam!".¹²⁸⁴

2.3.5 Positivismo Jurídico e antipositivismo na Ditadura Nazista

Logo após a instauração do regime nazista, qualquer esperança de entendimento político chegou ao fim. O descarte de todas as concepções contrárias ao Novo Regime foi pronta e rapidamente efetivado. A função da ciência não era mais revelar a verdade, e sim declarar se determinado conhecimento estava ou não de acordo com a ideologia

---

1280 *"Die Weimarer Verfassung gilt nicht mehr"*. SCHMITT, Carl. *Staat, Bewegung, Volk*: die Dreigliederung der politischen Einheit. 2ª ed. Hamburg: Hanseatische Verlagsanstalt, 1933, p. 5.

1281 "A Constituição de Weimar existia apenas como um recinto vazio". / *"Die Weimarer Verfassung bestand nur noch als leeres Gehäuse"*. STOLLEIS, Michael. *Öffentliches Recht in Deutschland:* Eine Einführung in seine Geschichte (16.-21. Jahrhundert. Munique: C.H. Beck, 2014, p. 117.

1282 "(...) *das neue völkische Recht auf seiner eigenen Grundlage ruht"*. HUBER, Ernst Rudolf. *Verfassungsrecht des Großdeutschen Reiches*. 2ª ed. Hamburg: Hanseatische Verlagsanstalt, 1939, p. 47. O mesmo otimismo com a Constituição brasileira de 1937, que inaugurou a ditadura de Getúlio Vargas, era compartilhado por Oliveira Vianna, um dos principais ideólogos do Estado Novo. Depois da Revolução de 1930 e do "fiasco da Constituição liberal-democrática de 1934", que trouxe correntes ideológicas desencontradas, o Direito brasileiro finalmente se consolidara como um *"mundo novo de justiça e de ordem, de tranquilidade e de progresso, de fraternidade humana e de beleza cristã"*. VIANNA, Oliveira. "A política social da revolução brasileira". *Revista Forense*, nº 37, pp. 49-53, 1934.

1283 *"Mit einem treffenden Wort"*. HUBER, Ernst Rudolf. *Verfassungsrecht des Großdeutschen Reiches*. 2ª ed. Hamburg: Hanseatische Verlagsanstalt, 1939, p.47

1284 *"Die Verfassung von Weimar ist tot, es lebt die Verfassung von Potsdam!"*. GERBER, Hans. *Staatsrechtliche Grundlinien des neuen Reiches*. Tübingen: J.C.B. Mohr, 1933, p. 32.

nacional-socialista.[1285] No âmbito do conhecimento jurídico, todas as questões metodológicas foram imediatamente superadas em prol de uma concepção antirrepublicana e antidemocrática, sob a premissa de uma fictícia homogeneidade popular (*völkisch*).[1286]

Em 1933, a Teoria do Direito não oferecia um quadro uniforme na Alemanha.[1287] Se no transcorrer da República de Weimar as teses positivistas já eram minoritárias e fortemente atacadas, durante o regime nazista não foi diferente. O pensamento jurídico nacional-socialista, antiliberal e antidemocrático, era diametralmente oposto ao pensamento positivista.[1288] Aliás, todos os principais positivistas se opuseram ao regime nazista em maior ou menor grau[1289] e, uma vez que esse se estabeleceu de forma hegemônica, não apenas suas teorias, mas eles próprios sofreram retaliações e foram duramente perseguidos.

Durante o regime nazista, não apenas um ordenamento constitucional confiável e cientificamente interpretável, objeto de estudo do Direito do Estado, foi arruinado.[1290] As ciências, em geral, e as ciências jurídicas (*Rechtswissenschaften*), em particular, também foram gravemente afetadas. Acadêmicos importantes, reconhecidos internacionalmente,

---

1285 Em 1933, esta nova orientação foi expressamente dada pelo então Ministro da Cultura da Baviera Franz Goldenberg aos professores de Munique: "A partir de agora, vocês não têm mais a tarefa de dizer se algo é verdadeiro, mas sim se está de acordo com a revolução nacional-socialista". / "*Von jetzt ab kommt es für Sie nicht darauf an festzustellen, ob etwas wahr ist, sondern ob es im Sinne der nationalsozialistischen Revolution ist*". NIEKISCH, Ernst. *Das Reich der niederen Dämonen*. Hamburg: Rowohlt, 1953, p. 197.

1286 STOLLEIS, Michael. *Der Methodenstreit der Weimarer Staatsrechtslehre*: ein abgeschlossenes Kapitel der Wissenschaftsgeschichte?. Frankfurt: Frank Steiner, 2001, pp. 17 e ss.

1287 RÜTHERS, Bernd. *Die unbegrenzte Auslegung*: zum Wandel der Privatrechtsordnung im Nationalsozialismus. 7ª ed. Tübingen: Mohr Siebeck, 2012, p. 92.

1288 ROSENBAUM, Wolf. *Naturrecht und positives Recht*: Rechtssoziologische Untersuchungen zum Einfluß der Naturrechtslehre auf die Rechtspraxis in Deutschland seit Beginn des 19 Jahrhunderts. Darmstadt: Luchterhand, 1972, p. 147.

1289 PAULSON, Stanley L. "Lon L. Fuller, Gustav Radbruch, and the 'Positivist' Theses". *Law and Philosophy*, nº 13, p. 325, 2004. Doi:10.2307/3504918.

1290 STOLLEIS, Michael. *Öffentliches Recht in Deutschland*: Eine Einführung in seine Geschichte (16.-21. Jahrhundert). Munique: C.H. Beck, 2014, p. 113.

CAPÍTULO II – A REFUTAÇÃO DA LENDA DO POSITIVISMO

foram demitidos das universidades e expulsos do país.[1291] Contra a Lei de Restauração do Serviço Público Alemão (*Gesetz zur Wiederherstellung des deutschen Berufsbeamtentums*), que em 1933 determinou o afastamento sumário de todos servidores públicos de ascendência judaica ou por razões políticas dos seus cargos, não houve qualquer resistência relevante no meio jurídico.[1292] Aliás, uma regra expressa de proteção de não arianos que tivessem entrado no serviço público antes de 1914 ou que tivessem lutado na Primeira Guerra pelo *Kaiserreich*, prevista pelo § 3º, seção 2,[1293] era geralmente ignorada, uma vez que sua aplicação deveria ser analisada "em cada caso".[1294]

Entre 1933 e 1935 uma primeira leva de eminentes positivistas, que contava com Hans Kelsen,[1295] Hans Nawiasky,[1296] Rudolf Laun[1297] e

---

[1291] Essa "decapitação intelectual" (*Geistige Enthauptung*) não atingiu apenas o corpo docente. Os efeitos no corpo discente também foram devastadores. O número de estudantes caiu de aproximadamente 100 mil para cerca de 37 mil (1941). No semestre de verão de 1938, apenas 42 mulheres ainda estudavam Direito, contra 1.175 no semestre de verão de 1930. STOLLEIS, Michael. *Geschichte des öffentlichen Rechts in Deutschland*: Staats- und Verwaltungsrechtswissenschaft in Republik und Diktatur (1914-1945). vol. 3, Munique: C.H. Beck, 1999, p. 254.

[1292] ROSENBAUM, Wolf. *Naturrecht und positives Recht*: Rechtssoziologische Untersuchungen zum Einfluß der Naturrechtslehre auf die Rechtspraxis in Deutschland seit Beginn des 19 Jahrhunderts. Darmstadt: Luchterhand, 1972, p. 147.

[1293] De acordo com § 3 (2), os funcionários "não arianos" deveriam ser mantidos em serviço caso sua investidura tivesse sido anterior a agosto de 1914, caso tivessem combatido na Primeira Guerra Mundial pelo Reich alemão ou seus aliados ou caso seus pais ou filhos tenham morrido em combate. A regra de exceção para os lutadores da frente de batalha foi chamada de "privilégio da frente de combate".

[1294] FRIEDLÄNDER, Saul. *The years of persecution (1933-1939)*. Nazi Germany and the Jews, vol. 1. Londres: Phoenix, 1998, p. 145.

[1295] DREIER, Horst. "Hans Kelsen (1881-1973)". *In*: HÄBERLE, P.; KILIAN, M.; WOLFF, H. (Coord.). *Staatsrechtslehrer des 20 Jahrhunderts*. Berlin: De Gruyter, 2015, p. 222.

[1296] HANGARTNER, Yvo. "Hans Nawiasky (1880-1972)". *In*: HÄBERLE, P.; KILIAN, M.; WOLFF, H. (Coord.). *Staatsrechtslehrer des 20 Jahrhunderts*. Berlin: De Gruyter, 2015, p. 189.

[1297] PAULY, Walter. "Rudolf Laun (1882-1975)". *In*: HÄBERLE, P.; KILIAN, M.; WOLFF, H. (Coord.). *Staatsrechtslehrer des 20 Jahrhunderts*. Berlin: De Gruyter, 2015, pp. 244 e ss.

Walter Jellinek,[1298] por exemplo, foi privada de suas cátedras. Todos eles tiveram que fugir do país. Além deles, também foram expulsos diversos outros juspublicistas e jusinternacionalistas, como Albert Hensel, Karl Löwenstein, Franz Neumann, Otto Kirchheimer, Max Fleischmann, Ernst Fraenkel, Gerhard Leibholz, Gerhard Lassar, Kurt Patels, Fritz Morstein Marx, Erwin Jacobi, Ludwig Waldecker, Walther Schücking, Willibalt Apelt e muitos outros. Essa lista é apenas um pequeno exemplo da "decapitação intelectual" (*geistige Enthauptung*) ocorrida na Alemanha nazista.[1299]

Abre-se, aqui, um parêntese para contar a história da perseguição a Kelsen, uma das mais tristes dentre os juristas alemães. Em 1933, quando ficou sabendo do seu afastamento da universidade de Colônia por meio de uma nota publicada num jornal,[1300] Kelsen já era um jurista internacionalmente respeitado.[1301] Seu afastamento foi efetivado por motivos políticos, uma vez que Kelsen, embora não fosse filiado a qualquer partido, tivesse laços com a social-democracia e fosse um conhecido defensor da democracia parlamentar.[1302] Seus colegas professores (os quais, mais tarde, sofreriam perseguições por esse ato) encaminharam uma petição ao governo, intercedendo pela sua permanência e ressaltando o prejuízo da sua saída para a Instituição.[1303] Carl Schmitt, mesmo tendo sido ajudado por

---

[1298] SCHULTE, Martin. "Walter Jellinek (1885-1955)". *In*: HÄBERLE, P.; KILIAN, M.; WOLFF, H. (Coord.). *Staatsrechtslehrer des 20 Jahrhunderts*. Berlim: De Gruyter, 2015, pp. 299 e ss.

[1299] STOLLEIS, Michael. *Öffentliches Recht in Deutschland*: Eine Einführung in seine Geschichte (16.-21. Jahrhundert). Beck'sche Reihe, vol. 6135. Munique: C.H. Beck, 2014, pp. 113 e ss.

[1300] JESTAEDT, Matthias. *Hans Kelsen im Selbstzeugnis*: Sonderpublikation anlässlich des 125 Geburstages von Hans Kelsen am 11 Oktober 2006. Tübingen: Mohr Siebeck, 2006, p. 82.

[1301] MÉTALL, Rudolf Aladár. *Hans Kelsen*: Leben und Werk. Viena: Deuticke, 1969, pp. 60 e ss.

[1302] JESTAEDT, Matthias. *Hans Kelsen im Selbstzeugnis*: Sonderpublikation anlässlich des 125 Geburstages von Hans Kelsen am 11 Oktober 2006. Tübingen: Mohr Siebeck, 2006, pp. 82 e ss.

[1303] MÉTALL, Rudolf Aladár. *Hans Kelsen*: Leben und Werk. Viena: Deuticke, 1969, pp. 60 e ss.

CAPÍTULO II – A REFUTAÇÃO DA LENDA DO POSITIVISMO

Kelsen um ano antes a entrar para o corpo docente da universidade, foi o único que não assinou o documento.[1304] Depois de ter sua aposentadoria cassada, Kelsen conseguiu fugir da Alemanha e lecionou por algum tempo em Genebra, na Suíça, e depois em Praga, na Tchecoslováquia.[1305] Em 1940, convencido de que na guerra os nacional-socialistas não iriam respeitar a neutralidade da Suíça, Kelsen decide fugir da Europa para os Estados Unidos com sua esposa e filha, sem sequer ter um emprego garantido.[1306] Com quase 60 anos de idade, Kelsen "chegava a um país estrangeiro cujo idioma conhecia muito pouco para começar, mais uma vez, sua carreira acadêmica e, pela quarta vez, uma nova vida".[1307]

Mas não foi apenas a vida de Kelsen que foi profundamente afetada pela tomada de poder dos nazistas. Inúmeros membros da Escola Jurídica de Viena também foram afetados e forçados a seguir para o exílio.[1308] Josef Laurenz Kunz (1890-1970) e Felix KAUFMANN (1895-1949) imigraram para os EUA, em 1932 e em 1938 respectivamente. Já Rudolf Aladár Métall (1903-1975), que tinha se tornado assistente de Kelsen em 1930, fugiu para a Suíça em 1931 e depois para o Brasil em

---

[1304] Para Rudolf Aladár Métall, essa atitude desonrosa de Schmitt talvez tenha, afortunadamente, contribuído para a sobrevivência de Kelsen, pois se ele tivesse permanecido na Alemanha, talvez tivesse perdido não apenas sua cátedra. MÉTALL, Rudolf Aladár. *Hans Kelsen*: Leben und Werk. Viena: Deuticke, 1969, p. 61.

[1305] JESTAEDT, Matthias. *Hans Kelsen im Selbstzeugnis*: Sonderpublikation anlässlich des 125 Geburstages von Hans Kelsen am 11. Oktober 2006. Tübingen: Mohr Siebeck, 2006, pp. 83 e ss.

[1306] Idem, pp. 91 e ss.

[1307] "Após uma jornada emocionante, Kelsen chegou a Nova York em 21 de junho de 1940, onde iniciou sua carreira acadêmica com quase 60 anos em um país estrangeiro cuja língua não dominava, tendo que recomeçar sua vida pela quarta vez". / "*Nach aufregender Fahrt langte Kelsen am 21. Juni 1940 in New York an, wo er im Alter von fast 60 Jahren in einem fremden Land, dessen Sprache er nur sehr unvollkommen beherrschte, seine akademische Laufbahn von vorne beginnen und sich zum vierten Mal ein neues Leben aufbauen mußte*". MÉTALL, Rudolf Aladár. *Hans Kelsen*: Leben und Werk. Viena: Deuticke, 1969, p. 77.

[1308] Uma lista abrangente das pessoas afetadas, com os respectivos anos de partida, pode ser encontrada *In*: WALTER, Robert; JABLONER, Clemens; ZELENY, Klaus; SCHRAMM, Alfred. *Der Kreis um Hans Kelsen*: die Anfangsjahre der Reinen Rechtslehre. vol. 30, Viena: Manz, 2008, p. 17 (Schriftenreihe des Hans Kelsen-Instituts).

1940.[1309] Adolf Julius Merkl (1890-1970) e Alfred Verdross (1890-1980) *não precisaram fugir para o exílio, mas* foram suspensos do ensino em abril e junho de 1938, respectivamente. Merkl foi colocado em aposentadoria forçada em 1939, enquanto Verdross foi autorizado a lecionar Direito Internacional, porém privado de lecionar Filosofia ou Teoria do Direito.[1310] Marinus Maurits van Praag (1896-1965) chegou a ser deportado para o campo de concentração de Theresienstadt em 4 de setembro de 1944, mas não foi levado para Auschwitz porque seu nome estava na lista de judeus proeminentes da Holanda.[1311]

Um segundo grupo de positivistas permaneceu, todavia, na Alemanha. Gerhard Anschütz[1312] aposentou-se voluntariamente com a chegada dos nazistas ao poder, mas sofreu agressões sistemáticas em periódicos nazistas.[1313] Richard Thoma, um jurista cujo nome normalmente é associado a conceitos como "Estado de Direito, democracia e direitos fundamentais",[1314] permaneceu na sua cátedra, mas sem nunca ter tomado partido do Novo Regime.[1315] Entre os não positivistas, alguns

---

[1309] Idem, pp. 315 e ss.

[1310] CADORE, Rodrigo Garcia. "'Good-bye to all that'? Ein österreichisches Schicksal: Wanderungen und Wandlungen im rechtstheoretischen Exilwerk Hans Kelsens". *In*: BECK, M.; COOMANN, N. (Coord.). *Historische Erfahrung und begriffliche Transformation*: Deutschsprachige Philosophie im Exil in den USA (1933-1945). Münster: LIT Verlag, 2018, p. 250.

[1311] WALTER, Robert; JABLONER, Clemens; ZELENY, Klaus; SCHRAMM, Alfred. *Der Kreis um Hans Kelsen*: die Anfangsjahre der Reinen Rechtslehre. Schriftenreihe des Hans Kelsen-Instituts. vol. 30, Viena: Manz, 2008, p. 354.

[1312] WALDHOFF, Christian. "Gerhard Anschütz (1867-1948)". *In*: HÄBERLE, P.; KILIAN, M.; WOLFF, H. (Coord.). *Staatsrechtslehrer des 20 Jahrhunderts*. Berlim: De Gruyter, 2015, p. 103.

[1313] AMADO, Juan Antonio Garcia. "¿Es Posible ser Antikelseniano sin Mentir sobre Kelsen?". *In*: AMADO, J. A. G. (Coord.). *El Derecho y sus Circunstancias*: nuevos ensayos de filosofia jurídica. Bogotá: Universidad Externado de Colombia, 2010, p. 393.

[1314] Esses três conceitos são utilizados para nomear uma coletânea recente de contribuições de Thoma no primeiro terço do século XX e organizada por Horst Dreier. Confira-se: THOMA, Richard. *Rechtsstaat - Demokratie - Grundrechte*: Ausgewählte Abhandlungen aus fünf Jahrzehnten. Tübingen: Mohr Siebeck, 2008.

[1315] GROH, Kathrin. "Richard Thoma (1874-1957)". *In*: HÄBERLE, P.; KILIAN, M.; WOLFF, H. (Coord.). *Staatsrechtslehrer des 20* Jahrhunderts. Berlin: De Gruyter,

CAPÍTULO II – A REFUTAÇÃO DA LENDA DO POSITIVISMO

deles, como Hermann Heller, perderam seus cargos e abandonaram o país,[1316] enquanto outros, como Gustav Radbruch, Heinrich Triepel e Rudolf Smend mantiveram seus cargos sem, contudo, ter qualquer participação efetiva com a Ditadura Nazista.[1317] Aqueles juristas que permaneceram e não se alinharam ao regime nazista se viram obrigados a voltar seus estudos para o Direito Administrativo (renomeado no currículo jurídico como *Administração*, de modo a purificar a disciplina das suas origens liberais)[1318] ou para temas os mais apolíticos possíveis.[1319]

Já entre os professores de Direito do Estado que se alinharam com o Novo Regime, todos eles eram antipositivistas. Para alguns deles, como Ernst Forsthoff (1902-1974), o entusiasmo não durou muito. A maioria deles, no entanto, publicou nos anos seguintes importantes contribuições ao novo sistema. De acordo com o ranking que leva em conta a autoridade científica e o número de publicações, destacavam-se os seguintes professores do Direito do Estado (*Staatsrechtslehre*): Carl Schmitt, Otto Koellreutter (1888-1972), Johannes Heckel (1889-1963). Entre os mais jovens destacavam-se também Helmut Nicolai (1905-1955), Gustav Adolf Walz (1897-1948), Theodor Maunz (1901-1993), Ernst-Rudolf Huber (1903-1990), Ulrich Scheuner (1903-1981), Georg Dahm (1904-1963) e Herbert Krüger (1905-1989). Por fim, havia ainda um círculo pequeno, mas entusiástico, de juristas nazistas declarados, como Karl Rudolf Werner Best (1903-1989), Wilhelm Stuckart (1902-1953) e Reinhard Höhn

---

2015, p. 148.

[1316] Heller, na verdade, estava em Londres na época. Ele não retornou à Alemanha e buscou refúgio na Universidade de Madri. VOLKMANN, Uwe. "Hermann Heller (1891-1933)". *In*: HÄBERLE, P.; KILIAN, M.; WOLFF, H. (Coord.). *Staatsrechtslehrer des 20 Jahrhunderts*. Berlim: De Gruyter, 2015, p. 396.

[1317] Conferência de abertura de Horst Dreier no Encontro da Associação dos Professores de Direito do Estado de 2000. *In*: DREIER, Horst *et al.* "DIE DEUTSCHE STAATSRECHTSLEHRE IN DER ZEIT DES NATIONALSOZIALISMUS: Europäisches und nationales Verfassungsrecht - Der Staat als Wirtschaftssubjekt und Auftraggeber". *Veröffentlichungen der Vereinigung der Deutschen Staatsrechtslehrer*, vol. 60, 2001. Doi:10.1515/9783110879964.

[1318] STOLLEIS, Michael. *Öffentliches Recht in Deutschland*: eine Einführung in seine Geschichte (16.-21. Jahrhundert). Munique: C.H. Beck, 2014, p. 123.

[1319] Idem, p. 115.

(1904-2000), dos quais apenas o último tinha uma cátedra.[1320] Na Filosofia do Direito, seu principal defensor era Erik Wolf, muito embora ele tenha se tornado um opositor alguns anos depois da instalação do regime nazista. No Direito Privado, o Novo Regime foi defendido e desenvolvido sobretudo pelos antipositivistas de orientação neo-hegeliana Julius Binder (1970-1939), Karl Larenz (1903-1993) e Franz Wieacker (1908-1994).[1321]

2.3.5.1 Filosofia do Direito no nazismo

No momento da tomada do poder (*Machtergreifung*), a percepção dos juristas nacional-socialistas sobre a Filosofia do Direito era que ela era "caoticamente fragmentada".[1322] "Neokantianos, neo-hegelianos, neofriesianos etc.",[1323] enfim, o novo regime deveria "romper com o hábito liberal, em que cada um quer escrever a sua própria Filosofia do Direito".[1324] Embora o apelo retórico clamasse por uma unidade filosófica, o fato era que o regime nazista não tinha uma concepção unitária sobre o conceito do Direito. Suas bases filosóficas eram tão caóticas e variadas que diversas correntes concorriam pela primazia, formando um todo heterogêneo de difícil determinação.[1325]

[1320] Conferência de abertura de Horst Dreier no Encontro da Associação dos Professores de Direito do Estado de 2000. *In*: DREIER, Horst *et al.* "DIE DEUTSCHE STAATSRECHTSLEHRE IN DER ZEIT DES NATIONALSOZIALISMUS: Europäisches und nationales Verfassungsrecht - Der Staat als Wirtschaftssubjekt und Auftraggeber". *Veröffentlichungen der Vereinigung der Deutschen Staatsrechtslehrer*, vol. 60, 2001. Doi:10.1515/9783110879964.

[1321] PAULSON, Stanley L. "Lon L. Fuller, Gustav Radbruch, and the 'Positivist' Theses". *Law and Philosophy*, nº 13, p. 325, 2004. Doi:10.2307/3504918.

[1322] "*Eine chaotisch zerplitterte Rechtsphilosophie!*". EMGE, Carl August. "Über die Beziehungen der nationalsozialistischen Bewegung zu Rechtswissenschaft und Recht". *Deutsches Recht*, p. 32, 1934.

[1323] Idem, p. 32.

[1324] "*Es muß gebrochen werden mit der liberalen Gewohnheit, daß jeder seine eigene Rechtsphilosophie schreibt und auf ihre Eigenheiten stolz ist*". Idem, p. 33.

[1325] RÜTHERS, Bernd; Fischer, Christian; Birk, Axel. *Rechtstheorie*: Mit Juristischer Methodenlehre. 10ª ed. Munique: C. H. Beck, 2018, p. 352.

CAPÍTULO II – A REFUTAÇÃO DA LENDA DO POSITIVISMO

No final das contas, pode ser dito que o regime nazista praticava uma "dupla estratégia" estritamente pragmática[1326] sobre o potencial conflito entre as normas formalmente válidas e a ideia de um Direito Supralegal: aquelas eram simplesmente ignoradas ou rigorosamente aplicadas conforme a necessidade de realização dos seus objetivos políticos. Um fenômeno bastante curioso que poderia ser definido como uma "jusfilosofia de conveniência". No entanto, embora seja difícil falar sobre "uma" Filosofia do Direito Nazista, há uma espécie de "consenso negativo" [1327] sobre sua configuração: ela era – sem qualquer margem de dúvida – uma Filosofia do Direito *antipositivista*.[1328]

O principal alvo das críticas era o "judeu" Hans Kelsen e a sua Teoria Pura do Direito. As críticas muitas vezes eram de natureza pessoal, embasadas num forte sentimento antissemita, numa construção em que a "*judeidade*" (*Judentum*) era apresentada como a antítese perfeita e a degeneração completa da "*germanidade*" (*Deutschtum*).[1329] Nos seus diários, por exemplo, Schmitt referia-se a Kelsen antes mesmo da tomada do poder pelos nazistas, com expressões que combinavam sua ascendência semita à obscenidades.[1330] Já a principal crítica contra a sua teoria, era de que a mesma pretendia livrar o Direito de seus aspectos históricos e sociológicos.[1331] Para os jusfilósofos nazistas, essa limitação

---

[1326] KÜNNECKE, Arndt. "Die Naturrechtsrenaissance in Deutschland nach 1945 in ihrem Historischen Kontext - Mehr als nur eine Rechtsphilosophische Randnotiz?". *Annales de la Faculté de Droit d'Istanbul*, nº 45, p. 54, 2015.

[1327] WITTRECK, Fabian. *Nationalsozialistische Rechtslehre und Naturrecht*: Affinität und Aversion. Tübingen: Mohr Siebeck, 2008, p. 7.

[1328] SCHRÖDER, Imke. *Zur Legitimationsfunktion der Rechtsphilosophie im Nationalsozialismus*: Kontinuität und Diskontinuität rechtsphilosophischer Lehren zwischen Weimarer Republik und NS-Zeit. Frankfurt: Lang, 2002, p. 23.

[1329] ERIKSEN, Trond Berg; HARKET, Håkon; LORENZ, Einhart O. *História do anti-semitismo*: da antiguidade aos nossos dias. Lisboa: Edições 70, 2010, p. 193.

[1330] SCHMITT, Carl; HÜSMERT, Ernst; GIESLER, Gerd; SCHULLER; Wolfgang. *Tagebücher* (1930-1934). Berlim: Akademie, 2003, p. 73, entrada de 28.12.1930.

[1331] SCHRÖDER, Imke. *Zur Legitimationsfunktion der Rechtsphilosophie im Nationalsozialismus*: Kontinuität und Diskontinuität rechtsphilosophischer Lehren zwischen Weimarer Republik und NS-Zeit. Frankfurt: Lang, 2002, p. 23.

imposta pelo Positivismo Jurídico ao conteúdo do Direito apontava para um "caminho não muito criativo".[1332]

A principal crítica era que o Positivismo Jurídico tinha reduzido o Direito a meras regras técnicas, instituindo uma autocracia que ignorava a organicidade do mundo real e o ordenava de acordo com individualidades artificiais.[1333] Era necessário superar de vez a divisão artificial entre "um direito substancial, não separado da eticidade e da justiça, e a legalidade vazia de uma neutralidade inautêntica (...)".[1334] Afinal, "entender o Direito como um produto causal de interesses sociais é negar-lhe a sua superioridade moral".[1335] Uma vez que o Positivismo Jurídico tinha a pretensão de reconhecer um sistema jurídico não valorativo (*wertfrei*) e apolítico, ele não poderia servir aos ideais nacional-socialistas,[1336] já que eles exigem uma "participação criativa [do jurista] na formação do espírito jurídico do povo".[1337]

Mas se, de um lado, havia uma unanimidade sobre as bases antipositivistas da Filosofia do Direito "nazista", a sua relação com o Direito

---

[1332] "*unschöpferischen Zug*". LARENZ, Karl. *Rechts- und Staatsphilosophie der Gegenwart*. 2ª ed. Berlim: Junker & Dünnhaupt, 1935, p. 15.

[1333] SCHRÖDER, Imke. *Zur Legitimationsfunktion der Rechtsphilosophie im Nationalsozialismus*: Kontinuität und Diskontinuität rechtsphilosophischer Lehren zwischen Weimarer Republik und NS-Zeit. Frankfurt: Lang, 2002, p. 23.

[1334] "*(Der Führer) zeigte den Gegensatz eines substanzhaften, von Sittlichkeit und Gerechtigkeit nicht ab getrennten Rechts zu der leeren Gesetzlichkeit einer unwahren Neutralität*". Relato de Carl Schmitt sobre as palavras de Hitler proferidas na Jornada dos Juristas Alemães, realizada em Leipzig, em 03 de outubro de 1933. SCHMITT, Carl. "Der Führer schützt das Recht". *In*: SCHMITT, C. (Coord.). *Positionen und Begriffe, im Kampf mit Weimar - Genf - Versailles (1923-1939)*. 3ª ed. Berlim: Duncker & Humblot, 1994 [1934], p. 227.

[1335] "*Das Recht als kausales Produkt gesellschaftlicher Interessen betrachten heißt, ihm seine sittliche Überlegenheit abzusprechen*". LARENZ, Karl. *Rechts- und Staatsphilosophie der Gegenwart*. 2ª ed. Berlim: Junker & Dünnhaupt, 1935, p. 24.

[1336] SCHRÖDER, Imke. *Zur Legitimationsfunktion der Rechtsphilosophie im Nationalsozialismus*: Kontinuität und Diskontinuität rechtsphilosophischer Lehren zwischen Weimarer Republik und NS-Zeit. Frankfurt: Lang, 2002, p. 24.

[1337] "*schöpferische Mitwirkung an der Gestaltung des völkischen Rechtsgeistes*". LARENZ, Karl. *Rechts- und Staatsphilosophie der Gegenwart*. 2ª ed. Berlim: Junker & Dünnhaupt, 1935, p. 151.

CAPÍTULO II – A REFUTAÇÃO DA LENDA DO POSITIVISMO

Natural é controversa. Uma parte considerável dos juristas defendia que o fundamento da nova ordem não era o Direito Natural, e sim algo completamente novo.[1338] Entre esses, o tom a ser seguido foi um modelo filosófico neo-hegeliano que defendia pensar o Direito com base em "conceitos concretos-gerais" (*konkret-allgemeine Begriffe*),[1339] desenvolvido sobretudo por Karl Larenz e Carl Schmitt.[1340] Outros, como Erwin Riezler, defendiam que o Direito Natural do pensamento nacional-socialista era um Direito Natural inédito, que não poderia ser confundido com as tradições de pensamento já existentes.[1341] Uma quantidade significativa de juristas, por sua vez, recorreu expressamente ao Direito Natural da tradição católica como fundamento do Direito Nazista, destacando-se, aqui, Heinrich Rommen, Hans-Helmut Dietze e Michael Schmaus.[1342] Erik Wolf buscou uma conexão entre a Filosofia do Direito Nazista e a tradição protestante,[1343] enquanto Hans Frank celebrava genericamente o fato de que "o Direito Natural e as forças populares do Nacional-Socialismo prevaleceram sobre as leis formais e regulamentos".[1344] Por fim, havia até mesmo a irritante e paradoxal situação daqueles que, como Egon Reiche, buscavam uma conexão da Filosofia do Direito Nazista com o Direito Natural Iluminista.[1345]

[1338] WITTRECK, Fabian. *Nationalsozialistische Rechtslehre und Naturrecht*: Affinität und Aversion. Tübingen: Mohr Siebeck, 2008, p. 22.

[1339] LARENZ, Karl. *Rechts- und Staatsphilosophie der Gegenwart*. 2ª ed. Berlim: Junker & Dünnhaupt, 1935, p. 150.

[1340] Outros nomes importantes desse movimento foram: Falk Ruttke, Wilhelm Sauer, Günther Küchenhoff, Hans Julius Wolff, Alfred Rosemberg, Roland Freisler, Carl Dernedde, Ernst Rudolf Huber, Ernst Noack, Rudolf Bechert e Carl August Emge. WITTRECK, Fabian. *Nationalsozialistische Rechtslehre und Naturrecht*: Affinität und Aversion. Tübingen: Mohr Siebeck, 2008, pp. 22 e ss.

[1341] Idem, p. 35.

[1342] Idem, pp. 28 e ss.

[1343] Idem, p. 43.

[1344] "*Der naturrechtlichen, volksverbundenen Gewalten des Nationalsozialismus standen zeitbedingte, formgebundene Machtordnungen und Gesetze gegenüber*". FRANK, Hans. "Vorwort". FRANK, H. (Coord). *Nationalsozialistisches Handbuch für Recht und Gesetzgebung*. München: Zentralverlag der NSDAP, 1935, p. 13.

[1345] WITTRECK, Fabian. *Nationalsozialistische Rechtslehre und Naturrecht*: Affinität und Aversion. Tübingen: Mohr Siebeck, 2008, pp. 25 e ss.

Qualquer que seja a relação entre a Filosofia do Direito "nazista" e o Direito Natural,[1346] também é fato inequívoco que o dualismo entre o *Sein* e o *Sollen*, uma categoria fundamental do Positivismo Jurídico, era o inimigo comum ao Direito Natural e o Direito Nazista.[1347] Ambos gravitam invariavelmente em torno de uma *Rechtsidee*, uma concepção substancial do Direito que, no caso do Direito Nazista, era ancorada na ideologia *völkisch* e que poderia ser identificada na "vontade do povo" (*Völkisches Denken*), no "sangue" e no "solo" (*Blut und Boden*), na "liderança" (*Führertum*) ou na "comunidade nacional" (*Volksgemeinschaft*). A principal indignação dos juristas do regime nazista era a recusa da tradição liberal em incluir elementos morais no conceito de Direito. A identificação entre lei (*Gesetz*) e Direito (*Recht*) e a distinção entre Direito (*Recht*) e Justiça (*Gerechtigkeit*) enfraqueciam "valores eternos" como "Deus, povo, sangue, honra e dever".[1348] Essas concepções juspositivistas eram apresentadas como a "típica expressão do pensamento judaico",[1349] um povo degenerado, sem vínculos com a terra e que destrói tudo por onde passa.[1350] Os mais importantes representantes afirmavam enfatica-

---

[1346] Se, de um lado, a Lenda do Positivismo é inequivocamente falsa, por outro lado há bons argumentos para não se impor ao Direito Natural a "responsabilidade" pelo nazismo, uma vez que a) uma parte considerável dos juristas nazistas o combatia e b) nada impede uma concepção de Direito Natural que se oponha frontalmente ao nacional-socialismo. Idem, pp. 56 e ss. De qualquer modo, o fato inequívoco é que, apesar dos fortes contrastes de conteúdo com os alguns sistemas tradicionais de Direito Natural, a ideologia jurídica oficial do nazismo foi metodologicamente muito mais próxima desse do que do Positivismo Jurídico. RÜCKERT, Joachim. "Das gesunde Volksempfinden: eine Erbschaft Savignys?". *Zeitschrift der Savigny-Stiftung für Rechtsgeschichte, Germanistische Abteilung*, n° 103, p. 239, 1986; HERBE, Daniel. *Hermann Weinkauff (1894-1981): Der erste Präsident des Bundesgerichtshofs*. Tübingen: Mohr Siebeck, 2008, pp. 109 e ss.

[1347] LANGNER, Albrecht. *Der Gedanke des Naturrechts seit Weimar und in der Rechtsprechung der Bundesrepublik*. Bonn: H. Bouvier u. Co. Verlag, 1959, pp. 59 e ss.

[1348] HILGER, Christian. *Rechtsstaatsbegriffe im Dritten Reich*: eine Strukturanalyse. Tübingen: Mohr Siebeck, 2003, p. 12.

[1349] KRAUß, Günther; SCHWEINICHEN, Otto von. *Disputation über den Rechtsstaat*. Hamburg: Hanseatische Verlagsanstalt, 1935. pp. 9 e ss.

[1350] JOUANJAN, Olivier. *Justifier l'injustifiable*. Paris: Presses universitaires de France, 2017, p. 34.

CAPÍTULO II – A REFUTAÇÃO DA LENDA DO POSITIVISMO

mente que o regime nazista havia finalmente preenchido as lacunas da "era liberal", que separava as esferas da lei formal e da moralidade,[1351] que agora eram a mesma coisa.[1352] O mais importante é que o Direito, enquanto concretização do espírito jurídico do povo, fosse ao mesmo tempo uma *ideia* e uma *realidade*.[1353] De fato, sem a superação do fosso contingente entre *Sein* e *Sollen*, seria simplesmente impossível reconhecer um sentido imanente à vida em comunidade[1354] e a realização dos projetos totalitários do regime nazista não teria sido possível.

2.3.5.2 Direito do Estado no nazismo

No Direito do Estado, a "legalidade neutra"[1355] da Constituição de Weimar e sua "ascendência judaica"[1356] era apontada como a responsável pelo "abandono da Alemanha aos seus inimigos, bem como de sua posterior destruição".[1357] O Positivismo Jurídico, em geral, e a Teoria Pura

---

[1351] FRANK, Hans. *Rechtsgrundlegung des nationalsozialistischen Führerstaates*. Munique: Zentralverlag der NSDAP, 1938, p. 11

[1352] KIRCHHEIMER, Otto. *Von der Weimarer Republik zum Faschismus*: die Auflösung der demokratischen Rechtsordnung. Frankfurt: Suhrkamp, 1976, p. 9.

[1353] "O Direito como concretização do espírito jurídico do povo é, ao mesmo tempo, ideia e realidade". / "*Das Recht als Konkretion des völkischen Rechtsgeistes ist Idee und Wirklichkeit in einem*". LARENZ, Karl. *Rechts- und Staatsphilosophie der Gegenwart*. 2ª ed. Berlim: Junker & Dünnhaupt, 1935, p. 156.

[1354] SCHRÖDER, Imke. *Zur Legitimationsfunktion der Rechtsphilosophie im Nationalsozialismus*: Kontinuität und Diskontinuität rechtsphilosophischer Lehren zwischen Weimarer Republik und NS-Zeit. Frankfurt: Lang, 2002, p. 24.

[1355] "*neutralen Legalität*". SCHMITT, Carl. "Der Führer schützt das Recht". *In*: SCHMITT, C. (Coord.). *Positionen und Begriffe, im Kampf mit Weimar - Genf - Versailles (1923-1939)*. 3ª ed. Berlim: Duncker & Humblot, 1994 [1934], p. 228.

[1356] Hugo Preuß, o autor da minuta que mais tarde viria a se tornar a Constituição de Weimar, era judeu. Schefold, Dian. "Hugo Preuß (1860-1925)". *In*: HÄBERLE, P.; KILIAN, M.; WOLFF, H. (Coord.). *Staatsrechtslehrer des 20 Jahrhunderts*. Berlim: De Gruyter, 2015, p. 74.

[1357] SCHMITT, Carl. "Der Führer schützt das Recht". *In*: SCHMITT, C. (Coord.). *Positionen und Begriffe, im Kampf mit Weimar - Genf - Versailles (1923-1939)*. 3ª ed.

do Direito, em particular, eram responsabilizados e, como consequência, duramente atacados. Se a Constituição de Weimar havia garantido "uma vitória superficial da democracia formal e do Positivismo Jurídico", o povo alemão percebeu, finalmente, "a fragilidade do construtivismo jurídico puro, que na doutrina jurídica e política 'pura' de Kelsen havia encontrado sua implementação mais lógica e bem-acabada".[1358]

Tanto é assim que a entrada dedicada a Hans Kelsen na edição do "Meyers Lexikon" de 1938, a Teoria Pura do Direito, principal representante do Positivismo Jurídico do passado recente da Alemanha, era apresentada como

> uma típica expressão do espírito judeu destrutivo nos anos do pós-guerra [primeira guerra mundial] no campo da doutrina jurídica e Teoria do Estado. Com o esvaziamento completo de todo conteúdo material real e com seus conceitos gerais formais, Kelsen nega todo conteúdo, toda substância do Direito e do Estado. Suas concepções destruidoras da comunidade estão, como expressões do niilismo político, em completa contradição com os pontos de vista nacional-socialistas.[1359]

Berlim: Duncker & Humblot, 1994 [1934], p. 228.

[1358] "O golpe de novembro de 1918 trouxe uma vitória aparente da democracia formal e do Positivismo Jurídico na Alemanha. Mas o povo alemão - que passou pela experiência da Guerra Mundial - e, sobretudo, a juventude alemã do pós-guerra perceberam cada vez mais a fragilidade desse construtivismo jurídico puro, que na Teoria "Pura" do Direito e da Política de Kelsen havia encontrado sua implementação final e mais lógica. Para ele, o Estado, identificado com a ordem jurídica, tornou-se o ponto final de uma construção artificial". / "*Der Novemberumsturz des Jahres 1918 brachte in Deutschland einen äußerlichen Sieg der formalen Demokratie und des Rechtspositivismus. Aber das durch das Erlebnis des Weltkriegs hindurchgegangene deutsche Volk und vor allem die deutsche Jugend der Nachkriegszeit durchschauten in immer stärkerem Maße die Brüchigkeit dieses reinen Rechtskonstruktivismus, der in der 'reinen' Rechts- und Staatslehre Kelsens seine letzte bis in die äußerste folgerichtige Durchführung gefunden hatte. Der Staat wurde für ihn zum Endpunkt einer bloßen Konstruktion und mit der Rechtsordnung identifiziert*". KOELLREUTTER, Otto. *Deutsches Verfassungsrecht*. 1ª ed. Berlim: Junker & Dünnhaupt, 1935, pp. 20 e ss.

[1359] "*Kelsen, Hans, Staatsrechtlehrer, Jude, (...) radikaler Vertreter der "Reinen Rechtslehre", typischer Ausdruck jüdisch zersetzenden Geistes in der Nachkriegszeit auf dem Gebiete*

CAPÍTULO II – A REFUTAÇÃO DA LENDA DO POSITIVISMO

O Estado Nazista pretendia ser o exato oposto do seu antecessor, um Estado que deixaria de considerar o Direito no aspecto formal e iria se concentrar nos seus aspectos materiais. O "abuso" na utilização da expressão "Estado de Direito" deveria ser corrigido, com o abandono definitivo das categorias neutras ou formais do Positivismo Jurídico do século XIX.[1360] A ideologia nacional-socialista defendia a supremacia de normas jurídicas não escritas sobre o ordenamento positivo, com uma completa subversão das fontes propostas pelo Estado Liberal.[1361] O Estado de Direito era pejorativamente definido como um mero "Estado de Leis", ao qual deveria se opor o Estado Nazista, que era apresentado como um verdadeiro "Estado de Justiça"[1362] e cuja função deixava de ser proteger o indivíduo em face do Estado, e sim promover a sua integração na comunidade. Na verdade, o *povo* é quem deveria ser protegido, seja contra os "indivíduos atomizados", seja contra um Estado mecânico, abstrato e estéril. De acordo com a concepção do Direito Nazista, o povo entendido como uma unidade orgânica era uma verdadeira barreira de proteção contra o individualismo e o liberalismo (especialmente na economia), bem como contra o Estado igualitário governado pelos socialistas.[1363] Uma das estratégias mais utilizadas para

---

der Rechts- und Staatslehre ist. In der völligen Entleerung seiner allg. Formalbegriffe von jedem Wirklichkeitsgehalt leugnet K. jede Substanz des Rechts und Staats. Seine gemeinschaftszerstbrenden Auffassungen stehen als polit. Nihilismus im schärfsten Gegensatz zur nat.-soz. Anschauung. Heute noch in der rechtsphilos. Logistik nachwirkend". MEYERS LEXIKON. vol. 5: Gleichenberg-Japan. 8. Aufl. Meyers Lexikon Meyer. Leipzig: Bibliographisches Institut A. G., 1938, p. 1.022.

[1360] *"Missbrauch"*. SCHMITT, Carl. "Der Rechtsstaat". *In*: FRANK, H. (Coord.). *Nationalsozialistisches Handbuch für Recht und Gesetzgebung*. Munique: Zentralverlag der NSDAP, 1935, pp. 3 e 6.

[1361] HERBE, Daniel. *Hermann Weinkauff (1894-1981)*: der erste Präsident des Bundesgerichtshofs. Tübingen: Mohr Siebeck, 2008, p. 107.

[1362] "O valor e o desvalor das leis são determinados pela medida do Direito", e é por isso que "a lei sem o Direito não pode tornar a injustiça legal". / *"Wert und Unwert des Gesetzes bestimmen sich am Maßtabe des Rechts"*, und deswegen *"Gesetz ohne Recht kann das Unrecht nicht zum Rechte machen"*. LANGE, Heinrich. *Vom Gesetzesstaat zum Rechtsstaat*. Tübingen: J.C.B. Mohr, 1934, pp. 21 e 31.

[1363] STOLLEIS, Michael. *Gemeinwohlformeln im nationalsozialistischen Recht*. Berlim: Schweitzer, 1974, p. 217.

a flexibilização das garantias liberais era acusar o Direito Positivo de ser "alheio à vida", incapaz de atender as necessidades comunitárias.[1364]

Uma vez que o Estado Nazista não dispunha de uma Constituição escrita ou sequer algum documento escrito, um dos maiores problemas que os juspublicistas nacional-socialistas enfrentavam era explicar, do ponto de vista formal, a unidade do Estado. Alguns juristas resolviam esse problema apontando um conjunto de normas promulgadas pelo regime nazista entre 1933 a 1937 como as Leis Fundamentais do Estado Nazista,[1365] ou simplesmente afirmando que o Estado Nazista não precisava de uma Constituição escrita, uma vez que a sua "unidade política e forma constitucional é garantida à liderança pelo povo alemão".[1366] Mas a constatação mais óbvia e simples é que a Lei Habilitante tinha um verdadeiro *status* constitucional.[1367]

[1364] STOLLEIS, Michael. *Öffentliches Recht in Deutschland:* Eine Einführung in seine Geschichte (16.-21. Jahrhundert). Munique: C.H. Beck, 2014, p. 126.

[1365] A saber: a) a Lei Habilitante (*Gesetz zur Behebung der Not von Volk und Reich*, conhecida como *Ermächtigungsgesetz*), de 24 de março de 1933; b) a Lei do Referendo Popular (*Gesetz über Volksabstimmung*), de 14 de julho de 1933; c) a Lei de Proteção da Unidade do Partido e do Estado (Gesetz zur Sicherung der Einheit von Partei und Staat), de 1º de dezembro de 1933; d) a Lei de Reconstrução do *Reich* (*Gesetz über den Neuaufbau des Reichs*), de 30 de janeiro de 1934; e) a Lei sobre a Chefia de Estado do *Reich* (*Gesetz über das Staatsoberhaupt des Deutchen Reiches*), de 1º de agosto de 1934; f) a Lei dos Governadores (*Reichsstatthaltergesetz*), de 30 de janeiro de 1935; g) o Código Municipal da Alemanha (*Die deutsche Gemeindeordnung*), de 30 de janeiro de 1935; h) a Lei para o Estabelecimento da *Wehrmacht* (*Gesetz für den Aufbau der Wehrmacht*), de 16 de março de 1935; i) a Lei da bandeira (Reichsflaggengesetz {*Divisão correta: Reichs-flaggengesetz*}); j) a Lei da Cidadania (Reichsbürgergesetz); k) a Lei Proteção do Sangue e Pureza Alemães (*Gesetz zum Schutze des deutschen Blutes und der deutschen Ehre*, também conhecida como *Blutschutzgesetz*) - estas últimas três leis foram publicadas no dia 15 de setembro de 1935 e, em seu conjunto, eram conhecidas como as "Leis de Nuremberg" (*Nürnberger Gesetz*) - e, finalmente, l) a Lei dos Servidores Públicos (*Gesetz für die deutschen Beamten*), de 26 de janeiro de 1937. KOELLREUTTER, Otto. *Deutsches Verfassungsrecht*. 3ª ed. Berlim: Junker & Dünnhaupt, 1938, p. 19.

[1366] *"Denn nicht der Aufbau eines geschriebenen Normensystems ist der Sinn einer Verfassung im Führerstaate, sondern die politische und staatsrechtliche Formung des Volkskörpers durch die volksverbundene Führung"*. Idem, p. 19.

[1367] PAUER-STUDER, Herlinde. *Justifying injustice*: legal theory in Nazi Germany. Cambridge: Cambridge University Press, 2020, 70.

CAPÍTULO II – A REFUTAÇÃO DA LENDA DO POSITIVISMO

Sobre os escombros de Weimar, esse novo Estado do Direito acabou se desenvolvendo como um verdadeiro Estado Total.[1368] Sua institucionalização foi realizada de forma progressiva, por intermédio do reconhecimento de dois princípios jurídicos fundamentais. O primeiro deles era o "Princípio da Comunidade Popular" (*Volksgemeinschaftsprinzip*), por meio do qual se reconhecia que o povo alemão era formado por uma comunidade homogênea de valores, devendo as diferenças sociais, religiosas e políticas ser minimizadas com a eliminação das minorias e dos dissidentes políticos, se necessário.[1369] Justamente por ser uma comunidade homogênea, o povo alemão, que era o fundamento de tudo, nada precisava *decidir*.[1370] Sua função essencial nessa estrutura totalitária era *aclamar* o líder (*Führer*).[1371] Uma vez que o conceito era especialmente vago e impreciso, era possível inserir nele qualquer coisa que fosse útil à ideologia nacional-socialista.[1372]

Uma vez que a finalidade última do Direito era servir ao "bem comum" (*Gemeinwohl*),[1373] a sua forma deixou de ter qualquer importância

---

[1368] Também referido como "Estado do Líder" (*Führerstaat*), esse conceito indicava que o regime nazista levaria a uma progressiva fusão entre Estado, governo e sociedade. SCHRÖDER, Imke. *Zur Legitimationsfunktion der Rechtsphilosophie im Nationalsozialismus*: Kontinuität und Diskontinuität rechtsphilosophischer Lehren zwischen Weimarer Republik und NS-Zeit. Frankfurt: Lang, 2002, p. 20. De modo bastante semelhante, Francisco Campos, principal ideólogo do Estado Novo, o definia como um verdadeiro *Estado Nacional*, onde Estado, governo e sociedade se fundiriam na perseguição de objetivos comuns. Sobre o tema: ROSENFIELD, Luis. *Revolução Conservadora*: genealogia do Constitucionalismo Autoritário Brasileiro (1930-1945). Porto Alegre: ediPUCRS, 2021, p. 155.

[1369] HIRSCH, Martin; MAJER, Diemut; MEINCK, Jürgen. *Recht, Verwaltung und Justiz im Nationalsozialismus*: Ausgewählte Schriften, Gesetze und Gerichtsentscheidungen von 1933 bis 1945. Köln: Bund-Verlag, 1984, p. 236.

[1370] LOSANO, Mario G. *Sistema e estrutura no Direito*. vol. 2, São Paulo: WMF Martins Fontes, 2010, p. 202.

[1371] "*Die natürliche Form der unmittelbaren Willensäußerung eines Volkes ist der zustimmende oder ablehnende Zuruf der versammelten Menge, die Akklamation*". SCHMITT, Carl. *Verfassungslehre*. 9ª ed. Berlim: Duncker & Humblot, 2010 [1928], p. 83.

[1372] PAUER-STUDER, Herlinde. *Justifying injustice*: legal theory in Nazi Germany. Cambridge: Cambridge University Press, 2020, p. 57.

[1373] STOLLEIS, Michael. *Gemeinwohlformeln im nationalsozialistischen Recht*. Berlim: Schweitzer, 1974, pp. 213 e ss.

e o conceito de Direito passou a ter uma dupla dimensão material.[1374] De um lado, o Direito deveria ser compreendido como uma *Rechtsidee*, um conceito intrinsecamente conectado com o sentimento de justiça (*Rechtsgefühl*) compartilhado "naturalmente" pelo povo.[1375] De outro lado – e como exigência do próprio fato de ele ser uma *Rechtsidee* –, o Direito é também uma ordem *concreta* capaz de integrar a vida em comunidade.[1376] Essa dupla faceta não deveria, contudo, levar a uma cisão conceitual. Todo Estado de Direito deve ser ao mesmo tempo um Estado *justo* e um Estado *integrador*.[1377] "Você não é nada, o seu povo é tudo", era o lema.[1378] O Estado Nazista era organizado "de cima para baixo" e, segundo seus arquitetos, levaria a uma lenta e progressiva fusão entre sociedade, Estado e partido.[1379] Definindo-se como a transição de um *Estado de Direito* para um *Estado de Justiça*,[1380] o Estado Nazista deveria garantir que os benefícios para a comunidade estariam sempre na frente

---

[1374] HILGER, Christian. *Rechtsstaatsbegriffe im Dritten Reich*: eine Strukturanalyse. Tübingen: Mohr Siebeck, 2003, p. 56.

[1375] KOELLREUTTER, Otto. *Der nationale Rechtsstaat*: zum Wandel der deutschen Staatsidee. Tübingen: Mohr, 1932, pp. 3 e ss.

[1376] "*gerechter Staat*". HILGER, Christian. *Rechtsstaatsbegriffe im Dritten Reich*: eine Strukturanalyse. Tübingen: Mohr Siebeck, 2003, p. 56.

[1377] "É por isso que o Estado Nacional Socialista é um Estado de Ordem e, ao mesmo tempo, um Estado de Justiça". / "Deshalb ist der nationalsozialistische Staat sowohl gerechter Staat als auch Ordnungsstaat sein". KOELLREUTTER, Otto. *Deutsches Verfassungsrecht*. 1ª ed. Berlim: Junker & Dünnhaupt, 1935, p. 55.

[1378] "*Du bist nichts, dein Volk ist alles!*". RÜTHERS, Bernd; FISCHER, Christian; BIRK, Axel. *Rechtstheorie*: Mit Juristischer Methodenlehre. 10ª ed. Munique: C. H. Beck, 2018, p. 352.

[1379] HIRSCH, Martin; MAJER, Diemut; MEINCK, Jürgen. *Recht, Verwaltung und Justiz im Nationalsozialismus*: Ausgewählte Schriften, Gesetze und Gerichtsentscheidungen von 1933 bis 1945. Köln: Bund-Verlag, 1984, p. 275.

[1380] HILGER, Christian. *Rechtsstaatsbegriffe im Dritten Reich*: eine Strukturanalyse. Tübingen: Mohr Siebeck, 2003, pp. 91, 104 e 184. De forma muito semelhante, o jurista Francisco Campos, principal ideólogo do Estado Novo, defendia que "o interesse do Estado pela justiça não pode ser um interesse de caráter puramente formal", pois "a justiça é o Estado, o Estado é a Justiça". CAMPOS, Francisco. "Exposição de Motivos do Projeto do Código de Processo Civil". *In*: CAMPOS, F. *O Estado Nacional*: sua estrutura, seu conteúdo ideológico [1940]. Brasília: Senado Federal, 2001, p. 166.

dos benefícios aos indivíduos.[1381] A máxima populista do Novo Regime era sintetizada na seguinte expressão: "tudo o que é bom para o povo é Direito; tudo o que não lhe é bom, não é Direito".[1382]

Já o "Princípio do Líder" (*Führerprinzip*) tinha uma finalidade instrumental. De acordo com a visão de mundo nacional-socialista, todos os aspectos da vida social deveriam ser regidos por relações pessoais de confiança e obediência, e não por meras relações institucionais.[1383] Essa integração nunca poderia ser atingida por meio de normas abstratas e vazias, mas apenas por meio de uma relação direta com alguém que não apenas *representasse*, mas sim *encarnasse* o próprio povo. A divisão artificial entre os poderes do Estado deu lugar à concentração de poderes nas mãos do *Führer*.[1384] Se o *Führer* é o povo, sua vontade é a vontade do próprio povo.[1385] No Estado Nazista, o princípio da colegialidade foi completamente eliminado e a existência de um Parlamento como um órgão de debates, plural e independente, tornou-se não apenas desnecessária, mas também indesejada. Se "o Führer protege o Direito" contra os inimigos do povo, então ninguém precisa de proteção contra o Führer. "Contra a sua vontade", defendeu Karl Larenz, "não há garantia de respeito à Justiça, já que, em virtude da sua liderança, ele é o

---

[1381] "*Gemeinnutz vor Eigennutz*". HUBER, Ernst Rudolf. *Verfassungsrecht des Großdeutschen Reiches*. 2ª ed. Hamburg: Hanseatische Verlagsanstalt, 1939, pp. 213 e ss.

[1382] "*Alles, was dem Volke nützt, ist Recht, alles, was ihm schadet, ist Unrecht*". FRANK, Hans. "Vorwort". *In*: FRANK, H. (Coord). *Nationalsozialistisches Handbuch für Recht und Gesetzgebung*. München: Zentralverlag der NSDAP, 1935, p. 16.

[1383] HIRSCH, Martin; MAJER, Diemut; MEINCK, Jürgen. *Recht, Verwaltung und Justiz im Nationalsozialismus*: Ausgewählte Schriften, Gesetze und Gerichtsentscheidungen von 1933 bis 1945. Köln: Bund-Verlag, 1984, p. 141.

[1384] "O Führer concentra em si todos os altos poderes do Reich". / "*Der Führer vereinigt in sich alle hoheitliche Gewalt des Reiches*". HUBER, Ernst Rudolf. *Verfassungsrecht des Großdeutschen Reiches*. 2ª ed. Hamburg: Hanseatische Verlagsanstalt, 1939, p. 230. Sobre o tema, confira-se também: SCHRÖDER, Imke. *Zur Legitimationsfunktion der Rechtsphilosophie im Nationalsozialismus*: Kontinuität und Diskontinuität rechtsphilosophischer Lehren zwischen Weimarer Republik und NS-Zeit. Frankfurt: Lang, 2002, pp. 21 e ss.

[1385] Idem, p. 20

'guardião da Constituição', isto é, a materialização da ideia de Direito (*konkrete Rechtsidee*) não escrito do seu povo".[1386] "Um povo, um Reich, um líder", era o mote.[1387] Exatamente por isso "a ideia liberal, de que o objetivo do Direito [Público] consiste em proteger a esfera da liberdade do indivíduo contra as medidas tomadas pela Administração Pública, não mais se sustenta no Estado Nazista".[1388]

Nesse ponto, convém sublinhar uma diferença sensível entre o Estado Nazista e a concepção de Estado positivista, notadamente da concepção apresentada pela Teoria Pura do Direito. Para o Direito Nazista, a legitimidade do ordenamento jurídico era um dado da realidade e a identificação de uma norma como Direito estava intimamente ligada à *pessoa* do Führer, enquanto a sua integração no sistema depende da aplicação de critérios materiais populares (*völkisch*) de legitimação como o sangue, a raça e o solo. Por outro lado, quando pretende eliminar todo elemento psicológico ou sociológico da Ciência do Direito, a Teoria Pura do Direito busca, justamente, descrever o Direito sem levar em conta as características pessoais ou circunstanciais do detentor do poder político. Ao separar a norma jurídica do ato estatal ou mesmo do agente que a cria, o Direito perde o seu vínculo com a autoridade de plantão, o que leva a uma constante busca por um novo fundamento de legitimação. Enquanto expressão máxima de um Direito contemplado em si mesmo, o normativismo kelseniano apresenta, além de um poderoso instrumental descritivo, a virtude marginal de exigir uma redefinição constante e permanente da legitimidade do Direito, já que não é possível

---

[1386] "(*Dem Führer) gegenüber bedarf es keiner Garantie für die Wahrung der Gerechtigkeit, da er kraft seines Führertums der 'Hüter der Verfassung', und d. h. hier: der ungeschriebenen konkreten Rechtsidee seines Volkes ist*". LARENZ, Karl. *Deutsche Rechtserneuerung und Rechtsphilosophie*. Tübingen: Mohr, 1934, p. 134.

[1387] "*Ein Volk, ein Reich, ein Führer!*". HUBER, Ernst Rudolf. *Verfassungsrecht des Großdeutschen Reiches*. 2ª ed. Hamburg: Hanseatische Verlagsanstalt, 1939, p. 230.

[1388] "*Die Vorstellung, der Zweck der Verwaltungsrechtspflege bestehe im Schutz der Freiheitssphäre des Individuums gegen Maßnahmen der staatlichen Verwaltung, mochte im liberalen Staat eine Berechtigung gehabt haben, im nationalsozialistischen Staat muß sie ausgeschaltet werden*". MAUNZ, Theodor. *Neue Grundlagen des Verwaltungsrechts*. Hamburg: Hanseatische Verlagsanstalt, 1934, p. 48.

levar em conta as características pessoais daquele que detém o poder político para a compreensão do fenômeno jurídico.[1389]

2.3.5.3 As fontes do Direito no nazismo

O mesmo trabalho de desconstrução do legado positivista efetuado na Filosofia do Direito e no Direito do Estado também foi levado para a Dogmática Jurídica, com o estabelecimento de novas "fontes" do Direito. Essa "nova teoria das fontes" foi um dos principais instrumentos de legitimação do regime nazista.[1390]

A revolução nacional-socialista trazia consigo um conceito de lei completamente novo.[1391] Um conceito político de Direito deveria substituir as normas constitucionais procedimentais sobre a criação de normas jurídicas.[1392] Uma ideia de Justiça que transcendia a legalidade formal e que pairava sobre o Direito Positivo.[1393] Não havia nesse sistema qualquer distinção entre um imperativo legal e um imperativo ético.[1394] Por meio dessa estratégia, a implementação da ideologia nacio-

---

[1389] JOUANJAN, Olivier. *Justifier l'injustifiable*. Paris: Presses universitaires de France, 2017, p. 33.

[1390] RÜTHERS, Bernd. *Die unbegrenzte Auslegung*: zum Wandel der Privatrechtsordnung im Nationalsozialismus. 7ª ed. Tübingen: Mohr Siebeck, 2012, p. 121.

[1391] "(...) *er führt zu einem völlig neuen Begriff des Gesetzes*". HUBER, Ernst Rudolf. *Verfassungsrecht des Großdeutschen Reiches*. 2ª ed. Hamburg: Hanseatische Verlagsanstalt, 1939, p. 239.

[1392] "Assim como o conceito de sociedade burguesa foi superado pelo conceito de povo político no Reich, o conceito jurídico burguês de Direito é substituído pelo conceito político de Direito". / "*Wie im völkischen Reich der Begriff der bürgerlichen Gesellschaft durch den Begriff des politischen Volkes überwunden ist, so wird der bürgerlich rechtsstaatliche Gesetzesbegriff durch den politischen Gesetzesbegriff abgelöst*". Idem, p. 239.

[1393] PAUER-STUDER, Herlinde. *Justifying injustice*: legal theory in Nazi Germany. Cambridge: Cambridge University Press, 2020, p. 74.

[1394] "*Eine Kluft kann sich zwischen Rechtsgebot und Sittengebot nicht auftun*". FREISLER, Roland. *Nationalsozialistisches Recht und Rechtsdenken*. Berlin: Spaeth & Linde, 1938, p. 56.

nal-socialista pôde ser levada adiante sem uma modificação substancial da legislação anterior.[1395] Aliás, após a instauração do regime nazista, pouquíssimas novas leis foram promulgadas,[1396] de sorte que no que diz respeito à lei formal pouca ou quase nenhuma alteração foi introduzida no ordenamento jurídico.[1397]

Em substituição às fontes "clássicas" do Positivismo Jurídico, o Direito Nazista passou a reconhecer assim três novas fontes: a) a raça, b) a liderança do *Führer* e c) o programa do NSDAP.[1398] Essas novas "fontes" serviram para declarar as normas jurídica do "velho" sistema da democracia parlamentar como obsoletas e não vinculativas. Até mesmo as novas normas jurídicas editadas pelo regime nazista não seriam obrigatórias para os seus próprios agentes, sempre que não estivessem de acordo com as diretrizes do programa do partido, que ainda era a "estrela-guia" da interpretação de todo o sistema jurídico.[1399] Para alguns, a própria natureza da "liderança" tornava a necessidade de interpretação irrelevante, um problema que não mais precisa ser resolvido pelas ciências jurídicas.[1400]

O valor supremo da vida nacional e da política estatal era a supremacia da "raça nórdica", enquanto o inimigo mortal do povo

---

[1395] PAULSON, Stanley L. "Lon L. Fuller, Gustav Radbruch, and the 'Positivist' Theses". *Law and Philosophy*, n° 13, p. 331, 2004. Doi:10.2307/3504918.

[1396] Uma compilação com as leis e regulamentos mais importantes promulgados durante o regime nazista pode ser encontrada *In*: BRODERSEN, Uwe; MÜNCH, Ingo von. *Gesetze des NS-Staates*: Dokumente eines Unrechtssystems. 2ª ed. Paderborn: Schöningh, 1982.

[1397] ROSENBAUM, Wolf. *Naturrecht und positives Recht*: Rechtssoziologische Untersuchungen zum Einfluß der Naturrechtslehre auf die Rechtspraxis in Deutschland seit Beginn des 19 Jahrhunderts. Darmstadt: Luchterhand, 1972, p. 147.

[1398] "*1.Rasse und Volkstum als Rechtsquelle, 2. Führertum als Rechtsquelle, 3. Parteiprogramm als Rechtsquelle*". RÜTHERS, Bernd; FISCHER, Christian; BIRK, Axel. *Rechtstheorie*: Mit Juristischer Methodenlehre. 10ª ed. Munique: C. H. Beck, 2018, p. 356.

[1399] Idem, p. 356.

[1400] FORSTHOFF, Ernst. "Von der Aufgaben der Verwaltungsrechtswissenschaft". *Deutsches Reich*, n° 5, p. 388, 1935.

alemão era o povo "judeu".¹⁴⁰¹ A finalidade do Direito, em todos os seus ramos, passou a ser a promoção da ideologia nacional-socialista e a implementação da sua visão de mundo. Em consequência, o Direito deixava de ter por finalidade prover um conjunto de garantias aos indivíduos e todas as barreiras que impediam a realização da Justiça deveriam ser eliminadas.¹⁴⁰²

Em matéria criminal, um exemplo desse novo direcionamento podia ser encontrado na substituição da fórmula liberal *"nulla poena sine lege"* pela máxima *"nullum crimen sine poena"*.¹⁴⁰³ De acordo com os justeóricos nazistas, o princípio liberal era considerado como "a Magna Carta dos criminosos",¹⁴⁰⁴ ou seja, uma garantia de que os criminosos escapariam da Justiça, já que limitavam a discricionariedade jurisdicional,¹⁴⁰⁵ transformando os magistrados numa "máquina de subsunção".¹⁴⁰⁶ A analogia *in malam partem* era autorizada sempre que a) a conduta "criminosa", apesar de não tipificada, ofendesse um bem jurídico (*Rechtsgedanke*) protegido por um outro estatuto e que b) a necessidade de aplicação da pena fosse coerente com a "saudável percepção popular" (*gesundes Volksempfinden*).¹⁴⁰⁷ A noção de "bem jurídico" (*Rechtsgut*) foi esvaziada, sob a desculpa de que os valores fundamentais do povo não se confundiam com bens exteriores possuídos

---

1401 RÜTHERS, Bernd; FISCHER, Christian; BIRK, Axel. *Rechtstheorie*: Mit Juristischer Methodenlehre. 10ª ed. Munique: C. H. Beck, 2018, p. 353.
1402 BLOMEYER, Karl. "Neue bürgerliche Rechtspflege und neue Prozeßrechtswissenschaft". *Deutsches Recht*, nº 4, p. 473, 1934.
1403 *"Einst: Keine Strafe ohne Gesetz! Jetzt: Kein Verbrechen ohne Strafe!"* Palavras do Ministro da Justiça da Turíngia de 09 de junho de 1934, In: MAHNMARKEN FÜR DIE RECHTSPFLEGE (Verfügung des Thür. Just. Min. vom 9. 6.1934). *Juristische Wochenschrift*, nº 31, p. 1895, 1934.
1404 MEZGER, Edmund. *Deutsches Strafrecht*. Berlim: Junker & Dünnhaupt, 1938, p. 29.
1405 PAUER-STUDER, Herlinde. *Justifying injustice*: legal theory in Nazi Germany. Cambridge: Cambridge University Press, 2020, p. 96.
1406 *"Subsumtionsmaschine"*. SCHÄFER, Karl. "Nullum Crimen sine Poena". *In*: GÜRTNER, F. (Coord.). *Das kommende deutsche Strafrecht, Allgemeiner Teil*: Bericht über die Arbeit der amtlichen Strafrechtskommission. 2ª ed. Berlim: Franz Vahlen, 1935, p. 204.
1407 Idem, p. 205.

pelos indivíduos, mas sim com as suas necessidades vitais essenciais,[1408] mais especificamente a raça, a honra, o trabalho, o solo e o Estado.[1409] Ademais, ao contrário do modelo de Estado de Direito proposto pela Democracia Liberal, o Estado Nazista punia as pessoas apenas porque elas *poderiam* provocar um dano social, sem necessidade de qualquer cadeia material concreta de causalidade.[1410] Como consequência, também foi esvaziada a distinção "liberal" entre crime consumado e crime tentado.[1411] Sob a égide do nacional-socialismo, não era mais tolerado que o indivíduo abusasse da sua força para prejudicar o povo como um todo sem qualquer punição.[1412]

No âmbito do Direito Privado, a revolução nacional-socialista "trouxe a libertação da ditadura do Código Civil, que havia sido imposta pelo Positivismo Jurídico".[1413] Códigos e Estatutos deveriam ser

---

[1408] FREISLER, Roland. "Aufbau und aufgabe des Besonderen Teils, Gestaltung seiner Tatbestände. Einbau des Schutzes der Bewegung in das Gesetz". *In*: GÜRTNER, F. (Coord.). *Das kommende deutsche Strafrecht, Allgemeiner Teil*: Bericht über die Arbeit der amtlichen Strafsrechtskommission. 2ª ed. Berlim: Franz Vahlen, 1935, pp. 13ss. No Estado Novo, a garantia liberal do *nulla poena sine lege* também foi relativizada em favor do "princípio cardial" do "*moderno Direito Penal*", a saber, "*a defesa social*", já que era dever do Estado "defender a comunhão social contra todos aqueles que se mostram perigosos à sua segurança". CAMPOS, Francisco. "Síntese da reorganização nacional (entrevista concedida à imprensa, em abril de 1939". *In*: CAMPOS, F. *O Estado Nacional*: sua estrutura, seu conteúdo ideológico [1940]. Brasília: Senado Federal, 2001, pp. 124/125.

[1409] FREISLER, Roland. *Nationalsozialistisches Recht und Rechtsdenken*. Berlim: Spaeth & Linde, 1938, p. 57.

[1410] HEINZE, Eric. *Hate speech and democratic citizenship*. Oxford, Nova York: Oxford University Press, 2016, p. 133.

[1411] PAUER-STUDER, Herlinde. *Justifying injustice*: legal theory in Nazi Germany. Cambridge: Cambridge University Press, 2020, p. 106.

[1412] SCHÄFER, Karl. "Nullum Crimen sine Poena". *In*: GÜRTNER, F. (Coord.). *Das kommende deutsche Strafrecht, Allgemeiner Teil*: Bericht über die Arbeit der amtlichen Strafsrechtskommission. 2ª ed. Berlim: Franz Vahlen, 1935, p. 203.

[1413] "A revolução nacional-socialista trouxe para a ciência do Direito Privado a libertação da ditadura do Código Civil, que havia sido imposta pela pressão do Positivismo Jurídico". / "*Die nationalsozialistische Revolution brachte für die Wissenschaft vom bürgerlichen Recht die Befreiung von der Diktatur des Bürgerlichen Gesetzbuches, der sich (...) unter dem Drück des Gesetzespositivismus (...) unterworfen hatte*". LANGE, Heinrich.

CAPÍTULO II – A REFUTAÇÃO DA LENDA DO POSITIVISMO

substituídos pela "vontade do povo".[1414] A técnica legislativa preferida dos nazistas para renovar o Direito era a inclusão na legislação – quando necessário – de um número cada vez maior de cláusulas gerais (*Generalklausel*)[1415] e conceitos jurídicos indeterminados (*unbestimmten Rechtsbegriffen*),[1416] cuja descrições eram tão vagas que raramente deixavam algum espaço para alguma subsunção.[1417] Em qualquer caso, os princípios do nacional-socialismo deveriam ser diretamente aplicados ao processo de integração dessas normas.[1418] O regime nazista não contrariou a tendência já iniciada em Weimar de "desformalizar" a lei por meio do uso de "cláusulas abertas", mas na verdade a fortaleceu,[1419] sendo tal técnica considerada um dos seus principais fundamentos.[1420]

Bürgerliches Recht. Deutsche Wissenschaft: Arbeit und Aufgabe. Leipzig: Hirzel, 1939, p. 64.

[1414] PAULSON, Stanley L. "Lon L. Fuller, Gustav Radbruch, and the 'Positivist' Theses". *Law and Philosophy*, n° 13, p. 315, 2004. Doi:10.2307/3504918.

[1415] OTT, Walter. *Der Rechtspositivismus*: Kritische Würdigung auf der Grundlage eines juristischen Pragmatismus. 2ª ed. Berlin: Duncker und Humblot, 1992, pp. 221 e ss.

[1416] ROSENBAUM, Wolf. *Naturrecht und positives Recht*: Rechtssoziologische Untersuchungen zum Einfluß der Naturrechtslehre auf die Rechtspraxis in Deutschland seit Beginn des 19 Jahrhunderts. Darmstadt: Luchterhand, 1972, p. 148.

[1417] DREIER, Horst. "Die Radbruchsche Formel: Erkenntnis oder Bekenntnis?" *In*: MAYER, H.; WALTER, R. (Coord.). *Staatsrecht in Theorie und Praxis*: Festschrift Robert Walter zum 60 Geburtstag. Viena: Manz, 1991, p. 126.

[1418] Essa diretriz constava expressamente na Orientação n° 4 (Leitsatz 4) de Carl Schmitt: "Os princípios do nacional-socialismo são direta e exclusivamente aplicáveis através das cláusulas gerais por juízes, advogados, professores de direito e demais operadores do Direito". / "*Für die Anwendung und Handhabung der Generalklauseln durch Richter, Anwalt, Rechtspfleger oder Rechtslehrer sind die Grundsätze des Nationalsozialismus unmittelbar und ausschließlich maßgebend*". SCHMITT, Carl. "Neue Leitsätze für die Rechtspraxis". *Juristische Wochenschrift*, n° 62, p. 2.794, 1933.

[1419] CALDWELL, Peter C. "Legal Positivism and Weimar Democracy". *American Journal of Jurisprudence*, n° 39, p. 276, 1994. Doi:10.1093/ajj/39.1.273.

[1420] SCHMITT, Carl. "Neue Leitsätze für die Rechtspraxis". *Juristische Wochenschrift*, n° 62, p. 2.794, 1933.

O móvel da transição da ordem jurídica parlamentar da República de Weimar para o Estado Nazista foi o já mencionado *Führerprinzip*, que servia como o fundamento de toda a estrutura juspolítica do 3º Reich. De forma sucinta, significava que "a palavra do Führer está acima de qualquer lei escrita", que todas as normas deveriam ser interpretadas conforme a sua vontade e que todas políticas e decisões governamentais deveriam buscar a sua realização.[1421] A ideologia nacional-socialista foi assim declarada a suprema norma não escrita da ordem jurídica e, portanto, a única fonte do Direito.[1422] Esse princípio poderia ser sempre e irrestritamente aplicado sobre todas as esferas da vida e todas as suas subordens normativas do Estado (partido, autoridades, empresas, associações)[1423] de forma a corrigir e garantir que o Direito fosse aplicado em benefício do "povo alemão".

Exatamente por isso, o *Führerprinzip* não se limitava a questões administrativas, mas também devia orientar a prática judicial. Sempre que a aplicação de uma norma geral a um caso concreto estivesse em conflito com a vontade concreta ou presumida do *Führer*, não haveria motivo para negar sua vontade. "Decida rapidamente como um líder, decida claramente como um líder e decida para que as partes tenha a sensação de que o Direito foi pronunciado!", era a orientação geral dada aos magistrados.[1424] "No Führerstaat", defendeu Karl Larenz em 1934, "(...) ninguém mais senão o próprio Führer pode tomar uma decisão final sobre a questão se uma determinada regra deve permanecer válida

---

[1421] HAUSMANN, Frank-Rutger. *Die Geisteswissenschaften im 'Dritten Reich'*. Frankfurt: Klostermann, 2011, p. 779.

[1422] HERBE, Daniel. *Hermann Weinkauff (1894-1981)*: der erste Präsident des Bundesgerichtshofs. Tübingen: Mohr Siebeck, 2008, p. 107.

[1423] RÜTHERS, Bernd; Fischer, Christian; Birk, Axel. *Rechtstheorie*: Mit Juristischer Methodenlehre. 10ª ed. Munique: C. H. Beck, 2018, p. 353.

[1424] "*Entscheiden Sie rasch wie ein Führer, entscheiden Sie klar wie ein Führer und entscheiden Sie so, daß auch der unterliegende Teil das Gefühl hat, hier wird Recht gesprochen!*" Palavras do Ministro da Justiça da Turíngia de 09 de junho de 1934, In: MAHNMARKEN FÜR DIE RECHTSPFLEGE (Verfügung des Thür. Just. Min. vom 9. 6.1934). *Juristische Wochenschrift*, nº 31, p. 1895, 1934.

CAPÍTULO II – A REFUTAÇÃO DA LENDA DO POSITIVISMO

ou não".[1425] A vontade do Führer é "a própria materialização da ideia de Direito (*konkrete Rechtsidee*) não escrito do seu povo".[1426] A própria compreensão do que se entendia por lei deveria ser atualizada.[1427] O *Führer* era a mais alta instância judiciária do país.[1428] A sua vontade era a *própria* legislação.[1429]

Desse modo, apelando para valores substantivos em vez de construções formais de delegação de competência,[1430] o *Führerprinzip* determinava que toda legislação deveria ser "interpretada" ou "reinterpretada"[1431] de

---

[1425] "*Im Führerstaat ist die Frage jedoch anders zu entscheiden; denn es ist die Idee des Führers, daß in ihm die Einheit von Volkswille und Staatswille ihren sichtbarsten Repräsentanten und Bürgen hat*". LARENZ, Karl. *Deutsche Rechtserneuerung und Rechtsphilosophie*. Tübingen: Mohr, 1934, p. 134.

[1426] "*Die Wille des Führers ist d(ie) ungeschriebene() konkrete() Rechtsidee seines Volkes*". Idem, p. 134.

[1427] "Na interpretação da lei, o juiz deve prestar atenção não apenas ao significado que ela tinha no momento de sua criação, mas também à situação atual da legislação e jurisdição, para levar em conta a consciência de valor presente da comunidade, de modo a compreender corretamente o significado atual da lei". / "*[Der Richter] hat vielmehr bei der Auslegung des Gesetzes nicht nur die Bedeutung zu beachten, die es zur Zeit seiner Entstehung gehabt hat, sondern den jetzigen Stand der Gesetzgebung und Rechtsprechung, das heutige Wertbewußtsein der Gemeinschaft zu berücksichtigen, um die gegenwärtige Bedeutung des Gesetzes zu erkennen*". Idem, pp. 32 e ss.

[1428] Na primeira (1942) carta aos juízes (*Richterbriefe*), um periódico do Ministério da Justiça do 3° Reich dirigido a todos os juízes, afirmava expressamente que: "*De acordo com a antiga concepção germânica do Direito, o líder do povo sempre foi o seu juiz supremo*". / "*Nach alter germanischer Rechtsauffassung war immer der Führer des Volkes sein oberster Richter*". SCHOTT, Susanne. *Curt Rothenberger – eine politische Biographie*. Halle: Universitäts- und Landesbibliothek, 2001, pp. 210 e ss.

[1429] DERNEDDE, Carl. "Staatslehre als Wirklichkeitswissenschaft". *Juristische Wochenschrift*, n° 63, p. 2.516, 1934.

[1430] DREIER, Horst. "Die Radbruchsche Formel: Erkenntnis oder Bekenntnis?" *In*: MAYER, H.; WALTER, R. (Coord.). *Staatsrecht in Theorie und Praxis*: Festschrift Robert Walter zum 60 Geburtstag. Viena: Manz, 1991, p. 125.

[1431] "A recepção da antiga lei consubstanciada por costumes e tradições foi realizada por intermédio de uma estratégia flexível, com a adaptação do texto legal às diretrizes do pensamento nazista sem qualquer alteração formal". / "*Die (...) Rezeption des überkommenen alten Rechts wurde mittels einer flexiben Strategie interpretativer Anpassung bei unverändertem Gesetzestext iS der Leitlinien des NS-Denkens bewerkstelligt*". Idem, p. 126.

acordo com o "espírito do nacional-socialismo",[1432] e quando isso não fosse possível, a lei formal deveria ser simplesmente ignorada. Se o positivismo formalista do século XIX e início do século XX, bem como a sua natureza hostil ao reconhecimento dos valores, levaram o Direito a um distanciamento do povo,[1433] a nova ordem iria reestabelecer essa conexão. No Estado Nazista, as competências das autoridades públicas não estavam mais limitadas pelo Direito Positivo.[1434]

No que diz respeito especificamente à atuação do Poder Judiciário, a estrita adesão positivista dos juízes à lei formal estava superada.[1435] Se antes o juiz era unicamente obrigado pela lei, agora era necessário reconhecer uma fonte de obrigação "mais confiável, mais vigorosa e mais profunda do que a obrigação que decorre das palavras traiçoeiras e escorregadias de milhares de disposições legais".[1436] A partir de agora, os magistrados eram os protetores dos "valores do povo",[1437] devendo

---

[1432] SCHMITT, Carl. "Nationalsozialismus und Rechtsstaat". *Juristische Wochenschrift*, n° 63, p. 717, 1934.

[1433] FREISLER, Roland. *Nationalsozialistisches Recht und Rechtsdenken*. Berlim: Spaeth & Linde, 1938, p. 43.

[1434] PAUER-STUDER, Herlinde. *Justifying injustice*: legal theory in Nazi Germany. Cambridge: Cambridge University Press, 2020, p. 164.

[1435] SANDKÜHLER, Hans Jörg. *Nach dem Unrecht*: Plädoyer für einen neuen Rechtspositivismus. Freiburg: Verlag Karl Alber, 2015, p. 61.

[1436] "*(W)ir suchen eine Bindung, die zuverlässiger, lebendiger und tiefer ist als die trügerische Bindung an die verdrehbaren Buchstaben von tausend Paragraphen*". SCHMITT, Carl. *Staat, Bewegung, Volk*: die Dreigliederung der politischen Einheit. 2ª ed. Hamburg: Hanseatische Verlagsanstalt, 1933, p. 46.

[1437] Assim definia a primeira carta aos juízes (*Richterbriefe*) a missão dos magistrados no regime nacional-socialista: "O juiz é, portanto, portador da autopreservação nacional. Ele é o protetor dos valores do povo e o aniquilador do injusto. Ele é o organizador dos processos da vida que são doenças na vida do corpo nacional. Uma judicatura forte é indispensável para a preservação de uma verdadeira comunidade nacional". / "*Der Richter ist demnach 'Träger der völkischen Selbsterhaltung'. Er ist der Schützer der Werte eines Volkes und der Vernichter der Unwerte. Er ist der Ordner von Lebensvorgängen, die Krankheiten im Leben des Volkskörpers sind. Ein starkes Richtertum ist für die Erhaltung einer wahren Volksgemeinschaft unerläßlich*". SCHOTT, Susanne. *Curt Rothenberger – eine politische Biographie*. Halle: Universitäts- und Landesbibliothek, 2001.

CAPÍTULO II – A REFUTAÇÃO DA LENDA DO POSITIVISMO

abandonar sua pretensa neutralidade[1438] sempre que necessário. A era do Positivismo Jurídico, em que a ordenação da vida era aniquilada pela lei e pelos estatutos, estava definitivamente superada.[1439] Iniciava-se, assim, o tempo da "interpretação ilimitada" (*Unbegrenzte Auslegung*),[1440] com a institucionalização do "estado de exceção" (*Maßnahmenstaat*), "um regime de arbitrariedade e violência não restringido por qualquer garantia legal",[1441] cujo órgão legitimador era o Poder Judiciário.[1442] Note-se, no entanto, que nem mesmo a cumplicidade da magistratura alemã impediu que Hitler, num discurso perante o *Reichstag*, declarasse que iria corrigir casos judiciais "decididos de forma equivocada" e demitir os magistrados que não reconhecessem que a sobrevivência da Alemanha era mais importante do que uma cega obediência às "leis formais".[1443]

Ademais, o regime nazista não só atacou o Positivismo Jurídico de forma veemente, negando compatibilidade de seus postulados ao *Volksgemeinschaftsprinzip*, como também a estratégia jurídica utilizada para

---

[1438] DREIER, Horst. "Die Radbruchsche Formel: Erkenntnis oder Bekenntnis?" *In*: MAYER, H.; WALTER, R. (Coord.). *Staatsrecht in Theorie und Praxis*: Festschrift Robert Walter zum 60 Geburtstag. Viena: Manz, 1991, p. 126.

[1439] "Estamos apenas saíndo da época do Positivismo Jurídico, onde se pensava que a lei pronunciava a ordem completa da vida". / "*Wir sind eben aus der Zeit des Positivismus heraus, in der man meinte, im Gesetz sei die Lebensordnung vollständig ausgesprochen*". FREISLER, Roland. *Nationalsozialistisches Recht und Rechtsdenken*. Berlim: Spaeth & Linde, 1938, p. 84.

[1440] De acordo com os termos utilizados por: RÜTHERS, Bernd. *Die unbegrenzte Auslegung*: zum Wandel der Privatrechtsordnung im Nationalsozialismus. 7ª ed. Tübingen: Mohr Siebeck, 2012.

[1441] "*Unter Maßnahmenstaat verstehe ich das Herrschaftssystem der unbeschränkten Willkür und Gewalt, das durch keinerlei rechtliche Garantien eingeschränkt ist*". FRAENKEL, Ernst. *Der Doppelstaat*. 3ª ed. Hamburgo: Europäische Verlagsanstalt, 2012, p. 49.

[1442] DREIER, Horst. "Nachwort. Was ist doppelt am 'Doppelstaat'? Zu Rezeption und Bedeutung der klassischen Studie von Ernst Fraenkel". *In*: FRAENKEL, Ernst. *Der Doppelstaat*. 3ª ed. Hamburgo: Europäische Verlagsanstalt, 2012, p. 294.

[1443] Discurso de Hitler no Reichstag, em 26 de abril de 1942. *In*: DOMARUS, Max. *Hitler*: Reden und Proklamationen (1932-1945). vol. 2, München: Süddeutscher Verlag, 1965, pp. 1874 e ss.

legitimar sua barbárie era indubitavelmente *antipositivista*.[1444] Se, de um lado, o jusnaturalismo não pode ser apontado como o único fundamento filosófico do Direito Nazista, não se pode negar, entretanto, que a sua confusão conceitual entre o *Sein* e o *Sollen* do Direito[1445] e a utilização de categorias não formais para definição do conteúdo do Direito, tais como os "padrões metajurídicos de convivência",[1446] a "natureza da vida em sociedade",[1447] a "juridicidade decorrente da própria natureza"[1448] ou a "lei natural da raça e do povo",[1449] foram peças essenciais para o desenvolvimento da sua ordem jurídica totalitária.

Seja pela aplicação direta do *Führerprinzip* – que sequer foi expressamente positivado no ordenamento jurídico por meio de uma norma escrita –, seja pelas "interpretações" extravagantes de cláusulas gerais, a Ditadura Nazista instituiu um verdadeiro regime de exceção, com o reconhecimento indiscriminado de "situações especiais" (*Sonderregelungen*) diante das leis formais em vigor. Extensões arbitrárias de "normas" penais a fatos previamente não regulados, incontáveis benesses nos processos criminais contra membros da SS e da SA, bem como o extermínio em massa de

---

[1444] "A ordem de injustiça nacional-socialista tinha uma de suas fontes ideológicas um antipositivismo estrito". / "[D]ie nationalsozialistische Unrechtsordnung hatte eine ihrer ideologischen Quellen in einem strikten Antipositivismus". SANDKÜHLER, Hans Jörg. *Nach dem Unrecht*: Plädoyer für einen neuen Rechtspositivismus. Freiburg: Verlag Karl Alber, 2015, p. 67.

[1445] WITTRECK, Fabian. *Nationalsozialistische Rechtslehre und Naturrecht*: Affinität und Aversion. Tübingen: Mohr Siebeck, 2008, pp. 19 e ss.

[1446] "*metarechtlichen Lebenstatbeständen*". GERLAND, Heinrich. "Metarechtliche Bindungen des Strafgesetzgebers". *Archiv für Rechts- und Sozialphilosophie*, n° 29, p. 195, 1936.

[1447] Das Recht fließe "*aus der Natur der völkischen Gemeinschaft*". FEHR, Hans. *Die Ausstrahlungen des Naturrechts der Aufklärung in die neue und neueste Zeit*. Leipzig: Haupt, 1938, p. 31.

[1448] Das Recht lasse sich "*aus der Gesetzlichkeit der natürlichen Verhältnisse selbst*" gewinnen. KRÜGER, Hebert. "Naturrecht in Gegenwart und Vergangenheit". *Zeitschrift für die gesamte Staatswissenschaft*, n° 99, p. 543, 1939.

[1449] "*natürlichen Gesetze der Rasse und des Volkstums*". WOLF, Erik. "Das Rechtsideal des nationalsozialistischen Staates". *Archiv für Rechts- und Sozialphilosophie*, n° 28, p. 348, 1934.

CAPÍTULO II – A REFUTAÇÃO DA LENDA DO POSITIVISMO

pacientes com deficiências psicofísicas,[1450] por exemplo,[1451] poderiam ter sido facilmente evitados pela aplicação de princípios considerados à época como "positivistas",[1452] notadamente pelo princípio da anterioridade da lei penal, reconhecido expressamente na Seção 2 do Código Penal (§2 StGB), em sua redação de 26 de junho de 1935.[1453] Noutros casos, diversas condenações criminais proferidas por ofensa à "saudável percepção do povo" (*gesundes Volksempfinden*), outro princípio que sequer foi positivado, poderiam ter sido anuladas em nome do princípio da legalidade estrita.[1454] Isso tudo sem contar o esvaziamento da regra *non bis in idem* e das incontáveis condenações proferidas por verdadeiros tribunais de exceção durante a guerra, que diante de princípios "positivistas" poderiam ter sido evitados.

Isso não significa, contudo, que os juristas nazistas, principalmente os vinculados ao sistema de Justiça, negassem a "mera aplicação

---

[1450] Apenas para se ter uma dimensão (des)humana do programa de eugenia nazista, há registro de eutanásia de pelo menos 80 mil deficientes físicos e/ou mentais e de assassinato de cerca de 500 mil sintis (ciganos). PAUER-STUDER, Herlinde. *Justifying injustice*: legal theory in Nazi Germany. Cambridge: Cambridge University Press, 2020, p. 116.

[1451] Um extenso estudo sobre esta "interpretação ilimitada" e outros exemplos de negação expressa dos princípios "positivistas" pelo regime nazista podem ser encontrados *In*: RÜTHERS, Bernd. *Die unbegrenzte Auslegung*: zum Wandel der Privatrechtsordnung im Nationalsozialismus. 7ª ed. Tübingen: Mohr Siebeck, 2012. Ver também: LEPSIUS, Oliver. *Die gegensatzaufhebende Begriffsbildung: Methodenentwicklungen in der Weimarer Republik und ihr Verhältnis zur Ideologisierung der Rechtswissenschaft im Nationalsozialismus*. Munique: C.H. Beck, 1994; MÜLLER, Ingo. *Furchtbare Juristen*: die unbewältigte Vergangenheit unserer Justiz. Munique: Kindler, 1987, p. 125.

[1452] SANDKÜHLER, Hans Jörg. *Nach dem Unrecht*: Plädoyer für einen neuen Rechtspositivismus. Freiburg: Verlag Karl Alber, 2015, p. 68.

[1453] §2º StGB. "(1) Uma conduta somente pode ser apenada se a pena foi determinada por lei anterior à mesma. (2) Caso existam leis conflitantes será aplicada aquela que for mais favorável ao réu". / "*(1) Eine Handlung kann nur dann mit einer Strafe belegt werden, wenn diese Strafe gesetzlich bestimmt war, bevor die Handlung begangen wurde. (2) Bei Verschiedenheit der Gesetze von der Zeit der begangenen Handlung bis zu deren Aburtheilung ist das mildeste Gesetz anzuwenden*".

[1454] ANGERMUND, Ralph. "Recht ist, was dem Volke nützt". *In*: BRACHER, K. D.; FUNKE, M.; JACOBSEN, H. A. (Coord.). *Deutschland 1933-1945*: neue Studien zur nationalsozialistischen Herrschaft. 2ª ed. Bonn: Bundeszentrale für Politische Bildung, 1993, pp. 59-67.

das leis" quando isso fosse necessário à realização da ideologia nazista. Aliás, todo um novo conjunto de leis e decretos aprovados a partir de 1933 expandiu amplamente as possibilidades de perseguição judicial daqueles que se opusessem ao novo regime. Uma lei de 24 de abril de 1934 (*Gesetz zur Änderung von Vorschriften des Strafsrechts und des Strafverfahrens*), por exemplo, estabelecia que qualquer pessoa considerada culpada de planejar alterar a Constituição ou separar qualquer território do Reich alemão pela força, ou se envolver em uma conspiração com esses objetivos, seria condenada à morte. O conceito de "planejamento" incluía escrever, imprimir e distribuir panfletos, enquanto o conceito de "alterar a Constituição" incluía defender o retorno da democracia ou pedir a remoção de Hitler como líder, e o conceito de "conspirar" incluía qualquer pessoa associada aos culpados. Já uma lei de 20 de dezembro de 1934 (*Gesetz gegen heimtückische Angriffe auf Staat und Partei und zum Schutz der Parteiuniformen*) foi ainda mais longe e aplicou a pena de morte a casos agravados de declarações "odiosas" sobre figuras importantes do Partido Nazista ou do Estado. Todo um sistema de tribunais regionais especiais, liderados pelo Tribunal Nacional Popular (*Volksgerichtshof*), cuidava de garantir a aplicação dessas e de outras leis semelhantes.[1455]

A grande verdade é que o Direito Nazista apresentava uma estratégia dual e extremamente pragmática com relação à aplicação das leis formais, que era sempre orientada de acordo com a sua ideologia.[1456] Pouco a pouco, o Direito Nazista acabou despojando o Estado de Direito liberal de todos os seus princípios e valores básicos, o que deixou o caminho livre para que o regime nazista perseguisse os membros da

---

[1455] EVANS, Richard J. *The Third Reich in history and memory*. Nova York: Oxford University Press, 2015, pp. 100 e ss.

[1456] Uma defesa da natureza dual do Estado e do Direito Nazista pode ser encontrada no clássico livro de Ernst Fraenkel. Para ele, o Estado e o Direito Nazista poderiam assumir uma natureza "normativa", com a aplicação ordenada e previsível de regras formais previamente anunciadas, ou uma natureza "excepcional", onde a conveniência política determinava a regra *ad hoc* a ser aplicada. A opção por um ou outro caminho era ditado pela conveniência da ideologia nazista. FRAENKEL, Ernst. *Der Doppelstaat*. 3ª ed. Hamburgo: Europäische Verlagsanstalt, 2012.

oposição e de quaisquer dissidentes, bem como promovesse o extermínio do "estrangeiro", do "racialmente inferior" e do "antissocial".[1457] Uma vez livres da servidão das normas jurídicas, os juízes (e os juristas em geral) foram completamente subjulgados pelo poder político,[1458] submetendo o seu próprio povo à mais terrível das servidões.

2.3.5.4 A formação jurídica no nazismo

A formação jurídica é, antes de tudo, uma formação estatal: ela se dá *por meio* e *para* o Estado. Ela é, ao mesmo tempo, um *produto* e uma *reprodução* do Direito vigente. Não é de se estranhar, portanto, que o Estado Nazista, que se apresentava como um Novo Estado, com novos fundamentos e novos valores, tenha se utilizado ativamente da formação jurídica para rever tudo aquilo que fosse contrário à ideologia nacional-socialista e moldar a consciência jurídica dos seus futuros juristas.[1459]

Depois da decapitação intelectual de judeus e opositores políticos promovida pela Lei de Restauração do Serviço Público Alemão (*Gesetz zur Wiederherstellung des deutschen Berufsbeamtentums*), uma legião de juristas leais ao regime nazista estava pronta e disponível para assumir as funções públicas e os cargos universitários vagos.[1460]

[1457] KÜNNECKE, Arndt. "Die Naturrechtsrenaissance in Deutschland nach 1945 in ihrem Historischen Kontext - Mehr als nur eine Rechtsphilosophische Randnotiz?". *Annales de la Faculté de Droit d'Istanbul*, n° 45, pp. 43 e ss, 2015., p. 65.

[1458] LOSANO, Mario G. *Sistema e estrutura no Direito*. vol. 2, São Paulo: WMF Martins Fontes, 2010, p. 185.

[1459] "*Juristenausbildung ist Staatsausbildung: eine Ausbildung durch und für den Staat. Sie ist damit zugleich Ausfluss und Reproduktion des jeweils herrschenden Rechts. Es ist so kaum verwunderlich, dass der sich selbst als neu definierende nationalsozialistische Staat auch vor der Juristenausbildung nicht Halt machte, um das Rechtsverständnis seiner zukünftigen 'Rechtswahrer' zu prägen und zu überprüfen*". WÜRFEL, Martin. *Das Reichsjustizprüfungsamt*. Tübingen: Mohr Siebeck, 2019, p. 1.

[1460] PAUER-STUDER, Herlinde. *Justifying injustice*: legal theory in Nazi Germany. Cambridge: Cambridge University Press, 2020, p. 133; STOLLEIS, Michael. *Geschichte*

As admissões nas universidades incluíam a exigência de uma declaração de "ascendência ariana" pelos estudantes.[1461] O examinador que presidisse a prova tomaria todas as decisões de forma definitiva, já que essas não seriam submetidas a qualquer banca ou colegiado.[1462] O sistema de provas (*Staatsprüfungen*) foi alterado. O candidato que não fosse aprovado somente poderia submeter-se a um novo exame caso provasse que era um nazista ativo, de modo que, em vez de se preparar para a prova, ele deveria empenhar tempo e energia a serviço da ideologia nacional-socialista.[1463]

Em 22 de julho de 1934, o Ministério da Justiça editou o Regulamento sobre a Formação Jurídica (*Juristenausbildungsordnung*), com a finalidade de padronizar a formação jurídica dos discentes em âmbito nacional. A formação jurídica já era considerada uma tarefa estatal desde o século XVIII, mas até então todos os Estados tinham uma considerável autonomia para regulamentar a matéria.[1464] Nenhuma outra reforma na história do ensino jurídico alemão havia sido implementada de forma tão rápida e tão profunda.[1465] Esse novo regulamento centralizava todas as competências relativas à formação jurídica no Gabinete de Exame Judicial do Reich (*Reichsjustizprüfungsamt*), sob a direção de Otto Palandt (1877-1951), e deixava clara a orientação "popular" (*völkisch*) que deveria ser seguida por todos os cursos, grades curriculares e exames.[1466]

---

des öffentlichen Rechts in Deutschland: Staats- und Verwaltungsrechtswissenschaft in Republik und Diktatur (1914-1945). vol. 3, Munique: C.H. Beck, 1999, p. 341.

[1461] STOLLEIS, Michael. *Geschichte des öffentlichen Rechts in Deutschland*: Staats- und Verwaltungsrechtswissenschaft in Republik und Diktatur (1914-1945). vol. 3, Munique: C.H. Beck, 1999, p. 341.

[1462] Idem, pp. 341 e ss.

[1463] Idem, p. 341.

[1464] WÜRFEL, Martin. *Das Reichsjustizprüfungsamt*. Tübingen: Mohr Siebeck, 2019, p. 6.

[1465] FRASSEK, Ralf. "Juristenausbildung im Nationalsozialismus". *Kritische Justiz*, nº 37, p. 89, 2004.

[1466] STOLLEIS, Michael. *Geschichte des öffentlichen Rechts in Deutschland*: Staats- und Verwaltungsrechtswissenschaft in Republik und Diktatur (1914-1945). vol. 3, Munique: C.H. Beck, 1999, p. 342.

CAPÍTULO II – A REFUTAÇÃO DA LENDA DO POSITIVISMO

Nas universidades, a liberdade de cátedra foi abolida. No seu lugar, foi instituído um modelo ideológico, comprometido com os princípios do nacional-socialismo e com a defesa da comunidade. Nas grades curriculares, a disciplina "Teoria Geral do Estado" foi renomeada e reorganizada sob a nomenclatura "povo e Estado" (*Volk und Staat*). A cadeira de "Direito Constitucional" foi renomeada para "Constituição" (*Verfassung*), uma forma simples de, ao mesmo tempo, eliminar a influência liberal da disciplina e garantir que o enfoque da disciplina recaísse sobre a "constituição do povo alemão, e não do Estado". A mesma coisa foi feita com o Direito Administrativo, agora renomeado para "Administração" (*Verwaltung*), uma maneira de ressaltar a natureza criativa da função administrativa, que não estava mais sujeita aos ditames da lei formal.[1467]

O Direito Privado também passou por uma transformação radical, com a finalidade de ressaltar o seu aspecto comunitário em detrimento do antigo atomismo liberal da disciplina.[1468] As universidades alemãs começaram a oferecer um curso sobre a "Nova História Jurídica do Direito Privado".[1469] O objetivo dessa disciplina era fazer com que os alunos desenvolvessem a capacidade de "discernimento", unindo utilidade prática com julgamentos morais.[1470] Esse "discernimento" significava ter a capacidade de aplicar o Direito "independentemente das normas estatutárias".[1471]

Essa nova orientação acadêmica abriu espaço para uma avalanche de novas publicações, já que os livros e textos produzidos durante a República de Weimar e que tinham a Constituição de Weimar como

---

[1467] Idem, p. 342.

[1468] FRASSEK, Ralf. "Juristenausbildung im Nationalsozialismus". *Kritische Justiz*, n° 37, p. 89, 2004.

[1469] HAFERKAMP, Hans-Peter. "Positivism as a Concept of Legal Historians". *Juridica International*, n° 17, p. 102, 2010. Disponível em: https://www.juridicainternational.eu/public/pdf/ji_2010_XVII_100.pdf. Acessado em: 04.06.2021.

[1470] THIEME, Hans. "Neue deutsche Privatrechtsgeschichte". *Deutsche Juristen-Zeitung*, n° 40, p. 341, 1935.

[1471] Idem, pp. 339 e ss.

fundamento não seriam mais aceitos. Todos os livros publicados antes de 1933 eram tidos como "suspeitos" e os textos escritos por autores judeus eram prontamente rejeitados. Alguns autores tentaram publicar novas versões de textos antigos, mas agora numa versão "nazificada".[1472] Aqueles que não aderissem à nova ideologia, certamente não encontrariam um lugar para publicar seus textos.

2.3.5.5 Quadro geral das principais mudanças

Como já foi afirmado, o Estado Nazista se definia como a antítese do Estado liberal. Ancorado numa *Rechtsidee* de conteúdo popular (*völkisch*), a Ideologia Nazista defendia a progressiva dissolução das fronteiras entre a sociedade e o Estado, com o domínio pleno sobre todos os domínios da vida e com a submissão completa do indivíduo à vontade coletiva. Para fins de clareza, as principais mudanças nessa transição de uma Democracia Liberal para uma ditadura totalitária podem ser assim resumidas:[1473]

REPÚBLICA DE WEIMAR	ESTADO NAZISTA
Rechtsquelle (Direito como Fonte)	*Rechtsidee* (Direito como Ideia)
Estado de Direito (na forma de um Estado Constitucional)	Estado de Justiça (na forma da visão de mundo *völkisch* do grande Império Alemão)

[1472] STOLLEIS, Michael. *Geschichte des öffentlichen Rechts in Deutschland*: Staats- und Verwaltungsrechtswissenschaft in Republik und Diktatur (1914-1945). vol. 3, Munique: C.H. Beck, 1999, pp. 343 e ss.

[1473] Uma tabela semelhante pode ser encontrada aqui: HAUSMANN, Frank-Rutger. *Die Geisteswissenschaften im 'Dritten Reich'*. Frankfurt: Klostermann, 2011, pp. 783 e ss.

CAPÍTULO II – A REFUTAÇÃO DA LENDA DO POSITIVISMO

Principal função do Direito: limitar o poder do Estado	Principal função do Direito: proteger a comunidade
Constituição de Weimar (um documento constitucional unitário, com um texto estável)	Conjunto esparso e instáveis de leis, decretos, editais, discursos, cartas, programa partidário do NSDAP e a "vontade do líder".
República Parlamentar	Estado do Líder (*Führerstaat*), Estado Total (*Totaler Staat*)
Pluralismo político	Ideologia *völkisch*
Pluripartidarismo (deliberação e voto)	Unipartidarismo (aclamação do *Führer*)
Eleições regulares, livres e secretas	Plebiscitos *ad hoc*, nomeação de titulares de mandatos sob proposta do NSDAP
Separação dos poderes	Superposição das funções legislativa, executiva e judiciária
Divisão das funções de Estado e de Governo entre presidente e chanceler	Fusão das funções de Estado e de Governo na figura do *Führer*
Federalismo (parlamentos estaduais, governos estaduais, *Reichsrat*)	Centralismo (*Führer*, governos estaduais escolhidos pelo *Führer*)
Catálogo de direitos fundamentais	Ausência de direitos fundamentais

Igualdade *perante* a lei e igualdade *na* lei	*Volksgemeinschaft* como uma "comunidade de raça e sangue", com a exclusão da nacionalidade para estranhos (e.g., judeus)
Nulla poena sine lege	*Nullum crimen sine poena*
Reconhecimento da autonomia da esfera privada frente à Esfera Pública	Absorção da esfera privada pela esfera pública (o bem comum sempre prevalece sobre o interesse individual)
Liberdade de comércio, garantia de propriedade, liberdade de organização dos trabalhadores e empregados em sindicatos, autonomia de negociação coletiva	Criação de câmaras de classe e profissionais vinculados ao Estado ou ao Partido (e.g. Câmara de Cultura do Reich)

2.4 Considerações parciais

De acordo com a premissa estabelecida pela presente investigação, a Lenda do Positivismo encontra-se edificada sobre dois argumentos principais: os argumentos "Radbruch" e "Nuremberg".

De um lado, verifica-se que o Argumento-Nuremberg pode ser validamente levantado contra o Positivismo Jurídico, mas desde que essa imputação se limite à versão analítica de John Austin, uma versão que não era corrente na tradição jurídica alemã na época em que os (supostos) fatos reivindicados pela Lenda do Positivismo ocorreram. Além disso, a vinculação dessas teses defensivas ao Positivismo Jurídico normalmente ignora que o real objetivo dos acusados em Nuremberg era de natureza prática, a saber, explorar uma brecha do Direito Internacional, e não propriamente promover uma discussão profunda sobre o conceito de Direito.

CAPÍTULO II – A REFUTAÇÃO DA LENDA DO POSITIVISMO

De outro lado, no que diz respeito ao Argumento-Radbruch, a refutação deve ser completa. No que diz respeito ao seu primeiro elemento constitutivo, que apresenta a) Radbruch como um positivista convertido, verifica-se que ele jamais pôde ser considerado um positivista e as alterações na sua teoria no período do pós-guerra representam apenas uma "mudança de enfoque" (*Akzentverschiebung*), que apenas "acentua" alguns aspectos centrais da sua teoria em detrimento de outros. Na verdade, tais modificações foram apenas uma forma de Radbruch manter a sua teoria fiel aos seus próprios pressupostos filosóficos jusnaturalistas. Já contra as demais teses constitutivas do Argumento-Radbruch, a saber: b) o Positivismo Jurídico defende uma aplicação incondicional de toda e qualquer lei ("*lei é lei*"); c) os juízes ficaram indefesos contra as leis criminosas e arbitrárias do regime nazista diante de sua arraigada formação positivista; e d) o Positivismo Jurídico não possui instrumentos para conter a *Rechtsperversion*, as seguintes proposições objetivas podem ser lançadas:

> **1.** A ideia (ainda) muito difundida de que o Positivismo Jurídico defende a "aplicação incondicional de toda e qualquer lei" é equivocada. Além de confundir o Positivismo Jurídico com o *Legalismo*, uma postura "teórica" que nunca encontrou qualquer aceitação nos círculos positivistas e que não passa de uma caricatura,[1474] o fato é que da distinção conceitual introduzida pelo Positivismo Jurídico entre o Direito e a moral não decorre uma proposição prescritiva/normativa, no que diz respeito à qualidade do Direito Positivo e da sua aplicação por quem quer que seja.

> **2.** Como consequência da sua "neutralidade prescritiva/normativa", as proposições do Positivismo Jurídico simplesmente não endossam qualquer *juízo moral* nem sequer qualquer *conduta* do aplicador do Direito, sejam elas favoráveis ou contrárias a *qualquer* norma que compõe o ordenamento jurídico. Esse questionamento será *sempre legítimo e necessário* e o Positivismo Jurídico não o ignora, mas apenas entende que o mesmo deve ser tratado no âmbito

---

[1474] Esse tema foi tratado no item a) da Introdução da presente investigação.

da Filosofia Moral, e não no âmbito de uma ciência puramente descritiva do fenômeno jurídico. Nesse particular, se Weimar realmente deixa alguma "lição" é que o inferno está cheio de boas intenções, e que, perseguindo o *sublime*, os seus antipositivistas acabaram pavimentando o caminho para a *barbárie*.[1475]

3. A hipótese difundida pelo Argumento-Radbruch, de que no último terço do século XIX e na primeira metade do século XX uma geração inteira de juristas "havia crescido sob o império absoluto do Positivismo Jurídico e sua crença de que o Direito Positivo poderia resolver todos os problemas"[1476] é *falsa*,[1477] não se sustentando em fatos.[1478] Na verdade, o que contribuiu para a queda da República de Weimar não foi uma (inexistente)

[1475] Nota preliminar de Juan Luis Requejo Pagés à edição em espanhol de "*Vom Wert und Wesen der Demokratie*", de Hans Kelsen. KELSEN, Hans. *De la esencia y valor de la democracia*. Oviedo: KRK, 2009 [1929], p. 19.

[1476] "*Unsere Juristengeneration ist eben noch unter der anscheinend absoluten Geltung des Positivismus und seines Glaubens an die alles heilen und regeln könnende Macht positiver Gesetze groß geworden*". KIPP, Heinrich. *Naturrecht und moderner Staat*. Nürnberg: Glock & Lutz, 1950, p. 76.

[1477] "A tese, frequentemente formulada ou pelo menos sugerida nos relatos anteriores, de que a segunda metade do século XIX e a primeira metade do século XX estavam sob o fascínio do Positivismo Jurídico 'cego aos valores' ou 'sem sangue', que levou à catástrofe do 3º Reich e só depois de 1945 foi superada por uma ordem de valores, está errada". / "*Die in älteren Darstellungen häufig formulierte oder zumindest suggerierte These, die zweite Hälfte des 19. und die erste Hälfte des 20. Jahrhunderts hätten im Banne eines 'wertblinden' und 'blutleeren' Positivismus gestanden, der schließlich zur Katastrophe des 'Dritten Reichs' geführt und erst nach 1945 durch eine neue Wertordnung überwunden worden sei, ist falsch*". HILGENDORF, Eric. *Die Renaissance der Rechtstheorie zwischen 1965 und 1985*. Würzburg: Ergon-Verl, 2005, pp. 26 e ss. No mesmo sentido: "Os crimes do Estado Nazista foram equivocadamente vistos como culpa do Positivismo Jurídico". / "*Die Verbrechen des NS-Staates wurden fälschlich als Folge des juristischen Positivismus angesehen*". RÜTHERS, Bernd. *Geschönte Geschichten - Geschonte Biographien: Sozialisationskohorten in Wendeliteraturen - Ein Essay*. Tübingen: Mohr Siebeck, 2001, p. 83.

[1478] "Os juristas não foram guiados pelo Positivismo Jurídico". / "*Die Justizjuristen haben nicht Dienst nach positivistischer Vorschrift geleistet*". ROTTLEUTHNER, Hubert. *Karrieren und Kontinuitäten deutscher Justizjuristen vor und nach 1945*: Mit allen Grund- und Karrieredaten auf beiliegender CD-ROM. Berlin: BWV, Berliner Wiss.-Verl., 2010, p. 15.

CAPÍTULO II – A REFUTAÇÃO DA LENDA DO POSITIVISMO

"arraigada formação positivista dos juristas", e sim um arraigado pensamento antidemocrático e antipositivista que dominava a sua cena intelectual.

Enquanto em Weimar as convicções predominantes na direita e na esquerda foram dirigidas contra o liberalismo, contra a democracia parlamentar e contra os partidos convencionais, durante o regime nazista as instituições democráticas e o modelo jurídico liberal-positivista foram sistematicamente destruídos. A alternativa oferecida pelos nazistas como a "verdadeira democracia" não passava de um fantasma, uma identidade de governados e governantes, a remoção de distâncias protetoras do Estado de Direito clássico e a negação dos direitos fundamentais, servindo o Parlamento (*Reichstag*) como mero *locus* de aclamação popular, no sentido peculiar de uma "verdadeira democracia alemã", onde a representação do povo limitava-se ao ocasional espetáculo midiático.[1479]

Uma análise acurada dos textos originais dos juristas nacional-socialistas e da prática jurídica do Estado Nazista deixa claro que o Direito Nazista *não* era guiado por uma orientação "positivista" e de que as leis não eram mecanicamente aplicadas pelas autoridades públicas, como sustenta a Lenda do Positivismo. Muito pelo contrário, os juristas nacional-socialistas rejeitavam firmemente o Positivismo Jurídico e defendiam uma premissa com ele inconciliável: a unidade entre o Direito e a Moral.[1480] Se o Positivismo Jurídico inegavelmente teve uma *relativa* hegemonia teórica durante o *Kaiserreich* (1871-1918), principalmente no que toca à recepção da Escola Gerber-Laband, o fato é que o enfraquecimento institucional da República Parlamentar de Weimar se deu, dentre outros frontes, pelo ataque sistematizado à precisão conceitual por ele defendida, enquanto durante o regime nazista ele era uma teoria completamente superada.

[1479] STOLLEIS, Michael. *Geschichte des öffentlichen Rechts in Deutschland*: Staats- und Verwaltungsrechtswissenschaft in West und Ost (1945-1990). vol. 4, Munique: C.H. Beck, 2012, p. 306.

[1480] PAUER-STUDER, Herlinde. *Justifying injustice*: legal theory in Nazi Germany. Cambridge: Cambridge University Press, 2020, p. 203.

4. O período compreendido entre 1918 e 1945 foi um tempo da "paixão pelo orgânico", uma concepção de sociedade como uma realidade ordenada em bases "naturais", com uma completa aversão ao modelo "positivista" de uma sociedade ordenada pela democracia parlamentar. Segundo a concepção dominante nesse período, era necessário oferecer uma resposta ao formalismo positivista, apresentando uma concepção do Direito "mais próxima à vida" e que "submetesse o Direito Positivo às forças políticas que o criam".[1481] A grande verdade é que "a concepção nacional-socialista do Direito era exatamente oposta à concepção do pensamento jurídico positivista".[1482] Se algum papel pode ser imputado ao Positivismo Jurídico no período que vai de 1918 até 1945, o único possível é de ter servido como uma *trincheira* de resistência contra a escalada totalitária.

[1481] "orientado para a vida", "para colocar as normas do Direito do Estado numa relação mais próxima com as forças políticas que as criam e as moldam e que, por sua vez, são dominadas pelos direitos estatais". / "*die dem Leben zugewandter*", "*die Normen des Staatsrechts in die innigste Beziehung zu setzen zu den politischen Kräften, die sie schaffen und ausgestalten und die ihrerseits wieder vom staatlichen Recht gemeistert werden*". TRIEPEL, Heinrich. *Staatsrecht und Politik*. Berlim: De Gruyter, 1927, pp. 17 e ss. Como bem apontado por Juan Luis Requejo, o recurso de Triepel aos versos de Fausto no seu famoso discurso para a reitoria em "*Staatsrecht und Politik*" (p. 5) para justificar seu entusiasmo irracional pelo orgânico é apenas uma pequena demonstração do conjunto de forças sinistras que levariam à destruição de Weimar. Nota preliminar de Juan Luis Requejo Pagés à edição em espanhol de "*Vom Wert und Wesen der Demokratie*", de Hans Kelsen. KELSEN, Hans. *De la esencia y valor de la democracia*. Oviedo: KRK, 2009 [1929], p. 18.

[1482] "*Es war schon so: Die nationalsozialistische Auffassung des Rechts war das gerade Gegenteil des positivistischen Rechtsdenkens*". NEUMANN, Volker. *Carl Schmitt als Jurist*. Tübingen: Mohr Siebeck, 2015, p. 535.

CAPÍTULO III

A SUPERAÇÃO DA LENDA DO POSITIVISMO

> *"Eu não admito ser chamado de Nazista.*
> *Eu era, sou e permaneço Nacional-Socialista".*
>
> Otto Ernst Remer[1483]

3.1 Depois do Marco Zero: a República Federal entre a continuidade e a descontinuidade

De acordo com a narrativa tradicional do pós-guerra, o trauma provocado pela descoberta das atrocidades praticadas em nome do 3º Reich levou a sociedade alemã a uma profunda reflexão. Como resultado, rapidamente se formou um tipo de consenso tácito, articulando a visão de que a dolorosa lição levou a uma ruptura completa com o passado,

---

[1483] *"Ich verbitte es mir, mich Nazi zu nennen. Ich war, ich bin und bleibe Nationalsozialist"*. Em 15 de março de 1951, em um evento eleitoral do Partido Socialista do Reich (*Sozialistische Reichspartei*) em Melverode, Braunschweig. Citado *In*: FREI, Norbert. *Vergangenheitspolitik*: Die Anfänge der Bundesrepublik und die NS-Vergangenheit. München: Beck, 1996, p. 326.

que a sociedade e o Estado haviam sido completamente reconstruídos em novos pilares e que o passado nazista havia sido finalmente enterrado.

A narrativa tradicional sugere que, tendo substituído as instituições e estruturas de poder do regime nazista, os alemães passaram a lidar com a culpa de sua história recente, apurando as responsabilidades individuais e coletivas pela barbárie nazista e implementando medidas que impedissem uma nova investida totalitária contra o novo Estado que se erguia. O "acerto de contas" é visto tradicionalmente como o "passo seguinte", a consequência natural do processo de desnazificação da sociedade, um processo de autorreflexão da sociedade alemã que teria sido colocado em prática primeiramente sob o regime de ocupação dos Aliados e posteriormente continuado pelo governo de Konrad Adenauer e seu partido, a CDU.

A revisão histórica dessa narrativa não demorou muito para acontecer. Jamais existiu na história alemã um "acerto de contas com o passado", no sentido de um amplo processo social de autorreflexão e reconciliação bem-sucedido e finalizado, em que, por intermédio de um amplo debate público, as responsabilidades individuais e coletivas pelas barbárie nazista foram reconhecidas e as feridas daí decorrentes foram sanadas,[1484] ainda mais se o enfoque dessa análise recair sobre os anos imediatamente posteriores ao fim da Segunda Guerra.[1485] A grande verdade, principalmente no que diz respeito aos primeiros anos do

---

[1484] Uma visão geral das críticas e dos problemas inerentes ao *Vergangenheitsbewältigung*, com ampla referência bibliográfica, pode ser encontrada In: AXER, Christine. *Die Aufarbeitung der NS-Vergangenheit*: Deutschland und Österreich im Vergleich und im Spiegel der französischen Öffentlichkeit. Köln: Böhlau, 2011, pp. 27 e ss. Há quem fale, inclusive, de uma certa dose de populismo na *Vergangenheitspolitik* da Era Adenauer, que beneficiava todos os partidos no tabuleiro político do pós-guerra. FREI, Norbert. *Vergangenheitspolitik*: die Anfänge der Bundesrepublik und die NS-Vergangenheit. München: Beck, 1996, p. 398.

[1485] A bem da verdade, deve ser dito que nunca haverá uma conclusão definitiva para a reformulação do passado nazista da Alemanha, uma vez que o exame social e político do nacionalismo de direita e do antissemitismo e, acima de tudo, os horrores do regime nazista na história pertencem ao passado, ao presente e ao futuro da Alemanha e, por isso, precisam ser discutidos, repetida e continuamente.

CAPÍTULO III – A SUPERAÇÃO DA LENDA DO POSITIVISMO

pós-guerra, é que "a profunda desordem que os alemães enfrentaram depois da queda do regime permitiu (o povo) deixar pra trás o Nazismo, sem ter que encarar a sua própria participação".[1486] "Na autoimagem e nas histórias dos mais velhos", escreveu o historiador Bernd Martin numa corajosa declaração, "os alemães ao final da guerra eram apenas vítimas, e nunca perpetradores. Seus próprios crimes no caos do conflito foram escondidos, e assim mantidos em segredo".[1487]

Na prática, os trabalhos de reconstrução acabavam utilizando a mão de obra que estava disponível no local. Os cargos e as funções públicas eram preenchidos com base em contatos pessoais, sejam eles estruturados em torno de partidos, igrejas, associações estudantis ou outros círculos sociais. Em muitos casos, os procedimentos de desnazificação ainda não estavam concluídos, de modo que grandes debates sobre pessoas "inadequadas" diante da colaboração com o regime nazista não tiveram tempo suficiente, nem mesmo as condições materiais para surgir ou para serem satisfatoriamente decididos.[1488] A total ruptura com o passado, a reconstrução original sobre uma tábula rasa, como faz crer o mito do *marco zero*, simplesmente nunca aconteceu na sociedade alemã do pós-guerra.[1489]

De fato, a metáfora do *marco zero* (*Stunde Null*), que rapidamente se tornou popular depois de 1945 – e que se tornaria um dos mitos mais poderosos do século XX[1490] –, "só deve ser usada com extrema

---

[1486] BESSEL, Richard. *Germany 1945*: from war to peace. Nova York: Simon & Schuster, 2010, pp. 338 e ss.

[1487] "*Im Selbstverständnis und den Erzählungen der Älteren waren die Deutschen bei Kriegsende nur Opfer gewesen und niemals zuvor auch Täter. Die eigenen Untaten wurden im Chaos des Umbruchs verdrängt und später verschwiegen*". MARTIN, Bernd. *Die deutsche Kapitulation*: Versuch einer Bilanz des Zweiten Weltkrieges. FreiUnBl, 1995. Disponível em: https://freidok.uni-freiburg.de/data/2012#?. Acessado em: 10.01.2018, p. 51.

[1488] STOLLEIS, Michael. *Geschichte des öffentlichen Rechts in Deutschland*: Staats- und Verwaltungsrechtswissenschaft in West und Ost (1945-1990). vol. 4, Munique: C.H. Beck, 2012, pp. 121 e ss.

[1489] CITRON, Bettina. *Deutsche Mythen seit 1945*. Bielefeld: Kerber Verlag, 2016, p. 55.

[1490] Idem, p. 55.

cautela, porque gera mais equívocos do que esclarecimentos".[1491] É obvio que num sentido muito restrito, tal marco inicial realmente existiu. Em 8 de maio de 1945, as armas estavam em silêncio e o regime nazista conheceu seu fim definitivo. Num sentido mais amplo, todavia, a continuidade de diversos elementos do Estado Nazista, em geral, e do discurso jurídico, em particular, eram evidentes, de sorte que esse denominado *marco zero* (*Stunde Null*) funcionou como uma espécie de *mito de fundação*[1492] da República Federal da Alemanha,[1493] uma narrativa de pouca valia historiográfica, cuja finalidade primordial não era necessariamente um compromisso com a ruptura com o passado recente, e sim impedir que perguntas desconfortáveis fossem levantadas.

O fato é que a continuidade de diversos elementos do *status quo* no Novo Estado, seja de natureza estrutural, administrativa ou pessoal, eram evidentes. Nem as instituições, nem as normas jurídicas, nem mesmo as pessoas envolvidas no recomeço da Alemanha, eram outras na grande maioria dos casos.[1494] Muitas das instituições e pessoas responsáveis pela reconstrução da Alemanha no pós-guerra eram essencialmente as mesmas que foram responsáveis pelo ocaso de Weimar e pelo triunfo do regime nazista. Tanto a punição dos criminosos nazistas ligados ao sistema judiciário e à academia, quanto o registro historiográfico das

---

[1491] "(...)r mit Vorsicht verwendet werden sollte, weil sie mehr Missverständnisse als Klärung erzeugt". STOLLEIS, Michael. *Geschichte des öffentlichen Rechts in Deutschland*: Staats- und Verwaltungsrechtswissenschaft in West und Ost (1945-1990). vol. 4, Munique: C.H. Beck, 2012, p. 25.

[1492] Um mito de fundação (*Gründungsmythos*) é uma narrativa de um povo sobre as suas próprias origens, parcialmente baseado em ficções, mas coletivamente percebida como autêntica. GEYER, Paul. "Romanistik und Europäische Gründungsmythen". *In*: ALBERT, M. (Coord.). *Unausweichlichkeit des Mythos*. München: Martin Meidenbauer, 2007, p. 175.

[1493] CITRON, Bettina. *Deutsche Mythen seit 1945*. Bielefeld: Kerber Verlag, 2016, p. 55.

[1494] STOLLEIS, Michael. *Geschichte des öffentlichen Rechts in Deutschland*: Staats- und Verwaltungsrechtswissenschaft in West und Ost (1945-1990). vol. 4, Munique: C.H. Beck, 2012, p. 25.

CAPÍTULO III – A SUPERAÇÃO DA LENDA DO POSITIVISMO

respectivas instituições foram realizados sem quebra de continuidade das burocracias judicial e universitária.[1495]

Com o tempo, o mito do *marco zero* começou a ser percebido *menos* como um processo de definição de responsabilidades individuais e coletivas e *mais* como uma estratégia de defesa de membros do regime nazista e muitos de seus colaboradores ilustres para que pudessem permanecer em seus cargos, e não raramente com a participação ativa das forças de ocupação ou seu silêncio complacente.[1496] Hoje há um razoável consenso sobre o fato de que o mito do *marco zero* não passou de uma narrativa produzida por uma elite burocrática que tinha por finalidade distrair as atenções sobre o próprio passado.[1497]

3.1.1 A "Lei 131" e o funcionalismo público

Em 15 de abril de 1951, o Parlamento Alemão (*Bundestag*) proclamou formalmente o fim do processo de desnazificação, uma decisão contestada pela população, mas apoiada por todos os principais partidos políticos.[1498] Menos de um mês depois do encerramento formal do processo de desnazificação, foi aprovada pelo *Bundestag* uma nova lei que garantia a reintegração de diversos funcionários públicos que perderam seus cargos depois da rendição incondicional de maio de 1945, bem como, em alguns casos, uma compensação financeira.

[1495] "*Die strafrechtliche Ahndung der Justiz-Verbrechen und auch die historiographische Aufarbeitung der NS-Justiz haben massiv unter der personellen Kontinuität der Richterschaft und der Rechtswissenschaft gelitten*". HOEPPEL, Alexander. *NS-Justiz und Rechtsbeugung*: die strafrechtliche Ahndung deutscher Justizverbrechen nach 1945. Tübingen: Mohr Siebeck, 2019, p. 217.

[1496] CITRON, Bettina. Deutsche Mythen seit 1945. Bielefeld: Kerber Verlag, 2016, pp. 49 e ss.

[1497] Sobre essa afirmação há um razoável consenso na historiografia alemã. Confira-se: HOEPPEL, Alexander. *NS-Justiz und Rechtsbeugung*: die strafrechtliche Ahndung deutscher Justizverbrechen nach 1945. Tübingen: Mohr Siebeck, 2019, p. 51.

[1498] Sobre o tema, confira-se: FREI, Norbert. *Vergangenheitspolitik*: die Anfänge der Bundesrepublik und die NS-Vergangenheit. München: Beck, 1996, pp. 54-68.

A questão subjacente estava na tensão entre o desejo dos ocupantes aliados por um Estado desnazificado e o fato inescapável de que quase todos os indivíduos com a experiência e o conhecimento necessários para administrar o novo Estado haviam servido ao 3º Reich. A Lei 131 – nome pelo qual ela passou a ser comumente chamada[1499] – foi uma solução de compromisso. Ela garantia o pagamento de cerca de 55% do salário perdido aos funcionários públicos depostos e concedia um extenso direito de recondução, que excluía apenas antigos membros da Gestapo. A Lei 131 soprava o espírito restaurador dos novos tempos.[1500]

Em teoria, a referida lei apenas cumpria a determinação do artigo 131 da Lei Fundamental,[1501] que exigia que o Parlamento definisse a situação jurídica dos funcionários públicos afastados por decisão das Forças Aliadas, mas que ainda não haviam sido reintegrados ao serviço público. Na prática, a aprovação dessa lei "abriu o caminho para a

---

[1499] COLLINGS, Justin. *Democracy's guardians*: a history of the German Federal Constitutional Court (1951-2001). Oxford: Oxford University Press, 2015, p. 2.

[1500] Idem, p. 30.

[1501] "Artigo 131 da Lei Fundamental. Uma lei federal regulará a situação legal das pessoas, inclusive dos refugiados e exilados, que, sendo funcionários do serviço público no dia 8 de maio de 1945, tenham deixado o mesmo por causas não relacionadas com o estatuto legal ou o regime de contratos coletivos de funcionários e que até agora não tenham sido empregados ou não o tenham sido de forma correspondente à sua posição anterior. O mesmo se aplica por analogia para as pessoas, inclusive os refugiados e banidos, que, no dia 8 de maio de 1945, tinham direito a pensões e que, por causas não relacionadas com o estatuto legal ou o regime de contratos coletivos de funcionários, deixaram de receber essas pensões ou não as receberam como lhes corresponde. Até a entrada em vigor da lei federal, salvo legislação estadual em contrário, não se poderá acatar reivindicações de direitos a este respeito". / "*Artikel. 131 GG. Die Rechtsverhältnisse von Personen einschließlich der Flüchtlinge und Vertriebenen, die am 8. Mai 1945 im öffentlichen Dienste standen, aus anderen als beamten- oder tarifrechtlichen Gründen ausgeschieden sind und bisher nicht oder nicht ihrer früheren Stellung entsprechend verwendet werden, sind durch Bundesgesetz zu regeln. Entsprechendes gilt für Personen einschließlich der Flüchtlinge und Vertriebenen, die am 8. Mai 1945 versorgungsberechtigt waren und aus anderen als beamten- oder tarifrechtlichen Gründen keine oder keine entsprechende Versorgung mehr erhalten. Bis zum Inkrafttreten des Bundesgesetzes können vorbehaltlich anderweitiger landesrechtlicher Regelung Rechtsansprüche nicht geltend gemacht werden*".

CAPÍTULO III – A SUPERAÇÃO DA LENDA DO POSITIVISMO

reabilitação quase universal e reintegração dos funcionários públicos da era nacional-socialista".[1502] Ao todo, pouco mais de 430 mil ex-funcionários públicos reivindicaram os benefícios da Lei 131.[1503]

Estima-se que cerca de 30% dos cargos administrativos federais eram ocupados por funcionários públicos nessa situação. Nos Ministérios do Exterior e do Interior essa taxa era ainda maior. Em vários casos, os ex-nazistas ocupavam até mesmo cargos superiores. Desses 430 mil ex-funcionários públicos, cerca de 50 mil haviam perdido seus empregos por efeito dos julgamentos de desnazificação.[1504] Um dos casos mais notórios foi o da diretora nazista Veit Herlan, cujos cinéfilos se reuniam por toda a Alemanha Ocidental para ver o seu primeiro filme do pós-guerra. Um número expressivo desses reabilitados pela Lei 131 eram juristas e professores de Direito.[1505]

Mesmo diante dos seus termos benevolentes, houve protestos generalizados dos servidores públicos contra a Lei 131. Os tribunais foram inundados com queixas de burocratas aflitos. A preocupação não era apenas de natureza econômica, mas principalmente moral. Os prejuízos não eram relativos apenas aos salários e aos benefícios. O que estava realmente em jogo era o reconhecimento da responsabilidade pelos seus crimes, já que a Lei 131 não havia feito qualquer distinção entre os regimes jurídicos desses servidores públicos. A queixa dos "131-ers" era sobretudo uma questão de honra.[1506]

[1502] *"smoothed the path for the near-universal rehabilitation and reintegration of Nazi-era civil servants"*. COLLINGS, Justin. *Democracy's guardians*: a history of the German Federal Constitutional Court (1951-2001). Oxford: Oxford University Press, 2015, p. 2.

[1503] Sobre o tema, confira-se: FREI, Norbert. *Vergangenheitspolitik*: die Anfänge der Bundesrepublik und die NS-Vergangenheit. München: Beck, 1996, p. 70.

[1504] CONZE, Eckart. *Die Suche nach Sicherheit*: eine Geschichte der Bundesrepublik Deutschland von 1949 bis in die Gegenwart. München: Siedler, 2009, pp. 155 e ss.

[1505] COLLINGS, Justin. *Democracy's guardians*: a history of the German Federal Constitutional Court (1951-2001). Oxford: Oxford University Press, 2015, pp. 2 e ss.

[1506] Idem, p. 29.

Hermann Weinkauff, presidente do BGH, foi o verdadeiro porta-voz desses funcionários públicos. Ele defendia a tese de que o funcionalismo público de um Estado é independente da ascensão e queda de governos específicos. Funcionários públicos serviriam ao Estado imortal, e nunca a seus governantes transitórios. Noutras palavras, isso significa que o serviço público sobrevive à mudança de regime, de modo que a rendição incondicional de 8 de maio de 1945 não era uma exceção a essa regra universal. Para justificar uma revisão da Lei 131 e garantir a impunidade plena dos seus destinatários, Weinkauff invocou o Direito Natural dos funcionários públicos à continuidade no exercício das suas funções.[1507]

No método e no resultado, a revisão da Lei-131 pelo BVerfG foi muito diferente.[1508] Se a decisão do BGH teve um fundamento metafísico, pode se dizer que a decisão do BVerfG teve um fundamento histórico, em que o comportamento e a participação dos servidores públicos no regime nacional-socialista foi analisado de forma implacável.[1509] Num julgamento datado de 17 de dezembro de 1953, o Primeiro Senado respondeu a mais de 2 mil queixas constitucionais apresentadas contra a Lei 131 nos dois anos desde sua aprovação.[1510] Para o BVerfG, todos os funcionários públicos da era nazista perderam suas posições quando o 3º Reich entrou em colapso. O que a Lei 131 agora concedia aos ex-funcionários públicos era uma "graça parlamentar". Por intermédio de detalhes meticulosos, o BVerfG demonstrou "com a precisão impiedosa de um historiador revisionista" como se deu o processo de fidelização dos funcionários públicos do Estado alemão em favor da

---

[1507] Idem, p. 31.

[1508] Um estudo comparativo das decisões e dos métodos pode ser encontrado *In*: FALLER, Hans Joachim. "Bundesverfassungsgericht und Bundesgerichtshof". *Archiv des öffentlichen Rechts*, nº 115, 1990, pp. 185 e ss. Disponível em: http://www.digizeitschriften.de/dms/img/?PID=GDZPPN000129895. Acessado em: 10.08.2020.

[1509] COLLINGS, Justin. *Democracy's guardians*: a history of the German Federal Constitutional Court (1951-2001). Oxford: Oxford University Press, 2015, p. 31.

[1510] BVerfGE 3, 58 (1953).

CAPÍTULO III – A SUPERAÇÃO DA LENDA DO POSITIVISMO

pessoa de Adolf Hitler.[1511] Esse julgamento afastou a tese dos Direitos Naturais dos funcionários públicos e enterrou de vez o mito de uma Administração Pública apolítica.

Dentro do serviço público, em geral, e da academia jurídica, em particular, essa decisão do BVerfG provocou uma grande fúria. Num único ano, mais de 80 artigos apareceram em periódicos jurídicos criticando a decisão com as mais diferentes entonações.[1512] Apenas alguns poucos se dignaram a defendê-la.[1513] A decisão sobre a Lei 131 também foi objeto da conferência da Associação de Professores de Direito Público Alemães, que aconteceu em Tübingen no ano de 1954.[1514] Dentre todos os participantes, apenas um defendeu a decisão: o juiz Ernst Friesenhahn,[1515] que, embora fosse um dos membros da Corte Constitucional, integrava o Segundo Senado, e por isso não participou do julgamento. Todos os demais membros a reprovaram.

Nos jornais, a repercussão decisão também não foi muito positiva, pois havia

> uma grande de diferença entre a defesa da tese da descontinuidade do Estado alemão numa revista americana pelo professor Kelsen, alguém que não nutria grande simpatia pela República Federal,

---

[1511] "*With the merciless assiduity of a revisionist historian*". COLLINGS, Justin. *Democracy's guardians*: a history of the German Federal Constitutional Court (1951-2001). Oxford: Oxford University Press, 2015, p. 31.

[1512] WESEL, Uwe. *Der Gang nach Karlsruhe*: das Bundesverfassungsgericht in der Geschichte der Bundesrepublik. Munique: Blessing, 2004, pp. 146 e ss.

[1513] Este foi uma das raras publicações que defendeu a decisão do *BVerfG*: PETERS, Hans. "Der Streit und die 131er-Entscheidungen des Bundesverfassungsgerichts". *JuristenZeitung* nº 9, pp. 589 e ss, 1954. Disponível em: http://www.jstor.org/stable/20803587. Acessado em: 21.09.2019.

[1514] Esse encontro está documentado *In*: HEYDTE, August von der *et al.* "DER DEUTSCHE STAAT IM JAHRE 1945 UND SEITHER: die Berufsbeamten und die Staatskrisen". *Veröffentlichungen der Vereinigung der Deutschen Staatsrechtslehrer*, nº 13, 1955. Doi:10.1515/9783110903249.

[1515] Intervenção de Ernst Friesenhahn no Encontro da Associação dos Professores de Direito do Estado de 1954. Idem, pp. 165 e ss.

e a sua adoção pelo BVerfG como fundamento do julgamento (...). A pergunta a ser feita era: os dez juízes do BVerfG queriam fazer política ou - história? Afinal, a história não é feita por homens ou por instituições, ela é um processo. Um processo que nenhum tribunal poderia jamais decidir.[1516]

Especialmente irritante para os tradicionalistas era a confiança herética do BVerfG em fontes históricas e sociológicas para chegar a sua conclusão, notadamente estudos de Direito Público escritos e publicados durante o regime nazista por críticos desse mesmo julgamento e de seus colegas.[1517] A decisão do BVerfG pode ser considerada como um verdadeiro relato histórico do funcionamento do serviço público na era nacional-socialista, demonstrando como os professores de Direito articularam essa transformação na teoria e como os juízes e promotores públicos a implementaram na prática.[1518] Em síntese, a decisão do BVerfG na revisão da Lei 131 afastou a tese de que o funcionalismo público era uma das vítimas do 3º Reich e reconheceu expressamente como ele, "permeado pelo espírito nacional-socialista",[1519] havia colaborado ativamente com o regime nazista.

[1516] *"(E)s ist ein großer Unterschied, ob der Professor Kelsen, dessen Sympathien jedenfalls nicht bei der Bundesrepublik liegen, eine Vernichtungsthese in einer amerikanischen Zeitschrift publiziert oder ob das deutsche Verfassungsgericht diese Argumente in seine Urteilsbegründung übernimmt! (...) Wollten (die zehn Richter des BVerfGs) also Politik machen oder gar – Geschichte? Die Geschichte wird zuletzt nicht von Männern und auch nicht von Institutionen gemacht, sie ist ein Prozeß. Ein Prozeß, den kein Gericht entscheiden kann"*. FREDERICIA, W. "Zehn Richter korrigieren die deutsche Geschichte". Die Zeit, 7 jan. 1954. Disponível em: https://www.zeit.de/1954/01/zehn-richter--korrigieren-die-deutsche-geschichte/komplettansicht. Acessado em: 05.03.2021.

[1517] COLLINGS, Justin. *Democracy's guardians*: a history of the German Federal Constitutional Court (1951-2001). Oxford: Oxford University Press, 2015, p. 32.

[1518] Confira-se: BVerfGE 3, 58 (1953), pp. 90-93; 101-115.

[1519] "Na prática, isso teve o efeito de cooptar, em grande medida, os 'forasteiros' na Administração e especialmente em suas posições de liderança, uma prova clara não houve uma a 'restauração da função pública', mas o 'assalto' do serviço público pelo espírito nacional-socialista". / *"In der Praxis wirkte sich dies so aus, daß neuerlich in weitem Maße wiederum 'Außenseiter' in die Verwaltung und gerade in ihre leitenden Stellungen eindrangen - ein deutlicher Beweis dafür, daß es nicht auf die Wiederherstellung*

CAPÍTULO III – A SUPERAÇÃO DA LENDA DO POSITIVISMO

Mas a questão ainda demoraria para ser pacificada. Em 20 de maio de 1954, cinco meses após o julgamento da questão pelo BVerfG, o Primeiro Senado Civil do BGH, órgão o qual Weinkauff integrava, emitiu uma recomendação que afirmava a continuidade tanto do Reich Alemão, quanto das relações jurídicas de seus funcionários após 8 de maio de 1945.[1520] Note-se que Weinkauff não era apenas um destacado propagandista da tese da "honra histórica de um funcionalismo público apolítico".[1521] Um dos principais responsáveis pelo "renascimento do Direito Natural" do pós-guerra, Weinkauff também publicaria em 1968 uma enfática defesa do Poder Judiciário, imputando ao Positivismo Jurídico a culpa pelo erro sistemático e pela *Rechtsperversion* do período nacional-socialista.[1522] Se, "no início, a maioria dos funcionários públicos via sua lealdade a Hitler apenas como uma promessa de submissão à mais alta autoridade do Estado",[1523] à medida que os objetivos criminosos e os métodos brutais se tornaram evidentes a grande maioria dos funcionários públicos suportou seu "vínculo coagido" com o regime nazista "apenas involuntariamente, sob aguda rejeição interna e sob forte terror".[1524] Sua hipótese era de que os funcionários públicos

---

des Berufsbeamtentums, sondern auf die Durchdringung des Beamtentums mit nationalsozialistischem Geist angekommen war". BVerfGE 3, 58 (1953), p. 96.

[1520] BGHZ 13, 265 (1954).

[1521] "*historical honour (...) of an apolitical civil service*". COLLINGS, Justin. *Democracy's guardians*: a history of the German Federal Constitutional Court (1951-2001). Oxford: Oxford University Press, 2015, p. 33.

[1522] WEINKAUFF, Hermann. "Die deutsche Justiz und der Nationalsozialismus: ein Überblick". *In*: *Quellen und Darstellungen zur Zeitgeschichte*. Veröffentlichungen des Instituts für Zeitgeschichte. vol. 16, Stuttgart: Deutsche Verlags-Anstalt, p. 182, 1968.

[1523] "*Die Bindung an Hitler persönlich konnte zu Anfang und eine gewisse Zeit hindurch als eine Bindung an das oberste Staatsorgan verstanden werden*". BGHZ 13, 265 (1954), p. 39.

[1524] "No entanto, à medida que os objetivos criminosos e os métodos do nacional-socialismo se revelavam cada vez mais, esse vínculo forçado era difícil de sofrer resistência, sob aguda rejeição interna e sob grave terror". / "*Als sich aber die verbrecherischen Ziele und Methoden des Nationalsozialismus allmählich immer mehr enthüllten, wurde diese aufgezwungene Bindung überwiegend nur unwillig, unter scharfer innerer Ablehnung und unter schärfstem Terror ertragen*". BGHZ 13, 265 (1954), p. 40.

jamais foram um "instrumento ativo do despotismo nazista".[1525] De acordo com essa narrativa, eles seriam verdadeiras "vítimas" do terror nacional-socialista, mas nunca culpados por ele.[1526]

Nessa decisão, o BGH contestava o julgamento do BVerfG sobre a reintegração dos funcionários públicos em duas frentes. Preliminarmente, Weinkauff e seus colegas negaram que os fundamentos utilizados pelo BVerfG para a sua decisão fossem obrigatórios para os outros tribunais federais, devendo ser tratada como uma mera questão incidente (*obiter dictum*).[1527] No mérito, o BGH rejeitou as conclusões do BVerfG sobre a situação dos funcionários públicos após 8 de maio de 1945, com a adoção expressa da tese de Weinkauff sobre a natureza apolítica dos atos praticados pelos funcionários públicos. Sob a liderança de Weinkauff, os presidentes dos demais tribunais federais[1528] emitiram uma declaração coletiva que condenava a decisão do BVerfG, sob o argumento de que assegurar a constitucionalidade das leis do país era um dever legítimo de todos os Tribunais Federais.[1529]

A discordância não era apenas teórica. A enfática defesa do funcionalismo público pelo BGH era um assunto estritamente pessoal. Todos os juízes do Primeiro Senado Civil eram funcionários públicos durante o regime nazista, alguns deles integrando o famigerado *Reichsgericht* de

---

[1525] "*The judges of the Third Reich era had been guilty, perhaps, of unreflective service to the state, but they had not been the willing instruments of National Socialist despotism*". COLLINGS, Justin. Democracy's guardians: a history of the German Federal Constitutional Court (1951-2001). Oxford: Oxford University Press, 2015, p. 33.

[1526] BGHZ 13, 265 (1954), p. 38.

[1527] BGHZ 13, 265 (1954), p. 10.

[1528] Tribunal Federal do Trabalho (*Bundesarbeitsgericht* – BAG), Tribunal Federal de Finanças (*Bundesfinanzhof* – BFH), Tribunal Federal Social (*Bundessozialgericht* – BSG) e Tribunal Federal Administrativo (*Bundesverwaltungsgericht* – BVerwG).

[1529] Sobre o tema, confira-se: BALDUS, Manfred. "'Frühe Machtkämpfe' in Das Lüth-Urteil: ein Versuch über die historischen Gründe der Autorität des Bundesverfassungsgerichts". In: HENNE, T.; RIEDLINGER, A. (Coord.). *Das Lüth-Urteil aus (rechts-)historischer Sicht*: die Konflikte um Veit Harlan und die Grundrechtjudikatur des Bundesverfassungsgerichts. Berlin: BWV Berliner Wissenschafts-Verlag, 2005, p. 245.

CAPÍTULO III – A SUPERAÇÃO DA LENDA DO POSITIVISMO

Leipzig,[1530] como o próprio Weinkauff.[1531] Em contraste, apenas três dos doze juízes do Primeiro Senado do BVerfG serviram o regime nazista de alguma forma, enquanto cinco perderam seus cargos em 1933, um deles por vontade própria.[1532] O que estava em jogo nessa disputa era a própria reputação do BGH e dos seus membros.[1533]

A resposta do BVerfG veio em duas decisões separadas, proferidas em 19 de fevereiro de 1957, em que o Primeiro Senado reafirmou os fundamentos do julgamento dos funcionários públicos e respondeu, de modo enérgico, os argumentos dos demais tribunais superiores. O primeiro foi um julgamento de mérito.[1534] Numa reclamação constitucional (*Verfassungsbeschwerde*) na qual um ex-membro da Gestapo – a quem foi negada a readmissão nas forças policiais – contestou a exclusão dos benefícios da Lei 131 como uma violação das disposições gerais de igualdade do Artigo 3 da Lei Fundamental, o BVerfG manteve sua decisão de 1953 por meio de uma nova decisão que respondia de forma sistemática a todas as críticas acumuladas dos 38 meses anteriores. O tom desse novo julgamento era tudo, menos conciliatório, por vezes até mesmo agressivo.[1535] Em alguns momentos, o BVerfG chegou a mencionar os críticos nominalmente (Carl Schmitt, por exemplo, foi citado como um "autor nazista"),[1536]

[1530] Sobre as atividades nazistas dos juízes do *Reichsgericht*, confira-se: GODAU-SCHÜTTKE, Klaus-Detlev. "Entnazifizierung und Wiederaufbau der Justiz am Beispiel des Bundesgerichtshofs". *In*: SCHUMANN, E. (Coord.). *Kontinuitäten und Zäsuren*: Rechtswissenschaft und Justiz im "Dritten Reich" und in der Nachkriegszeit. Göttingen: Wallstein, 2008, pp. 189 e ss.

[1531] A participação de Weinkauff no regime nazista será abordada no item 3.3.1.5.

[1532] Sobre a composição do BVerfG, remete-se o leitor ao item 1.4.4.2. da presente investigação.

[1533] COLLINGS, Justin. *Democracy's guardians*: a history of the German Federal Constitutional Court (1951-2001). Oxford: Oxford University Press, 2015, p. 34.

[1534] BVerfGE 6, 132, 137 (1957).

[1535] COLLINGS, Justin. *Democracy's guardians*: a history of the German Federal Constitutional Court (1951-2001). Oxford: Oxford University Press, 2015, p. 35.

[1536] BVerfGE 6, 132 (1957).

respondendo seus críticos, inclusive, com diversas citações extraídas dos seus escritos anteriores em defesa do regime nazista.[1537]

Na segunda sentença proferida no mesmo dia,[1538] o BVerfG julgou o incidente relativo à submissão das demais Cortes Federais e de todas as demais instâncias jurisdicionais da Alemanha às suas próprias decisões. A decisão do BGH de não submissão aos precedentes do BVerfG em matéria constitucional era inadmissível pela simples e suficiente razão de que os Tribunais de Justiça não tinham jurisdição sobre questões constitucionais, muito menos as demais Cortes Federais. Com isso, o BVerfG afirmou o seu monopólio sobre a interpretação constitucional simplesmente por pressupô-la nos termos do Artigo 100 (1) da Lei Fundamental. Já a declaração pública dos presidentes dos tribunais federais foi solenemente ignorada.

As críticas contra esses novos julgamentos, em comparação com aquele de 1954, não foram muito significativas. Em fevereiro de 1957, a maioria dos oficiais da era nacional-socialista havia sido por fim reintegrada à burocracia da Alemanha Ocidental. Na prática, pouco se

---

[1537] Cita-se, aqui, um exemplo. Ao atacar a decisão do BVerfG sobre a Lei-131, Ernst Forsthoff afirmou que a Corte não percebeu que, durante a era nacional-socialista, "Estado e partido não formavam uma unidade e que, desse fato, deveria ser medida a liberdade (...) que o indivíduo então gozava". No julgamento de 1957, o BVerfG comparou essa crítica com o seguinte texto do próprio Forsthoff, redigido em 1934: "o Estado e o movimento nacional-socialista (...) formaram uma unidade indissolúvel, e a ação do Führer contra os líderes sediciosos da SA é um exemplo particularmente notável desse fato. (...) A unidade do Estado e do Partido foi realizada na prática, antes de ser formalmente proclamada na lei de 1 de dezembro de 1933". *In*: BVerfGE 6, 132 (1957). Textos originais: "*Staat und Partei keine Einheit waren und daß auf dieser Tatsache das Maß der Freiheit beruhe (...), dessen der Einzelne jeweils genoß*". FORSTHOFF, Ernst. "Das Bundesverfassungsgericht und das Berufsbeamtentum". *Deutsches Verwaltunsblätter*, n° 69, p. 70, 1954; "*Staat und nationalsozialistische Bewegung (...) eine unauflösliche, in dem Vorgehen des Führers gegen die aufrührerischen SA-Führer besonders augenfällig in die Erscheinung getretene Einheit gebildet haben*" und "*die Einheit von Staat und Partei (...) praktisch bereits verwirklicht (war), ehe sie durch das Gesetz vom 1. Dezember 1933 in aller Form ausgesprochen wurde*". FORSTHOFF, Ernst. *Der totale Staat*. 2ª ed. Hamburg: Hanseatische Verlagsanstalt, 1934.

[1538] BVerfGE 6, 222 (1957).

CAPÍTULO III – A SUPERAÇÃO DA LENDA DO POSITIVISMO

ganhava ao prolongar a controvérsia. Como questão de honra, havia muito mais a ser perdido. Com o tempo, o público em geral perdeu muito do seu interesse. Não obstante, esses julgamentos em torno da Lei 131 continuam sendo um episódio notável. Tomados em conjunto, esses julgamentos representam a primeira tentativa de um efetivo "acerto de contas com o passado" sobre a participação dos juristas no regime nacional-socialista. Essas decisões são únicas entre os documentos oficiais do início da era Adenauer, tanto por seu repúdio direto ao passado nazista quanto por seu reconhecimento franco de que os funcionários públicos, de alto e baixo escalão, eram cúmplices dos crimes nazistas.[1539]

O fato é que, ao contrário dos órgãos regulares do sistema de Justiça, cujos juízes estavam comprometidos em várias medidas possíveis com o regime nazista e ainda se baseavam em modelos culturais do Império Alemão, o BVerfG era muito mais independente. Nos seus quadros havia, como já foi visto, um número impressionante de membros que não tiveram qualquer participação com o regime nazista e que, muito pelo contrário, participaram de alguma forma de resistência ou foram perseguidos ou exilados. Principalmente nos primeiros anos de funcionamento do BVerfG, isso gerou um distanciamento perceptível das elites jurídicas na Administração Pública, do Poder Judiciário e da Academia, reforçando sua autonomia e a direção liberalizante das suas decisões.[1540]

Uma rara nota positiva a esses julgamentos do BVerfG a saudou como uma "rejeição do encobrimento de um passado desagradável".[1541] Ainda mais veemente foi a avaliação de um estudante de graduação de

---

[1539] COLLINGS, Justin. *Democracy's guardians*: a history of the German Federal Constitutional Court (1951-2001). Oxford: Oxford University Press, 2015, p. 37.
[1540] SCHÖNBERGER, Christian. "Anmerkungen zu Karlsruhe". *In*: JESTAEDT, M.; LEPSIUS, O.; MÖLLERS, C.; SCHÖNBERGER, C. (Coord.). *Das entgrenzte Gericht*: eine kritische Bilanz nach sechzig Jahren Bundesverfassungsgericht. Berlim: Suhrkamp, 2011, p. 30.
[1541] "*durch den Verzicht auf die Verschleierung einer unliebsamen Vergangenheit*". HEEGNER, Fritz. "Die Entscheidungen des Bundesverfassungsgerichts und des Bundesgerichtshofs zum Gesetz 131". *Neue Juristische Wochenschrift*, n° 7, 1954, p. 903.

apenas 24 anos, Rheinhold Kreile, que, nas páginas do jornal de esquerda *Frankfurter Hefte*, saudou o julgamento como uma "Carta Magna de autorreflexão", um duro golpe no "véu do esquecimento" orquestrado pelas elites burocráticas alemãs.[1542] Num momento em que a esfera pública se regozijava pelo "milagre alemão" e pela "ascensão alemã" do pós-guerra, a Corte Constitucional introduziu no debate público, de forma corajosa, "o tema do declínio alemão".[1543] A conclusão de Kreile foi dura: "o que, no fundo, o Tribunal Constitucional fez foi reconhecer que o funcionário público da Alemanha Nazista era um funcionário público de Adolf Hitler. A implicação desse reconhecimento *é óbvia:* o povo alemão era o povo de Adolf Hitler".[1544] Essa constatação era de uma franqueza que não encontrou paralelo nos primórdios da antiga República Federal[1545] e que somente seria repetida e aprofundada quase uma década mais tarde.

3.1.2 Geração de 1968 e o *Vergangenheitsbewältigung*

Durante toda a década de 1960, uma insatisfação generalizada contra as elites militares e burocráticas começou a ser sentida por diversos países do Ocidente. De forma espontânea e inesperada, essa insatisfação deu origem a protestos cada vez mais intensos em todo o mundo, pelos motivos dos mais variados. Nos países capitalistas, as manifestações eram

---

[1542] *"Magna Charta der Selbstbesinnung"*, *"Schleier des Vergessens"*. KREILE, Reinhold. "Eine deutsche Magna Charta der Selbstbesinnung". *Frankfurter Hefte*, nº 9, pp. 83 e 85, 1954.

[1543] *"die sonst nur vom deutschen Wunder und vom deutschen Aufstieg spricht, das Thema des deutschen Abstiegs eingeführt"*. Idem, p. 85.

[1544] *"Was das Bundesverfassungsgericht im Grunde sagt (nun allerdings losgelöst von den vorsichtigen juristischen Formulierungen des Urteils), ist dies: Der Beamte des nationalsozialistischen Deutschlands war der Beamte Adolf Hitlers; die Folgerung ergibt sich von selbst: das deutsche Volk war das Volk Adolf Hitlers"*. Idem, p. 85.

[1545] COLLINGS, Justin. *Democracy's guardians*: a history of the German Federal Constitutional Court (1951-2001). Oxford: Oxford University Press, 2015, p. 37.

CAPÍTULO III – A SUPERAÇÃO DA LENDA DO POSITIVISMO

lideradas pelos movimentos de esquerda e se dirigiam sobretudo contra as injustiças econômicas, contra governos autoritários, contra a guerra do Vietnã e tinham como pauta o reconhecimento de direitos civis, principalmente de negros e mulheres. Já nos países do bloco socialista, os protestos eram dirigidos em sua maioria contra a falta de liberdade de expressão e violação de outros direitos civis pelas elites burocráticas e militares comunistas. As maiores manifestações ocorreram em maio de 1968, na França, em que estudantes se juntaram a trabalhadores em greves violentas, num total de até dez milhões de pessoas, sendo que por alguns dias o movimento pareceu capaz de derrubar o governo.

Na Alemanha não foi muito diferente. Durante esse período, a sociedade alemã passava por uma fase de liberalização da cultura, de pluralização das ideias políticas e de dissolução do antigo estilo de vida.[1546] Esse processo também foi liderado em terras alemãs por movimentos progressistas, que, embalados pelo neomarxismo da Escola de Frankfurt, lutavam pela emancipação da "exploração, opressão e alienação do sistema capitalista"[1547] e denunciavam a continuidade de estruturas fascistas na sociedade alemã. Essa foi uma época de grande agitação social, política e cultural na qual diversos pilares da República Federal da Alemanha foram severamente atacados e questionados. A "velha" República passava, assim, por uma espécie de "refundação",[1548] uma tentativa de estabelecer uma "nova fundação interna"[1549] que apenas acompanhava o processo de modernização das relações sociopolíticas em

---

[1546] Sobre o tema: HERBERT, Ulrich. "Liberalisierung als Lernprozess: die Bundesrepublik in der deutschen Geschichte". *In*: HERBERT, U. (Coord.). *Wandlungsprozesse in Westdeutschland*: Belastung, Integration, Liberalisierung (1945-1980). Göttingen: Wallstein, 2002, pp. 7 e ss.

[1547] HERGET, James E. *Contemporary German legal philosophy*. Philadelphia: University of Pennsylvania Press, 1996. p. 6.

[1548] "*Umgründung der Republik*". GÖRTEMAKER, Manfred. *Geschichte der Bundesrepublik Deutschland*: von der Gründung bis zur Gegenwart. Frankfurt: Fischer, 2004, p. 475.

[1549] "*Versuch einer inneren Neugründung*". JÄGER, Wolfgang. "Die Innenpolitik der sozialliberalen Koalition (1969-1974)". *In*: BRACHER, K. D. (Coord.). *Geschischte der Bundesrepublik Deutschland*. Bnd 5/1: Republik im Wandel (1969-1974). Stuttgart: Dt. Verl.-Anst, 1986, p. 15.

curso, no sentido de uma democratização mais abrangente do Estado e da sociedade alemã.[1550]

Dentre os objetivos mais concretos desses movimentos estavam a autodeterminação sexual e a promoção uma reforma profunda no sistema de ensino, considerado por muitos como extremamente autoritário. Embora os objetivos mais ousados desses movimentos tenham se esvaziados com o tempo – principalmente os objetivos revolucionários sociais e políticos – eles foram decisivos para a vitória do governo de coalizão social-liberal do chanceler Willy Brandt (1913-1992), que se estendeu de 1969 até 1974. Apesar de uma marcante cultura anticomunista na Alemanha Ocidental e dos exageros dos movimentos de esquerda, que incluíram e legitimaram até atos de terrorismo,[1551] é possível dizer que, no geral, esses movimentos tiveram grande recepção e que, em razoável medida, foram bem-sucedidos em diversas das suas pautas.[1552]

Essa relação estreita entre a reformas sociopolíticas exigidas pelo novo *Zeitgeist* da sociedade alemã e a renovação do pensamento jurídico não pode ser ignorada.[1553] Um marco para a conexão da teoria jurídica com o desenvolvimento intelectual geral da época é a publicação do *Anuário pelo Iluminismo Crítico (Jahrbuch für kritische Aufklärung)*, do Club Voltaire, entre 1963 a 1970, com contribuições relevantes dos juristas

---

[1550] HOFMANN, Hasso. *Rechtsphilosophie nach 1945*: zur Geistesgeschichte der Bundesrepublik Deutschland. Berlim: Duncker & Humblot, 2012, pp. 26 e ss.

[1551] Sobre o tema: DOVERMANN, Ulrich (Coord.). *Linksextremismus in der Bundesrepublik Deutschland*. Bonn: Bundeszentrale für Politische Bildung, 2011; PFAHL-TRAUGHBER, Armin. *Linksextremismus in Deutschland*: eine Kritische Bestandsaufnahme. Wiesbaden: Verlag für Sozialwissenschaften, 2014.

[1552] HOFMANN, Hasso. *Rechtsphilosophie nach 1945*: zur Geistesgeschichte der Bundesrepublik Deutschland. Berlim: Duncker & Humblot, 2012, pp. 26 e ss.

[1553] HILGENDORF, Eric. *Die Renaissance der Rechtstheorie zwischen 1965 und 1985*. Würzburg: Ergon-Verl, 2005, p. 9; FISCHER, Torben; LORENZ, Matthias N. *Lexikon der "Vergangenheitsbewältigung" in Deutschland*: Debatten- und Diskursgeschichte des Nationalsozialismus nach 1945. Bielefeld: Transcript, 2007, p. 178.

CAPÍTULO III – A SUPERAÇÃO DA LENDA DO POSITIVISMO

Adalbert Podlech[1554] e Werner Maihofer.[1555] As demais contribuições vieram de campos muito diferentes, das ciências naturais às ciências sociais e humanas, passando pela pedagogia, crítica literária e filosofia da ciência. Comum à maioria das contribuições é "a ideia de um novo começo intelectual, o questionamento crítico de posições tradicionais e uma interdisciplinaridade refletida", com ênfase "na necessidade de um novo pensamento humanista além da metafísica tradicional e do cristianismo escolástico, com a rejeição do dogmatismo de qualquer tipo e valorização do livre argumento".[1556] A Alemanha estava redescobrindo sua "tradição de pensamento crítico, análise imparcial e teste de ideias, avaliações, autoridades e instituições".[1557]

Uma das pautas mais importantes desses movimentos – e que tem grandes implicações para a presente investigação –, foi a necessidade de levar à Justiça diversos juristas nacional-socialistas que, além de não terem sido julgados pelos seus crimes, continuavam trabalhando normalmente no serviço público alemão. Até então, uma parte considerável dos esforços em torno do *Vergangenheitsbewältigung* não havia sido destinada a revelar os crimes nazistas, mas sim a escondê-los debaixo

---

[1554] POLDECH, Adalbert. "Besteht in der Bundesrepublik Gewissens- und Religionsfreiheit". *In*: SZCZESNY, G. (Coord.). *Jahrbuch für kritische Aufklärung*. vol. 1, Club Voltaire. Munique: Szczesny Verlag, 1963.

[1555] MAIHOFER, Werner. "Die Revolte der Jugend für die Evolution der Gesellschaften in Ost und West". *In*: SZCZESNY, G. (Coord.). *Jahrbuch für kritische Aufklärung*. Bnd 2: *Club Voltaire*, Munique, 1967.

[1556] "*Gemeinsam ist den meisten Beiträgen die Vorstellung eines längst überfälligen geistigen Neuanfangs, das kritische Hinterfragen tradierter Positionen und eine reflektierte Interdisziplinarität. Viele betonen die Notwendigkeit eines neuen humanistischen Denkens jenseits der traditionellen Metaphysik und des Schulchristentums; sie lehnen Dogmatismus jeder Art ab und beschwören die Kraft des freien Argumentes*". HILGENDORF, Eric. *Die Renaissance der Rechtstheorie zwischen 1965 und 1985*. Würzburg: Ergon-Verl, 2005, p. 21.

[1557] "*Tradition des kritischen Denkens und der kritischen Diskussion, der unvoreingenommenen Analyse und Prüfung von Anschauungen, Wertungen, Autoritäten und Institutionen*". ALBERT, Hans. "Die Idee der kritischen Vernunft. Zur Problematik der rationalen Begründung und des Dogmatismus". *In*: SZCZESNY, G. (Coord.). *Jahrbuch für kritische Aufklärung*. vol. 2, Club Voltaire. München: Szczesny Verlag, 1967, p. 18.

do tapete.¹⁵⁵⁸ Lembre-se de que a narrativa corrente na fundação da República Federal da Alemanha tinha como ponto de ancoragem o *Stunde Null*, que sugeria uma ruptura total da sociedade alemã com o passado criminoso do Estado Nazista.¹⁵⁵⁹ De fato, a "geração de 1968" foi a primeira geração alemã que não hesitou em exigir, dos pais, da família e dos mais velhos em geral, explicações pelos atos praticados durante o regime nazista¹⁵⁶⁰ e que não poupou esforços para trazê-los a público.

Na verdade, era bastante raro encontrar professores universitários ou membros do aparelho judiciário do Estado que não tivessem se comprometido em alguma medida, mais ampla ou mesmo muito restrita, com o regime nazista. Muitos deles, cujo comprometimento era tido como mínimo, voltaram rapidamente para as suas cátedras ou funções públicas,¹⁵⁶¹ mesmo que ainda não tivessem sido oficialmente ou definitivamente desnazificados.¹⁵⁶² Com mais de 20 anos de atraso, o alto grau de envolvimento e comprometimento da Cátedra e da Justiça

---

1558 FRIEDLÄNDER, Saul. "Bewältigung oder nur Verdrängung? Deutsche Auseinandersetzungen mit der Vergangenheit". *In*: SCHOEPS, J. H.; HILLERMANN, H.; FLECHTHEIM, O. K. (Coord.). *Justiz und Nationalsozialismus*: Bewältigt, verdrängt, vergessen. Stuttgart: Burg, 1987, pp. 15 e ss.

1559 CITRON, Bettina. *Deutsche Mythen seit 1945*. Bielefeld: Kerber Verlag, 2016, pp. 49 e ss.

1560 *"Die 68er Generation war in Deutschland wirklich die erste, die sich nicht gescheut hat, face to face Erklärungen zu fordern, von Eltern, den Älteren überhaupt in der Familie, vor dem Fernsehschirm usw"*. FISCHER, Torben; LORENZ, Matthias N. *Lexikon der "Vergangenheitsbewältigung" in Deutschland*: Debatten- und Diskursgeschichte des Nationalsozialismus nach 1945. Bielefeld: Transcript, 2007, pp. 178 e ss.

1561 STOLLEIS, Michael. *Öffentliches Recht in Deutschland:* Eine Einführung in seine Geschichte (16.-21. Jahrhundert). Beck'sche Reihe, vol. 6135. Munique: C.H. Beck, 2014, pp. 132 e ss.

1562 Iniciado com os julgamentos de Nuremberg, o processo de desnazificação da sociedade alemão contou (do alemão *Entnazifizierung*) é o termo que designa uma das iniciativas dos Aliados após a vitória sobre a Alemanha Nazista na Segunda Guerra Mundial. Reforçada pelos acordos de Potsdam e iniciados pelos julgamentos de Nuremberg, a desnazificação buscava a limpeza política e cultural da sociedade, da imprensa e da Justiça alemãs de toda e qualquer influência nazista.

CAPÍTULO III – A SUPERAÇÃO DA LENDA DO POSITIVISMO

(Poder Judiciário e Ministério Público) alemães com o regime nazista começava enfim a ser revelado.[1563]

A Federação dos Estudantes Socialistas Alemães (*Sozialistischer Deutscher Studentenbund*), por exemplo, uma das organizações progressistas mais importantes da época, atuou de forma decisiva para divulgar os crimes praticados por juristas que, apesar de terem colaborado ativamente para o regime nazista, continuavam trabalhando em seus cargos públicos como se nada tivesse acontecido. Já em 1959, a SDS organizou em Karlsruhe, sede do BVerfG, uma exposição denominada "Justiça Nazista Impune" (*Ungesühnte Nazi-Justiz*), que tinha por objetivo levar ao conhecimento público os crimes praticados por juristas nacional-socialistas que seguiam "escondidos" no serviço público, e promoveu um ciclo de palestras sobre o papel das universidades no período nacional-socialista.[1564] A SDS acabou, inclusive, assumindo alguns custos para que vários desses juristas nazistas fossem levados a julgamento, tendo em vista o risco iminente de prescrição de alguns desses crimes.

Esses movimentos estudantis também foram responsáveis por (finalmente) levar o *Vergangenheitsbewältigung* até as universidades e outros órgãos públicos, trazendo à luz a participação de diversos professores e funcionários no regime nazista.[1565] Mesmo depois de todo esse esforço, a participação dos magistrados no regime nazista parecia não ser um tema muito discutido pela magistratura alemã até a década

---

[1563] STOLLEIS, Michael. *Öffentliches Recht in Deutschland*: Eine Einführung in seine Geschichte (16.-21. Jahrhundert). Beck'sche Reihe, vol. 6135. Munique: C.H. Beck, 2014, p. 455.

[1564] Em Munique: *Die deutschen Universitäten im Dritten Reich* (1966). Em Tübingen: *Deutsches Geistesleben und Sozialismus* (1965). Em Berlim: *Nationalsozialismus und Deutsche Universität* (1966). Em Gießen: *Kritische Justiz* (1968/1969). Outros eventos também foram realizados em Münster, Frankfurt, Göttingen e Kiel. STOLLEIS, Michael. *Theodor Maunz. Ein Staatsrechtslehrerleben*. In: STOLLEIS, M. (Coord.). *Recht im Unrecht: Studien zur Rechtsgeschichte des Nationalsozialismus*, Frankfurt: Suhrkamp, 2006, p. 15.

[1565] FISCHER, Torben; LORENZ, Matthias N. *Lexikon der "Vergangenheitsbewältigung" in Deutschland*: Debatten- und Diskursgeschichte des Nationalsozialismus nach 1945. Bielefeld: Transcript, 2007, pp. 178 e ss.

de 1980.¹⁵⁶⁶ Já um debate franco dos professores de Direito do Estado sobre o papel desempenhado pelos seus antecessores no regime nazista somente ocorreria no ano 2000.¹⁵⁶⁷

3.1.3 A revisão do discurso jurídico do pós-guerra

No campo do Direito, o mito do *marco zero* teve sua formação e desenvolvimento específicos no contexto da Lenda do Positivismo. Não apenas grande parte das pessoas envolvidas na reconstrução do Estado alemão eram as mesmas. O próprio discurso jurídico que se seguiu ao ocaso do Estado Nazista não era assim em essência tão novo. A continuidade de diversos elementos estruturais do discurso jurídico antipositivista de Weimar e do Estado Nazista na República Federal da Alemanha é evidente.

Se o período do pós-guerra não apresentava as condições mínimas para que essa continuidade fosse reconhecida, debatida e denunciada, a abertura da sociedade alemã a partir da década de 1960 mudou esse quadro. A abertura da sociedade produziu imensos reflexos na Academia, levando não apenas a um questionamento intenso sobre o passado, mas também abrindo novas perspectivas e horizontes para o futuro. Pouco a pouco, a "busca de uma sociedade secular por um fundamento absoluto"¹⁵⁶⁸ foi sendo esvaziada e a teoria jurídica começou a ser resgatada.

[1566] É o que sugere o nome do Seminário realizado pelo Gustav-Stresemann-Institut em Freiburg, no ano de 1984. *In*: JUSTIZ UND NATIONALSOZIALISMUS. *Kein Thema für deutsche Richter*? Fachkonferenz des Gustav-Stresemann-Instituts im Jahr 1983.

[1567] Esse debate ocorreu no Encontro da Associação dos Professores de Direito do Estado de 2000, e está aqui registrado: DREIER, Horst et al. "DIE DEUTSCHE STAATSRECHTSLEHRE IN DER ZEIT DES NATIONALSOZIALISMUS: Europäisches und nationales Verfassungsrecht - Der Staat als Wirtschaftssubjekt und Auftraggeber". *Veröffentlichungen der Vereinigung der Deutschen Staatsrechtslehrer*, vol. 60, 2001. Doi:10.1515/9783110879964.

[1568] Uma breve história da problematização da dignidade humana como um valor absoluto da sociedade alemão pode ser encontrada aqui: ISENSEE, Josef. "Menschenwürde:

CAPÍTULO III – A SUPERAÇÃO DA LENDA DO POSITIVISMO

3.1.3.1 Novos fundamentos filosóficos: o *Positivismusstreit*

Em que pese a riqueza de novos temas e abordagens filosóficas que surgiram nessa época, duas delas tiveram especial destaque. De um lado, a Escola de Frankfurt, um movimento filosófico neomarxista ligado à teoria social originado no Instituto de Pesquisa Social, da Universidade de Frankfurt, fundado em 1924 e "refundado"[1569] em 1950. Críticos tanto do capitalismo ocidental quanto do socialismo da União Soviética, seus membros buscavam um caminho alternativo para o desenvolvimento social e investigavam as condições que pudessem permitir mudanças sociais concretas. Sua ênfase no componente "crítico"[1570] indicava uma tentativa de superar os limites do positivismo, do materialismo e do determinismo. Dentre os seus membros mais relevantes estão Max Horkheimer, Theodor Adorno, Leo Löwenthal, Walter Benjamin, Herbert Marcuse e Jürgen Habermas.[1571]

Esse ambiente de questionamento da tradição levou também a um renovado interesse pela filosofia analítica.[1572] Criada a partir da "fusão" do empirismo lógico com o pragmatismo americano, decorrente da emigração de pensadores dos Círculos de Viena e Berlim

---

die säkulare Gesellschaft auf der Suche nach dem Absoluten". *Archiv des öffentlichen Rechts*, nº 131, 2006, pp. 173 e ss. Doi:10.1628/000389106780282105.

[1569] Com a ascensão dos nazistas ao poder, diversos membros do Instituto emigraram para Nova York, tendo ele sido transferido para a Universidade de Columbia. Em 1950, com o retorno de Adorno e Horkheimer a Alemanha, o Instituto voltou a funcionar novamente em Frankfurt.

[1570] O termo "teoria crítica" remonta ao título do ensaio programático *Teoria Tradicional e Crítica* (*Traditionelle und kritische Theorie*), de Max Horkheimer de 1937. O principal trabalho da escola é o livro de 1944/1947 escrito em conjunto por Horkheimer e Theodor W. Adorno, chamado *Dialética do Iluminismo* (*Dialektik der Aufklärung*).

[1571] HELD, David. *Introduction to critical theory*: Horkheimer to Habermas. Londres: Hutchinson, 1980, pp. 14 e ss.; KIRK, Tim. *Cassell's dictionary of modern German history*. Londres: Cassell, 2002, p. 125.

[1572] STOLLEIS, Michael. *Geschichte des öffentlichen Rechts in Deutschland*: Staats- und Verwaltungsrechtswissenschaft in West und Ost (1945-1990). vol. 4, Munique: C.H. Beck, 2012, p. 384.

para os países anglo-saxões durante o expurgo nacional-socialista, sua assertiva fundamental é a da falseabilidade intrínseca de qualquer sistema teórico, de modo que todo conhecimento deve ser considerado provisório, refutável e corrigível. Proposto por Karl Popper em diversas publicações,[1573] esse novo sistema filosófico defendia que o conhecimento científico (leia-se: objetivo)[1574] não se dirige à prova de uma verdade determinada, e sim ao constante e permanente falseamento de hipóteses. Iniciada no campo da teoria da linguagem e desenvolvida na filosofia da ciência, essa "virada analítica"[1575] logo se voltou contra o direcionamento substancial da filosofia dos valores, hegemônica desde meados da República de Weimar.

O protagonismo dessas duas abordagens durante a década de 1960 deu origem ao que veio se dominar mais tarde como a "Controvérsia sobre o Positivismo" (*Positivismusstreit*),[1576] uma disputa político-filosófica entre os racionalistas críticos (Karl Popper, Hans Albert) e a Escola de Frankfurt (Theodor Adorno, Jürgen Habermas) sobre a metodologia

---

[1573] Por exemplo *In*: POPPER, Karl R. *Logik der Forschung*. Gesammelte Werke in deutscher Sprache. 11ª ed. Tübingen: Mohr Siebeck, 2005; POPPER, Karl R. "Vermutungen und Widerlegungen: Das Wachstum der wissenschaftlichen Erkenntniss". *In*: POPPER, K. R.; KEUTH, H. (Coord.). *Gesammelte Werke in deutscher Sprache*. 2ª ed. Tübingen: Mohr Siebeck, 1963.

[1574] Para Popper, a objetividade do *conhecimento* científico não é garantida pela objetividade dos *cientistas*. Popper rejeita o argumento relativista geral na sociologia do conhecimento e a versão específica implícita no argumento de que os antropólogos definem observadores privilegiados da realidade social. No entanto, Popper introduz fatores sociais em sua discussão da objetividade científica da seguinte maneira: a chamada objetividade da ciência reside na objetividade do *método*. Essa tradição crítica não repousa sobre indivíduos, mas sim sobre *processos sociais*. FRISBY, David. "The Popper-Adorno Controversy: the Methodological Dispute in German Sociology". *Philosophy of the Social Sciences*, n° 2, p. 109, 1972. Doi:10.1177/004839317200200108.

[1575] HOFMANN, Hasso. *Rechtsphilosophie nach 1945*: zur Geistesgeschichte der Bundesrepublik Deutschland. Berlim: Duncker & Humblot, 2012, p. 31.

[1576] A própria denominação é, no entanto, controversa, uma vez que foram os defensores da Escola de Frankfurt que acusavam os racionalistas críticos de serem positivistas, enquanto os eles se consideravam oponentes do positivismo, principalmente do Círculo de Viena.

CAPÍTULO III – A SUPERAÇÃO DA LENDA DO POSITIVISMO

aplicável às ciências sociais.[1577] Para os racionalistas críticos, a sociologia deveria obedecer o mesmo método das ciências naturais, já que ambas têm por objeto um conjunto comum de questões empíricas sujeitas a serem conhecidas. Além disso, toda e qualquer teoria científica, bem como quaisquer outras reivindicações ao conhecimento, podem e devem ser racionalmente criticadas e ser submetidas a testes que podem falsificá-las.[1578] Em contraste, a Escola de Frankfurt negava que a sociologia pudesse ser separada da sua dimensão "normativa", já que as questões empíricas estão necessariamente entrelaçadas em questões filosóficas substantivas. Baseando-se em conceitos de tradições hegelianas e marxistas, a "teoria crítica" concebia a sociedade como uma totalidade concreta, um ambiente social no qual várias "agências psicossociais" (família, autoridades, meios de comunicação de massa) moldam a consciência individual.[1579]

No nível político, a Escola de Frankfurt defendia que uma emancipação do indivíduo somente poderia ser alcançada se o consumismo imposto pela sociedade fosse abolido e as vendas impostas fossem retiradas,[1580] de modo que a revolução era a única forma viável de mudança social. Já o racionalismo crítico considera esse objetivo impossível e

---

[1577] A controvérsia originou-se numa resposta de Adorno a uma palestra de Popper proferida na palestra inaugural de um Seminário da Sociedade Alemã para a Sociologia (*Deutsche Gesellschaft für Soziologie*), realizada entre 19 e 21 de outubro de 1961, em Tübingen, com o tema "A Lógica das Ciências Sociais" (*Die Logik der Sozialwissenschaften*). No seguinte livro podem ser encontradas as principais contribuições para esse debate: DAHMS, Hans-Joachim (Coord.). *Positivismusstreit*: die Auseinandersetzungen der Frankfurter Schule mit dem logischen Positivismus, dem amerikanischen Pragmatismus und dem kritischen Rationalismus. Frankfurt: Suhrkamp, 1994.

[1578] POPPER, Karl R. *Logik der Forschung*. 11ª ed. Gesammelte Werke in deutscher Sprache. Tübingen: Mohr Siebeck, 2005, pp. 119 e ss., especificamente nas notas de rodapé ★1 e ★2.

[1579] BOHMAN, James. "Critical Theory". *The Stanford Encyclopedia of Philosophy*. Disponível em: https://plato.stanford.edu/archives/fall2016/entries/critical-theory/. Acessado em: 06.09.2018.

[1580] HORKHEIMER, Max. Postcript (1937). *In*: HORKEHEIMER, M. (Coord). *Critical theory*: selected essays. Nova York: Continuum, 2002, p. 244.

qualquer abordagem normativa das ciências sociais é perigosa e poderia legitimar o discurso de regimes totalitários, de modo que as mudanças sociais devem ser alcançadas sem rupturas drásticas, isto é, por meio de reformas pontuais.[1581] Embora essa disputa tenha sito bastante intensa nas décadas de 1960 e 1970, já estava claro na década de 1980 que "Frankfurt havia perdido"[1582] e que o racionalismo crítico havia prevalecido na academia, muito embora a teoria crítica tivesse mais destaque na mídia de massa.[1583] Jürgen Habermas, um dos mais importantes representantes da Escola de Frankfurt, afastou-se de seus antigos postulados de orientação marxista e começou a apresentar posições mais "liberais", semelhantes ao modelo de "sociedade aberta" proposta por Karl Popper.[1584]

3.1.3.2 Uma abordagem crítica do método jurídico tradicional

No campo do Direito houve uma significativa mudança de rumo em meados da década de 1960. Embalada pela Escola de Frankfurt, uma nova teoria jurídica de orientação marxista formava as bases de um discurso que denunciou o viés ideológico do Direito Natural e de uma suposta "objetividade" de uma determinada ordem de valores. Esse Direito Natural do pós-guerra não passava de um instrumento de dominação e repressão, mascarado na forma de relações sociais legítimas e injustas.[1585] A tarefa da teoria crítica era expor as maneiras pelas quais o domínio é

[1581] POPPER, Karl R. *Die offene Gesellschaft und ihre Feinde*. Falsche Propheten Hegel, Marx und die Folgen. 7ª ed. vol. 2, Tübingen: Mohr, 1992, pp. 177 e ss.

[1582] SCHNÄDELBACH, Herbert. "Kritische Theorie? Aufgaben kritischer Philosophie heute". *In*: ALBERT, H.; SCHNÄDELBACH, H.; SIMON-SCHAEFER, R. (Coord.). *Renaissance der Gesellschaftskritik?*. Bamberg: Universitäts-Verlag, 1999, p. 52.

[1583] HILGENDORF, Eric. *Die Renaissance der Rechtstheorie zwischen 1965 und 1985*. Würzburg: Ergon-Verl, 2005, p. 23.

[1584] Idem, p. 23.

[1585] HERGET, James E. *Contemporary German legal philosophy*. Philadelphia: University of Pennsylvania Press, 1996, p. 6.

CAPÍTULO III – A SUPERAÇÃO DA LENDA DO POSITIVISMO

perpetuado, único caminho que poderia levar à emancipação. Uma teoria crítica que desenvolvia uma sociologia compreensiva da sociedade alemã renovou as esperanças das novas gerações. As revistas jurídicas *Justiça Crítica* (*Kritische Justiz*), fundada em 1968, e *Toga Vermelha* (*Rote Robe*), fundada em 1970, tiveram especial destaque nesse processo.[1586]

De fato, os reflexos do *Positivismusstreit* na teoria jurídica já podiam ser sentidos no final da década de 1970, quando a firme convicção de que uma teoria legal marxista e seus derivados poderiam indicar um caminho de redenção para a sociedade alemã já parecia estar completamente superada.[1587] Essa fase de esperança em torno de um ideal marxista foi, no entanto, seguida por uma profunda desilusão.[1588] A "derrota" do marxismo enfraqueceu o papel e a relevância das abordagens jurídicas de viés crítico na cultura jurídica alemã. Todavia, se de um lado as críticas marxistas não se consolidaram como uma teoria jurídica viável em médio ou longo prazo, de outro lado elas tiveram o grande mérito de iniciar os debates sobre a revisão dos fundamentos da mitologia jurídica do pós-guerra. Esses debates foram potencializados pelo retorno de muitos membros do Círculo de Viena que, politicamente ativos no espírito da democracia social austríaca, reimportaram o ímpeto crítico da filosofia analítica para o mundo de língua alemã.[1589]

[1586] STOLLEIS, Michael. *Geschichte des öffentlichen Rechts in Deutschland*: Staats- und Verwaltungsrechtswissenschaft in West und Ost (1945-1990). vol. 4, Munique: C.H. Beck, 2012, p. 402.

[1587] "Já no final dos anos setenta, [a teoria marxista do Direito] não desempenhava mais qualquer papel especial para além dos círculos de discussão e agitação relativamente isolados nas universidades alemãs". / "*Schon gegen Ende der 70er Jahre spielte sie [scil.: die marxistische Rechtstheorie, H.D.], abgesehen von relativ abgeschotteten Diskussions- und Agitationszirkeln in einigen Universitätsstätten, keine besondere Rolle mehr*". HILGENDORF, Eric. *Die Renaissance der Rechtstheorie zwischen 1965 und 1985*. Würzburg: Ergon-Verl, 2005, p. 56.

[1588] DREIER, Horst. "Die (Wieder-)Entdeckung Kelsens in den 1980er Jahren: ein Rückblick (auch eigener Sache)". *In*: JESTAEDT, M. (Coord.). *Hans Kelsen und die deutsche Staatsrechtslehre*: Stationen eines wechselvollen Verhältnisses. Tübingen: Mohr Siebeck, 2013, p. 187.

[1589] HILGENDORF, Eric. *Die Renaissance der Rechtstheorie zwischen 1965 und 1985*. Würzburg: Ergon-Verl, 2005, p. 22.

Verifica-se, portanto, que embora configurassem orientações filosóficas distintas e conflitantes, tanto o neomarxismo da Escola de Frankfurt como o racionalismo tinham um inimigo comum: a visão aristotélico-tomista e romântica da Doutrina Social da Igreja e sua doutrina de conformação social baseada na tradição. Os reflexos do *Positivismusstreit* e das respectivas orientações filosóficas na teoria jurídica são óbvios: elas forçavam a revisão da metodologia jurídica consolidada na Alemanha.[1590] Um processo de desmistificação do Direito e a problematização de alguns dos pilares de fundação da República Federal da Alemanha estava apenas começando.[1591] Esse recomeço da teoria jurídica em meados da década de 1960 era marcado pelo afastamento do Direito Natural, do idealismo e da metodologia jurídica tradicional, caracterizando-se por um elemento claramente crítico e analítico.

As críticas eram dirigidas sobretudo ao empoderamento excessivo do BVerfG e do BGH que, por intermédio de suas jurisprudências expansivas, criavam mais e mais diretrizes à atividade legislativa e diminuía, com isso, o poder de decisão do Poder Legislativo. Embora ninguém quisesse que os tribunais superiores fossem politicamente cegos, o seu envolvimento em casos políticos de grande importância, principalmente do BVerfG, era considerada excessiva.[1592] No final das contas, todo e qualquer questão jurídica simples ganhava contornos constitucionais, pois deveria ser "interpretada" e "decidida" à luz dos direitos fundamentais.[1593] Diante da necessidade de reconstrução de um sistema jurídico em ruínas, com severos déficits de normatividade e de legitimidade, a sua fundamentação metafísica demonstrava-se não só plausível, mas de certo modo necessária. Todavia, uma vez

---

[1590] Idem, p. 22.

[1591] CITRON, Bettina. *Deutsche Mythen seit 1945*. Bielefeld: Kerber Verlag, 2016, p. 52.

[1592] STOLLEIS, Michael. *Geschichte des öffentlichen Rechts in Deutschland*: Staats- und Verwaltungsrechtswissenschaft in West und Ost (1945-1990). vol. 4, Munique: C.H. Beck, 2012, p. 158.

[1593] Idem, p. 165.

CAPÍTULO III — A SUPERAÇÃO DA LENDA DO POSITIVISMO

consolidados os pilares da República de Bonn e dentro de uma fase de estabilidade institucional, o espírito da democracia não poderia mais ser contido. Estava claro, a essa altura, que havia muito pouca ou praticamente nenhuma "objetividade" na proclamada "ordem de valores". Na realidade, essa "ordem objetiva de valores" não passava da soma das convicções ideológicas de alguns círculos de liderança da Alemanha daquele período histórico.[1594]

Do lado da filosofia política, Ingeborg Maus (★1937) foi uma das principais críticas dessa compreensão material do Direito e da jurisprudência do BVerfG, tendo como ponto de partida as liberdades pré-estatais em bases kantianas e uma proposta de uma democracia de natureza procedimental.[1595] Quanto aos juristas, Ernst Forsthoff foi um dos que mais criticaram a jurisprudência da BVerfG sobre direitos fundamentais, cuja "reinterpretação" num "sistema de valores" acabava com qualquer clareza conceitual. Contrariando a "hierarquia de valor humanista" do BVerfG, que resulta na incerteza do Direito Constitucional, Forsthoff defendeu um retorno ao "método jurídico". Como qualquer norma, a Constituição também deveria ser interpretada de acordo com as regras da hermenêutica jurídica formuladas por Savigny.[1596] De acordo com o seu diagnóstico, o Estado de Direito (*Rechtsstaat*) havia se transformado num Estado Judiciário (*Justizstaat*), no qual o BVerfG se considera superior ao legislativo.[1597] Carl Schmitt também foi outro jurista que, por meio de uma autocrítica velada com o seu próprio passado nacional-socialista, denunciou duramente a "tirania dos valores" da "República de Karlsruhe",[1598] defendeu a autonomia do Direito e dos juristas em face

---

[1594] Idem, pp. 166 e ss.

[1595] Idem, pp. 390 e ss.

[1596] FORSTHOFF, Ernst. "Die Umbildung des Verfassungsgesetzes". *In*: BARION, H.; FORSTHOFF, E.; SCHMITT, C. (Coord.). *Festschrift für Carl Schmitt zum 70 Geburtstag dargebracht von Freunden und Schülern*. Berlim: Duncker & Humblot, 1959, pp. 36 e ss.

[1597] Idem, p. 47.

[1598] Karlsruhe é o nome da cidade alemã onde se situa o BVerfG.

da filosofia dos valores (*Wertphilosophie*)[1599] atribuiu a responsabilidade dos crimes nazistas a essa forma de pensamento ancorada em valores.[1600]

A compreensão do Direito como uma *Rechtsidee* começava a ser finalmente abandonada em favor de uma concepção formal, onde ele não era senão a vontade de uma maioria moldada na forma de normas jurídicas. O "bem comum" não era mais entendido como um valor fixo, definido pelas elites éticas ou políticas, mas sim o resultado do processo pluralista de formação da vontade na sociedade e no Estado. O bem comum era aquilo que se formava pela via procedimental, um interesse público resultante do confronto de forças políticas no tabuleiro democrático.[1601]

O fato é que a penetração dessa "ordem de valores" no sistema jurídico teve como consequência uma forte internalização e isolamento do mundo exterior. Esse isolamento começou a se dissipar lentamente a partir de meados da década de 1960, num processo que ganhou mais força quando a Comunidade Europeia começou a ser aproximar no horizonte e os olhares do mundo jurídico tiveram que ser ampliados para além do Estado-Nação. Finalmente, a partir da década de 1980, o fenômeno da globalização começou a emergir de forma avassaladora e essa "ordem objetiva de valores" já não encontrava mais qualquer sustentação na cultura jurídica alemã.[1602]

A justificativa da decisão judicial a partir de normas gerais, um ponto que tinha sido problematizado pelos positivistas do final do século XIX e do início do século XX, mas abandonado pelo Direito Natural

---

[1599] SCHMITT, Carl. *Die Tyrannei der Werte*. 3ª ed. Berlim: Duncker & Humblot, 2011 [1960], pp. 48 e ss.

[1600] STOLLEIS, Michael. *Geschichte des öffentlichen Rechts in Deutschland*: Staats- und Verwaltungsrechtswissenschaft in West und Ost (1945-1990). vol. 4, Munique: C.H. Beck, 2012, pp. 244 e ss.

[1601] STOLLEIS, Michael. *Öffentliches Recht in Deutschland*: eine Einführung in seine Geschichte (16.-21. Jahrhundert). Munique: C.H. Beck, 2014, pp. 160 e ss.

[1602] STOLLEIS, Michael. *Geschichte des öffentlichen Rechts in Deutschland*: Staats- und Verwaltungsrechtswissenschaft in West und Ost (1945-1990). vol. 4, Munique: C.H. Beck, 2012, p. 246.

CAPÍTULO III – A SUPERAÇÃO DA LENDA DO POSITIVISMO

do pós-guerra, voltou a ser o centro das atenções. Aos poucos, ficava novamente claro que a decisão judicial não poderia ser deduzida de normas gerais por meio de uma mera operação lógica. Ficava cada vez mais claro que toda a hostilidade contra a Teoria do Direito baseava-se na compreensão equivocada de uma questão que já havia sido há muito esclarecida por Kelsen: a aplicação do Direito não decorre apenas da lei e é fundamentalmente baseada no método. A prática jurídica inclui requisitos substantivos que simplesmente não são previstos ou prescritos pelas leis. Os juristas aprendem suas regras, seu método, no curso de sua socialização jurídica, em que diversos pré-requisitos substantivos, certos "valores" corporativos e preconceitos específicos são naturalizados. Se a aplicação do Direito pressupõe certos métodos, então também deve ser permissível tornar explícitos esses pressupostos e regras, examiná-los sistematicamente e criticá-los. Essa voltou então a ser uma das tarefas essenciais da teoria jurídica.[1603]

3.1.3.3 Velhos conhecidos, novos nomes

Ao contrário de romper com a tradição metafísica que se instalou na cultura jurídica alemã desde a década de 1920, o fato é que o debate jurídico do pós-guerra, em grande medida, apenas lhe deu continuidade. Assim como ocorreu entre 1918 e 1945, as frentes ideológicas gerais do pós-guerra eram essencialmente antiliberais e teoria jurídica variava entre um jusnaturalismo cristão dominante e um neorrealismo profano revolucionário, sempre ancorados numa filosofia dos valores e numa *Rechtsidee*.[1604]

[1603] HILGENDORF, Eric. *Die Renaissance der Rechtstheorie zwischen 1965 und 1985*. Würzburg: Ergon-Verl, 2005, p. 20.
[1604] RÜCKERT, Joachim. "Zu Kontinuitäten und Diskontinuitäten in der juristischen Methodendiskussion nach 1945". *In*: ACHAM, K. (Coord.). *Erkenntnisgewinne, Erkenntnisverluste*: Kontinuitäten und Diskontinuitäten in den Wirtschafts-, Rechts- und Sozialwissenschaften zwischen den 20er und 50er Jahren. Stuttgart: F. Steiner, 1998, pp. 153 e ss.

Dominando uma "literatura de transição",[1605] onde "coortes de socialização"[1606] assumem o domínio literário no processo de mudança dos sistemas políticos, os debates jurídicos do pós-guerra estavam mais preocupados em fixar coletivamente as razões do declínio do sistema desaparecido e legitimar o novo sistema do que propriamente em apresentar um estudo analítico do sistema jurídico. Como bem apontado por Hilgendorf,

> a eficiência desse padrão de interpretação é muito clara no período posterior a 1945, que pode ser exemplificado por títulos como 'Lei Natural e Cristianismo' (*Naturrecht und Christentum*), 'Direito Natural e Direito do Amor' (*Naturrecht und Liebesrecht*) ou 'O Eterno Retorno do Direito Natural' (*Die ewige Wiederkehr des Naturrechts*).[1607]

[1605] "Esse termo descreve as numerosas contribuições literárias que são publicadas por autores de diferentes disciplinas, pontos de vista e perspectivas sobre as múltiplas questões de mudanças constitucionais e mudanças no sistema político". / "*Er bezeichnet zusammenfassend die jeweils zahlreichen literarischen Beiträge, die von Autoren unterschiedlicher Disziplinen, Standpunkte und Sichtweisen zu den vielfältigen Fragen von Verfassungsumbrüchen und politischen Systemwechseln ('Wenden') publiziert werden*". RÜTHERS, Bernd. *Geschönte Geschichten - Geschonte Biographien*: Sozialisationskohorten in Wendeliteraturen - Ein Essay. Tübingen: Mohr Siebeck, 2001, p. 10.

[1606] "Grupos de pessoas que se caracterizam por experiências biográficas compartilhadas. Os fatores formativos podem ser de tipos muito diferentes, como a idade, o ambiente doméstico, cursos ou instituições conjuntas de treinamento, situações conjuntas de sucesso e perigo, transtornos ou derrotas, e assim por diante. Não raro, valores e imagens similares do mundo, padrões semelhantes de pensamento, estados emocionais e de consciência, assim como comportamentos e modos de reação similares resultam da experiência compartilhada quando as idéias *básicas enraizadas na socialização são postas em questão*". / "*Gruppen von Menschen, die durch gemeinsame biographische Erlebnisse geprägt sind. Die prägenden Faktoren können sehr verschiedener Art sein, etwa das Alter, das Herkunftsmilieu, gemeinsam durchlaufene Ausbildungsgänge oder -institutionen, gemeinsam durchlebte Erfolgs- und Gefahrensituationen, Umwälzungen oder Niederlagen und ähnliches mehr. Aus dem gemeinsamen Erleben ergeben sich für die Zukunft nicht selten ähnliche Wert- und Weltbilder, ähnliche Denkmuster, Gefühls- und Bewusstseinslagen sowie ähnliche Verhaltens- und Reaktionsweisen, wenn die durch die Sozialisierung eingewurzelten Grundvorstellungen in Frage gestellt werden*". Idem, pp. 3 e ss.

[1607] "*Die Leistungsfähigkeit dieses Interpretationsmusters zeigt sich für die Zeit nach 1945 sehr deutlich. Typisch sind Buchtitel wie 'Naturrecht und Christentum', 'Naturrecht und*

CAPÍTULO III – A SUPERAÇÃO DA LENDA DO POSITIVISMO

O tal "renascimento do Direito Natural" do pós-guerra havia sido apoiado principalmente por autores que, durante o 3º Reich, já defendiam a existência de um Direito Supralegal e que desde Weimar rejeitavam o positivismo liberal, notadamente aquele representado por Hans Kelsen.[1608]

Festejada por alguns juristas como a "inovação mais espetacular" do Direito alemão pós-1945,[1609] o fato é que a concepção do Direito como uma "ordem objetiva de valores" não era, em sua essência, sequer um discurso tão novo assim. O que se verifica aqui, na verdade, é uma espécie de confluência, uma "aliança"[1610] entre três discursos distintos (e muito tradicionais nas ciências jurídicas alemãs), mas que compartilhavam a mesma concepção *material* sobre o Direito: o Direito como uma *Rechtsidee*. Na camada mais profunda, encontra-se uma "teoria aristotélica-tomista da lei natural, tributária de uma ética platônica" e representada pela tradição escolástica. Na segunda camada desse discurso havia "a sua versão moderna, uma fenomenologia orientada por uma ética dos valores".[1611] Esse discurso não se diferia muito da *Jurisprudência*

Liebesrecht' oder 'Die ewige Wiederkehr des Naturrechts'". HILGENDORF, Eric. *Die Renaissance der Rechtstheorie zwischen 1965 und 1985*. Würzburg: Ergon-Verl, 2005, p. 28.

[1608] Idem, p. 28.

[1609] *"spektakulärste Neuerung"*. WAHL, Rainer. "Lüth und die Folgen: ein Urteil als Weichenstellung für die Rechtsentwicklung". *In*: HENNE, T.; RIEDLINGER, A. (Coord.). *Das Lüth-Urteil aus (rechts-)historischer Sicht*: die Konflikte um Veit Harlan und die Grundrechtsjudikatur des Bundesverfassungsgerichts. Berlin: BWV Berliner Wissenschafts-Verlag, 2005, p. 373.

[1610] HOFMANN, Hasso. *Rechtsphilosophie nach 1945*: zur Geistesgeschichte der Bundesrepublik Deutschland. Berlim: Duncker & Humblot, 2012, p. 17.

[1611] "Mas voltemos ao Direito Natural Católico e sua aliança com a Ética. Além da teoria realista do ser aristotélico-tomista, sempre ele se valeu da essência da ética platônica. Sua forma moderna, como a fenomenologia da psique, foi desenvolvida por Max Scheler em sua ética de valor material". / *"Aber kehren wir noch einmal zum katholischen Naturrecht und dessen Allianz mit der Wertethik zurück. Neben der aristotelisch-thomistischen realistischen Seinslehre gab es von jeher die aus der platonischen Ethik stammende Wesensschau. Deren moderne Form hat als Phänomenologie des Psychischen namentlich Max Scheler in seiner materialen Wertethik ausgebildet"*. HOFMANN, Hasso. *Rechtsphilosophie nach 1945*: zur Geistesgeschichte der Bundesrepublik Deutschland. Berlim: Duncker & Humblot, 2012, p. 17.

dos Valores (*Wertjurisprudenz*), defendida por Karl Larenz e Julius Binder desde a aurora da República de Weimar. Por fim – e na medida em que esse discurso também reconhece a existência de um "sistema de valores dos direitos fundamentais" (*Wertsystem der Grundrechte*) –, não seria descabida a referência ao método de interpretação histórico-intelectual conhecido por "sistema cultural" (*Kultursystem*) e proposto no Direito Público ainda em Weimar por Rudolf Smend.[1612] Seja essa "ordem objetiva de valores" encarada como um projeto jusnaturalista ou não, o fato é que a estratégia de legitimação do sistema jurídico do pós-guerra foi *idêntica* àquela utilizada pelos juristas nacional-socialistas para a legitimação do Estado Nazista: subordinar todos os elementos e estruturas formais do Direito Positivo a uma *Rechtsidee*, que só se justificam na medida em que à ela *servem*.

Também no que diz respeito ao Direito do Estado (*Staatsrechtslehre*) é possível notar que, ao contrário da aludida ruptura com Weimar e com o Estado Nazista, ela permaneceu estagnada até a metade da década de 1960,[1613] com a continuidade de elementos essenciais da Escola Schmitt--Smend[1614] e com a permanência de uma concepção finalística do Estado, que não se limitava a descrevê-lo em seus elementos formais. De fato, as objeções levantadas desde a década de 1920 contra a clássica "teoria (positivista) dos três elementos" de Jellinek[1615] ainda eram consideradas atuais, de modo que o Positivismo Jurídico permanecia "superado".[1616] A

[1612] HOFMANN, Hasso. *Rechtsphilosophie nach 1945*: zur Geistesgeschichte der Bundesrepublik Deutschland. Berlim: Duncker & Humblot, 2012, p. 25.

[1613] STOLLEIS, Michael. *Geschichte des öffentlichen Rechts in Deutschland*: Staats- und Verwaltungsrechtswissenschaft in West und Ost (1945-1990). vol. 4, Munique: C.H. Beck, 2012, p. 356.

[1614] Idem, pp. 358 e ss.

[1615] De acordo com a *Teoria dos Três Elementos* (*Drei-Elemente-Lehre*) de Jellinek, o reconhecimento de um Estado como sujeito de Direito Internacional depende da articulação de três elementos, a saber: "território" (*Staatsgebiet*), "povo" (*Staatsvolk*) e "governo" (*Staatsgewalt*). JELLINEK, Georg. *Allgemeine Staatslehre*. 3ª ed. Berlim: J. Springer, 1921 [1900], pp. 394 e ss.

[1616] STOLLEIS, Michael. *Geschichte des öffentlichen Rechts in Deutschland*: Staats- und Verwaltungsrechtswissenschaft in West und Ost (1945-1990). vol. 4, Munique:

CAPÍTULO III – A SUPERAÇÃO DA LENDA DO POSITIVISMO

continuidade do direcionamento antipositivista do Direito do Estado, que fundamentava a autoridade estatal numa "tradição espiritual objetiva"[1617] ou num "fluxo espiritual comum",[1618] era evidente. De acordo com os seus teóricos, o Estado de Direito não deveria ser compreendido apenas na sua concepção liberal, "devendo incorporar elementos materiais".[1619]

De fato, a continuidade de um elemento essencial da doutrina do Direito do Estado, crítica à tradição liberal-positivista, era evidente. Segundo Otto Bachof, "o Estado de Direito é o Estado que visa a realização e a garantia da Justiça, de modo que os seus elementos formais servem apenas para garantir esse conteúdo material".[1620] O *Estado Social* não tinha por finalidade resguardar uma esfera de proteção ao indivíduo contra o poder estatal, uma característica típica das concepções antipositivistas e antiliberais sobre o Estado do início da década de 1920. Esse "novo" Estado não era apenas um Estado intervencionista, mas principalmente um Estado *de bem-estar* intervencionista, axiologicamente orientado para a realização de interesses coletivos em detrimento dos

---

C.H. Beck, 2012, p. 35.

[1617] *"objektive geistige Tradition"*. Conferência de Günter Düring no Encontro da Associação dos Professores de Direito do Estado de 1954. *In*: DER DEUTSCHE STAAT IM JAHRE 1945 UND SEITHER: Berichte und Diskussionen auf der Tagung der Vereinigung der Deutschen Staatsrechtslehrer in Tübingen vom 14. bis 15. Oktober 1954. *Veröffentlichungen der Vereinigung der Deutschen Staatsrechtslehrer*, nº 13, p. 45, 1955. Doi:10.1515/9783110903249.

[1618] *"geistigen Strom gemeinsamen Bewußtseins"*. Intervenção de Ulrich Scheuner no Encontro da Associação dos Professores de Direito do Estado de 1954. Idem, p. 68.

[1619] Intervenção de Otto Bachof no Encontro da Associação dos Professores de Direito do Estado de 1953. *In*: FORSTHOFF, Ernst *et al*. "BEGRIFF UND WESEN DES SOZIALEN RECHTSSTAATES: Berichte und Aussprache zu den Berichten in den Verhandlungen der Tagung der deutschen Staatsrechtslehrer zu Bonn am 15 und 16 Oktober 1953". *Veröffentlichungen der Vereinigung der Deutschen Staatsrechtslehrer*, nº 12, 1954. Doi:10.1515/9783110904499.

[1620] *"Rechtsstaat ist der auf Verwirklichung und Sicherung der Gerechtigkeit zielende Staat und seine formalen Elemente dienen nur zur Gewährleistung dieses materialen Gehalts"*. Intervenção de Otto Bachof no Encontro da Associação dos Professores de Direito do Estado de 1953. Idem, p. 39.

interesses individuais.¹⁶²¹ Da mesma forma que o Estado Nazista,¹⁶²² o Estado Social da República Federal da Alemanha deveria ser considerado um *Estado de Justiça*. De um modo geral, essa Teoria do Estado do pós-guerra poderia ser caracterizada como uma teoria "antiliberal e antipluralista, quiçá neoabsolutista".¹⁶²³

Como se isso não bastasse, o paradoxo de que o "antipositivismo retórico" do Direito Natural do pós-guerra acabou por fundar uma espécie de "prática constitucional legalista",¹⁶²⁴ fundada numa "ditadura da dignidade humana",¹⁶²⁵ ficava cada vez mais claro. O modelo alemão, que fora exportado mundo afora como o modelo *par excellence* de *democracia constitucional* a ser seguido, apresentava grandes déficits de legitimidade.¹⁶²⁶ A própria Constituição de Bonn, que foi produzida pelo *Parlamentarischer Rat* (um conselho de notáveis indicados pelos Parlamentos Estaduais, sem eleição direta pelo povo) e que recebeu o nome de "Lei Fundamental" exatamente por se tratar de um documento provisório, jamais foi ratificada pelo voto popular direto.¹⁶²⁷ A maior prova de que os princípios da Democracia Liberal não tinham muitos

---

1621 STOLLEIS, Michael. *Geschichte des öffentlichen Rechts in Deutschland*: Staats- und Verwaltungsrechtswissenschaft in West und Ost (1945-1990). vol. 4, Munique: C.H. Beck, 2012, p. 287.

1622 Ver item 2.3.5.2.

1623 *"antiliberal und antipluralistisch, ja neoabsolutistisch"*. STOLLEIS, Michael. *Geschichte des öffentlichen Rechts in Deutschland*: Staats- und Verwaltungsrechtswissenschaft in West und Ost (1945-1990). vol. 4, Munique: C.H. Beck, 2012, p. 371.

1624 Idem, p. 200.

1625 NEUMANN, Ulfrid. "Die Tyrannei der Würde: Argumentationstheoretische Erwägungen zum Menschenwürdeprinzip". *Archiv für Rechts- und Sozialphilosophie*, n° 84, 1998, pp. 153 e ss.

1626 STOLLEIS, Michael. *Geschichte des öffentlichen Rechts in Deutschland*: Staats- und Verwaltungsrechtswissenschaft in West und Ost (1945-1990). vol. 4, Munique: C.H. Beck, 2012, p. 308.

1627 De acordo com um dos membros do Conselho, a própria designação *Constituição* era "muito sublime, muito solene, muito definitiva" para o tipo de documento que eles estavam produzindo. COLLINGS, Justin. *Democracy's guardians*: a history of the German Federal Constitutional Court (1951-2001). Oxford: Oxford University Press, 2015, p. 16.

CAPÍTULO III – A SUPERAÇÃO DA LENDA DO POSITIVISMO

amigos na Alemanha, mesmo no pós-guerra, é que a Lei Fundamental, bem como toda a prática constitucional desenvolvida a partir dela, era centrada nos direitos fundamentais, e não na democracia.[1628]

Ficava cada vez mais claro, portanto, que a metodologia do pensamento jurídico nacional-socialista não havia sofrido uma solução de continuidade com o final do regime nazista. Muito pelo contrário, apesar da mudança de conteúdo,[1629] havia uma óbvia continuidade da orientação histórico-espiritual das ciências jurídicas (*Rechtswissenschaften*).[1630] Os juristas nacional-socialistas e os juristas responsáveis pelo "renascimento do Direito Natural" do pós-guerra não apenas atacavam o Positivismo Jurídico de forma implacável, mas também defendiam que o Direito e a Moral deveriam formar uma unidade[1631] e concebiam o Direito como uma *Rechtsidee*.

De fato, a reformulação do sistema jurídico alemão com base na jovem Lei Fundamental, promovida inicialmente pelo movimento de "renascimento do Direito Natural" e, posteriormente, pela jurisprudência do Tribunal Constitucional Federal, seguiu muitos padrões que também caracterizaram a turbulência do pensamento jurídico após 1918. Muitos dos atores responsáveis por moldar o sistema jurídico do início da República Federal já haviam passado pela experiência de realinhamento do Direito Positivo com diretrizes ideológicas textualmente vagas e abrangentes. Antes, esse conteúdo era ditado pelas ideologias políticas, dentre as quais se destacava a ideologia nazista.

[1628] STOLLEIS, Michael. *Geschichte des öffentlichen Rechts in Deutschland*: Staats- und Verwaltungsrechtswissenschaft in West und Ost (1945-1990). vol. 4, Munique: C.H. Beck, 2012, p. 307.

[1629] RÜTHERS, Bernd. *Geschönte Geschichten - Geschonte Biographien*: Sozialisationskohorten in Wendeliteraturen - Ein Essay. Tübingen: Mohr Siebeck, 2001, p. 83.

[1630] "*Mudou o conteúdo, mas não a forma justeórica e a orientação histórico-espiritual*". / "*Es änderten sich zwar die Inhalte, nicht aber die rechtstheoretische Form und die geistesgeschichtliche Orientierung*". HILGENDORF, Eric. *Die Renaissance der Rechtstheorie zwischen 1965 und 1985*. Würzburg: Ergon-Verl, 2005, p. 28.

[1631] PAUER-STUDER, Herlinde. *Justifying injustice*: legal theory in Nazi Germany. Cambridge: Cambridge University Press, 2020, p. 214.

Agora, esse realinhamento era realizado por meio dos princípios básicos do Estado Social, fortemente ancorados no conservadorismo cristão. Por óbvio, o realinhamento do Direito Positivo no período do pós-guerra diz respeito à forma do processo, não ao conteúdo. A semelhança das técnicas de interpretação e integração do Direito utilizadas antes e depois de 1945 era notável: negativa de validade ao Direito Positivo por força do reconhecimento de princípios jurídicos superiores, reinterpretação de cláusulas gerais, uso indiscriminado de conceitos jurídicos indeterminados etc.[1632]

Além disso, o pensamento jurídico do segundo pós-guerra tinha uma nítida aversão ao pensamento e à prática democrática. De fato, "as instituições e os sistemas normativos" da República Federal da Alemanha "eram essencialmente os mesmos que foram petrificados" desde a década de 1920.[1633] Quando, depois de 1945, a democratização foi (novamente) "proclamada como mensagem central dos aliados ocidentais e imposta como meta política, a desconfiança antidemocrática continuou a funcionar subcutaneamente, em parte como tradição histórica e em parte como uma aversão aos vencedores".[1634] Ademais, não se pode esquecer que os cidadãos de 2ª e de 3ª geração do pós-guerra foram criados num sistema antidemocrático e antiparlamentar, por isso o déficit democrático do regime de Adenauer e das decisões da BVerfG não era considerado um problema.[1635]

[1632] SCHÖNBERGER, Christian. "Anmerkungen zu Karlsruhe". *In*: JESTAEDT, M.; LEPSIUS, O.; MÖLLERS, C.; SCHÖNBERGER, C. (Coord.). *Das entgrenzte Gericht*: eine kritische Bilanz nach sechzig Jahren Bundesverfassungsgericht. Berlin: Suhrkamp, 2011, pp. 42 e ss.

[1633] "*Institutionen und Normsysteme bestehen ohnehin wesentlich aus ihrer eigenen petrifizierten Vergangenheit*". STOLLEIS, Michael. *Geschichte des öffentlichen Rechts in Deutschland*: Staats- und Verwaltungsrechtswissenschaft in West und Ost (1945-1990). vol. 4, Munique: C.H. Beck, 2012, p. 25.

[1634] "*Als nach 1945 'Demokratisierung' im Sinn westlicher Demokratien als die zentrale Botschaft der westlichen Alliierten verkündet und als politisches Ziel auferlegt wurde, wirkte das antidemokratische Misstrauen subkutan weiter, teils als überlieferte historische Hypothek, teils vermengt mit der Abneigung gegen die Sieger*". Idem, p. 306.

[1635] Idem, p. 356.

CAPÍTULO III – A SUPERAÇÃO DA LENDA DO POSITIVISMO

Se na prática constitucional do pós-guerra a leitura material da dignidade humana, conforme defendida por Adolf Süsterhenn durante os trabalhos do *Parlamentarischer Rat*, saiu-se "vitoriosa", uma leitura formal do mesmo princípio – conforme defendida por Carlo Schmid nos trabalhos da mesma instância constituinte[1636] – começou a ganhar mais espaço a partir da década de 1970. O reconhecimento da dignidade humana como valor fundamental da República não expressava mais uma moralidade transcendente, uma ideia de correção baseada numa verdade cristã imutável, mas sim um consenso sobre o reconhecimento da capacidade de autodeterminação dos indivíduos no momento de constituição da sociedade civil.[1637] O deslocamento do fundamento da dignidade humana da filosofia *moral* kantiana (cuja máxima é "o homem não pode ser reduzido a um objeto, um meio para o atingimento de um fim") para a sua filosofia jurídica (cuja máxima é "o homem é um sujeito capaz de se autodeterminar")[1638] era a melhor (senão a única) forma de compatibilizá-la com o imperativo de redemocratização da sociedade alemã.[1639] Como se não bastasse, a prática judiciária demonstrava que a ofensa à dignidade humana raramente se apresenta isolada, sem prejuízo de outros direitos fundamentais como a vida, liberdade etc.[1640] No final das contas, a leitura moral da dignidade humana apenas serviria como um artifício retórico de legitimação de decisões jurisdicionais. Numa leitura formal – que nem de longe reduz sua importância e valor –, a referência à dignidade humana na abertura da Lei Fundamental servia

---

[1636] Sobre as discussões sobre a dignidade humana travadas durante o Conselho Parlamentar, confira-se: ENDERS, Christoph. *Die Menschenwürde in der Verfassungsordnung*: zur Dogmatik des Art. 1 GG. Tübingen: Mohr Siebeck, 1997, pp. 25-30 e 404-416.

[1637] MÖLLERS, Christoph. "Democracy and Human Dignity: Limits of a Moralized Conception of Rights in German Constitutional Law". *Israel Law Review*, nº 42, p. 420, 2009.

[1638] Idem, p. 427; PFORDTEN, Dietmar von der. "Zur Würde des Menschen bei Kant". *Jahrbuch für Recht und Ethik*, nº 14, p. 511, 2006.

[1639] PFORDTEN, Dietmar von der. "Zur Würde des Menschen bei Kant". *Jahrbuch für Recht und Ethik*, nº 14, 2006, pp. 431 e ss.

[1640] Idem, p. 424.

como "um lembrete permanente da concepção em nome da qual a ordem democrática passou a existir".[1641]

A relação dos alemães com a democracia e com as abordagens formais do Direito não deixa de ser, em certo sentido, peculiar. O "longo caminho para o oeste" da Alemanha (o seu *Sonderweg* em direção da Democracia Liberal) foi bem mais acidentado que o dos seus vizinhos mais importantes.[1642] Somente a partir da segunda metade da década de 1960 é que a Democracia Liberal conseguiu a) superar os estigmas que lhe foram imputados por quase dois séculos de domínio de um conservadorismo com matizes reacionárias e de um progressismo com cores revolucionárias, b) criar raízes na cultura política e c) ser institucionalmente consolidada na Alemanha.

Sintomático dessa nova orientação foi o discurso de Gustav Heinemann, proferido em 1º de julho de 1969 ao tomar posse no cargo de presidente da República Federal da Alemanha: "não menos, e sim mais democracia. Essa é a demanda, o grande objetivo com o qual todos nós e especialmente os jovens se comprometeram".[1643] Esse exemplo seria seguido nas eleições gerais de 28 de setembro de 1969, que levaram à formação do gabinete social-liberal de Willy Brandt: "ousar mais democracia" era o mote.[1644] Os reflexos dessa nova orientação também puderam ser vistos em 1970 na teoria jurídica, quando a Associação dos Professores Alemães de Direito do Estado, pela primeira vez na história da República Federal da Alemanha, teve a democracia como tema principal do seu encontro anual.[1645] Apenas nessa época é que esse "déficit democrático" passou

---

[1641] "*A reference to human dignity then is a reminder of the self-concept in the name of which the democratic order has come into existence*". Idem, p. 428.

[1642] "*langer Weg nach Westen*". STOLLEIS, Michael. *Geschichte des öffentlichen Rechts in Deutschland*: Staats- und Verwaltungsrechtswissenschaft in West und Ost (1945-1990). vol. 4, Munique: C.H. Beck, 2012, p. 305.

[1643] "*Nicht weniger, sondern mehr Demokratie - das ist die Forderung, das ist das große Ziel, dem wir uns alle und zumal die Jugend verschrieben haben*". Idem, p. 319.

[1644] "*Mehr Demokratie wagen*". Idem, p. 319.

[1645] DE GRUYTER. DAS DEMOKRATISCHE PRINZIP IM GRUNDGESETZ: Die Erfüllung von Verwaltungsaufgaben durch Private. n° 29, 1971.

CAPÍTULO III – A SUPERAÇÃO DA LENDA DO POSITIVISMO

a ser o ponto central dos debates juspolíticos alemães.[1646] Finalmente, a democracia encontrava o seu lugar na história da Alemanha, forçando a abertura da exegese até então fechada da Lei Fundamental.[1647]

3.1.3.4 O renascimento da Teoria do Direito entre 1965 e 1985

A supremacia do Direito Natural e seu reconhecimento como discurso jurídico único na Alemanha durou um tempo significativo. Sob as bases dos Argumentos "Radbruch" e "Nuremberg", formatados entre 1945 e 1950, o discurso jusnaturalista foi consolidado na cultura jurídica alemã entre 1950 e 1965 e reinou absoluto, sem qualquer objeção relevante.[1648] Nesse espaço de tempo de pouco mais de 20 anos, o Positivismo Jurídico foi considerado como um caso emblemático de fracasso e toda e qualquer menção ao mesmo era sempre acompanhada de reprovação, repreensão ou condenação.

Embora algumas críticas ao Direito Natural já possam ser encontradas no final da década de 1950,[1649] os primeiros sinais de desgaste da retórica jusnaturalista do pós-guerra só puderam ser sentidos na segunda metade da década de 1960. Seus fundamentos começaram a

---

Doi:10.1515/9783110892314. (VERÖFFENTLICHUNGEN DER VEREINIGUNG DER DEUTSCHEN STAATSRECHTSLEHRER).

[1646] STOLLEIS, Michael. *Geschichte des öffentlichen Rechts in Deutschland*: Staats- und Verwaltungsrechtswissenschaft in West und Ost (1945-1990). vol. 4, Munique: C.H. Beck, 2012, p. 370.

[1647] Idem, p. 319.

[1648] E quando tal contestação acontecia, ela era prontamente atacada. Um exemplo é o artigo publicado em 1969 por Everhardt Franssen, no qual ele já denunciava que os juristas aplicaram as leis nazistas porque estavam comprometidos com o regime, e não por causa do Positivismo Jurídico. FRANSSEN, Everhardt. "Positivismus als juristische Strategie". *JuristenZeitung*, n° 24, 1969, pp. 766 e ss. Este artigo foi imediatamente respondido e desautorizado por Hermann Weinkauff. In: WEINKAUFF, Hermann. "Was heißt das 'Positivismus als juristische Strategie'?". *JuristenZeitung*, n° 25, 1970, pp. 54 e ss.

[1649] TOPITSCH, Ernst. *Vom Ursprung und Ende der Metaphysik*. Viena: Springer, 1958.

ser criticados e a teoria jurídica dava os primeiros passos para deixar de ser um ambiente monocromático, como fora – sobretudo – nas duas décadas anteriores. Com a estabilização das condições sociais, o "milagre econômico"[1650] e a unidade do Estado garantida, o Direito Natural perdeu paulatinamente seu terreno fértil e seu espaço de ressonância.[1651] A necessidade de uma coesão social forçada e de proteção de uma "sociedade fechada", tão importantes durante os anos de fundação da República Federal da Alemanha, agora não estava mais em questão.[1652] A liberalização e modernização da sociedade, por meio da pluralização de estilos de vida e de uma certa "americanização" de ideias políticas e sociais, era a nova tônica,[1653] e isso se refletia na cultura jurídica alemã. O período que se inicia em 1965 e se estende até 1985 (aproximadamente nas duas datas) é um período extremamente rico e inovador para o debate jurídico, que trouxe inovações significativas não apenas no pensamento jurídico, mas também na pesquisa científica em geral.[1654]

Se no campo político as exigências de liberalização tinham o objetivo de introduzir mudanças no Direito Positivo (e.g. aborto, igualdade entre os gêneros, descriminalização de certas condutas sexuais), no campo da teoria jurídica esse movimento visava abrir o pensamento jurídico para novas questões e novos métodos. A continuidade do discurso jurídico alemão desde 1933, com uma retórica baseada em valores, começava a ser denunciada. A especulação metafísica começou a ser abandonada. Esse progressivo abandono do Direito Natural levou à "morte da Filosofia

---

[1650] O milagre econômico (*Wirtschaftswunder*) é uma expressão usada para descrever o crescimento econômico inesperadamente rápido e sustentável na República Federal da Alemanha após a Segunda Guerra Mundial, sob o governo de Adenauer. KIRK, Tim. *Cassell's dictionary of modern German history*. Londres: Cassell, 2002, p. 381.

[1651] HOFMANN, Hasso. *Rechtsphilosophie nach 1945*: zur Geistesgeschichte der Bundesrepublik Deutschland. Berlim: Duncker & Humblot, 2012, p. 21.

[1652] Idem, p. 21.

[1653] Idem, p. 26.

[1654] HILGENDORF, Eric. *Die Renaissance der Rechtstheorie zwischen 1965 und 1985*. Würzburg: Ergon-Verl, 2005, p. 9.

CAPÍTULO III – A SUPERAÇÃO DA LENDA DO POSITIVISMO

do Direito" e ao "renascimento da Teoria do Direito".[1655] A Teoria do Direito voltou aos poucos a ser a "disciplina fundamental" das ciências jurídicas (*Rechtswissenschaft*).[1656] A essa altura, estava claro que "a rejeição da teoria jurídica por muitos juristas é apenas um indício de que eles não percebem ou não estão dispostos a examinar criticamente as bases de seu próprio trabalho".[1657] Novas demandas sociais geravam a necessidade de novas teorias, abordagens e soluções jurídicas que pudessem lidar com a complexidade das relações sociais. O novo *Zeitgeist* apontava para a retomada destes questionamentos e de uma abordagem crítica e analítica do fenômeno jurídico.[1658]

A busca por solução de questões cotidianas ganhou gradativamente mais e mais destaque. O abandono de uma concepção romântica do Direito em favor de uma "filosofia prática", recentemente "reabilitada",[1659] era um caminho sem volta. O retorno à Teoria do Direito, enquanto disciplina prática (ou não especulativa), principalmente em comparação à Filosofia do Direito, era uma exigência dos novos tempos. Sob a bandeira da teoria jurídica, as exigências de uma nova época deveriam ser atendidas. A Teoria do Direito cumpriu o papel de mediar

---

[1655] "*Die Rechtsphilosophie ist tot. Es lebe die Rechtstheorie!*" DREIER, Ralf. *Was ist und wozu Allgemeine Rechtstheorie?*. Tübingen: Mohr, 1975, p. 5.

[1656] MAIHOFER, Werner. "Rechtstheorie als Basisdisziplin der Jurisprudenz". *In*: Albert, H. (Coord.). *Rechtstheorie als Grundlagenwissenschaft der Rechtswissenschaft*. vol. 2, Bielfeld: Bertelsmann, 1972, p. 51 (Jahrbuch für Rechtssoziologie und Rechtstheorie).

[1657] "*Die Ablehnung der Rechtstheorie durch viele Juristen ist nur ein Indiz dafür, dass sie nicht willens oder nicht in der Lage sind, sich die Grundlagen ihrer eigenen Arbeit bewußt zu machen und sie kritisch zu prüfen*". HILGENDORF, Eric. *Die Renaissance der Rechtstheorie zwischen 1965 und 1985*. Würzburg: Ergon-Verl, 2005, p. 20.

[1658] HOFMANN, Hasso. *Rechtsphilosophie nach 1945*: zur Geistesgeschichte der Bundesrepublik Deutschland. Berlim: Duncker & Humblot, 2012, p. 35.

[1659] Sobre o tema: RIEDEL, Manfred (Coord.). *Rehabilitierung der praktischen Philosophie*: Geschichte, Probleme, Aufgaben. vol. 1, Freiburg: Rombach, 1972; RIEDEL, Manfred (Coord.). *Rehabilitierung der praktischen Philosophie*: Rezeption, Argumentation, Diskussion. vol. 2, Freiburg: Rombach, 1974. Essa reabilitação ganhou um impulso vindo da filosofia norte-americana, especialmente pela influência de John Rawls. RAWLS, John. *A theory of justice*. Cambridge, Mass: Belknap Press of Harvard University Press, 1971.

o novo *Zeitgeist* alemão e a cultura jurídica, ainda orientada de forma tradicional. Apenas ela seria capaz de mediar as tensões decorrentes de um arcabouço institucional extremamente conservador e as demandas sociais liberalizantes cada vez mais urgentes.[1660]

Esse processo de "renascimento da Teoria do Direito" (*Renaissance der Rechtstheorie*)[1661] ocorrido entre 1965 e 1985 pode ser dividido em duas fases.[1662] Uma fase inicial, de *desconstrução*, que começa na segunda metade da década de 1960 e se estende até meados da década de 1970, onde a teoria jurídica hegemônica do pós-guerra foi duramente questionada e novas abordagens foram formuladas, sendo muitas vezes defendidas de forma apaixonada e

---

[1660] HILGENDORF, Eric. *Die Renaissance der Rechtstheorie zwischen 1965 und 1985*. Würzburg: Ergon-Verl, 2005, p. 10.

[1661] Idem, p. 10.

[1662] Não se deve confundir as duas fases do *renascimento* da Teoria do Direito durante a República Federal da Alemanha com as três *ondas da Teoria do Direito* na história alemã. Segundo Hilgendorf, uma primeira onda da Teoria do Direito teria ocorrido na virada do século XVIII para o século XIX, uma segunda onda ocorreu no final do século XIX, na forma de uma *Allgemeine Rechtslehre*, e uma terceira onda entre 1965 e 1985, que corresponde ao desmonte do discurso jurídico do pós-guerra e ao surgimento de novas abordagens jurídicas que valorizavam a análise empírica em detrimento da especulação metafísica. Essa terceira onda teve uma fase de desconstrução e de construção. É ela que será agora analisada. Isso não quer dizer que, "quando se fala em 'três' ondas da Teoria do Direito não houvesse trabalhos justeóricos intermediários. Desde a sua criação no início do século XIX, a Teoria do Direito tem existido como um direcionamento de pesquisa, embora nunca tenha havido qualquer acordo sobre sua área de atuação e sua demarcação perante a Filosofia do Direito e outras direções da pesquisa jurídica básica. Mas a metáfora das 'ondas' pode deixar claro que o estudo da Teoria do Direito sofreu flutuações históricas. Parece haver uma tendência de desenvolvimento da Filosofia do Direito para a Teoria do Direito, e depois à Filosofia do Direito, num ciclo que se repete de tempos em tempos". / "*(d)ie Rede von den drei 'Wellen' der Rechtstheorie soll nicht besagen, dass es dazwischen keine rechtstheoretischen Arbeiten gegeben hätte. Seit ihrer Entstehung im frühen 19. Jahrhundert hat die Rechtstheorie als Forschungsrichtung existiert, wenngleich über ihren Gegenstandsbereich und ihre Abgrenzung zur Rechtsphilosophie und anderen Richtungen der juristischen Grundlagenforschung niemals Einigkeit herrschte. Die Metapher von den 'Wellen' mag aber verdeutlichen, dass die Beschäftigung mit Rechtstheorie unterschiedlich intensiv war. Es scheint eine Entwicklungstendenz von der Rechtsphilosophie zur Rechtstheorie und wieder zurück zur Rechtsphilosophie zu geben*". Idem, pp. 13 e ss.

CAPÍTULO III – A SUPERAÇÃO DA LENDA DO POSITIVISMO

pouco científica. A essa fase de desconstrução seguiu-se uma fase de *reconstrução* da teoria jurídica, que se estendeu de meados da década de 1970 até mais ou menos 1985, quando as inovações da fase anterior foram sistematizadas e resumidas em livros didáticos, normalmente com um tom mais acadêmico e menos passional.[1663] Se durante o decênio de 1965/1975 as atenções estavam dirigidas no sentido da desconstrução da concepção material de Direito que reinava absoluta na Alemanha desde a República de Weimar, a partir de meados da década de 1970, a ênfase na crítica da ideologia deu lugar à análise dos problemas lógicos e conceituais do fenômeno jurídico.[1664] A refundação da revista *Rechtstheorie* em 1970 também representou um marco nesse processo.

Em linhas gerais, a teoria jurídica se afastou da tradição idealista, assumiu uma posição crítica e analítica, voltando-se em grande medida para a resolução de problemas concretos. O controle político do Poder Legislativo pela sociedade deixou de se basear em valores ou conteúdos, dando lugar a um controle baseado em procedimentos e análise dos discursos.[1665] Na segunda metade da década de 1980, a teoria jurídica estaria lidando com questões completamente novas, como, por exemplo, questões relacionadas à bioética ou à ecologia. As tendências mais importantes na teoria jurídica nesse período de renascimento foram a *Teoria Analítica*, *Nova Retórica*, a *Hermenêutica Jurídica*, a *Teoria da Argumentação Jurídica*, a *Teoria do Discurso* e a *Teoria dos Sistemas*.[1666]

[1663] Idem, p. 10.

[1664] Idem, p. 11.

[1665] STOLLEIS, Michael. *Geschichte des öffentlichen Rechts in Deutschland*: Staats- und Verwaltungsrechtswissenschaft in West und Ost (1945-1990). vol. 4, Munique: C.H. Beck, 2012, p. 388.

[1666] Uma boa apresentação das linhas gerais da teoria jurídica contemporânea e suas tendências pode ser encontrada In: HERGET, James E. *Contemporary German legal philosophy*. Philadelphia: University of Pennsylvania Press, 1996, pp. 30-103; HILGENDORF, Eric. *Die Renaissance der Rechtstheorie zwischen 1965 und 1985*. Würzburg: Ergon-Verl, 2005, pp. 35-64.

3.2 A revisão da Lenda do Positivismo

Como visto anteriormente, o aprofundamento dos estudos da história do nacional-socialismo, em geral, e da sua história das suas estruturas e práticas jurídicas, em particular, foram fatores que deram considerável impulso a partir da década de 1960 à Teoria do Direito e, também, à revisão da Lenda do Positivismo. Novos estudos começavam a demonstrar que a narrativa apresentada pelo pensamento jurídico do pós-guerra, em que o Positivismo Jurídico era apontado como corresponsável pelo surgimento ou mesmo identificado com o pensamento jurídico nacional-socialista, simplesmente não correspondia aos fatos.

O pensamento jurídico do 3º Reich era decididamente *antipositivista*[1667] e a ideologia nacional-socialista era completamente incompatível com o Positivismo Jurídico.[1668] Na verdade, o Positivismo Jurídico era o seu extremo oposto.[1669] A realidade que se desvendava era que a narrativa do pós-guerra, em que o Positivismo Jurídico foi associado ao regime nazista, era uma lenda, apenas mais um capítulo da rica história do antiliberalismo alemão.[1670] Ao contrário do que sugeria a Lenda do Positivismo, a concepção de Direito hegemônica no período compreendido entre a promulgação da Constituição de Weimar e a rendição da *Wehrmacht,* em 8 de maio de 1945, era fortemente ancorada numa *Rechtsidee*, e não numa abordagem formalista, própria da tradição positivista.

E realmente não poderia ter sido diferente. Os juspositivistas, em sua maioria judeus, repudiavam a ideologia política totalitária do nacional-socialismo e, exatamente por isso, foram privados das suas

---

[1667] HILGENDORF, Eric. *Die Renaissance der Rechtstheorie zwischen 1965 und 1985*. Würzburg: Ergon-Verl, 2005, p. 24.

[1668] RÜTHERS, Bernd. *Die unbegrenzte Auslegung*: zum Wandel der Privatrechtsordnung im Nationalsozialismus. 7ª ed. Tübingen: Mohr Siebeck, 2012, p. 99.

[1669] NEUMANN, Volker. *Carl Schmitt als Jurist*. Tübingen: Mohr Siebeck, 2015, p. 539.

[1670] HILGENDORF, Eric. *Die Renaissance der Rechtstheorie zwischen 1965 und 1985*. Würzburg: Ergon-Verl, 2005, p. 24.

CAPÍTULO III – A SUPERAÇÃO DA LENDA DO POSITIVISMO

cátedras e cargos públicos ou expulsos da Alemanha. A Filosofia do Direito do Nazismo era, por assim dizer, "ariana", uma mistura de Direito Natural com elementos do Idealismo alemão. Hegel, e não Kant, era a principal referência filosófica. Também no que diz respeito à metodologia jurídica, a jurisprudência do *Reichsgericht* já havia adotado desde o período de Weimar um afastamento da letra da lei, sempre que necessário. Durante o regime nazista, o império da lei foi ainda mais enfraquecido diante dos objetivos políticos totalitários.[1671]

Alguns desses estudos tinham por finalidade denunciar a continuidade de ideias antiliberais no pensamento jurídico alemão. Um exemplo é o livro de Klaus Marxen, *A Luta contra o Direito Penal Liberal* (*Der Kampf gegen das liberale Strafrecht*),[1672] publicado em 1975, no qual o autor demonstra a natureza antiliberal das ciências criminais na Alemanha nas décadas de 1920 e 1930. Também nesse período aparecem as primeiras contribuições específicas para a revisão e superação da Lenda do Positivismo,[1673] dentre os quais se destaca o trabalho de habilitação de Bernd Rüthers, *A Interpretação Ilimitada: sobre a mudança do ordenamento privado no Nacional-Socialismo* (*Die Unbegrenzte Auslegung: Zum Wandel Der Privatrechtsordnung Im Nationalsozialismus*), de 1968,[1674] a primeira análise da teoria jurídica e da metodologia utilizada pelos juristas durante o 3º Reich. Esse trabalho foi seguido por muitos outros nas décadas seguintes.[1675]

[1671] Idem, p. 27.

[1672] MARXEN, Klaus. *Der Kampf gegen das liberale Strafrecht*: eine Studie zum Antiliberalismus in der Strafrechtswissenschaft der zwanziger und dreißiger Jahre. Berlim: Duncker & Humblot, 1975.

[1673] Essa talvez tenha sido a primeira contribuição específica sobre a Lenda do Positivismo: KÜBLER, Friedrich Karl. "Der deutsche Richter und das demokratische Gesetz: Versuch einer Deutung aus richterlichen Selbstzeugnissen". *Archiv für die civilistische Praxis*, nº 162, p. 112, 1953.

[1674] RÜTHERS, Bernd. *Die unbegrenzte Auslegung*: zum Wandel der Privatrechtsordnung im Nationalsozialismus. Tübingen: Mohr, 1968. Essa obra, um clássico da literatura jurídica alemã, encontra-se atualmente na sua 8ª edição.

[1675] FRANSSEN, Everhardt. "Positivismus als juristische Strategie". *JuristenZeitung*, nº 24, 1969, pp. 766 e ss, 1969; GEDDERT, Heinrich. *Recht und Moral*: zum Sinn eines alten Problems. Berlim: Duncker & Humblot, 1984; WALTHER, Manfred. "Hat der

Nos dias de hoje, a Lenda do Positivismo já se encontra historicamente refutada e superada,[1676] sendo sua defesa simplesmente insustentável.

---

juristische Positivismus die deutschen Juristen im 'Dritten Reich' wehrlos gemacht?". *In*: DREIER, R.; SELLERT, W. (Coord.). *Recht und Justiz im "Dritten Reich"*. Frankfurt: Suhrkamp, 1989, pp. 323 e ss; HEUN, Werner. "Der staatsrechtliche Positivismus in der Weimarer Republik". *Der Staat*, n° 28, 1989, pp. 377 e ss.; DREIER, Horst. "Die Radbruchsche Formel: Erkenntnis oder Bekenntnis?" *In*: MAYER, H.; WALTER, R. (Coord.). *Staatsrecht in Theorie und Praxis*: Festschrift Robert Walter zum 60 Geburtstag. Viena: Manz, 1991; OTT, Walter. *Der Rechtspositivismus*: Kritische Würdigung auf der Grundlage eines juristischen Pragmatismus. 2ª ed. Berlim: Duncker und Humblot, 1992, pp. 187 e ss.; FÜßER, Klaus. "Rechtspositivismus und 'gesetzliches Unrecht': zur Destruktion einer verbreiteten Legende". *Archiv für Rechts- und Sozialphilosophie*, n° 78, 1992, pp. 301 e ss. Disponível em: http://www.jstor.org/stable/23679994; ENGLÄNDER, Armin. "Zur begrifflichen Möglichkeit des Rechtspositivismus: eine Kritik des Richtigkeitsarguments von Robert Alexy". *Rechtstheorie*, n° 28, 1997, pp. 456 e ss.; FOLJANTY, Lena. *Recht oder Gesetz*: Juristische Identität und Autorität in den Naturrechtsdebatten der Nachkriegszeit. Tübingen: Mohr Siebeck, 2012, pp. 20ss e 362ss.

[1676] Embora não haja qualquer monografia atual voltada à reafirmação da Lenda do Positivismo ou a qualquer um dos seus aspectos, ainda é possível encontrar alguns espasmos nesse sentido na literatura jurídica alemã. Um deles pode ser encontrado num aplicativo (app) de smartphone da Faculdade de Direito da Universidade de Augsburg: "A ideia básica do Positivismo Jurídico, que o Direito é apenas aquilo que foi formalmente estabelecido pela lei, ajudou sobretudo a ditadura social-nacional, mas não apenas ela: através da sua ideia de obediência generalizada, o Positivismo Jurídico tem um poder assustador de impacto". / "*Der Grundgedanke des Rechtspositivismus, dass Recht ist, was äußerlich formal korrekt als Recht gesetzt worden ist, verhalf insbesondere der nationalsozialistischen Diktatur, aber nicht nur ihr, zusammen mit einem weit verbreiteten Gehorsamsdenken zu beängstigender Durchschlagskraft*". KREUTZ, Peter. Rechtsgeschichte Checkit! Epochenthema *Recht und Willkür*: Recht in der Diktatur. Stuttgart. Version 2.0. Mobile App. Outra reminiscência da Lenda do Positivismo também pode ser encontrada no discurso de Günter Hirsch, Presidente do BGH entre 2000 e 2008: "A maioria dos juízes não se curvou ao Direito, mas muitos se curvaram a uma lei formal, mesmo que estivesse materialmente errada. O perigo de um Estado injusto ocorre não quando os juízes violam o Direito Positivo, mas sim quando os juízes deixam de se perguntar sobre o conteúdo das leis que eles têm à sua disposição". / "*Die Mehrheit der Richter beugte nicht das Recht, aber viele beugten sich einem formellen Recht, auch wenn es materiell Unrecht war. Die Gefährlichkeit des Unrechtsstaates liegt ja nicht so sehr darin, daß er Richter frontal veranlaßt, das Recht zu brechen, sondern dann, daß er Unrecht in Gesetzesform gießt und darauf setzt, daß Richter nicht mehr nach dem Recht fragen, wenn sie ein Gesetz zur Hand haben*". In: BUNDESGERICHTSHOF. "Ansprache des präsidenten des bundesgerichtshofs Prof. Dr. Günter Hirsch beim Festakt aus Anlaß des 100. Geburtstags von Hans

CAPÍTULO III - A SUPERAÇÃO DA LENDA DO POSITIVISMO

É mais do que sabido que o sistema jurídico nacional-socialista não se baseava de modo algum em princípios positivistas. As leis foram simplesmente desconsideradas e "interpretadas" (*contra legem*) no sentido definido pela ideologia nacional-socialista, como o surgimento de um Direito que renunciava completamente à forma legal e que recorria expressamente a uma ordem de valores metajurídicos.[1677]

3.2.1 A (incompleta) reabilitação do Positivismo Jurídico

Muito embora a revisão da Lenda do Positivismo tenha sido bem-sucedida, o processo de reabilitação do Positivismo Jurídico na metodologia jurídica foi um pouco mais acidentado. A crítica marxista dos fundamentos do Direito Natural do pós-guerra, por exemplo, não tinha qualquer finalidade de reabilitar o Positivismo Jurídico, muito pelo contrário. O Positivismo Jurídico, em geral, e o modelo kelseniano, em particular, continuavam sendo descritos pelos marxistas na mesma linha que Hermann Heller havia feito décadas atrás,[1678] como uma teoria "vazia".[1679] "Na medida em que se recusa a explorar os fundamentos históricos ou socioeconômicos do respectivo sistema jurídico e a investigar os efeitos concretos das normas jurídicas, considerando que essa tarefa é irrelevante, errada ou insolúvel",[1680] toda a filosofia

---

von Dohnanyi am 8. März 2002". Disponível em: http://www.bundesgerichtshof.de/DE/DasGericht/Praesidenten/Hirsch/HirschReden/rede08032002.html.

[1677] MAHLMANN, Matthias. *Rechtsphilosophie und Rechtstheorie*. 4ª ed. Baden-Baden: Nomos, 2017, p. 174.

[1678] HELLER, Hermann. *Staatslehre*. 6ª ed. Tübingen: Mohr, 1983 [1934], pp. 224 e ss.

[1679] KLENNER, Hermann. *Rechtsleere*: Verurteilung der Reinen Rechtslehre. Frankfurt: Marxistische Blätter, 1972.

[1680] *"Der Positivismus hat einen negatorischen Aspekt, insofern er es ablehnt, nach den geschichtlichen oder sozialökonomischen Grundlagen der jeweiligen Rechtsordnung zu forschen und die Auswirkungen des Rechts zu untersuchen (er hält diese Aufgabe für juristisch irrelevant, für falsch gestellt oder für unlösbar)"*. Idem, p. 13.

positivista não passava de mero "Idealismo" ou de pura "metafísica", "construídos sobre ideias autocontraditórias"[1681] que apresentam um Direito "esvaziado de conteúdo social.[1682]

Já na metodologia do Direito Privado e do Direito Penal houve uma espécie de retorno ao Positivismo Estatutário (*Gesetzespositivismus*) moderado do período de Weimar a partir da década de 1960.[1683] Nesse particular, o destaque vai para Karl Engisch (1899-1990),[1684] que no pós-guerra resgatou as correntes filosóficas empiristas e positivistas no mundo de língua alemã anteriores a 1933.[1685] Seu livro *Introdução ao Pensamento Jurídico* (*Einführung in das juristische Denken*)[1686], de 1956, ainda é um dos livros de metodologia mais lidos na Alemanha.[1687] Engisch, que não era apenas um especialista em Direito Penal, também tinha um grande interesse pela Filosofia do Direito. Desde a década de 1920, quando estudou filosofia com Ernst von Aster, Engisch já era bastante cético quanto ao idealismo alemão e às correntes filosóficas substanciais dos anos 20 e 30.[1688] Essa orientação anti-idealista também fica clara nos seus livros *Estudos Lógicos sobre a Aplicação do Direito* (*Logische Studien zur*

[1681] "(...) *daß sich auf der Generalthese des Positivismus nur ein in sich widersprüchliches Gedankengebäude aufbauen läßt*". Idem, pp. 13 e ss.

[1682] "*ein gesellschaftsentfremdetes Recht*". Idem, p. 14.

[1683] RÜCKERT, Joachim. "Zu Kontinuitäten und Diskontinuitäten in der juristischen Methodendiskussion nach 1945". *In*: ACHAM, K. (Coord.). *Erkenntnisgewinne, Erkenntnisverluste*: Kontinuitäten und Diskontinuitäten in den Wirtschafts-, Rechts- und Sozialwissenschaften zwischen den 20er und 50er Jahren. Stuttgart: F. Steiner, 1998, pp. 129 e ss.

[1684] Embora Engisch fosse membro do NSDAP e não tenha se oposto à tomada do poder por Hitler, ele sempre manteve uma atitude crítica e independente. Ele se recusou, por exemplo, a retirar a citação a autores judeus das suas obras e evitou a inclusão da ideologia nacional-socialista em seus livros.

[1685] HILGENDORF, Eric. *Die Renaissance der Rechtstheorie zwischen 1965 und 1985*. Würzburg: Ergon-Verl, 2005, p. 28.

[1686] ENGISCH, Karl. *Einführung in das juristische Denken*. Stuttgart: Kohlhammer, 1956.

[1687] Em 2018, esse livro encontrava-se na sua 12ª edição.

[1688] HILGENDORF, Eric. *Die Renaissance der Rechtstheorie zwischen 1965 und 1985*. Würzburg: Ergon-Verl, 2005, p. 28.

CAPÍTULO III – A SUPERAÇÃO DA LENDA DO POSITIVISMO

Gesetzesanwendung)[1689] de 1943, *Sobre a Visão de Mundo dos Juristas* (*Vom Weltbild des Juristen*)[1690], de 1950, e *A Ideia da Concretização no Direito e na Ciência do Direito do Nosso Tempo* (*Die Idee der Konkretisierung in Recht und Rechtswissenschaft unserer Zeit*), de 1953.[1691]

Na Filosofia do Direito e no Direito Público, o processo de reabilitação do Positivismo Jurídico também foi iniciado nessa época. Em 1959, o livro *Direito e Justiça*, de Alf Ross, foi finalmente traduzido para o inglês.[1692] Alguns poucos anos mais tarde, em 1961, Herbert L. A. Hart publica o seu clássico *O conceito de Direito* (*The Concept of Law*),[1693] que foi traduzido para o alemão em 1973.[1694] Além desses escritos, que tiveram uma enorme recepção na Alemanha, a redescoberta de outras abordagens analíticas mais antigas, como as de Adolf Merkel (1836-1896), Ernst Rudolf Bierling (1841-1919) e Felix Somló (1873-1920),[1695] também colaborou para essa orientação analítica da teoria jurídica.[1696] Não menos importante nesse processo foi a reassimilação de autores influenciados pela Teoria Política e pelo Direito Constitucional americano, como Karl Loewenstein ou Ernst Fraenkel.[1697]

O fato é que a recepção dessas antigas e novas abordagens foi essencial para a pluralização do debate juspolítico alemão a partir da

---

[1689] ENGISCH, Karl. *Logische Studien zur Gesetzesanwendung*. Heidelberg: Winter, 1943.

[1690] ENGISCH, Karl. *Vom Weltbild des Juristen*. Abhandlungen der Heidberger Akademie der Wissenschaften. Heidelberg: Winter, 1950.

[1691] ENGISCH, Karl. *Die Idee der Konkretisierung in Recht und Rechtswissenschaft unserer Zeit*. Heidelberg: Winter, 1953.

[1692] ROSS, Alf. *On law and justice*. Berkeley: University of California Press, 1974.

[1693] HART, Hebert L. A. *The concept of law*. Oxford: Clarendon Press, 1961.

[1694] HART, Hebert L. A. *Der Begriff des Rechts*. Berlim: Suhrkamp, 1973.

[1695] STOLLEIS, Michael. *Geschichte des öffentlichen Rechts in Deutschland*: Staats- und Verwaltungsrechtswissenschaft in West und Ost (1945-1990). vol. 4, Munique: C.H. Beck, 2012, p. 386.

[1696] Idem, p. 385; HOFMANN, Hasso. *Rechtsphilosophie nach 1945*: zur Geistesgeschichte der Bundesrepublik Deutschland. Berlim: Duncker & Humblot, 2012, p. 33.

[1697] Idem, p. 361.

década de 1960.¹⁶⁹⁸ Se durante a década de 1950 e início da década de 1960 a cultura jurídica alemã era essencialmente idealista e antipositivista, o período compreendido entre 1965 e 1980 é marcado por uma incrível riqueza metodológica, de orientação crítica e/ou analítica. A partir de então, o Direito Positivo poderia ser abordado de diversas formas: pela teoria da linguagem, pela teoria dos sistemas ou pela dogmática jurídica.¹⁶⁹⁹ No início da década de 1980, o Positivismo Jurídico não era mais considerado um palavrão, mas sim uma consequência teórica do regime democrático, um verdadeiro "pré-requisito necessário para o funcionamento da sociedade".¹⁷⁰⁰ Esse processo de reabilitação do Positivismo Jurídico na Alemanha andou passo a passo com o processo de reabilitação de Hans Kelsen e sua Teoria Pura do Direito,¹⁷⁰¹ tema que será enfrentado a seguir.

3.2.2 A (incompleta) reabilitação de Kelsen e da Teoria Pura do Direito

A não recepção de Kelsen no pós-guerra trazia consigo uma situação curiosa. Por mais paradoxal que possa parecer, Kelsen, como pessoa, foi amplamente estimado e respeitado nos primeiros anos da República Federal da Alemanha. Já em 1945, sob iniciativa da Autoridade Britânica de Ocupação, Kelsen foi convidado para retornar à sua cátedra na Universidade de Colônia, de onde ele

---

1698 De fato, nas décadas de 1970 e 1980, não havia uma palavra mais importante para os debates juspolíticos que a palavra "pluralismo", que se tornou tão dominante quanto a palavra "*integração*" havia sido nas décadas de 1950 e 1960. Idem, p. 366.

1699 "O estudo do Direito Positivo pode ser realizado por meio de uma abordagem linguística, teórico-sistemática ou jusdogmática". / "*Positives Recht konnte sprachanalytisch, systemtheoretisch und juristisch-dogmatisch bearbeitet werden*". Idem, p. 387.

1700 "*Positivismus war (...) eine notwendige Voraussetzung für das Funktionieren der Gesellschaft*". Idem, p. 387.

1701 OOYEN, Robert Christian van. "Kelsen-Renaissance: Neuere Forschung und Rezeption zu einer langjährigen persona non grata der (bundes)deutschen Staatsrechtslehre". *Journal der juristischen Zeitgeschichte*, nº 2, p. 65, 2017.

CAPÍTULO III – A SUPERAÇÃO DA LENDA DO POSITIVISMO

fora expulso em 1933, convite esse que ele declinou.[1702] Em 1952, Wolfgang Abendroth propôs que Kelsen, a despeito da sua emigração para os EUA, fosse convidado para integrar a Associação dos Professores Alemães de Direito do Estado. Dentre outras honrarias, Kelsen foi convidado para comparecer num Congresso realizado em Freiburg em 1961 e, por ocasião de um Congresso realizado em Graz no ano de 1966, recebeu um telegrama parabenizando-o pelo seu 85º aniversário.[1703]

Infelizmente, essa reverência limitava-se à figura de Kelsen, não se estendendo à sua teoria. Felix KAUFMANN (1895-1949), que entrou em contato direto com o círculo em torno de Kelsen e com o empirismo lógico, poderia ter colaborado para o resgate do legado positivista. No entanto, sua morte prematura impediu que ele pudesse exercer uma influência considerável na teoria jurídica alemã.[1704] Durante todo o período do pós-guerra (1949-1965), Kelsen foi mencionado pela jurisprudência dos tribunais superiores da Alemanha apenas em 2 (duas) oportunidades:[1705] numa decisão do *Bundessozialgericht*[1706] e noutra decisão do BGH.[1707]

[1702] GÜNTHER, Frieder. "'Jemand, der sich schon vor fünfzig Jahren selbst überholt hatte'. Die Nicht-Rezeption Hans Kelsens in der bundesdeutschen Staatsrechtslehre der 1950er und 1960er Jahre". *In*: JESTAEDT, M. (Coord.). *Hans Kelsen und die deutsche Staatsrechtslehre*: Stationen eines wechselvollen Verhältnisses. Tübingen: Mohr Siebeck, 2013, p. 76.

[1703] Idem, p. 69.

[1704] HILGENDORF, Eric. *Die Renaissance der Rechtstheorie zwischen 1965 und 1985*. Würzburg: Ergon-Verl, 2005, p. 22.

[1705] SCHULZE-FIELITZ, Helmuth. "Konjunkturen der Klassiker-Rezeption in der deutschen Staatsrechtslehre - Vermutungen auch im Blick auf Hans Kelsen". *In*: JESTAEDT, M (Coord.). *Hans Kelsen und die deutsche Staatsrechtslehre*. Tübingen, Mohr Siebeck, 2013, p. 154.

[1706] BSG Az 2 RU 12/64 (1967), Rn. 33. Escrito citado na decisão: KELSEN, Hans. "The Legal Status of Germany According to the Declaration of Berlin". *American Journal of International Law*, nº 39, p. 518, 1945. Doi:10.2307/2193527.

[1707] BGHZ 155, 279 (2003), Rn. 47. Escrito citado na decisão: KELSEN, Hans. "Unrecht und Unrechtsfolge im Völkerrecht". *Zeitschrift für öffentliches Recht*, nº 12, pp. 522 e ss, 1932.

Na segunda metade da década de 1960 já podia ser percebida uma mudança de clima para a recepção de Kelsen na Alemanha.[1708] Em 1971, o governo da Áustria cria o Instituto Hans Kelsen,[1709] que passa a promover seminários e uma série de publicações.[1710] Esse processo ganhou fôlego com a celebração do 100º aniversário de Kelsen, que ocorreria em 11 de outubro de 1981.[1711] É muito provável que tais iniciativas tenham colaborado para alavancar o resgate de Kelsen e da sua Teoria Pura do Direito na academia alemã.

Se no início da década de 1980 a imagem de Kelsen como o protótipo de um positivista conservador, obtuso e limitado ainda não estava completamente superada,[1712] no final do mesmo decênio a Teoria Pura do Direito já estava completamente reabilitada, apresentando-se como um "retiro em sobriedade, austeridade e pensamento claro".[1713] As publicações que dialogavam com Kelsen que eram raras

---

[1708] GÜNTHER, Frieder. "'Jemand, der sich schon vor fünfzig Jahren selbst überholt hatte'. Die Nicht-Rezeption Hans Kelsens in der bundesdeutschen Staatsrechtslehre der 1950er und 1960er Jahre". *In*: JESTAEDT, M. (Coord.). *Hans Kelsen und die deutsche Staatsrechtslehre*: Stationen eines wechselvollen Verhältnisses. Tübingen: Mohr Siebeck, 2013, p. 69.

[1709] Este cenário limita-se à Alemanha, já que na Áustria, Kelsen e sua obra jamais deixaram de estar presentes no discurso jurídico. DREIER, Horst. "Die (Wieder-) Entdeckung Kelsens in den *1980er Jahren*: ein Rückblick (auch eigener Sache)". *In*: JESTAEDT, M. (Coord.). *Hans Kelsen und die deutsche Staatsrechtslehre*: Stationen eines wechselvollen Verhältnisses. Tübingen: Mohr Siebeck, 2013, p. 180.

[1710] Trata-se do *Schriftenreihe des Hans Kelsen-Instituts*, uma publicação de periodicidade anual, cujo primeiro volume foi publicado em 1974 e atualmente se encontra no volume 40.

[1711] DREIER, Horst. "Die (Wieder-)Entdeckung Kelsens in den 1980er Jahren: ein Rückblick (auch eigener Sache)". *In*: JESTAEDT, M. (Coord.). *Hans Kelsen und die deutsche Staatsrechtslehre*: Stationen eines wechselvollen Verhältnisses. Tübingen: Mohr Siebeck, 2013, p. 177.

[1712] HILGENDORF, Eric. *Die Renaissance der Rechtstheorie zwischen 1965 und 1985*. Würzburg: Ergon-Verl, 2005, p. 23.

[1713] "*Die Reine Rechtslehre präsentierte sich ja als ein Exerzitium in Nüchternheit, Kargheit und klarem Denken*". DREIER, Horst. "Die (Wieder-)Entdeckung Kelsens in den 1980er Jahren: ein Rückblick (auch eigener Sache)". *In*: JESTAEDT, M. (Coord.). *Hans Kelsen und die deutsche Staatsrechtslehre*: Stationen eines wechselvollen Verhältnisses. Tübingen: Mohr Siebeck, 2013, p. 189.

CAPÍTULO III – A SUPERAÇÃO DA LENDA DO POSITIVISMO

na década de 1960, tornaram-se relativamente comuns na década de 1970 e eram abundantes na década de 1980.[1714] Talvez os primeiro juristas desde a República de Weimar que incorporaram o legado teórico kelseniano em suas metodologias tenham sido Dietrich Jesch (1926-1963), em 1961,[1715] e Hans-Heinrich Rupp (1926-2000), em 1965.[1716] Pouco a pouco, as novas gerações começavam a se interessar por Kelsen.[1717] A relevantíssima contribuição de Norbert Achterberg (1932-1988) publicada em 1974,[1718] uma das primeiras no pós-guerra preocupadas em dialogar seriamente com Kelsen, foi mais um claro indicativo nessa nova tendência.

Na década de 1980, surgem três verdadeiros marcos nesse processo de reabilitação. Em 1982, foi publicado o volume 4 da *Rechtstheorie Zeitschrift*, uma obra coletiva com mais de 526 páginas inteiramente dedicadas ao problema da *Crítica à Ideologia e Teoria da Democracia em Hans Kelsen* (*Ideologiekritik und Demokratietheorie bei Hans Kelsen*).[1719] Em 1984, o volume seguinte da mesma *Zeitschrift* dedicou mais 562 páginas ao problema do "*Sistema Jurídico e Base Social em Hans Kelsen*" (*Rechtssystem und gesellschaftliche Basis bei Hans Kelsen*).[1720] Em 1986, Horst Dreier

---

[1714] Sobre o aumento das publicações em língua alemã entre as décadas de 1960 e 1980 que tinham por objeto Kelsen e a Teoria Pura do Direito, confira-se: Idem, pp. 189 e ss.

[1715] JESCH, Dietrich. *Gesetz und Verwaltung*. Tübigen: Mohr, 1961.

[1716] RUPP, Hans-Henrich. *Grundfragen der heutigen Verwaltungsrechtslehre*: Verwaltungsnorm und Verwaltungsrechtsverhältnis. Tübingen: Mohr, 1965.

[1717] STOLLEIS, Michael. *Geschichte des öffentlichen Rechts in Deutschland*: Staats- und Verwaltungsrechtswissenschaft in West und Ost (1945-1990). vol. 4, Munique: C.H. Beck, 2012, p. 388.

[1718] ACHTERBERG, Norbert. "Hans Kelsens Bedeutung in der gegenwärtigen deutschen Staatslehre". Die öffentliche Verwaltung, n° 27, 1974, pp. 445 e ss.

[1719] KRAWIETZ, Werner; TOPITSCH, Ernst; KOLLER, Peter (Coord.). *Ideologiekritik und Demokratietheorie bei Hans Kelsen*. Rechtstheorie. vol. 4, Berlim: Duncker & Humblot, 1982.

[1720] KRAWIETZ, Werner. "Die Lehre vom Stufenbau des Rechts. Eine säkularisierte politische Theologie?" *In*: KRAWIETZ, W.; SCHELSKY, H. (Coord.). *Rechtssystem und gesellschaftliche Basis bei Hans Kelsen*. Rechtstheorie. vol. 5, Berlim: Duncker & Humblot, 1984.

publica sua dissertação *"Teoria do Direito, Sociologia do Estado e Teoria da Democracia em Hans Kelsen"* (*Rechtslehre, Staatssoziologie und Demokratietheorie bei Hans Kelsen*),[1721] obra que ganhou uma segunda edição já no ano de 1990. Além disso, é importante registrar que as obras completas de Kelsen estão sendo atualmente reunidas e publicadas num projeto com cerca de trinta volumes.[1722]

Até então, Kelsen "não havia de fato retornado do exílio".[1723] A partir da segunda metade da década de 1980[1724] houve uma avalanche de novas publicações, o que evidencia uma "verdadeira redescoberta" do seu legado teórico.[1725] Voltar os estudos para a sua Teoria Pura do Direito deixou finalmente de representar um risco para o futuro acadêmico.[1726] Se, de um lado, a Teoria Pura do Direito não oferecia "fórmulas confortantes" de Justiça, de outro lado, por meio de suas "análises conceituais e estruturais", seu instrumental metodológico poderia conduzir a teoria jurídica para um "palácio de cristal do espírito".[1727]

[1721] DREIER, Horst. *Rechtslehre, Staatssoziologie und Demokratietheorie bei Hans Kelsen*. 2ª ed. Baden-Baden: Nomos, 1990.

[1722] No momento da publicação desta investigação, já foram publicados oito volumes. O projeto é editado pelo Prof. Dr. Matthias Jestaedt e é realizado em cooperação com o Instituto Hans Kelsen. Sobre o projeto "obras completas" de Kelsen: https://www.mohrsiebeck.com/en/multi-volume-work/hans-kelsen-werke--493900000?no_cache=1

[1723] *"nie wirklich aus dem Exil zurückgekehrt"*. KERSTEN, Jens. "Warum Georg Jellinek?". *In*: ANTER, A. (Coord.). *Die normative Kraft des Faktischen*: das Staatsverständnis Georg Jellineks. Baden-Baden: Nomos, 2004, p. 177.

[1724] MÖLLERS, Christoph. *Der vermisste Leviathan*: Staatstheorie in der Bundesrepublik. Frankfurt: Suhrkamp, 2008, p. 32.

[1725] *"echten Wiederentdeckung"*. LEPSIUS, Oliver. "Die Wiederentdeckung Weimars durch die bundesdeutsche Staatsrechtslehre". *In*: GUSY, C. (Coord.). *Weimars lange Schatten*: "Weimar" als Argument nach 1945. Baden-Baden: Nomos, 2003, pp. 369 e ss.

[1726] STOLLEIS, Michael. *Geschichte des öffentlichen Rechts in Deutschland*: Staats- und Verwaltungsrechtswissenschaft in West und Ost (1945-1990). vol. 4, Munique: C.H. Beck, 2012, p. 388.

[1727] *"Begriffs- und Strukturanalysen"*, *"ein Kristallpalast des Geistes"*. DREIER, Horst. "Die (Wieder-)Entdeckung Kelsens in den 1980er Jahren: ein Rückblick (auch eigener Sache)". *In*: JESTAEDT, M. (Coord.). *Hans Kelsen und die deutsche Staatsrechtslehre*:

CAPÍTULO III – A SUPERAÇÃO DA LENDA DO POSITIVISMO

As razões para a reabilitação de Kelsen e da sua Teoria Pura do Direito, sobretudo a partir do final da década de 1980, são variadas. A primeira razão talvez decorra do processo de integração na Europa e na comunidade internacional, o que acarretou uma clara mudança de paradigma no Direito do Estado, com o abandono de uma orientação focada na "substância" do Estado em prol de uma concepção de Estado como uma organização dotada de instâncias de competências e atribuições. A necessidade de uma teoria focada nessa "nova" orientação colocava a *Teoria do Estado* desenvolvida por Kelsen num lugar privilegiado. A segunda razão foi a problematização da legitimação da jurisdição constitucional (do BVerfG) perante o princípio democrático. A necessidade de uma teoria sobre a democracia despertou um novo interesse pela *teoria da democracia* de Kelsen, que ficara escondida nas sombras por décadas. Por fim, a necessidade de sistematização de um volume gigantesco de decisões do BVerfG gerava uma espécie de "esgotamento" da dogmática jurídica, já que a dinâmica complexa da sua jurisprudência demandava um distanciamento do seu objeto, o que só uma teoria *sobre* o Direito é capaz de oferecer. A *teoria jurídica* desenvolvida por Kelsen apresentava uma metodologia robusta, capaz de responder tal desafio.[1728]

Se é correto falar que o mundo germânico redescobriu Kelsen na década de 1980, há quem diga que, atualmente, ele está vivenciando uma "segunda redescoberta",[1729] tamanha é a quantidade de publicações que dialogam com Kelsen ou com a Teoria Pura do Direito, na maior parte das vezes desenvolvendo e dando continuidade ao seu legado.[1730] Nas primeiras décadas desse novo milênio, parece claro que a situação de

---

Stationen eines wechselvollen Verhältnisses. Tübingen: Mohr Siebeck, 2013, p. 189.

[1728] LEPSIUS, Oliver. "Hans Kelsen und die Pfadabhängigkeit in der deutschen Staatsrechtslehre". *In*: JESTAEDT, M. (Coord.). *Hans Kelsen und die deutsche Staasrechtslehre*. Tübingen: Mohr Siebeck, 2013, pp. 255 e ss.

[1729] OOYEN, Robert Christian van. "Kelsen-Renaissance: Neuere Forschung und Rezeption zu einer langjährigen persona non grata der (bundes)deutschen Staatsrechtslehre". *Journal der juristischen Zeitgeschichte*, n° 2, 2017. p. 65.

[1730] Uma publicação recente faz um balanço muito interessante de toda a literatura recente que tem como enfoque o legado teórico de Kelsen: OOYEN, Robert

Kelsen e sua Teoria Pura do Direito é diametralmente oposta da situação do pós-guerra, podendo a sua recepção ser analisada em três camadas distintas. A primeira é a camada de normalização histórica, em que as posições de Kelsen e o seu papel nas ciências jurídicas (*Rechtswissenschaften*) passam a ser descritas de forma séria, sem caricaturas ou preconceitos.[1731] A segunda é uma camada de reinserção de Kelsen e a sua Teoria Pura do Direito no quadro geral da Filosofia do Direito, da Teoria do Direito e do Direito do Estado, em que voltam a ser tratados como *players* relevantes.[1732]

Christian van. *Hans Kelsen*: neuere Forschungen und Literatur. Frankfurt: Verlag für Verwaltungswissens, 2019.

[1731] Estas são apenas algumas das inúmeras obras publicadas que versam sobre o tema: DREIER, H.; WALTER, R. (Coord.). *Rezeption und Rolle der Reinen Rechtslehre*: Festakt aus Anlass des 70 Geburtstags von Robert Walter. Schriftenreihe des Hans Kelsen-Instituts. vol. 22, Viena: Manz, 2001, pp. 341 e ss.; HOFMANN, Hasso. *Einführung in die Rechts- und Staatsphilosophie*. 5ª ed. Die Philosophie. Darmstadt: Wissenschaftliche Buchgesellschaft, 2011, p. 24; HORN, Norbert. Einführung in die Rechtswissenschaft und Rechtsphilosophie. 4ª ed. Heidelberg: Müller, 2007, Rn. 157s., nº 362; JABLONER, Clemens. "Wie zeitgemäß ist die Reine Rechtslehre?" *Rechtstheorie*, nº 29, pp. 1 e ss, 1998; KORB, Axel-Johannes. *Kelsens Kritiker*: ein Beitrag zur Geschichte der Rechts- und Staatstheorie. Grundlagen der Rechtswissenschaft. vol. 13, Tübingen: Mohr Siebeck, 2010; NEUMANN, Ulfrid. "Rechtsphilosophie in Deutschland seit 1945". *In*: SIMON, D. (Coord.). *Rechtswissenschaft in der Bonner Republik*: Studien zur Wissenschaftsgeschichte der Jurisprudenz. Frankfurt: Suhrkamp, 1994, pp. 145-187; STOLLEIS, Michael. *Staatsrechtslehre und Politik* [Vortrag: 7. Mai 1996]. Heidelberg: Müller Jur. Verl., 1997, pp. 14 e ss.; STOLLEIS, Michael. *Geschichte des öffentlichen Rechts in Deutschland*: Staats- und Verwaltungsrechtswissenschaft in Republik und Diktatur (1914-1945). vol. 3, Munique: C.H. Beck, 1999, pp. 117s., 154ss., 166ss., 175ss. e 194s.

[1732] Estas são apenas algumas das inúmeras obras publicadas que versam sobre o tema: GROH, Kathrin. *Demokratische Staatsrechtslehrer in der Weimarer Republik*: Von der konstitutionellen Staatslehre zur Theorie des modernen demokratischen Verfassungsstaats. Tübingen: Mohr Siebeck, 2010, pp. 106 e ss; HEIDEMANN, Carsten. *Die Norm als Tatsache: zur Normentheorie Hans Kelsens*. Baden-Baden: Nomos, 1997; JESTAEDT, Matthias (Coord.). *Hans Kelsen und die deutsche Staatsrechtslehre*: Stationen eines wechselvollen Verhältnisses. Tübingen: Mohr Siebeck, 2013; LIPPOLD, Rainer. *Recht und Ordnung*: Statik und Dynamik der Rechtsordnung. Schriftenreihe des Hans Kelsen-Instituts. vol. 21, Viena: Manz, 2000; MÖLLERS, Christoph. *Staat als Argument*. 2ª ed. Tübingen: Mohr Siebeck, 2011, pp. 36 e ss.; ÖZMEN, Elif et al. (Coord.). *Hans Kelsens politische Philosophie*. Tübingen: Mohr Siebeck, 2017; PAULSON, Stanley L; PAULSON, Bonnie Litschewski (Coord.). *Normativity and*

CAPÍTULO III – A SUPERAÇÃO DA LENDA DO POSITIVISMO

Ilustrativo da dimensão desse resgate teórico é uma recente entrevista de Andreas Voßkuhle, presidente do BVerfG, ao jornal *Der Spiegel*, em que este se refere a Kelsen como "o maior teórico da democracia do século XX".[1733] Por fim, a terceira e última camada é a sua utilização para problemas concretos, como a análise da relação entre o Direito Nacional Alemão e o Direito Supranacional da Comunidade Europeia.[1734]

3.3 A real função da Lenda do Positivismo

Por tudo que já foi exposto até aqui, revela-se inegável que o Positivismo Jurídico, uma abordagem teórica que tanto preza pela objetividade, transparência, clareza e precisão conceitual, estava em aberta contradição com a operacionalidade jurídica da Ditadura Nazista. A compreensão jurídica do regime nazista sobre a natureza do Direito era exatamente a oposta daquela defendida pelo pensamento positivista[1735] e

---

Norms: critical perspectives on Kelsenian themes. Nova York: Oxford University Press, 1998; PAULSON, Stanley L.; STOLLEIS, Michael (Coord.). *Hans Kelsen*: Staatsrechtslehrer und Rechtstheoretiker des 20 Jahrhunderts. Tübingen: Mohr Siebeck, 2005; Pavčnik, Marijan. "An den Grenzen der Reinen Rechtslehre: die Rechtsauffassung von Leonid Pitamic". *In: Archiv für Rechts- und Sozialphilosophie*, nº 81, 1995, pp. 26 e ss. Disponível em: http://www.jstor.org/stable/23680085. Acessado em: 30.03.2019; Weinberger, Ota; Krawietz, Werner. *Reine Rechtslehre im Spiegel ihrer Fortsetzer und Kritiker*. Viena, Nova York: Springer-Verlag, 1988.

[1733] "*wohl größte Demokratietheoretiker des 20. Jahrhunderts*". VOßKUHLE, Andreas. "Das kann keinen Politiker freuen". *Der Spiegel*, 13 nov. 2015, p. 37. Disponível em: https://magazin.spiegel.de/EpubDelivery/spiegel/pdf/139787720. Acessado em: 28.02.2021.

[1734] BALDUS, Manfred. "Zur Relevanz des Souveränitätsproblems für die Wissenschaft vom öffentlichen Recht". *Der Staat*, nº 36, 1997, pp. 395 e ss.; GRUSSMANN, W.-D. "Grundnorm und Supranationalität. Rechtsstrukturelle Sichtweisen der europäischen Integration". *In*: DANWITZ, T. V. (Coord.). *Auf dem Wege zu einer europäischen Staatlichkeit*. Stuttgart: Boorberg, 1993, pp. 48ss. e 58ss.; "SCHILLING, Theodor". Zum Verhältnis von Gemeinschafts- und nationalem Recht". *Zeitschrift für Rechtsvergleichung, Internationales Privatrecht und Europarecht*, nº 4, pp. 149ss, 1999.

[1735] ROTTLEUTHNER, Hubert. "Substanzieller Dezisionismus. Zur Funktion der Rechtsphilosophie im Nationalsozialismus". *In*: ROTTLEUTHNER,

já durante o regime nazista esse fato era inequívoco para os juristas em geral[1736] e pelos seus próprios apoiadores.[1737] Curioso é que o mesmo Positivismo Jurídico que antes de 1945 era combatido de forma feroz e raivosa pelo seu "potencial destruidor da governabilidade",[1738] passou paradoxalmente a ser apontado no período do pós-guerra – pelos mesmos juristas que antes o combatiam (!) – como o grande culpado pela "submissão acrítica da Justiça ao regime nazista". Ademais, o desprezo do Estado Nazista pela forma jurídica e o descrédito das normas válidas já era um fato de conhecimento dos juristas em 1949,[1739] época em que os seus pilares foram fincados.

O sistema jurídico nazista era essencialmente *personalista*, centrado na figura do *Führer*, e incluía rotineiramente ordens verbais e até mesmo decretos secretos.[1740] Em comparação com a prática da "interpretação ilimitada", o número de leis "criminosas, arbitrárias e injustas" era quase insignificante.[1741] Nos doze anos de domínio nacional-socialista, não houve, por exemplo, qualquer grande reforma do Direito Privado, mas

---

H. (Coord.). *Recht, Rechtsphilosophie und Nationalsozialismus*: Vorträge aus der Tagung der Deutschen Sektion der Internationalen Vereinigung für Rechts- und Sozialphilosophie (IVR) in der Bundesrepublik Deutschland vom 11 und 12 Oktober 1982 in Berlin (West). Wiesbaden: F. Steiner, 1983, pp. 26 e ss.

[1736] MÜLLER, Ingo. *Furchtbare Juristen*: die unbewältigte Vergangenheit unserer Justiz. Munique: Kindler, 1987, p. 222.

[1737] FORSTHOFF, Ernst. "Die Rückkehr zum Rechtsstaat". In: MORAS, J. (Coord.). *Deutscher Geist zwischen Gestern und Morgen*: Bilanz der kulturellen Entwicklung seit 1945. Stuttgart: Dt.Verl.-Anst, 1954, p. 334.

[1738] MAUS, Ingeborg. "Juristische Methodik und Justizfunktion im Nationalsozialismus". In: MAUS, I. (Coord.). *Justiz als gesellschaftliches Über-Ich*: zur Position der Rechtsprechung in der Demokratie. Berlim: Suhrkamp, 2018, p. 40.

[1739] HERRFAHRDT, Heinrich. "Der Streit um den Positivismus in der gegenwärtigen deutschen Rechtssicherheit". *Deutches Reich*, n° 2, p. 33.

[1740] "*O número de leis que veiculavam uma grave injustiça em seu conteúdo era bastante pequeno em comparação com a sua quantidade total. Além disso, os piores crimes nazistas foram perpetrados sem qualquer base legal*". / "*Die Zahl der Gesetze, die Unrecht in Gesetzesform gossen, war im Vergleich zum Gesamtumfang des Rechts eher klein, und die schlimmsten Verbrechen der Nazis erfolgten ohne jede gesetzliche Grundlage*". NEUMANN, Volker. *Carl Schmitt als Jurist*. Tübingen: Mohr Siebeck, 2015, p. 538.

[1741] Idem, p. 538.

CAPÍTULO III – A SUPERAÇÃO DA LENDA DO POSITIVISMO

apenas a edição de normas pontuais sobre casamento e sucessões, por exemplo.[1742] A verdade inconveniente e incontestável é que os piores crimes nazistas foram cometidos sem qualquer base legal.[1743] Parece que os nazistas confiavam na magistratura e nos juristas de um modo geral, confiança essa que, com o tempo, provou-se totalmente justificada. O desenvolvimento do Direito sob o regime nazista – e isso se aplica com destaque no Direito Privado –, foi efetuado numa medida considerável por uma aplicação direta de princípios e valores, sem qualquer intermediação pelo Direito formal.[1744]

A injustiça nazista somente foi possível graças a) à proclamação de uma *"völkische Rechtsidee"* (um conceito de *Rechtsidee* que fazia crer que o povo aclamava o Direito Nazista como um Direito Justo), ao reconhecimento de novas fontes do Direito (vontade do líder, programa partidário do NSDAP, raça e nacionalidade), b) ao reconhecimento de um Direito Natural "do sangue e do solo" e de uma nova terminologia jurídica como a *"gesundes Volksempfinden"* (uma espécie de "saudável sentimento popular"), mas também – e principalmente – c) pela eliminação de ideia de uma vinculação das autoridades estatais a leis formais válidas.[1745] Culpar o Positivismo Jurídico pela ascensão do nazismo ou mesmo identificá-lo com o pensamento jurídico nacional-socialista é uma completa subversão da história.[1746]

[1742] RÜTHERS, Bernd. *Die unbegrenzte Auslegung*: zum Wandel der Privatrechtsordnung im Nationalsozialismus. 7ª ed. Tübingen: Mohr Siebeck, 2012, p. 99.

[1743] NEUMANN, Volker. *Carl Schmitt als Jurist*. Tübingen: Mohr Siebeck, 2015, p. 538.

[1744] RÜTHERS, Bernd. *Die unbegrenzte Auslegung*: zum Wandel der Privatrechtsordnung im Nationalsozialismus. 7ª ed. Tübingen: Mohr Siebeck, 2012, p. 99.

[1745] RÜTHERS, Bernd. "Recht oder Gesetz? Gründe und Hintergründe der 'Naturrechtsrenaissance' – zugleich eine Besprechung zu Lena Foljanty: Recht oder Gesetz". *JuristenZeitung*, nº 68, p. 824, 2013.

[1746] "Os juristas não foram guiados pelo Positivismo Jurídico". / *"Die Justizjuristen haben nicht Dienst nach positivistischer Vorschrift geleistet"*. ROTTLEUTHNER, Hubert. *Karrieren und Kontinuitäten deutscher Justizjuristen vor und nach 1945*: Mit allen Grund- und Karrieredaten auf beiliegender CD-ROM. Berlin: BWV, Berliner Wiss.-Verl., 2010, p. 15.

3.3.1 Razões para a recepção da Lenda do Positivismo

Mas se os pressupostos da Lenda do Positivismo são *falsos,* a pergunta que daí decorre é a seguinte: por que ele obteve tanto êxito, de sorte a moldar as bases da cultura jurídica alemã do pós-guerra? As lembranças do passado ainda eram muito recentes. As garantias formais do Estado de Direito, denunciadas como liberais, foram suspensas, mortes sem qualquer fundamento declaradas legítimas, minorias discriminadas, presas, expatriadas, expropriadas e finalmente assassinadas, de modo que a imputação de responsabilidade pela *Rechtsperversion* ao Positivismo Jurídico não fazia o menor sentido.[1747]

Essa é certamente uma pergunta para qual não existe uma resposta simples. A tentação de oferecer uma resposta simplória, uma fórmula mágica[1748] que atenda e corresponda à visão de mundo daquele que é indagado, e com isso recair na mesma espécie de erro que se quer reparar, deve ser evitada. Parece que a melhor explicação somente pode ser encontrada numa combinação muito complexa, formada pela soma de diversos fatores.

3.3.1.1 Uma sociedade fechada

Quando os fundamentos da ordem social estabelecida são abalados por guerras, movimentos revolucionários ou outras rupturas institucionais graves, é comum que a sociedade busque um fundamento estável – quiçá absoluto – para a sua reconstrução.[1749] Essa circunstância

---

[1747] STOLLEIS, Michael. *Geschichte des öffentlichen Rechts in Deutschland*: Staats- und Verwaltungsrechtswissenschaft in West und Ost (1945-1990). vol. 4, Munique: C.H. Beck, 2012, p. 214.

[1748] Como as teses da *causalidade* (Kausalitätsthese) ou da *exculpação* (Entlastungsthese), vistas no item *b* da Introdução dessa investigação.

[1749] KELSEN, Hans; ARNOLD, Eckhart. *A new science of politics*: Hans Kelsen's reply to Eric Voegelin's "New science of politics" - a contribution to the critique of

CAPÍTULO III – A SUPERAÇÃO DA LENDA DO POSITIVISMO

parece ser especialmente válida em tempos decididamente *"fora do eixo"*, quando todos os fundamentos da vida social foram profundamente abalados por duas Guerras Mundiais.[1750] Aliás, o recurso ao absoluto não é uma exclusividade dos momentos sociais de grave e profunda ruptura. Parece que *"a civilização ainda não se desvinculou totalmente da sua infância"*, com transição definitiva de uma "sociedade fechada" e sua submissão a crenças metafísicas, para uma "sociedade aberta", que liberta por completo e reconhece as faculdades críticas dos homens. A tendência do recurso ao absoluto na fundação da sociedade, muito embora seja mais evidente em momentos de grave ruptura social e em sociedades totalitárias, é uma tradição tão antiga quanto a própria civilização.[1751]

A todo momento, mas especialmente nesses períodos de grave ruptura das relações sociais vigentes, especulações metafísicas das mais diversas ordens (como a religião e o historicismo) tendem a ser elevadas como a máxima da vida intelectual de um povo, tornando-se também instrumentos ativos da vida política e elementos constitutivos da vida social.[1752] Dessa tendência coletivista, onde o indivíduo é considerado como um elemento menor ou insignificante do desenho e da arquitetura geral da sociedade,[1753] decorre também a instrumentalização do conhecimento filosófico e científico, que deixa de ter um valor em si mesmo e assume a finalidade exclusiva de justificar o modelo de "sociedade fechada" que se pretende implementar ou defender.[1754]

---

ideology. Frankfurt: Ontos, 2004, pp. 11 e ss.

[1750] *"is out of joint"*. KELSEN, Hans. *General Theory of Law and State*. 3ª ed. Cambridge, Mass.: Harvard University Press, 1949 [1945], p. 17.

[1751] POPPER, Karl R. *Die offene Gesellschaft und ihre Feinde*. vol. 1, Der Zauber Platons. 7ª ed. Tübingen: Mohr, 1992, p. 3.

[1752] Idem, pp. 11 e ss.

[1753] Idem, p. 12.

[1754] *"In social and especially in legal science, there is still no influence to counteract the overwhelming interest that those residing on power, as well as those craving for power, have in a theory pleasing to their wishes, that is, in a political ideology"*. KELSEN, Hans. *General Theory of Law and State*. 3ª ed. Cambridge, Mass.: Harvard University Press, 1949 [1945], p. 17.

Em razão da grande importância que a ciência assume nas sociedades modernas, aumentam o desejo e a tendência de usar especialmente as ciências sociais para esse propósito.[1755] Não é por menos que os teóricos nacional-socialistas empenharam-se em abandonar uma ciência *empírica* sobre a realidade social, substituindo-a por uma ciência *normativa*,[1756] ainda que, quando necessário, tivessem que mascarar tal situação e apelar para a natureza "empírica" dos seus estudos, como acontecia com os "cientistas raciais" (*Rassenforscher*).[1757] A doutrina racial nazista, por exemplo, era legitimada por uma clara diretiva filosófica: ao contrário de Kant, Fitche conseguira dar um importante passo na direção do reconhecimento do "vínculo popular" da legislação (*Volksgebundene Gesetzgebung*).[1758] A confusão entre o factual e o normativo, a negação da dualidade *ser/dever-ser*, forneceu aos juristas nacional-socialistas a base filosófica perfeita para implementação da sua ideologia racial.[1759]

De fato, esses momentos de ruptura ou de grave instabilidade social costumam fornecer as condições ideais para que os discursos das ciências sociais sejam unificados em coortes de opinião homogêneas, pouco analíticas, emocionalmente carregadas, de viés totalitários e que apelam para o binômio amigo-inimigo na constituição do político.[1760] Da necessidade de legitimação e de normalização da nova ordem social decorre o fato que as abordagens descritivas das ciências sociais acabam sendo corriqueiramente substituídas (ou pretensamente absorvidas) por abordagens normativas, que buscam conformar a realidade social de acordo com um modelo previamente

---

[1755] KELSEN, Hans; ARNOLD, Eckhart. *A new science of politics*: Hans Kelsen's reply to Eric Voegelin's "New science of politics" – a contribution to the critique of ideology. Frankfurt: Ontos, 2004, pp. 11 e ss.

[1756] PAUER-STUDER, Herlinde. *Justifying injustice*: legal theory in Nazi Germany. Cambridge: Cambridge University Press, 2020, p. 134.

[1757] Idem, p. 121.

[1758] GÜNTHER, Hans F. K. *Rassenkunde des deutschen Volkes*. München: Lehmann, 1922, p. 366.

[1759] PAUER-STUDER, Herlinde. *Justifying injustice*: legal theory in Nazi Germany. Cambridge: Cambridge University Press, 2020, p. 135.

[1760] RÜTHERS, BERND. *Geschönte Geschichten – Geschonte Biographien*: Sozialisationskohorten in Wendeliteraturen – Ein Essay. Tübingen: Mohr Siebeck, 2001, p. 84.

CAPÍTULO III – A SUPERAÇÃO DA LENDA DO POSITIVISMO

idealizado. A proteção da sociedade "contra os seus inimigos" somente poderia ser alcançada através de uma ciência social normativa, já que apenas ela pode gerar a força de coesão necessária para a superação da instabilidade política e para o estabelecimento de uma nova ordem social.

Essa tendência de proteção da sociedade normalmente se manifesta com uma oposição apaixonada contra qualquer abordagem meramente descritiva da realidade social. De fato, as abordagens descritivas de qualquer ciência social jamais serão capazes de *justificar* uma determinada ordem social. Assim como qualquer instituição social, o Estado e o Direito podem ser avaliados como meios apropriados para que uma finalidade pressuposta seja alcançada, muito embora a *definição* dessa finalidade não possa ser estabelecida de forma científica.[1761] Consequentemente, uma ciência social de cunho "positivista" não pode avaliar uma finalidade que não seja ela própria um meio para outra finalidade, mas uma finalidade em si mesma. As ciências sociais jamais serão capazes de avaliar incondicionalmente uma instituição social, como um fim em si mesmo ou como um valor absoluto.[1762]

Exatamente por isso, é muito raro que os fundamentos e princípios de uma ciência puramente descritiva (que se caracteriza pelo seu rigor analítico e metodológico), típica de uma "sociedade aberta" (que se caracteriza pelo relativismo moral e pelo antissubstancialismo axiológico) sejam devidamente valorizados nos períodos de grande instabilidade ou ruptura social, principalmente no campo das ciências sociais. Ao que parece, o ideal de uma ciência objetiva, livre de especulação metafísica ou de ideologias políticas, tem uma melhor chance de desenvolvimento nos períodos de certa estabilidade

---

[1761] "*Science can demonstrate that the means by which a certain end – that is to say a value – is to be realized are inappropriate for the realization of the other value. This judgment is a reasoned judgment in the sense of a judgment determined by reason, a scientific judgment. For it is a judgment about the relation of cause and effect, and that means a judgment concerning facts. But the judgment according to which one value is to be preferred to another value, is a pure value judgment and it is not. at all possible on the basis of scientific reason, as is the judgment concerning the appropriate means*". KELSEN, Hans; ARNOLD, Eckhart. A new science of politics: Hans Kelsen's reply to Eric Voegelin's "New science of politics" - a contribution to the critique of ideology. Frankfurt: Ontos, 2004, pp. 24 e ss.

[1762] Idem, p. 11.

econômica e social,[1763] um fato reconhecido até mesmo por grandes adversários desse tipo de abordagem.[1764]

3.3.1.2 Literatura de transição

Por sua vez, a demanda por unidade e por legitimação desse novo sistema é o espaço ideal para o desenvolvimento de uma *"literatura de transição"* (*Wendeliteratur*), um conjunto geralmente homogêneo de *"numerosas contribuições literárias publicadas por autores de várias disciplinas, perspectivas e pontos de vista sobre as múltiplas questões de transições constitucionais e no sistema político"*.[1765]

Essa "literatura de transição" desempenha um papel fundamental na política constitucional. De fato, a possibilidade de mudança nos sistemas políticos e constitucionais gera nas suas elites funcionais uma crise de identidade e de confiança, o que pode colocar em questão a própria relevância e existência profissional dos afetados. No entanto, a

---

[1763] KELSEN, Hans. *General Theory of Law and State*. 3ª ed. Cambridge, Mass.: Harvard University Press, 1949 [1945], p. 17.

[1764] "O Positivismo, por sua própria natureza, cresce no terreno de condições estáveis ou diante de um estado geral de saturação. Por causa da guerra, revolução, colapso e do Tratado de Versailles, deixamos de ser um povo saturado". / "*Der Positivismus wächst seiner Natur nach auf dem Boden stabiler oder für stabil gehaltener Verhältnisse und der damit gegebenen Stimmung der Saturiertheit. Durch Krieg, Revolution, Zusammenbruch und Friedensvertrag haben wir aufgehört ein saturiertes Volk zu sein (...)*". Conferência de abertura de Erich Kaufmann no Encontro da Associação dos Professores de Direito do Estado de 1926. *In*: KAUFMANN, Erich *et al*. "DIE GLEICHHEIT VOR DEM GESETZ IM SINNE DES ART. 109 DER REICHSVERFASSUNG: der Einfluß des Steuerrechts auf die Begriffsbildung des öffentlichen Rechts". *Veröffentlichungen der Vereinigung der Deutschen Staatsrechtslehrer*, vol. 3, p. 3, 1927. Doi:10.1515/9783110888225.

[1765] "*Er bezeichnet zusammenfassend die jeweils zahlreichen literarischen Beiträge, die von Autoren unterschiedlicher Disziplinen, Standpunkte und Sichtweisen zu den vielfältigen Fragen von Verfassungsumbrüchen und politischen Systemwechseln ("Wenden") publiziert werden*". RÜTHERS, Bernd. *Geschönte Geschichten - Geschonte Biographien*: Sozialisationskohorten in Wendeliteraturen - Ein Essay. Tübingen: Mohr Siebeck, 2001, p. 10.

CAPÍTULO III – A SUPERAÇÃO DA LENDA DO POSITIVISMO

construção de uma aura de "bondade" em torno dos juristas (*Die guten Juristen*) é essencial não só para a sua própria sobrevivência corporativa, mas também para que eles possam desempenhar a função de garantidores do novo sistema.[1766]

A literatura jurídica costuma ser, por excelência, uma rica fonte de contribuições em matéria de política constitucional. Dependendo da ideologia ou da posição do jurista dentro de determinado sistema político-constitucional, muito do seu esforço e prestígio pode estar – consciente ou inconscientemente – orientado para legitimar ou deslegitimar ordem constitucional vigente, de modo a gerar instabilidade ou garantir a proteção necessária para o seu regular desenvolvimento.

Essa "literatura de transição", normalmente pouco analítica e muito emotiva, representa nada mais do que a instrumentalização *política* do discurso *jurídico*. Valendo-se do seu prestígio social, os juristas podem ser muito hábeis em esconder os seus verdadeiros objetivos políticos por meio de discursos (apenas superficialmente) técnicos. Os discursos (revolucionário) de "renovação" do Direito e (reacionário) de "regeneração" do Direito se demonstraram, em diversos momentos da história recente,[1767] um caminho rápido e eficiente para a realização dos objetivos políticos dos juristas.

[1766] RÜTHERS, Bernd. "Recht oder Gesetz? Gründe und Hintergründe der 'Naturrechtsrenaissance' – zugleich eine Besprechung zu Lena Foljanty: Recht oder Gesetz". *JuristenZeitung*, nº 68, p. 827, 2013.

[1767] Tais reviravoltas foram particularmente comuns na Europa no século XX, sendo o caso alemão ainda mais paradigmático, com pelo menos cinco Constituições e sistemas políticos diferentes nos últimos 90 anos (Weimar, 1919; Nazismo, 1933; Lei Fundamental/Alemanha Oriental, 1945/1949 e Reunificação, 1989), incluindo duas ditaduras totalitárias com ideologias de sistemas conflitantes (Nazismo e Alemanha Oriental). RÜTHERS, Bernd. *Geschönte Geschichten - Geschonte Biographien*: Sozialisationskohorten in Wendeliteraturen - Ein Essay. Tübingen: Mohr Siebeck, 2001, p. 10. No caso do Estado Novo, a utilização de expressões como "regenerar", "reformar" e "recuperar" pelos ideólogos do regime também era bastante comum. ROSENFIELD, Luis. *Revolução Conservadora*: genealogia do Constitucionalismo Autoritário Brasileiro (1930-1945). Porto Alegre: ediPUCRS, 2021, p. 95. Mais recentemente, também na experiência brasileira, o abuso dessas

A revisão dessa "literatura de transição" normalmente é realizada apenas após intervalos consideráveis de tempo, quando alguns laços pessoais que impediriam a denúncia de seus verdadeiros fins já não mais existem.

3.3.1.3 Coortes de socialização

"Em determinadas situações, mas especialmente em épocas de grande perturbação emocional", assevera Bernd Rüthers, *"a participação em discursos literários leva à formação de coortes de opinião, um agrupamento em torno do binômio amigos/inimigos. Sob as condições de visões de mundo totalitárias, como muitas vezes o tom fundamentalista-totalitário das controvérsias mostra, o debate metodológico torna-se uma guerra jurídica quase religiosa"*.[1768] O papel desenvolvido pelas coortes de socialização, assim entendidos como *"grupos de pessoas que se caracterizam por experiências biográficas compartilhadas"*,[1769] é outro fator relevante para a compreensão do mecanismo pelo qual a Lenda do Positivismo foi formada e desenvolvida na Alemanha do pós-guerra.

Ocorre que, terminada a guerra, a esmagadora maioria dos juristas não foi simplesmente privada de suas funções públicas de

---

expressões para a legitimação de um discurso jurídico específico também pode ser registrado, sobretudo na qualificação da "nova" prática jurídica desenvolvida a partir da Constituição de 1988. Como exemplo: BARROSO, Luis Roberto. *Fundamentos Teóricos e Filosóficos do Novo Direito Constitucional Brasileiro (pós-modernidade, teoria crítica e pós-positivismo)*. In: BARROSO, L. R.; BARCELLOS, A. P. de (Coord.). *A Nova Interpretação Constitucional*: ponderação, direitos fundamentais e relações privadas. Rio de Janeiro: Renovar, 2003, pp. 19 e ss.

[1768] "(...) *in bestimmten Situationen, vor allem in emotional bewegten Wendezeiten, führt die Teilnahme an literarischen Diskursen zur Bildung von Gesinnungskohorten bis hin zu Freund/Feind-Gruppierungen. Die Methodendebatte wird unter den Bedingungen totalitärer Weltanschauungsstaaten, wie die oft fundamentalistisch-totalitäre Tonart der Kontroversen zeigt, zum juristischen Glaubenskrieg"*. RÜTHERS, Bernd. *Geschönte Geschichten - Geschonte Biographien*: Sozialisationskohorten in Wendeliteraturen - Ein Essay. Tübingen: Mohr Siebeck, 2001, p. 84.

[1769] *"Gruppen von Menschen, die durch gemeinsame biographische Erlebnisse geprägt sind"*. Idem, pp. 3 e ss.

CAPÍTULO III – A SUPERAÇÃO DA LENDA DO POSITIVISMO

magistrados, promotores e professores universitários.[1770] Uma das principais razões para as falsas memórias foi a permanência dos mais diversos agentes públicos em suas funções após o término da guerra, o que tornou possível o surgimento e o desenvolvimento de uma narrativa de reconstrução do passado com uma substancial distorção fática e ofereceu aos mais diversos interessados o poder de reelaborar a própria história.

As Associações de Professores de Direito posteriores a 1945, por exemplo, foram fundadas basicamente por juristas que em Weimar e durante o regime nazista já eram professores, muitos dos quais apoiaram abertamente o nazismo. Mais de 80% dos professores já estavam nos respectivos cargos durante o período nacional-socialista. Terminado o regime, os conhecidos e tecnicamente destacados autores da era nazista voltaram às principais posições científicas e políticas, foram altamente condecorados e atraíram estudantes competentes e bem-sucedidos, que mais tarde também deram continuidade à estratégia de repressão e transfiguração da história.[1771] A maior parte dos esforços em torno do *Vergangenheitsbewältigung* estava direcionada ao esquecimento e ocultação das responsabilidades individual e coletiva, e não ao esclarecimento da verdade.[1772] Na maior parte dos casos, o "silêncio coletivo" provou ser

---

[1770] Esta continuidade dos Juristas em suas funções é muito bem documentada na historiografia alemã. Neste trabalho, serão colacionados apenas alguns dos exemplos mais relevantes. Sem prejuízo de colaborações marginais e setoriais, um amplo e exaustivo estudo sobre esta continuidade pode ser encontrado *In*: ROTTLEUTHNER, Hubert. *Karrieren und Kontinuitäten deutscher Justizjuristen vor und nach 1945*: Mit allen Grund- und Karrieredaten auf beiliegender CD-ROM. Berlin: BWV, Berliner Wiss.-Verl., 2010.

[1771] RÜTHERS, Bernd. "Recht oder Gesetz? Gründe und Hintergründe der 'Naturrechtsrenaissance' – zugleich eine Besprechung zu Lena Foljanty: Recht oder Gesetz". *JuristenZeitung*, n° 68, p. 823, 2013.

[1772] Os juristas não foram uma exceção a esse processo de ocultação da verdade. Os historiadores alemães também não fizeram a sua parte até 1998. Apenas 53 anos após o colapso do Estado Nazista é que iniciou esse processo de revisão, quando professores mais jovens e emergentes começaram a denunciar o longo silêncio dos principais historiadores nazistas. Idem, p. 822.

a forma mais prática de lidar com as responsabilidades pelo comprometimento com o regime nazista.[1773]

3.3.1.4 Pensamento coletivo

A grande verdade é que os fatores sociais não são insignificantes para a recepção de autores nas ciências sociais. Diversos fatores acabam influenciando essa recepção, tais como a incompatibilidade pessoal ou teórica de um determinado autor com a rede social científica hegemônica ou, inversamente, as suas estreitas relações de amizade.[1774] Como em todos os demais lugares, a vida universitária também funciona em torno de redes silenciosas de amizades e afinidades.[1775] As mesmas tradições jusfilosóficas substancialmente orientadas de Weimar e da era nacional-socialista continuaram a desempenhar um papel central[1776] no "*pensamento coletivo*" (*Denkkollektive*)[1777] do Direito

---

[1773] STOLLEIS, Michael. *Geschichte des öffentlichen Rechts in Deutschland*: Staats- und Verwaltungsrechtswissenschaft in West und Ost (1945-1990). vol. 4, Munique: C.H. Beck, 2012, p. 29.

[1774] SCHULZE-FIELITZ, Helmuth. "Konjunkturen der Klassiker-Rezeption in der deutschen Staatsrechtslehre - Vermutungen auch im Blick auf Hans Kelsen". *In*: JESTAEDT, M (Coord.). *Hans Kelsen und die deutsche Staatsrechtslehre*. Tübingen, Mohr Siebeck, 2013, pp. 158 e ss.

[1775] STOLLEIS, Michael. *Geschichte des öffentlichen Rechts in Deutschland*: Staats- und Verwaltungsrechtswissenschaft in West und Ost (1945-1990). vol. 4, Munique: C.H. Beck, 2012, p. 32.

[1776] GÜNTHER, Frieder. *Denken vom Staat her*: die bundesdeutsche Staatsrechtslehre zwischen Dezision und Integration (1949-1970). München: R. Oldenbourg, 2004, pp. 112 e ss.

[1777] "O 'pensamento coletivo' refere-se à uma espécie de unidade social de uma comunidade de especialistas que, em contraste com outros representantes da ciência, lidam com uma área problemática específica de pesquisa. Esse termo foi desenvolvido por Ludwik Fleck (1896-1861): 'Se definirmos o pensamento coletivo como uma comunidade de pessoas que trocam ideias ou estão em interação intelectual, encontramos nele o portador do desenvolvimento histórico de um campo de pensamento, de certo corpo de conhecimento e status cultural, portanto, um estilo especial de pensamento'". / "*Denkkollektiv bezeichnet die soziale Einheit der Gemeinschaft von Spezialisten, die sich – in Abgrenzung*

CAPÍTULO III – A SUPERAÇÃO DA LENDA DO POSITIVISMO

do Estado (*Staatsrechtslehre*) e da formação acadêmica posterior a 1949, de modo que, na maior parte do tempo, os debates não tinham a finalidade incluir outros autores ou referências, mas sim mantê-los fora dos círculos de discussão.[1778]

Isso também explica, porque a não-recepção de Kelsen no discurso jurídico alemão do pós-guerra não se limitou ao fato dele não ter retornado do exílio. A principal razão para sua permanência na periferia dos debates, sem força suficiente para romper com a ortodoxia acadêmica, é evidente, mas inconveniente: Kelsen reunia todas as características desprezadas pela sociedade alemã da época.

A primeira razão é bem intuitiva: Kelsen era *judeu*. Já em Weimar e ainda mais durante o Estado Nazista, a Teoria do Estado alemã estava impregnada pelo antissemitismo, seja ele de natureza religiosa, cultural ou simplesmente racista.[1779] Acreditar que com o fim do regime nazista o antissemitismo simplesmente deixou de existir da noite para o dia na Alemanha é uma conclusão, no mínimo, inocente. Além disso, as cátedras vagas de judeus mortos ou emigrados representavam oportunidades perfeitas para que muitos juristas acelerassem as suas próprias carreiras acadêmicas.[1780] Havia também, por assim dizer,

---

zu anderen Vertretern der Wissenschaft – mit einem spezifischen Problembereich innerhalb der Forschung beschäftigt. Dieser Begriff wurde von Ludwik Fleck (1896-1961) entstanden: 'Definieren wir "Denkkollektiv" als Gemeinschaft der Menschen, die im Gedankenaustausch oder in gedanklicher Wechselwirkung stehen, so besitzen wir in ihm den Träger geschichtlicher Entwicklung eines Denkgebietes, eines bestimmten Wissensbestandes und Kulturstandes, also eines besonderen Denkstils'". FLECK, Ludwik. *Entstehung und Entwicklung einer wissenschaftlichen Tatsache*. Berlim: Suhrkamp, 1980, pp. 54 e ss.

[1778] JESTAEDT, Matthias *et al.* "Diskussion 'Die Weimarer Jahre'. *In*: JESTAEDT, M. (Coord.). *Hans Kelsen und die deutsche Staasrechtslehre*. Tübingen: Mohr Siebeck, 2013, p. 53.

[1779] GÜNTHER, Frieder. "'Jemand, der sich schon vor fünfzig Jahren selbst überholt hatte'. Die Nicht-Rezeption Hans Kelsens in der bundesdeutschen Staatsrechtslehre der 1950er und 1960er Jahre". *In*: JESTAEDT, M. (Coord.). *Hans Kelsen und die deutsche Staatsrechtslehre*: Stationen eines wechselvollen Verhältnisses. Tübingen: Mohr Siebeck, 2013, p. 70.

[1780] Idem, p. 72; RÜTHERS, Bernd. "Recht oder Gesetz? Gründe und Hintergründe der 'Naturrechtsrenaissance' – zugleich eine Besprechung zu Lena Foljanty: Recht

uma espécie de acordo tácito entre os juristas no sentido de ignorar ou esconder as conquistas de seus antigos colegas judeus. Quem os citasse, corria o risco de ser rotulado e estigmatizado como um autor judeu ou amigo de judeus.[1781]

A segunda razão para a não-recepção de Kelsen também é evidente: ele era *liberal* e defendia o *relativismo moral*. As posições liberais continuavam sendo abertamente atacadas na sociedade alemã do pós-guerra, o que se refletia no declínio eleitoral dos dois partidos liberais da época.[1782] A hegemonia da ideologia conservadora de orientação cristã, que dominava o discurso político e orientava cultura jurídica, deixava nenhum ou pouco espaço para posições (políticas) relativistas, pluralistas e cosmopolitas. Em essência, houve uma continuidade do discurso antipositivista de Weimar e do 3º Reich, só que agora com o expurgo da retórica fascista e com a sua adaptação às exigências da democracia parlamentar.[1783] Toda a literatura do Direito do Estado continuava transitando "entre a decisão e a integração",[1784] de forma que o substancialismo de Smend e Schmitt continuavam sendo as principais referências teóricas do pós-guerra, notadamente entre 1949 e 1970.[1785]

---

oder Gesetz". *JuristenZeitung*, nº 68, p. 823, 2013.

[1781] Idem, p. 72.

[1782] Idem, p. 78.

[1783] Idem, p. 78.

[1784] GÜNTHER, Frieder. *Denken vom Staat her*: die bundesdeutsche Staatsrechtslehre zwischen Dezision und Integration (1949-1970). München: Oldenbourg, 2004, pp. 112 e ss.

[1785] JESTAEDT, Matthias; LEPSIUS, Oliver. "Der Rechts- und der Demokratietheoretiker Hans Kelsen - Eine Einführung". *In*: JESTAEDT, M.; LEPSIUS, O. (Coord.). *Verteidigung der Demokratie*: Abhandlungen zur Demokratietheorie. Tübingen: Mohr Siebeck, 2006, p. 11.

CAPÍTULO III – A SUPERAÇÃO DA LENDA DO POSITIVISMO

3.3.1.5 A grande chance de reescrever a própria história

A recepção entusiasmada da Lenda do Positivismo não é de se estranhar. A história de ascensão e queda do Positivismo Jurídico foi contada por antipositivistas.[1786] Alguns dos juristas mais influentes de Weimar e do regime nazista, como Arnold Köttgen, Carl Hermann Ule, Carl Schmitt, Erik Becker, Erik Wolf, Ernst Rudolf Huber, Franz Wieacker, Friedrich Berber, Georg Darm, Günter Küchenhoff, Hans Gerber, Hans Welzel, Herbert Krüger, Hermann Weinkauff, Johannes Heckel, Karl Larenz, Otto Koellreutter, Richard Lange, Ulrich Scheuner, Walter Schönfeld, Werner Weber e muitos outros,[1787] sempre desenvolveram suas teorias num sentido declaradamente *antipositivista* e, com isso, contribuíram significativamente para que o pensamento liberal no Direito não criasse raízes na cultura jurídica alemã.[1788] No entanto, não se tratava apenas de uma divergência *teórica* ou *dogmática* contra o Positivismo Jurídico. Grande parte dos juristas que lecionavam na Alemanha ou nos países de língua alemã (Viena, Strasbourg etc.) depois de 1949 eram em sua grande maioria os mesmos que, a partir de 1933, haviam saudado e apoiado regime nazista, legitimando sistematicamente a troca de um Estado Parlamentar por um *Führerstaat* totalitário.[1789]

[1786] HAFERKAMP, Hans-Peter. "Positivism as a Concept of Legal Historians". *Juridica International*, n° 17, p. 103, 2010. Disponível em: https://www.juridicainternational. eu/public/pdf/ji_2010_XVII_100.pdf. Acessado em: 04.06.2021.

[1787] STOLLEIS, Michael. *Geschichte des öffentlichen Rechts in Deutschland*: Staats- und Verwaltungsrechtswissenschaft in West und Ost (1945-1990). vol. 4, Munique: C.H. Beck, 2012, p. 456.

[1788] RÜCKERT, Joachim. "Zu Kontinuitäten und Diskontinuitäten in der juristischen Methodendiskussion nach 1945". *In*: Acham, K. (Coord.). *Erkenntnisgewinne, Erkenntnisverluste*: Kontinuitäten und Diskontinuitäten in den Wirtschafts-, Rechts- und Sozialwissenschaften zwischen den 20er und 50er Jahren. Stuttgart: F. Steiner, 1998, pp. 145-154.

[1789] RÜTHERS, Bernd. *Geschönte Geschichten - Geschonte Biographien*: Sozialisationskohorten in Wendeliteraturen - Ein Essay. Tübingen: Mohr Siebeck, 2001, p. 93.

De certa forma, pode ser dito que o destino do Positivismo Jurídico no pós-guerra já estava traçado desde Weimar: ele se tornaria facilmente o novo inimigo. A conjugação dos argumentos "Radbruch" e "Nuremberg" apresentava a desculpa perfeita para que a elite jurídica alemã, envolvida em todos os níveis e de forma direta com a barbárie nazista, pudesse reescrever a própria história. O "renascimento do Direito Natural" do pós-guerra foi apoiado em sua maior parte pelos mesmos juristas que, em Weimar e durante o regime nazista, já eram conhecidos por defender a existência de um Direito Supralegal e que atacavam o Positivismo Jurídico.[1790] Por óbvio, há a situação e a posição daqueles juristas que muito contribuíram para a formação e divulgação da Lenda do Positivismo, mas que não apoiaram o regime nazista de forma declarada, como Adolf Süsterhenn e Helmut Coing, por exemplo.[1791] Todavia, uma análise da literatura do Direito Natural do pós-guerra demonstra que o grupo de autores envolvidos com o regime nazista é muito mais numeroso (Erik Wolf, Günter Küchenhoff, Hans Welzel, Hermann Weinkauff, Richard Lange e Walter Schönfeld).[1792] Com raras exceções (e.g. Carl Schmitt, Otto Koellreutter), todos eles retornaram aos seus cargos, como se nada tivesse acontecido, após cumprir breves suspensões ou submeterem-se a caricatos processos de desnazificação.[1793]

Assim, por exemplo, teóricos importantes do antigo regime, como Ernst Forsthoff (1902-1974), que em 1933 afirmara que "sob

---

[1790] HILGENDORF, Eric. *Die Renaissance der Rechtstheorie zwischen 1965 und 1985*. Würzburg: Ergon-Verl, 2005, p. 27.

[1791] A situação de Süsterhenn é uma exceção nesse processo. Embora tenha contribuído para o desenvolvimento da Lenda do Positivismo, ele foi um opositor ativo do regime nazista. RÜTHERS, Bernd. "Recht oder Gesetz? Gründe und Hintergründe der 'Naturrechtsrenaissance' – zugleich eine Besprechung zu Lena Foljanty: Recht oder Gesetz". *JuristenZeitung*, n° 68, p. 825, 2013.

[1792] Idem, p. 825.

[1793] AMADO, Juan Antonio Garcia. "¿Es Posible ser Antikelseniano sin Mentir sobre Kelsen?". *In*: AMADO, J. A. G. (Coord.). *El Derecho y sus Circunstancias*: Nuevos ensayos de filosofía jurídica. Bogotá: Universidad Externado de Colombia, 2010, p. 396.

CAPÍTULO III – A SUPERAÇÃO DA LENDA DO POSITIVISMO

nenhuma circunstância o Estado Nazista baseava sua autoridade numa postura individualista, positivista",[1794] retornou em 1952 à sua cátedra em Heidelberg e lá permaneceu lecionando até a sua morte em 1974. Forsthoff foi um dos poucos que não ousou imputar a *Rechtsperversion* ao Positivismo Jurídico, reconhecendo que esse teve seu apogeu no período anterior à República de Weimar.[1795]

Outro caso interessante é o de Ernst Rudolf Huber (1903-1990). Então um jovem idealista hegeliano, Huber publicou em 1937[1796] o único livro sobre Direito do Estado digno de nota durante todo o regime nazista (livro republicado em 1939),[1797] uma obra que oferecia uma síntese harmoniosa daquilo que era possível fazer com os fragmentos da disciplina.[1798] Suas habilidades linguísticas e sua capacidade científica seriam replicadas mais tarde, sobretudo com a publicação do seu *História da Constituição Alemã (Deutsche Verfassungsgeschichte seit 1789)*,[1799] uma obra formada por oito volumes e que foi amplamente utilizada no pós-guerra.[1800]

Günther Küchenhoff (1907-1983) foi outro jurista que apoiou abertamente a Ditadura Nazista em diversos trabalhos.[1801] Numa pu-

---

[1794] FORSTHOFF, Ernst. *Der totale Staat*. Hamburg: Hanseatische Verlagsanstalt, 1933, p. 32.

[1795] FORSTHOFF, Ernst. "Die Rückkehr zum Rechtsstaat". *In*: MORAS, J. (Coord.). *Deutscher Geist zwischen Gestern und Morgen*: Bilanz der kulturellen Entwicklung seit 1945. Stuttgart: Deutsche Verlags-Anstalt, 1954, pp. 334 e ss.

[1796] HUBER, Ernst Rudolf. *Verfassung*. Grundzüge der Rechts- und Wirtschaftswissenschaft. Hamburg: Hanseatische Verlagsanst, 1937.

[1797] HUBER, Ernst Rudolf. *Verfassungsrecht des Großdeutschen Reiches*. 2ª ed. Hamburg: Hanseatische Verlagsanstalt, 1939.

[1798] STOLLEIS, Michael. *Öffentliches Recht in Deutschland*: eine Einführung in seine Geschichte (16.-21. Jahrhundert). Munique: C.H. Beck, 2014, pp. 118 e ss.

[1799] HUBER, Ernst Rudolf. *Deutsche Verfassungsgeschichte seit 1789*. Stuttgart: Kohlhammer, 1957.

[1800] STOLLEIS, Michael. *Öffentliches Recht in Deutschland*: eine Einführung in seine Geschichte (16.-21. Jahrhundert). Munique: C.H. Beck, 2014, pp. 118 e ss.

[1801] Para uma lista de suas publicações em apoio ao regime nazista, confira-se: STOLLEIS, Michael. *Geschichte des öffentlichen Rechts in Deutschland*: Staats- und

blicação de 1937, além de desenvolver conceitos como *Líder* (*Führer*), *Princípio do Líder* (*Führergrundsatz*) e *Liderança* (*Führertum*), defendeu que "o Führer sempre direciona a comunidade para o lugar certo; ele é sempre responsável pelo destino do povo e é também o seu juiz".[1802] Antes de 1945, Küchenhoff era juiz em Breslau e professor em Greifswald.[1803] Terminada a guerra, foi demitido e passou pelo processo de desnazificação.[1804] Em 1956 foi nomeado Professor de Direito Administrativo, do Estado, do Trabalho e Filosofia do Direito, em Würzburg,[1805] desenvolvendo a partir de então uma teoria do Direito Natural com fortes laços com a Igreja Católica.[1806]

Não é raro encontrar, ainda, situações como a de Franz Wieacker (1908-1994). Entusiasta do regime e filiado ao NSDAP, lecionou em Leipzig durante a Ditadura Nazista. Terminada a guerra, lecionou em Göttingen (1945), depois em Freiburg (1948), até finalmente retornar a Göttingen para ocupar a cátedra de Direito Romano e Direito Civil (1953). Durante o nazismo, Wieacker atacou abertamente o Positivismo Jurídico, defendendo que diante da sua concepção atomista de sociedade uma "renovação do Direito" era necessária e urgente.[1807] Terminada

---

Verwaltungsrechtswissenschaft in Republik und Diktatur (1914-1945). vol. 3, Munique: C.H. Beck, 1999, pp. 263 e 271.

[1802] "*Wo der Führer der Volksgemeinschaft richtet, da spricht diese selbst Recht (...). Wo es um das Lebensrecht des Volkes selbst geht, ist der Führer verantwortlich für das Schicksal des Volkes und daher auch sein Richter*". VOLKMAR, Erich; STIER-SOMLO, Fritz (Coord.). *Handwörterbuch der Rechtswissenschaft*: die Rechtsentwicklung der Jahre 1933 bis 1935/36. vol. 8, Berlim: De Gruyter, 1937, p. 203.

[1803] KLEE, Ernst. *Das Personenlexikon zum Dritten Reich*: wer war was vor und nach 1945. 5ª ed. Frankfurt: Fischer-Taschenbuch-Verlag, 2015, p. 347.

[1804] Idem, p. 347; FOLJANTY, Lena. *Recht oder Gesetz*: Juristische Identität und Autorität in den Naturrechtsdebatten der Nachkriegszeit. Tübingen: Mohr Siebeck, 2012, p. 98.

[1805] FOLJANTY, Lena. *Recht oder Gesetz*: Juristische Identität und Autorität in den Naturrechtsdebatten der Nachkriegszeit. Tübingen: Mohr Siebeck, 2012, p. 347.

[1806] Idem, p. 347.

[1807] WIEACKER, Franz. "Der Stand der Rechtserneuerung auf dem Gebiete des bürgerlichen Rechts". In: WIEACKER, F.; WOLLSCHLÄGER, C. (Coord.). *Zivilistische Schriften (1934-1942)*. Frankfurt: Vittorio Klostermann, 2000 [1937], p. 229.

CAPÍTULO III – A SUPERAÇÃO DA LENDA DO POSITIVISMO

a guerra, no entanto, defendeu que o "niilismo" positivista teria sido responsável pela destruição dos fundamentos do Direito[1808] e justificou o renascimento do Direito Natural diante do "terrível comprometimento do Positivismo Jurídico com o regime nazista".[1809] Seu livro *História do Direito Privado Moderno* (*Privatrechtsgeschichte der Neuzeit*), publicado pela primeira vez em 1952, é até hoje referência na disciplina.[1810]

Outro jurista que teve grande importância na construção do imaginário antipositivista do pós-guerra foi Karl Larenz (1903-1993). Larenz, que durante o regime nazista caracterizava o *Positivismo Jurídico* como "a manifestação de uma infiltração intelectual estrangeira",[1811] retornou à sua cátedra em Kiel, transferindo-se posteriormente em 1960 para a Ludwig-Maximilians Universität de Munique. Lá publicou seu até hoje influente livro *Metodologia da Ciência do Direito* (*Methodenlehre der Rechtswissenschaft*), com a defesa da mesma jusfilosofia antipositivista e neo-hegeliana que apresentava durante seus anos de destacado colaborador nazista.[1812] Sua "terceira via" foi fundamental na preparação do

---

[1808] WIEACKER, Franz. *Zum heutigen Stand der Naturrechtsdiskussion*. Köln: Westdeutschen Verlag, 1965, p. 8.

[1809] "Mesmo o tão falado renascimento do Direito Natural não é mais que apenas um processo filosófico ou justeórico (...). Para um efeito mais amplo, porém, esse renascimento não teria chegado tão cedo sem o terrível compromisso do Positivismo Jurídico com o regime nazista". / "*Auch die vielberufene Renaissance des Naturrechts ist heute nicht mehr lediglich ein philosophischer oder rechtstheoretischer Vorgang. (...) Zu einer breiteren Wirkung wäre diese Renaissance indessen nicht so bald gelangt ohne die fürchterliche Kompromittierung des Positivismus durch die nationalsozialistische Herrschaft*". Idem, p. 8.

[1810] RÜTHERS, Bernd. *Geschönte Geschichten - Geschonte Biographien: Sozialisationskohorten in Wendeliteraturen - Ein Essay*. Tübingen: Mohr Siebeck, 2001, p. 94.

[1811] "O Positivismo Jurídico, que teve seu ponto máximo na Teoria Pura do Direito de Kelsen, não é, na verdade, nada mais do que uma manifestação do espírito de alienação mental atual". / "*Der Positivismus, wie er seine letzte gedankliche Zuspitzung in Kelsens 'Reiner Rechtslehre' erfahren hat, ist in der Tat nichts anderes als eine Erscheinungsform der geistigen Überfremdung*". LARENZ, Karl. *Deutsche Rechtserneuerung und Rechtsphilosophie*. Tübingen: Mohr, 1934, p. 11.

[1812] STOLLEIS, Michael. *Juristen*: ein biographisches Lexikon von der Antike bis zum 20 Jahrhundert. Munique: Beck, 2001, pp. 379 e ss.

caminho para que o BVerfG incorporasse na sua jurisprudência a retórica jusnaturalista do pós-guerra. Essa obra é, até hoje, uma importante referência "antipositivista" na Alemanha e em diversos outros países do mundo.[1813]

Mais um jurista de relevo que, apesar de seus vínculos ideológicos com o nazismo, desenvolveu o Direito Natural no pós-guerra em diversas oportunidades[1814] foi Friedrich August von der Heydte (1907-1994). Durante o regime nazista, buscou desenvolver as bases de uma aliança entre o catolicismo e o nazismo. Além disso, fez carreira na *Wehrmacht,* onde ganhou inúmeras condecorações.[1815] Terminada a guerra ficou desempregado, mas já em 1951 foi nomeado para um cargo na Universidade de Mainz e, em 1954, em Würzburg.[1816]

Mas talvez o exemplo mais escandaloso seja o de Theodor Maunz (1901-1993). Professor de Direito Público e Teoria do Estado em Freiburg entre 1934 e 1945, ocupou-se ativamente dos contornos jurídicos da atuação da polícia no Estado Nazista. Com a eliminação da noção de direito subjetivo no Direito Público,[1817] ou seja, da ideia de que o Direito serve como proteção do indivíduo contra o Estado,[1818] superou-

---

[1813] No Brasil, por exemplo, este livro foi, durante mais de uma década (por volta dos anos 2005 e 2015 mais ou menos), leitura obrigatória para a prova de admissão no Programa de Pós-Graduação da Universidade do Estado do Rio de Janeiro (UERJ), uma das mais prestigiadas do país.

[1814] Alguns destes trabalhos são: HEYDTE, Friedrich August von der. Das Weiß-Blau-Buch zur deutschen Bundesverfassung und zu den Angriffen auf Christentum und Staatlichkeit der Länder. Regensburg: Habbel, 1948; HEYDTE, Friedrich August von der. *Vom heiligen Reich zur geheiligten Volkssouveränität.* Laupheim, Württ: Steiner, 1955.

[1815] FOLJANTY, Lena. *Recht oder Gesetz*: Juristische Identität und Autorität in den Naturrechtsdebatten der Nachkriegszeit. Tübingen: Mohr Siebeck, 2012, p. 99.

[1816] KLEE, Ernst. *Das Personenlexikon zum Dritten Reich*: wer war was vor und nach 1945. 5ª ed. Frankfurt: Fischer-Taschenbuch-Verlag, 2015, p. 253.

[1817] MAUNZ, Theodor. *Das Ende des subjektiven öffentlichen Rechts.* Tübingen: Laupp, 1935, p. 111.

[1818] MAUNZ, Theodor. *Neue Grundlagen des Verwaltungsrechts.* Hamburg: Hanseatische Verlagsanstalt, 1934, p. 48.

CAPÍTULO III – A SUPERAÇÃO DA LENDA DO POSITIVISMO

-se um importante conceito do Positivismo Jurídico.[1819] Se o princípio jurídico fundamental do Direito, diante do qual todos os outros devem se curvar, é a necessidade de liderança, "o Direito Administrativo nunca pode prejudicar ou impedir as decisões do Führer".[1820] Mesmo depois de ter servido ao regime nazista, Maunz participaria dos trabalhos da elaboração da Lei Fundamental (a Constituição Alemã), tornar-se-ia professor na Ludwig-Maximilians Universität de Munique em 1952 e, mais tarde, Ministro da Educação na Baviera em 1957.[1821] Em 1958, editou a obra *Comentários à Constituição* (*Kommentare zum Grundgesetz*),[1822] que depois foi bastante ampliada e que até hoje é referência no Direito Constitucional alemão.[1823] Apenas após a sua morte (em 1993) descobriu-se que Maunz, considerado por alguns como a "pedra angular dos juspublicistas alemães" do pós-guerra,[1824] colaborou anonimamente por mais de 20 anos com publicações neonazistas de grande difusão.[1825]

Também na magistratura e na promotoria pública os casos não foram raros de autoridades que colheram os benefícios da Lenda do

---

[1819] MAUNZ, Theodor. *Das Ende des subjektiven öffentlichen Rechts*. Tübingen: Laupp, 1935, p. 111.

[1820] "*Daraus folgt, dass die Verwaltungsrechtspflege niemals die politischen Entscheidungen des Führers hemmen oder erschweren kann*". MAUNZ, Theodor. *Neue Grundlagen des Verwaltungsrechts*. Hamburg: Hanseatische Verlagsanstalt, 1934, p. 55.

[1821] WAGNER, Francisco Sosa. *Juristas y Enseñanzas Alemanas (I), 1945-1975*: con lecciones para la España actual. Madri: Marcial Pons, 2013, p. 134.

[1822] A sua edição mais recente é de 2017. MAUNZ, Theodor; SCHMIDT-BLEIBTREU, Bruno; WINTER, Klaus; GRAßHOF, Karin; MELLINGHOFF, Rudolf; KLEIN, Franz; HÖMIG, Dieter (Coord.). *Bundesverfassungsgerichtsgesetz*: Kommentar. Munique: Beck, 2019.

[1823] LERCHE, Peter. "Theodor Maunz (1901-1993)". *In*: HÄBERLE, P.; KILIAN, M.; WOLFF, H. (Coord.). *Staatsrechtslehrer des 20 Jahrhunderts*. Berlin: De Gruyter, 2015, p. 575.

[1824] "*Theodor Maunz ist nun endgültig vom Eckstein zum Stein des Anstoßes der deutschen Staatsrechtslehre geworden*". STOLLEIS, Michael. *Theodor Maunz - Ein Staatsrechtslehrerleben*. *In*: STOLLEIS, M. (Coord.). *Recht im Unrecht*: Studien zur Rechtsgeschichte des Nationalsozialismus. Frankfurt: Suhrkamp, 2006, p. 306.

[1825] Idem, p. 309.

Positivismo e perdão tácito pelos seus crimes. Um dos mais emblemáticos foi o de Willi Geiger (1909-1994). Nomeado como juiz em 1950, tornou-se presidente de uma das turmas do BGH e juiz do BVerfG em 1951, cumulando ambos os cargos por mais de dez anos e desempenhando suas funções na segunda por mais de 26 anos. Durante o regime nazista, todavia, Geiger foi oficial da SA e membro do NSDAP.[1826] Além disso, Geiger defendeu categoricamente o banimento de jornalistas judeus com base na Lei de Imprensa de 4 de outubro de 1933 (*Schriftleitergesetz vom 4. Oktober 1933*), uma lei que, "com um único golpe, (...) aboliu a influência excessivamente poderosa, nociva às pessoas e destruidora da cultura da raça judaica na esfera da imprensa".[1827] Como se não bastasse, Geiger também atuou como promotor de justiça num tribunal em Bamberg entre 1941 e 1943, onde pediu a condenação à morte de pelo menos seis pessoas, dentre as quais a de um jovem judeu de apenas 19 anos pelo crime de miscigenação racial (*Rassenschande*).[1828] Esses fatos permaneceram convenientemente esquecidos até 1966, quando foram então revelados pela imprensa da Alemanha Oriental (DDR) e imediatamente confirmados pela imprensa da Alemanha Ocidental.[1829]

Mas entre todos os juristas que tiveram ativa participação com o regime nazista e que no pós-guerra foram peças essenciais na divulgação da Lenda do Positivismo, aquele que mais se destaca é sem dúvidas Hermann Weinkauff (1894-1981). Nomeado em 1950 como o primeiro

---

[1826] COLLINGS, Justin. *Democracy's guardians*: a history of the German Federal Constitutional Court (1951-2001). Oxford: Oxford University Press, 2015, nota 31, p. 7.

[1827] "*Die Vorschrift hat mit einem Schlag den übermächtigen, volksschädigenden und kulturzersetzenden Einfluß der jüdischen Rasse auf dem Gebiet der Presse beseitigt*". GEIGER, Willi. Die Rechtsstellung des Schriftleiters nach dem Gesetz vom 4 Oktober 1933. Darmstadt: Buske, 1941, p. 40.

[1828] RÜTHERS, Bernd. "Recht oder Gesetz? Gründe und Hintergründe der 'Naturrechtsrenaissance' – zugleich eine Besprechung zu Lena Foljanty: Recht oder Gesetz". *JuristenZeitung*, nº 68, p. 824, 2013.

[1829] GEIGER. Pflicht zur Wahrheit. Der Spiegel, 1 ago. 1966. Disponível em: https://www.spiegel.de/spiegel/print/d-46408207.html. Acessado em: 28.02.2021.

CAPÍTULO III – A SUPERAÇÃO DA LENDA DO POSITIVISMO

presidente do BGH, Weinkauff defendeu em diversas oportunidades[1830] que a Alemanha "viveu e sofreu, e ainda padece, das sangrentas consequências do Positivismo Jurídico dominante durante os últimos cem anos",[1831] Positivismo Jurídico esse que fomentava, com sua teoria da validade, uma aceitação acrítica de normas espúrias.[1832] Para "evitar que isso pudesse acontecer novamente", Weinkauff desenvolveu um Direito Natural de base religiosa.[1833] Ao contrário do Positivismo Jurídico, o

---

[1830] "O Positivismo Jurídico extremado (era) o dogma indubitável de quase todos os juristas". "Todas as outras cortes alemãs também seguiram a doutrina positivista". / *"(D)er extreme Rechtspositivismus (war) das angezweifelte Dogma fast aller Juristen geworden".; "Auch alle übrigen deutschen Gerichte folgten der positivistischen Lehre".* WEINKAUFF, Hermann. "Die deutsche Justiz und der Nationalsozialismus: ein Überblick". *In: Quellen und Darstellungen zur Zeitgeschichte.* Veröffentlichungen des Instituts für Zeitgeschichte. vol. 16, Stuttgart: Deutsche Verlags-Anstalt, pp. 29 e 30, 1968; "Se em algum ponto ou em qualquer outro lugar, a doutrina jurídica que diz: 'o Direito a ser obedecido é aquele cuja o respectivo detentor do poder estatal, de acordo com sua discrição livre e ilimitada, estabeleceu como certo', falhou. Esse é o núcleo duro do Positivismo Jurídico. E sob o regime nazista – e não apenas sob ele, mas sim sob a maioria dos regimes totalitários – essa ideia foi tão levada ao absurdo que devemos realmente acreditar que seu fim havia chegado. Mas eis que o oposto é o caso. O Positivismo Jurídico é novamente adotado pelos juristas alemães em um triunfo aparentemente irrefreável". / *"Wenn irgendwann und irgendwo, so ist hier vor aller Augen jene Rechtslehre gescheitert, die sagt: 'Recht ist und schlechthin zu befolgen ist das und nur das, was der jeweilige Inhaber der Staatsmacht nach seinem freien uneingeschränkten Ermessen als Recht setzt'. Das ist der harte Kern der positivistischen Rechtslehre. Und sie ist unter dem NS-Regime - übrigens nicht nur unter ihm, sondern unter den meisten totalitären Regimen - so furchtbar ad absurdum geführt worden, daß man wirklich glauben mußte, ihr Ende sei nun gekommen. Doch siehe da: Das Gegenteil ist der Fall. Der Rechtspositivismus ist unter den deutschen Juristen wieder in einem anscheinend unaufhaltsamen Siegeszug begriffen".* WEINKAUFF, Hermann. "Was heißt das 'Positivismus als juristische Strategie'?". *JuristenZeitung*, nº 25, 1970, pp. 54 e ss.

[1831] *"Und das alles trotz des blutigen Anschauungsunterrichts, den die Geschichte dieser Richtergeneration über die Konsequenzen des reinen Gesetzespositivismus erteilt hat und noch erteilt".* WEINKAUFF, Hermann. *Richtertum und Rechtsfindung in Deutschland*: Vortrag. Tübingen: Mohr, 1952, p. 32.

[1832] WEINKAUFF, Hermann. "Das Naturrecht in evangelischer Sicht". *In*: MAIHOFER, W. (Coord.). *Naturrecht oder Rechtspositivismus?*. 3ª ed. Darmstadt: Wissenschaftliche Buchgesellschaft, 1981 [1952], pp. 211 e ss.

[1833] Idem, pp. 213 e ss.

Direito Natural proposto por Weinkauff determina que o Direito não pode ser fruto da vontade humana inconsequente, impondo limites que todo bom juiz deve descobrir intuitivamente ao perguntar-se qual é a solução justa para cada caso.[1834] Esse "conteúdo de Justiça",[1835] que nenhum Direito Positivo pode deixar de lado sem perder sua validade, "é dado por Deus de maneira vinculante".[1836] Por vulnerar esses princípios supremos do Direito Natural posto por Deus, a legislação nacional-socialista não poderia ter sido considerada válida. Por força da liderança exercida por Weinkauff, o BGH incorporou esse paradigma jusnaturalista à sua jurisprudência e forneceu as bases para que o BVerfG viesse a desenvolver uma jurisprudência de idêntica natureza e direcionamento jusfilosófico.[1837]

Todavia, a Lenda do Positivismo não conta que, como um típico exemplo de magistrado da época, Weinkauff não só foi um adversário da República,[1838] como também era um admirador do regime nazista.[1839] Em-

---

[1834] Idem, p. 212.

[1835] AMADO, Juan Antonio Garcia. "¿Es Posible ser Antikelseniano sin Mentir sobre Kelsen?". *In*: AMADO, J. A. G. (Coord.). *El Derecho y sus Circunstancias*: nuevos ensayos de filosofía jurídica. Bogotá: Universidad Externado de Colombia, 2010, p. 398.

[1836] "*diese Sätze gelten, weil Gott sie verbindlich gesetzt hat*". WEINKAUFF, Hermann. "Das Naturrecht in evangelischer Sicht". *In*: MAIHOFER, W. (Coord.). *Naturrecht oder Rechtspositivismus?*. 3ª ed. Darmstadt: Wissenschaftliche Buchgesellschaft, 1981 [1952], p. 213.

[1837] HENNE, Thomas. "Von 0 auf Lüth in 6 1/2 Jahren". *In*: HENNE, T.; RIEDLINGER, A. (Coord.). *Das Lüth-Urteil aus (rechts-)historischer Sicht*: die Konflikte um Veit Harlan und die Grundrechtsjudikatur des Bundesverfassungsgerichts. Berlim: Berliner Wissenschafts-Verlag, 2005, pp. 204 e ss.

[1838] GODAU-SCHÜTTKE, Klaus-Detlev. "Entnazifizierung und Wiederaufbau der Justiz am Beispiel des Bundesgerichtshofs". *In*: SCHUMANN, E. (Coord.). *Kontinuitäten und Zäsuren*: Rechtswissenschaft und Justiz im "Dritten Reich" und in der Nachkriegszeit. Göttingen: Wallstein, 2008, p. 199.

[1839] "Como promotor no julgamento do incêndio do Parlamento 1933, ele mostrara abertamente sua simpatia pelos nacional-socialistas que haviam sido ouvidos como testemunhas". / "*Als Anklagevertreter im Reichstagsbrand-Prozess hatte er 1933 offen seine Sympathie für die als Zeugen vernommenen Nationalsozialisten gezeigt*". GODAU-SCHÜTTKE, Klaus-Detlev. "Nationalsozialismus. Blut und Roben". *Die Zeit*,

CAPÍTULO III – A SUPERAÇÃO DA LENDA DO POSITIVISMO

bora nunca tenha se filiado ao NSDAP,[1840] filiou-se à BNSDJ em 1934.[1841] Note-se, ainda, que Weinkauff foi juiz auxiliar de Erwin Bumke, magistrado que a) no episódio conhecido como *Preußenschlag*,[1842] reconheceu a regularidade da Intervenção Federal no Governo da Prússia, e que b) foi o principal responsável pela "Jurisprudência de Proteção ao Sangue Ariano" (*Blutschutzrechtsprechung*), uma série de decisões tomadas a partir de 1935 com base na Lei de Proteção do Sangue e da Honra Alemães (*Gesetz zum Schutze des deutschen Blutes und der deutschen Ehre*) que previa a prisão de "arianos" que se casassem ou que tivessem relações sexuais com "judeus".[1843] Embora não tenha votado nas sessões de julgamento onde tais decisões foram tomadas,[1844] há provas de que Weinkauff participou, pelo menos, de uma sessão em 1936 que negou o pedido de revisão apresentado por um homem condenado a nove meses de prisão com base nesta lei.[1845] Em 1937

---

1 out. 2015, p. 18. Disponível em: https://www.zeit.de/2015/38/rassengesetze--hermann-weinkauff-bundesgerichtshof?utm_referrer=https%3A%2F%2Fwww.google.com%2F. Acessado em: 28.02.2021.

[1840] HERBE, Daniel. *Hermann Weinkauff (1894-1981)*: der erste Präsident des Bundesgerichtshofs. Tübingen: Mohr Siebeck, 2008, p. 49.

[1841] GODAU-SCHÜTTKE, Klaus-Detlev. "Entnazifizierung und Wiederaufbau der Justiz am Beispiel des Bundesgerichtshofs". *In*: SCHUMANN, E. (Coord.). *Kontinuitäten und Zäsuren*: Rechtswissenschaft und Justiz im "Dritten Reich" und in der Nachkriegszeit. Göttingen: Wallstein, 2008, pp. 193 e ss.

[1842] Ver item 2.3.4.7.1. do presente trabalho.

[1843] Até 1943 mais de 2.000 pessoas foram condenadas por "vergonha racial" com base nessa lei, nos julgamentos denominados "*Rassenschande-Fälle*". GODAU-SCHÜTTKE, Klaus-Detlev. "Nationalsozialismus. Blut und Roben". *Die Zeit*, 1 out. 2015, p. 18. Disponível em: https://www.zeit.de/2015/38/rassengesetze--hermann-weinkauff-bundesgerichtshof?utm_referrer=https%3A%2F%2Fwww.google.com%2F. Acessado em: 28.02.2021.

[1844] HERBE, Daniel. *Hermann Weinkauff (1894-1981)*: der erste Präsident des Bundesgerichtshofs. Tübingen: Mohr Siebeck, 2008, p. 44.

[1845] Este fato somente tornou-se conhecido em 2015. GODAU-SCHÜTTKE, Klaus-Detlev. "Nationalsozialismus. Blut und Roben". *Die Zeit*, 1 out. 2015, p. 18. Disponível em: https://www.zeit.de/2015/38/rassengesetze-hermann-weinkauff-bundesgerichtshof?utm_referrer=https%3A%2F%2Fwww.google.com%2F. Acessado em: 28.02.2021.

realizou seu desejo[1846] de promoção funcional e tornou-se, por indicação de Bumke,[1847] integrante efetivo do Tribunal do Reich (*Reichsgericht*). No ano seguinte, Weinkauff seria ainda condecorado com a comenda *Silbernes Treudienst-Ehrenzeichen*, uma alta honraria nazista concedida a servidores públicos que tivessem se destacado no exercício das suas funções.[1848]

Terminada a guerra, Weinkauff tentou fugir das autoridades aliadas durante alguns meses.[1849] Uma vez localizado e identificado, não precisou de mais do que alguns meses num internato americano em Dachau, onde passou por um processo de "desnazificação", para ser considerado reabilitado e livre para exercer a judicatura como se nada tivesse acontecido.[1850] Não se deve esquecer também que Weinkauff, em benefício próprio, liderou um protesto contra uma decisão do BVerfG que negou o direito de reintegração na polícia da República Federal da Alemanha de trinta e quatro funcionários da Gestapo, a polícia secreta nazista.[1851] As palavras de Weinkauff no pós-guerra sobre Justiça são belas e reconfortantes, seus atos durante o regime nazista, no entanto, deixam a desejar. A pergunta que fica em aberto é: por que essas "verdades naturais supremas" não lhe foram reveladas antes de 1945? Seja como for, a verdade é que desfigurar a história e culpar o Positivismo Jurídico pela *Rechtsperversion* foi uma estratégia bastante eficaz na ocultação da sua responsabilidade individual.

[1846] GODAU-SCHÜTTKE, Klaus-Detlev. "Entnazifizierung und Wiederaufbau der Justiz am Beispiel des Bundesgerichtshofs". *In*: SCHUMANN, E. (Coord.). *Kontinuitäten und Zäsuren*: Rechtswissenschaft und Justiz im "Dritten Reich" und in der Nachkriegszeit. Göttingen: Wallstein, 2008, p. 200.

[1847] HERBE, Daniel. *Hermann Weinkauff (1894-1981)*: der erste Präsident des Bundesgerichtshofs. Tübingen: Mohr Siebeck, 2008, p. 51.

[1848] Contra: defendendo a tese de que esse fato não indica comprometimento com o regime nazista, uma vez que a concessão era automática para os servidores públicos que preenchessem certos requisitos objetivos, confira-se: Idem, pp. 53 e ss.

[1849] Idem, pp. 60 e ss.

[1850] Idem, p. 62.

[1851] Esse fato já foi abordado no item 3.1.1. dessa investigação.

CAPÍTULO III – A SUPERAÇÃO DA LENDA DO POSITIVISMO

3.3.2 Uma estratégia de exculpação genérica dos juristas

No que diz respeito especialmente às ciências sociais, "o colapso do regime nazista foi associado a um choque duradouro na sua identidade, autoridade e credibilidade. Isso afetou não somente as respectivas disciplinas, mas também os próprios cientistas".[1852] Durante muito tempo, considerou-se que valores ideológicos básicos, conceitos e crenças tinham entrado em colapso repentinamente com o fim do regime nazista.

A verdade, no entanto, é que a "amnésia" que acometeu os cientistas sociais, em geral, e os juristas, em particular, foi em grande medida proposital,[1853] de modo que "coalizões silenciosas tácitas rapidamente se formaram entre os colegas afetados".[1854] Desse modo, por quase três décadas, a história jurídica do período nacional-socialista foi um verdadeiro tabu.[1855] Os mais diversos estudos sobre a história da disciplina durante a

---

[1852] "*Für viele Wissenschaftsdisziplinen, besonders der Geistes-, Sozial- und Humanwissenschaften war der Zusammenbruch des Nationalsozialismus mit einer nachhaltigen Erschütterung ihrer Identität, ihrer Autorität, und ihrer Glaubwürdigkeit verbunden. Das betraf das jeweilige Fach, aber auch die einzelnen Wissenschaftler*". RÜTHERS, Bernd. "Recht oder Gesetz? Gründe und Hintergründe der 'Naturrechtsrenaissanc' – zugleich eine Besprechung zu Lena Foljanty: Recht oder Gesetz". *JuristenZeitung*, n° 68, p. 822, 2013.

[1853] STOLLEIS, Michael. *Geschichte des öffentlichen Rechts in Deutschland*: Staats- und Verwaltungsrechtswissenschaft in West und Ost (1945-1990). vol. 4, Munique: C.H. Beck, 2012, p. 214.

[1854] "*Es bildeten sich unter den betroffenen Kollegen sehr schnell stillschweigende 'Schweigekoalitionen'*". RÜTHERS, Bernd. "Recht oder Gesetz? Gründe und Hintergründe der 'Naturrechtsrenaissance' – zugleich eine Besprechung zu Lena Foljanty: Recht oder Gesetz". *JuristenZeitung*, n° 68, p. 822, 2013.

[1855] "Mesmo os recém-chegados, colegas desimpedidos e os poucos retornados, anteriormente expulsos, aderiram à estratégia de ocultação implicitamente acordada. Durante décadas, a história jurídica e metodológica do período nazista foi um tabu geralmente guardado nas faculdades da Alemanha Ocidental, e não apenas lá". / "*Auch die neu hinzukommenden, unbelasteten Kollegen und die wenigen zurückkehrenden, früher vertriebenen Remigranten hielten sich ganz überwiegend an die konkludent vereinbarte Strategie des Verschweigens. Die Rechts- und Methodengeschichte der NS-Zeit war über Jahrzehnte hin an den westdeutschen Fakultäten – und nicht nur dort – ein generell gehütetes Tabu*". Idem, p. 822.

era nazista eram produzidos "de tal forma que nenhum colega do corpo docente foi acusado" e, quando necessário, a relação com o regime nazista "não era mencionada ou era apresentada de forma incompleta ou enganosa".[1856] Já no campo da Justiça, um relatório recentemente concluído aponta, por exemplo, que, na década de 1950, cerca de 75% dos membros do Bundesanwaltschaft - equivalente à Procuradoria-Geral da República no Brasil - haviam sido membros do NSDAP. Levaria até 1972, mais de 25 anos após a guerra, para que eles não fossem mais maioria. Entre os procuradores federais responsáveis por processos criminais em 1966, 10 entre cada 11 haviam sido filiados ao NSDAP. Em 1974, esse número caiu, mas ainda era significativo: 6 de cada 15 procuradores nessa área eram ex-nazistas. Foi somente em 1992, dois anos após a reunificação da Alemanha, que o último procurador associado ao nazismo deixou o cargo.[1857] A consequência disso foi que a história da ciência e da prática jurídica durante os anos do regime nazista converteu-se por muitos anos num tema cuidadosamente evitado ou, quando muito, tratado apenas de forma superficial ou em seus aspectos irrelevantes.[1858]

No geral, a comunidade jurídica não foi uma mera espectadora do processo de destruição da democracia de Weimar e da edificação e

---

[1856] "Essa situação permaneceu assim mesmo quando os colegas imediatamente afetados gradualmente se aposentaram no serviço público. A série de palestras sobre a história das disciplinas durante a era nazista, que ocorreu em muitos lugares, foi realizada de tal forma que nenhum colega do corpo docente foi acusado. Em escritos de homenagem, anuários e obituários a era nazista permaneceu na maior parte não mencionada ou foi esboçada ou representada de modo enganoso". / "*Das blieb selbst dann noch weitgehend gewahrt, als die unmittelbar betroffenen Kollegen allmählich aus dem Dienst schieden. Die an vielen Orten stattfindenden 'Ringvorlesungen' zur Disziplingeschichte der NS-Zeit wurden so gehalten, daß kein Fakultätskollege belastet wurde. In Festschriften, Lebensbildern, Gratulationen und Nachrufen blieb die NS-Epoche meist völlig unerwähnt oder wurde lückenhaft oder irreführend dargestellt*". Idem, p. 822.
[1857] "A SOMBRA DOS NAZISTAS NA JUSTIÇA ALEMÃ DO PÓS-GUERRA". *Deutsche Welle*. 18 nov. 2021. Disponível em: https://www.dw.com/pt-br/a--sombra-dos-nazistas-na-justi%C3%A7a-alem%C3%A3-do-p%C3%B3s-guerra/a-59869289. Acessado em: 09.11.2021.
[1858] RÜTHERS, Bernd. *Geschönte Geschichten - Geschonte Biographien*: Sozialisationskohorten in Wendeliteraturen - Ein Essay. Tübingen: Mohr Siebeck, 2001, p. 93.

CAPÍTULO III – A SUPERAÇÃO DA LENDA DO POSITIVISMO

funcionamento do Estado Nazista. Muito pelo contrário, pode ser dito que os juristas foram uma peça essencial desta engrenagem, ajudando ativamente na legitimação da ideologia nacional-socialista. Há quem defenda, inclusive, que o Encontro dos Juristas Alemães (*Juristentag*) de 1933, convocado pela BNSDJ[1859] e realizado em Leipzig poucos meses após à edição da Lei Habilitante, desempenhou um papel central nesse processo de transição e legitimação do Novo Regime.[1860] Naquela oportunidade, a elite profissional do Estado Alemão se reuniu pela primeira vez após à "Revolução Nacional". A mensagem central da "renovação jurídica" (*Rechtserneurung*) podia ser encontrada estampada numa faixa estendida na porta do *Reichsgericht,* o principal Tribunal do Estado Alemão na época: "O Direito alemão para o povo alemão por meio do nacional-socialismo".[1861]

A alegação de que os magistrados, por exemplo, engajaram-se com o regime nazista por causa do "ambiente de medo" ou porque eram basicamente coagidos a tal[1862] também, ainda que não tenha qualquer relação com a Lenda do Positivismo, não pode ser aceita como uma cláusula genérica de exculpação dos juristas. Por óbvio que a resistência contra o regime nazista trazia diversos riscos à pessoa ou aos seus familiares,[1863] mas a história registra exemplos de muitos juristas que o fizeram,

---

[1859] O primeiro Encontro dos Juristas Alemães ocorreu em Berlim em 1860. O *Juristentag*, agendado para o outono de 1933, foi cancelado pela Comissão Organizadora depois que os nacional-socialistas tomaram o poder, uma vez que "uma profunda reestruturação do Estado alemão e do sistema jurídico ainda estava em curso". No entanto, a BNSDJ organizou seu 4º Encontro em Leipzig, sob o nome de "*Deutscher Juristentag 1933*". BECKER, Lothar. "Schritte auf einer abschüssigen Bahn": das Archiv des öffentlichen Rechts (AöR) im Dritten Reich. Tübingen: Mohr Siebeck, 1999, pp. 110 e ss.

[1860] LANDAU, Peter. "Die deutschen Juristen und der nationalsozialistische Deutsche Juristentag in Leipzig 1933". *Zeitschrift für Neuere Rechtsgeschichte*, nº 6, 1994, pp. 374 e ss.

[1861] "*Durch Nationalsozialismus dem deutschen Volk das deutsche Recht*".

[1862] WEINKAUFF, Hermann. *Richtertum und Rechtsfindung in Deutschland*: Vortrag. Tübingen: Mohr, 1952, p. 15.

[1863] TUCHEL, Johannes. "Von Möglichkeiten und Grenzen des Widerstands von Richtern und Staatsanwälten". *In*: MAAS, H. (Coord.). *Furchtlose Juristen*: Richter

seja de forma aberta ou velada.[1864] Havia também um grande número de juristas que queria tirar proveito pessoal do regime: os *"Mitläufer"* (aproveitadores). Na verdade, a maior parte dos juristas que não apoiava o nazismo porque via no regime uma possibilidade de ascensão funcional, mas por pura convicção. Tanto é assim que, logo depois da nomeação de Hitler para o cargo de chanceler, mais especificamente depois do resultado das eleições gerais para o *Reichstag* em 5 de março de 1933, houve uma filiação em massa dos juristas ao NSDAP. Como forma de se prevenir de oportunistas, o NSPAD baixou em 1º de maio de 1933 um ato proibindo novas filiações, ato esse que somente foi revogado em 1º de maio de 1939.[1865]

A verdade é que Hitler sequer precisou "tomar" o poder, pois uma parte considerável das antigas elites simplesmente o acolheram.[1866] No que diz respeito especificamente aos juristas, sua esmagadora maioria saudava o *Führer* de forma eufórica.[1867] Professores, magistrados,

---

und Staatsanwälte gegen das NS-Unrecht. Munique: C.H. Beck, 2017, p. 16.

[1864] GRAVER, Hans Petter. "Why Adolf Hitler Spared the Judges? Judicial Opposition against the Nazi State". *German Law Journal*, nº 19, 2018, pp. 845 e ss. As histórias de resistência de vários desses Juristas podem ser vistas nesta recente obra, que resgata a trajetória de dezessete Juristas: MAAS, Heiko (Coord.). *Furchtlose Juristen*: Richter und Staatsanwälte gegen das NS-Unrecht. Munique: C.H. Beck, 2017. Também sobre o tema: STIFTUNG ADAM VON TROTT, Imshausen e.V. (Coord.). *Die Rolle der Juristen im Widerstand gegen Hitler*. Festschrift für Friedrich Justus Perels. Baden-Baden, Nomos, 2017.

[1865] GODAU-SCHÜTTKE, Klaus-Detlev. "Entnazifizierung und Wiederaufbau der Justiz am Beispiel des Bundesgerichtshofs". *In*: SCHUMANN, E. (Coord.). *Kontinuitäten und Zäsuren*: Rechtswissenschaft und Justiz im "Dritten Reich" und in der Nachkriegszeit. Göttingen: Wallstein, 2008, p. 192.

[1866] FULBROOK, Mary. *A concise history of Germany*. 2ª ed. Nova York: Cambridge University Press, 2004, p. 179.

[1867] "A grande maioria dos juristas aplaudiu o início do nacional-socialismo, saudou a revolução nacional, o redespertar da Alemanha, um Estado forte e autoritário e assim por diante. Os juristas não serviram sob uma regra positivista". / "(...) *die große Mehrzahl der Justizjuristen den Anfängen des Nationalsozialismus zujubelte, die nationale Revolution, das Wiedererwachen Deutschlands, einen starken, autoritären Staat etc. begrüßten. Die Justizjuristen haben nicht Dienst nach positivistischer Vorschrift geleistet*". ROTTLEUTHNER, Hubert. *Karrieren und Kontinuitäten deutscher Justizjuristen vor*

CAPÍTULO III – A SUPERAÇÃO DA LENDA DO POSITIVISMO

promotores e todos os demais profissionais do Direito eram, salvo raríssimas exceções, entusiastas e apoiadores do regime nazista.[1868] Para se ter uma ideia da popularidade do nacional-socialismo entre os juristas alemães, basta registrar que a BNSDJ, fundada em 1928, contava com 1.347 membros no final de 1932 e com quase 80 mil membros no final de 1933, dentre os quais 16.384 eram magistrados ou promotores públicos.[1869] Os juristas serviram ao regime nazista não porque eles tinham uma "arraigada concepção positivista", mas sim porque simpatizavam, apoiavam e acreditavam nele.[1870] Essa é a triste e inconveniente verdade.

Outra prova contundente nesse sentido é o fato de que as condenações penais proferidas por atos praticados contra o regime nazista eram normalmente pesadas e raramente eram impostas aos seus simpatizantes.[1871] Note-se, inclusive, que, em meados da década

---

und nach 1945: Mit allen Grund- und Karrieredaten auf beiliegender CD-ROM. Berlim: Berliner Wissenschafts-Verlag, 2010, p. 15.

[1868] Idem, p. 11.

[1869] MEYER-HESEMANN, Wolfgang. "Legalität und Revolution: zur Verklärung der nationalsozialistischen Machtergreifung als 'Legale Revolution'". *In*: SALJE, P.; DENCKER, F. (Coord.). *Recht und Unrecht im Nationalsozialismus*. Münster: Regensberg & Biermann, 1985, p. 119.

[1870] "Os juízes alemães (...) não foram, no período de Weimar, positivistas, especialmente se estamos falando de um positivismo ideológico, seja lá o que se queira dizer com isso. Eles eram, na verdade, bastante aversos à forma democrática de governo de Weimar (...). Consequentemente, esses juízes não serviram ao nacional-socialismo por esse motivo. Sua participação direita aconteceu não porque eles eram positivistas – eles simplesmente não eram! –, mas porque eles tinham uma ampla simpatia com o nacional-socialismo". / "*Die deutschen Richter (...) waren in der Weimarer Zeit keine wirklichen Positivisten, vor allem keine, weltanschaulichen Positivisten, was immer man darunter verstehen mag; sie waren vielmehr der demokratischen Staatsform von Weimar innerlich abgeneigt (...). Folglich haben diese Richter dem Nationalsozialismus auch nicht deswegen gedient, d. i. sein Recht verwirklicht, weil sie Positivisten waren – das waren sie ja gar nicht -, sondern weil sie weithin mit ihm sympathisierten*". FRANSSEN, Everhardt. "Positivismus als juristische Strategie". *JuristenZeitung*, n° 24, p. 766, 1969.

[1871] TUCHEL, Johannes. "Von Möglichkeiten und Grenzen des Widerstands von Richtern und Staatsanwälten". *In*: MAAS, H. (Coord.). *Furchtlose Juristen*: Richter und Staatsanwälte gegen das NS-Unrecht. Munique: C.H. Beck, 2017, p. 22.

de 1930, havia menos de 4 mil prisioneiros políticos nos campos de concentração. A razão para esse "número baixo" está no fato que a repressão aos dissidentes foi realizada pelos tribunais ordinários e pelo sistema judicial, que, nessa época, já havia colocado mais de 23 mil prisioneiros políticos nas prisões e penitenciárias.[1872] Na Prússia, o maior *Länder* da Alemanha, apenas cerca de 300 de um número aproximado de 45 mil juízes, promotores públicos e servidores públicos foram demitidos ou transferidos para outras funções por razões políticas no ano da tomada de poder pelos nazistas. Todo o resto permaneceu nas suas funções, aplicando ao Direito Nazista com mínimas e esporádicas objeções.[1873]

Se durante a República de Weimar já não havia um ambiente de vinculação "positivista" dos juízes à lei, durante o regime nazista esse não era definitivamente o caso.[1874] Nem se fale que, embora caótico no início, o regime nazista tenha tomado uma forma jurídica mais definida, o que teria "dificultado a resistência" por parte dos juristas.[1875] A obediência cega à letra da lei não era em hipótese alguma a conduta típica dos profissionais do Direito durante toda a existência do Estado Nazista.[1876] A verdade é que os juristas, em geral, e órgãos da Justiça, em particular, foram instrumentos essenciais para a legitimação do

---

[1872] EVANS, Richard J. *The Third Reich in history and memory*. Nova York: Oxford University Press, 2015, p. 127.

[1873] Idem, p. 113.

[1874] SANDKÜHLER, Hans Jörg. *Nach dem Unrecht*: Plädoyer für einen neuen Rechtspositivismus. Freiburg: Verlag Karl Alber, 2015, p. 68.

[1875] HERRFAHRDT, Heinrich. "Der Streit um den Positivismus in der gegenwärtigen deutschen Rechtssicherheit". *Deutches Reich*, n° 2, p. 34.

[1876] "Uma oposição ao Direito Nazista, ao qual as pessoas – no sentido positivista – deveriam se sentir obrigadas, não era aparentemente uma atitude típica dos juízes e promotores no 3° Reich". / "Ein nur sehr widerwilliger Gehorsam gegenüber dem nationalsozialistischen Recht, dem man sich – im Sinne des Positivismus – verpflichtet fühlte, war offenbar nicht die typische Haltung des Richters und Staatsanwalts im Dritten Reich". ROSENBAUM, Wolf. *Naturrecht und positives Recht*: Rechtssoziologische Untersuchungen zum Einfluß der Naturrechtslehre auf die Rechtspraxis in Deutschland seit Beginn des 19 Jahrhunderts. Darmstadt: Luchterhand, 1972, p. 147.

CAPÍTULO III – A SUPERAÇÃO DA LENDA DO POSITIVISMO

Estado Nazista e para perseguição política dos seus adversários, que foi realizada numa escala sem precedentes.[1877]

Hoje é um *fato incontroverso* que uma parte considerável dos juristas alemães em Weimar eram guiados por sentimentos antidemocráticos, antiliberais e antirrepublicanos, o que os levou a aderir e servir ao regime nazista de forma voluntária.[1878] Os juristas que foram contrários à ditadura e que sofreram suas consequências mais nefastas, em sua maior parte positivistas, foram atacados dura e ferozmente, enquanto aqueles juristas que a legitimaram em sede teórica e prática, geralmente por intermédio de um discurso jusnaturalista e idealista, tiveram a oportunidade de, durante o pós-guerra, reescrever o seu próprio passado, apagando qualquer vestígio de participação nos acontecimentos.[1879]

Por todo o exposto, verifica-se que, muito embora a Lenda do Positivismo possa oferecer uma justificativa superficialmente plausível para a *Rechtsperversion*, a grande verdade é que ela não é

[1877] Segundo os números do próprio Ministério da Justiça do Reich, a justiça nazista foi responsável direta por pelo menos 16.500 sentenças de morte até o ano de 1944. Esse número não inclui um expressivo número de sentenças de morte desconhecidos pelo Ministério da Justiça do Reich devido ao tumulto de guerra, bem como as sentenças de morte proferidas por tribunais especiais estabelecidos a partir de fevereiro de 1945, e que puderam decidir sobre a absolvição, o encaminhamento a um tribunal apropriado ou sobre a pena de morte. WAGNER, Walter. *Der Volksgerichtshof im nationalsozialistischen Staat*: Mit einem Forschungsbericht für die Jahre 1975 bis 2010. Parte 3, vol. 16, Munique: Oldenbourg Wissenschaftsverlag, 2011, p. 800.

[1878] OTT, Walter. *Der Rechtspositivismus*: Kritische Würdigung auf der Grundlage eines juristischen Pragmatismus. 2ª ed. Berlim: Duncker und Humblot, 1992, pp. 221 e ss.

[1879] DREIER, Horst. "Naturrecht und Rechtspositivismus: Pauschalurteile, Vorurteile, Fehlurteile". *In*: HALLER, R.; RUTTE, H. (Coord.). *Otto Neurath*: Gesammelte philosophische und methodologische Schriften. Viena: Hölder-Pichler-Tempsky, 1981a, p. 138; MAUS, Ingeborg. *Juristische Methodik und Justizfunktion im Nationalsozialismus*. In: MAUS, I. (Coord.). *Justiz als gesellschaftliches Über-Ich*: zur Position der Rechtsprechung in der Demokratie. Berlim: Suhrkamp, 2018, p. 144.

apenas "falsa"[1880] ou apenas uma "construção grotesca".[1881] A Lenda do Positivismo corresponde a uma "verdadeira ideologia",[1882] uma "mentira deliberada",[1883] uma "tese *ad hoc* de exculpação", uma cláusula genérica de "escusa universal"[1884] fabricada pelos mesmos juristas[1885] que apoiaram e participaram ativamente da *Rechtsperversion*, mas que nele encontraram a oportunidade perfeita para se eximir dos próprios pecados[1886] e transferi-los integralmente para um legislador fictício.[1887]

[1880] OTT, Walter. *Der Rechtspositivismus*: Kritische Würdigung auf der Grundlage eines juristischen Pragmatismus. 2ª ed. Berlim: Duncker und Humblot, 1992, pp. 221 e ss.

[1881] *"groteske Konstruktion"*. FROMMEL, Monika. "Rechtsphilosophie in den Trümmern der Nachkriegszeit". *JuristenZeitung*, nº 71, p. 916, 2016.

[1882] "Está claro para nós hoje que o renascimento do Direito Natural não passou de uma ideologia. Isso também deve servir de aviso *à* sempre fatal tentação da 'Renovação do Direito'". / "Uns Heutigen ist klar, dass die Naturrechtswende eine Ideologie war. Sie erinnert uns auch fatal an die 'Rechtserneuerung'". Idem, p. 913.

[1883] AMADO, Juan Antonio Garcia. "¿Es Posible ser Antikelseniano sin Mentir sobre Kelsen?". *In*: AMADO, J. A. G. (Coord.). *El Derecho y sus Circunstancias*: nuevos ensayos de filosofia jurídica. Bogotá: Universidad Externado de Colombia, 2010, p. 386.

[1884] SANDKÜHLER, Hans Jörg. *Nach dem Unrecht*: Plädoyer für einen neuen Rechtspositivismus. Freiburg: Verlag Karl Alber, 2015, p. 68.

[1885] MÜLLER, Ingo. *Furchtbare Juristen*: die unbewältigte Vergangenheit unserer Justiz. Munique: Kindler, 1987, p. 222. E não só dos juristas, mas também de outros setores importantes da sociedade civil, como uma parte substancial da Igreja. FROMMEL, Monika. "Rechtsphilosophie in den Trümmern der Nachkriegszeit". *JuristenZeitung*, nº 71, p. 919, 2016.

[1886] DREIER, Horst. "Die Radbruchsche Formel: Erkenntnis oder Bekenntnis?" *In*: MAYER, H.; WALTER, R. (Coord.). *Staatsrecht in Theorie und Praxis*: Festschrift Robert Walter zum 60 Geburtstag. Viena: Manz, 1991, p. 128.

[1887] KRAMER, Helmut. "Juristisches Denken als Legitimationsfassade zur Errichtung und Stabilisierung autoritärer Systeme". *In*: SCHUMANN, E. (Coord). *Kontinuitäten und Zäsuren*: Rechtswissenschaft und Justiz im "Dritten Reich" und in der Nachkriegszeit. Göttingen: Wallstein, 2008, p. 143; FOLJANTY, Lena. *Recht oder Gesetz*: Juristische Identität und Autorität in den Naturrechtsdebatten der Nachkriegszeit. Tübingen: Mohr Siebeck, 2012, pp. 37 e ss.

CAPÍTULO III – A SUPERAÇÃO DA LENDA DO POSITIVISMO

Na feliz síntese de Horst Dreier:

> Enquanto as vítimas da ditadura colheram as acusações através de uma difamação eficiente, aqueles juristas que legitimaram o regime nazista mantiveram suas concepções materiais e substanciais sobre o conceito de Direito, condenando o Positivismo Jurídico pelo funcionamento da Ditadura ou simplesmente transformaram-se em apóstatas do Direito Natural. A Lenda do Positivismo nada mais é do que o resultado de uma campanha de desinformação bem-sucedida que transformou culpados em vítimas e vítimas em culpados.[1888]

[1888] *"Die Opfer der Diktatur ernteten mit ihrer erfolgreichen Verbreitung Schuldvorwürfe, während die Legitimationsbeschaffer des NS-Regimes an ihren materialen, substanzhaften Positionen und ihrer Verurteilung des Rechtspositivismus strukturell festhielten oder sich zu Naturrechtsaposteln wandelten. Die Positivismuslegende ist eine überaus erfolgreiche Desinformationskampagne, die aus den Opfern Täter und aus den Tätern Opfer machte"*. DREIER, Horst. "Naturrecht und Rechtspositivismus: Pauschalurteile, Vorurteile, Fehlurteile". *In*: HALLER, R.; RUTTE, H. (Coord.). *Otto Neurath*: Gesammelte philosophische und methodologische Schriften. Viena: Hölder-Pichler-Tempsky, 1981, pp. 138 e ss.

EPÍLOGO

Não se pode omitir o fato de que determinadas teorias do direito se revelam adequadas mais a certos ordenamentos políticos que a outros (...).
[O] relativismo positivista é a teoria jurídica mais adequada às democracias liberais (...).

Mario Losano[1889]

O Positivismo Jurídico, a Democracia Liberal e os seus Inimigos

No momento em que essa investigação estava sendo concluída,[1890] a Constituição de Weimar celebrou o seu 100º aniversário. Mesmo tendo "a Constituição mais democrática do mundo",[1891] parece que as condições sociais de Weimar não eram as mais propícias para o desenvolvimento

---

[1889] LOSANO, Mario G. *Sistema e estrutura no Direito.* vol. 2, São Paulo: WMF Martins Fontes, 2010, p. 191.

[1890] Segundo semestre de 2020.

[1891] "*Denn sie ist in der Tat die demokratischste Verfassung der Welt*". KELSEN, Hans. "Verteidigung der Demokratie. In: JESTAEDT, M.; LEPSIUS, O. (Coord.). *Verteidigung der Demokratie*: Abhandlungen zur Demokratietheorie. Tübingen: Mohr Siebeck, 2006 [1932], p. 229.

da democracia enquanto prática. Discursos antidemocráticos, de direita e de esquerda, encantavam as multidões. Rosa Luxemburgo e Karl Liebknecht, que haviam fundado o KPD, foram assassinados quatro dias antes da eleição geral para a Assembleia Nacional Constituinte. As coisas não melhoraram muito depois da sua promulgação e, como já vimos, durante a maior parte da República de Weimar a situação era próxima a de uma guerra civil.[1892]

Não obstante as potenciais ameaças que rondam diversas democracias ocidentais, notadamente a ascensão dos populismos de direita ou de esquerda por todo o mundo, o cenário atual está longe de ser idêntico ao de Weimar. Ainda é cedo para saber se os riscos à democracia nesse início de século XXI são reais ou imaginários.[1893] Exatamente por isso um olhar retrospectivo sobre o desenvolvimento social, político e constitucional de Weimar assume uma dimensão de suma importância. Numa época em que a "morte da democracia" é um tema alçado ao *status* de *best-seller* mundial[1894] e o seu passado corre o risco de ser encarado como uma mera ilusão,[1895] compreender exatamente em que circunstâncias alguns dos seus conceitos fundamentais

---

[1892] No entanto, apesar de ter sucumbido às investidas totalitárias, a Constituição de Weimar é reconhecida até hoje como um dos principais marcos da história constitucional mundial e permanece "em grande medida atual e surpreendentemente moderna". / "Vieles in [der Weimarer Verfassung] wirkt in hohem Maße aktuell, anschlussfähig und geradezu modern". GUSY, Christoph. *100 Jahre Weimarer Verfassung*: eine gute Verfassung in schlechter Zeit. Tübingen: Mohr Siebeck, 2018, p. VII.

[1893] Há quem defenda, por exemplo, com excelentes argumentos, que a onda nacional-populista ao redor do mundo é uma resposta legítima à altíssima velocidade de um processo de globalização que foi decidido, muitas vezes, por elites do sistema burocrático sem a necessária maturação na base da sociedade. EATWELL, Roger; GOODWIN, Matthew J. *National populism*: The revolt against liberal democracy. Londres: Pelican an imprint of Penguin Books, 2018. Ver, em especial, o capítulo 3.

[1894] LEVITSKY, Steven; Ziblatt, Daniel. *How democracies die*. Nova York: Crown, 2018.

[1895] MEIER, Heirich. "Epilog. Die Vergangenheit einer Illusion". *In*: GRAF, F. W.; MEYER, H. (Coord.). *Die Zukunft der Demokratie*: Kritik und Plädoyer. Munique: C. H. Beck, 2018, p. 341.

EPÍLOGO

ou correlatos foram gerados e desenvolvidos é uma tarefa de primeira ordem, seja para superar alarmismos infundados, seja para identificar os riscos reais à democracia.[1896]

No campo da historiografia das ideias jurídicas, uma das mais preciosas lições que aprendemos como Weimar foi que o Positivismo Jurídico não teve qualquer "responsabilidade" pela ascensão (tese *causal*) e funcionamento (*tese expiatória* ou *exculpatória*), do regime nazista, tendo desempenhado, na verdade, uma espécie de "trincheira teórica" contra a escalada totalitária, seja de direita, seja de esquerda. Esse foi justamente o objetivo da investigação que se findou há pouco.

Mas um tema continua em aberto e que, embora tenha sido apresentado na introdução desta investigação, dela não faz parte, mas será tratado nas próximas páginas. Como foi visto, a rica mitologia do pós-guerra consolidou, além das teses *causal* e *exculpatória*, uma tese delas derivada: a *tese da legitimação*, numa tentativa de associação genética do Positivismo Jurídico à força, à autoridade, ao arbítrio e, como consequência, a todos os regimes tirânicos. De acordo com essa narrativa, o Positivismo Jurídico é apresentado como um arranjo justeórico intrinsecamente antidemocrático e totalitário, inequivocamente desumano e destrutivo, que nega a própria essência do Estado de Direito.[1897]

Parece não haver dúvidas de que, especificamente no que diz respeito aos movimentos totalitários da Alemanha no início do século XX, o Positivismo Jurídico desempenhou um verdadeiro papel de "resistência teórica". A questão que ainda não foi discutida é outra: existiria alguma conexão intrínseca do Positivismo Jurídico com o

---

[1896] Para uma análise bastante sóbria sobre a "nova" formatação do movimento conservador pelo mundo, que evita utilizar rótulos fáceis ou apresentar previsões catastróficas sobre a Democracia Liberal: EATWELL, Roger; GOODWIN, Matthew J. *National populismo*: The revolt against liberal democracy. Londres: Pelican an imprint of Penguin Books, 2018.

[1897] LAUN, Rudolf. *Naturrecht und Völkerrecht*. Göttingen: Vandenhoeck & Ruprecht, 1954, p. 38; HIPPEL, Ernst von. *Allgemeine Staatslehre*. 2ª ed. Berlim: Vahlen, 1967, p. 154; SCHWINTOWSKI, Hans-Peter. *Recht und Gerechtigkeit*: eine Einführung in Grundfragen des Rechts. Berlin: Springer, 1996, p. 41.

totalitarismo? Em outras palavras: Seria o Positivismo Jurídico o tipo de pensamento jurídico próprio dos regimes totalitários? Embora uma resposta mais ampla a essas perguntas escape ao objetivo da presente investigação, as linhas que se seguem pretendem demonstrar que, assim como suas teses predecessoras, a *tese da legitimação* é essencialmente falsa.

É obvio que, enquanto uma abordagem que se limita a descrever o Direito como ele é, o Positivismo Jurídico não pode ser confundido com uma ideologia política. Sua finalidade não é justificar ou legitimar determinado sistema jurídico, mas apenas descrevê-lo, deixando a definição do seu conteúdo – aí sim – para a política. No sentido mais específico do termo, o Positivismo Jurídico não é uma teoria ou abordagem científica que tenha por finalidade legitimar ou deslegitimar qualquer tipo de ordenamento positivo, seja ele autocrático, aristocrático ou democrático. Qualquer um que procure no Positivismo Jurídico uma teoria *normativa* do fenômeno jurídico perderá o seu tempo.

No entanto, "não se pode omitir o fato de que determinadas teorias do direito se revelam adequadas mais à certos ordenamentos políticos que a outros".[1898] Parece que a história registra um certo padrão, que embora não seja absoluto, automático ou mesmo necessário, pode ser, em alguma medida, identificado: enquanto as abordagens substancialistas do fenômeno jurídico costumam apresentar uma flexibilidade retórica[1899] que as tornam particularmente adequadas para a legitimação

---

[1898] LOSANO, Mario G. *Sistema e estrutura no Direito*. vol. 2, São Paulo: WMF Martins Fontes, 2010, p. 191.

[1899] Um bom exemplo da flexibilidade retórica das abordagens substancialistas pode ser encontrado na tentativa de legitimação do regime político do ditador Muamar Al-Gaddafi, que governou a Líbia com mãos de ferro entre 1969 e 2011. Para Gaddafi, era "irônico que as necessidades básicas das pessoas sejam reguladas por leis, técnicas administrativas ou outras medidas similares, sendo fundamental que a sociedade seja fundada na aplicação do Direito Natural a essas necessidades". Exatamente por isso, "qualquer lei aprovada por um colegiado, um comitê ou mesmo um indivíduo é, em essência, antidemocrática". Uma vez que "o Direito Natural tem suas raízes na tradição ou religião em todas as sociedades, qualquer

e desenvolvimento dos regimes totalitários,[1900] o Positivismo Jurídico apresenta-se como uma teoria jurídica mais adequada ao desenvolvimento das Democracias Liberais.[1901]

De fato, na história do pensamento jurídico, as abordagens substancialistas do Direito costumam representar "a postura daqueles que encaravam a legislação democrática com o alto desprezo de um aristocrata, confiante em possuir um senso superior de justiça (...). Suas dúvidas sobre o Direito Positivo são, muitas vezes, dúvidas sobre próprio Direito democrático".[1902] Desde Platão e Aristóteles, passando por Tomás de Aquino, Dante Alighieri, Leibniz e Hegel, apenas para dar alguns exemplos, a base metafísica das abordagens substancialistas do Direito são geralmente acompanhadas por uma desconfiança sobre

---

tentativa de extrair leis de outras fontes é ilógica e inválida". / "*Es ist ironisch, dass die Grundbedürfnisse des Menschen durch gesetzliche, verwaltungstechnische oder sonstige Maßnahmen geregelt werden. Es ist fundamental, dass die Gesellschaft darauf gegründet sein muss, dass das Naturrecht auf diese Bedürfnisse angewandt wird*".; "*Es ist auch unzulässig und undemokratisch, wenn ein Individuum, ein Komitee oder ein Parlament das Gesetz der Gesellschaft ergänzt oder außer Kraft setzt*".; "*Das natürliche Gesetz einer jeden Gesellschaft ist entweder die Tradition (Sitten und Gebräuche) oder die Religion. Jeder andere Versuch, für irgendeine Gesellschaft ein Gesetz zu formulieren, außerhalb dieser beiden Quellen, ist unzulässig und unlogisch*". AL-GADDAFI, Muamar. *Das grüne Buch*. Tripoli: Dschamahirija, 1975, pp. 106 e 121.

[1900] LOSANO, Mario G. *Sistema e estrutura no Direito*. vol. 2, São Paulo: WMF Martins Fontes, 2010, p. 191.

[1901] Existem muitas definições de democracia, desde que as se contentam com os aspectos formais das eleições majoritárias até aquelas mais expansivas, que incluem no conceito a proteção dos direitos fundamentais. As próximas páginas não irão entrar nessa questão conceitual. Para os fins do presente estudo, entende-se por Democracia Liberal o modelo de democracia surgido a partir das experiências britânica e americana durante o século XVIII e que, embora diferindo em pontos importantes, conjugam dois princípios potencialmente antagônicos: de um lado, a ideia do governo da maioria (soberania popular) e, de outro, o respeito às minorias (direitos fundamentais). MOUNK, Yascha. *The People vs. Democracy*: why our freedom is in danger and how to save it. Cambridge: Harvard University Press, 2018, p. 28.

[1902] "*In the history of legal thought, natural law theory has often represented the posture of those who approached democratic legislation with the lofty disdain of an aristocrat, confident in his possession of an aristocratic sense of justice (...). The natural lawyer's misgivings about positive law are often, in this spirit, misgivings about democratic law*". Idem, pp. 668 e ss.

a soberania popular e um elogio incontido ou disfarçado de regimes de governo aristocráticos ou, no limite, autoritários.[1903]

Nessa forma de pensamento, a relação entre a ciência, as ideologias e o Direito não se desenvolvem no mesmo sentido em que ela se desenvolve nos sistemas positivistas. A pergunta "como o conhecimento é possível?" é respondida de outra forma. Neles, a base da ciência não é a epistemologia, mas a convicção ideológica, a intuição, a crença como a última certeza. Todo o conhecimento científico, incluindo-se aqui o conhecimento jurídico, não passa de um desenvolvimento consciente de uma específica visão de mundo na busca incansável pela sua base metafísica.[1904] Essa unidade entre a ciência e a ideologia não é apenas própria das abordagens substancialistas do Direito. Ela é também uma característica intrínseca de todos os sistemas autoritários e totalitários. Por meio dessa construção teórica torna-se possível – mas não necessário – rotular todos os representantes de opiniões científicas divergentes, especialmente em questões fundamentais, como um perigoso inimigo.[1905] O fato é que onde se propagam o antiliberalismo (de esquerda e de direita) e sua ideia fixa de que "tudo é política", podem restar comprometidos o Estado de Direito e a democracia.[1906]

De fato, o roteiro seguido em Weimar também pode ser encontrado em diversas experiências autoritárias e totalitárias.[1907] Nesses regimes,

---

[1903] Kelsen desenvolve muito bem essa ideia no seguinte texto clássico: KELSEN, Hans. "Absolutism and relativism in philosophy and politics". *In*: KELSEN, H. (Coord.). *What is Justice?* justice, law, and politics in the mirror of science. Union: Lawbook Exchange, 2000 [1942], pp. 204 e ss. (Collected essays).

[1904] HAHN, Georg. "Transzendentaler Idealrealismus: eine Auseinandersetzung mit dem Werk Wilhelm Sauers". *Deutsche Rechtswissenschaft*, nº 1, p. 340, 1936.

[1905] RÜTHERS, Bernd. *Entartetes Recht*: Rechtslehren und Kronjuristen im Dritten Reich. 2ª ed. Munique: Beck, 1989, p. 51.

[1906] MATA, Sergio Ricardo da. "O Collegium Philosophicum e o destino da Democracia Liberal". *Estadão*. Estado da Arte. 9 jan. 2021. Disponível em: https://estadodaarte.estadao.com.br/collegium-philosophicum-damata/. Acessado em: 09.01.2021.

[1907] Um bom exemplo é o caso do "Estado Novo", primeiro período do constitucionalismo autoritário brasileiro compreendido entre 1937 e 1946. Os juristas ideólogos do regime eram uníssonos em fornecer novos contornos à interpretação jurídica,

EPÍLOGO

a concepção formal do Estado de Direito é enfraquecida, geralmente por meio de ataques à tese da separação conceitual entre o Direito e a moral. Visão de mundo, política, costumes e moralidade não devem mais ser categorias separadas e distintas do conceito de Direito. Direito e categorias materiais passam a ser apresentados como uma unidade indissolúvel. Tiranos, déspotas e ditadores não gostam da ideia de serem limitados pelo Direito Positivo,[1908] já que a forma é "a inimiga jurada da arbitrariedade e a irmã gêmea da liberdade".[1909] Nos regimes autoritários,

---

que deveria reagir "contra a mecanização da aplicação da lei". A aposta autoritária era numa interpretação judicial "maleável" ou "flexível", despida do "formalismo" que, até então, marcava a prática judiciária brasileira. Uma vez que a "interpretação orientada por critérios puramente formais" era própria de "um mundo que já morrera", o novo sistema constitucional brasileiro deveria pressupor "acima da Constituição escrita, uma Constituição não escrita", cuja função era impedir que os direitos de liberdade não pudessem ser invocados contra "os dogmas básicos ou decisões constitucionais relativas à substância do regime". Ou ainda melhor: a Constituição do Estado Novo (1937) havia identificado "o Direito Constitucional formal com o direito substancial". Respectivamente: VIANNA, Oliveira. *Problemas de organização e problemas de direção (o povo e o governo)*. Rio de Janeiro: José Olympio, 1952, pp. 147/148; MACIEL, Anor Butler. *Aspectos modernos do Direito*. Porto Alegre: [s./e.], 1943, pp. 5/6; CAMPOS, Francisco. "Diretrizes do Estado Nacional (entrevista concedida à imprensa em novembro de 1937". *In*: CAMPOS, F. *O Estado Nacional*: sua estrutura, seu conteúdo ideológico. Brasília: Senado Federal, 2001, p. 59; CAMPOS, Francisco. "A política e o nosso tempo (conferência no salão da Escola de Belas Artes, em 28 de setembro de 1935)". *In*: CAMPOS, F. *O Estado Nacional*: sua estrutura, seu conteúdo ideológico. Brasília: Senado Federal, 2001, pp. 27-29; ARRAES, Monte. *O Estado Novo e suas diretrizes*: estudos políticos e constitucionais. Rio de Janeiro: José Olympio, 1938, p. 105. Como bem anota Rosenfield, "através da tinta da intelectualidade autoritária foram expandidos os limites da interpretação judicial, rompendo-se com a ortodoxia liberal (brasileira) de interpretação judicial". Inclusive, os ideólogos do Estado Novo costumavam "fixar a pecha de formalismo jurídico (em) qualquer forma de organização liberal e democrática do Estado, da Política e do Direito". *In*: ROSENFIELD, Luis. *Revolução Conservadora*: genealogia do Constitucionalismo Autoritário Brasileiro (1930-1945). Porto Alegre: ediPUCRS, 2021, pp. 71 e 199.

[1908] HAFERKAMP, Hans-Peter. "Legal formalism and its critics". *In*: PIHLAJAMÄKI, H.; DUBBER, M.; GODFREY, M. (Coord.) *The Oxford Handbook of European Legal History*. Nova York, Oxford University Press, 2018, p. 934.

[1909] "*Die Form ist die geschworene Feindin der Willkür, die Zwillingsschwester der Freiheit*". JHERING, Rudolf von. *Geist des römischen Rechts auf den verschiedenen Stufen seiner Entwicklung*. vol. 2, Leipzig: Breitkopf & Härtel, 1858, p. 497.

a natureza vinculante do Direito formal passa a ser progressivamente relativizada, principalmente quando entra em conflito com a visão de mundo hegemônica. No limite, a vitória da ideologia sobre o Direito, do poder bruto sobre as garantias formais, é finalmente consolidada.[1910] No fim, assim como aconteceu no regime nazista, o Estado Totalitário acaba por fundir o Direito e a moralidade, diluir a distinção entre as esferas pública e privada e restringir a autonomia individual num nível intolerável.[1911]

Tudo isso contrasta frontalmente com o modelo proposto pelas Democracias Liberais.[1912] Elas surgem como consequência de um movimento contrário. Em linhas bem gerais, elas são impulsionadas pelo deslocamento das questões ligadas à justiça da *filosofia moral*, preocupada em identificar um princípio de conduta universal, para a *filosofia política*, que reconhece em todos os seres humanos a capacidade intrínseca de autodeterminação (liberdade) e, como consequência, a inevitabilidade do

---

[1910] RÜTHERS, Bernd. *Entartetes Recht*: Rechtslehren und Kronjuristen im Dritten Reich. 2ª ed. Munique: Beck, 1989, p. 26.

[1911] PAUER-STUDER, Herlinde. *Justifying injustice*: legal theory in Nazi Germany. Cambridge: Cambridge University Press, 2020, pp. 208 e ss.

[1912] As democracias liberais costumam apresentar cinco características principais: a) a aceitação da soberania popular, de modo que apenas o povo pode autorizar os governos de forma legítima; b) a ideia de que todos os cidadãos são livres e iguais, podendo eleger regularmente seus representantes no governo, em geral por meio dos partidos políticos; c) a ideia de um governo limitado, contido por freios e contrapesos e garantido pelo Estado de Direito para proteger as liberdades, notadamente as liberdades das minorias frente a maiorias eventuais; d) o reconhecimento da necessidade de um vibrante pluralismo, de modo que grupos independentes sejam formados livremente no seio da sociedade civil; e) a pressuposição de que as pessoas com demandas antagônicas possam expressar suas visões de mundo livremente no mercado de ideias, aceitar compromissos e chegar a consensos provisórios. Por meio desse elaborado sistema, a Democracia Liberal acredita que pode intermediar a resolução pacífica dos conflitos de interesses, opiniões e visões de mundo dos indivíduos, gerando e fomentando a paz social. EATWELL, Roger; GOODWIN, Matthew J. *National populism*: The revolt against liberal democracy. Londres: Pelican an imprint of Penguin Books, 2018, pp. 99 e ss.

dissenso moral.¹⁹¹³ Uma ordem constitucional moderna é necessariamente *plural*, não encontrando fundamento numa ordem inalterável de valores morais ou em qualquer outra base metafísica, sendo ela sempre *constituída* numa dimensão político-democrática. Esse *pluralismo,* decorrente de um relativismo epistemológico com relação à moral, representa justamente o núcleo fundamental das democracias modernas.¹⁹¹⁴

As democracias modernas nada mais são, portanto, do que compromissos com um determinado tipo de processo político, um processo político a) que pressupõe a inexistência de uma classificação normativa universalmente aceita entre as diferentes formas de vida, b) que aceita o fato de que os membros da comunidade podem discordar essencialmente sobre qual visão de mundo é verdadeira e qual é a forma de vida correta,¹⁹¹⁵ c) que reconhece a capacidade intrínseca de autodeterminação de cada indivíduo como o único valor universal, e d) que, ainda assim, acredita que uma comunidade pode ser constituída por meio da compreensão recíproca dos indivíduos, seja diretamente, seja por meio de representantes eleitos.¹⁹¹⁶

Numa Democracia Liberal não se nega a dimensão do "político", mas se estabelecem os seus limites e se ampliam aquelas esferas da vida que não devem ser colocadas à disposição de decisões políticas.¹⁹¹⁷ O

1913 Esse movimento fica bem claro, por exemplo, na distinção entre a filosofia moral, em que prevalece a "fórmula do objeto" (o homem nunca pode ser reduzido a um meio para a obtenção de um fim), e a filosofia jurídica (o homem é um sujeito capaz de se autodeterminar) kantianas. MÖLLERS, Christoph. "Democracy and Human Dignity: Limits of a Moralized Conception of Rights in German Constitutional Law". *Israel Law Review*, n° 42, p. 434, 2009.

1914 HUSTER, Stefan. *Die ethische Neutralität des Staates*: eine liberale Interpretation der Verfassung. 2ª ed. Tübingen: Mohr Siebeck, 2017, p. 5.

1915 a) e b) em: Huster, Stefan. *Die ethische Neutralität des Staates*: eine liberale Interpretation der Verfassung. 2ª ed. Tübingen: Mohr Siebeck, 2017, p. 7.

1916 c) e d) em: KELSEN, Hans. "Von Wert und Wesen der Demokratie". 2ª ed. *In*: JESTAEDT, M.; LEPSIUS, O. (Coord.). *Verteidigung der Demokratie*: Abhandlungen zur Demokratietheorie. Tübingen: Mohr Siebeck, 2006 [1929], pp. 154-162.

1917 MATA, Sergio Ricardo da. "O Collegium Philosophicum e o destino da Democracia Liberal". *Estadão*. Estado da Arte. 9 jan. 2021. Disponível em: https://

conteúdo do Direito Positivo está completamente disponível para um processo de contínua negociação.[1918] A grande vantagem da Democracia Liberal perante as formas alternativas de ordenação social é que ela permite a confrontação institucionalizada entre os diversos interesses, sendo que nenhum deles pode clamar por uma legitimação superior.[1919] Toda norma jurídica decide (ou pretende decidir) um conflito de interesses, seja em favor de uma ou de outra parte, seja pela mediação entre eles.[1920] A legitimação do Estado deixa de ser um elemento *a priori* e passa a ser o *resultado do procedimento* em que os indivíduos se reconhecem como livres e iguais.[1921] Ao processo político compete, portanto, a administração do bem comum, determinando, no que diz respeito à vida coletiva, qual posição deve prevalecer e ser aplicada em nome da comunidade, deixando sempre o indivíduo livre para buscar a própria felicidade.[1922]

De outro lado, tão importante quanto o desenho institucional que impeça a concentração de poderes e que iniba uma cultura política que se oponha à politização indiscriminada do mundo da vida,[1923] está a necessidade de uma teoria jurídica que se limite a descrever o Direito Positivo. As decisões referentes à administração do bem-comum devem ser registradas e implementadas por meio de instituições e indivíduos que atuam em nome da comunidade. Portanto, se determinada posição

---

estadodaarte.estadao.com.br/collegium-philosophicum-damata/. Acessado em: 09.01.2021.

[1918] *"(D)er Inhalt des positiven Rechts [steht] dem demokratischen Verhandlungsprozess völlig zur Disposition"*. OOYEN, Robert Christian van. *Hans Kelsen und die offene Gesellschaft*. 2ª ed. Wiesbaden: Springer, 2017, p. 33.

[1919] BAUME, Sandrine. "Reabilitating political parties: an examination of the writings of Hans Kelsen". *Intellectual History Review*, nº 28, p. 427, 2018.

[1920] Idem, p. 427.

[1921] HUSTER, Stefan. *Die ethische Neutralität des Staates*: eine liberale Interpretation der Verfassung. 2ª ed. Tübingen: Mohr Siebeck, 2017, p. 18.

[1922] Idem, p. 1.

[1923] MATA, Sergio Ricardo da. "O Collegium Philosophicum e o destino da Democracia Liberal". *Estadão*. Estado da Arte. 9 jan. 2021. Disponível em: https://estadodaarte.estadao.com.br/collegium-philosophicum-damata/. Acessado em: 09.01.2021.

EPÍLOGO

política passa a ser objetivamente (diga-se, ao final desse processo político) identificada como o *Direito* dessa comunidade, o compromisso político firmado previamente exige (no sentido fraco) que os funcionários públicos e os cidadãos obedeçam-no e apliquem-no mesmo quando ele for de encontro aos seus interesses particulares, considerado injusto ou moralmente incorreto.[1924] No modelo kantiano, o ganho em segurança jurídica justifica a fidelidade ao Direito Positivo.[1925] O Estado de Direito nada mais é do que a síntese conceitual desse pacto complexo[1926] e as Constituições de todas as democracias são verdadeiros testemunhos desse espírito.[1927]

De fato, parece que democratas e positivistas tendem a ser muito mais sensíveis às questões relativas ao desacordo moral,[1928] muito mais do que os teóricos não democratas ou os antipositivistas. Sua predisposição para questionar todos os valores supostamente tidos como absolutos indica que o único modo de resolver as divergências morais ou de qualquer outra natureza devam ser resolvidas através de procedimentos objetivos,[1929] previamente definidos e objetivamente válidos (a deliberação política, no caso da democracia, e o conhecimento científico, no caso do Positivismo Jurídico).

A importância que o "positivismo" teve para o desenvolvimento pensamento liberal (e vice-versa) é evidente, havendo quem considere que o pensamento "positivista" foi uma verdadeira "marca registrada" dos

---

[1924] WALDRON, Jeremy. *The dignity of legislation*. The John Robert Seeley lectures. Cambridge: Cambridge University Press, 1999, p. 37.

[1925] Idem, pp. 50-52.

[1926] Idem, p. 37.

[1927] "*Die Verfassungen aller Demokratien sind Zeugnisse dieses Geistes*". KELSEN, Hans. "Wissenschaft und Demokratie". *In*: JESTAEDT, M.; LEPSIUS, O. (Coord.). *Verteidigung der Demokratie*: Abhandlungen zur Demokratietheorie. Tübingen: Mohr Siebeck, 2006 [1937], p. 241.

[1928] WALDRON, Jeremy. "Can There Be a Democratic Jurisprudence?". *Emory Law Journal*, nº 58, p. 770, 2009. Doi: http://dx.doi.org/10.2139/ssrn.1280923. Acessado em: 14.09.2019.

[1929] Idem, p. 770.

pensadores liberais nos séculos XIX e XX.[1930] Por isso, não é de se espantar que, no século XX, o Positivismo Jurídico tenha se desenvolvido, em grande medida,[1931] nos mesmos círculos teóricos da Democracia Liberal[1932] e que positivistas representativos, como Kelsen, Ross, Hart e Bobbio, apenas para citar os mais recentes, tenham sido democratas convictos.

[1930] O caso específico da Áustria pode ser visto aqui: FILLAFER, Franz L.; FEICHTINGER, Johannes. "Habsburg Positivism: The Politics of Positive Knowledge in Imperial and Post-Imperial Austria, 1804-1938". In: FEITCHINGER, J.; FILLAFER, F. L.; SURMAN, J. (Coord.). *The Worlds of Positivism*: a Global Intellectual History, 1770-1930. Londres: Pallgrave Macmillan, 2018, pp. 192 e 203.

[1931] Em grande medida, porque há algumas óbvias exceções. Thomas Hobbes e John Austin, por exemplo, não eram democratas, enquanto alguns antipositivistas, como Lon Fuller e Gustav Radbruch, sempre defenderam a democracia. No entanto, o comprometimento dos autores "positivistas" com a democracia parece ser mais intenso no caso alemão. Desde Gerber e Laband, que já levavam em conta a premissa da soberania popular e o fortalecimento do papel do Parlamento em suas obras, passando por clássicos como Bergbohm, Jellinek, Anschütz, Thoma e Kelsen, o compromisso dos positivistas alemães com a democracia é um fato histórico que não pode ser negado. Sobre as relações não necessárias, mas prováveis, entre o Positivismo Jurídico e a democracia, confira-se: PURCELL, Edward A. "Democracy, the Constitution, and Legal Positivism in America: Lessons from a Winding and Troubled History". *Florida Law Review*, nº 66, p. 1491, 2014. Disponível em: https://ssrn.com/abstract=2622212. Acessado em: 23.11.2019; SQUELLA, Augustin. "Legal Positivism and Democracy in the Twentieth Century". *Ratio Jurism*, nº 3, pp. 412 e ss, 1990. Disponível em: https://heinonline.org/HOL/P?h=hein.journals/raju3&i=410. Acessado em: 05.02.2019.

[1932] A forma em que a Teoria Pura do Direito de Hans Kelsen foi introduzida na América Latina de língua espanhola é um bom exemplo. Na década de 1920, o espanhol Gonzalo Losada passou a residir na Argentina como representante da editora Espasa Calpe. Em 1936, quando essa editora declarou sua simpatia por Franco, Losada não hesitou em avol. onar seu posto, fundando, em 1938, sua própria editora, que se tornou uma espécie de trincheira editorial do exílio. De fato, das editoras fundadas na Argentina por espanhóis ligados à causa republicana, a Editorial Losada foi a que mais claramente imprimiu em seu catálogo as marcas dessa convicção política, tornando-se a grande editora dos exilados. A primeira versão latina da Teoria Pura do Direito, de 1934, foi realizada em 1941 pela Editorial Losada, a mesma editora que se dedicou a publicar obras censuradas pelo regime franquista de autores como Rafael Alberti, Federico García Lorca e León Felipe, e passou a penetrá-las no mercado espanhol através de cópias clandestinas. VELLOSO, Paula Campos Pimenta. "Edição e Recepção de Kelsen no Brasil". *Escritos da Casa de Rui Barbosa*, nº 8, pp. 203 e ss.

EPÍLOGO

Ao que parece, a relação entre o pensamento "positivista", de um modo mais geral, e o Positivismo Jurídico, de um modo mais restrito, com a ideologia liberal ou mesmo com a Democracia Liberal parece ter se desenvolvido num sentido "reflexivo", que reconhece a possibilidade de uma ciência *autônoma*[1933] perante a política, porém com ela *engajada* numa medida relativa ou negativa. Assim, embora reconheçam uma nítida distinção entre os campos da ciência e da política, cientistas "autonomamente comprometidos" são capazes de investir todo o seu *know-how* científico numa empreitada de inequívoca relevância política. A *autonomia* do conhecimento científico (como uma terceira via entre a "autarquia" e a "heteronomia")[1934] permitiu que esses cientistas vinculassem suas teorias, nas quais também se refletiram os conflitos socioculturais vigentes, a uma pretensão política de natureza "deslegitimadora" de certas ideologias, mas sem que isso violasse as regras do jogo no campo da ciência. Essa forma de ação tinha a vantagem de proteger a ciência de uma postura politicamente ativa (ou normativa) e não impedia que os cientistas atuassem de maneira "socialmente responsável".[1935]

No que diz respeito especificamente ao projeto positivista de Hans Kelsen, a autonomia da sua Teoria Pura do Direito perante a política representou – por mais paradoxal que isso possa parecer – um ato de compromisso político. Como jurista, Kelsen tinha um objetivo

---

[1933] Note-se que a palavra "autonomia" não descreve algo que tem um fim em si mesmo, mas sim o *resultado* de uma relação. ASH, Mitchell G. "Wissenschaft und Politik als Ressourcen für einander". *In*: BRUCH, R. v.; KADERAS, B. (Coord.). *Wissenschaft und Politik* - Bestandsaufnahmen zu Formationen, Brüchen und Kontinuitäten im Deutschland des 20 Jahrhunderts. Stuttgart: Franz Steiner Verlag, 2002, p. 47.

[1934] O termo "terceira via" – como é usado aqui – marca um padrão de ação no campo da ciência que transcende a perspectiva dualística de autonomia (ou autarquia) *versus* heteronomia. Os cientistas que seguiram esse caminho refletiram sobre como lidar com "autonomia relativa" (ou reflexiva) do campo científico. Sobre o tema, mas analisando especificamente o contexto científico da Áustria de Habsburgo, confira-se: FEICHTINGER, Johannes. *Wissenschaft als reflexives Projekt* - Von Bolzano über Freud zu Kelsen: Österreichische Wissenschaftsgeschichte, 1848-1938. Bielefeld: Transcript Verlag, 2010, pp. 35 e ss.

[1935] Idem, pp. 35 e ss.

claro em mente quando, num momento em que o Estado cada vez mais autoritário ainda se apresentava como "legítimo" e o Direito Constitucional, em grande parte, havia falhado em se opor a essa tendência, decidiu realizar uma "defesa da democracia" por meio da ciência. Por meio dessa ação "autonomamente engajada", Kelsen nem agiu de modo puramente político (isto é, "heterônomo"), nem desenvolveu uma ciência autárquica, supostamente intocada pelo espaço, pelo tempo, pela realidade e pela política. Em vez disso, ele tentou usar os meios próprios da ciência para reconhecer "a democracia como sua amiga" e "autocracia como sua inimiga", tornando a Ciência do Direito corresponsável pelo destino da Democracia Liberal. Por meio dessa estratégia, Kelsen podia defender a autonomia da ciência lutando contra as tendências heterônomas dentro dela.[1936]

A *Democracia Liberal* e o *Positivismo Jurídico* originam-se *diante* e *como* resultado das mesmas circunstâncias históricas, sociológicas e políticas. De fato, o surgimento de abordagens teóricas meramente descritivas do Direito Positivo parece ser o resultado natural do processo de consolidação da Democracia Liberal. Da mesma forma que sujeitos livres e iguais que compõem a comunidade juspolítica precisam da garantia de um processo que assegure a objetividade na tomada de decisões, eles também precisam de uma teoria que descreva objetivamente o resultado desse processo. O Positivismo Jurídico surge como uma tentativa de tornar a Ciência do Direito – ou, mais especificamente, a *Teoria do Direito* – ao mesmo tempo *autônoma* (no sentido de ser independente dos valores morais ou políticos das autoridades estatais) e, na medida do possível, *dedutiva* (no sentido de reduzir a discricionariedade dessas mesmas autoridades na sua aplicação, ou seja, controlar o exercício do poder político e garantir a liberdade dos indivíduos).[1937]

Mas esses resultados de *autonomia* e *dedução* não devem se limitar à Teoria do Direito. Eles também podem informar a prática jurídica

---

[1936] Idem, p. 239.
[1937] SUNSTEIN, Cass R. "Must Formalism Be Defended Empirically?". *The University of Chicago Law Review*, nº 66, 1999, pp. 3 e ss. Doi:10.2307/1600421.

EPÍLOGO

com a finalidade específica de preservar os espaços de participação democrática no processo de criação e aplicação do Direito. Embora não seja papel do Positivismo Jurídico, enquanto uma Teoria do Direito, defender, estimular ou promover a democracia, nada impede que a *Dogmática Jurídica*, inspirada pelos "princípios juspositivistas", possa ser "democraticamente orientada".[1938]

Para tanto, ela deve permanecer sempre cética em relação às pretensões substantivas que acarretem permanência ou dificuldade de mudança normativa infraconstitucional. Isso significa que "decisões materiais pertencem ao nível da lei, não à Constituição, (...) com a manutenção e ampliação da liberdade de ação parlamentar e redução da densidade substantiva da legislação".[1939] Se, de um lado, aquilo que a Constituição estabeleceu está para além do discurso político, de outro lado, aquilo que ela deixou de estabelecer está legitimamente entregue ao jogo democrático. Qualquer constitucionalização substantiva restringe as possibilidades de tomada de decisão na esfera pública, já que empobrecem o pluralismo de ideias e comprometem o relativismo epistemológico essenciais ao compromisso democrático. Uma dogmática jurídica democraticamente orientada deve partir do pressuposto de que as interpretações de normas constitucionais restringem a liberdade institucional e individual e que, por isso, a constitucionalização de determinadas interpretações substantivas sobre normas infraconstitucionais deve ser evitada.[1940]

No entanto, quando se tratar de interpretação sobre normas constitucionais procedimentais, ou seja, normas constitucionais que definem competências e outras garantias formais, o controle deve ser intensificado. Isso porque o funcionamento regular do processo

---

[1938] LEPSIUS, Oliver. "Rechtswissenschaft in der Demokratie". *Der Staat*, nº 52, 2013, pp. 157 e ss. Disponível em: http://www.jstor.org/stable/43747962. Acessado em: 22.09.2020, p. 178.

[1939] *"Materielle Entscheidungen gehören auf die Ebene des Gesetzes, nicht der Verfassung. Anders gewendet: Parlamentarische Gestaltungsspielräume sind zu erhalten und zu erweitern; die materielle Kontrolldichte der Gesetzgebung ist zurückzufahren"*. Idem, p. 178.

[1940] Idem, p. 178.

democrático depende justamente do funcionamento regular dessas normas. Tais normas garantem e preservam a competição igualitária de opiniões, a capacidade de tomar decisões e, não menos importante, o controle e a alterabilidade das normas infraconstitucionais no tempo. Uma dogmática jurídica democraticamente orientada não visa a redução da primazia da Constituição, mas sim uma mudança de orientação na interpretação constitucional, com o fortalecimento do controle processual em detrimento do controle substancial das normas infraconstitucionais.[1941] Aplicada à dogmática jurídica, a tese positivista fundamental da separação conceitual entre o Direito e a moral pode colaborar para o processo de legitimação de um governo constitucionalmente formado, para a promoção da responsabilidade política dos agentes do Estado, bem como para a imposição de limites ao seu poder ou ao seu arbítrio.[1942]

As ideias positivistas – tanto em suas formas jurídicas, quanto em suas formas filosóficas mais amplas – não são, portanto, apenas compatíveis com os ideais da democracia. Elas bebem exatamente das mesmas fontes. Existe, portanto, uma nítida *tendência* de que os princípios positivistas sirvam de suporte intelectual aos valores democráticos e vice-versa. E de todos os princípios que inspiram democratas e positivistas, talvez os princípios compartilhados mais importantes sejam a crença na liberdade[1943] e a crença na possibilidade de objetividade de todo o conhecimento.[1944]

[1941] Idem, p. 178.

[1942] PURCELL, Edward A. "Democracy, the Constitution, and Legal Positivism in America: Lessons from a Winding and Troubled History". *Florida Law Review*, nº 66, 2014, pp. 1494 e ss. Disponível em: https://ssrn.com/abstract=2622212. Acessado em: 23.11.2019.

[1943] KELSEN, Hans. "Wissenschaft und Demokratie". *In*: JESTAEDT, M.; LEPSIUS, O. (Coord.). *Verteidigung der Demokratie*: Abhandlungen zur Demokratietheorie. Tübingen: Mohr Siebeck, 2006 [1937], p. 241.

[1944] "*Daher gehört zum Lebensprinzip jeder Demokratie (...) die geistige Freiheit, die Freiheit der Meinungsäußerung, die Glaubens- und Gewissensfreiheit, das Prinzip der Toleranz und insbesondere: die Freiheit der Wissenschaft in Verbindung mit dem Glauben an die Möglichkeit ihrer Objektivität*". Idem, p. 241.

EPÍLOGO

Por se tratar de uma abordagem com uma inclinação natural para distinguir a justiça formal dos procedimentos jurídicos da qualidade moral substantiva das decisões individuais ou coletivas, o Positivismo Jurídico dificilmente pode ser taxado como uma abordagem teórica intrinsecamente autoritária ou totalitária. Ele não se presta ao serviço de transformar a realidade, mas sim de fornecer uma "teoria" no sentido mais genuíno possível da palavra: ver e dizer, da forma mais clara possível, o que as coisas de fato são. Uma vez que seus princípios fundamentais estão geneticamente conectados a valores como a tolerância, a liberdade e a objetividade, o Positivismo Jurídico acaba por se credenciar, ainda que involuntariamente, como uma abordagem justeórica mais adequada ao desenvolvimento da Democracia Liberal.

Em síntese: o Positivismo Jurídico e a Democracia Liberal a) foram desenvolvidos nos mesmos círculos intelectuais e b) compartilham os mesmos ideais de objetividade e tolerância. Se é verdade que determinadas teorias jurídicas se revelam mais adequadas a certos ordenamentos políticos que a outros, a única conclusão possível é no sentido diametralmente *contrário* à tese da legitimação. Ainda que a Democracia Liberal possa ser compatível com outras concepções sobre o Direito,[1945] o fato é a defesa o Positivismo Jurídico[1946] representa

---

[1945] Essa possibilidade seria muitíssimo remota, uma vez que "a Democracia Liberal não pode reivindicar lealdade a algum tipo de concepção jusnaturalista do Direito sem comprometer sua própria narrativa histórica". WALT, Johan van der. *The concept of liberal democratic law*. Law and Politics: Continental Perspectives. Nova York: Routledge, 2020, p. 7.

[1946] Horst Dreier chega a ser, inclusive, bem mais específico, afirmando que a Teoria Pura do Direito, e não qualquer outra versão do Positivismo Jurídico, é a teoria mais apropriada ao desenvolvimento da democracia. Eis suas palavras: "Não há conexão necessária, mas sim indireta entre a Teoria Pura do Direito e a Teoria da Democracia de Kelsen: aquela não limita seu escopo de aplicação às ordens democráticas, mas, à luz de seus princípios e pré-condições teóricas, a democracia se apresenta como a forma de governo que melhor corresponde às suas premissas básicas. Numa formulação mais clara: a Teoria Pura do Direito é a teoria do direito adequada à democracia, porque não reconhece princípios jurídicos indisponíveis prévios à vontade democraticamente legitimada da maioria". / "*Zwischen Reiner Rechtslehre und Kelsenscher Demokratietheorie besteht, so gesehen, kein zwingender, aber doch ein indirekter Zusammenhang: die Reine Rechtslehre beschränkt ihren Anwendungsbereich nicht auf*

"uma estratégia respeitável numa forma de Estado democrático",[1947] já que ele desenvolve uma "visão jurídica de mundo mais apropriada à democracia".[1948]

De fato, não há razão para que a Democracia Liberal "fuja" do Positivismo Jurídico.[1949] De um lado, a Democracia Liberal é a forma de governo que emergiu do reconhecimento histórico de que o pluralismo impede que qualquer pessoa reivindique a capacidade de encontrar, na natureza ou na razão, regras e princípios que sejam universalmente válidos e impositivos a todos os demais.[1950] De outro lado, o Positivismo Jurídico, entendido como uma abordagem teórica formal do Direito, pode auxiliar na limitação do arbítrio e, portanto, servir como um importante instrumento de proteção das liberdades civis.[1951]

Há quem diga que o Positivismo Jurídico é um dos requisitos básicos do Estado de Direito moderno e, também, é indispensável para

---

demokratische Ordnungen, aber im Lichte ihrer Prinzipien und theoretischen Voraussetzungen stellt sich die Demokratie als diejenige Staatsform dar, die ihren Basisprämissen noch am ehesten entspricht. In pointierter Formulierung: die Reine Rechtslehre ist die der Demokratie adäquate Rechtstheorie, weil sie dem demokratisch legitimierten Willen der Mehrheit keine unverfügbaren Rechtsprinzipien vorordnet". DREIER, Horst. *Rechtslehre, Staatssoziologie und Demokratietheorie bei Hans Kelsen*. 2ª ed. Baden-Baden: Nomos, 1990, p. 286.

[1947] "Numa forma de Estado democrático, o Positivismo Jurídico é uma estratégia respeitável, mas não numa ditadura". / "*In einer demokratischen Staatsform ist Positivismus eine respektable Strategie, in einer Diktatur nicht*". LEPSIUS, Oliver. "Hans Kelsen und die Pfadabhängigkeit in der deutschen Staatsrechtslehre". *In*: JESTAEDT, M. (Coord.). *Hans Kelsen und die deutsche Staasrechtslehre*. Tübingen: Mohr Siebeck, 2013, p. 255.

[1948] JESTAEDT, Matthias. "A ciência como visão de mundo: ciência do direito e concepção de democracia em Hans Kelsen". *Revista Brasileira de Estudos Político*, nº 106, p. 60, 2013.

[1949] WALT, Johan van der. *The concept of liberal democratic law*. Law and Politics: Continental Perspectives. Nova York: Routledge, 2020, p. 7.

[1950] Idem, p. 7.

[1951] OESTMANN, Peter. "Die Zwillingsschwester der Freiheit. Die Form im Recht als Problem der Rechtsgeschichte". *In*: OESTMANN, P. (Coord.). *Zwischen Formstrenge und Billigkeit*. Köln: Böhlau, 2009, p. 20.

EPÍLOGO

a Democracia Liberal.[1952] Há quem diga, inclusive, que o Positivismo Jurídico é uma decorrência necessária da Democracia Liberal.[1953] Mas o fato é que, ainda que a Democracia Liberal "não seja o destino inevitável do Positivismo Jurídico",[1954] será sempre possível reconhecer nele, no mínimo, um valioso e indispensável aliado na luta contra qualquer ideologia autoritária ou totalitária.

[1952] *"Positivismus ist eine der Grundbedingungen moderner Rechtsstaatlichkeit und gerade für eine Demokratie unverzichtbar"*. GÄRDITZ, Klaus Ferdinand. "Die Bundesanwaltschaft als Kind ihrer Zeit". *Verfassungsblog*. 23 nov. 2021. Disponível em: https://verfassungsblog.de/die-bundesanwaltschaft-als-kind-ihrer-zeit/. Acessado em: 09.12.2021.

[1953] WALT, Johan van der. *The concept of liberal democratic law*. Law and Politics: Continental Perspectives. Nova York: Routledge, 2020, p. 7.

[1954] *"Nor do I mean to suggest that democracy is positivism's destiny"*. WALDRON, Jeremy. "Can There Be a Democratic Jurisprudence?". *Emory Law Journal*, nº 58, p. 683, 2009. Doi: http://dx.doi.org/10.2139/ssrn.1280923. Acessado em: 14.09.2019.

ESTUDO COMPLEMENTAR

ENTRE A UTILIDADE E O REPÚDIO: A PERSISTENTE LENDA DO POSITIVISMO E OS SEUS REFLEXOS NO CONSTITUCIONALISMO BRASILEIRO[1955]

Introdução

O poeta Jean Cocteau já disse que "a lenda é o falso que se encarna".[1956] Em suas versões mais conhecidas, o Positivismo Jurídico não é mais do que uma lenda nesse exato sentido. Transmitidas quase sempre oralmente, de aula em aula, de palestra em palestra, mas também de decisão judicial em decisão judicial, concepções distorcidas e muito distantes daquelas que são endossadas pelos seus defensores declarados formam uma espécie de tradição paralela, comum entre juristas práticos e acadêmicos, do que

---

[1955] Partes deste trabalho foram desenvolvidas previamente *In*: LEAL, Fernando. "O Formalista Expiatório: Leituras impuras de Kelsen no Brasil". *Revista de Direito da Fundação Getúlio Vargas*, nº 10, 2014, pp. 245 e ss; e LEAL, Fernando. "A Constituição diz o que eu digo que ela diz: formalismo inconsistente e textualismo oscilante no Direito Constitucional brasileiro". *Revista Brasileira de Direitos Fundamentais e Justiça*, nº 12, 2018, pp. 99 e ss.

[1956] Na citação completa: "*L'histoire est du vrai qui se déforme, la légende du faux qui s'incarne*".

seria o positivismo jurídico. Caracterizado como legalismo, um tipo caricato de formalismo ou associado à legitimação do nazismo, o Positivismo estaria apenas no centro de uma teia mítica de alguns "ismos", identificável em países da América Latina[1957] e, como bem o evidencia a pesquisa de Rodrigo Valadão, também presente no imaginário da comunidade jurídica na Alemanha, nos EUA, na Inglaterra, na Austrália, na França e na República Tcheca[1958] após a segunda guerra.

A Lenda do Positivismo, considerada mito fundante da República e da Teoria do Direito da Alemanha após a queda do nacional-socialismo,[1959] atribui a teses positivistas um esvaziamento valorativo do Direito e uma primazia absoluta do Direito Positivo, considerados causalmente referências para o enfraquecimento da democracia e para a ascensão e a justificação de regimes autoritários.[1960] Na síntese de Valadão, em sua versão mítica, o Positivismo está associado "ao estabelecimento, desenvolvimento e funcionamento dos regimes políticos totalitários".[1961]

Na cultura jurídica brasileira, a Lenda do Positivismo também se faz presente. E um distorcido Kelsen costuma ser o bode expiatório que encarna uma versão vulgar, que não apenas associa positivismo com a legitimação do nazismo como o apreende por meio de caricaturas.[1962] Um claro exemplo dessa

---

[1957] V. a respeito MEDINA, Diego Eduardo López. *Teoría impura del derecho*: la transformación de la cultura jurídica latinoamericana. Bogotá: Legis, 2004.

[1958] V. a respeito o terceiro tópico da Introdução do presente livro.

[1959] SANDKÜHLER, Hans Jörg. *Nach dem Unrecht*: Plädoyer für einen neuen Rechtspositivismus. Freiburg: Verlag Karl Alber, 2015, p. 67.

[1960] Ironicamente, versões caricatas do Positivismo Jurídico, que o associavam a um formalismo caracterizado pela crença na completude do ordenamento jurídico e pela visão de que a aplicação do direito se resumiria a um processo dedutivo, também eram consideradas inimigas a serem combatidas pelo III Reich. V., por exemplo, MATOS, Andityas Soares de Moura Costa; SOUZA, Joyce Karine de Sá. "Sobrevivências do nazifascismo na teoria jurídica contemporânea e seus reflexos na interpretação judicial brasileira". *Revista de Estudos Constitucionais, Hermenêutica e Teoria do Direito*, vol. 9, n° 3 p. 298, 2017.

[1961] V. o segundo tópico da Introdução do presente livro.

[1962] LEAL, Fernando. "O Formalista Expiatório: Leituras impuras de Kelsen no Brasil". *Revista de Direito da Fundação Getúlio Vargas*, n° 10, 2014, pp. 245 e ss.

relação entre o mito positivista e um Kelsen patológico pode ser encontrado na caracterização de positivismo jurídico feita por Luís Roberto Barroso em seu livro *Interpretação e Aplicação da Constituição*. Na obra, afirma o autor que

> (o) positivismo comportou algumas variações e teve seu ponto culminante no normativismo de Hans Kelsen. Correndo o risco das simplificações redutoras, é possível apontar algumas características essenciais do positivismo jurídico: (i) a aproximação quase plena entre Direito e norma; (ii) a afirmação da estatalidade do Direito: a ordem jurídica é una e emana do Estado; (iii) a completude do ordenamento jurídico (...); (iv) o formalismo: a validade da norma decorre do procedimento seguido para a sua criação, independendo do conteúdo.[1963]

E, ecoando definitivamente a Lenda do Positivismo, conclui:

> (o) fetiche da lei e o legalismo acrítico, subprodutos do positivismo jurídico, serviram de disfarce para autoritarismos de matizes variados. A ideia de que o debate acerca da justiça se encerrava quando da positivação da norma tinha um caráter legitimador da ordem estabelecida. Qualquer ordem.[1964]

Esse tipo de caricatura positivista, presente em tantos outros trabalhos,[1965] estabeleceu uma repulsa ao Positivismo e a outros "ismos"

[1963] BARROSO, Luís Roberto. *Interpretação e aplicação da Constituição*: fundamentos de uma dogmática constitucional transformadora. 7ª ed. São Paulo: Saraiva, 2009, p. 325.

[1964] Idem, p. 326.

[1965] Para outro caso de associação entre Positivismo e totalitarismo, v. Comparato (2006, cap. X), em que é possível encontrar passagens como: "(o) último argumento aqui transcrito da tese sustentada por Hans Kelsen, a respeito da separação entre moral e direito, é da maior importância, pois ele nos dá uma chave explicativa do peso histórico do Positivismo Jurídico, como elemento de legitimação, tanto da submissão da esfera política à econômica, na ordem capitalista, quanto da lógica de funcionamento do Estado totalitário". COMPARATO, Fábio Konder. *Ética*: Direito, Moral e Religião no mundo moderno. 2ª ed. São Paulo: Companhia das Letras, 2006, p. 361.

a ele associados, como o formalismo, o normativismo e o legalismo. Na nossa cultura jurídica – e provavelmente em toda a cultura jurídica ocidental – chamar alguém ou rotular uma tese de positivista (mas também de formalista[1966] ou legalista) costuma expressar um juízo de severa reprovação.[1967] Nesses casos, a versão mais fraca da crítica que se desenvolve pelo emprego do epíteto "positivista" se sustenta sobre a alegação de anacronismo (porque o Positivismo já estaria superado) ou de excesso de idealização (pela associação do Positivismo a visões sobre o Direito muito distantes da realidade, como a de um ordenamento fechado, completo, consistente e preciso ou a de um juiz que nunca exerce atividade criativa ao decidir). Em sua versão mais forte, a alcunha é utilizada para condenar algo considerado simplesmente absurdo, insustentável e, por isso, errado, como ocorre nas vinculações feitas entre positivismo e um inegociável dever de observância do Direito Positivo. Em qualquer sentido, a fábula do Positivismo rompe com qualquer possibilidade de associação do rótulo "positivista" com algo positivo e, mesmo quando, excepcionalmente, esse seja o caso,[1968] torna-o muito distante do que o Positivismo, mesmo com suas disputas de família, efetivamente significa.

[1966] Como indica Schauer, chamar um juiz, um voto ou uma decisão hoje em dia de formalista raramente significa um elogio. Defendê-lo, para Weinrib, significa cometer uma heresia. V. SCHAUER, Frederick. *Thinking like a lawyer*: a new introduction to legal reasoning. Londres: Harvard University Press, 2009, p. 30 e WEINRIB, Ernest. "Legal formalism: on the immanent rationality of law". *The Yale Law Journal*, nº 97, p. 950, 1998.

[1967] Tormin, por exemplo, associa o tom pejorativo e execratório associados ao Positivismo com um xingamento. V. TORMIN, Mateus Matos. "Positivismo Jurídico no Brasil: pequena história de uma má interpretação". *Revista do Centro Acadêmico Afonso Pena*, nº 21, p. 34, 2015.

[1968] V., por exemplo, o artigo de Eros Roberto Grau "Em defesa do Positivismo Jurídico", no qual o autor, ao associar o positivismo com "a aplicação da lei", defende-o como meio para a promoção de segurança jurídica. Como se nota, mesmo que o tom não seja crítico, o Positivismo útil é também uma de suas caricaturas mais comuns. V. GRAU, Eros Roberto. "Em defesa do Positivismo Jurídico". *O Estado de São Paulo*. São Paulo, 12 mai. 2018. Disponível em: https://opiniao.estadao.com.br/noticias/geral,em-defesa-do-positivismo-juridico,70002305339. Acessado em: 17.06.2021. O tema será aprofundado adiante em 3.1.

ESTUDO COMPLEMENTAR

Nesse quadro de tanta desorientação sobre o que, de fato, defendem autores genuinamente positivistas, este texto tem por objetivo apresentar traços de um Positivismo fictício no pensamento constitucional brasileiro e possíveis explicações para o seu surgimento e perpetuação. Antes disso, porém, será preciso definir "Positivismo Jurídico" e distingui-lo das suas principais caricaturas. Após esses esclarecimentos, será possível explorar como versões míticas do Positivismo podem ser localizadas no Brasil e como elas aparecem, ora como solução, ora como problema, para a sustentação de argumentos preocupados com a promoção de compromissos fundamentais da Constituição Federal de 1988. Nesse aspecto, ao contrário do papel desempenhado por um Positivismo mal compreendido na Alemanha antes e após a segunda guerra, sempre encarado como culpado e, assim, como o modelo do qual teorias jurídicas deveriam se afastar, o Positivismo mítico que ainda persiste no país nem sempre foi encarado como "inimigo". Ao contrário, dependendo da conveniência de certas caricaturas, o Positivismo Jurídico foi (e é) invocado, ironicamente, como antídoto para dilemas de concretização de compromissos fundamentais da Constituição.

Limpando o terreno

A "Lenda do Positivismo" é o produto de duas ilusões. Uma – que poderia ser chamada de "ilusão da associação" – está, como mencionado, na causalidade que se estabelece entre o Positivismo Jurídico e a instituição e a legitimação acrítica de regimes totalitários perversos, como se uma teoria sobre a natureza do Direito fosse elemento crucial para a expansão ilimitada de um governo antidemocrático e violador de direitos. A outra – que poderia ser caracterizada como "a ilusão da definição" – envolve o próprio conceito de "Positivismo Jurídico" utilizado para sustentar aquela relação causal. As duas ilusões estão visceralmente conectadas. Mas, ainda que a primeira possa ser, em seus próprios termos, correta, a defensável dissociação entre, de um lado, o sentido de Positivismo Jurídico por ela assumido e, de outro, o que pode ser considerado o núcleo duro das concepções de autores que se definem como positivistas, seria suficiente para sustentar que a ilusão da associação só seria justificável a partir de um positivismo fictício. Nesses termos, o positivismo capaz de explicar e justificar a perversão do direito associada ao nazismo – para citarmos o exemplo por excelência de aplicação da lenda – não é mais do que um fantasma; um espectro que pode até ter sido útil, na condição de inimigo a ser definitivamente derrotado, para facilitar, sem maior resistência, o avanço de concepções contrapostas sobre a natureza do direito no pós-guerra em diversos lugares, mas, ainda assim, não mais do que uma ilusão.

A justificação dessa conclusão depende da constatação de que o positivismo subjacente à lenda criada é substantivamente diferente daquele endossado por seus defensores. Para tanto, torna-se fundamental definir as teses centrais do positivismo jurídico. E essa não é uma tarefa simples – seja pela complexidade dos debates entre positivistas e não positivistas, seja pelo sentimento de frustração que o esclarecimento das teses centrais do Positivismo possa produzir em juristas práticos. Explica-se.

O que se pode chamar de núcleo duro do Positivismo Jurídico é objeto de preocupação dos teóricos do Direito efetivamente a ele associados há tempos. Após a segunda guerra, porém, esclarecer o que estava efetivamente por trás da expressão se tornou, em razão do avanço da "Lenda do Positivismo", uma necessidade para positivistas e para teóricos do direito preocupados em não dialogar com caricaturas. Segundo Carrió, a publicação do artigo *"Positivism and the separation of law and morals"*, de Hart,[1969] "foi uma das primeiras tentativas frutíferas de identificar e distinguir as diversas atitudes, teses, concepções e doutrinas ocultas sob o rótulo 'positivismo jurídico' atribuídas a autores positivistas e/ou sustentadas por eles".[1970] Logo após, em 1960, nomes importantes da teoria do direito, como Hart, Bobbio e Alf Ross, reuniram-se em Bellagio, patrocinados pela fundação Rockefeller, para debater o conceito

---

[1969] HART, H. L. A. "Positivism and the Separation of Law and Morals". *Harvard Law Review*, nº 71, 1958, pp. 593 e ss. Doi:10.2307/1338225.

[1970] CARRIÓ, Genaro R. *Notas sobre Derecho y Lenguaje*. 5ª ed. Buenos Aires: Abeledo-Perrot, 2011, p. 321.

de Positivismo Jurídico.[1971] Como legado, o encontro contribuiu para a produção de trabalhos importantes nos anos seguintes inspirados no chamado "espírito de Bellagio".[1972] Esses foram passos fundamentais para o desenvolvimento de debates teóricos rigorosos sobre a compreensão precisa do que pode estar por trás do rótulo "Positivismo Jurídico".

Os avanços desses debates contribuíram para tornar mais claro o que se possa chamar de "núcleo duro" do positivismo a partir de duas teses: a tese da separação ("o que o direito é?" e "o que o direito deve ser?" são questões diferentes e independentes)[1973] e a tese dos fatos sociais (o que pode ser considerado direito em qualquer sociedade depende fundamentalmente de fatos sociais).[1974] Entre as duas, a segunda seria a tese central do Positivismo.[1975] Nesse sentido, quaisquer outras teses

---

[1971] Idem, p. 322.

[1972] Carrió refere-se especificamente aos artigos "Sui positivismo giuridico", de Bobbio, e "Validity and the Conflict Between Legal Positivism and Natural Law", de Alf Ross, ambos publicados em 1961.

[1973] É comum encontrar a enunciação da tese da separação nos seguintes termos gerais: não há conexão necessária entre direito e moral. Essa tese, em função da sua amplitude, é considerada como falsa por alguns positivistas, que reconhecem pontos de contato, especialmente no plano metodológico, entre os dois campos. Nos termos apresentados, rejeitam expressamente a tese da separação em COLLINGS, Justin. "Beyond the separability thesis: moral semantics and the methodology of jurisprudence". *Oxford Journal of Legal Studies*, nº 27, 2007, pp. 581 e ss. e RAZ, *The argument from justice, or how not to reply to legal positivism*.

[1974] LEITER, Brian. "Legal realism, hard positivism, and the limits of conceptual analysis". *In*: COLEMAN, J. (Coord.). *Hart's postscript*: essays on the postscript to 'the concept of law'. Nova York: Oxford University Press, 2001, capítulo 10, p. 356. Positivistas inclusivos e exclusivos diferem fundamentalmente em função do modo como interpretam a segunda tese. Enquanto para positivistas exclusivos apenas fatos sociais devem ser responsáveis pela identificação do direito válido, positivistas inclusivos, na conceituação proposta por Coleman, entendem que fatos sociais necessariamente estabelecem o que determina em cada sociedade as condições de validade de normas jurídicas. Nesse sentido, a validade das normas de um sistema jurídico pode *contingentemente* depender de elementos morais. V. COLEMAN, Jules. "Beyond inclusive legal positivism". *Ratio Juris*: an International Journal of Jurisprudence and Philosophy of Law, nº 22, p. 384, 2009.

[1975] Na persuasiva definição de Gardner, na qual ambas as teses podem ser identificadas, a designação "positivista" pode ser atribuída apenas a quem endossa a seguinte

(como a tese da discricionariedade) são, no máximo, *contingentemente* positivistas. Ademais, a centralidade da tese dos fatos sociais (ou da "tese das fontes", na concepção de Joseph Raz) e a versão desdramatizada da tese da separação esclarecem por que o Positivismo Jurídico não se preocupa necessariamente com a solução de dilemas imediatamente práticos, como os que envolvem a justificação de decisões em casos difíceis. Essa constatação torna antecipadamente suspeita qualquer relação entre positivismo jurídico e visões, caricatas ou não, sobre como juízes, por exemplo, deveriam decidir casos concretos.[1976] Estranhamente, no entanto, são as versões limitadas a teses subsidiárias ou simplesmente irreais as que aparecem com mais frequência, sobretudo entre os críticos do Positivismo.[1977] E, nesse contexto, duas caricaturas parecem dominar o ambiente, sustentando a ilusão da associação subjacente à Lenda do Positivismo.

A primeira é a caricatura legalista, também conhecida como "positivismo ideológico".[1978] Associada ao que Valadão chamou de "argumento Radbruch", essa versão deturpada reconduziria ao Positivismo uma tese normativa que exigiria a observância do direito posto pelo Estado pelo simples fato de ele ter sido posto.[1979] Sintetizada no mote "lei é lei", o positivismo como legalismo não deixaria espaço para qualquer questionamento do direito positivo, impondo o seu cumprimento incondicional e deixando, como argumenta Radbruch em seu famoso "Cinco minutos de filosofia do direito", "juristas e a população indefesos contra leis arbitrárias, cruéis ou criminosas, por mais extremas

---

proposição: *"em qualquer sistema jurídico, se uma determinada norma é válida e, portanto, faz parte do direito daquele sistema, é algo que depende das suas fontes, não dos seus méritos (os seus méritos, em sentido relevante, incluem os méritos das suas fontes)"*. Cf. GARDNER, John. "Legal Positivism: 5 1/2 Myths". *American Journal of Jurisprudence*, n° 46, p. 201, 2001. Doi:10.1093/ajj/46.1.199.

[1976] Idem, p. 201.

[1977] HOERSTER, Norbert. *Was ist Recht?* Grundfragen der Rechtsphilosophie. Munique: C.H. Beck, 2006, p. 8.

[1978] CARRIÓ, Genaro R. *Notas sobre Derecho y Lenguaje*. 5ª ed. Buenos Aires: Abeledo-Perrot, 2011, p. 325.

[1979] V. item 1.2.1. da presente obra.

que fossem".[1980] Com base nessa que seria a expressão por excelência do pensamento positivista, praticamente incontestada por juristas alemães durante décadas, o nacional-socialismo alemão teria, com o suporte de uma teoria jurídica, vinculado os seus subordinados.[1981]

A segunda é a caricatura formalista. Nesta versão, a expressão "Positivismo Jurídico" abrangeria tanto uma concepção sobre o ordenamento jurídico como uma concepção sobre o raciocínio jurídico – e, mais especificamente, sobre o raciocínio judicial. No primeiro caso, positivistas defenderiam que o conjunto de leis que constituiria o ordenamento jurídico formaria um sistema fechado, completo, consistente e composto por normas claras. Como consequência dessa visão, positivistas acreditariam que o direito seria capaz de fornecer uma única resposta correta para qualquer caso.[1982] No segundo aspecto, o Positivismo compreenderia o raciocínio jurídico como exclusivamente lógico-dedutivo, sem qualquer espaço para o empreendimento de valorações, juízos críticos ou atividades construtivas por aplicadores do direito.

Tanto o legalismo como o formalismo apresentados são caricaturas do positivismo jurídico porque são incompatíveis com as teses centrais efetivamente defendidas por autores rigorosamente positivistas. A tese das fontes e a tese da separação são teses sobre a identificação do direito válido, e nada dizem sobre a sua observância. Na verdade, ao separar a tarefa de identificação do direito da sua avaliação moral, o Positivismo pode ser completamente compatível com a visão segundo a qual uma norma jurídica pode ser considerada "válida", mas não deve ser obedecida. Para positivistas, inclusive, essa seria uma *vantagem* da concepção sobre a natureza do Direito que defendem relativamente a teorias não positivistas quando o que está em jogo é *compreender* adequadamente o

---

[1980] RADBRUCH, Gustav. "Five minutes of legal philosophy". *Oxford Journal of Legal Studies*, n° 26, 2006 [1945], pp. 13 e ss.

[1981] RADBRUCH, Gustav. "Statutory lawlessness and supra-statutory law". *Oxford Journal of Legal Studies*, n° 26, 2006 [1946], pp. 1 e ss.

[1982] STRUCHINER, Noel. "Algumas 'proposições fulcrais' acerca do Direito: o debate Jusnaturalismo vs. Juspositivismo". *In:* MAIA, A. C. (Coord.). *Perspectivas atuais da Filosofia do Direito*. Rio de Janeiro: Lumen Juris, 2005, p. 408.

que é o Direito.¹⁹⁸³ Em alguns casos, como o do formalismo, as teses defendidas, tenham elas caráter descritivo ou normativo, soam tão ingênuas que deveria parecer óbvia a dificuldade de localizar um real defensor de qualquer uma delas. Positivistas relevantes como Kelsen e Hart, por exemplo, admitem espaços de indeterminação estrutural no direito e reconhecem que juízes exercem margens significativas de discricionariedade quando são chamados a decidir controvérsias sobre o sentido e a aplicação do Direito, tornando inviável a sua associação com as visões apresentadas sobre o ordenamento jurídico e o raciocínio judicial.¹⁹⁸⁴

Apesar das diferenças expressivas entre as versões legalista e formalista e o que se obtém pela leitura de obras de autores positivistas ou pelo mapeamento de debates acadêmicos sobre a natureza do direito que envolvem efetivos defensores do positivismo jurídico, a "Lenda do Positivismo" ganhou terreno após a Segunda Guerra e ainda persiste. E, se esse é o caso, a pergunta importante a ser enfrentada passa a ser "por quê?". Há possivelmente razões associadas a características da cultura acadêmica, sobretudo nos contextos de recepção de teorias desenvolvidas no exterior, que podem impedir a disseminação de determinadas obras e a sua correta compreensão. Essas dificuldades podem afetar a formação de acadêmicos e práticos, que se tornam semeadores desinformados, mas não necessariamente de má-fé, de ideias erradas ou de meias verdades. Mas há possivelmente também razões *estratégicas* que podem justificar a utilidade de caricaturas para o avanço de determinadas agendas intelectuais. Nessa última hipótese, uma compreensão deturpada ou estilizada de uma teoria não precisa estar necessariamente associada ao extremo oposto do que se pretende sustentar. Dependendo do objetivo buscado, a caricatura pode ser útil para reforçar a credibilidade do próprio

---

[1983] FARRELL, Martín D. "¿Discusión entre el derecho natural y el Positivismo Jurídico?". *Doxa*, nº 21 p. 124, 1998; LEITER, Brian. "Why legal positivism?". *University of Chicago, Chicago, Public Law and Legal Theory Working Paper*, 2009. Disponível em: https://papers.ssrn.com/sol3/papers.cfm?abstract_id=1521761. Acessado em: 17.06.2021.

[1984] KELSEN, Hans. *Reine Rechtslehre*. Viena: Österreichische Staatsdruckerei, 1992 [1960], capítulo VIII, e HART, H. L. A. *The concept of law*. 2ª ed. Oxford: Clarendon Press, 1998, capítulo VII, especialmente p. 132.

ponto de vista defendido. No que diz respeito à presença da Lenda do Positivismo no Brasil, que se deixaria captar pelas associações quase imediatas entre Positivismo, legalismo e formalismo, parece que essas são explicações no mínimo plausíveis para a sua perpetuação. Nesse quadro, assim como na Alemanha do pós-guerra, o constitucionalismo brasileiro parece ser o melhor espaço para se investigar essas hipóteses, já que tanto a Lei Fundamental de 1949 como a Constituição Federal de 1988 se apresentam como os marcos centrais dos processos de estabelecimento e concretização de novas ordens jurídico-institucionais destinadas a superar experiências autoritárias vivenciadas antes das suas respectivas promulgações em cada país.

A recepção da Lenda do Positivismo

Apesar de ilusória, a Lenda do Positivismo afetou o desenvolvimento da cultura jurídica nos seus locais de produção e recepção. Uma assimilação "com sinal trocado", uma releitura "tergiversada" – para usar uma expressão de López Medina[1985] –, ou alguma outra forma de compreensão parcial de uma teoria, seja ela originada por uma leitura seletivamente justificada para servir a determinados interesses no contexto de recepção, seja ela fruto de um acesso limitado ao "pensamento" de determinados autores (porque, por exemplo, nem toda a sua obra foi traduzida para o idioma do local de recepção ou porque o debate desenvolvido no local de produção do pensamento é desconhecido no local de recepção), podem também ser vistas como *influência*. Nesses casos, porém, o senso comum que se estabelece a respeito de determinado pensamento não é uma consequência da influência direta de teorias e autores, mas sim de leituras específicas desses e que podem até ser completamente incompatíveis com as obras de referência. Isso é suficiente para justificar a importância de se investigar também se uma determinada visão amplamente compartilhada sobre uma teoria ou o

---

[1985] MEDINA, Diego Eduardo López. *Teoría impura del derecho*: la transformación de la cultura jurídica latinoamericana. Bogotá: Legis, 2004, pp. 31 e ss.

pensamento de um autor pode ser considerada uma expressão adequada ou não do que efetivamente se defende. Isso é decisivo não apenas para o desenvolvimento de reflexões sobre as razões que levam a uma compreensão enviesada de certa teoria estrangeira em um ambiente específico, mas também para a análise dos seus méritos e deméritos efetivos nesse contexto.

Embora quase óbvias, essas observações preliminares são importantes para reforçar a visão de que o modo como operadores do Direito, estudantes e mesmo acadêmicos compreendem teorias e autores em certo ambiente (i.e., a [pseudo]influência desse autor ou dessa teoria naquele espaço) nem sempre exprime uma leitura compatível com os seus pressupostos. A Lenda do Positivismo e a sua associação a autores como Kelsen são provavelmente os maiores exemplos dessa dissonância, em contextos de recepção, entre as versões difundidas e as formulações fiéis de teorias construídas em outros ambientes. Considerando os reflexos da lenda positivista no Brasil, o problema a ser compreendido e superado parece duplo.

De um lado, pode existir um problema efetivo de *recepção* das melhores versões de obras positivistas, que conseguem chegar no país, mas não são adequadamente compreendidas. Nesse universo, inclui-se também a possibilidade de a recepção tergiversada ser produto de um viés de confirmação da versão caricata dominante. Nessa hipótese, a leitura imprecisa ocorre porque o leitor entra em contato com a obra já previamente inclinado a encontrar nela as suas certezas, enfatizando ou descontextualizando passagens que reforcem as suas prévias compreensões sobre o assunto lido. De outro, pode ser que o objeto problemático do transplante seja precisamente a versão caricata do Positivismo, formada *fora* das fronteiras do local de propagação dos mitos. No primeiro caso, livros e artigos relacionados a um debate rigoroso estão disponíveis, são lidos, mas não totalmente entendidos. O problema está no destino. No segundo, o que se acolhe "de fora" são exatamente as caricaturas, assumidas acriticamente como corretas por reverencialismo, pesquisa insuficiente, preguiça intelectual, impossibilidade de acesso a outras fontes ou qualquer outra causa. Aqui, o problema está, antes de tudo, na origem, que produz e exporta os mitos.

ESTUDO COMPLEMENTAR

No caso positivista, a pesquisa de Valadão mostra como a "Lenda do Positivismo" foi gestada na própria Alemanha e, de lá, expandiu-se. E, tudo leva a crer, chegou nesses termos entre nós. Cite-se, por exemplo, a seção "crítica aos métodos positivistas" no *Curso de Direito Constitucional* de Paulo Bonavides,[1986] em que se lê, com referências explícitas a Friedrich Müller, passagens como: (i) "a Alemanha até alguns anos após a Primeira Guerra Mundial fora dominada por uma espécie de positivismo formal e legalista, (...) um 'método jurídico' de aparente neutralidade mas em rigor destinado a tolher a crítica (...)"; (ii) "(a) Constituição para o positivismo jurídico é tão-somente sistema formal de leis constitucionais, sendo a norma (...) um ato de vontade do Estado expresso em forma de lei"; (iii) "o credo positivista vislumbra no direito vigente um sistema de proposições jurídicas sem lacunas"; e (iv) "um dos característicos do positivismo e de seus métodos interpretativos (...) (é) a identidade da norma com o texto da norma".[1987]

O duplo problema apontado ilumina apenas algumas hipóteses a serem testadas com cuidado. Além dele, existe, como vislumbrado, a possibilidade de recurso *instrumental* ou mesmo conscientemente *estratégico* de algum traço da lenda positivista como suporte para o avanço de determinada visão acadêmica ou prática. Nesse aspecto, o legalismo e o formalismo associados ao positivismo aparecem com frequência como alvos úteis que precisam ser destruídos para justificar algum tipo de avanço ou eles mesmos podem expressar mecanismos de legitimação de

---

[1986] Paulo Bonavides, um dos maiores juspublicistas da história brasileira, foi, muito provavelmente, um dos principais responsáveis pela recepção da Lenda do Positivismo no Brasil. Bonavides estudou em Heidelberg em 1952-53 e publicou em 1958 o seu livro *Do Estado Liberal ao Estado Social*, no qual ele basicamente defende uma concepção de Estado Social muito semelhante àquela do Estado alemão do pós-guerra. Para Paulo Bonavides, em reforço da recepção da Lenda do Positivismo, o "formalismo de Kelsen", que fazia coincidir "em termos absolutos os conceitos de legalidade e legitimidade, tornando, assim, tacitamente legítima toda espécie de ordenamento estatal ou jurídico", teve como resultado o "colapso do Estado de Direito clássico (...). Medido por seus cânones lógicos, até o Estado nacional-socialista de Hitler fora Estado de Direito (...). Nada mais seria preciso acrescentar para mostrar o ponto inadmissível que pôde chegar o Positivismo Jurídico-formal". BONAVIDES, Paulo. *Curso de Direito Constitucional*. 11ª ed. São Paulo: Malheiros, 2001, pp. 151/152.

[1987] Idem, pp. 458/459.

posições de vanguarda sobre o papel do direito na sociedade ou sobre a tomada de decisão jurídica. E esse parece ser um aspecto curioso, e, ao mesmo tempo distinto, de como a Lenda do Positivismo foi recepcionada entre nós.

Como bem apresenta a pesquisa de Valadão, um Positivismo ilusório cumpriu um papel importante para pavimentar, logo nos primeiros anos após o término da segunda guerra, uma reorientação significativa do Direito alemão, sobretudo a partir da sedimentação da tese de que a ordem constitucional estabelecida pela Lei Fundamental de 1949 era uma "ordem objetiva de valores" e da visão segundo a qual o Tribunal Constitucional Federal tinha como importante função salvaguardá-la.[1988] Ao lado dessas ideias, argumentos verdadeiramente jusnaturalistas foram invocados pelo tribunal constitucional para declarar a invalidade de leis aprovadas durante o governo nacional-socialista. Isso ocorreu, por exemplo, em decisão de 1968 sobre a Lei de Cidadania do Reich, de 1941, que privava os judeus emigrados da nacionalidade alemã. No caso, como sintetiza Robert Alexy, o tribunal "tinha que decidir se um advogado judeu, que havia emigrado para Amsterdam pouco antes da Segunda Guerra Mundial, devia perder a cidadania alemã" de acordo com o artigo 11, § 2º, da referida lei.[1989] Em sua fundamentação, o tribunal constitucional federal sustentou que referido dispositivo da Lei de Cidadania do Reich era nula desde o início, ao expressar uma contradição insustentável entre o direito positivo e a justiça.[1990] Esses passos mostram como a ruptura com o Positivismo asséptico que embasaria a tese da associação na fábula positivista colocavam o Positivismo Jurídico como o antagonista a ser superado, uma vez que ele estaria visceralmente associado ao nacional-socialismo.

[1988] Essas são as bases da decisão Lüth, de 1958 (BVerfGE 7, 198). Sobre o papel de uma "*nazi thesis*" para a justificação do avanço do Tribunal Constitucional Federal alemão e, em especial, da atividade doutrinária para a sua estabilização, v. HAILBRONNER, Michaela. "Rethinking the rise of the German Constitutional Court: From anti-Nazism to value formalism". *International Journal of Constitutional Law*, nº 12, pp. 626-649, 2014.
[1989] ALEXY, Robert. *Conceito e validade do direito*. São Paulo: WMF Martins Fontes, 2009, pp. 6/7.
[1990] Idem, p. 7.

ESTUDO COMPLEMENTAR

Ironicamente, porém, era fácil constatar entre autores nazistas a mesma repulsa ao Positivismo Jurídico que já se verificava desde a República de Weimar.[1991] E, novamente, compreensões equivocadas das teses centrais de Kelsen apareciam como as referências básicas para a definição e a rejeição ao positivismo.[1992] Na crítica mais ácida direcionada contra o autor, caracteriza Heller em sua *Staatslehre* as bases positivistas kelsenianas, com as quais pretendia romper, como "uma teoria do direito sem direito, uma teoria do Estado sem Estado, uma ciência normativa sem normatividade e um positivismo sem positividade".[1993] A incompreensão decorrente da redução do projeto intelectual do autor ao que Paulson caracterizou como dedutivismo e esvaziamento,[1994] sobretudo aquele desenvolvido na Teoria Pura do Direito, era tal que fez o próprio Kelsen reagir duramente: "querer diminuir a Teoria Pura como 'Jurisprudência dos Conceitos' – o que não acontece raramente – é [cometer] um mal-entendido verdadeiramente deplorável".[1995] Para surpresa e estranhamento dos críticos, Kelsen já endossou expressamente a alegação de que, no campo da interpretação jurídica, a sua Teoria Pura e o Movimento do Direito Livre (*Freirechtsbewegung*), um exemplo óbvio de repúdio ao formalismo, estão em um terreno comum.[1996]

[1991] Ao contrário do que se costuma defender no Brasil, a perspectiva interpretativa que predominava na Alemanha durante o nazismo era de natureza teleológica, e não textualista. V. a respeito Müller, Ingo. *Hitler's justice*: the courts of the third Reich. Harvard: Harvard University Press, 1992, p. 636, em que diz explicitamente o autor: "(n)o período nazista, os juízes alemães rejeitavam o formalismo". RÜTHERS, *Die unbegrentzte Auslegung*. 6. Aufl.

[1992] V. a respeito LEAL, Fernando. "O Formalista Expiatório: Leituras impuras de Kelsen no Brasil". *Revista de Direito da Fundação Getúlio Vargas*, n° 10, 2014, pp. 245 e ss.

[1993] HELLER, Hermann. *Staatslehre*. 6ª ed. Tübingen: Mohr, 1983 [1934], p. 225.

[1994] PAULSON, Stanley L. "Formalism, 'free law', and the 'cognition' quandary: Hans Kelsen's approaches to legal interpretation". *The University of Queensland Law Journal*, n° 27, p. 37, 2008.

[1995] KELSEN, Hans. "Juristischer Formalismus und reine Rechtslehre". *Juristische Wochenschrift*, n° 58, p. 1723, 1929.

[1996] PAULSON, Stanley L. "Formalism, 'free law', and the 'cognition' quandary: Hans Kelsen's approaches to legal interpretation". *The University of Queensland Law Journal*, n° 27, p. 20, 2008.

Apesar disso, um Positivismo também ilusório e insistentemente reconduzido a Kelsen, associado à dessubstancialização do Direito e à sua aplicação lógico-formal, era considerado a antípoda do Direito nacional--socialista, focado em uma "ideia nacional e racial de direito" (*völkische Rechtsidee*) e no incentivo a interpretações teleológicas do Direito positivo destinadas justamente a concretizar, com a aparência de uma metodologia objetiva, os ideais do regime.[1997] Como se nota, um Positivismo Jurídico descaracterizado esteve a serviço, por oposição, tanto da sustentação de ideias caras ao regime, como da sua superação. O positivismo se tornou o inimigo comum de defensores e críticos posteriores do regime, que viam em deturpadas teses positivistas, no primeiro caso, os obstáculos para o avanço de uma teoria do Direito adequada ao nacional-socialismo e, no segundo, o terreno fértil para o seu avanço. E, quando o nacional-socialismo finalmente ruiu e os seus colaboradores foram julgados pelas atrocidades cometidas, a Lenda do Positivismo se tornou útil para servir como desculpa para sustentar que os apoiadores do regime eram, na verdade, *vítimas* de um modelo de direito que não lhes dava alternativa. O tom, como sempre, permanecia crítico ao Positivismo, mas, nesse contexto, teses positivistas eram articuladas para suportar que todos eram oprimidos por uma cruel concepção sobre o Direito, mesmo quando ela aparecia como *redentora* para aqueles que apoiaram o regime. No Brasil, porém, esse tom negativo nem sempre esteve associado a um positivismo mítico.

A ambivalência da Lenda do Positivismo

A associação entre formalismo e ortodoxia jurídica costuma ser parte de estratégias de justificação de teorias que se apresentam como alternativas inovadoras à compreensão ou à aplicação do direito. No caso brasileiro, a repulsa a um retrógrado formalismo caricato serviu, segundo Rosenfeld, para o desenvolvimento de teorias interpretativas "mais maleáveis, flexíveis, despidas do formalismo", úteis já para legitimar e justificar o Estado

---

[1997] RÜTHERS, Bernd. *Die unbegrenzte Auslegung*: zum Wandel der Privatrechtsordnung im Nationalsozialismus. 6ª ed. Tübingen: Mohr Siebeck, 2005, pp. 188/189.

ESTUDO COMPLEMENTAR

Novo.[1998] Para o autor, uma das condutas de uma nova geração de juristas simpáticos ao regime "consistia em fixar a pecha de *formalismo jurídico* a qualquer forma de organização liberal e democrática do Estado, da política e do direito".[1999] Aqui, assim como na Alemanha, vê-se como deturpações do Positivismo – ainda que não especificamente a ilusão da associação – são mencionadas como o alvo a ser abatido para a legitimação do regime.[2000]

Na mesma linha, uma visão caricata do Positivismo associada a anacronismo, cuja constatação teria produzido uma *crise* em suas bases, funcionaria mais recentemente como propulsora do *pós-positivismo*, um

---

[1998] ROSENFIELD, Luis. *Revolução Conservadora*: genealogia do Constitucionalismo Autoritário Brasileiro (1930-1945). Porto Alegre: ediPUCRS, 2021, pp. 66, 71. O "Estado Novo", como já foi visto, compreende o terceiro período da chamada "Era Vargas" no Brasil e abrange o intervalo entre 1937 e 1945. Iniciado com um golpe de Estado e com a outorga de uma nova Constituição, o período foi marcado pelo fechamento das instituições democráticas e primado do Executivo, com apoio de lideranças militares.

[1999] Idem, p. 199. Grifos no original.

[2000] É importante ressaltar que, neste caso, um Kelsen caricato não foi a referência para a personificação do formalismo criticado. Nos anos 1930, Kelsen era um autor lido, respeitado e influente, tendo papel importante, inclusive por meio de um parecer, nos debates da Constituinte de 1933 e 1934. Como documentou Siqueira, "(n)o início de 1933, nos debates da comissão que [elaborou] o anteprojeto da Constituinte, Kelsen chegou a ser citado como 'o maior constitucionalista contemporâneo'". V. SIQUEIRA, Gustavo Silveira. "O parecer de Kelsen sobre a Constituinte brasileira de 1933-1934". *Revista Direito & Práxis*, nº 6, p 354, 2015. A deferência ao autor, contudo, não impediu que o seu parecer sobre temas centrais da constituinte fosse usado estrategicamente. Segundo Siqueira, "(o) próprio governo, muda de posicionamento em relação ao parecer, 'quando isto se provou ser do imediato interesse político'. O parecer é citado para defender o regimento da ANC e depois esquecido, quando o governo acredita ser mais interessante fazer algumas pequenas modificações no regimento". SIQUEIRA, Gustavo Silveira. "O parecer de Kelsen sobre a Constituinte brasileira de 1933-1934". *Revista Direito & Práxis*, nº 6, p 362, 2015. Apesar disso, as ideias do autor parecem ter resistido a qualquer tentativa de apropriação inadequada em seus próprios termos. Fundamento para tanto pode ser a recepção posterior da Teoria Pura do Direito, que ainda não havia sido publicada e citada no Brasil naquele momento. V. SIQUEIRA, Gustavo Silveira; FERREIRA, Bruna Mariz Bataglia; LIMA, Douglas de Lacerda de. "Kelsen na Constituinte brasileira de 1933-1934". *Revista da Faculdade de Direito-RFD-UERJ*, nº 30, p. 263, 2016.

amálgama impreciso de teorias sobre a natureza do direito, da norma jurídica e da tomada de decisão judicial consideradas modernas e mais responsivas às demandas do constitucionalismo contemporâneo.[2001] Nesse caso, porém, a Lenda do Positivismo não se constata apenas pela ilusão do sentido atribuído à expressão "positivismo jurídico", mas também à ilusão da associação dessa versão à legitimação de práticas autoritárias. Para moldar um constitucionalismo transformador após a superação de um período autoritário, o recurso à fábula positivista, assim como na Alemanha, soava fortemente adequada. Nas palavras de Sarmento,

> a ascensão dos princípios (marca do pós-positivismo) (...) coincide com a crise do positivismo, que se instaura na sequência do 2º pós-guerra e importa numa investida contra ideias centrais da teoria positivista tradicional: a separação completa entre o campo jurídico e o da moral e a concepção de que o processo de aplicação do Direito deveria valer-se apenas da racionalidade formal.[2002]

Essa concepção, segue o autor, tornou-se "insustentável depois da experiência nacional-socialista, e da constatação de que a lei positiva pode legitimar a barbárie", o que tornaria inevitável a sua superação por uma teoria capaz de reconciliar o direito, por meio do reconhecimento da normatividade dos princípios, com "o universo da ética".[2003]

A referência a um Positivismo ultrapassado como meio para a sustentação de posturas judiciais mais criativas também pode ser encontrada, finalmente, em processos de fundamentação de decisões do

---

[2001] BARROSO, Luís Roberto. *Interpretação e aplicação da Constituição*: fundamentos de uma dogmática constitucional transformadora. 7ª ed. São Paulo: Saraiva, 2009, p. 328. Para o autor, "o pós-positivismo não surge com o ímpeto da desconstrução, mas como uma superação do conhecimento convencional".

[2002] SARMENTO, Daniel. *Direitos fundamentais e relações privadas*. Rio de Janeiro: Lumen Juris, 2004, p. 78.

[2003] Idem, p. 79.

Supremo Tribunal Federal. No recurso de AI 753.961, por exemplo, afirmou o ministro Joaquim Barbosa: "... superando o clássico positivismo jurídico, os juízes não mais devem aplicar simplesmente a lei. É preciso aplicá-la de modo a encontrar o justo no caso concreto".

Em todos os casos apresentados, o formalismo e o seu papel de facilitador da concretização da injustiça são invocados como antítese do que se pretende defender – e nisso reside a sua utilidade. Mas mesmo versões míticas do Positivismo Jurídico podem ser mencionadas para *sustentar* a sua correção ou utilidade pontual para combater uma dificuldade teórica ou prática. Um exemplo dessa opção está na defesa pública de Eros Grau em 2018 de um Positivismo formalista como antídoto para lidar com uma alegada crise de segurança jurídica vivenciada no país resultante de alegados excessos de uma prática jurisdicional orientada na busca pela justiça do caso concreto. Para o ministro, lidar com "a arbitrária formulação de juízos de valor" associada ao recurso à "proporcionalidade e razoabilidade das leis e (à) ponderação entre princípios" para a justificação das decisões exige uma reabilitação da dignidade do positivismo jurídico, entendido como uma teoria que prescreve a "afirmação da legalidade e do Direito positivo" e a "obediência dos juízes à lei".[2004] Como se nota, ao contrário do que ocorre na legitimação do Estado Novo, na justificação do pós-positivismo ou na oxigenação da atividade jurisdicional, o recurso a um Positivismo reduzido a um formalismo caricato neste caso não é encarado como o problema a ser superado, mas como a *solução* a ser implementada. E esse não é um exemplo isolado. Na verdade, o recurso instrumental ao formalismo, ora abjeto, ora redentor, parece ser peça importante para a adequada compreensão do pensamento constitucional brasileiro pós-88, do que se extrai uma diferença relevante para o modo como caricaturas positivistas foram apropriadas na Alemanha desde Weimar e levaram à construção e disseminação da "Lenda do Positivismo".

[2004] GRAU, Eros Roberto. "Em defesa do Positivismo Jurídico". *O Estado de São Paulo*. São Paulo, 12 mai. 2018. Disponível em: https://opiniao.estadao.com.br/noticias/geral,em-defesa-do-positivismo-juridico,70002305339. Acessado em: 17.06.2021.

a) Positivismo e formalismo a serviço da efetividade constitucional

Duas passagens sobre como lidar com o texto da Constituição Federal podem ilustrar o papel de destaque de um positivismo reduzido a um formalismo caricato no avanço das ideias constitucionais no país após a promulgação da Constituição Federal. Na primeira se afirma: "a doutrina da efetividade serviu-se (...) de uma metodologia positivista: Direito Constitucional é norma; e de um critério formal para estabelecer a exigibilidade de determinados direitos: se está na Constituição é para ser cumprido".[2005]

Na segunda se lê: "Como é corrente, desenvolveu-se nos últimos tempos a percepção de que a norma jurídica não é o relato abstrato contido no texto legal, mas o produto da integração entre texto e realidade. Em muitas situações, não será possível determinar a vontade constitucional sem verificar as possibilidades de sentido decorrentes dos fatos subjacentes".[2006]

O leitor que já consultou as duas últimas notas de rodapé percebeu que as duas passagens são do mesmo autor. A primeira, de um pós-escrito do livro *O Direito Constitucional e a Efetividade de suas Normas*, escrito em 1986 por Luís Roberto Barroso. A segunda, um trecho do voto do ministro do Supremo Tribunal Federal Luís Roberto Barroso

---

[2005] BARROSO, Luís Roberto. "A doutrina brasileira da efetividade". *In*: BARROSO, L. R. (Coord.). *O Direito Constitucional e a efetividade de suas normas*: limites e possibilidades da Constituição brasileira. 8ª ed. Rio de Janeiro: Renovar, 2006, p. 296. Realces no original.

[2006] Voto do ministro Luís Roberto Barroso no BRASIL. Supremo Tribunal Federal (Plenário). Habeas Corpus 126.292 São Paulo. "Constitucional. Habeas corpus. Princípio constitucional da presunção de inocência (CF, art. 5º, LVII). Sentença penal condenatória confirmada por tribunal de segundo grau de jurisdição. Execução provisória. Possibilidade". Relator: Min. Teori Zavascki, 17 de fevereiro de 2016. Disponível em: https://redir.stf.jus.br/paginadorpub/paginador.jsp?docTP=TP&docID=10964246. Acessado em: 18.05.2018, p. 49 do acórdão. A mesma ideia pode ser localizada em: BARROSO, Luís Roberto. "A razão sem voto". *Revista Brasileira de Políticas Públicas*, nº 5, p. 31, 2015.

no *habeas corpus* n. 126.292/SP.[2007] Nas duas manifestações, o autor apresenta diferentes perspectivas para lidar com o texto constitucional. Na primeira, levar a sério o texto da Constituição é afirmado como instrumento de concretização da efetividade constitucional. Na segunda, já em tempos de aparente consolidação, no discurso declarado moderno, de novas metodologias de interpretação constitucional,[2008] o texto da Constituição em si parece desempenhar um papel diferente, deixando o protagonismo de condição suficiente para a decisão para ser apresentado como um simples referencial ou ponto de partida para a determinação, a partir da sua relação com a realidade, do que se chama de "vontade constitucional".

A oscilação entre as duas visões do autor sobre o papel do texto constitucional exprime, para além de disputas mais profundas sobre a justificação ou não do formalismo como disposição interpretativa,[2009] como os juízos sobre a adequação de teorias e métodos de decisão podem variar. É claro que é possível defender uma preferência por determinada visão normativa sobre a atividade jurisdicional a partir de compromissos substantivos com alguma teoria constitucional ou concepção de democracia, separação de poderes ou Estado de Direito. Mas, como anteriormente indicado, é também possível *instrumentalizar* estratégias de decisão, como o Positivismo que se identifica com um formalismo caricato, para o atingimento de finalidades. A efetivação da Constituição é só um exemplo. Nessa perspectiva, teorias e métodos de decisão não possuem valor intrínseco, mas podem ser exaltados ou criticados em razão da sua conveniência para promover certos estados de coisas. Nesse processo, palavras, expressões e teorias adquirem significados

---

[2007] O autor não foi escolhido por acaso. O diálogo mais próximo com Luís Roberto Barroso se impõe não só pela liderança intelectual que ele exerce no constitucionalismo que pode ser considerado hegemônico no país, como também pelo fato de o autor também compor o Supremo Tribunal Federal.

[2008] SILVA, Virgílio Afonso da. "Interpretação constitucional e sincretismo metodológico". *In*: SILVA, V. A. (Coord.). *Interpretação constitucional*. São Paulo: Malheiros, 2005, p. 116.

[2009] Em defesa de um formalismo não caricato, v. por exemplo, SCHAUER, Frederick. "Formalism". *The Yale Law Journal*, nº 97, 1998, pp. 509 e ss.

específicos na prática jurídica, mudam de sentido, a história das ideias que acompanha a sua origem e desenvolvimento pode ser reescrita e as visões dos seus defensores nem sempre são apresentadas com precisão e aplicadas consistentemente.

Para o constitucionalismo brasileiro da efetividade[2010] (ou doutrina da efetividade), que tem o ministro Barroso como um dos seus expoentes, fortalecer uma Constituição analítica e ambiciosa como a Constituição Federal de 1988 em uma trajetória em que as Constituições eram consideradas repositórios de promessas não cumpridas não dependia, em um primeiro momento, de nenhuma teoria filosófica ou política complexa de tomada de decisão ou de legitimação da jurisdição constitucional. No final dos anos 1980 e início dos 1990 não precisávamos ainda de Dworkin, Alexy, Habermas, Rawls e outros heróis que passaram a dominar as referências teóricas do debate constitucional brasileiro já no ocaso do século XX e início do século XXI para supostamente aproximar a Constituição da realidade e justificar certas decisões do Supremo como expressões de suas vocações institucionais. Uma *dogmática* adequada seria suficiente. Afinal,

> (s)e o Direito Constitucional positivo estabelece um projeto social adequado, não haveria mais sentido em debater acerca da realidade que o condiciona ou de sua justificação racional. A grande missão [para o constitucionalismo da efetividade] seria efetivar a Constituição, razão pela qual os enfoques filosóficos ou político-sociológicos não teriam muito a contribuir. O que se propunha era conceber a Constituição como "verdadeiro direito".[2011]

[2010] A expressão é de: SOUZA NETO, Cláudio Pereira de. "Fundamentação e normatividade dos direitos fundamentais: uma reconstrução teórica à luz do princípio democrático". *In*: BARROSO, L. R. (Coord.). *A nova interpretação constitucional*: ponderação, direitos fundamentais e relações privadas. Rio de Janeiro: Renovar, 2006, p. 288.

[2011] SARMENTO, Daniel; SOUZA NETO, Cláudio Pereira de. *Direito Constitucional*: teoria, história e métodos de trabalho. Belo Horizonte: Fórum, 2012, p. 199. Com temperamentos a essa visão, que insiste em uma visão interdisciplinar para a construção de uma nova dogmática, v. CLÈVE, Clèmerson Merlin. "A teoria constitucional e o direito alternativo (para uma dogmática constitucional emancipatória)".

ESTUDO COMPLEMENTAR

A aposta dos autores da doutrina da efetividade, que reunia importantes constitucionalistas brasileiros em torno da realização das promessas da Constituição, passava, assim, pelo desenvolvimento de uma dogmática emancipatória, norteada em potencializar o conteúdo normativo de cada disposição constitucional.[2012] Essa empreitada jurídica tinha por objetivo não apenas criticar o Direito posto (especialmente aquele em vigor antes da promulgação da Constituição de 1988), "mas também contribuir para a emergência de um novo Direito".[2013] Para tanto, investia-se no reforço da supremacia e na afirmação da normatividade constitucional (o que passa pela atribuição de algum grau de eficácia a todos os preceitos constitucionais)[2014] e em esforços de conformidade da ordem jurídica com os compromissos fundamentais do *texto* – ideia captada pela expressão "filtragem constitucional".[2015]

Além desses passos sugeridos, não se descartava, ainda que a partir de fundamentos diferentes, o papel do texto constitucional como fonte para o desenvolvimento das transformações visadas por um constitucionalismo preocupado com a promoção da efetividade da Constituição. Para autores como Barroso, realizar esse objetivo poderia depender de algo muito simples – e, assim, transmutava-se em estratégia mais fadada ao sucesso imediato. Efetivar uma Constituição como a nossa exigia em alguma medida, em uma imagem singela, algo trivial: observar o que está escrito. E, se isso era decisivo, o Positivismo caricato se apresentava como

---

In: *Uma vida dedicada ao Direito*: homenagem a Carlos Henrique de Carvalho, o editor dos juristas. São Paulo: Revista dos Tribunais, 1995, p. 39.

[2012] Assim, por exemplo, CLÈVE, Clèmerson Merlin. "A teoria constitucional e o direito alternativo (para uma dogmática constitucional emancipatória)". *In*: *Uma vida dedicada ao Direito*: homenagem a Carlos Henrique de Carvalho, o editor dos juristas. São Paulo: Revista dos Tribunais, 1995, p. 43. V. tb. SARMENTO, Daniel; SOUZA NETO, Cláudio Pereira de. *Direito Constitucional*: teoria, história e métodos de trabalho. Belo Horizonte: Fórum, 2012, p. 198.

[2013] Idem, p. 37.

[2014] Nesse particular, destaque-se o trabalho de: SILVA, José Afonso da. *Aplicabilidade das normas constitucionais*. 7ª ed. São Paulo: Malheiros, 2008.

[2015] SCHIER, Paulo Ricardo. *Filtragem constitucional*. Porto Alegre: Sérgio Antônio Fabris, 1999.

uma excelente opção disponível para garantir uma roupagem acadêmica à conclusão. Para a realização desse objetivo, a ilusão da associação era simplesmente desconsiderada. Recorria-se apenas ao sentido vulgar da expressão "Positivismo Jurídico" para amparar a busca pela efetividade dos compromissos da Constituição recém-promulgada.

Levar a sério o texto foi um dos caminhos encontrados para elevar a Constituição à condição de documento dotado de normatividade. Nas palavras do próprio Barroso, essa inclinação formalista para a aplicação da Constituição, chamada de "Positivismo Constitucional", "não importava reduzir o direito à norma, mas sim elevá-lo a essa condição, pois até então ele havia sido menos do que norma".[2016] Aproximar a Constituição da realidade nesse momento significava, assim, ater-se também ao que estava escrito. E isso já seria muito para elevar os níveis de efetividade constitucional. Por isso, nada mais conveniente, sobretudo em um momento em que o próprio Direito Constitucional não gozava da centralidade de que goza atualmente e, portanto, não dominava o discurso jurídico e não oferecia o arsenal de teorias e métodos de decisão e de legitimação da jurisdição constitucional que atualmente oferece, do que se apegar, ainda que com alguma resistência,[2017] ao que na tradição jurídica brasileira estava associado a duas palavras ultrapassadas (ou mesmo desprezíveis), mas de alto potencial transformador para uma agenda preocupada com que a nova Constituição fosse mais do que um mero pedaço de papel:[2018] formalismo e positivismo.

[2016] BARROSO, Luís Roberto. "A doutrina brasileira da efetividade". *In*: BARROSO, L. R. (Coord.). *O Direito Constitucional e a efetividade de suas normas*: limites e possibilidades da Constituição brasileira. 8ª ed. Rio de Janeiro: Renovar, 2006, p. 296. Realces no original.

[2017] V. nessa linha o esforço constante de Clèmerson Merlin Clève de distanciar a sua proposta de uma dogmática constitucional emancipatória orientada na efetividade do positivismo e do dogmatismo. V. CLÈVE, Clèmerson Merlin. "A teoria constitucional e o direito alternativo (para uma dogmática constitucional emancipatória)". *In*: *Uma vida dedicada ao Direito*: homenagem a Carlos Henrique de Carvalho, o editor dos juristas. São Paulo: Revista dos Tribunais, 1995, p. 53.

[2018] LASSALE, Ferdinand. *A essência da Constituição*. 5ª ed. Rio de Janeiro: Lumen Juris, 2000.

ESTUDO COMPLEMENTAR

No primeiro caso, a solução para superar as restrições que acompanhavam a palavra *formalismo* se localizava, em uma reconstrução possível, na recondução dos seus sentidos mais caricatos a um edifício teórico mais amplo, dentro do qual ela se tornaria uma engrenagem fundamental para a realização de um objetivo nobre. No contexto da busca por efetividade constitucional, o formalismo adquire uma importância como *meio* para o alcance da desejada efetividade por intermédio da sua invocação com o sentido mais próximo daquele adotado por seus defensores: o da afirmação da dignidade do texto – no caso, o texto da Constituição.

No segundo caso, contudo, a doutrina da efetividade insistia em uma leitura imprópria da expressão *Positivismo Jurídico*, mas que se tornava aceitável não só por ser intuitiva para profissionais do direito como também por se encaixar perfeitamente dentro da narrativa teórica criada para sustentar a importância de se realizar as promessas da Constituição. Erroneamente (ao menos na perspectiva dos autores que se *declaram* positivistas, como visto), o Positivismo Jurídico era identificado com um sentido impróprio de "normativismo" e como uma teoria neutra que compreendia (e prescrevia) o apego à lei e à sua aplicação de maneira lógico-dedutiva.[2019] Nesse sentido, o Positivismo do constitucionalismo da efetividade apenas reproduzia a lenda formada na Alemanha. Mas, mesmo distante da sua melhor versão, o Positivismo era encarado como parte da solução para superar o desafio de assegurar a efetividade de uma constituição recém-promulgada, e não como o principal obstáculo para a realização desse propósito.

Assim, sem embargo de todos os reducionismos e incompreensões do positivismo, a apropriação da versão caricata se revelava mais do que

---

[2019] V., nessa linha: CLÈVE, Clèmerson Merlin. "A teoria constitucional e o direito alternativo (para uma dogmática constitucional emancipatória)". *In*: *Uma vida dedicada ao Direito*: homenagem a Carlos Henrique de Carvalho, o editor dos juristas. São Paulo: Revista dos Tribunais, 1995, p. 38. Nesse caso específico, é interessante constatar que o Positivismo Jurídico aparece sempre como caricatura, tanto pelo lado daqueles que enxergam nele alguma utilidade (como Barroso), como por parte daqueles que o rejeitam para o desenvolvimento de uma dogmática da efetividade (como Clève).

suficiente – e instrumentalmente útil – para o avanço da agenda de autores preocupados com a efetividade da Constituição. A mensagem que se queria transmitir era simples, direta e de forte potencial para conseguir rápida adesão: mesmo aquilo que sempre foi considerado teoricamente censurável (como o Positivismo e o formalismo, comumente associados, nos termos da "Lenda do Positivismo", com a legitimação de regimes autoritários)[2020] seria suficiente para garantir à Constituição recém-promulgada, se amplamente endossado por todos os participantes do discurso jurídico – e, nesse universo, sobretudo, por *juízes* –, níveis mais elevados de efetividade do que aqueles constatáveis até então em toda a nossa trajetória constitucional.[2021] Tanto é assim que, anos adiante, quando esse formalismo deixou de ser um meio útil para o alegado avanço da Constituição e para a legitimação da atuação de um STF mais expansivo, o Positivismo retorna à sua condição tradicional de teoria superada e indefensável para ser substituído no discurso constitucional, como já mencionado, pelo que se chama de "pós-positivismo".[2022] No

---

[2020] V. nesse sentido: "(...) antes e depois da Segunda Guerra Mundial, a valorização exacerbada da forma permitiu que se perpetrassem atrocidades sob o manto da legalidade. Levado ao extremo, o Positivismo Jurídico, pretendendo dar valor e cientificidade ao direito – e assim eliminando o elemento valorativo –, acabou por legitimar normas jurídicas claramente iníquas". FONTE, Felipe de Melo. *Políticas públicas e direitos fundamentais*. 2ª ed. São Paulo: Saraiva, 2015, p. 201.

[2021] Para uma crítica da visão de que as Constituições anteriores sempre foram marcadas pela inefetividade, v. LYNCH, Christian Edward Cyril; MENDONÇA, José Vicente Santos de. "Por uma história constitucional brasileira: uma crítica pontual à doutrina da efetividade". *Revista Direito & Práxis*, nº 8, 2017, pp. 974 e ss.

[2022] SARMENTO, Daniel; SOUZA NETO, Cláudio Pereira de. *Direito Constitucional*: teoria, história e métodos de trabalho. Belo Horizonte: Fórum, 2012, pp. 392ss. A expressão "pós-positivismo", como já mencionado, refere-se no país a um amálgama impreciso e, às vezes, sincrético de ideias e referências a autores estrangeiros, que abrangem comumente uma concepção não positivista sobre a natureza do Direito, o reconhecimento de princípios como espécies de normas jurídicas, a afirmação da centralidade dos direitos fundamentais nas ordens constitucionais – e, nesse aspecto, o papel de destaque da dignidade humana – e a legitimação de uma atuação judicial mais criativa destinada a concretizar os compromissos fundamentais do texto constitucional (notadamente a proteção e a efetivação dos direitos fundamentais). Bonavides associa esse pós-positivismo à decadência do Positivismo, à superação do "velho Direito Constitucional – da separação de poderes" e à elevação da "hermenêutica" à condição de "capítulo mais importante do novo

limite, é a uma nova teoria sobre a natureza do direito que se recorre para que a teoria constitucional brasileira consiga ainda explicar e justificar certas posições sobre a tomada de decisão judicial o desenvolvimento da prática decisória do Supremo Tribunal Federal.

b) Do "Positivismo de combate" ao "combate ao Positivismo"

O discurso favorável ao Positivismo, destaque-se, não era, à época, um discurso totalmente novo. As apropriações instrumentalistas do formalismo e de uma versão deturpada de Positivismo Jurídico por partidários da doutrina da efetividade aparentemente marcavam, quando foram incorporadas ao discurso constitucional, uma continuidade com o discurso do "Direito alternativo",[2023] que tinha como uma de suas

---

Direito Constitucional". V. BONAVIDES, Paulo. *Curso de Direito Constitucional.* 11ª ed. São Paulo: Malheiros, 2001, pp. 537-545. Para Luís Roberto Barroso e Ana Paula de Barcellos, também citando a "decadência do positivismo" e o associando "emblematicamente à derrota do fascismo na Itália e do nazismo na Alemanha", "o pós-positivismo é a designação provisória e genérica de um ideário difuso, no qual se incluem a definição das relações ente valores, princípios e regras, aspectos da chamada nova hermenêutica constitucional e a teoria dos direitos fundamentais, edificada sobre o fundamento da dignidade humana. A valorização dos princípios, sua incorporação, explícita ou implícita, pelos textos constitucionais e o reconhecimento pela ordem jurídica de sua normatividade fazem parte desse ambiente de reaproximação entre direito e ética". V. BARROSO, Luís Roberto; BARCELLOS, Ana Paula de. "O começo da história: a nova interpretação constitucional e o papel dos princípios no direito brasileiro". *In*: SILVA, V. A. (Coord.). *Interpretação Constitucional.* São Paulo: Malheiros, 2005, pp. 278/279. Como se nota, a expressão "pós-positivismo" apresenta significado diferente e distante dos sentidos que a expressão "Nachpositivismus" adquire na Alemanha, seja na "Teoria Estruturante do Direito", proposta por Friedrich Müller, seja na proposta crítica de Alexander Somek e Nikolaus Forgó (v. SOMEK, Alexander; FORGÓ, Nikolaus. *Nachpositivistisches Rechtsdenken*: Inhalt und Form des positiven Rechts. Viena: WUV-Universitätsverlag, 1996).

[2023] V. SOUZA NETO, Cláudio Pereira de. "Fundamentação e normatividade dos direitos fundamentais: uma reconstrução teórica à luz do princípio democrático". *In*: BARROSO, L. R. (Coord.). *A nova interpretação constitucional*: ponderação,

bandeiras o chamado "Positivismo de combate", expressão criada por Miguel Pressburger.[2024]

O Direito alternativo, também fortemente ideologizado e de maior repercussão nos anos de 1980, início dos 1990, prescrevia um engajamento dos juristas, sobretudo dos magistrados, para o uso do Direito como mecanismo de emancipação da população mais carente.[2025] Na busca por esse objetivo, o movimento, se por um lado defendia "olhar diferentemente os textos (legais)",[2026] por outro não revelava maiores pudores em adotar posturas textualistas – no que se expressava o "Positivismo de combate" – "desde que não se o tenha como critério explicativo da realidade, mas apenas como tática combativa".[2027] Nessa perspectiva, o declarado viés progressista do Direito alternativo não propunha uma pura e simples ruptura radical com o ordenamento jurídico vigente para aproximar o Direito da realidade e explorar o seu potencial para a realização da justiça social, mas admitia, na linha do que propunha Rangel, que o jurista realizasse uma garimpagem no direito vigente, de modo a buscar "aquelas normas e instituições jurídicas que lhe sejam úteis para aquelas causas que defende".[2028]

---

direitos fundamentais e relações privadas. Rio de Janeiro: Renovar, 2006, pp. 289/290, notadamente a nota 8.

[2024] PRESSBURGER, Thomaz Miguel. "Direito: a Alternativa". *In*: ORDEM DOS ADVOGADOS DO BRASIL - RJ. *Perspectiva sociológica do direito:* dez anos de pesquisa. Rio de Janeiro: Thex; OAB/RJ; Universidade Estácio de Sá, 1995, pp. 21-35. Diz o autor que a expressão "positivismo de combate" "teve origem numa provocação que fiz ao João Batista Herkenhof, em um seminário na USP, e que ganhou vida própria, independente de minha intenção, a ponto de atualmente merecer citações e rodapés em obras de autores ilustres" (PRESSBURGER, Thomaz Miguel. "Direito: a Alternativa". *In*: ORDEM DOS ADVOGADOS DO BRASIL - RJ. *Perspectiva sociológica do direito*: dez anos de pesquisa. Rio de Janeiro: Thex; OAB/RJ; Universidade Estácio de Sá, 1995, p. 21).

[2025] CARVALHO, Amilton Bueno de. *Magistratura e direito alternativo*. 7ª ed. Rio de Janeiro: Lumen Juris, 2005, p. 128.

[2026] Idem, p. 128.

[2027] Idem, p. 131.

[2028] RANGEL, Jesús Antonio de la Torre. *El derecho como arma de liberación en América Latina*: sociología jurídica y uso alternativo del derecho. Potosí: CENEJUS, Centro de Estudios Jurídicos y Sociales P. Enrique Gutiérrez, Facultad de Derecho de la Universidad Autónoma de San Luis Potosí, 2006, p. 108.

Na esteira do alternativismo, o constitucionalismo da efetividade também pretende se livrar do caricato Positivismo e da defesa do formalismo pelo formalismo. No entanto, liberta-se deixando sempre as portas abertas para um uso oportuno do textualismo, bastando que esse se revele um caminho adequado em um dado caso para a realização do objetivo maior: concretizar no mundo as promessas do ambicioso texto da Constituição Federal de 1988.

O estado de coisas buscado estava fixado: a maior efetividade possível do texto constitucional. Quando a aplicação literal das disposições constitucionais era suficiente para a realização dessa finalidade, um Positivismo mítico se mostrava conveniente (e assim o foi, pelo menos do ponto de vista teórico, durante os primeiros anos da trajetória constitucional pós-88). Quando não era o caso, outras estratégias de decisão reconduziam formalismo e Positivismo à sua tradicional posição de imperfeição e/ou irrelevância e eram invocadas para justificar o resultado. A melhor solução imaginada para o problema concreto é que controlava o método a ser aplicado, não o contrário. Diferentemente das pretensões da metodologia do Direito,[2029] métodos decisórios não guiavam o tomador de decisão até a resposta jurídica – descoberta ou construída – para o caso. Eles se tornavam, na verdade, instrumentos manipuláveis para a justificação *ex post* de respostas judiciais para problemas constitucionais específicos.

É certo que o mote alternativista "positivismo de combate" não é endossado por todos os constitucionalistas que poderiam ser incluídos no constitucionalismo brasileiro da efetividade. O uso de um rótulo geral capaz de abranger diferentes empreendimentos intelectuais corre sempre o risco da simplificação.

Clèmerson Merlin Clève, por exemplo, faz questão de marcar a diferença entre a sua proposta e algumas recomendações do Direito alternativo. Para o autor, a postura de uma dogmática da efetividade não se aproximava de um positivismo de combate, "na medida em

---

[2029] ALEXY, Robert. *Theorie der juristischen Argumentation*. Frankfurt am Main: Suharkamp, 1991, pp. 145 e ss.

que propõe um pensamento novo que se distancia totalmente dos postulados do positivismo (neutralidade, imparcialidade, apego ao legalismo estreito, inexistência de vontade no ato de aplicação da lei; inexistência de criatividade na atividade do operador jurídico etc.)".[2030] Sem embargo, mesmo o autor não descartava que no documento constitucional, compromissório e analítico, "o jurista encontrará um reservatório impressionante de topoi argumentativos justificadores de renovada ótica jurídica e da defesa dos interesses que cumpre, para o direito alternativo, defender".[2031] A própria ideia de investimento em uma atividade *dogmática* revelava alguma preocupação com a extração de "novas soluções, novas fórmulas, novas interpretações, novas construções conceituais"[2032] para a realização da efetividade constitucional de *disposições* da Constituição. Afinal, a atividade dogmática não se desenvolve alheia ao direito positivo, o que depende necessariamente da consideração dos textos legais.[2033] Mas apesar dessas preocupações, que poderiam ser endossadas por um formalismo não caricato, a Lenda do Positivismo não desempenhava, nos trabalhos do autor, um papel relevante para sustentar uma teoria da efetividade constitucional.

De qualquer forma, endossando, ainda que em diferentes graus, o "Positivismo de combate", o que o discurso de busca pela efetividade da Constituição pode ter incentivado não foi apenas a possibilidade de uso estratégico do positivismo e do formalismo. No âmbito de uma teoria normativa que instrumentaliza o direito para a realização de finalidades, não só o textualismo (como expressão da ilusão do positivismo), como *qualquer* método de interpretação passa a ter sua utilidade sempre condicionada ao papel por ele desempenhado para, em casos específicos,

---

[2030] CLÈVE, Clèmerson Merlin. "A teoria constitucional e o direito alternativo (para uma dogmática constitucional emancipatória)". *In*: *Uma vida dedicada ao Direito*: homenagem a Carlos Henrique de Carvalho, o editor dos juristas. São Paulo: Revista dos Tribunais, 1995, p. 38.

[2031] Idem, p. 40.

[2032] Idem, p. 38.

[2033] LEPSIUS, Oliver. "Themen einer Rechtswissenschaftstheorie". *In*: JESTAEDT, M.; LEPSIUS, O. (Coord.). *Rechtswissenschaftstheorie*. Tübingen: Mohr Siebeck, 2008, p. 18.

ESTUDO COMPLEMENTAR

contribuir para maximizar o estado de coisas visado pela teoria. Assim, paradoxalmente, ao mesmo tempo em que a doutrina da efetividade resgatou em alguma medida a dignidade de termos como "Positivismo Jurídico" e "formalismo" (especialmente para autores como Barroso), manteve-os tão dispensáveis quanto antes. Tanto é assim que, em tempos de "neoconstitucionalismo",[2034] o "Positivismo Constitucional" se tornou notícia histórica ao ser substituído, em uma trajetória de evolução e sofisticação, por outros candidatos responsáveis por "trazer a luz e as águas reparadoras ao mundo do Direito", como a ponderação de princípios[2035] e outras conquistas associadas ao já mencionado "pós-po-

---

[2034] O termo, assim como pós-positivismo, é fluido. A recepção da expressão é comumente associada ao título da obra organizada por Miguel Carbonell, que se apresenta tanto como teoria descritiva/explicativa quanto teoria normativa do constitucionalismo. Cf. CARBONELL, Miguel (Coord). *Neoconstitucionalismo(s)*. Madri: Trotta, 2003. No primeiro aspecto, a expressão *neoconstitucionalismo* se refere a traços compartilhados por diversas Constituições após a segunda guerra que seriam produtos de fenômenos evolutivos que impactaram de forma relevante o paradigma de Estado constitucional (p. 10). Na segunda dimensão, o neoconstitucionalismo seria a síntese de diversas reivindicações sobre como o Estado constitucional *deveria* se organizar e funcionar (id.), o que passaria por temas como a ponderação de princípios e a expansão judicial. Como teoria do Direito, a expressão neoconstitucionalismo, segundo Prieto Sanchís, poderia ser resumida em cinco epígrafes: "mais princípios que regras; mais ponderação que subsunção; onipresença da Constituição em todas as áreas jurídicas e em todos os conflitos minimamente relevantes, em lugar de espaços isentos em favor da opção legislativa ou regulamentar; onipotência judicial em lugar da autonomia do legislador ordinário; e, por fim, coexistência de uma constelação plural de valores, às vezes tendencialmente contraditórios, em lugar da homogeneidade ideológica em torno de um punhado de princípios coerentes entre si e em torno, sobretudo, das sucessivas opções legislativas". Sanchís, Luis Pietro. "Neoconstitucionalismo y ponderación judicial". *In:* CARBONELL, M. (Coord.). *Neoconstitucionalismo(s)*. Madri: Trotta, 2003, pp. 131 e ss. No Brasil, essas características aparecem presentes em trabalhos sobre o tema. V. nessa linha, por exemplo, com um tom também crítico, SARMENTO, Daniel. "O neoconstitucionalismo no Brasil: riscos e possibilidades". *In:* SARMENTO, D. (Coord.). Filosofia e Teoria Constitucional Contemporânea. Rio de Janeiro: Lumen Juris, 2009, pp. 113 e ss e DIMOULIS, Dimitri. "Neoconstitucionalismo e moralismo jurídico". *In:* SARMENTO, D. (Coord.). *Filosofia e Teoria Constitucional Contemporânea*. Rio de Janeiro: Lumen Juris, 2009, pp. 213 e ss.

[2035] SCHIER, Paulo Ricardo. "Novos desafios da filtragem constitucional no momento do neoconstitucionalismo". *Revista de Direito Administrativo & Constitucional*, ano

sitivismo". A explicação para esse resultado é simples: para uma teoria jurídica instrumentalista preocupada com a maior realização possível da Constituição em cada caso (um instrumentalismo de primeira ordem, portanto) qualquer teoria ou método decisório não tem valor intrínseco. Todos são apropriados e descartados em função da sua utilidade pontual determinada pelas preferências de quem os seleciona e aplica.[2036] E com o Positivismo (mesmo caricato) não é diferente: o que ontem era solução, transformou-se rapidamente em problema.

A interpretação constitucional, especialmente, tornou-se um *meio* para a realização de objetivos associados a uma agenda intelectual. Nessa visão funcionalista, os critérios fundamentais para medir o uso adequado de métodos de interpretação e teorias de decisão deixaram de ser (i) a consistência na aplicação e (ii) o uso frequente no tempo para serem substituídos pela sua (iii) aptidão para, nas circunstâncias em que são empregados, realizarem determinadas finalidades. E, dado que o estado de coisas visado se deixa captar por uma palavra vaga ("efetividade"), os intérpretes oficiais da Constituição passaram, no limite, a deter mecanismos para justificar qualquer resultado que entendessem ser o que garantisse maior efetividade à Constituição.

Para tomadores reais de decisão, notadamente o STF, o discurso parece ser libertador. O texto da Constituição, por um lado, deixa de representar um limite intransponível para a decisão. Por outro, também não parece ser um problema a oscilação, ao longo do tempo, dos métodos de decisão empregados para solucionar questões jurídicas. O "Positivismo de combate" de hoje pode ser amanhã fácil e impunemente substituído pela ponderação de princípios, por uma postura consequencialista, por um esforço de interpretação sistemática, pela consideração da vontade do constituinte originário ou tantos outros caminhos possíveis de justificação. Com o olhar permanentemente voltado para o futuro, deveres de consistência com o passado se tornam pouco importantes, inclusive

---

5, nº 20, p. 5, 2005. Doi: http://dx.doi.org/10.21056/aec.v5i20.458.
[2036] LEAL, Fernando. *Ziele und Autorität*: zu den grenzen teleologischen Rechtsdenkens. Baden-Baden: Nomos, 2014, p. 273.

no (meta)nível da estabilização de métodos de decisão. É a esperança da realização máxima da Constituição em cada problema pontual que passa a conduzir uma prática jurídica marcada pelo particularismo, a busca pela melhor resposta em cada caso consideradas todas as circunstâncias.[2037] No limite, nada impede que a busca por efetividade deságue, na prática, em subjetivismo e instabilidade. Com isso, o constitucionalismo da efetividade *qua* teoria normativa contribuiu para criar as condições para produzir na prática aquilo que descritivamente poderia ser captado por um realismo cínico: juízes manipulam os "brinquedos encantadores"[2038] (regras, princípios, precedentes, teorias e métodos de interpretação da Constituição) para garantirem o ar de juridicidade às suas posições, como se o direito os limitasse, mas, no fundo, é apenas o desejo de maximizar as suas próprias concepções sobre efetividade constitucional que orientam as suas decisões. E tudo justificado sobre um Positivismo caricato, cuja polaridade era determinada em função da sua utilidade para fazer avançar uma agenda, no fundo, política.

Conclusão

Uma "verdadeira ideologia",[2039] "uma construção grotesca"[2040] e "uma mentira deliberada". [2041] Com a mesma força e acidez com que o Positivismo foi – e segue sendo – acusado de legitimar "um dos piores

---

[2037] Sobre os efeitos desse particularismo no movimento de constitucionalização do direito civil v. LEAL, Fernando. "Seis objeções ao Direito Civil-Constitucional". *Revista Brasileira de Direitos Fundamentais e Justiça*, nº 9, p. 98, 2015.

[2038] A expressão é de Llewellyn: *"(R)ules (...) are important so far as they help you see or predict what judges will do or so far as they help you get judges to do something. That is their importance. That is all their importance, except as pretty playthings"*. LLEWELLYN, Karl N. *The bramble bush*: on our law and its study. Nova York: Oceana Publications, 1930, p. 5.

[2039] FROMMEL, Monika. "Rechtsphilosophie in den Trümmern der Nachkriegszeit". *JuristenZeitung*, nº 71, p. 913, 2016.

[2040] Idem, p. 916.

[2041] MÜLLER, Ingo. *Furchtbare Juristen*: die unbewältigte Vergangenheit unserer Justiz. Munique: Kindler, 1987, p. 224.

monstros que a humanidade jamais conheceu em toda a sua longa história: o Estado totalitário",[2042] apresentaram-se as reações à fábula positivista. Se a lenda positivista segue viva, duas, pelo menos, podem ser as possíveis explicações. A primeira diz respeito a um problema de conhecimento. Pela falta de estudo rigoroso ou pela repetição acrítica de mantras assumidos como corretos, a vulgata positivista persiste porque o Positivismo Jurídico não pode ser considerado adequadamente compreendido nos locais em que as suas versões fantasiosas prevalecem. A segunda explicação, por sua vez, refere-se à utilidade prática das caricaturas. Nesse terreno, as versões fantasiosas se mantêm por se revelarem convenientes para a realização de interesses políticos concretos. Essa última hipótese foi explorada neste trabalho como especialmente interessante para a compreensão dos reflexos da Lenda do Positivismo no Brasil.

Na Alemanha, um Positivismo reduzido a um formalismo caricato e a uma teoria avalorativa, além de atuar – para o avanço de um regime orientado em jargões quase metafísicos como "o espírito do povo" – como alvo permanente de crítica, também desempenhou, após a guerra, um papel exculpatório para oficiais do regime, que se serviram do legalismo para atribuir a uma concepção sobre o direito a verdadeira responsabilidade pelos seus atos.[2043] O que era desprezível, tornou-se súbita e oportunamente redentor. O Positivismo, outrora tão atacado, tornou-se solução.

E, no Brasil, não foi diferente. A Lenda do Positivismo também foi aproveitada como a antítese do que se apresentava no mercado de ideias como intelectualmente inovador em contextos como o de ascensão do Estado Novo e, mais recentemente, de justificação de posturas mais criativas do Poder Judiciário amparadas em um constitucionalismo

---

[2042] COMPARATO, Fábio Konder. *Ética*: Direito, Moral e Religião no mundo moderno. 2ª ed. São Paulo: Companhia das Letras, 2006, p. 363. Afirma o autor: "(...) é inegável que os positivistas do direito contribuíram, decisivamente, para o surgimento, no século XX, de um dos piores monstros que a humanidade jamais conheceu em toda a sua longa história: o Estado totalitário".

[2043] Assim: AMADO, Juan Antonio Garcia. "É possível ser antikelseniano sem mentir sobre Kelsen?". *Revista da EMERJ*, nº 21, p. 83, 2019.

pós-positivista. Mas a fábula não aparece relevante apenas com essa polaridade negativa. Um Positivismo caricato foi igualmente invocado como solução para problemas nacionais, seja como mecanismo-chave para a promoção de efetividade de uma Constituição recém-promulgada (a Constituição Federal de 1988), seja como alternativa para o aumento da segurança jurídica. Como se nota, a ambivalência da Lenda do Positivismo parece ser marca comum de sua disseminação nas culturas jurídicas alemã e brasileira. No entanto, parece haver uma importante diferença entre os papéis desempenhados pela defesa de um positivismo vulgar nos dois países. Na Alemanha, a estratégia exculpatória não foi bem-sucedida.[2044] Ao contrário, ela provavelmente serviu para tornar a lenda e o sentimento de repúdio ao Positivismo ainda mais fortes, especialmente porque o recurso a um Positivismo salvador estava à serviço da inocência dos responsáveis pelas atrocidades cometidas. No Brasil, contudo, a defesa da utilidade de um Positivismo até então abjeto estava no centro dos escritos de nomes importantes e respeitados pela comunidade jurídica. E isso pode ter contribuído para que, mesmo por alguns instantes, o Positivismo – ainda que corrompido – tivesse sido encarado com olhos mais caridosos por acadêmicos e juristas práticos. Essa conclusão, no entanto, não absolve criadores e divulgadores da lenda positivista. Ao contrário, ela só reforça como se mantém urgente a necessidade de compreensão do Positivismo Jurídico em suas melhores luzes. E, ao que tudo indica, aqui e em outros lugares.

Fernando Leal

Professor da FGV Direito Rio. Doutor em Direito pela Christian-Albrechts-Universität zu Kiel, com apoio do serviço alemão de intercâmbio acadêmico (DAAD). Doutor e mestre em Direito Público pela Universidade do Estado do Rio de Janeiro (UERJ). Realizou estágio pós-doutoral na condição de pesquisador visitante na Ruprecht-Karls-Universität Heidelberg.

[2044] Sobre o tema, vide 3.3.2. da presente obra.

GLOSSÁRIO

A simples tradução literal de alguns conceitos ou palavras da língua alemã utilizados nesta obra não permite uma compreensão do seu real significado, pois não leva em conta o contexto histórico, social e político da Alemanha. A seguir o leitor encontra alguns desses termos com uma breve contextualização:

Begriffsjurisprudenz: o termo "jurisprudência dos conceitos" refere-se à metodologia jurídica desenvolvida na Alemanha na segunda metade do século XIX. Trata-se de uma dogmática jurídica precursora da ideia de que o Direito provém de uma fonte dogmática. Essa fonte, no entanto, não era identificada na vontade arbitrária de um legislador, e sim a tradição jurídica consolidada pelo povo alemão através do tempo (mais especificamente o Direito Romano). De acordo com a *Begriffsjurisprudenz*, a tarefa dos juristas e das ciências jurídicas (*Rechtswissenschaft*) seria, portanto, elaborar os conceitos jurídicos e sistematizar o Direito. É comumente identificada com o Positivismo Jurídico, embora tal identificação seja problemática, uma vez que ela ignora um dos seus pressupostos fundamentais: a distinção entre o *ser* e o *dever-ser*. Seus principais defensores foram Savigny, Ihering e Putcha.

Entnazifizierung: foi uma iniciativa dos Aliados que tinha por finalidade livrar a sociedade alemã e austríaca da ideologia nazista, com especial destaque para o âmbito da cultura, da imprensa, da economia, da política e da Justiça. No discurso corrente, esse processo de *desnazificação* teria removido todas as autoridades envolvidas com os crimes nazistas das suas posições de poder e influência. Na prática, revelou-se um processo pouco efetivo e, muitas vezes, caricato, pelo qual ex-lideranças nazistas eram reencaminhadas para suas posições de poder depois de uma breve internação em centros educacionais.

Gesetzespositivismus: é uma das diversas metodologias aplicáveis ao estudo das disciplinas que formam o Direito Privado e, de grosso modo, corresponde ao resultado da aplicação das premissas e da metodologia do Positivismo Jurídico no estudo do Direito Privado.

Gesundes Volksempfinden: o "saudável sentimento popular" é uma expressão utilizada na Alemanha pelo menos desde o Império Guilhermino para indicar a opinião e o sentimento de "pessoas comuns", algo que no Brasil poderia ser considerado como o "cidadão médio", muitas vezes com a adição de um forte componente nacionalista e racial. Durante o nazismo, tornou-se um termo jurídico fundamental para o funcionamento do sistema judiciário. Ele funcionava como um "apelo ao povo" e era essencial para a legitimação de decisões que não se afastavam do texto das normas jurídicas em vigor. Mesmo após o fim do regime nazista, importantes políticos da Alemanha Ocidental exigiram, sem sucesso, que esse "saudável sentimento popular" fosse incluído expressamente na Lei Fundamental como uma "ordem moral" geralmente vinculativa.

Interessenjurisprudenz: a "jurisprudência dos interesses" refere-se à metodologia jurídica desenvolvida na Alemanha no início do século XX por Philipp Heck a partir de alguns trabalhos tardios de Ihering, que, abandonando alguns pressupostos da *Begriffsjurisprudenz*, passou a dar mais ênfase no elemento teleológico das ciências jurídicas. A *Interessenjurisprudenz* defendia que o Direito deve ser interpretado e aplicado de modo a refletir e concretizar os interesses que ele pretende promover. Por meio dessa metodologia, buscou-se interpretar as normas jurídicas de acordo com a sua finalidade e com os interesses sociais em conflito que elas precisavam resolver. Desse modo, a obediência à lei formal e a subsunção como método abstrato de resolução de conflitos deveriam ceder aos interesses concretos colocados diante da autoridade judicial.

Jurisprudenz: este termo é um dos mais problemáticos para uma tradução direta para a língua portuguesa, pois, assim como na tradição jurídica anglo-saxã, ele não denota "um conjunto de decisões reiteradas dos tribunais", funcionando, na verdade, como um sinônimo para *Rechtswissenschaft* (ciência jurídica), enquanto "conjunto ordenado do conhecimento humano acerca do fenômeno jurídico".

Kaiserreich: também mencionado no texto como 2º Reich, diz respeito ao Estado Nacional Alemão que existiu entre 1871 e 1918, desde a unificação da Alemanha até a abdicação do Imperador Guilherme II. Foi fundado em 1º de janeiro de 1871, quando os estados do sul da Alemanha, com exceção da Áustria, ingressaram na Confederação da Alemanha do Norte e a nova Constituição entrou em vigor, mudando o nome do Estado Federal para "Império Alemão" e conferindo o título de Imperador Alemão para Guilherme I, Rei da Prússia.

Methodenstreit: a "Disputa sobre o Método" diz respeito a uma acalorada e intensa discussão ocorrida durante a República de Weimar em torno dos conceitos fundamentais do Direito do Estado, notadamente acerca da finalidade e essência do Estado. De um lado, dando sequência à tradição positivista da Escola Gerber-Laband, Hans Kelsen desenvolveu sua Teoria Pura do Direito no sentido da despolitização dos conceitos e eliminação de todos os elementos animísticos e naturalistas presentes no Direito do Estado. De outro lado, unidos em suas críticas contra a Teoria Pura do Direito, Carl Schmitt, Rudolf Smend e Hermann Heller desenvolveram teorias que, apesar de apresentarem diferenças em muitos dos seus pontos, traziam uma concepção de Estado forte e centralizado, sem qualquer preocupação metodológica em separar o fenômeno jurídico do político.

Rechtsidee: trata-se de um conceito que pretende vincular o Direito, de forma ontológica, a uma concepção material de Justiça. O Direito seria, portanto, uma categoria metafísica, uma *ideia*, e não algo *criado* pela vontade humana: ele seria, na verdade, apenas *revelado* pela correta ordenação da natureza (cosmogonia), pela vontade de Deus (teologia) ou pela própria razão humana (antropologia). Ainda que se reconheça a existência de um Direito Positivo, criado pelos homens, ele somente teria validade se não contrariar esse Direito Ideal.

Rechtsperversion: é a perversão do Direito, a sua transformação em não Direito ou a sua própria negação, todos cometidos sob a mera aparência de Direito. A *Rechtsperversion* está conectada e pressupõe, naturalmente, uma *Rechtsidee*. As Constituições em ditaduras totalitárias ou as leis nazistas de Nuremberg são comumente apresentados como exemplos dessa perversão do Direito *pelo* próprio Direito. Essa expressão é normalmente utilizada no contexto do pós-guerra para criticar o Positivismo Jurídico, tentando demonstrar que uma teoria formal do Direito, alheia ao conteúdo mínimo de Justiça intrínseco à própria *ideia* de Direito, teria possibilitado o desenvolvimento do Direito Nazista.

Rechtsstaat: a tradução literal seria "Estado de Direito", no sentido de um Estado constitucional que regula ou autoriza o exercício de poder estatal. Embora esteja intimamente ligado aos fundamentos do constitucionalismo moderno, difere-se do modelo anglo-saxão do *"rule of law"*, já que este enfatiza a dimensão material das regras de Direito e traz na sua origem a ideia de participação popular na sua criação. Já o *Rechtsstaat* é um conceito construído de acordo com as peculiaridades da sociedade alemã do século XIX. Ele foi o resultado de um compromisso firmado entre a burguesia e a aristocracia, que estabelecia a limitação do poder estatal por normas jurídicas, mas que não condicionava a sua criação à participação popular.

Rechtswissenschaft: por "ciência jurídica" entende-se todo e qualquer conhecimento relativo ao fenômeno jurídico, englobando não apenas as disciplinas "dogmáticas" (Direito Constitucional, Direito Civil etc.), mas também todas as disciplinas conexas, como a História do Direito, a Filosofia do Direito, a Teoria do Direito, o Direito Comparado, a Política Jurídica e a Sociologia Jurídica. Na Alemanha, o termo *Jurisprudenz* às vezes é utilizado como sinônimo de *Rechtswissenschaft*.

Staatsrechtlicher Positivismus: é uma das diversas metodologias aplicáveis ao estudo das disciplinas que formam o Direito do Estado e, de grosso modo, corresponde ao resultado da aplicação das premissas e da metodologia do Positivismo Jurídico no estudo do Direito do Estado.

Staatsrecht: pode ser traduzido como "Direito do Estado" e engloba todas as disciplinas que têm no poder estatal o objeto de estudo, sejam as tradicionais disciplinas que compõem o Direito Público (Direito Constitucional, Direito Administrativo, Direito Financeiro e Direito Tributário), sejam outras disciplinas que não são estritamente jurídicas, como a Teoria do Estado.

Stunde Null: trata-se de uma expressão que pretende designar a existência de um *recomeço* da história alemã no pós-guerra, sem qualquer vínculo com a história nacional-socialista. A ideia é que o fim do Estado Nazista teria provocado uma revolução tão radical e completa na sociedade alemã que não haveria qualquer elemento de continuidade entre a República Federal da Alemanha e seu sistema político antecessor: o regime nazista. Essa "hora zero", na verdade, nunca existiu, e diversos elementos de continuidade entre a República Federal da Alemanha e o Estado Nazista podem ser facilmente encontrados em todas as áreas das ciências sociais.

Vergangenheitsbewältigung: é uma expressão que pode ser traduzida como um "acerto de contas com o passado" e descreve o debate público ocorrido dentro da Alemanha sobre a cumplicidade do povo alemão com o nacional-socialismo. Na teoria, a sociedade alemã do pós-guerra teria refletido, de forma envergonhada, sobre sua culpa nos recentes eventos traumáticos. Na prática, verificou-se que os alemães estavam mais preocupados em reconstruir um país arrasado e que esta narrativa tinha um grande componente retórico, servindo, inclusive, para que certas lembranças desconfortáveis fossem escondidas debaixo do tapete.

Vormärz: é um termo que designa o período histórico que antecedeu à convocação da primeira Assembleia Nacional Constituinte alemã na primavera de 1848, em Paulskirche, Frankfurt. Embora o início desse período não esteja bem definido, costuma ser aceito que a Revolução Francesa, em julho de 1830, foi o seu ponto de partida. Há, no entanto, quem identifique seu início no Congresso de Viena, de

1815, em que 34 principados e quatro cidades livres formaram a Confederação Alemã. No âmbito internacional, esse período é normalmente conhecido por Era Metternich, um governo que exerceu forte controle e censura em resposta aos apelos revolucionários liberais. Todo o período é caracterizado por rápidas mudanças econômicas, sociais e políticas, e pela proliferação de ideias como liberdade, igualdade e fraternidade, nacionalismo, liberalismo e socialismo.

Volk (subst.), völkisch (adj.): a tradução literal seria "povo" e "popular", respectivamente. Mas no contexto da cultura e das ciências sociais alemãs do século XIX e da primeira metade do século XX, essas palavras normalmente tinham uma forte conotação étnica e racial, com a exclusão de toda influência estrangeira. Povo não era um conceito secularizado, a denotar o conjunto de pessoas dotadas de capacidade política, mas caracterizava um movimento histórico de redenção da germanidade. Popular era, apenas, aquilo que se erguia sobre a ideia de uma unidade orgânica, indivisível e de sangue ariano. Trata-se de, portanto, uma ideia reacionária que se colocava em oposição às mudanças socioculturais da modernidade, notadamente às ideias liberais de igualdade e de universalidade.

Volksgemeinschaft: assim como o conceito anterior, a expressão "comunidade popular" não denota a real profundidade do termo originário. Trata-se, aqui, de um conceito formado durante o século XIX, resgatado pelas ciências sociais durante a República de Weimar e amplamente utilizado durante o 3º Reich, que, à semelhança do conceito anterior, indica a existência de uma comunidade nacional orgânica e sem classes, baseada no ideal de pureza racial germânica.

Wert(ungs)jurisprudenz: a "jurisprudência dos valores" foi uma espécie de evolução da *Interessenjurisprudenz*, só que, em vez de ter o foco nos interesses concretos a serem compostos, seu foco está na realização dos valores jurídicos protegidos pelo Direito. Essa metodologia indica que os valores jurídicos devem servir como elemento de interpretação e de realização da *Rechtsidee*, o que, na prática, acaba gerando a irrelevância do Direito Positivo. Embora fosse possível encontrar no primeiro terço do século XX autores que defendessem essa metodologia, como Max von Rümelin e Rudolf Smend, ela ganhou especial relevância no pós-guerra com a jurisprudência do *Bundesverfassungsgericht* que reconheceu a existência de uma "ordem objetiva de valores" no Direito alemão e foi desenvolvida, sobretudo, por Hermut Coing na Filosofia do Direito, por Karl Larenz e Franz Wieacker no Direito Privado e por Robert Alexy no Direito Público.

Wissenschaft: a tradução mais óbvia seria "ciência", mas ela nem de longe apresenta um quadro geral do real sentido dessa expressão alemã. No alemão, todo corpo organizado de informações se chama *"eine" Wissenschaft*, com artigo indefinido. Do mesmo modo, todo conhecimento formal e a atividade de coleta dos estudiosos para obtê-lo, interpretá-lo e ordená-lo é chamado de *"die" Wissenschaft*, com artigo definido, ou simplesmente *Wissenschaft*. Desse modo, a expressão *Wissenschaft* deve ser compreendida como "erudição" ou "saber", e não implica necessariamente num compromisso metodológico com o empirismo, essencial e pressuposto na versão anglo-francesa: a "ciência". A expressão *Wissenschaft* abrange muito mais que a *"science"* anglo-francesa, porque os eruditos alemães preferem dar ao conhecimento uma dimensão idealista, conferindo à educação uma dimensão espiritual de contemplação filosófica. Um dos efeitos dessa dimensão idealista da ciência alemã era especialmente forte nas ciências humanas (*Geisteswissenschaften*), cuja melhor tradução para o português seria "ciências do espírito", em que qualquer defensor de métodos científicos "empíricos" era facilmente desacreditado por utilizar métodos próprios das ciências naturais (*naturwissenschaftlich*) ou ser simplesmente rotulado como positivista (*positivistisch*).[2045]

[2045] RINGER, Fritz K. *The decline of the German mandarins*: the German academic community (1890-1933). Cambridge Mass.: Harvard University Press, 1969, pp. 102 e ss.

ABREVIATURAS

AcP	Archiv für die civilistische Praxis
AJS	American Journal of Sociology
Am. J. Comp. Law	American Journal of Comparative Law
Am. J. Int. Law	American Journal of International Law
Am. J. Juris.	American Journal of Jurisprudence
Annales XLV	Annales de la Faculté de Droit d'Istanbul
Am. Political Sci. Rev.	American Political Science Review
AöR	Archiv des öffentlichen Rechts
ARSP	Archiv für Rechts- und Sozialphilosophie
AVR	Archiv des Völkerrechts
BAG	Bundesarbeitsgericht
Blätter	Blätter für deutsche und internatinale Politik
BGB	Bürgerliches Gesetzbuch (Código Civil)
BGH	Bundesgerichtshof

BGHZ	Entscheidungen des Bundesgerichtshofes in Zivilsachen
BFH	Bundesfinanzhof
BNSDJ	Bund Nationalsozialistischer Deutscher Juristen
BSG	Bundessozialgericht
BVerfG	Bundesverfassungsgericht
BVerfGE	Entscheidungssammlung des Bundesverfassungsgerichts
BVerwG	Bundesverwaltungsgericht
Calif. L. Rev	California Law Review
CLP	Currents Legal Problems
CDU	Christlich Demokratische Union Deutschlands
CSU	Christlich-Soziale Union in Bayern
D&G	Diritto & Questioni Pubbliche
DAZ	Deutsche Allgemeine Zeitung
DJZ	Deutsche Juristen-Zeitung
DnZ	Die neue Zeitung
DÖV	Die öffentliche Verwaltung
Doxa	Cuadernos de Filosofía del Derecho
DP	Deutsche Partei
DR	Deutsches Recht
DRiZ	Deutsche Richterzeitung

ABREVIATURAS

DRW	Deutsche Rechtswissenschaft
DVBl	Deutsches Verwaltungsblätter
EMORY L. J.	Emory Law Journal
Eur. J. Int. Law	European Journal of International Law
Eur. J. Political Theory	European Journal of Political Theory
Escritos	Revista da Fundação Casa de Rui Barbosa
FDP	Frei Demokratische Partei
FLR	Florida Law Review
FreiUnBl	Freiburger Universitätsblätter
German L.J.	German Law Journal
Harv. L. Rev.	Harvard Law Review
Hist. Theory	History and Theory
Hum. Rigths Rev.	Human Rights Review
I.L.Q.	The International Law Quarterly
IMT	International Military Tribunal
Intellect. Hist. Rev.	Intellectual History Review
Int. J. Const. Law	International Journal of Constitutional Law
Isr. Law Rev.	Israel Law Review
J.A.J.	The Judge Advocate Journal
J. Class. Sociol.	Journal of Classical Sociology
JoJZG	Journal der juristischen Zeitgeschichte

JöR	Jahrbuch des öffentlichen Rechts der Gegenwart
JRE	Jahrbuch für Recht und Ethik
JW	Juristische Wochenschrift
JZ	JuristenZeitung
KJ	Kritische Justiz
KPD	Kommunistische Partei Deutschland
KRG	Kontrollratsgesetz
L. & Phil.	Law and Philosophy
N. Ir. Legal Q.	Northern Ireland Legal Quarterly
NJ	Neue Justiz
NJW	Neue Juristische Wochenschrift
NS-	Nacional-Socialista
NSDAP	Nationalsozialistische Deutsche Arbeiterpartei
NZZ	Neue Zürcher Zeitung
ÖstZöffR	Österreichische Zeitschrift für öffentliches Recht und Völkerrecht
Oxf. J. Leg. Stud.	Oxford Journal of Legal Studies
Philos. Public Aff.	Philosophy & Public Affairs
Philos. Soc. Sci.	Philosophy of the Social Sciences
Rat. Jur.	Ratio Juris
RBDFund. & Justiça	Revista Brasileira de Direitos Fundamentais e Justiça

ABREVIATURAS

RECHTD	Revista de Estudos Constitucionais, Hermenêutica e Teoria do Direito
Rev. Bras. Est. Pol.	Revista Brasileira de Estudos Políticos
Rev. Direito GV	Revista de Direito da Fundação Getúlio Vargas
Rechtstheorie	Zeitschrift für Logik und Juristische Methodenlehre, Allgemeine Rechts- und Staatslehre, Kommunikations-, Normen- und Handlungstheorie, Soziologie und Philosophie des Rechts
RITD/IZTR Droit	Revue Internationale de la Théorie du Internationale Zeitschrift für Theorie des Rechts
SA	Die Sturmabteilung
SJZ	Süddeutsche Juristen-Zeitung
Soc. Leg. Stud.	Social and Legal Studies
SPD	Sozialdemokratische Partei Deutschland
SRP	Sozialistischen Reichspartei
SS	Der Schutzstaffel
StGB	Strafgesetzbuch (Código Penal)
USPD	Unabhängige Sozialdemokratische Partei Deutschlands
WALTA	Western Australian Legal Theory Association
U. Chi. L. Rev.	The University of Chicago Law Review
VfZ	Vierteljahrshefte für Zeitgeschichte

VVDStRL	Veröffentlichungen der Vereinigunder Deutschen Staatsrechtslehrer
Yale Law J.	Yale Law Journal
ZAfdR	Zeitschrift der Akademie für Deutsches Recht
z.B.	zum Beispiel
ZfRV	Zeitschrift für Rechtsvergleichung, Internationales Privatrecht und Europarecht
ZgS	Zeitschrift für die gesamte Staatswissenschaft
ZöR	Zeitschrift für öffentliches Recht
ZSGerm	Zeitschrift der Savigny-Stiftung für Rechtsgeschichte, Germanistische Abteilung
ZStW	Zeitschrift für die gesamte Strafrechtswissenschaft
ZNR	Zeitschrift für Neuere Rechtsgeschichte

REFERÊNCIAS BIBLIOGRÁFICAS

ACHTERBERG, Norbert. "Hans Kelsens Bedeutung in der gegenwärtigen deutschen Staatslehre". *Die öffentliche Verwaltung*, n° 27, 1974.

ALBERT, Hans. "*Die idee der kritischen Vernunft*: zur problematik der rationalen Begründung und des Dogmatismus". *In*: SZCZESNY, G. (Coord.). *Jahrbuch für kritische Aufklärung*. Club Voltaire. Munique: Szczesny Verlag, 1967.

ALEXY, Robert. *Begriff und Geltung des Rechts*. 3ª ed. Freiburg, Munique: Alber, 2011.

ALEXY, Robert. *Conceito e validade do direito*. São Paulo: WMF Martins Fontes, 2009.

ALEXY, Robert. *Theorie der juristischen Argumentation*. Frankfurt am Main: Suharkamp, 1991.

AL-GADDAFI, Muamar. *Das grüne Buch*. Tripoli: Dschamahirija, 1975.

AMADO, Juan Antonio Garcia. "¿Es posible ser antikelseniano sin mentir sobre Kelsen?". *In*: AMADO, J. A. G. (Coord.). *El Derecho y sus circunstancias*: nuevos ensayos de filosofía jurídica. Bogotá: Universidad Externado de Colombia, 2010.

AMADO, Juan Antonio Garcia. "É possível ser antikelseniano sem mentir sobre Kelsen?". *Revista da EMERJ*, n° 21, 2016.

AMADO, Juan Antonio Garcia. *Hans Kelsen y la norma fundamental*. Madri: Marcial Pons, 1996.

AMATO, Salvatore. "Difesa Innaturale del Diritto Naturale: Un Tema, Qualche Chiarimento e un Esempio". *Diritto & Questioni Pubbliche*, n° 8, 2008.

ANGERMUND, Ralph. "Recht ist, was dem Volke nützt". *In*: BRACHER, K. D.; FUNKE, M.; JACOBSEN, H. A. (Coord.). *Deutschland 1933-1945*: neue Studien zur nationalsozialistischen Herrschaft. 2ª ed. Bonn: Bundeszentrale für Politische Bildung, 1993.

ANSCHÜTZ, Gerhard; THOMA, Richard. *Handbuch des deutschen Staatsrechts*. Band 2. Tübingen: Mohr, 1932.

ANZENBACHER, Arno. *Christliche Sozialethik*: Einführung und Prinzipien. Paderborn, Munique, Viena, Zurique: Schöningh, 1997.

ARAUJO, Antonio Fabio Medrado de. *A solução final do serial killer no positivismo de Hans Kelsen*. São Paulo: Pillares, 2012.

ARNDT, Adolf. "Die Krise des Rechts". *In*: MAIHOFER, W. (Coord.). *Naturrecht oder Rechtspositivismus?*. 3ª ed. Darmstadt: Wiss. Buchges, 1981 [1948].

ARRAES, Monte. *O Estado Novo e suas diretrizes:* estudos políticos e constitucionais. Rio de Janeiro: José Olympio, 1938.

ASH, Mitchell G. "Wissenschaft und Politik als Ressourcen für einander". *In*: BRUCH, Rüdiger vom; KADERAS, Brigitte. (Coord.). *Wissenschaft und Politik*: bestandsaufnahmen zu formationen, brüchen und kontinuitäten im Deutschland des 20. Jahrhunderts, Stuttgart, Franz Steiner Verlag, 2002.

"A SOMBRA DOS NAZISTAS NA JUSTIÇA ALEMÃ DO PÓS-GUERRA". *Deutche Welle*. 18 nov. 2021. Disponível em: https://www.dw.com/pt-br/a-sombra-dos-nazistas-na-justi%C3%A7a-alem%C3%A3-do-p%C3%B3s-guerra/a-59869289. Acessado em: 09.11.2021.

AUSTIN, John. *The Province of Jurisprudence Determined*. Cambridge: Cambridge University Press, 1995.

AXER, Christine. *Die Aufarbeitung der NS-Vergangenheit:* Deutschland und Österreich im Vergleich und im Spiegel der französischen Öffentlichkeit. Köln: Böhlau, 2011.

BALDUS, Manfred. "'Frühe Machtkämpfe' in Das Lüth-Urteil: Ein Versuch über die historischen Gründe der Autorität des Bundesverfassungsgerichts". *In*: HENNE, T.; RIEDLINGER, A. (Coord.). *Das Lüth-Urteil aus (rechts-) historischer Sicht:* Die Konflikte um Veit Harlan und die Grundrechtsjudikatur des Bundesverfassungsgerichts. Berlim: BWV Berliner Wissenschafts-Verlag, 2005.

REFERÊNCIAS BIBLIOGRÁFICAS

BALDUS, Manfred. "Zur Relevanz des Souveränitätsproblems für die Wissenschaft vom öffentlichen Recht". *Der Staat*, n° 36, 1997.

BARROSO, Luís Roberto. "A doutrina brasileira da efetividade". *In*: BARROSO, L. R. (Coord.). *O Direito Constitucional e a efetividade de suas normas*: limites e possibilidades da Constituição brasileira. 8ª ed. Rio de Janeiro: Renovar, 2006.

BARROSO, Luís Roberto. "A razão sem voto". *Revista Brasileira de Políticas Públicas*, n° 5, 2015.

BARROSO, Luís Roberto. *Interpretação e aplicação da Constituição:* fundamentos de uma dogmática constitucional transformadora. 7ª ed. São Paulo: Saraiva, 2009.

BARROSO, Luís Roberto. "Fundamentos Teóricos e Filosóficos do Novo Direito Constitucional Brasileiro (pós-modernidade, teoria crítica e pós-positivismo)". *In*: BARROSO, L. R.; BARCELLOS, A. P. de (Coord.). *A Nova Interpretação Constitucional:* ponderação, direitos fundamentais e relações privadas. Rio de Janeiro: Renovar, 2003.

BARROSO, Luís Roberto; BARCELLOS, Ana Paula de. "O começo da história: a nova interpretação constitucional e o papel dos princípios no direito brasileiro". *In*: SILVA, V. A. (Coord.). *Interpretação Constitucional*. São Paulo: Malheiros, 2005.

BARTH, Karl. *Rechtfertigung und Recht*. 2ª ed. Zurique: Evangelischer Verlag, 1944.

BATTIS, Ulrich; JAKOBS, Günther; JESSE, Eckhard; ISENSEE, Josef. *Vergangenheitsbewältigung durch Recht:* Drei Abhandlungen zu einem deutschen Problem. Berlim: Duncker & Humblot, 1992.

BAUME, Sandrine. "Reabilitating political parties: an examination of the writings of Hans Kelsen". *Intellectual History Review*, n° 28, 2018.

BECKER, Lothar. "Schritte auf einer abschüssigen Bahn": *Das Archiv des öffentlichen Rechts (AöR) im Dritten Reich*. Tübingen: Mohr, 1999.

BERCOVICI, Gilberto. *Constituição e estado de exceção permanente*: atualidade de Weimar. Rio de Janeiro: Azougue, 2004.

BERGBOHM, Karl. *Jurisprudenz und rechtsphilosophie*: kritische Abhandlungen. Leipzig: Duncker & Humblot, 1892.

BESIER, Gerhard. *Kirche, Politik und Gesellschaft im 20. Jahrhundert*. Munique: Oldenbourg, 2000.

BESSEL, Richard. *Germany 1945:* From war to peace. Nova York: Simon & Schuster, 2010.

BIEBERSTEIN, Fritz Marschall von. *Vom Kampf des Rechts gegen die Gesetze.* Stuttgart: Kohlhammer, 1927.

BLOMEYER, Karl. "Neue bürgerliche Rechtspflege und neue Prozeßrechtswissenschaft". *Deutsches Recht* n° 4, 1934.

BLUNTSCHLI, Johann Caspar. *Lehre vom modernen Staat*: Allgemeine Staatslehre – Erster Teil. 6ª ed. Stuttgart: Cotta, 1886.

BOBBIO, Norberto. *Giusnaturalismo e positivismo giuridico.* Roma, Bari: Laterza, 2011.

BOBBIO, Norberto. *O Positivismo Jurídico*: lições de Filosofia do Direito. São Paulo: Icone, 2006.

BOBBIO, Norberto; BOVERO, Michelangelo; VERSIANI, Daniela Beccaccia. *Teoria geral da política*: a filosofia e as lições dos clássicos. Rio de Janeiro: Elsevier, 2000.

BÖCKENFÖRDE, Ernst Wolfgang. "Der deutsche Katholizismus im Jahre 1933*:* Kirche und demokratisches Ethos". *In*: BÖCKENFÖRDE, Ernst Wolfgang. *Schriften zu Staat, Gesellschaft und Kirche, Band 1.* Freiburg: Herder, 1988.

BÖCKENFÖRDE, Ernst Wolfgang. "Zur Lage der Grundrechtsdogmatik nach 40 Jahren Grundgesetz". *Carl-Friedrich-von-Siemens-Stiftung*, n° 47, 1990.

BOHMAN, James. "Critical Theory". *The Stanford Encyclopedia of Philosophy.* Disponível em: https://plato.stanford.edu/archives/fall2016/entries/critical-theory/. Acessado em: 06.09.2018.

BONAVIDES, Paulo. *Curso de Direito Constitucional.* 11ª ed. São Paulo: Malheiros, 2001.

BOTERO-BERNAL, Andrés. "El Positivismo Jurídico en la Historia: Del Positivismo Jurídico en el Siglo XIX y Primera Mitad del Siglo XX". *In*: ZAMORRA, J. L. Z.; VAQUERO, Á. N. (Coord.). *Enciclopedia de Filosofía y Teoría del Derecho:* Volumen Uno. México DF: Universidad Nacional Autónoma de México, 2015.

BRACHER, Karl Dietrich. *Die Auflösung der Weimarer Republik.* Eine Studie zum Problem des Machtverfalls in der Demokratie. Düsseldorf: Droste, 1984.

BRACHER, Karl Dietrich. *Die deutsche Diktatur:* Entstehung, Struktur, Folgen des Nationalsozialismus. Köln: Kiepenheuer & Witch, 1993.

REFERÊNCIAS BIBLIOGRÁFICAS

BRAUN, Hans; GERHARDT, Uta; HOLTMANN, Everhard. *Die lange Stunde Null:* Gelenkter sozialer Wandel in Westdeutschland nach 1945. Baden-Baden: Nomos, 2007.

BREUER, Stefan. *Die radikale Rechte in Deutschland, 1871-1945:* Eine politische Ideengeschichte. Stuttgart: Philipp Reclam, 2010.

BROCKMÖLLER, Annette. *Die Entstehung der Rechtstheorie im 19. Jahrhundert in Deutschland.* Baden-Baden: Nomos, 1997.

BRODERSEN, Uwe; MÜNCH, Ingo von. *Gesetze des NS-Staates:* Dokumente eines Unrechtssystems. 2. Aufl., Paderborn: Schöningh, 1982.

BRUCK, Arthur Moeller van der. *Das Dritte Reich.* 2ª ed. Berlim: Ring-Verlag, 1926.

BRUNNER, Emil. *Gerechtigkeit.* Zurique: Zwingli-Verlag, 1943.

BRUNNER, Heinrich. *Das anglonormannische Erbfolgesystem*: Ein Beitrag zur Geschichte der Parentelenordnung nebst einem Excurs über die älteren normannischen Coutumes. Leipzig: Duncker & Humblot, 1869.

BRYANT, Michael S. "Prosecuting the cheerful murderer: Natural law and national socialist crimes in West German courts (1945-1950)". *Human Rights Review*, 2004. Doi:10.1007/s12142-004-1030-4.

BUDE, Heinz. "Die Erinnerung der Generationen". *In*: KÖNIG, H.; WÖLL, A. (Coord.). *Vergangenheitsbewältigung am Ende des zwanzigsten Jahrhunderts.* Opladen: Westdt.-Verl., 1998.

BUNDESGERICHTSHOF. Ansprache des präsidenten des bundesgerichtshofs Prof. Dr. Günter Hirsch beim Festakt aus Anlaß des 100 Geburtstags von Hans von Dohnanyi am 8 März 2002. Disponível em: http://www.bundesgerichtshof.de/DE/DasGericht/Praesidenten/Hirsch/HirschReden/rede08032002.html.

BUSCHMANN, Arno. "Naturrecht und geschichtliches Recht. Gustav Hugos Rechtsphilosophie und die Anfänge der geschichtlichen Rechtswissenschaft". *In*: BEHRENDS, O. (Coord.). *Elementa Iuris*: Vorträge zur feierlichen Eröffnung des Instituts. Baden-Baden: Nomos, 2009.

CADORE, Rodrigo Garcia. "'*Good-bye to all that*'? Ein österreichisches Schicksal: Wanderungen und Wandlungen im rechtstheoretischen Exilwerk Hans Kelsens". *In*: BECK, M.; COOMANN, N. (Coord.). *Historische Erfahrung und begriffliche Transformation:* Deutschsprachige Philosophie im Exil in den USA (1933-1945). Münster: LIT Verlag, 2018.

CALDWELL, Peter C. "Legal Positivism and Weimar Democracy". *American Journal of Jurisprudence*, nº 39, 1994. Doi:10.1093/ajj/39.1.273.

CALDWELL, Peter C. *Popular Sovereignty and the Crisis of German Constitutional Law:* The theory & practice of Weimar constitutionalism. Durham: Duke University Press, 1997.

CAMPBELL, Tom. *Prescriptive Legal Positivism*: Law, rights and democracy. Londres: Cavendish Publishing, 2004.

CAMPOS, Francisco. "A política e o nosso tempo (conferência no salão da Escola de Belas Artes, em 28 de setembro de 1935)". *In*: CAMPOS, F. *O Estado Nacional*: sua estrutura, seu conteúdo ideológico. Brasília: Senado Federal, 2001.

CAMPOS, Francisco. "Diretrizes do Estado Nacional (entrevista concedida à imprensa em novembro de 1937". *In*: CAMPOS, F. *O Estado Nacional:* sua estrutura, seu conteúdo ideológico. Brasília: Senado Federal, 2001.

CAMPOS, Francisco. "Exposição de Motivos do Projeto do Código de Processo Civil". *In*: CAMPOS, F. *O Estado Nacional:* sua estrutura, seu conteúdo ideológico [1940]. Brasília: Senado Federal, 2001.

CAMPOS, Francisco. "Síntese da reorganização nacional (entrevista concedida à imprensa, em abril de 1939". *In*: CAMPOS, F. *O Estado Nacional*: sua estrutura, seu conteúdo ideológico. Brasília: Senado Federal, 2001.

CARBONELL, Miguel. (Coord.). *Neoconstitucionalismo(s)*. Madri: Trotta, 2003.

CARRIÓ, Genaro R. *Notas sobre Derecho y Lenguaje*. 5ª ed. Buenos Aires: Abeledo-Perrot, 2011.

CARVALHO, Amilton Bueno de. *Magistratura e direito alternativo*. 7ª ed. Rio de Janeiro: Editora Lumen Juris, 2005.

CATHREIN, Victor. *Die Aufgaben der Staatsgewalt und ihre Grenzen*: Eine staatsrechtliche Abhandlung. Freiburg: Herder, 1882.

CITRON, Bettina. *Deutsche Mythen seit 1945*. Bielefeld: Kerber Verlag, 2016.

CLÈVE, Clèmerson Merlin. "A teoria constitucional e o direito alternativo (para uma dogmática constitucional emancipatória)". *In*: *Uma vida dedicada ao Direito*: homenagem a Carlos Henrique de Carvalho, o editor dos juristas. São Paulo: Revista dos Tribunais, 1995.

COING, Helmut. *Die obersten Grundsätze des Rechts*: Ein Versuch zur Neugründung des Naturrechts. Heidelberg: Schneider, 1947.

COING, Helmut. *Grundzüge der Rechtsphilosophie*. Berlim: De Gruyter, 1950.

REFERÊNCIAS BIBLIOGRÁFICAS

COING, Helmut. "Zur Frage der strafrechtlichen Haftung der Richter für die Anwendung naturrechtswidriger Gesetze". *Süddeutsche Juristen-Zeitung*, n° 2, 1947.

COLEMAN, Jules. "Beyond inclusive legal positivism". *Ratio Juris*: an International Journal of Jurisprudence and Philosophy of Law, n° 22, 2009.

COLLINGS, Justin. "Beyond the separability thesis: moral semantics and the methodology of jurisprudence". *Oxford Journal of Legal Studies*, n° 27, 2007.

COLLINGS, Justin. *Democracy's guardians*: a history of the German Federal Constitutional Court (1951-2001). Oxford: Oxford University Press, 2015.

COLLINGS, Justin. *Scales of Memory.* Constitutional Justice and Historical Evil. Oxford: Oxford University Press, 2021.

COMPARATO, Fábio Konder. *Ética*: Direito, Moral e Religião no mundo moderno. 2ª ed. São Paulo: Companhia das Letras, 2006.

CONZE, Eckart. *Die Suche nach Sicherheit.* Eine Geschichte der Bundesrepublik Deutschland von 1949 bis in die Gegenwart. Munique: Siedler, 2009.

DAHMS, Hans-Joachim (Coord.). *Positivismusstreit:* Die Auseinandersetzungen der Frankfurter Schule mit dem logischen Positivismus, dem amerikanischen Pragmatismus und dem kritischen Rationalismus. Frankfurt: Suhrkamp, 1994.

DE GRUYTER. DAS DEMOKRATISCHE PRINZIP IM GRUNDGESETZ: Die Erfüllung von Verwaltu-ngsaufgaben durch Private. Veröffentlichungen der Vereinigung der Deutschen Staatsrechtslehrer, n° 29, 1971. Doi:10.1515/9783110892314.

DEHLER, Thomas. "Hermann Weinkauff zum 70. Geburtstag". *Neue Juristische Wochenschrift*, n° 19, 1964.

DEISEROTH, Dieter. "Die Legalitäts-Legende: Vom Reichstagsbrand zum NS-Regime". *Blätter für deutsche und internationale Politik*, n° 2, 2008.

DERNEDDE, Carl. "Staatslehre als Wirklichkeitswissenschaft". *Juristische Wochenschrift*, n° 63, 1934.

DIECKMANN, Hubertus-Emmanuel. *Überpositives Recht als Prüfungsmaßstab im Geltungsbereich des Grundgesetzes*? eine kritische Würdigung der Rezeption der Radbruchschen Formel und des Naturrechtsgedankens in der Rechtsprechung. Berlim: Duncker & Humblot, 2006.

DIMOULIS, Dimitri. *Positivismo Jurídico*: Introdução a uma teoria do direito e defesa do pragmatismo jurídico-político. São Paulo: Método, 2006.

DIMOULIS, Dimitri. "Neoconstitucionalismo e moralismo jurídico". *In*: SARMENTO, D. (Coord.). *Filosofia e Teoria Constitucional Contemporânea*. Rio de Janeiro: Lumen Juris, 2009.

DOMARUS, Max. *Hitler*: Reden und Proklamationen (1932-1945). vol. 2, Munique: Süddeutscher Verlag, 1965.

DOVERMANN, Ulrich (Coord.). *Linksextremismus in der Bundesrepublik Deutschland*. Bonn: Bundeszentrale für Politische Bildung, 2011.

DREIER, Horst *et al*. "DIE DEUTSCHE STAATSRECHTSLEHRE IN DER ZEIT DES NATIONALSOZIALISMUS: Europäisches und nationales Verfassungsrecht - Der Staat als Wirtschaftssubjekt und Auftraggeber". *Veröffentlichungen der Vereinigung der Deutschen Staatsrechtslehrer*, vol. 60, 2001. Doi:10.1515/9783110879964.

DREIER, Horst. "Die drei gängigsten Irrtümer über die Weimarer Reichsverfassung". *In*: DREIER, H. (Coord.). *Staatsrecht in Demokratie und Diktatur*. Tübingen: Mohr Siebeck, 2016.

DREIER, Horst. "Die Radbruchsche Formel: Erkenntnis oder Bekenntnis?" *In*: MAYER, H.; WALTER, R. (Coord.). *Staatsrecht in Theorie und Praxis*: Festschrift Robert Walter zum 60 Geburtstag. Viena: Manz, 1991.

DREIER, Horst. "Die (Wieder-)Entdeckung Kelsens in den 1980er Jahren: Ein Rückblick (auch eigener Sache)". *In*: JESTAEDT, M. (Coord.). *Hans Kelsen und die deutsche Staatsrechtslehre: Stationen eines wechselvollen Verhältnisses*. Tübingen: Mohr Siebeck, 2013.

DREIER, Horst. "Hans Kelsen (1881-1973)". *In*: HÄBERLE, P.; KILIAN, M.; WOLFF, H. (Coord.). *Staatsrechtslehrer des 20 Jahrhunderts*. Berlim: De Gruyter, 2015.

DREIER, Horst. "Nachwort. Was ist doppelt am 'Doppelstaat'? Zu Rezeption und Bedeutung der klassischen Studie von Ernst Fraenkel". *In*: FRAENKEL, E. *Der Doppelstaat*. 3ª ed. Hamburg: CEP Europäische Verlagsanstal, 2012.

DREIER, Horst. "Naturrecht und Rechtspositivismus: Pauschalurteile, Vorurteile, Fehlurteile". *In*: HALLER, R.; RUTTE, H. (Coord.). *Otto Neurath*: Gesammelte philosophische und methodologische Schriften. Viena: Hölder-Pichler-Tempsky, 1981.

DREIER, Horst. *Rechtslehre, Staatssoziologie und Demokratietheorie bei Hans Kelsen*. 2ª ed. Baden-Baden: Nomos, 1990.

DREIER, Horst. "Rezeption und Rolle der Reinen Rechtslehre". *In*: DREIER, H.; WALTER, R. (Coord.). *Rezeption und Rolle der Reinen Rechtslehre*:

REFERÊNCIAS BIBLIOGRÁFICAS

Festakt aus Anlass des 70 Geburtstags von Robert Walter. Schriftenreihe des Hans Kelsen-Instituts. vol. 22, Viena: Manz, 2001.

DREIER, Horst. "Zerrbild Rechtspositivismus: Kritische Bemerkungen zu zwei verbreiteten Legenden". *In*: JABLONER, C.; KUCSKO-STADLMAYER, G.; MUZAK, G.; PERTHOLD-STOITZNER, B.; STÖGER, K. (Coord.). *Vom praktischen Wert der Methode*: Festschrift Heinz Mayer zum 65 Geburtstag. Viena: Manz, 2011.

DREIER, Horst; WALTER, Robert (Coord.). *Rezeption und Rolle der Reinen Rechtslehre*: Festakt aus Anlass des 70 Geburtstags von Robert Walter. Schriftenreihe des Hans Kelsen-Instituts. vol. 22, Viena: Manz, 2001.

DREIER, Ralf. "Was ist und wozu Allgemeine Rechtstheorie?" *In*: DREIER, R. (Coord.). *Recht, Moral, Ideologie*: Studien zur Rechtstheorie. Frankfurt am Main: Suhrkamp, 1981.

EATWELL, Roger; GOODWIN, Matthew J. *National populism*: The revolt against liberal democracy. Londres: Pelican an imprint of Penguin Books, 2018.

EHMKE, Horst. *Grenzen der Verfassungsänderung*. Berlim: Duncker & Humblot, 1953.

EISERMANN, Gottfried. *Die Grundlagen des Historismus in der deutschen Nationalökonomie*. Stuttgart: Ferdinand Enke Verlag, 1956.

ELIAS, Norbert. *Studien über die Deutschen*: Machtkämpfe und Habitusentwicklung im 19 und 20 Jahrhundert. Gesammelte Schriften/Norbert Elias. vol. 11, Frankfurt: Suhrkamp, 2005.

EMGE, Carl August. "Über die Beziehungen der nationalsozialistischen Bewegung zu Rechtswissenschaft und Recht". *Deutsches Recht*, 1934.

ENDERS, Christoph. *Die Menschenwürde in der Verfassungsordnung*: zur Dogmatik des Art. 1 GG. Tübingen: Mohr Siebeck, 1997.

ENGISCH, Karl. *Die Idee der Konkretisierung in Recht und Rechtswissenschaft unserer Zeit*. Heidelberg: Winter, 1953.

ENGISCH, Karl. *Einführung in das juristische Denken*. Stuttgart: Kohlhammer, 1956.

ENGISCH, Karl. *Logische Studien zur Gesetzesanwendung*. Heidelberg: Winter, 1943.

ENGISCH, Karl. *Vom Weltbild des Juristen*. Heidelberg: Winter, 1950.

ENGLÄNDER, Armin. "Zur begrifflichen Möglichkeit des Rechtspositivismus: Eine Kritik des Richtigkeitsarguments von Robert Alexy". *Rechtstheorie*, n° 28, 1997.

EPSTEIN, Klaus. *Die Ursprünge des Konservativismus in Deutschland*: Der Ausgangspunkt, Die Herausforderung durch die Französische Revolution (1770-1806). Frankfurt: Propyläen, 1973.

ERIKSEN, Trond Berg; HARKET, Håkon; LORENZ, Einhart O. *História do anti-semitismo*: da antiguidade aos nossos dias. Edições 70, 2010.

ESCHENBURG, Theodor. "Die improvisierte Demokratie: Ein Beitrag zur Geschichte der Weimarer Republik". *In*: ESCHENBURG, T. (Coord.). *Die improvisierte Demokratie*: Gesammelte Aufsätze zur Weimarer Republik. Munique: Piper, 1963.

EVANS, Richard J. *The coming of the Third Reich*. Londres: Penguin, 2005.

EVANS, Richard J. *The Third Reich in history and memory*. Nova York: Oxford University Press, 2015.

EVERLING, Friedrich. *Organischer Aufbau des Dritten Reichs*. Munique: J. F. Lehmann, 1931.

EYNDE, Damian van der. "The Terms 'Ius Positivum' and 'Signum Positivum' in Twelfth-Century Scholasticism. *Franciscan Studies*, n° 9, 1949.

FALLER, Hans Joachim. "Bundesverfassungsgericht und Bundesgerichtshof". *Archiv des öffentlichen Rechts*, n° 115, 1990, pp. 185 e ss. Disponível em: http://www.digizeitschriften.de/dms/img/?PID=GDZPPN000129895. Acessado em: 10.08.2020.

FARRELL, Martín D. "¿Discusión entre el derecho natural y el Positivismo Jurídico?". *Doxa*, n° 21, 1998, pp. 121 e ss.

FEHR, Hans. *Die Ausstrahlungen des Naturrechts der Aufklärung in die neue und neueste Zeit*. Leipzig: Haupt, 1938.

FEICHTINGER, Johannes. *Wissenschaft als reflexives Projekt* - Von Bolzano über Freud zu Kelsen: Österreichische Wissenschaftsgeschichte 1848-1938. Bielefeld: Transcript Verlag, 2010.

FILLAFER, Franz L.; FEICHTINGER, Johannes. "Habsburg Positivism: The Politics of Positive Knowledge in Imperial and Post-Imperial Austria, 1804-1938". *In*: FEITCHINGER, J.; FILLAFER, F. L.; SURMAN, J. (Coord.). *The Worlds of Positivism*: a Global Intellectual History, 1770-1930. Londres: Pallgrave Macmillan, 2018.

REFERÊNCIAS BIBLIOGRÁFICAS

FISCHER, Torben; LORENZ, Matthias N. *Lexikon der "Vergangenheitsbewältigung" in Deutschland*: Debatten- und Diskursgeschichte des Nationalsozialismus nach 1945. Bielefeld: Transcript, 2007.

FLECK, Ludwik. *Entstehung und Entwicklung einer wissenschaftlichen Tatsache*. Berlin: Suhrkamp, 1980.

FOLJANTY, Lena. *Recht oder Gesetz*: Juristische Identität und Autorität in den Naturrechtsdebatten der Nachkriegszeit. Tübingen: Mohr Siebeck, 2012.

FONTE, Felipe de Melo. *Políticas públicas e direitos fundamentais*. 2ª ed. São Paulo: Saraiva, 2015.

FORSTHOFF, Ernst. "Das Bundesverfassungsgericht und das Berufsbeamtentum". *Deutsches Verwaltunsblätter*, n° 69, 1954.

FORSTHOFF, Ernst. *Der totale Staat*. Hamburg: Hanseatische Verlagsanstalt, 1933.

FORSTHOFF, Ernst. *Der totale Staat*. 2ª ed. Hamburg: Hanseatische Verlagsanstalt, 1934.

FORSTHOFF, Ernst. "Die Rückkehr zum Rechtsstaat". *In*: MORAS, J. (Coord.). *Deutscher Geist zwischen Gestern und Morgen*: Bilanz der kulturellen Entwicklung seit 1945. Stuttgart: Deutsche Verlags-Anstalt, 1954.

FORSTHOFF, Ernst. "Die Umbildung des Verfassungsgesetzes". *In*: BARION, H.; FORSTHOFF, E.; SCHMITT, C. (Coord.). *Festschrift für Carl Schmitt zum 70 Geburtstag dargebracht von Freunden und Schülern*. Berlim: Duncker & Humblot, 1959.

FORSTHOFF, Ernst. "Von der Aufgaben der Verwaltungsrechtswissenschaft". *Deutsches Reich*, n° 5, 1935.

FORSTHOFF, Ernst *et al*. "BEGRIFF UND WESEN DES SOZIALEN RECHTSSTAATES: Berichte und Aussprache zu den Berichten in den Verhandlungen der Tagung der deutschen Staatsrechtslehrer zu Bonn am 15 und 16 Oktober 1953". *Veröffentlichungen der Vereinigung der Deutschen Staatsrechtslehrer*, n° 12, 1954. Doi:10.1515/9783110904499.

FRAENKEL, Ernst. *Der Doppelstaat*. 3ª ed. Hamburgo: CEP Europäische Verlagsanstalt, 2012.

FRAENKEL, Ernst. *The Dual State*: a contribution to the theory of dictatorship. Clark N.J.: The Lawbook Exchange, 2006.

FRAENKEL, Ernst. "Zur Soziologie der Klassenjustiz". FRAENKEL, E. (Coord.). *Zur Soziologie der Klassenjustiz und Aufsätze zur Verfassungskrise (1931-1932)*. Darmstadt: Wissenschaftliche Buchgesellschaft, 1968.

FRANK, Hans. *Rechtsgrundlegung des nationalsozialistischen Führerstaates*. Munique: Zentralverlag der NSDAP, 1938.

FRANK, Hans. "Vorwort". FRANK, H. (Coord). *Nationalsozialistisches Handbuch für Recht und Gesetzgebung*. Munique: Zentralverlag der NSDAP, 1935.

FRANSSEN, Everhardt. "Positivismus als juristische Strategie". *JuristenZeitung*, n° 24, 1969.

FRASSEK, Ralf. "Juristenausbildung im Nationalsozialismus". *Kritische Justiz*, n° 37, 2004.

FREDERICIA, W. "Zehn Richter korrigieren die deutsche Geschichte". *Die Zeit*, 7 jan. 1954. Disponível em: https://www.zeit.de/1954/01/zehn-richter-korrigieren-die-deutsche-geschichte/komplettansicht. Acessado em: 05.03.2021.

FREI, Norbert. *Vergangenheitspolitik*: die Anfänge der Bundesrepublik und die NS-Vergangenheit. Munique: Beck, 1996.

FREISLER, Roland. "Aufbau und aufgabe des Besonderen Teils, Gestaltung seiner Tatbestände. Einbau des Schutzes der Bewegung in das Gesetz". *In*: GÜRTNER, F. (Coord.). *Das kommende deutsche Strafrecht*: Bericht über die Arbeit der amtlichen Strafsrechtskomission - Allgemeiner Teil. 2ª ed. Berlim: Franz Vahlen, 1935.

FREISLER, Roland. *Nationalsozialistisches Recht und Rechtsdenken*. Berlin: Spaeth & Linde, 1938.

FRIEDLÄNDER, Saul. "Bewältigung oder nur Verdrängung? Deutsche Auseinandersetzungen mit der Vergangenheit". *In*: SCHOEPS, J. H.; HILLERMANN, H.; FLECHTHEIM, O. K. (Coord.). *Justiz und Nationalsozialismus*: Bewältigt, verdrängt, vergessen. Stuttgart: Burg, 1987.

FRIEDLÄNDER, Saul. *The years of persecution (1933-1939)*. Nazi Germany and the Jews. vol. 1, Londres: Phoenix, 1998.

FRIEDRICH, Manfred. *Geschichte der deutschen Staatsrechtswissenschaft*. Berlim: Duncker & Humblot, 1997.

FRISBY, David. "The Popper-Adorno Controversy: the Methodological Dispute in German Sociology". *Philosophy of the Social Sciences*, n° 2, 1972. Doi:10.1177/004839317200200108.

FRITZSCHE, Peter. *German into Nazis*. Cambridge: Harvard University Press, 1998.

FRITZSCHE, Peter. *Life and Death in the Third Reich*. Cambridge: Harvard University Press, 2008.

REFERÊNCIAS BIBLIOGRÁFICAS

FROMME, Friedrich Karl. *Von der Weimarer Verfassung zum Bonner Grundgesetz*: die verfassungspolitischen Folgerungen des Parlamentarischen Rates aus Weimarer Republik und nationalsozialistischer Diktatur. Tübingen: Mohr, 1960.

FROMMEL, Monika. "Rechtsphilosophie in den Trümmern der Nachkriegszeit". *JuristenZeitung*, n° 71, 2016.

FULBROOK, Mary. *A concise history of Germany*. 2ª ed. Nova York: Cambridge University Press, 2004.

FULLER, Lon L. "Positivism and Fidelity to Law: a Reply to Professor Hart". *Harvard Law Review*, n° 71, 1958. Doi:10.2307/1338226.

FUNKE, Andreas. "Radbruchs Rechtsbegriffe, ihr neukantianischer Hintergrund und ihr staatsrechtlicher Kontext". *In*: BOROWSKI, M.; PAULSON, S. L. (Coord.). *Die Natur des Rechts bei Gustav Radbruch*. Tübingen: Mohr Siebeck, 2015.

FÜßER, Klaus. "Rechtspositivismus und 'gesetzliches Unrecht': zur Destruktion einer verbreiteten Legende". *Archiv für Rechts- und Sozialphilosophie*, n° 78, 1992. Disponível em: http://www.jstor.org/stable/23679994.

GÄRDITZ, Klaus Ferdinand. "Die Bundesanwaltschaft als Kind ihrer Zeit". *Verfassungsblog*. 23 nov. 2021. Disponível em: https://verfassungsblog.de/die-bundesanwaltschaft-als-kind-ihrer-zeit/. Acessado em: 09.12.2021.

GARDNER, John. "Legal Positivism: 5 1/2 Myths". *American Journal of Jurisprudence*, n° 46, 2001, pp. 199 e ss. Doi:10.1093/ajj/46.1.199.

GEDDERT, Heinrich. *Recht und Moral*: zum Sinn eines alten Problems. Berlim: Duncker & Humblot, 1984.

GELLATELY, Robert. *Hingeschaut und weggesehen*: Hitler und sein Volk. Munique: Dtv, 2004.

GEIGER, Willi. Pflicht zur Wahrheit. *Der Spiegel*, 1 ago. 1966. Disponível em: https://www.spiegel.de/spiegel/print/d-46408207.html. Acessado em: 28.02.2021.

GEIGER, Willi. *Die Rechtsstellung des Schriftleiters nach dem Gesetz vom 4. Oktober 1933*. Darmstadt: Buske, 1941.

GERBER, Carl Friedrich Wilhelm von. *Grundzüge eines Systems des deutschen Staatsrechts*. Leipzig: Tauchnitz, 1865.

GERBER, Hans. *Staatsrechtliche Grundlinien des neuen Reiches*. Tübingen: J.C.B. Mohr, 1933.

GERHARDT, Uta. *Soziologie der Stunde Null*: zur Gesellschaftskonzeption des amerikanischen Besatzungsregimes in Deutschland (1944-1945/1946). Frankfurt: Suhrkamp, 2005.

GERLAND, Heinrich. "Metarechtliche Bindungen des Strafgesetzgebers". *Archiv für Rechts- und Sozialphilosophie*, n° 29, 1936.

GEYER, Paul. "Romanistik und Europäische Gründungsmythen". *In*: ALBERT, M. (Coord.). *Unausweichlichkeit des Mythos*. Munique: Martin Meidenbauer, 2007.

GIERKE, Otto von. *Deutsches Privatrecht*. Systematisches Handbuch der deutschen Rechtswissenschaft. vol. 1, Leipzig: Duncker & Humblot, 1895.

GIERKE, Otto von. *Die Grundbegriffe des Staatsrechts und die neuesten Staatsrechtstheorien*. Tübingen: Mohr Siebeck, 1915.

GODAU-SCHÜTTKE, Klaus-Detlev. "Entnazifizierung und Wiederaufbau der Justiz am Beispiel des Bundesgerichtshofs". *In*: SCHUMANN, E. (Coord.). *Kontinuitäten und Zäsuren*: Rechtswissenschaft und Justiz im "Dritten Reich" und in der Nachkriegszeit. Göttingen: Wallstein, 2008.

GODAU-SCHÜTTKE, Klaus-Detlev. *Ich habe nur dem Recht gedient*: die "Renazifizierung" der Schleswig-Holsteinischen Justiz nach 1945. Baden-Baden: Nomos, 1993.

GODAU-SCHÜTTKE, Klaus-Detlev. "Nationalsozialismus. Blut und Roben". *Die Zeit*, 1 out. 2015. Disponível em: https://www.zeit.de/2015/38/rassengesetze-hermann-weinkauff-bundesgerichtshof?utm_referrer=https%3A%2F%2Fwww.google.com%2F. Acessado em: 28.02.2021.

GOLDHAGEN, Daniel. *Hitlers willige Vollstrecker*. Munique: Goldmann, 2000.

GONZÁLEZ PORTA, Mario Ariel. *Estudos Neokantianos*. Rio de Janeiro: Loyola, 2011.

GÖRTEMAKER, Manfred. *Geschichte der Bundesrepublik Deutschland*: Von der Gründung bis zur Gegenwart. Frankfurt: Fischer, 2004.

GRAU, Eros Roberto. "Em defesa do Positivismo Jurídico". *O Estado de São Paulo*. São Paulo, 12 mai. 2018. Disponível em: https://opiniao.estadao.com.br/noticias/geral,em-defesa-do-positivismo-juridico,70002305339. Acessado em: 17.06.2021.

GRAVER, Hans Petter. "Why Adolf Hitler Spared the Judges? Judicial Opposition against the Nazi State". *German Law Journal*, n° 19, 2018.

REFERÊNCIAS BIBLIOGRÁFICAS

GROH, Kathrin. *Demokratische Staatsrechtslehrer in der Weimarer Republik*: Von der konstitutionellen Staatslehre zur Theorie des modernen demokratischen Verfassungsstaats. Tübingen: Mohr Siebeck, 2010.

GROH, Kathrin. "Reanimation der 'wehrhaft' Demokratie?" *In*: LEGGEWIE, C.; MEIER, H. (Coord.). *Verbot der NPD oder mit Rechtsradikalen leben?* die Positionen. Frankfurt: Suhrkamp, 2002.

GROH, Kathrin. "Richard Thoma (1874-1957)". *In*: HÄBERLE, P.; KILIAN, M.; WOLFF, H. (Coord.). *Staatsrechtslehrer des 20 Jahrhunderts*. Berlim: De Gruyter, 2015.

GRUSSMANN, W.-D. "Grundnorm und Supranationalität. Rechtsstrukturelle Sichtweisen der europäischen Integration". *In*: DANWITZ, T. v. (Coord.). *Auf dem Wege zu einer europäischen Staatlichkeit*. Stuttgart: Boorberg, 1993.

GÜNTHER, Frieder. "'Jemand, der sich schon vor fünfzig Jahren selbst überholt hatte'. Die Nicht-Rezeption Hans Kelsens in der bundesdeutschen Staatsrechtslehre der 1950er und 1960er Jahre". *In*: JESTAEDT, M. (Coord.). *Hans Kelsen und die deutsche Staatsrechtslehre*: Stationen eines wechselvollen Verhältnisses. Tübingen: Mohr Siebeck, 2013.

GÜNTHER, Frieder. *Denken vom Staat her*: die bundesdeutsche Staatsrechtslehre zwischen Dezision und Integration (1949-1970). Munique: Oldenbourg, 2004.

GÜNTHER, Hans F. K. *Rassenkunde des deutschen Volkes*. Munique: Lehmann, 1922.

GUSY, Christoph. *100 Jahre Weimarer Verfassung*: eine gute Verfassung in schlechter Zeit. Tübingen: Mohr Siebeck, 2018.

GUSY, Christoph. "Die Entstehung der Weimarer Reichsverfassung". *JuristenZeitung*, nº 49, 1994.

HAENSEL, Carl. "Zum Nürnberger Urteil: 2. Beitrag: Schuldprinzip und Gruppenkriminalität". *Süddeutsche Juristen-Zeitung*, nº 2, 1947, pp. 19 e ss.

HAFERKAMP, Hans-Peter. "Begriffsjurisprudenz". *Enzyklopädie zur Rechtsphilosophie. IVR (Deutsche Sektion) und Deutsche Gesellschaft für Philosophie*. Disponível em: http://www.enzyklopaedie-rechtsphilosophie.net. Acessado em: 01.07.2018.

HAFERKAMP, Hans-Peter. "Legal formalism and its critics". *In*: PIHLAJAMÄKI, H.; DUBBER, M.; GODFREY, M. (Coord.) *The Oxford Handbook of European Legal History*. Nova York: Oxford University Press, 2018.

HAFERKAMP, Hans-Peter. "Positivism as a Concept of Legal Historians". *Juridica International*, n° 17, 2010, pp. 100 e ss. Disponível em: https://www.juridicainternational.eu/public/pdf/ji_2010_XVII_100.pdf. Acessado em: 04.06.2021.

HAFFNER, Sebastian. *Die deutsche Revolution (1918/19)*. Köln: Anaconda, 2008.

HAHN, Georg. "Transzendentaler Idealrealismus. Eine Auseinandersetzung mit dem Werk Wilhelm Sauers". *Deutsche Rechtswissenschaft*, n° 1, 1936.

HAILBRONNER, Michaela. "Rethinking the rise of the German Constitutional Court: From anti-Nazism to value formalism". *International Journal of Constitutional Law*, n° 12, 2014.

HANGARTNER, Yvo. "Hans Nawiasky (1880-1972)". *In*: HÄBERLE, P.; KILIAN, M.; WOLFF, H. (Coord.). *Staatsrechtslehrer des 20 Jahrhunderts*. Berlim: De Gruyter, 2015.

HARRIS, Whitney R. "Tyranny on Trial: Trial of Major German War Criminals at Nuremberg (1945-1946)". *In*: REGINBOGIN, H. R.; SAFFERLING, C. J. M.; HIPPEL, W. R. (Coord.). *The Nuremberg Trials*: International criminal law since 1945 - 60th anniversary international conference. Munique: K.G. Saur, 2006.

HART, Herbert L. A. *Der Begriff des Rechts*. Berlim: Suhrkamp, 1973.

HART, Herbert L. A. "Positivism and the Separation of Law and Morals". *Harvard Law Review*, n° 71, 1958, pp. 593 e ss. Doi:10.2307/1338225.

HART, Herbert L. A. *The concept of law*. Oxford: Clarendon Press, 1961.

HART, Herbert L. A. *The concept of law*. 2ª ed. Oxford: Clarendon Press, 1998.

HARTMANN, Nicolai. *Ethik*. Berlim: De Gruyter, 1926.

HARTNEY, Michael. "Introduction: The Final Form of the Pure Theory of Law". *In*: PAULSON, S.; KELSEN, H. (Coord.). *General Theory of Norms*. Oxford: Clarendon Press, 1991.

HAUSMANN, Frank-Rutger. *Die Geisteswissenschaften im "Dritten Reich"*. Frankfurt: Klostermann, 2011.

HAYEK, Friedrich August von. *Law, legislation and liberty*: a new statement of the liberal principles of justice and political economy. 3 vol. in 1. Londres, Nova York: Routledge, 1998.

HAYEK, Friedrich August von. *Recht, Gesetz und Freiheit*. Tübingen: Mohr Siebeck, 2003.

HECK, Philipp. *Begriffsbildung und Interessenjurisprudenz*. Tübingen: Mohr, 1932.

REFERÊNCIAS BIBLIOGRÁFICAS

HECK, Philipp. *Gesetzesauslegung und Interessenjurisprudenz*. Tübingen: Mohr, 1914.

HEEGNER, Fritz. "Die Entscheidungen des Bundesverfassungsgerichts und des Bundesgerichtshofs zum Gesetz 131". *Neue Juristische Wochenschrift*, nº 7, 1954.

HEIDEMANN, Carsten. *Die Norm als Tatsache*: zur Normentheorie Hans Kelsens. Baden-Baden: Nomos, 1997.

HEIDEMANN, Carsten. "Hans Kelsen and the Transcendental Method". *Northern Ireland Legal Quarterly*, nº 55, 2004.

HEINZE, Eric. *Hate speech and democratic citizenship*. Nova York: Oxford University Press, 2016.

HELD, David. *Introduction to critical theory*: Horkheimer to Habermas. Londres: Hutchinson, 1980.

HELLER, Hermann. "Bemerkungen zur staats- und rechtstheoretischen Problematik der Gegenwart". *In*: HELLER, H.; DRATH, M.; MÜLLER, C. (Coord.). *Gesammelte Schriften*. vol. 2, Tübingen: Mohr, 1971 [1929].

HELLER, Hermann. "Die Krisis der Staatslehre". *In*: HELLER, H.; DRATH, M.; MÜLLER, C. (Coord.). *Gesammelte Schriften*. vol. 2, Tübingen: Mohr, 1971 [1926].

HELLER, Hermann. "Die Souveränität". *In*: HELLER, H.; DRATH, M.; MÜLLER, C. (Coord.). *Gesammelte Schriften*. vol. 2, Tübingen: Mohr, 1971 [1927].

HELLER, Hermann. "Europa und der Fascismus". *In*: HELLER, H.; DRATH, M.; MÜLLER, C. (Coord.). *Gesammelte Schriften*. vol. 2, Tübingen: Mohr, 1971 [1931].

HELLER, Hermann. "Politische Demokratie und soziale Homogenität". *In*: HELLER, H.; DRATH, M.; MÜLLER, C. (Coord.). *Gesammelte Schriften*. vol. 2, Tübingen: Mohr, 1971 [1929].

HELLER, Hermann. "Sozialismus und Nation". *In*: HELLER, H.; DRATH, M.; MÜLLER, C. (Coord.). *Gesammelte Schriften*. vol. 1, Tübingen: Mohr, 1971 [1931].

HELLER, Hermann. *Staatslehre*. 6ª ed. Tübingen: Mohr, 1983 [1934].

HENNE, Thomas. "Von 0 auf Lüth in 6 1/2 Jahren". *In*: HENNE, T.; RIEDLINGER, A. (Coord.). *Das Lüth-Urteil aus (rechts-)historischer Sicht*: die Konflikte um Veit Harlan und die Grundrechtsjudikatur des Bundesverfassungsgerichts. Berlin: BWV Berliner Wissenschafts-Verlag, 2005.

HERBE, Daniel. *Hermann Weinkauff (1894-1981)*: der erste Präsident des Bundesgerichtshofs. Tübingen: Mohr, 2008.

HERBERGER, Maximilian. "Logik und Dogmatik bei Paul Laband: Zur Praxis der sog. juristischen Methode im Staatsrecht des Deutschen Reiches". *In*: HEYEN, E. V. (Coord.). *Wissenschaft und Recht der Verwaltung seit dem Ancien Régime*: Europäische Ansichten. Frankfurt: Klostermann, 1984.

HERBERT, Ulrich. "Liberalisierung als Lernprozess. Die Bundesrepublik in der deutschen Geschichte". *In*: HERBERT, U. (Coord.). *Wandlungsprozesse in Westdeutschland*: Belastung, Integration, Liberalisierung (1945-1980). Göttingen: Wallstein, 2002.

HERGET, James E. *Contemporary German legal philosophy*. Philadelphia: University of Pennsylvania Press, 1996.

HERRFAHRDT, Heinrich. "Der Streit um den Positivismus in der gegenwärtigen deutschen Rechtssicherheit". *Deutches Reich*, n° 2, 1934.

HESSE, Konrad. *Die normative Kraft der Verfassung*: Freiburger Antrittsvorlesung. Tübingen: Mohr, 1959.

HEUN, Werner. "Der staatsrechtliche Positivismus in der Weimarer Republik". *Der Staat*, n° 28, 1989.

HEYDTE, Friedrich August von der. *Das Weiß-Blau-Buch zur deutschen Bundesverfassung und zu den Angriffen auf Christentum und Staatlichkeit der Länder*. Regensburg: Habbel, 1948.

HEYDTE, August von der et al. "DER DEUTSCHE STAAT IM JAHRE 1945 UND SEITHER: die Berufsbeamten und die Staatskrisen". *Veröffentlichungen der Vereinigung der Deutschen Staatsrechtslehrer*, n° 13, 1955. Doi:10.1515/9783110903249.

HEYDTE, Friedrich August von der. *Kirche und Staat*. Karlsruhe: Badenia, 1966.

HEYDTE, Friedrich August von der. *Vom heiligen Reich zur geheiligten Volkssouveränität*. Laupheim, Württ: Steiner, 1955.

HIDEHIKO, Adachi. "Gustav Radbruchs Kritik am Positivismus". *In*: SCHMIDT, R. (Coord.). *Rechtspositivismus*: Ursprung und Kritik: Zur Geltungsbegründung von Recht und Verfassung. Baden-Baden: Nomos, 2014.

HILGENDORF, Eric. *Die Renaissance der Rechtstheorie zwischen 1965 und 1985*. Würzburg: Ergon-Verl., 2005.

HILGER, Christian. *Rechtsstaatsbegriffe im Dritten Reich*: eine Strukturanalyse. Tübingen: Mohr Siebeck, 2003.

REFERÊNCIAS BIBLIOGRÁFICAS

HIPPEL, Ernst von. *Allgemeine Staatslehre*. 1ª ed. Berlim: Vahlen, 1963.

HIPPEL, Ernst von. *Allgemeine Staatslehre*. 2ª ed. Berlim: Vahlen, 1967.

HIPPEL, Ernst von. *Einführung in die Rechtstheorie*: ein Dialog. 2ª ed. Bonn: Schwippert, 1947.

HIPPEL, Ernst von. *Gewaltenteilung im modernen Staate*. Koblenz: Historisch-Polit. Verl., 1948.

HIPPEL, Ernst von. *Mechanisches und moralisches Rechtsdenken*. Meisenheim am Glan: Verlag Anton Hain K.G., 1959.

HIPPEL, Ernst von. *Rechtsgesetz und Naturgesetz*. Tübingen: Neomarius Verl., 1949.

HIPPEL, Ernst von. *Vom Wesen der Demokratie*. Bonn: Schwippert, 1947.

HIRSCH, Martin; MAJER, Diemut; MEINCK, Jürgen. *Recht, Verwaltung und Justiz im Nationalsozialismus*: Ausgewählte Schriften, Gesetze und Gerichtsentscheidungen von 1933 bis 1945. Köln: Bund-Verlag, 1984.

HOBBES, Thomas. *Leviathan*. Cambridge texts in the history of political thought. Nova York: Cambridge University Press, 1996.

HOCHE, Alfred. *Das Rechtsgefühl in Justiz und Politik*. Berlim: Springer, 1932.

HOEPPEL, Alexander. *NS-Justiz und Rechtsbeugung*: die strafrechtliche Ahndung deutscher Justizverbrechen nach 1945. Tübingen: Mohr, 2019.

HOERSTER, Norbert. *Verteidigung des Rechtspositivismus*. Frankfurt am Main: Metzner, 1989.

HOERSTER, Norbert. *Was ist Recht?* Grundfragen der Rechtsphilosophie. Munique: C.H. Beck, 2006.

HÖFFE, Otfried. *Politische Gerechtigkeit*: Grundlegung einer kritischen Philosophie von Recht und Staat. 2ª ed. Frankfurt: Suhrkamp, 1994.

HOFMANN, Hasso. *Einführung in die Rechts- und Staatsphilosophie*. 5ª ed. Darmstadt: Wissenschaftliche Buchgesellschaft, 2011.

HOFMANN, Hasso. *Rechtsphilosophie nach 1945*: zur Geistesgeschichte der Bundesrepublik Deutschland. Berlim: Duncker & Humblot, 2012.

HÖHNE, Heinz. "Gebt mir vier Jahre Zeit": Hitler und die Anfänge des Dritten Reiches. Berlim: Ullstein, 1999.

HOLLÄNDER, Pavel. *Rechtspositivismus versus Naturrechtslehre als Folge des Legitimitätskonzepts*. Berlim: Duncker & Humblot, 2013.

HOLMES, Stephen. "Kelsen, Hans". *In*: LIPSET, S. M. (Coord.). *The encyclopedia of democracy*. vol. 2, Londres: Routledge, 1995.

HORKHEIMER, Max. Postcript (1937). *In*: HORKEHEIMER, M. (Coord). *Critical theory*: selected essays. Nova York: Continuum, 2002.

HORN, Norbert. *Einführung in die Rechtswissenschaft und Rechtsphilosophie*. 4ª ed. Heidelberg: Müller, 2007.

HRUSCHKA, Joachim. "Die Todesschüsse an der Berliner Mauer vor Gericht: zu dem unten abgedruckten Urteil des LG Berlin vom 20. 1. 1992". *JuristenZeitung*, n° 47, 1992.

HUBER, Ernst Rudolf. *Deutsche Verfassungsgeschichte seit 1789*. Stuttgart: Kohlhammer, 1957.

HUBER, Ernst Rudolf. *Verfassung*. Hamburg: Hanseatische Verlagsanstalt, 1937.

HUBER, Ernst Rudolf. *Verfassungsrecht des Großdeutschen Reiches*. 2ª ed. Hamburg: Hanseatische Verlagsanstalt, 1939.

HUMMEL, Jacky. "Allemagne (Doctrines allemandes de l'État et du droit de Hegel à Jellinek)". *In*: ALLAND, D.; RIALS, S. (Coord). *Dictionnaire de la culture juridique*. Paris: Quadrige/Lamy-PUF, 2003.

HUSTER, Stefan. *Die ethische Neutralität des Staates*: eine liberale Interpretation der Verfassung. 2ª ed. Tübingen: Mohr, 2017.

INTERNATIONAL MILITARY TRIBUNAL. *The trial of German major war criminals by the International military tribunal sitting at Nuremberg, Germany (1945-1946)*. vol. 19, Londres: Published under the authority of H. M. Attorney-general by H. M. Stationery, 1946.

INTERNATIONAL MILITARY TRIBUNAL. *Trials of war criminals before the Nuremberg military tribunals*. vol. 1, U.S. Government Print Office, 1951.

INTERNATIONAL MILITARY TRIBUNAL. *Trials of war criminals before the Nuremberg military tribunals*. vol. 2, U.S. Government Print Office, 1951.

INTERNATIONAL MILITARY TRIBUNAL. *Trials of war criminals before the Nuremberg military tribunals*. vol. 3, U.S. Government Print Office, 1951.

INTERNATIONAL MILITARY TRIBUNAL. *Trials of war criminals before the Nuremberg military tribunals*. vol. 17, U.S. Government Print Office, 1951.

INTERNATIONAL MILITARY TRIBUNAL. *Trials of war criminals before the Nuremberg military tribunals*. vol. 19, U.S. Government Print Office, 1951.

ISENSEE, Josef. "Menschenwürde: die säkulare Gesellschaft auf der Suche nach dem Absoluten". *Archiv des öffentlichen Rechts*, n° 131, 2006, pp. 173 e ss., Doi:10.1628/000389106780282105.

REFERÊNCIAS BIBLIOGRÁFICAS

JABLONER, Clemens. "Wie zeitgemäß ist die Reine Rechtslehre?". *Rechtstheorie*, n° 29, 1998.

JÄGER, Wolfgang. "Die Innenpolitik der sozialliberalen Koalition (1969-1974)". *In*: BRACHER, K. D. (Coord.). *Geschischte der Bundesrepublik Deutschland*: Republik im Wandel (1969-1974). vol. 5, Stuttgart: Deutsche Verlags-Anstalt, 1986.

JASPERS, Karl. *Die Schuldfrague*: Von der politischen Haftung Deutschlands. Munique: Pipper Verlag, 2012 [1945].

JESCH, Dietrich. *Gesetz und Verwaltung*. Tübigen: Mohr, 1961.

JELLINEK, Georg. *Allgemeine Staatslehre*. 3ª ed. Berlim: Julius Springer, 1921 [1900].

JELLINEK, Georg. "Revolution und Reichsverfassung". *Jahrbuch des öffentlichen Rechts der Gegenwart*, n° 9, 1920.

JELLINEK, Georg. *System der subjektiven öffentlichen Rechte*. 2ª ed. Tübingen: Mohr, 2011 [1905].

JESTAEDT, Matthias. "A ciência como visão de mundo: ciência do direito e concepção de democracia em Hans Kelsen". *Revista Brasileira de Estudos Político*, n° 106, 2013.

JESTAEDT, Matthias. "Carl Schmitt (1888-1985)". *In*: HÄBERLE, P.; KILIAN, M.; WOLFF, H. (Coord.). *Staatsrechtslehrer des 20 Jahrhunderts*. Berlim: De Gruyter, 2015.

JESTAEDT, Matthias. "Ein Klassiker der Rechtstheorie: Die 'Reine Rechtslehre' aus dem Jahre 1960". *In*: KELSEN, H. *Reine Rechtslehre mit einem Anhang*: das Problem der Gerechtigkeit. 2ª ed. Tübingen: Mohr, 2017.

JESTAEDT, Matthias. *Hans Kelsen im Selbstzeugnis*: Sonderpublikation anlässlich des 125 Geburstages von Hans Kelsen am 11 Oktober 2006. Tübingen: Mohr, 2006.

JESTAEDT, Matthias. *Phänomen Bundesverfassungsgericht*: was das Gericht zu dem macht, was es ist. In: JESTAEDT, M.; LEPSIUS, O.; MÖLLERS, C.; SCHÖNBERGER, C. (Coord.). *Das entgrenzte Gericht*: eine kritische Bilanz nach sechzig Jahren Bundesverfassungsgericht. Berlim: Suhrkamp, 2011.

JESTAEDT, Matthias. (Coord.). *Hans Kelsen und die deutsche Staatsrechtslehre*: Stationen eines wechselvollen Verhältnisses. Tübingen: Mohr, 2013.

JESTAEDT, Matthias *et al*. "Diskussion 'Die Weimarer Jahre'. *In*: JESTAEDT, M. (Coord.). *Hans Kelsen und die deutsche Staasrechtslehre*. Tübingen: Mohr Siebeck, 2013.

JESTAEDT, Matthias; LEPSIUS, Oliver. "Der Rechts- und der Demokratietheoretiker Hans Kelsen - Eine Einführung". *In*: JESTAEDT, M.; LEPSIUS, O. (Coord.). *Verteidigung der Demokratie*: Abhandlungen zur Demokratietheorie. Tübingen: Mohr Siebeck, 2006.

JESTAEDT, Matthias; LEPSIUS, Oliver (Coord.). *Verteidigung der Demokratie: Abhandlungen zur Demokratietheorie.* Tübingen: Mohr, 2006.

JHERING, Rudolf von. *Geist des römischen Rechts auf den verschiedenen Stufen seiner Entwicklung.* vol. 2, Leipzig: Breitkopf & Härtel, 1858.

JOUANJAN, Olivier. *Justifier l'injustifiable*. Paris: Presses universitaires de France, 2017.

JUSTIZ UND NATIONALSOZIALISMUS. *Kein Thema für deutsche Richter?* Fachkonferenz des Gustav-Stresemann-Instituts im Jahr 1983. *Tagungsdokumentation.* Freiburg: Gustav-Stresemann-Instituts, 1983.

KANTOROWICZ, Hermann. *Der Kampf um die Rechtswissenschaft.* Heidelberg: Winter, 1906.

KANTOROWICZ, Hermann. "Die Epochen der Rechtswissenschaft". *Die Tat*, n° 6, 1914.

KAUFMANN, Arthur. "Die Naturrechtsrenaissance der ersten Nachkriegsjahre - und was daraus geworden ist". *In*: STOLLEIS, M.; GAGNÉR, S. (Coord.). *Die Bedeutung der Wörter*: Studien zur europäischen Rechtsgeschichte - Festschrift für Sten Gagnér zum 70 Geburtstag. Munique: Beck, 1991.

KAUFMANN, Arthur. *Gustav Radbruch*: Rechtsdenker, Philosoph, Sozialdemokrat. Munique: Piper, 1987.

KAUFMANN, Arthur. *Theorie der Gerechtigkeit*: Problemgeschichtliche Betrachtungen [Vortrag gehalten am 5.6.1984]. Frankfurt: Metzner, 1984.

KAUFMANN, Erich et al. "DIE GLEICHHEIT VOR DEM GESETZ IM SINNE DES ART. 109 DER REICHSVERFASSUNG: der Einfluß des Steuerrechts auf die Begriffsbildung des öffentlichen Rechts". *Veröffentlichungen der Vereinigung der Deutschen Staatsrechtslehrer*, vol. 3, 1927. Doi:10.1515/9783110888225.

KAUFMANN, Erich. *Kritik der neukantischen Rechtsphilosophie*: eine Betrachtung über die Beziehungen zwischen Philosophie und Rechtswissenschaft. Tübingen: Mohr, 1921.

KAUHAUSEN, Ilka. *Nach der "Stunde Null"*: Prinzipiendiskussionen im Privatrecht nach 1945. Tübingen: Mohr Siebeck, 2007.

REFERÊNCIAS BIBLIOGRÁFICAS

KELSEN, Hans. "Absolutism and relativism in philosophy and politics". *In*: KELSEN, H. (Coord.). *What is Justice?* justice, law, and politics in the mirror of science. Union: Lawbook Exchange, 2000 [1942].

KELSEN, Hans. *Allgemeine Staatslehre*. Viena: Österreichische Staatsdruckerei, 1993 [1925].

KELSEN, Hans. "Collective and Individual Responsibility in International Law with Particular Regard to the Punishment of War Criminals". *California Law Review*, n° 31, 1943. Doi:10.2307/3477207.

KELSEN, Hans. *De la esencia y valor de la democracia*. Oviedo: KRK, 2009 [1929].

KELSEN, Hans. *Der Staat als Integration*: eine prinzipielle Auseinandersetzung. Viena: Springer, 1930.

KELSEN, Hans. *Die philosophischen Grundlagen der Naturrechtslehre und des Rechtspositivismus*. Charlottenburg: Pan-Verlag, 1928.

KELSEN, Hans. "Eine 'realistische' und die reine Rechtslehre: Bemerkungen zu Alf Ross: On Law and Justice". *Österreichische Zeitschrift für öffentliches Recht und Völkerrecht*, n° 10, 1959.

KELSEN, Hans. *General Theory of Law and State*. 3ª ed. Cambridge, Mass.: Harvard University Press, 1949 [1945].

KELSEN, Hans. "Hauptprobleme der Staatsrechtslehre. Entwickelt aus der Lehre vom Rechtssatze". *In*: KELSEN, H. (Coord.). *Hans Kelsen Werke*. vol. 2, Tübingen: Mohr, 2007 [1911].

KELSEN, Hans. Juristischer Formalismus und reine Rechtslehre. *Juristische Wochenschrift*, n° 58, 1929.

KELSEN, Hans. *Peace Through Law*. Chapel Hill: University of North Carolina Press, 1944.

KELSEN, Hans. *Pure Theory of Law*. Clark N.J.: Lawbook Exchange, 2005 [1960].

KELSEN, Hans. *Reine Rechtslehre*: Einleitung in die rechtswissenschaftliche Problematik. Studienausgabe der 1ª ed. 1934, herausgegeben und eingeleitet von Matthias Jestaedt. Tübingen: Mohr Siebeck, 2008 [1934].

KELSEN, Hans. *Reine Rechtslehre*. Viena: Franz Deuticke, 1960.

KELSEN, Hans. *Reine Rechtslehre*. Viena: Österreichische Staatsdruckerei, 1992 [1960].

KELSEN, Hans. "The judgment of the Staatsgerichtshof of 25 October 1932". *In*: VINX, L. (Coord). *The guardian of the constitution*: Hans Kelsen and Carl

Schmitt on the limits of constitutional law. United Kingdom: Cambridge University Press, 2015 [1932].

KELSEN, Hans. "The Law as a Specific Social Technique". *In*: KELSEN, H. (Coord.). *What is Justice?* justice, law, and politics in the mirror of science. Union: Lawbook Exchange, 2000 [1941].

KELSEN, Hans. "The Legal Status of Germany According to the Declaration of Berlin". *American Journal of International Law*, n° 39, 1945. Doi:10.2307/2193527.

KELSEN, Hans. "The Pure Theory of Law and Analytical Jurisprudence". *Harvard Law Review*, n° 55, 1941. Doi:10.2307/1334739.

KELSEN, Hans. "The Pure Theory of Law, 'Labandism', and Neo-Kantism. A Letter to Renato Treves". *In*: PAULSON, S. L.; PAULSON, B. L. (Coord.). *Normativity and Norms*: critical perspectives on Kelsenian themes. Oxford: Clarendon Press, 1998 [1933].

KELSEN, Hans. "The Rule against Ex Post Facto Laws and the Prosecution of the Axis War Criminals". *The Judge Advocate Journal*, n° 2, 1945.

KELSEN, Hans. "Unrecht und Unrechtsfolge im Völkerrecht". *Zeitschrift für öffentliches Recht*, n° 12, 1932.

KELSEN, Hans. "Verteidigung der Demokratie". *In*: JESTAEDT, M.; LEPSIUS, O. (Coord.). *Verteidigung der Demokratie*: Abhandlungen zur Demokratietheorie. Tübingen: Mohr Siebeck, 2006 [1932].

KELSEN, Hans. "Von Wert und Wesen der Demokratie". 1ª ed. *In*: JESTAEDT, M.; LEPSIUS, O. (Coord.). *Verteidigung der Demokratie*: Abhandlungen zur Demokratietheorie. Tübingen: Mohr Siebeck, 2006 [1920].

KELSEN, Hans. "Von Wert und Wesen der Demokratie". 2ª ed. *In*: JESTAEDT, M.; LEPSIUS, O. (Coord.). *Verteidigung der Demokratie*: Abhandlungen zur Demokratietheorie. Tübingen: Mohr Siebeck, 2006 [1929].

KELSEN, Hans. "Vorrede zur zweiten Auflage". *In*: KELSEN, H. *Hauptprobleme der Staatsrechtslehre*: Entwickelt aus der Lehre vom Rechtssatze. 2ª ed. Tübingen: Mohr, 1923 [1911].

KELSEN, Hans. "Vorwort. Revue Internationale de la Théorie du Droit". *Internationale Zeitschrift für Theorie des Rechts*, n° 1, 1926.

KELSEN, Hans. *Was ist die Reine Rechtslehre?*. Frankfurt: Polygraph Verlag, 1953.

KELSEN, Hans. *Wer soll der Hüter der Verfassung sein?* Abhandlungen zur Theorie der Verfassungsgerichtsbarkeit in der pluralistischen, parlamentarischen Demokratie. Tübingen: Mohr Siebeck, 2008 [1929].

REFERÊNCIAS BIBLIOGRÁFICAS

KELSEN, Hans. "What is Justice?". *In*: KELSEN, H. (Coord.). *What is Justice?* justice, law, and politics in the mirror of science. Union: Lawbook Exchange, 2000 [1952].

KELSEN, Hans. "Wissenschaft und Demokratie". *In*: JESTAEDT, M.; LEPSIUS, O. (Coord.). *Verteidigung der Demokratie*: Abhandlungen zur Demokratietheorie. Tübingen: Mohr Siebeck, 2006 [1937].

KELSEN, Hans; ARNOLD, Eckhart. *A new science of politics*: Hans Kelsen's reply to Eric Voegelin's "New science of politics". A contribution to the critique of ideology. Practical philosophy. vol. 6, Frankfurt: Ontos, 2004.

KERSHAW, Ian. *Der Hitler-Mythos*: Führerkult und Volksmeinung. Stuttgart: Deutsche Verlags-Anstalt, 1999.

KERSHAW, Ian. *Hitler 1889-1935*: Hubris. Toronto: Penguin Books, 2001.

KERSHAW, Ian. *Hitler 1936-1945*: Nemesis. Nova York: W.W. Norton, 2001.

KERSTEN, Jens. "Warum Georg Jellinek?". *In*: ANTER, A. (Coord.). *Die normative Kraft des Faktischen*: das Staatsverständnis Georg Jellineks. Baden-Baden: Nomos, 2004.

KIPP, Heinrich. *Mensch, Recht und Staat*. Köln: Pick, 1947.

KIPP, Heinrich. *Naturrecht und moderner Staat*. Nürnberg: Glock & Lutz, 1950.

KIPP, Heinrich. *Staatslehre*. Köln: Banduin Pick, 1949.

KIRK, Tim. *Cassell's dictionary of modern German history*. Londres: Cassell, 2002.

KIRCHHEIMER, Otto. "Die Rechtsordnung des Nationalsozialismus". *In*: BLANKE, B. (Coord.). *Der Unrechts-Staat*: Recht und Justiz im Nationalsozialismus. 2ª ed. Baden-Baden: Nomos, 1983.

KIRCHHEIMER, Otto. *Von der Weimarer Republik zum Faschismus*: die Auflösung der demokratischen Rechtsordnung. Frankfurt: Suhrkamp, 1976.

KITCHEN, Martin. *História da Alemanha moderna*: de 1800 aos dias de hoje. São Paulo: Cultrix, 2013.

KLEE, Ernst. *Das Personenlexikon zum Dritten Reich*: wer war was vor und nach 1945. 5ª ed. Frankfurt: Fischer-Taschenbuch-Verlag, 2015.

KLENNER, Hermann. *Rechtsleere*: Verurteilung der Reinen Rechtslehre. Frankfurt: Marxistische Blätter, 1972.

KOELLREUTTER, Otto. *Der nationale Rechtsstaat*: zum Wandel der deutschen Staatsidee. Tübingen: Mohr, 1932.

KOELLREUTTER, Otto. *Deutsches Verfassungsrecht*. 1ª ed. Berlim: Junker & Dünnhaupt, 1935.

KOELLREUTTER, Otto. *Deutsches Verfassungsrecht*. 3ª ed. Berlim: Junker & Dünnhaupt, 1938.

KOELLREUTTER, Otto. "Rezension. Kelsen, Hans. Vom Wesen und Wert der Demokratie". *Archiv des öffentlichen Rechts*, nº 17, 1929.

KOELLREUTTER, Otto. "Staatsrechtswissenschaft und Politik". *Deutsche Juristen-Zeitung*, nº 33, 1928.

KORB, Axel-Johannes. *Kelsens Kritiker*: ein Beitrag zur Geschichte der Rechts- und Staatstheorie. Tübingen: Mohr Siebeck, 2010.

KORIOTH, Stefan. "'…soweit man nicht aus Wien ist oder aus Berlin: Die Smend/Kelsen-Kontroverse". *In*: PAULSON, S. L.; STOLLEIS, M. (Coord.). *Hans Kelsen*: Staatsrechtslehrer und Rechtstheoretiker des 20 Jahrhunderts. Tübingen: Mohr Siebeck, 2005.

KORIOTH, Stefan. "Kelsen im Diskurs: Die Weimarer Jahre". *In*: JESTAEDT, M. (Coord.). *Hans Kelsen und die Staatsrechtslehre*. Tübingen: Mohr Siebeck, 2013.

KÖSTERS, Christophers; RUFF, Mark Edward. *Die katholische Kirche im Dritten Reich*: eine Einführung. 2ª ed. Freiburg: Herder, 2018.

KRAMER, Helmut. "Juristisches Denken als Legitimationsfassade zur Errichtung und Stabilisierung autoritärer Systeme". *In*: SCHUMANN, E. (Coord). *Kontinuitäten und Zäsuren*: Rechtswissenschaft und Justiz im "Dritten Reich" und in der Nachkriegszeit. Göttingen: Wallstein, 2008.

KRAUSS, Günther; SCHWEINICHEN, Otto von. *Disputation über den Rechtsstaat*. Hamburg: Hanseatische Verlagsanstalt, 1935.

KRAWIETZ, Werner. "Die Lehre vom Stufenbau des Rechts. Eine säkularisierte politische Theologie?" *In*: KRAWIETZ, W.; SCHELSKY, H. (Coord.). *Rechtssystem und gesellschaftliche Basis bei Hans Kelsen*. Rechtstheorie. vol. 5, Berlim: Duncker & Humblot, 1984.

KRAWIETZ, Werner; SCHELSKY, Helmut (Coord.). *Rechtssystem und gesellschaftliche Basis bei Hans Kelsen*. Rechtstheorie, vol. 5, Berlim: Duncker & Humblot, 1984.

KRAWIETZ, Werner; TOPITSCH, Ernst; KOLLER, Peter (Coord.). *Ideologiekritik und Demokratietheorie bei Hans Kelsen*. Rechtstheorie, vol. 4, Berlim: Duncker & Humblot, 1982.

KRIELE, Martin. *Recht und praktische Vernunft*. Göttingen: Vandenhoeck und Ruprecht, 1979.

REFERÊNCIAS BIBLIOGRÁFICAS

KREILE, Reinhold. "Eine deutsche Magna Charta der Selbstbesinnung". *Frankfurter Hefte*, n° 9, 1954.

KREUTZ, Peter. *Rechtsgeschichte Checkit! Epochenthema Recht und Willkür*: Recht in der Diktatur. Stuttgart. Version 2.0. Mobile App.

KRÜGER, Hebert. "Naturrecht in Gegenwart und Vergangenheit". *Zeitschrift für die gesamte Staatswissenschaft*, n° 99, 1939.

KÜBLER, Friedrich Karl. "Der deutsche Richter und das demokratische Gesetz: Versuch einer Deutung aus richterlichen Selbstzeugnissen". *Archiv für die civilistische Praxis*, n° 162, 1953.

KÜCHENHOFF, Günther. *Naturrecht und Christentum*. Düsseldorf: Bastion Verlag, 1948.

KÜHNL, Reinhard. *Deutschland seit der Französischen Revolution*: Untersuchungen zum deutschen Sonderweg. Heilbronn: Distel Verlag, 1996.

KÜNNECKE, Arndt. "Die Naturrechtsrenaissance in Deutschland nach 1945 in ihrem Historischen Kontext: Mehr als nur eine Rechtsphilosophische Randnotiz?". *Annales de la Faculté de Droit d'Istanbul*, n° 45, 2015.

LABAND, Paul. "Alfredo Bartolomei, Diritto pubblico e teoria della conoscenza!". *Archiv des öffentlichen Rechts*, n° 19, 1905.

LABAND, Paul. *Das Budgetrecht*: Nach den Bestimmungen der Preussischen Verfassungs-Urkunde unter Berücksichtigung des Norddeutschen Bundes. Berlim: De Gruyter, 1871.

LABAND, Paul. *Das Staatsrecht des Deutschen Reiches*. vol. 1, Tübingen: Laupp, 1876.

LABAND, Paul. *Das Staatsrecht des Deutschen Reiches*. vol. 2, Tübingen: Laupp, 1878.

LAMPRECHT, Rolf. *Ich gehe bis nach Karlsruhe*: eine Geschichte des Bundesverfassungsgerichts. Munique: Deutsche Verlags-Anstalt, 2011.

LANDAU, Peter. "Die deutschen Juristen und der nationalsozialistische Deutsche Juristentag in Leipzig 1933". *Zeitschrift für Neuere Rechtsgeschichte*, n° 6, 1994.

LANGE, Heinrich. *Bürgerliches Recht. Deutsche Wissenschaft*: Arbeit und Aufgabe. Leipzig: Hirzel, 1939.

LANGE, Heinrich. *Vom Gesetzesstaat zum Rechtsstaat*. Tübingen: J.C.B. Mohr, 1934.

LANGNER, Albrecht. *Der Gedanke des Naturrechts seit Weimar und in der Rechtsprechung der Bundesrepublik*. Bonn: H. Bouvier u. Co. Verlag, 1959.

LARENZ, Karl. *Deutsche Rechtserneuerung und Rechtsphilosophie*. Tübingen: Mohr, 1934.

LARENZ, Karl. *Methodenlehre der Rechtswissenschaft*. Berlim, Göttingen, Heidelberg: Springer, 1960.

LARENZ, Karl. *Rechts- und Staatsphilosophie der Gegenwart*. 2ª ed. Berlim: Junker & Dünnhaupt, 1935.

LARENZ, Karl. "Rez. zu Coing 'Die obersten Grundsätze des Rechts'". *Neue Juristische Wochenschrift*, 1950.

LASSALE, Ferdinand. *A essência da Constituição*. 5ª ed. Rio de Janeiro: Editora Lumen Juris, 2000.

LASK, Emil. "Rechtsphilosophie". *In*: LASK, E. *Gesammelte Schriften*. vol. 1, Tübingen: J.C.B. Mohr, 1923 [1905].

LAUN, Rudolf. *Naturrecht und Völkerrecht*. Göttingen: Vandenhoeck & Ruprecht, 1954.

LEAL, Fernando. "A Constituição diz o que eu digo que ela diz: formalismo inconsistente e textualismo oscilante no Direito Constitucional brasileiro". *Revista Brasileira de Direitos Fundamentais e Justiça*, nº 12, 2018.

LEAL, Fernando. "O Formalista Expiatório: Leituras impuras de Kelsen no Brasil". *Revista de Direito da Fundação Getúlio Vargas*, nº 10, 2014.

LEAL, Fernando. "Seis objeções ao Direito Civil-Constitucional". *Revista Brasileira de Direitos Fundamentais e Justiça*, nº 9, 2015.

LEAL, Fernando. *Ziele und Autorität*: zu den grenzen teleologischen Rechtsdenkens. Baden-Baden: Nomos, 2014.

LEEB, Johannes. "Dreierlei". *Deutsche Richterzeitung*, nº 13, 1921.

LEITER, Brian. "Legal realism, hard positivism, and the limits of conceptual analysis". *In*: COLEMAN, J. (Coord.). *Hart's postscript*: essays on the postscript to 'the concept of law'. Nova York: Oxford University Press, 2001, cap. 10.

LEITER, Brian. "Why legal positivism?". *University of Chicago, Chicago, Public Law and Legal Theory Working Paper*, 2009. Disponível em: https://papers.ssrn.com/sol3/papers.cfm?abstract_id=1521761. Acessado em: 17.06.2021.

LEONHARD, Jörn. *Liberalismus*: zur historischen Semantik eines europäischen Deutungsmusters. Munique: Oldenbourg, 2001.

LEPSIUS, Oliver. *Die gegensatzaufhebende Begriffsbildung*: Methodenentwicklungen in der Weimarer Republik und ihr Verhältnis zur Ideologisierung der Rechtswissenschaft im Nationalsozialismus. Munique: C.H. Beck, 1994.

REFERÊNCIAS BIBLIOGRÁFICAS

LEPSIUS, Oliver. "Die Wiederentdeckung Weimars durch die bundesdeutsche Staatsrechtslehre". *In*: GUSY, C. (Coord.). *Weimars lange Schatten*: "Weimar" als Argument nach 1945. Baden-Baden: Nomos, 2003.

LEPSIUS, Oliver. "Hans Kelsen und die Pfadabhängigkeit in der deutschen Staatsrechtslehre". *In*: JESTAEDT, M. (Coord.). *Hans Kelsen und die deutsche Staasrechtslehre*. Tübingen: Mohr Siebeck, 2013.

LEPSIUS, Oliver. "Rechtswissenschaft in der Demokratie". *Der Staat*, n° 52, 2013, pp. 157 e ss. Disponível em: http://www.jstor.org/stable/43747962. Acessado em: 22.09.2020.

LEPSIUS, Oliver. "Themen einer Rechtswissenschaftstheorie". *In*: JESTAEDT, M.; LEPSIUS, O. (Coord.). *Rechtswissenschaftstheorie*. Tübingen: Mohr Siebeck, 2008.

LERCHE, Peter. "Theodor Maunz (1901-1993)". *In*: HÄBERLE, P.; KILIAN, M.; WOLFF, H. (Coord.). *Staatsrechtslehrer des 20 Jahrhunderts*. Berlim: De Gruyter, 2015.

LEVITSKY, Steven; ZIBLATT, Daniel. *How democracies die*. Nova York: Crown, 2018.

LIPPOLD, Rainer. *Recht und Ordnung*: statik und Dynamik der Rechtsordnung. vol. 21, Viena: Manz, 2000. (Schriftenreihe des Hans Kelsen-Instituts).

LLEWELLYN, Karl N. *The bramble bush*: on our law and its study. Nova York: Oceana Publications, 1930.

LOCHAK, Danièle. "La doctrine sous Vichy ou les mésaventures du positivisme". *In*: LOCHAK, D. (Coord.). *Les Usages Sociaux du Droit*. Paris: Presses Universitaires de France, 1989.

LOSANO, Mario G. *Sistema e estrutura no Direito*. vol. 2, São Paulo: WMF Martins Fontes, 2010.

LOSANO, Mario G. "Introdução". *In*: KELSEN, H. *O problema da justiça*. 3ª ed. São Paulo: Martins Fontes, 1998.

LYNCH, Christian Edward Cyril; MENDONÇA, José Vicente Santos de. "Por uma história constitucional brasileira: uma crítica pontual à doutrina da efetividade". *Revista Direito & Práxis*, n° 8, 2017.

MAAS, Heiko (Coord.). *Furchtlose Juristen*: Richter und Staatsanwälte gegen das NS-Unrecht. Munique: C.H. Beck, 2017.

MACIEL, Anor Butler. *Aspectos modernos do Direito*. Porto Alegre: [s./e.], 1943.

MAHLMANN, Matthias. *Rechtsphilosophie und Rechtstheorie*. 4ª ed. Baden-Baden: Nomos, 2017.

MAHNMARKEN FÜR DIE RECHTSPFLEGE (Verfügung des Thür. Just. Min. vom 9. 6.1934). *Juristische Wochenschrift*, nº 31, 1934.

MAIHOFER, Werner. "Die Revolte der Jugend für die Evolution der Gesellschaften in Ost und West". *In*: SZCZESNY, G. (Coord.). *Club Voltaire*: Jahrbuch für kritische Aufklärung. vol. 2, Munique, 1967.

MAIHOFER, Werner. "Rechtstheorie als Basisdisziplin der Jurisprudenz". *In*: ALBERT, H. (Coord.). *Rechtstheorie als Grundlagenwissenschaft der Rechtswissenschaft*. Bielfeld: Bertelsmann, 1972.

MANGABEIRA, João. *Em torno da Constituição*. São Paulo: Companhia Editora Nacional, 1934.

MANGOLDT, Hermann von. *Das Bonner Grundgesetz*. Berlim: Vahlen, 1953.

MARTIN, Bernd. *Die deutsche Kapitulation*: Versuch einer Bilanz des Zweiten Weltkrieges. FreiUnBl, 1995. Disponível em: https://freidok.uni-freiburg.de/data/2012#?. Acessado em: 10.01.2018.

MARXEN, Klaus. *Der Kampf gegen das liberale Strafrecht*: eine Studie zum Antiliberalismus in der Strafrechtswissenschaft - der zwanziger und dreißiger Jahre. Berlim: Duncker & Humblot, 1975.

MATA, Sergio Ricardo da. "O Collegium Philosophicum e o destino da Democracia Liberal". *Estadão*. Estado da Arte. 9 jan. 2021. Disponível em: https://estadodaarte.estadao.com.br/collegium-philosophicum-damata/. Acessado em: 09.01.2021.

MATOS, Andityas Soares de Moura Costa; SOUZA, Joyce Karine de Sá. "Sobrevivências do nazifascismo na teoria jurídica contemporânea e seus reflexos na interpretação judicial brasileira". *Revista de Estudos Constitucionais, Hermenêutica e Teoria do Direito*, vol. 9, nº 3, p. 298, 2017.

MAUNZ, Theodor. *Das Ende des subjektiven öffentlichen Rechts*. Tübingen: Laupp, 1935.

MAUNZ, Theodor. *Neue Grundlagen des Verwaltungsrechts*. Hamburg: Hanseatische Verlagsanstalt, 1934.

MAUNZ, Theodor; SCHMIDT-BLEIBTREU, Bruno; WINTER, Klaus; GRASSHOF, Karin; MELLINGHOFF, Rudolf; KLEIN, Franz; HÖMIG, Dieter (Coord.). *Bundesverfassungsgerichtsgesetz*: Kommentar. Munique: Beck, 2019.

MAUS, Ingeborg. "Juristische Methodik und Justizfunktion im Nationalsozialismus". *In*: MAUS, I. (Coord.). *Justiz als gesellschaftliches*

Über-Ich: zur Position der Rechtsprechung in der Demokratie. Berlim: Suhrkamp, 2018.

MAUS, Ingeborg. "Justiz als gesellschaftliches Über-Ich: zur Funktion von Rechtsprechung in der 'vaterlosen Gesselschaft'". In: MAUS, I. (Coord.). *Justiz als gesellschaftliches Über-Ich*: zur Position der Rechtsprechung in der Demokratie. Berlim: Suhrkamp, 2018.

MAUSBACH, Joseph. *Naturrecht und Völkerrecht*. Freiburg: Herder, 1918.

MAYER, Max Ernst. *Rechtsphilosophie*. Berlim: Julius Springer, 1922.

MEDINA, Diego Eduardo López. *Teoría impura del derecho*: la transformación de la cultura jurídica latinoamericana. Bogotá: Legis, 2004.

MEIER, Heirich. "Epilog. Die Vergangenheit einer Illusion". *In*: GRAF, F. W.; MEYER, H. (Coord.). *Die Zukunft der Demokratie*: Kritik und Plädoyer. Munique: C. H. Beck, 2018.

MÉTALL, Rudolf Aladár. *Hans Kelsen*: Leben und Werk. Viena: Deuticke, 1969.

MEYER-HESEMANN, Wolfgang. "Legalität und Revolution: zur Verklärung der nationalsozialistischen Machtergreifung als 'Legale Revolution'". *In*: SALJE, P.; DENCKER, F. (Coord.). *Recht und Unrecht im Nationalsozialismus*. Münster: Regensberg & Biermann, 1985.

MEYERS LEXIKON. 5. Band: Gleichenberg-Japan. 8ª ed. Meyers Lexikon Meyer. Leipzig: Bibliographisches Institut A. G., 1938.

MEYER, Theodor. *Die Grundsätze der Sittlichkeit und des Rechts*. Freiburg: Herder, 1868.

MEZGER, Edmund. *Deutsches Strafrecht*. Berlim: Junker & Dünnhaupt, 1938.

MICHAELIS, Herbert. *Ursachen und Folgen*: vom deutschen Zusammenbruch 1918 und 1945 bis zur staatlichen Neuordnung in der Gegenwart - Das Dritte Reich Der Angriff auf die deutschen Grenzen. Berlim: Wendler & Co., 1976.

MITTEIS, Heinrich. *Vom Lebenswert der Rechtsgeschichte*. Weimar: Böhlau, 1947.

MÖLLERS, Christoph. "Democracy and Human Dignity: Limits of a Moralized Conception of Rights in German Constitutional Law". *Israel Law Review*, nº 42, 2009.

MÖLLERS, Christoph. *Der vermisste Leviathan*: Staatstheorie in der Bundesrepublik. Frankfurt: Suhrkamp, 2008.

MÖLLERS, Christoph. *Staat als Argument*. 2ª ed. Tübingen: Mohr Siebeck, 2011.

MOMMSEN, Hans. *Aufstieg und Untergang der Republik von Weimar (1918-1933)*. 3ª ed. Berlim: Ullstein, 2009.

MORRISON, Wayne. *Jurisprudence*: from the Greeks to post-modernism. Londres: Cavendish, 1997.

MOUNK, Yascha. *The People vs. Democracy*: why our freedom is in danger and how to save it. Cambridge: Harvard University Press, 2018.

MÜLLER, Claudius. *Die Rechtsphilosophie des Marburger Neukantianismus*: Naturrecht und Rechtspositivismus in der Auseinandersetzung zwischen Hermann Cohen, Rudolf Stammler und Paul Natorp. Tübingen: J.C.B. Mohr, 1994.

MÜLLER, Ingo. *Furchtbare Juristen*: die unbewältigte Vergangenheit unserer Justiz. Munique: Kindler, 1987.

MÜLLER, Ingo. *Hitler's justice*: the courts of the third Reich. Harvard: Harvard University Press, 1992.

MUßGNUG, Reinhard. "Paul Laband (1838-1918)". *In*: HÄBERLE, P.; KILIAN, M.; WOLFF, H. (Coord.). *Staatsrechtslehrer des 20 Jahrhunderts*. Berlim: De Gruyter, 2015.

NAWIASKY, Hans. "Ist Deutschland noch ein Staat?". *Die neue Zeitung*, nº 25, 1948.

NELSON, Leonard. *Die Rechtswissenschaft ohne Recht*: Kritische Betrachtungen über die Grundlagen des Staats- und Völkerrechts insbesondere über die Lehre von der Souveränität. Leipzig: Veit, 1917.

NEUMANN, Franz L. *Behemoth*: Struktur und Praxis des Nationalsozialismus (1933-1944). Hamburgo: CEP Europäische Verlagsanstalt, 2013.

NEUMANN, Ulfrid. "Die Tyrannei der Würde: Argumentationstheoretische Erwägungen zum Menschenwürdeprinzip". *Archiv für Rechts- und Sozialphilosophie*, nº 84, 1998.

NEUMANN, Ulfrid. "Rechtsphilosophie in Deutschland seit 1945". *In*: SIMON, D. (Coord.). *Rechtswissenschaft in der Bonner Republik*: Studien zur Wissenschaftsgeschichte der Jurisprudenz. Frankfurt: Suhrkamp, 1994.

NEUMANN, Volker. *Carl Schmitt als Jurist*. Tübingen: Mohr Siebeck, 2015.

NIEKISCH, Ernst. *Das Reich der niederen Dämonen*. Hamburg: Rowohlt, 1953.

NINO, Carlos Santiago. *Introducción al Analisis del Derecho*. 2ª ed. Buenos Aires: Astrea, 1998.

REFERÊNCIAS BIBLIOGRÁFICAS

OESTMANN, Peter. "Die Zwillingsschwester der Freiheit. Die Form im Recht als Problem der Rechtsgeschichte". *In*: OESTMANN, P. (Coord.). *Zwischen Formstrenge und Billigkeit*. Köln: Böhlau, 2009.

OTT, Walter. *Der Rechtspositivismus*: Kritische Würdigung auf der Grundlage eines juristischen Pragmatismus. 2ª ed. Berlim: Duncker und Humblot, 1992.

OTT, Walter. "Was heißt Rechtspositivismus?" *In*: MAYER-MALY, D.; AMBROSETTI, G.; MARCIC, R. (Coord.). *Das Naturrechtsdenken heute und morgen*: Gedächtnisschrift für René Marcic. Berlim: Duncker & Humblot, 1983.

OTT, Walter; BUOB, Franziska. "Did Legal Positivism Render German Jurists Defenceless during the Third Reich?". *Social and Legal Studies*, nº 2, 1993.

OTTE, Gerhard. "Rechtspositivismus". *In*: *Staatslexikon*. 7ª ed. Freiburg: Herder, 1988.

OOYEN, Robert Christian van. *Hans Kelsen*: neuere Forschungen und Literatur. Frankfurt: Verlag für Verwaltungswissens, 2019.

OOYEN, Robert Christian van. "Kelsen-Renaissance: Neuere Forschung und Rezeption zu einer langjährigen persona non grata der (bundes)deutschen Staatsrechtslehre". *Journal der juristischen Zeitgeschichte*, nº 2, 2017.

OOYEN, Robert Christian van. *Hans Kelsen und die offene Gesellschaft*. 2ª ed. Wiesbaden: Springer, 2017.

OOYEN, Robert Christian van. *Integration*: die antidemokratische Staatstheorie von Rudolf Smend im politischen System der Bundesrepublik. Wiesbaden: Springer, 2014.

ÖZMEN, Elif *et al*. (Coord.). *Hans Kelsens politische Philosophie*. Tübingen: Mohr Siebeck, 2017.

PALONEN, Kari. "The History of Concepts as a Style of Political Theorizing Quentin Skinner's and Reinhart Koselleck's Subversion of Normative Political Theory". *European Journal of Political Theory*, nº 1, 2002. Doi:10.1 177/1474885102001001007.

PAUER-STUDER, Herlinde. *Justifying injustice*: legal theory in Nazi Germany. Cambridge: Cambridge University Press, 2020.

PAULSON, Stanley L. "Classical Legal Positivism at Nuremberg". *Philosophy & Public Affairs*, nº 4, 1975.

PAULSON, Stanley L. "Ein ewiger Mythos: Gustav Radbruch als Positivist - Teil I". *JuristenZeitung*, nº 63, 2008.

PAULSON, Stanley L. "Formalism, 'free law', and the 'cognition' quandary: Hans Kelsen's approaches to legal interpretation". *The University of Queensland Law Journal*, n° 27, 2008.

PAULSON, Stanley L. "Hans Kelsen and Carl Schmitt: Growing Discord, Culminating in the 'Guardian' Controversy of 1931". *In*: MEIERHENRICH, J.; SIMONS, O. (Coord.). *The Oxford handbook of Carl Schmitt*. Nova York: Oxford University Press, 2016.

PAULSON, Stanley L. "Introduction". *In*: PAULSON, S. L.; PAULSON, B. L. (Coord.). *Normativity and Norms*: critical perspectives on Kelsenian themes. Oxford: Clarendon Press, 1998.

PAULSON, Stanley L. "Lon L. Fuller, Gustav Radbruch, and the 'Positivist' Theses". *Law and Philosophy*, n° 13, 1994. Doi:10.2307/3504918.

PAULSON, Stanley L. "On the Background and Significance of Gustav Radbruch's Post-War Papers". *Oxford Journal of Legal Studies*, vol. 26, 2006. Doi:10.1093/ojls/gqi043.

PAULSON, Stanley L. "Radbruch on Unjust Laws: Competing Earlier and Later Views?". *Oxford Journal of Legal Studies*, vol. 15, 1995. Doi:10.1093/ojls/15.3.489.

PAULSON, Stanley L. "The very idea of legal positivism". *Revista Brasileira de Estudos Políticos*, n° 102, 2011.

PAULSON, Stanley L. "Zur Kontinuität der nichtpositivistischen Rechtsphilosophie Gustav Radbruchs". *In*: BOROWSKI, M.; PAULSON, S. L. (Coord.). *Die Natur des Rechts bei Gustav Radbruch*. Tübingen: Mohr Siebeck, 2015.

PAULSON, Stanley L; PAULSON, Bonnie Litschewski (Coord.). *Normativity and Norms*: critical perspectives on Kelsenian themes. Oxford: Clarendon Press, 1998.

PAULSON, Stanley L.; STOLLEIS, Michael (Coord.). *Hans Kelsen*: Staatsrechtslehrer und Rechtstheoretiker des 20 Jahrhunderts. Tübingen: Mohr Siebeck, 2005.

PAULY, Walter. *Der Methodenwandel im deutschen Spätkonstitutionalismus*: ein Beitrag zu Entwicklung und Gestalt der Wissenschaft vom Öffentlichen Recht im 19 Jahrhundert. Tübingen: J.C.B. Mohr, 1993.

PAULY, Walter. "Rudolf Laun (1882-1975)". *In*: HÄBERLE, P.; KILIAN, M.; WOLFF, H. (Coord.). *Staatsrechtslehrer des 20 Jahrhunderts*. Berlim: De Gruyter, 2015.

REFERÊNCIAS BIBLIOGRÁFICAS

PAVCNIK, Marijan. "An den Grenzen der Reinen Rechtslehre: Die Rechtsauffassung von Leonid Pitamic". *In: Archiv für Rechts- und Sozialphilosophie*, nº 81, 1995. Disponível em: http://www.jstor.org/stable/23680085. Acessado em: 30.03.2019.

PETERS, Hans. "Der Streit und die 131er-Entscheidungen des Bundesverfassungsgerichts". *In: JuristenZeitung*, nº 9, 1954. Disponível em: http://www.jstor.org/stable/20803587. Acessado em: 21.09.2019.

PFAHL-TRAUGHBER, Armin. *Linksextremismus in Deutschland*: eine Kritische Bestandsaufnahme. Wiesbaden: Verlag für Sozialwissenschaften, 2014.

PFORDTEN, Dietmar von der. "Gustav Radbruch – über den Charakter und das Bewahrenswerte seiner Rechtsphilosophie". *JuristenZeitung*, nº 65, 2010.

PFORDTEN, Dietmar von der. "Zur Würde des Menschen bei Kant". *Jahrbuch für Recht und Ethik*, nº 14, 2006.

PHILLIPS, Denise. "Trading Epistemological Insults: 'Positivist Knowledge' and Natural Science in Germany, 1800-1850". *In*: FEITCHINGER, J.; FILLAFER, F. L.; SURMAN, J. (Coord.). *The Worlds of Positivism*: a Global Intellectual History, 1770-1930. Londres: Pallgrave Macmillan, 2018.

PIKART, Eberhard; WERNER, Wolfram (Coord). *Der Parlamentarische Rat (1948-1949)*: Akten und Protokolle. Boppard: Boldt, 1983.

POLDECH, Adalbert. "Besteht in der Bundesrepublik Gewissens- und Religionsfreiheit". *In*: SZCZESNY, G. (Coord.). *Club Voltaire*: Jahrbuch für kritische Aufklärung. vol. 1, Munique: Szczesny Verlag, 1963.

POPPER, Karl R. *Die offene Gesellschaft und ihre Feinde*. vol. 1, Der Zauber Platons. 7ª ed. Tübingen: Mohr, 1992.

POPPER, Karl R. *Die offene Gesellschaft und ihre Feinde*. vol. 2, Falsche Propheten. Hegel, Marx und die Folgen. 7ª ed. Tübingen: Mohr, 1992.

POPPER, Karl R. *Logik der Forschung*. 11ª ed. Gesammelte Werke in deutscher Sprache. Tübingen: Mohr Siebeck, 2005.

POPPER, Karl R. "Vermutungen und Widerlegungen: Das Wachstum der wissenschaftlichen Erkentniss". *In*: POPPER, K. R.; KEUTH, H. (Coord.). *Gesammelte Werke in deutscher Sprache*. 2ª ed. Tübingen: Mohr Siebeck, 1963.

POUND, Roscoe. "Law and the Science of Law in Recent Theories". *Yale Law Journal*, nº 43, 1934.

PRESSBURGER, Thomaz Miguel. "Direito: a Alternativa". *In*: ORDEM DOS ADVOGADOS DO BRASIL - RJ. *Perspectiva sociológica do direito*: dez anos de pesquisa. Rio de Janeiro: Thex; OAB/RJ; Universidade Estácio de Sá, 1995.

PURCELL, Edward A. "Democracy, the Constitution, and Legal Positivism in America: Lessons from a Winding and Troubled History". *Florida Law Review*, n° 66, 2014. Disponível em: https://ssrn.com/abstract=2622212. Acessado em: 23.11.2019.

RADBRUCH, Gustav. "Der Relativismus in der Rechtsphilosophie". *In*: KAUFMANN, A. (Coord.). *Rechtsphilosophie*. Gesamtausgabe Gustav Radbruch. vol. 3, Heidelberg: Müller, 1990 [1934].

RADBRUCH, Gustav. "Die Erneuerung des Rechts". *In*: KAUFMANN, A. (Coord.). *Rechtsphilosophie*. Gesamtausgabe Gustav Radbruch. vol. 3, Heidelberg: Müller, 1990 [1947].

RADBRUCH, Gustav. "Einführung in die Rechtswissenschaft". 2ª ed. *In*: KAUFMANN, A. (Coord.). *Rechtsphilosophie*. Gesamtausgabe Gustav Radbruch. vol. 1, Heidelberg: Müller, 1987 [1929].

RADBRUCH, Gustav. "Erneuerung des Rechts". *In*: KAUFMANN, A. (Coord.). *Rechtsphilosophie*. Gesamtausgabe Gustav Radbruch. vol. 3, Heidelberg: Müller, 1990 [1946].

RADBRUCH, Gustav. "Five minutes of legal philosophy". *Oxford Journal of Legal Studies*, n° 26, 2006 [1945].

RADBRUCH, Gustav. "Fünf Minuten Rechtsphilosophie". *In*: KAUFMANN, A. (Coord.). *Rechtsphilosophie*. Gesamtausgabe Gustav Radbruch. vol. 3, Heidelberg: Müller, 1990 [1945].

RADBRUCH, Gustav. "Gesetzliches Unrecht und übergesetzliches Recht". *In*: KAUFMANN, A. (Coord.). *Rechtsphilosophie*. Gesamtausgabe Gustav Radbruch. vol. 3, Heidelberg: Müller, 1990 [1946].

RADBRUCH, Gustav. "Gesetz und Recht". *In*: KAUFMANN, A. (Coord.). *Rechtsphilosophie*. Gesamtausgabe Gustav Radbruch. vol. 3, Heidelberg: Müller, 1990 [1947].

RADBRUCH, Gustav. "Ihr jungen Juristen!". *In*: BARATTA, A. (Coord.). *Politische Schriften aus der Weimarer Zeit*. Gesamtausgabe Gustav Radbruch, vol. 13, Heidelberg: Müller, 1993 [1919].

RADBRUCH, Gustav. "Literaturbericht Rechtsphilosophie". *In*: KAUFMANN, A. (Coord.). *Rechtsphilosophie*. Gesamtausgabe Gustav Radbruch. vol. 1, Heidelberg: Müller, 1987 [1905].

REFERÊNCIAS BIBLIOGRÁFICAS

RADBRUCH, Gustav. "Rechtsphilosophie". 3ª ed. *In*: KAUFMANN, A. (Coord.). *Rechtsphilosophie*. Gesamtausgabe Gustav Radbruch. vol. 2, Heidelberg: Müller, 1993 [1932].

RADBRUCH, Gustav. "Rechtsphilosophische Tagesfragen. Vorlesungsmanuskript. Kiel, Sommersemester 1919". *In*: ADACHI, H.; TEIFKE, N. (Coord.). *Rechtsphilosophische Tagesfragen*: Vorlesungsmanuskript, Kiel, Sommersemester 1919. Studien zur Rechtsphilosophie und Rechtstheorie. vol. 37, Baden-Baden: Nomos, 2004 [1919].

RADBRUCH, Gustav. "Rez. v. Joseph Mausbach, Naturrecht und Völkerrecht". *In*: KAUFMANN, A. (Coord.). *Rechtsphilosophie*. Gesamtausgabe Gustav Radbruch. vol. 1, Heidelberg: Müller, 1987 [1919].

RADBRUCH, Gustav. "Statutory lawlessness and supra-statutory law". *Oxford Journal of Legal Studies*, n° 26, 2006 [1946].

RADBRUCH, Gustav. "Vorschule der Rechtsphilosophie". *In*: KAUFMANN, A. (Coord.). *Rechtsphilosophie*. Gesamtausgabe Gustav Radbruch. vol. 3, Heidelberg: Müller, 1990 [1948].

RANGEL, Jesús Antonio de la Torre. *El derecho como arma de liberación en América Latina*: sociología jurídica y uso alternativo del derecho. Potosí: CENEJUS, Centro de Estudios Jurídicos y Sociales P. Enrique Gutiérrez, Facultad de Derecho de la Universidad Autónoma de San Luis Potosí, 2006.

RAWLS, John. *A theory of justice*. Cambridge, Mass: Belknap Press of Harvard University Press, 1971.

RAZ, Joseph. "The Purity of the Pure Theory". *In*: PAULSON, S. L.; PAULSON, B. L. (Coord.). *Normativity and Norms*: critical perspectives on Kelsenian themes. Oxford: Clarendon Press, 1998.

REHM, Hermann. *Geschichte der Staatsrechtswissenschaft*. Tübingen: Mohr, 1896.

REICHSTAGPROTOKOLLE. v. 22.10.1918, Bd. 314. Disponível em: https://www.reichstagsprotokolle.de/Blatt_k13_bsb00003418_00011.html. Acessado em: 27.02.2021.

RENSMANN, Thilo. *Wertordnung und Verfassung*: das Grundgesetz im Kontext grenzüberschreitender Konstitutionalisierung. Tübingen: Mohr Siebeck, 2007.

RICHTER, Hedwig. *Demokratie*: eine deutsche Affäre - Vom 18 Jahrhundert bis zur Gegenwart. 3ª ed. Munique: C.H. Beck, 2020.

RIEDEL, Manfred (Coord.). *Rehabilitierung der praktischen Philosophie*: Geschichte, Probleme, Aufgaben. vol. 1, Freiburg: Rombach, 1972.

RIEDEL, Manfred (Coord.). *Rehabilitierung der praktischen Philosophie*: Rezeption, Argumentation, Diskussion. vol. 2, Freiburg: Rombach, 1974.

RIEZLER, Erwin. "Der totgesagte Positivismus". *In*: PRINGSHEIM, F. (Coord.). *Festschrift Fritz Schulz*. vol. 2, Weimar: Hermann Böhlaus Nachfolger, 1951.

RINGER, Fritz K. *The decline of the German mandarins*: the German academic community (1890-1933). Cambridge Mass: Harvard University Press, 1969.

ROCHAU, August Ludwig von. *Grundsätze der Realpolitik*: Angewendet auf die staatlichen Zustände Deutschlands. Frankfurt: Ullstein, 1972.

RÖHL, Klaus F.; RÖHL, Hans Christian. *Allgemeine Rechtslehre*: ein Lehrbuch. 3ª ed. Munique: Heymann, 2008.

ROMMEN, Heinrich. *Die ewige Wiederkehr des Naturrechts.* 2ª ed. Munique: Kösel, 1947.

ROSENBAUM, Wolf. *Naturrecht und positives Recht*: Rechtssoziologische Untersuchungen zum Einfluß der Naturrechtslehre auf die Rechtspraxis in Deutschland seit Beginn des 19 Jahrhunderts. Darmstadt: Luchterhand Verlag, 1972.

ROSENFIELD, Luis. *Revolução Conservadora*: genealogia do Constitucionalismo Autoritário Brasileiro (1930-1945). Porto Alegre: ediPUCRS, 2021.

ROSS, Alf. *On law and justice.* Berkeley: University of California Press, 1974.

ROSS, Alf. "Validity and the Conflict between Legal Positivism and Natural Law". *In*: PAULSON, S. L.; PAULSON, B. L. (Coord.). *Normativity and Norms*: critical perspectives on Kelsenian themes. Oxford: Clarendon Press, 1998.

ROTHENBÜCHER, Karl *et al*. "Das Recht der freien Meinungsäußerung: DER BEGRIFF DES GESETZES IN DER REICHSVERFASSUNG". *Veröffentlichungen der Vereinigung der Deutschen Staatsrechtslehrer*, vol. 4, 1928. Doi:10.1515/9783110888232.

ROTTLEUTHNER, Hubert. "Das Nürnberger Juristenurteil und seine Rezeption in Deutschland: Ost und West". *Neue Justiz*, nº 51, 1997.

ROTTLEUTHNER, Hubert. *Karrieren und Kontinuitäten deutscher Justizjuristen vor und nach 1945*: Mit allen Grund- und Karrieredaten auf beiliegender CD-ROM. Berlim: BWV, Berliner Wissenschafts-Verlag, 2010.

ROTTLEUTHNER, Hubert. "Legal Positivism and National Socialism: a Contribution to a Theory of Legal Development". *German Law Journal*, nº 12, 2011.

REFERÊNCIAS BIBLIOGRÁFICAS

ROTTLEUTHNER, Hubert. "Substanzieller Dezisionismus. Zur Funktion der Rechtsphilosophie im Nationalsozialismus". *In*: ROTTLEUTHNER, H. (Coord.). *Recht, Rechtsphilosophie und Nationalsozialismus*: Vorträge aus der Tagung der Deutschen Sektion der Internationalen Vereinigung für Rechts- und Sozialphilosophie (IVR) in der Bundesrepublik Deutschland vom 11 und 12 Oktober 1982 in Berlin (West). Wiesbaden: Steiner, 1983.

RÜCKERT, Joachim. "Das gesunde Volksempfinden: Eine Erbschaft Savignys?". *In*: *Zeitschrift der Savigny-Stiftung für Rechtsgeschichte, Germanistische Abteilung*, nº 103, 1986.

RÜCKERT, Joachim. "Zu Kontinuitäten und Diskontinuitäten in der juristischen Methodendiskussion nach 1945". *In*: ACHAM, K. (Coord.). *Erkenntnisgewinne, Erkenntnisverluste*: Kontinuitäten und Diskontinuitäten in den Wirtschafts-, Rechts- und Sozialwissenschaften zwischen den 20er und 50er Jahren. Stuttgart: Steiner, 1998.

RUPP, Hans-Henrich. *Grundfragen der heutigen Verwaltungsrechtslehre*: Verwaltungsnorm und Verwaltungsrechtsverhältnis. Tübingen: Mohr, 1965.

RÜTHERS, Bernd. *Die unbegrenzte Auslegung*: zum Wandel der Privatrechtsordnung im Nationalsozialismus. Tübingen: Mohr Siebeck, 1968.

RÜTHERS, Bernd. *Die unbegrenzte Auslegung*: zum Wandel der Privatrechtsordnung im Nationalsozialismus. 6ª ed. Tübingen, Mohr Siebeck, 2005.

RÜTHERS, Bernd. *Die unbegrenzte Auslegung*: zum Wandel der Privatrechtsordnung im Nationalsozialismus. 7ª ed. Tübingen, Mohr Siebeck, 2017.

RÜTHERS, Bernd. *Entartetes Recht*: Rechtslehren und Kronjuristen im Dritten Reich. 2ª ed. Munique: Beck, 1989.

RÜTHERS, Bernd. *Geschönte Geschichten - Geschonte Biographien*: Sozialisationskohorten in Wendeliteraturen - Ein Essay. Tübingen: Mohr Siebeck, 2001.

RÜTHERS, Bernd. "Recht oder Gesetz? Gründe und Hintergründe der Naturrechtsrenaissance – zugleich eine Besprechung zu Lena Foljanty: Recht oder Gesetz". *JuristenZeitung*, nº 68, 2013.

RÜTHERS, Bernd; FISCHER, Christian; BIRK, Axel. *Rechtstheorie*: Mit Juristischer Methodenlehre. 10ª ed. Munique: C. H. Beck, 2018.

SANCHÍS, Luis Pietro. "Neoconstitucionalismo y ponderación judicial". *In*: CARBONELL, M. (Coord.). *Neoconstitucionalismo(s)*. Madri: Trotta, 2003.

SANCHÍS, Luis Pietro. "Tribunal Constitucional y Positivismo Jurídico". *Doxa*, nº 23, 2000. Doi:10.14198/DOXA2000.23.07.

SANDKÜHLER, Hans Jörg. *Nach dem Unrecht*: Plädoyer für einen neuen Rechtspositivismus. Freiburg: Verlag Karl Alber, 2015.

SARMENTO, Daniel. *Direitos fundamentais e relações privadas*. Rio de Janeiro: Editora Lumen Juris, 2004.

SARMENTO, Daniel. "O neoconstitucionalismo no Brasil: riscos e possibilidades". *In*: SARMENTO, D. (Coord.). *Filosofia e Teoria Constitucional Contemporânea*. Rio de Janeiro: Lumen Juris, 2009.

SARMENTO, Daniel; SOUZA NETO, Cláudio Pereira de. *Direito Constitucional*: teoria, história e métodos de trabalho. Belo Horizonte: Fórum, 2012.

SAVIGNY, Friedrich Carl von. *Vom Beruf unsrer Zeit für Gesetzgebung und Rechtswissenschaft*. Heidelberg: Mohr und Zimmer, 1814.

SCHÄFER, Karl. "Nullum Crimen sine Poena". *In*: GÜRTNER, F. (Coord.). *Das kommende deutsche Strafrecht*: Bericht über die Arbeit der amtlichen Strafsrechtskomission - Allgemeiner Teil. 2ª ed. Berlim: Franz Vahlen, 1935.

SCHAUER, Frederick. "Formalism". *The Yale Law Journal*, n° 97, 1998.

SCHAUER, Frederick. *Thinking like a lawyer*: a new introduction to legal reasoning. Cambridge: Harvard University Press, 2009.

SCHEFOLD, Dian. "Hugo Preuß (1860-1925)". *In*: HÄBERLE, P.; KILIAN, M.; WOLFF, H. (Coord.). *Staatsrechtslehrer des 20 Jahrhunderts*. Berlim: De Gruyter, 2015.

SCHELAUSKE, Hans Dieter. *Naturrechtsdiskussion in Deutschland*: ein Überblick über zwei Jahrzehnte (1945-1965). Köln: Bachen, 1968.

SCHELER, Max. *Der Formalismus in der Ethik und die materiale Wertethik*. Halle: Niemeyer, 1921.

SCHIEDER, Theodor. "Partikularismus und Nationalbewußtsein im Denken des deutschen Vormärz". *In*: CONZE, W. (Coord.). *Staat und Gesellschaft im deutschen Vormärz (1815-1848)*. Stuttgart: Klett, 1970.

SCHIER, Paulo Ricardo. *Filtragem constitucional*. Porto Alegre: Sérgio Antônio Fabris, 1999.

SCHIER, Paulo Ricardo. "Novos desafios da filtragem constitucional no momento do neoconstitucionalismo". *Revista de Direito Administrativo & Constitucional*, vol. 5, n° 20, p. 5, 2005. Doi: http://dx.doi.org/10.21056/aec.v5i20.458.

SCHILLING, Theodor. Zum Verhältnis von Gemeinschafts- und nationalem Recht. *Zeitschrift für Rechtsvergleichung, Internationales Privatrecht und Europarecht*, n° 4, 1999.

REFERÊNCIAS BIBLIOGRÁFICAS

SCHLÜTER, Philipp Horst. *Gustav Radbruchs Rechtsphilosophie und Hans Kelsens Reine Rechtslehre ein Vergleich*. Eberhard-Karls-Universität Tübingen, 2009.

SCHMID, Carlo. *Was heißt eigentlich: Grundgesetz?* Grundsatzrede über das Grundgesetz im Parlamentarischen Rat vom 8 Setembro 1948. Disponível em: http://artikel20gg.de/Texte/Carlo-Schmid-Grundsatzrede-zum-Grundgesetz.htm. Acessado em: 01.05.2021.

SCHMITT, Carl. *Der Begriff des Politischen*. 8ª ed. Berlim: Duncker & Humblot, 2009 [1932].

SCHMITT, Carl. "Der Führer schützt das Recht". In: SCHMITT, C. (Coord.). *Positionen und Begriffe, im Kampf mit Weimar - Genf - Versailles (1923-1939)*. 3ª ed. Berlim: Duncker & Humblot, 1994 [1934].

SCHMITT, Carl. *Der Hüter der Verfassung*. 4ª ed. Berlim: Duncker & Humblot, 1996 [1931].

SCHMITT, Carl. "Der Rechtsstaat". In: FRANK, H. (Coord.). *Nationalsozialistisches Handbuch für Recht und Gesetzgebung*. Munique: Zentralverlag der NSDAP, 1935.

SCHMITT, Carl. *Der Wert des Staates und die Bedeutung des Einzelnen*. 2ª ed. Berlim: Duncker und Humblot, 2004 [1914].

SCHMITT, Carl. *Die Tyrannei der Werte*. 3ª ed. Berlim: Duncker & Humblot, 2011 [1960].

SCHMITT, Carl. "Nationalsozialismus und Rechtsstaat". *Juristische Wochenschrift*, n° 63, 1934.

SCHMITT, Carl. "Neue Leitsätze für die Rechtspraxis". *Juristische Wochenschrift*, n° 62, 1933.

SCHMITT, Carl. *Politische Theologie*: Vier Kapitel zur Lehre von der Souveränität. 9ª ed. Berlim: Duncker & Humblot, 2009 [1934].

SCHMITT, Carl. *Staat, Bewegung, Volk*: die Dreigliederung der politischen Einheit. 2ª ed. Hamburg: Hanseatische Verlagsanstalt, 1933.

SCHMITT, Carl. *Verfassungslehre*. 9ª ed. Berlim: Duncker & Humblot, 2010 [1928].

SCHMITT, Carl; HÜSMERT, Ernst; GIESLER, Gerd; SCHULLER; Wolfgang. *Tagebücher (1930-1934)*. Berlim: Akademie, 2003.

SCHMÖLZ, Franz-Martin. *Das Naturrecht in der politischen Theorie*. Viena: Springer, 1963.

SCHNÄDELBACH, Herbert. "Kritische Theorie? Aufgaben kritischer Philosophie heute". *In*: ALBERT, H.; SCHNÄDELBACH, H.; SIMON-SCHAEFER, R. (Coord.). *Renaissance der Gesellschaftskritik?*. Bamberg: Universität-Verlag, 1999.

SCHÖNBERGER, Christian. "Anmerkungen zu Karlsruhe". *In*: JESTAEDT, M.; LEPSIUS, O.; MÖLLERS, C.; SCHÖNBERGER, C. (Coord.). *Das entgrenzte Gericht*: eine kritische Bilanz nach sechzig Jahren Bundesverfassungsgericht. Berlim: Suhrkamp, 2011.

SCHÖNEBURG, Volkmar. "Nullum crimen, nulla poena sine lege - Rechtsgeschichtliche Anmerkungen". *Utopie kreativ*, n° 8, 1998.

SCHÖNFELD, Walter. *Die Geschichte der Rechtswissenschaft im Spiegel der Metaphysik*. Stuttgart: Kohlhammer, 1943.

SCHÖNFELD, Walter. *Grundlegung der Rechtswissenschaft*. 2ª ed. Stuttgart: Kohlhammer, 1951.

SCHÖNFELD, Walter. *Zur Frage des Widerstandsrechts*: ein Gespräch. Stuttgart: Kohlhammer, 1955.

SCHOTT, Susanne. *Curt Rothenberger* – eine politische Biographie. Halle: Universitäts- und Landesbibliothek, 2001.

SCHRÖDER, Imke. *Zur Legitimationsfunktion der Rechtsphilosophie im Nationalsozialismus*: Kontinuität und Diskontinuität rechtsphilosophischer Lehren zwischen Weimarer Republik und NS-Zeit. Frankfurt: Lang, 2002.

SCHRÖDER, Jan. "Methodenlehre, historisch". *In*: *Enzyklopädie zur Rechtsphilosophie*. IVR (Deutsche Sektion) und Deutsche Gesellschaft für Philosophie. Disponível em: http://www.enzyklopaedie-rechtsphilosophie.net. Acessado em: 1.07.2018.

SCHRÖDER, Jan. *Recht als Wissenschaft*: Geschichte der juristischen Methode vom Humanismus bis zur historischen Schule (1500-1850). Munique: C.H. Beck, 2001.

SCHRÖDER, Jan. "Gabs es im deutschen Kaiserreich einen Gesetzpositivismus?". *In*: SCHRÖDER, J.; FINKENAUER, T. (Coord.). *Rechtswissenschaft in der Neuzeit*: Geschichte Theorie Methode; ausgewählte Aufsätze (1976-2009). Tübingen: Mohr Siebeck, 2010.

SCHRÖDER, Rainer. "Die deutsche Methodendiskussion um die Jahrhundertwende: Wissenschaftstheoretische Präzisierungsversuche oder Antworten auf den Funktionswandel von Recht und Justiz". *Rechtstheorie*, n° 19, 1988.

REFERÊNCIAS BIBLIOGRÁFICAS

SCHULTE, Martin. "Walter Jellinek (1885-1955)". *In*: HÄBERLE, P.; KILIAN, M.; WOLFF, H. (Coord.). *Staatsrechtslehrer des 20 Jahrhunderts*. Berlim: De Gruyter, 2015.

SCHULZE, Hagen. *Kleine deutsche Geschichte*: Mit Bildern aus dem Deutschen Historischen Museum. Munique: C. H. Beck, 1996.

SCHULZE, Hagen. *Weimar: Deutschland (1917-1933)*. Die Deutschen und ihre Nation. Munique: Siedler, 1983.

SCHULZE-FIELITZ, Helmuth. "Konjunkturen der Klassiker-Rezeption in der deutschen Staatsrechtslehre - Vermutungen auch im Blick auf Hans Kelsen". *In*: JESTAEDT, M (Coord.). *Hans Kelsen und die deutsche Staatsrechtslehre*. Tübingen, Mohr Siebeck, 2013.

SCHULZE-FIELITZ, Helmuth. "Rudolf Smend (1882-1975)". *In*: HÄBERLE, P.; KILIAN, M.; WOLFF, H. (Coord.). *Staatsrechtslehrer des 20 Jahrhunderts*. Berlim: De Gruyter, 2015.

SCHUMACHER, Björn. *Rezeption und Kritik der Radbruchschen Formel*. Georg-August-Universitaet Zu Goettingen, 1985.

SCHWINTOWSKI, Hans-Peter. *Recht und Gerechtigkeit*: eine Einführung in Grundfragen des Rechts. Berlin: Springer, 1996.

SHIRER, William L. *The rise and fall of the Third Reich*: a history of Nazi Germany. Nova York: Simon and Schuster, 1981.

SILVA, José Afonso da. *Aplicabilidade das normas constitucionais*. 7ª ed. São Paulo: Malheiros, 2008.

SILVA, Virgílio Afonso da. "Interpretação constitucional e sincretismo metodológico". *In*: SILVA, V. A. (Coord.). *Interpretação constitucional*. São Paulo: Malheiros, 2005.

SIQUEIRA, Gustavo Silveira. "O parecer de Kelsen sobre a Constituinte brasileira de 1933-1934". *Revista Direito & Práxis*, nº 6, 2015.

SIQUEIRA, Gustavo Silveira; FERREIRA, Bruna Mariz Bataglia; LIMA, Douglas de Lacerda de. "Kelsen na Constituinte brasileira de 1933-1934". *Revista da Faculdade de Direito-RFD-UERJ*, nº 30, 2016.

SMEND, Rudolf. "Der Einfluß der deutschen Staats- und Verwaltungsrechtslehre des 19. Jahrhunderts auf das Leben in Verfassung und Verwaltung". *In*: SMEND, R. (Coord.). *Staatsrechtliche Abhandlungen (und andere Aufsätze)*. 4ª ed. Berlim: Duncker & Humblot, 2010 [1939].

SMEND, Rudolf. "Integrationslehre". *In*: SMEND, R. (Coord.). *Staatsrechtliche Abhandlungen (und andere Aufsätze)*. 4ª ed. Berlim: Duncker & Humblot, 2010 [1956].

SMEND, Rudolf. *Politisches Erlebnis und Staatsdenken seit dem 18 Jahrhundert*. Staatsrechtliche Abhandlungen (und andere Aufsätze). 4ª ed. Berlim: Duncker & Humblot, 2010 [1943].

SMEND, Rudolf. *Verfassung und Verfassungsrecht*. Munique: Duncker & Humblot, 1928.

SNYDER, Louis L. *The Weimar Republic*: a history of Germany from Ebert to Hitler. Princeton N.J.: Van Nostrand, 1966.

SOMEK, Alexander; FORGÓ, Nikolaus. *Nachpositivistisches Rechtsdenken*: Inhalt und Form des positiven Rechts. Viena: WUV-Universitätsverlag, 1996.

SONTHEIMER, Kurt. "Antidemokratisches Denken in der Weimarer Republik". *Vierteljahrshefte für Zeitgeschichte*, n° 5, 1957.

SONTHEIMER, Kurt. *Politische Wissenschaft und Staatsrechtslehre*. Freiburg: Verlag Rombach & Co GmbH, 1963.

SOUZA NETO, Cláudio Pereira de. "Fundamentação e normatividade dos direitos fundamentais: uma reconstrução teórica à luz do princípio democrático". *In*: BARROSO, L. R. (Coord.). *A nova interpretação constitucional*: ponderação, direitos fundamentais e relações privadas. Rio de Janeiro: Renovar, 2006.

SPAEMANN, Robert. *Europa* - "Rechtsordnung oder Wertegemeinschaft?". *Neue Zürcher Zeitung*, 2001. Disponível em: https://www.nzz.ch/article73LH8-1.456061. Acessado em: 08.05.2020.

SPENDEL, Günter. *Jurist in einer Zeitenwende*: Gustav Radbruch zum 100 Geburtstag. Heidelberg: Müller Juristischer Verlag, 1979.

SPENGLER, Oswald. *Jahre der Entscheidung*. Munique: C. H. Beck, 1933.

SPRANGER, Eduard. "Zur Frage der Erneuerung des Naturrechts". *In*: MAIHOFER, W. (Coord.). *Naturrecht oder Rechtspositivismus?*. 3ª ed. Darmstadt: Wiss. Buchges, 1981 [1948].

SQUELLA, Augustin. "Legal Positivism and Democracy in the Twentieth Century". *Ratio Jurism*, n° 3, pp. 407 e ss. Disponível em: https://heinonline.org/HOL/P?h=hein.journals/raju3&i=410. Acessado em: 05.02.2019.

STADTMÜLLER, Georg. *Das Naturrecht im Lichte der geschichtlichen Erfahrung*. Recklinghausen: Bitter, 1948.

REFERÊNCIAS BIBLIOGRÁFICAS

STAMMLER, Rudolf. *Die Lehre von dem richtigen Rechte*. Berlim: Guttentag, 1902.

STEINBACH, Peter. "Der Nürnberger Prozess gegen die Hauptkriegsverbrecher". *In*: BLASIUS, R. A.; UEBERSCHÄR, G. R. (Coord.). *Der Nationalsozialismus vor Gericht*: die alliierten Prozesse gegen Kriegsverbrecher und Soldaten (1943-1952). Frankfurt: Fischer Taschenbuch Verlag, 1999.

STERN, Jaques. *Thibaut und Savigny*: zum 100 jährigen Gedächtnis des Kampfes um einheitliches bürgerliches Recht für Deutschland (1814-1914) - Die Originalschriften in ursprünglicher Fassung mit Nachträgen, Urteilen der Zeitgenossen und einer Einleitung. Berlim: Vahlen, 1914.

STIFTUNG ADAM VON TROTT, Imshausen e.V. (Coord.). *Die Rolle der Juristen im Widerstand gegen Hitler*: Festschrift für Friedrich Justus Perels. Baden-Baden, Nomos, 2017.

STOERK, Felix. *Zur Methodik im öffentlichen Recht*. Viena: Hölder, 1885.

STOLLEIS, Michael. "Bestatzungsherrschaft und Wideraufbau deutscher Staatlichkeit (1945-1949)". *In*: ISENSEE, J.; KIRCHHOF, P.; BAUER, H.; ANDERHEIDEN, M.; BADURA, P.; BÖCKERNFÖRDE, E.-W.; AXER, P. (Coord.). *Handbuch des Staatsrechts der Bundesrepublik Deutschland*. 3ª ed., Heidelberg: C.F. Müller, 2003.

STOLLEIS, Michael. *Der Methodenstreit der Weimarer Staatsrechtslehre*: ein abgeschlossenes Kapitel der Wissenschaftsgeschichte?. Frankfurt: Frank Steiner, 2001.

STOLLEIS, Michael. *Gemeinwohlformeln im nationalsozialistischen Recht*. Berlim: Schweitzer, 1974.

STOLLEIS, Michael. *Geschichte des öffentlichen Rechts in Deutschland*: Reichspublizistik und Policeywissenschaft (1600-1800). vol. 1, Munique: C.H. Beck, 1988.

STOLLEIS, Michael. *Geschichte des öffentlichen Rechts in Deutschland*: Staatsrechtslehre und Verwaltungswissenschaft (1800-1914). vol. 2, Munique: C. H. Beck, 1992.

STOLLEIS, Michael. *Geschichte des öffentlichen Rechts in Deutschland*: Staats- und Verwaltungsrechtswissenschaft in Republik und Diktatur (1914-1945). vol. 3, Munique: C.H. Beck, 1999.

STOLLEIS, Michael. *Geschichte des öffentlichen Rechts in Deutschland*: Staats- und Verwaltungsrechtswissenschaft in West und Ost (1945-1990). vol. 4, Munique: C.H. Beck, 2012.

STOLLEIS, Michael. *Juristen*: ein biographisches Lexikon von der Antike bis zum 20 Jahrhundert. Munique: Beck, 2001.

STOLLEIS, Michael. *Öffentliches Recht in Deutschland*: eine Einführung in seine Geschichte (16.-21. Jahrhundert). Munique: C.H. Beck, 2014.

STOLLEIS, Michael. "Recht im Unrecht". *In*: STOLLEIS, M. (Coord.). *Recht im Unrecht*: Studien zur Rechtsgeschichte des Nationalsozialismus. Frankfurt: Suhrkamp, 2006.

STOLLEIS, Michael. *Staatsrechtslehre und Politik* [Vortrag: 7. Mai 1996]. Heidelberg: C. F. Müller, 1997.

STOLLEIS, Michael. "Theodor Maunz. Ein Staatsrechtslehrerleben". *In*: STOLLEIS, M. (Coord.). *Recht im Unrecht*: Studien zur Rechtsgeschichte des Nationalsozialismus. Frankfurt: Suhrkamp, 2006.

STRUCHINER, Noel. "Algumas 'proposições fulcrais' acerca do Direito: o debate Jusnaturalismo vs. Juspositivismo". *In*: MAIA, A. C. (Coord.). *Perspectivas atuais da Filosofia do Direito*. Rio de Janeiro: Lumen Juris, 2005.

SUNSTEIN, Cass R. "Must Formalism Be Defended Empirically?". *The University of Chicago Law Review*, n° 66, 1999. Doi:10.2307/1600421.

SÜSTERHENN, Adolf. "Das Naturrecht". *In*: MAIHOFER, W. (Coord.). *Naturrecht oder Rechtspositivismus?*. 3ª ed. Darmstadt: Wiss. Buchges, 1981 [1947].

SÜSTERHENN, Adolf. "Naturrecht und Politik". *In*: SÜSTERHENN, A.; BUCHER, P. (Coord.). *Schriften zum Natur-, Staats- und Verfassungsrecht*. Mainz: V. Hase & Koehler, 1991 [1947].

SÜSTERHENN, Adolf. "Naturrecht und Verfassungsgesetzgebung". *In*: SÜSTERHENN, A.; BUCHER, P. (Coord.). *Schriften zum Natur-, Staats- und Verfassungsrecht*. Mainz: V. Hase & Koehler, 1991 [1947].

SÜSTERHENN, Adolf. "Wir Christen und die Erneuerung des staatlichen Lebens". *In*: SÜSTERHENN, A.; BUCHER, P. (Coord.). *Schriften zum Natur-, Staats- und Verfassungsrecht*. Mainz: V. Hase & Koehler, 1991 [1948].

SÜSTERHENN, Adolf; BUCHER, Peter (Coord.). *Schriften zum Natur-, Staats- und Verfassungsrecht*. Mainz: V. Hase & Koehler, 1991.

THIELE-FREDERSDORF, Herbert. "The judgment of Military Tribunal III in the Nuremberg trials of justice". *In*: BENTON, W. E. (Coord.). *Nuremberg*: German views of the war trials. Dallas: Southern Methodist University Press, 1955.

REFERÊNCIAS BIBLIOGRÁFICAS

THIEME, Hans. "Neue deutsche Privatrechtsgeschichte". *Deutsche Juristen-Zeitung*, n° 40, 1935.

THOMA, Richard. *Rechtsstaat - Demokratie - Grundrechte*: Ausgewählte Abhandlungen aus fünf Jahrzehnten. Tübingen: Mohr Siebeck, 2008.

TOMBERG, Valentin. *Degeneration und Regeneration der Rechtswissenschaft*. Bonn: Götz Schwippert, 1946.

TOPITSCH, Ernst. *Vom Ursprung und Ende der Metaphysik*. Viena: Springer, 1958.

TORMIN, Mateus Matos. "Positivismo Jurídico no Brasil: pequena história de uma má interpretação". *Revista do Centro Acadêmico Afonso Pena*, n° 21, 2015.

TRIEPEL, Heinrich. "Die nationale Revolution und die deutsche Verfassung". *Deutsche Allgemeine Zeitung*, n° 2, 1933.

TRIEPEL, Heinrich. *Staatsrecht und Politik*. Berlim: De Gruyter, 1927.

TROPER, Michel. "La Doctrine et le Positivisme: (à propos d'un article de Danièle Lochak)". *In*: LOCHAK, D. (Coord.). *Les Usages Sociaux du Droit*. Paris: Presses Universitaires de France, 1989.

TUCHEL, Johannes. "Von Möglichkeiten und Grenzen des Widerstands von Richtern und Staatsanwälten". *In*: MAAS, H. (Coord.). *Furchtlose Juristen*: Richter und Staatsanwälte gegen das NS-Unrecht. Munique: C.H. Beck, 2017.

UERTZ, Rudolf. *Vom Gottesrecht zum Menschenrecht*: das katholische Staatsdenken in Deutschland von der Französischen Revolution bis zum II Vatikanischen Konzil (1789-1965). Paderborn: Schöningh, 2005.

UNRUH, Peter. *Weimarer Staatsrechtslehre und Grundgesetz*: ein verfassungstheoretischer Vergleich. Berlim: Duncker & Humblot, 2004.

VALADÃO, Rodrigo Borges. *A Definição de Norma Jurídica na Teoria Pura do Direito*. Rio de Janeiro: Lumen Iuris, 2019.

VELLOSO, Paula Campos Pimenta. "Edição e Recepção de Kelsen no Brasil". *Escritos da Casa de Rui Barbosa*, n° 8, 2014.

VENOSA, Sílvio de Salvo. *Introdução ao Estudo do Direito*: Primeiras Linhas. 2ª ed. São Paulo: Atlas, 2007.

VERDROSS, Alfred. *Abendländische Rechtsphilosophie*: Ihre Grundlagen und Hauptprobleme in geschichtlicher Schau. Viena: Springer, 1958.

VERDROSS, Alfred. "Was ist Recht? Die Krise des Rechtspositivismus und das Naturrecht". *In*: MAIHOFER, W. (Coord.). *Naturrecht oder Rechtspositivismus?*. 3ª ed. Darmstadt: Wiss. Buchges, 1981 [1953].

VIANNA, Oliveira. "A política social da revolução brasileira". *Revista Forense*, n° 37, 1940.

VIANNA, Oliveira. *Problemas de organização e problemas de direção (o povo e o govêrno)*. Rio de Janeiro: José Olympio, 1952.

VILLEY, Michel. *Filosofia do Direito*: Definições e fins do Direito - Os meios do Direito. São Paulo: Martins Fontes, 2003.

VITA, Leticia. "Los juristas de Weimar ante la sentencia del Tribunal Estatal de Leipzig". *In*: VITA, L. (Coord.). *Prusia contra el Reich ante el Tribunal Estatal*: la sentencia que enfrentó a Hermann Heller, Carl Schmitt y Hans Kelsen en Weimar. Bogotá: Universidad Externado de Colombia, 2015.

VOEGELIN, Eric. *The new science of politics*. Chicago: University of Chicago Press, 1952.

VOLKMANN, Uwe. "Hermann Heller (1891-1933)". *In*: HÄBERLE, P.; KILIAN, M.; WOLFF, H. (Coord.). *Staatsrechtslehrer des 20 Jahrhunderts*: Berlim: De Gruyter, 2015.

VOLKMAR, Erich; STIER-SOMLO, Fritz (Coord.). *Handwörterbuch der Rechtswissenschaft*: die Rechtsentwicklung der Jahre 1933 bis 1935/36. vol. 8, Berlim: De Gruyter, 1937.

VOSSKUHLE, Andreas. "Das kann keinen Politiker freuen". *Der Spiegel*, 13 nov. 2015. Disponível em: https://magazin.spiegel.de/EpubDelivery/spiegel/pdf/139787720. Acessado em: 28.02.2021.

VOSSLER, Karl. *Politik und Geistesleben*: Rede zur Reichsgründungsfeier im Januar 1927 und drei weitere Ansprachen. Munique: Hueber, 1927.

WAGNER, Francisco Sosa. *Juristas y Enseñanzas Alemanas (I), 1945-1975*: con lecciones para la España actual. Madri: Marcial Pons, 2013.

WAGNER, Walter. *Der Volksgerichtshof im nationalsozialistischen Staat*: Mit einem Forschungsbericht für die Jahre 1975 bis 2010. parte 3, vol. 16, Munique: Oldenbourg Wissenschaftsverlag, 2011.

WAHL, Rainer. "Lüth und die Folgen: Ein Urteil als Weichenstellung für die Rechtsentwicklung". *In*: HENNE, T.; RIEDLINGER, A. (Coord.). *Das Lüth-Urteil aus (rechts-)historischer Sicht*: die Konflikte um Veit Harlan und die Grundrechtsjudikatur des Bundesverfassungsgerichts. Berlim: BWV Berliner Wissenschafts-Verlag, 2005.

WALDHOFF, Christian. "Gerhard Anschütz (1867-1948)". *In*: HÄBERLE, P.; KILIAN, M.; WOLFF, H. (Coord.). *Staatsrechtslehrer des 20 Jahrhunderts*. Berlim: De Gruyter, 2015.

REFERÊNCIAS BIBLIOGRÁFICAS

WALDRON, Jeremy. "Can There Be a Democratic Jurisprudence?". *Emory Law Journal*, nº 58. Doi: http://dx.doi.org/10.2139/ssrn.1280923. Acessado em: 14.09.2019.

WALDRON, Jeremy. *The dignity of legislation*. The John Robert Seeley lectures. Cambridge: Cambridge University Press, 1999.

WALT, Johan van der. *The concept of liberal democratic law*. Law and Politics: Continental Perspectives. Nova York: Routledge, 2020.

WALTER, Robert; JABLONER, Clemens; ZELENY, Klaus; SCHRAMM, Alfred. *Der Kreis um Hans Kelsen*: die Anfangsjahre der Reinen Rechtslehre. vol. 30, Viena: Manz, 2008.

WALTHER, Manfred. "Hat der juristische Positivismus die deutschen Juristen im "Dritten Reich" wehrlos gemacht?". *In*: DREIER, R.; SELLERT, W. (Coord.). *Recht und Justiz im "Dritten Reich"*. Frankfurt: Suhrkamp, 1989.

WEINBERGER, Ota; KRAWIETZ, Werner. *Reine Rechtslehre im Spiegel ihrer Fortsetzer und Kritiker*. Viena, Nova York: Springer-Verlag, 1988.

WEINKAUFF, Hermann. "Das Naturrecht in evangelischer Sicht". *In*: MAIHOFER, W. (Coord.). *Naturrecht oder Rechtspositivismus?*. 3ª ed. Darmstadt: Wiss. Buchges, 1981 [1952].

WEINKAUFF, Hermann. "Der Naturrechtsgedanke in der Rechtsprechung des Bundesgerichtshofes". *In*: MAIHOFER, W. (Coord.). *Naturrecht oder Rechtspositivismus?*. 3ª ed. Darmstadt: Wiss. Buchges, 1981 [1960].

WEINKAUFF, Hermann. "Die Aufgaben des BGH". *In*: KISTNER, Albert. *Festschrift zur Eröffnung des Bundesgerichtshofes in Karlsruhe*. Karlshuge: C.F. Müeller, 1950.

WEINKAUFF, Hermann. "Die deutsche Justiz und der Nationalsozialismus: Ein Überblick". *In*: *Quellen und Darstellungen zur Zeitgeschichte*: Veröffentlichungen des Instituts für Zeitgeschichte. vol. 16, Stuttgart: Deutsche Verlags-Anstalt, 1968.

WEINKAUFF, Hermann. "Die gegenwärtige Lage der deutschen Justiz". *In*: SCHÜTZ, J. (Coord.). *Justitia kehrt zurück*: der Aufbau einer rechtsstaatlichen Justiz nach dem Zusammenbruch 1945. Bamberg: Fränkischer Tag, 1987 [1947].

WEINKAUFF, Hermann. *Die Militäropposition gegen Hitler und das Widerstandsrecht*. Bonn: Bundeszentrale für Heimatdienst, 1954.

WEINKAUFF, Hermann. *Richtertum und Rechtsfindung in Deutschland*: Vortrag. Tübingen: Mohr, 1952.

WEINKAUFF, Hermann. "Was heißt das 'Positivismus als juristische Strategie'?". *JuristenZeitung*, n° 25, 1970.

WEINRIB, Ernest. "Legal formalism: on the immanent rationality of law". *The Yale Law Journal*, n° 97, 1998.

WELZEL, Hans. *Naturrecht und materiale Gerechtigkeit*: Prolegomena zu einer Rechtsphilosophie. Göttingen: Vandenhoeck & Ruprecht, 1951.

WELZEL, Hans. "Naturrecht und Rechtspositivismus". *In*: MAIHOFER, W. (Coord.). *Naturrecht oder Rechtspositivismus?*. 3ª ed. Darmstadt: Wiss. Buchges, 1981 [1953].

WESEL, Uwe. *Der Gang nach Karlsruhe*: das Bundesverfassungsgericht in der Geschichte der Bundesrepublik. Munique: Blessing, 2004.

WIEACKER, Franz. "Der Stand der Rechtserneuerung auf dem Gebiete des bürgerlichen Rechts". *In*: WIEACKER, F.; WOLLSCHLÄGER, C. (Coord.). *Zivilistische Schriften (1934-1942)*. Frankfurt: Vittorio Klostermann, 2000 [1937].

WIEACKER, Franz. *Privatrechtsgeschichte der Neuzeit*: Unter besonderer Berücksichtigung der deutschen Entwicklung. 2ª ed. Göttingen: Vandenhoeck & Ruprecht, 1967.

WIEACKER, Franz. *Zum heutigen Stand der Naturrechtsdiskussion*. Köln: Westdeutschen Verlag, 1965.

WITTRECK, Fabian. *Nationalsozialistische Rechtslehre und Naturrecht*: Affinität und Aversion. Tübingen: Mohr Siebeck, 2008.

WOLF, Erik. "Biblische Weisung als Richtschnur des Rechts. Vortrag". *In*: WOLF, E. (Coord.). *Rechtsgedanke und Biblische Weisung*. Berlim: Furche-Verlag, 1948 [1946].

WOLF, Erik. "Das künftige Strafensystem und die Zumessungsgrundsätze". *Zeitschrift für die gesamte Strafrechtswissenschaft*, n° 54, 1935. Doi:10.1515/zstw.1935.54.1.544.

WOLF, Erik. *Das Problem der Naturrechtslehre*. Karlsruhe: Mueller, 1955.

WOLF, Erik. "Das Rechtsideal des nationalsozialistischen Staates". *Archiv für Rechts- und Sozialphilosophie*, n° 28, 1934.

WOLF, Erik. *Fragwürdigkeit und Notwendigkeit der Rechtswissenschaft*. Freiburg: Schulz, 1953.

WOLF, Erik. *Recht des Nächsten*. Frankfurt: Klostermann, 1958.

REFERÊNCIAS BIBLIOGRÁFICAS

WOLF, Erik. "Recht und Welt". *In*: WOLF, E. (Coord.). *Rechtsphilosophische Studien*: ausgewählte Schriften. vol. 1, Frankfurt: Klostermann, 1972 [1931].

WOLF, Erik. *Rechtsgedanke und Biblische Weisung*. Berlim: Furche-Verlag, 1948.

WOLF, Erik. *Richtiges Recht im nationalsozialistischen Staate*. Freiburg: Fr. Wagnersche Universitätsbuchhandlung, 1934.

WOLF, Erik. *Richtiges Recht und evangelischer Glaube*. 5ª ed. Berlim: Wichern, 1937 [1934].

WOLF, Erik. "Tattypus und Tätertypus". *Zeitschrift der Akademie für Deutsches Recht* 3, 1936.

WOLF, Erik. "Vom Wesen der Gerechtigkeit. Vortrag". *In*: WOLF, E. (Coord.). *Rechtsgedanke und Biblische Weisung*. Berlim: Furche-Verlag, 1948.

WOLF, Erik. *Vom Wesen des Rechts in deutscher Dichtung*. Frankfurt: Klostermann, 1946.

WOLF, Erik. "Zur rechtlichen Neugestaltung der Kirche". *In*: WOLF, E.; HOLLERBACH, A. (Coord.). *Ausgewählte Schriften*: Rechtstheologische Studien. vol. 2, Frankfurt: Vittorio Klostermann, 1972 [1936].

WRIGHT, Quincy. "Legal Positivism and the Nuremberg Judgment". *American Journal of International Law*, n° 42, 1948. Doi:10.2307/2193683.

WÜRFEL, Martin. *Das Reichsjustizprüfungsamt*. Tübingen: Mohr Siebeck, 2019.

YANG, Kenny. "The Rise of Legal Positivism in Germany: A Prelude to Nazi Arbitrariness?". *Western Australian Legal Theory Association*, n° 3, 2012.

ZIPPELIUS, Reinhold; WÜRTENBERGER, Thomas. *Deutsches Staatsrecht*: ein Studienbuch. 32ª ed. Munique: Beck, 2008.

ZORN, Philipp. "Die Entwicklung der Staatsrechtswissenschaft seit 1866". *Jahrbuch des öffentlichen Rechts der Gegenwart*, n° 1, 1907.

NOTAS

NOTAS

NOTAS

NOTAS

NOTAS

NOTAS

NOTAS

NOTAS

NOTAS

NOTAS

NOTAS

NOTAS

A Editora Contracorrente se preocupa com todos os detalhes de suas obras! Aos curiosos, informamos que este livro foi impresso no mês de julho de 2022, em papel Pólen Soft 80g, pela Gráfica Grafilar.